MICHAEL
HESEMANN

Hitlers Religion

MICHAEL
HESEMANN

Hitlers Religion

Die fatale Heilslehre des Nationalsozialismus

Sankt Ulrich Verlag

Bibliographische Information der Deutschen Bibliothek

Die Deutsche Bibliothek verzeichnet diese Publikation in der Deutschen Nationalbibliographie; detaillierte bibliographische Daten sind im Internet über http://dnb.ddb.de abrufbar.

Titelbild: akg-images
Umschlaggestaltung: uv media werbeagentur
Mediengruppe Sankt Ulrich Verlag, Augsburg
Druck und Bindung: CPI BOOKS – Ebner & Spiegel, Ulm
Printed in Germany
ISBN 978-3-86744-212-1
www.sankt-ulrich-verlag.de

Inhalt

Den Opfern des Nationalsozialismus –

Juden wie Christen – gewidmet.

Vorwort

Wenn Hitlers Anschauung von Welt, Geschichte, Volk und Mensch tatsächlich die Kriterien einer wirklichen „Religion“ erfüllt, freilich einer mit pathologischen Zügen, müssen wir umdenken. Tatsächlich scheint es so zu sein, dass die herrschende Meinung das Denken und Handeln der Nationalsozialisten in einem entscheidenden Punkt verkennt. Jede öffentliche Erinnerung an die Opfer des Nationalsozialismus ist sinnlos, wenn man nicht weiß, dass Hitler die Beziehung zwischen Deutschen und Juden in den Denkmustern einer religiösen Daseinsdeutung bestimmte. Ist der religiös motivierte Zusammenhang zwischen Selbst- und Fremdbestimmung auch als Zusammenhang zwischen Selbst- und Fremdopfer erkennbar?

Es gibt nur wenige wissenschaftliche Studien über Hitlers Religion und wie diese zu spezifizieren ist. In der Welt der Wissenschaft wird ebenso wenig darüber diskutiert wie in den Medien. Warum das so ist, könnte selbst Gegenstand einer Untersuchung sein. Eine Erklärung ist die, dass nicht sein kann, was nicht sein darf. Der Zusammenhang von Politik und Religion steht im Widerspruch zum Projekt der Moderne im 19. und 20. Jahrhundert. Religion erscheint als historisch überholt. Die ökonomische Vernunft bestimmt das Bewusstsein. Selbst wenn Hitlers Weltanschauung eine religiöse Dimension haben sollte, heißt es, sei dies von minderer Bedeutung; man befasst sich vorrangig mit den sozio-ökonomischen Phänomenen. Den Anhängern und Verteidigern der Religion wiederum fällt es schwer, Religion mit dem Naitonalsozialismus in Verbindung zu bringen, möchte man das Christentum doch nicht mit dem Fluch der Verbrechen des Nationalsozialismus belastet wissen. Es scheint, dass man nur bei näherer Beschäftigung mit der Materie zu einer Unterscheidung zwischen den destruktiv-pathologischen Formen der Religion und dem christlichen Logos fähig ist. Michael Hesemann macht diese Unterscheidung. Sein sorgfältig dokumentierter Versuch, Hitlers Religion darzustellen, verdient allein deshalb schon Respekt. Zwei Gründe sollen hier genannt werden, weshalb es in der Tat schwer ist, zu begreifen und nachzuweisen, dass die Weltanschauung Hitlers religiöse Dimensionen hatte: erstens das Vorurteil, das wesentliche Merkmal des nationalsozialistischen Rassismus sei biologisch-sozialdarwinistischer (und eben nicht religiöser) Natur, und zweitens der Umstand, dass diese These nur schwer durch die Lektüre von Hitlers „Mein Kampf" überprüft werden kann. Denn „Mein Kampf" darf nicht verlegt werden und steht in den öffentlichen Bibliotheken im „Giftschrank".

Der Zusammenhang zwischen einer biologisch-sozialdarwinistischen Rassendoktrin und den religiösen Dimensionen des Nationalsozialismus ist nicht unmittelbar einleuchtend. Auch sind die Annahme der Existenz von Rassen und der Rassismus nicht gleichzusetzen. Rassismus ist eine Überzeugung von der mehr oder weniger extremen Überlegenheit der eigenen Abstammungsgemeinschaft. Fragt man danach, wie Hitler diese angebliche Überlegenheit der arischen Rasse und seinen Antisemitismus begründete, kann aber nachgewiesen werden, dass er dies nicht nach biologisch-sozialdarwinistischen Kriterien tat.

Um auf das Gewicht der Arbeit Michael Hesemanns hinzuweisen – und aufgrund der Aktualität des Antisemitismus –, sei gleich vorweg eine Stelle aus Hitlers „Mein Kampf" (S. XXX) zitiert, die die wechselseitige Abhängigkeit bei der Bestimmung der arischen und der jüdischen *Rasse* betrifft:

> *„Den gewaltigsten Gegensatz zum Arier bildet der Jude. Bei kaum einem Volk der Welt ist der Selbsterhaltungstrieb stärker entwickelt als beim so genannten auserwählten. Als bester Beweis hierfür darf die einfache Tatsache des Bestehens dieser Rasse allein schon gelten: Welches Volk endlich hat größere Umwälzungen mitgemacht als diese – und ist dennoch immer als dasselbe aus den gewaltigsten Katastrophen der Menschheit hervorgegangen? Welch ein unendlicher Wille zum Leben, zur Erhaltung der Art spricht aus diesen Tatsachen?"*

Man erkennt auf den ersten Blick: Diese Charakterisierung des jüdischen Volkes hat keinen biologisch-sozialdarwinistischen Gehalt. Man müsste sich, ginge es nur um den sozial-darwinistischen Aspekt, angesichts dieser Stelle fragen: Warum ist Hitler eigentlich Antisemit und nicht zum Judentum übergetreten? Die radikale Gegnerschaft zum Judentum hat andere Ursachen. Die Fragen lauten: Woraus resultiert die Überlegenheit „des Ariers“, wenn er doch den „gewaltigsten Gegensatz“ zum erfolgreichen Selbsterhaltungstrieb des jüdischen Volkes bzw. der jüdischen *Rasse* „bildet“? Was ist das Kriterium des „gewaltigen Gegensatzes“? In Michael Hesemanns Arbeit werden diese Fragen mit guten Argumenten beantwortet.

Eine weitere Schwierigkeit, die Weltanschauung Hitlers als Religion zu verstehen, resultiert daraus, den Begriff der Religion hinreichend zu definieren. Dabei gilt zu berücksichtigen, dass eine Religion oder die Umdeutung religiöser Traditionen nicht dadurch entsteht, dass ein Professor in lebenslanger Arbeit ein widerspruchsfreies System religiöser Existenzinterpretation anfertigt. Es gibt eine Vielzahl von Bestimmungen des Begriffs „Religion“, ohne dass man die wissenschaftliche Diskusison abschließen könnte. Michael Hesemann wagt es, den Begriff eindeutig zu bestimmen, und er steht dabei keineswegs im Widerspruch zu den vielen wissenschaftlichen Versuchen und Ansätzen in dieser Richtung. Er beschreibt die Entstehung und das Resultat der Religion Hitlers, indem er dessen Kindheit, seine Jugend in Wien und die Zeit danach im Netzwerk persönlicher Beziehungen darstellt. Er entfaltet eine lebendige Dramatik mit einem guten Gespür für Szenen, Stimmungen und Motivhypothesen. So gelingt es Hesemann, eine Entwicklung von der religiösen Esoterik über die politische Exoterik hin zum Verbrechen aufzuzeigen. Seine Ausführungen beruhen auf der Kenntnis von Quellen und wissenschaftlichen Werken, die entweder zitiert oder auf die verwiesen wird. Kein Wissenschaftler sollte kritisieren, dass Hesemann nicht ein solches Buch geschrieben hat, wie er meint, es selbst hätte schreiben zu müssen. Vielmehr ist Michael Hesemann dafür zu loben, dass ihm ein nicht minder spannendes als lehrreiches Werk gelungen ist.

Claus-E. Bärsch

Prof. Dr. Claus-Ekkehard Bärsch lehrt politische Wissenschaften an der Universität Duisburg-Essen

Ein Diener Satans

Wie ein so erbärmlicher Mensch wie Hitler, der tief aus den Wäldern des Ressentiments kam, eine der größten und kultiviertesten Nationen der Welt beherrschen und in den Abgrund führen konnte, ist mir bis heute rätselhaft geblieben“, hat Joachim C. Fest den Lesern der *Welt* am 10. September 2004 in seinem Gespräch verraten, „keiner der großen Historiker, die ich kannte, hat auf diese Frage eine Antwort.“ War es also vielleicht Dämonie? „Den Ausdruck habe ich nie verwendet“, wehrte Fest die Frage ab, „ich spreche lieber von Willensmacht hier und von Verantwortungsmangel und Unterwürfigkeit dort.“ Mit dieser Zurückhaltung steht Fest natürlich nicht allein, und fast, so scheint es, ist sie zu einer Signatur aller Erkundungsversuche des Bösen in und um Hitler geworden: Sein Vernichtungswille war unerklärlich, unfassbar, unverständlich, unbegreiflich.

Hitler selbst war da weniger zurückhaltend. „Wer keinen dämonischen Samen in sich trägt, wird auch nie eine magische Welt gebären“, strich er sich schon früh in einem seiner Lieblingsbücher mit Bleistift dick und mehrfach an, das ihn seit den zwanziger Jahren bis in die letzten Tage im Führerbunker begleitete. Ein gewisser Dr. Ernst Schertl hatte das Buch unter dem Titel „Magie: Geschichte, Theorie, Praxis“ 1923 verfasst und Adolf Hitler „verehrungsvoll zugeeignet“. Es war nicht das einzige Vademecum aus seiner Bibliothek, das seinen Hang zu Dämonie und Magie belegt. In vielen Regalen glich die Bibliothek einem Giftschrank. Richtig neu ist das alles nicht. Im Gegenteil, dass unser „Führer“ dem Okkultismus, der Hypnose, dem Pendeln, der Graphologie wie der Hell- und Schwarzseherei in eklektizistisch neuheidnischer Gnosis ebenso verfallen war wie Horoskopen, einem radikalen Vegetarismus, der Astrologie und einer Art fundamentalistischer Nichtraucherei, ist seit langem bekannt. Deshalb grenzt es schon fast an Magie, wie die markanteste Einkerbung in der Seele Hitlers für die Forschung Jahrzehnte lang ausgeblendet wurde. Zusammenhängend ernstnehmen wollte bisher fast keiner, was er in einer Grundsatzrede schon am 5. August 1933 unmissverständlich zum Herzstück seines Programms erklärte: „Wir werden selbst eine Kirche werden!"

Es war auch ein hinterlistiges Bein, das Hitler seinen späteren Exegeten damit stellte. Denn hätte das nicht geheißen, Religion ernstnehmen zu müssen? Die persönlichen Erinnerungen des Danziger Senatspräsidenten Rauschnigg, der schon zu Beginn des Krieges schrieb, keiner wisse etwas vom Nationalsozialismus, der ihn „nur als politische Bewegung versteht", ließen den Weimarer Politiker Jahrzehnte lang als unseriöse Quelle gelten. Es tat nichts, dass seine Gedächtnisprotokolle von 1939 durch ihre prophetische Hell- und Weitsicht bestechen. Hitlers Gedankengebäude als religiöse Neustiftung einzuschätzen genügte, Rauschnigg insgesamt zu diskreditieren – obwohl seine Beobachtungen in fast allen Details kompatibel zu dem Grundrauschen von Hitlers Tischgesprächen sind. Zu steil ragte das Denkgebot in die Höhe, dass Religion mit geradezu marxistisch-wissenschaftlicher Gesetzmäßigkeit von Tag zu Tag unbedeutender werde. Besonders nach 1945 taten Intellektuelle gut daran, immer klarer werden zu lassen, religiös mindestens ebenso „unmusikalisch" zu sein wie Jürgen Habermas. Es gab ein religiöses Tabu, so stolz wie die Twin-Towers. Mit diesen Türmen ist es deshalb auch schließlich zusammengebrochen. Denn es gibt Religion in der Welt, und sie stirbt nicht einfach ab, im Gegenteil. Wer das denkt und fordert, überlässt sie zu leicht den Kräften der Unterwelt.

Es ist das große Verdienst Michael Hesemanns, dies erstmals ohne Scheu aufklärend umfassend darzustellen: eine gruselige Lektüre mit faszinierenden Einsichten. Hitler war nicht nur ein moderner Esoteriker. In mancher Hinsicht kann er auch als Vater eines immens aggressiven Laizismus gelten; das war das Erbteil seines „freisinnigen Vaters". Doch das war nicht alles. Selbst Sebastian Haffner lag deshalb grundfalsch mit seiner Einschätzung, dass Hitler „nicht nur irreligiös (war), sondern auch kein Organ dafür hatte, was Religion für andere bedeuten kann". Schließlich ist geradezu das Gegenteil der These Friedrich Heers wahr, dass „spezifisch katholische Elemente" im Wesen Hitlers dafür verantwortlich zu machen seien, dass Hitler wurde, wie er endete – und Millionen mit sich in den Untergang riss. Es war nur billiger Zeitgeist, mit dem Heer sich Hitlers 1968 bediente, um über ihn die Kirche und den Papst zu schmähen. Hitler selbst hätte es gefallen, auch wenn ihm die kleinen Hetzereien wohl ein wenig naiv vorgekommen wären. Denn der „Führer" hasste die verjudete

Kirche nicht nur aus ganzer Seele, er wusste auch, dass intellektuelle Sticheleien ihr nicht den Garaus machen konnten, sondern nur eine systematische Deprogrammierung der Deutschen. Nie vorher und nie raffinierter ist die Entchristlichung einer Nation radikaler betrieben worden. Mit eigenen Sakramenten, Orden, Riten, einem komplexen Credo und immer neuen Gottesdiensten.

Hitlers erste Rede nach der Machtergreifung feierte schon das „neue deutsche Reich der Größe und der Ehre und der Kraft und der Herrlichkeit und der Gerechtigkeit. Amen!" Düstere „Karfreitagsprozessionen der Bewegung" legten fortan an jedem 9. November die Münchener Innenstadt lahm. Speers Lichtdome blendeten Staunende aus aller Welt. Die Mädels im BDM lernten ein neues Vaterunser auswendig: „Adolf Hitler, Dein Reich macht die Feinde erzittern, Dein Drittes Reich komme, Dein Wille sei allein Gesetz auf Erden ..." – Hitlers Projekt war wirklich keine Partei. Es war eine bizarr dämonische Gegenkirche. Der Kulturbruch der Nazis war eine rabenschwarze und eiskalte Satansmesse, dem in zwölf Jahren in Europa Millionen von Juden und Christen zum Opfer fielen.

Es half nicht, dass Papst Pius XI. Hitler schon früh als „Wahnpropheten" demaskierte. Er hatte recht. Recht hatte auf gespenstische Weise aber auch Adolf Hitler, als er eine „ungeheure Umwälzung der Moralbegriffe und der geistigen Orientierung der Menschen" verkündete: „Wir beenden einen Irrweg der Menschheit. Die Tafeln vom Sinai haben ihre Gültigkeit verloren. Das Gewissen ist eine jüdische Erfindung..." – Über den Siegeszug dieser Überzeugung nach seinem Untergang würde er sich wohl am wenigsten wundern.

Paul Badde

Einleitung

Fromm wie ein Chorknabe (der er einmal war) kniet das Monstrum, die Hände gefaltet zum Gebet, den Blick andächtig gen Himmel gerichtet (siehe S. 2). Die Skulptur Hitlers, die der italienische Künstler Maurizio Cattelan im September 2002 im Rahmen einer Ausstellung im holländischen Rotterdam zeigte, war eine bewusste Provokation. Sie wirkte, führte zu Stürmen der Entrüstung. Der Künstler wolle uns mit dem Bösen konfrontieren, versuchten die Verantwortlichen die Wogen zu glätten, zeige uns Hitler als gefährlichen, verachtenswerten Komödianten. Cattelan erzielte seine aufrüttelnde Wirkung mit dem radikalsten Gegensatz, der vorstellbar war. Einen betenden, gar büßenden und um die Vergebung seiner Sünden bittenden Hitler hat es – bedauerlicherweise – nie gegeben. Die Wirklichkeit war ganz anders …

Es war eine gespenstische Szene, unwirklich in ihrer Mischung aus Kleinbürgerlichkeit und Größenwahn, familiärer Enge und Bohemiennatur, kurzum: der Banalität des Bösen. In den Räumen der Reichskanzlei traf sich eines Abends im Frühling des Jahres 1933 die Führungsclique der NSDAP zu Tee und Kuchen. Während der hagere, baumlange Ernst „Putzi" Hanfstaengl, Hitlers bester Freund aus München, mit gekrümmtem Rücken am Flügel Wagner-Weisen spielte, klapperten noch zu fortgeschrittener Stunde die Teelöffel und Kuchengabeln. Hitlers Halbschwester servierte, das Ehepaar Goebbels saß auf einem kleinen Sofa, neben ihnen, auf schmalen Plüschsesseln, der *Stürmer*-Hetzer Julius Streicher sowie Gauleiter Adolf Wagner aus München. Als Ausnahmegast war auch Hermann Rauschning geladen, der NSDAP-Senatspräsident von Danzig, der sich noch Jahre später so gut an die skurrile Szene erinnerte, dass er sie in allen Details schildern konnte.

Ein wenig später gesellte sich auch Hitler dazu, der sich abgespannt in einen besonders breiten Sessel fallen ließ, um, wie jeden Abend, einen seiner nahezu endlosen Monologe zu eröffnen. Diesmal lautete das Thema: Religion. Glauben wir Rauschnings Erinnerungen, dann nahm Hitler kein Blatt vor den Mund:

„Mit den Konfessionen, ob nun diese oder jene: Das ist alles gleich. Das hat keine Zukunft mehr. Für die Deutschen jedenfalls nicht. Der (italienische) Faschismus mag in Gottes Namen seinen Frieden mit der Kirche machen. Ich werde das auch tun. Warum nicht? Das wird mich nicht abhalten, mit Stumpf und Stiel, mit allen seinen Wurzeln und Fasern das Christentum in Deutschland auszurotten ...
Für unser Volk aber ist es entscheidend, ob sie den jüdischen Christenglauben und seine weichliche Mitleidsmoral haben oder einen starken, heldenhaften Glauben an Gott in der Natur, an Gott im eigenen Volke, an Gott im eigenen Schicksal, im eigenen Blute ...
Man ist entweder Christ oder Deutscher. Beides kann man nicht sein ... wir wollen freie Männer, die Gott in sich wissen und spüren ...“[1]

Später ergänzte er:

„Zwei Welten stehen einander gegenüber! Der Gottmensch und der Satansmensch! Der Jude ist der Gegenmensch, der Antimensch. Der Jude ist das Geschöpf eines anderen Gottes. Er muss einer anderen Wurzel des menschlichen Stammes entwachsen sein. Der Arier und der Jude ... sie sind so weit einander wie das Tier vom Menschen. Nicht, dass ich den Juden ein Tier nenne. Er steht dem Tier viel ferner als wir Arier. Er ist ein naturfremdes und naturfernes Wesen.“[2]
„Wir beenden einen Irrweg der Menschheit. Die Tafeln vom Berge Sinai haben ihre Gültigkeit verloren. Das Gewissen ist eine jüdische Erfindung. Es ist wie die Beschneidung, eine Verstümmelung des menschlichen Wesens. Eine neue Zeit der magischen Weltdeutung kommt herauf, der Deutung aus dem Willen und nicht dem Wissen.
Die christliche Lehre von der unendlichen Bedeutung der menschlichen Einzelseele und der persönlichen Verantwortung setze ich mit eiskalter Klarheit die erlösende Lehre von der Nichtigkeit und Unbedeutendheit des einzelnen Menschen und seines Fortlebens in der sichtbaren Unsterblichkeit der Nation gegenüber. An die Stelle des Dogmas von dem stellvertretenden Leiden und Sterben eines göttlichen Erlösers tritt

das stellvertretende Leben und Handeln des neuen Führergesetzgebers, das die Masse der Gläubigen von der Last der freien Entscheidung entbindet.“[3]

Auch wenn der Wortlaut dieser Ausführungen von Rauschning nur aus Erinnerungen rekonstruiert wurde, was viele Historiker zu einem Naserümpfen veranlasste, besteht kein Zweifel an ihrer inhaltlichen Richtigkeit.

Hermann Rauschning als Quelle?

Die Erstauflage dieses Buches 2004 geriet ins Kreuzfeuer der Kritik, weil ich Hermann Rauschnings umstrittene „Gespräche mit Hitler“ (Zürich 1940) als Quelle benutze, während andere Historiker, darunter renommierte Hitler-Forscher wie Ian Kershaw, davon eher abraten. Leider ignorierten meine Kritiker, dass ich zu den Zweifeln an Rauschning längst Stellung genommen hatte, nämlich gleich in der vierten Anmerkung des Buches auf S. 15, in der ich feststellte:

„Rauschning gehörte nie dem engeren Kreis um den *Führer* an, doch Hitler glaubte, in ihm eine verwandte Seele gefunden zu haben; auch Rauschning war begeisterter Wagnerianer. Zudem teilten die beiden Männer ein Geheimnis. Wäre Hitlers NSDAP 1932 in Deutschland verboten worden, hätte er, so war es abgemacht, seinen Kampf von der reichsunabhängigen ‚Freien Stadt Danzig‘ aus fortgesetzt.

Rauschning, ein aufrechter Protestant, wandte sich von Hitler ab, als er dessen wahres Gesicht erkannte, und floh ins Ausland. 1940, der Krieg hatte gerade begonnen, publizierte er seine ‚Gespräche mit Hitler‘. Seitdem ist das Buch heftig umstritten. Die Nazis bezeichneten es sofort als Fälschung und seitdem wiederholen gewisse Kreise gerne diesen Vorwurf. So machte die ‚Entlarvung‘ Rauschnings durch den Schweizer Geschichtslehrer Wolfgang Hänel 1985 in der deutschen Presse Schlagzeilen. Dabei berief sich Hänel auf Rauschnings Verleger Imre Revesz, der erklärt hatte, das Buch sei *‚ausschließlich seine Idee‘* gewesen: Er habe Rauschning angewiesen, keine theoretische Abhandlung zu schreiben, sondern

'Zitat, Zitat, Zitat – und nichts weiter' aneinander zu reihen. Doch das bezog sich ausschließlich auf die Form; auch Revesz bestätigte, dass Rauschning über *'originale Aufzeichnungen über alle Gespräche, die er mit Hitler gehabt hat'* verfügte. Nichts anderes behauptete aber Rauschning in seinem Vorwort: *'Der Berichterstatter hat sich meist unmittelbar unter dem Eindruck des Gehörten Notizen gemacht.'* Die Gespräche sind also vom Inhalt her authentisch, von der Form her rekonstruiert. Das reicht jedoch m. E. nicht aus, sie als historische Quelle zurückzuweisen. Tatsächlich lesen sie sich nicht viel anders als Hitlers Tischgespräche und Monologe im *Führerhauptquartier,* die er in den Jahren 1941–44 hielt – also zu einem Zeitpunkt, als Rauschnings 'Gespräche' längst erschienen waren – in komprimierter Form. So zitiert z.B. auch Joachim C. Fest die Aufzeichnungen Rauschnings ohne Vorbehalte."[4]

Dabei scheint nach einer skeptischen bis ablehnenden Rezeption in den 1990er Jahren das Pendel längst wieder zugunsten Rauschnings auszuschlagen.

Tatsache ist: Vor Hänel ist die deutsche und internationale Hitler-Forschung ausnahmslos von der Authentizität der Rauschning-Erinnerungen ausgegangen. Das gilt nicht nur für den Grandseigneur dieser Disziplin, Joachim Fest (der in über 50 Fußnoten auf Rauschning als Quelle verweist), sondern auch für Theodor Schieder, der nach dem Krieg neben Werner Conze zu den einflussreichsten Historikern zählte. Schieder verifizierte 1972 nicht nur 13 persönliche Treffen Rauschnings mit Hitler, er bezeichnete die „Gespräche" auch als „Dokument von unbezweifelbarem Quellenwert". Sein Kollege Golo Mann schrieb sogar die Einleitung zu einem 1964 verlegten Nachdruck.

Zudem ist Hänels „Entlarvung" keineswegs unumstritten. Nicht nur, dass seine „Studie" ausgerechnet von der „Zeitgeschichtlichen Forschungsstelle Ingolstadt" verlegt wurde, die Bernd Wagner („Handbuch Rechtsextremismus") als „geistiges Zentrum rechtsextremer Kreise in Deutschland" und Anton Maegerle als „Club der Revisionisten" bezeichnete, auch seine Methodik war ziemlich fragwürdig, wie der renommierte Zeithistoriker Martin Broszat 1988 nachwies. Wenn der Schweizer etwa behauptete, Rauschning habe von Ernst Jünger, General Ludendorff und Klaus Haushofer abgeschrieben, so bleibt das eine unbeweisbare Behauptung. Denn dass Hitler diese Autoren rezipiert, ihre Thesen in sein Patchwork-Weltbild integriert und sich zu eigen gemacht hat, steht außer Frage. So war auch Broszat von einer „inneren Authentizität" der „Gespräche mit Hitler" überzeugt. Ähnlich denkt man im Ausland. „Rauschning mag manchmal journalistischen Versuchungen zum Opfer gefallen sein, doch er hatte genug Gelegenheiten, Hitlers Gespräche aufzuzeichnen und der Tenor seiner Protokolle nimmt zu genau Hitlers spätere Äußerungen vorweg, um als Fabrikation gelten zu können", schrieb 2000 der wichtigste britische Zeitgeschichtler, Prof. Dr. Hugh Trevor-Roper. Tatsächlich brauchte man nur einen Blick in die authentischen „Monologe" und „Tischreden" Hitlers zu werfen, um deutliche Parallelen festzustellen; wären Letztere nicht erst nach dem Krieg (nämlich 1952 und 1980) veröffentlicht worden, man hätte Rauschning glatt ein Plagiat unterstellen können. So aber besteht kein Zweifel, dass Hitler tatsächlich so dachte und redete, wie Rauschning behauptete. Schon deshalb muss sein Buch als das glaubwürdigste, genaueste und einfühlsamste Portrait des Unmenschen gelten, das noch zu dessen Lebzeiten erschienen ist. Abstriche zu machen sind allenfalls an der literarischen Form; man darf halt nie vergessen, dass es sich um akzentuierte Zusammenfassungen aus der Erinnerung, nicht um wörtliche Protokolle handelt, auch wenn die wörtliche Rede – ein Stilmittel, auf das Rauschnings Verleger bestand – zu dieser Annahme verführt.

Die gründliche Arbeit der Mainzer Zeitgeschichtlerin Dr. Pia Nordblom, auf die ich bereits 2004 verwies, kennzeichnet wie keine andere das Umdenken gerade auch jüngerer deutscher Historiker in Sachen Rauschning. So stellte etwa Dr. Bernd Lemke vom *Militärgeschichtlichen Forschungsamt* der Bundeswehr in seiner 2006 von der Berliner Humboldt-Universität veröffentlichten Rezension der Neuauflage von Rauschnings Werk kategorisch fest: „Die ‚Gespräche mit Hitler' bieten in fast allen strukturellen Grundsatzfragen recht gute Auskunft über Denkansatz und Ziele Hitlers". Das Buch sei deshalb „eine historische Quelle eines intelligenten Beobachters, der die Substanz des Diktators und seines Werkes lange vor dessen Ende intuitiv auf den Punkt brachte."[5]

Hitler hatte zu diesem Zeitpunkt sein Ziel erreicht. Jetzt galt es, seine Getreuen auf die neuen Aufgaben einzuschwören, die Errichtung des Dritten Reiches, die Begründung einer neuen Religion. Es sollte kein Glaube der Verzweifelten und Verzagten, keine Religion der Liebe und Demut werden, sondern ein Kult des Willens, der Gewalt und der Erbarmungslosigkeit – ein Rückfall in die Barbarei. *„Ja! Wir sind Barbaren. Wir wollen es sein. Es ist ein Ehrentitel. Wir sind es, die die Welt verjüngen werden. Diese Welt ist am Ende!“*[6], prahlte Hitler, Rauschning gegenüber, nur wenige Wochen nach der Machtergreifung. Doch vor der Öffentlichkeit spielte er noch den gläubigen Christen, der den „Herrgott“ und die „Vorsehung“ anrief, seine Reden mit Gebetsformeln beendete und ein Konkordat mit dem Heiligen Stuhl abschloss, durch das der Staat scheinbar seinen Frieden mit der Kirche schloss. Dass all dies eine gigantische Lüge war, darum geht es in diesem Buch. Hitler, schlau wie eine Schlange, hatte allein die Absicht, einen potenziellen Gegner in scheinbarer Sicherheit zu wiegen, um im entscheidenden Augenblick zuzuschlagen. Er hasste die Kirchen nicht viel weniger als die Juden, und er schmiedete auch hier bereits Pläne für eine *Endlösung*. Er wollte sie ersetzen durch eine neue Religion, eine vermeintliche Heilslehre, die auf seinen Wahnideen basierte. *„Wir sind auch eine Kirche. Der ihre Zeit ist abgetan“*[7], hatte er Rauschning erklärt. Der Danziger Senatspräsident, selbst ein gestandener Protestant, hatte Hitler ohne Maske erlebt und bald durchschaut; angewidert kehrte er ihm und dem Reich den Rükken und ging ins Ausland.

Zugegeben, der Titel dieses Buches ist eine ähnliche Provokation wie Cattelans Plastik. Nichts scheint weiter voneinander entfernt als unser Verständnis von Religion und unsere Vorstellung von Adolf Hitler, dem Unmenschen und Massenmörder. So mag man es schnell abtun als den naiven Versuch, dem *Führer* die Gretchenfrage zu stellen, oder es in die Flut von Titeln einreihen, die, der Faszination des Bösen erlegen, jeden Aspekt von Hitlers Privatleben zum Thema machen. Die Fülle des publizierten Materials mag uns zu dem voreiligen Schluss kommen lassen, dass die historische Forschung nichts Neues mehr über Hitler zutage fördern könnte; wir glauben, alles über den deutschen Diktator zu wissen. Doch das Wesentliche, die Ergründung seiner innersten Motivation und Überzeugung, der Ursache für sein Sendungsbewusstsein, blieb uns bislang weitgehendst verwehrt. Das vorliegende Buch kann die großen Biographien von Joachim C.

Fest, John Toland und Ian Kershaw, die profunden Studien Werner Masers oder Guido Knopps exzellente Dokumentationen allenfalls ergänzen. Obwohl die Frage nach Hitlers Religion in diesen Arbeiten durchaus thematisiert wird, hat sie eine besondere Betrachtung verdient. Denn sie ist kein eher nebenher zu behandelnder Aspekt seines Privatlebens; sie ist nichts weniger als der Schlüssel zum Verständnis des Nationalsozialismus!

Der 11. September 2001 hat uns gelehrt, dass Religion mehr ist als persönlicher Glaube, praktizierte Nächstenliebe oder fromme Andacht. Sie ist eine Macht, die den Menschen zum Höchsten führen oder zum Niedersten verleiten kann, stets mit dem Versprechen, ihn zu erlösen. Religion ist nicht *per se* gut oder schlecht. Sie ist so gut oder so schlecht wie die Ethik, die sie lehrt, und die Früchte, die ihre Gläubigen hervorbringen. Ähnlich wie der fanatisierte Fundamentalismus der Al-Qaeda-Terroristen eine politisierte Heilslehre ist, deren Anhänger glauben, einen *Heiligen Krieg* zu führen, verfolgte auch der Nationalsozialismus, der 40 Millionen Menschen den Tod brachte, nach eigenem Verständnis eine heilsgeschichtliche Mission. Trotzdem blicken wir kopfschüttelnd auf die islamistischen Fanatiker, nicht wahrhaben wollend, dass ein Sektierertum mit noch viel fataleren Folgen in nicht allzu ferner Vergangenheit in unserer eigenen Heimat möglich war, nicht etwa in Form einer radikalen Splittergruppe, sondern als Staatsmacht. Dass Hitler ein Idol der Radikalislamisten ist, mit ihnen in seinem fanatischen Antisemitismus verbunden, macht diese Studie über seine Religion noch notwendiger.

Das religiöse Versprechen von Heil und Erlösung kann einen Menschen zur völligen Aufopferung und geradezu übermenschlicher Selbstüberwindung führen, jene „heroischen Tugenden" zutage fördern, die im Christentum das Merkmal von Heiligkeit sind. Religion, die dem Leben dient, die es schützt und bewahrt, ist *konstruktive Religion.* Ins Gegenteil verkehrt, zur Destruktivität pervertiert, hat aber eine Religion auch die Macht, das Gewissen des Menschen, sein natürliches Empfinden für Recht und Unrecht, außer Kraft zu setzen. Verbunden mit einer „Umwertung aller Werte" und der Forderung nach unbedingtem Gehorsam, kann sie bei ihm alles natürliche Mitempfinden, ja sogar den Selbsterhaltungstrieb ausschalten und ihn zum Selbstmordattentäter oder gar zum Handlanger des Holocaust werden lassen. In diesem Sinne war die NSDAP mit ihrem eschatologischen Erlösungsversprechen und ihrer totalen Fixierung auf den selbst ernannten Erlöser Adolf Hitler tatsächlich eine Sekte, waren ihre Anhänger und Helfershelfer bis hin zu den SS-Schergen in den Konzentrationslagern nichts anderes als fanatisierte Jünger eines destruktiven Kultes.

Ich weiß, dass diese These noch provokanter klingen mag als der Titel des vorliegenden Buches. Bislang wurde der Nationalsozialismus trotz all seiner Irrationalität im Wesentlichen als ein politisches Phänomen betrachtet, so als sei es Hitler ausschließlich um die Macht gegangen, die zu erlangen ihm jedes Mittel und jeder Theatertrick recht war. Andere Ansätze betrachten ihn als soziologisch-psychopathologisches Phänomen, als einen traumatisierten *underdog* und ewigen Verlierer, der einen Rachefeldzug plante. Der fanatische Antisemitismus der Nazis wird auf den christlichen Antijudaismus zurückgeführt, etwa so, als habe der ehemalige Chorknabe Hitler ihn derart verinnerlicht, dass er ihn, einmal verrückt geworden, nur noch zu radikalisieren und vor der (beifällig?) zuschauenden Kulisse der Christenheit (bzw. des Vatikans) in die Bluttat umzusetzen brauchte. Sebastian Haffner macht uns in seinen „Anmerkungen zu Hitler" sogar glauben, der Diktator sei *„trotz seiner gewohnheitsmäßigen rhetorischen Anrufung der ‚Vorsehung' und des ‚Allmächtigen' nicht nur irreligiös* (gewesen), *sondern hatte auch kein Organ dafür, was Religion für andere bedeuten kann."*[8]

Ich behaupte dagegen: Hitler und die Männer seines engsten Kreises haben tatsächlich an das geglaubt, was sie taten. Sie waren überzeugt, im Auftrag Gottes oder der *Vorsehung* zu handeln. Der Nationalsozialismus war keine rein politische Ideologie, sondern eine mythisch-religiöse Weltanschauung, basierend auf dem Mythos vom Blut als Träger der Seele, verbunden mit einer eschatologischen Heilslehre. Er strebte die Errichtung eines neuen Zeitalters, des apokalyptischen *Tausendjährigen Reiches* aus der Offenbarung des Johannes, durch Selbsterlösung des „wahren" *auserwählten Volkes,* der Arier, an. Da der Arier für die Nazis ursprünglich in seiner Reinform ein Gottmensch, der Sündenfall die Rassenmischung war, konnte diese Erlösung nur durch konsequente Ausmerzung aller *rassenfremden* Elemente stattfinden; speziell der Juden, die sie für die Inkarnation des Bösen hielten, aber auch des *verjudeten* Kirchenchristentums. Der Holocaust war für Hitlers Jünger kein irrationaler Zufall, sondern heilsgeschichtliche Notwendigkeit, eine lästige Pflicht, die es zu erfüllen galt. Hitler war nicht bestürzend irrational, sondern bestürzend logisch in allem, was er tat – er folgte der fatalen Logik einer destruktiven Religion. Insofern muss man die Interpretation der Katastrophe vom Kopf auf die Füße stellen: Die NS-Politik war das Produkt dieser Religion, nicht etwa die Religion eine Nebenerscheinung der Politik.

Die Unheilslehre des Nationalsozialismus war kein Derivat des Christentums, sondern eine erklärte Gegenströmung. Hitler war, im wahrsten Sinne des Wortes (wie es Nietzsche verstand), ein *Antichrist,* ein Umkehrer aller christlichen Werte und Vorstellungen. Der christliche Antijudaismus mit all seinen abscheulichen Exzessen basierte stets auf dem Anspruch, dass die Kirche selbst der legitime Erbe des alttestamentarischen Judentums sei. Jesus Christus gilt dem Christen als der Erfüller des Alten Bundes. Den Juden warf man vor, ihn nicht erkannt zu haben, und im extremsten Fall verlangte man ihre Bekehrung. Der Antisemitismus dagegen verneint den Juden in allem, was er ist, ohne Ausnahme und Ausweg. Jesus wird nicht nur seine Göttlichkeit, sondern auch sein Judentum abgesprochen, er wird zum antijüdischen Revolutionär umgedeutet. Mit dem christlichen Heiland hat der Jesus der Antisemiten und Naziideologen rein gar nichts gemeinsam.

Rassismus kann nicht christlich sein. Die große Kulturleistung des Christentums ist die Lehre von der Gleichwertigkeit jedes Menschen als Ebenbild Gottes. Der Antisemitismus muss also andere Wurzeln haben. Wir finden sie in der Gnosis, einer pseudochristlichen Heilslehre der Antike mit persischen und ägyptischen Ursprüngen, die die Selbsterlösung des Menschen durch Erkenntnis und geheimes Wissen verhieß und durch einen extremen Dualismus gekennzeichnet war. Die geistige *Welt des Lichtes,* so glaubten die Gnostiker, ist gut, die materielle *Welt der Finsternis* schlecht, ein *Gefängnis der Seele.* Daher konnte der Schöpfer der materiellen Welt, der Gott der Juden, für sie nur der Satan sein. Die extreme Verteufelung der Juden geht also auf die Gnostiker zurück. Wenn Hitler sie also im Gespräch mit Rauschning als „Geschöpf eines anderen Gottes“ bezeichnete, knüpfte er eindeutig an die gnostische, nicht an die christliche Tradition an. Nur die Gnostiker glaubten, dass das Alte und das Neue Testament Offenbarungen zweier verschiedener Götter waren, des bösen Weltenschöpfers und des Lichtgottes, der sich in Christus verkörperte, um die Seelen aus dem materiellen Gefängnis zu befreien.

Im 19. Jahrhundert erlebte die antike Gnosis in der Esoterik, dem Okkultismus und der Theosophie (drei Begriffe für dieselbe Lehre) ihre Renaissance. Damals entstand eine esoterische Rassenlehre, die den Dualismus von Licht und Finsternis auf die „Rassen" der Arier und Juden übertrug. Ihre Anhänger verfolgten die Juden nicht mehr, weil sie die vermeintlichen „Mörder Christi" waren, sondern weil sie angeblich das „böse" Prinzip des Materialismus, der „Finsternis", vertreten und den „lichten Gottmenschen", den Ariern, die Weltherrschaft strittig machen.

In diesem Buch weise ich nach, dass der Nationalsozialismus aus den esoterischen Strömungen des 19. Jahrhunderts – von der Theosophie und Ariosophie bis zum Wagnerianismus – hervorging. Er war nichts anderes als die politische Umsetzung ihrer abstrusen Heilslehren, als deren „Markenzeichen" von Anfang an das Hakenkreuz galt. Fast die gesamte Machtelite des Dritten Reiches hatte sich intensiv mit den esoterischen Lehren Richard Wagners (wie Hitler, Eckart, Rosenberg, Goebbels) und der neognostischen Mystik (wie Eckart, Rosenberg und Goebbels) befasst oder esoterischen Männerbünden angehört (wie Heß, Himmler, Rosenberg, Eckart und Frank). Heinrich Himmler, selbst fanatischer Okkultist, wollte gar in der SS einen eigenen Orden nach dem Vorbild der Gralsritter aufbauen. Hitler hatte sich seit seiner Jugend mit Okkultismus und Ariosophie befasst und besaß eine umfangreiche einschlägige Bibliothek. Alle diese Männer vereinte eine Abkehr vom Christentum in der Kindheit oder Jugend; die Esoterik wurde ihnen zur Ersatzreligion. Ihr politisches Engagement diente der praktischen Umsetzung dieser Weltanschauung. Ihr irrationales Element, der extreme Dualismus und die Selbsterlösungslehre der Gnosis, kombiniert mit dem Glauben an einen apokalyptischen Endkampf gegen das Böse in Gestalt der Juden, macht die Definition des Nationalsozialismus als *politische Religion* legitim. Wenn auch nicht in allen Punkten voll ausgeformt, so enthält er doch die Grundelemente einer jeden Religion. Hitlers „Mein Kampf" wurde zum neuen Evangelium erklärt, Parteitage als Liturgie inszeniert, in deren Mittelpunkt ein gemeinsames Bekenntnis stand: der Glaube an den Retter Adolf Hitler, der als Vollender des Werkes Christi diesem nicht nur ebenbürtig, sondern überlegen war. Einen persönlichen Gott dagegen hat es in dieser Religion nicht gegeben, die nur eine vage „Vorsehung" kannte, so fern, unnahbar und pantheistisch definiert wie das „Absolute" der Theosophen.

Es hat in der Vergangenheit verschiedene Versuche gegeben, die religiöse Komponente des Nationalsozialismus herauszufiltern. An erster Stelle ist dabei Friedrich Heers „Der Glaube des Adolf Hitler“ aus dem Jahre 1968 zu nennen, ein Werk, das allerdings sein Thema gründlich verfehlt. Denn statt der Weltanschauung des Naziführers auf den Grund zu gehen, polemisiert der Verfasser des 752-Seiten-Wälzers endlos gegen den *„vulgären christlichen, ja katholischen Glauben breiter Schichten“*[9], sieht dementsprechend ausschließlich *„spezifisch österreichische und spezifisch katholische Elemente in der Person Adolf Hitlers“*[10] und endet mit einer Breitseite gegen die katholische Kirche und das Papsttum. Dagegen missbraucht der Mainzer Priester und Kirchenrechtler Prof. Dr. Georg May in seiner umfangreichen, aber gewiss nicht objektiven Studie „Kirchenkampf oder Katholikenverfolgung“ aus dem Jahre 1991 das Thema für eine interkonfessionelle Polemik und kommt zu dem Schluss, Hitler habe seinen Kampf gegen die katholische Kirche mit Unterstützung der Protestanten geführt. Im Jahre 2002 schließlich behauptete Daniel Jonah Goldhagen in „Die katholische Kirche und der Holocaust“, es habe eine „schuldhafte Verstrickung“ zwischen Nazis und Katholiken gegeben. Um seine gewagte These zu untermauern, schreckte der selbst ernannte Moralist nicht einmal vor der Benutzung manipulierter Fotos und falscher Bildunterschriften zurück.[11]

Tatsächlich stand der Nationalsozialismus weit außerhalb der beiden christlichen Konfessionen. Nur die Nazipropaganda erhielt bis zuletzt den Irrglauben aufrecht, Nationalsozialismus und Christentum seien miteinander vereinbar. Zum Beweis verwies sie auf das Parteiprogramm der NSDAP, das sich zum *positiven Christentum* bekannte. Dabei war dieser Begriff der reinste Etikettenschwindel, denn das *positive Christentum* hatte, wie aus den Schriften der Naziideologen klar hervorgeht, mit dem traditionellen Kirchen-Christentum nichts mehr gemein. Der Nationalsozialismus war von Anfang an ebenso antiklerikal, wie er antisemitisch war. Die Nazis hielten das Christentum der Konfessionen für „verjudet“, seine Werte von Nächstenliebe und Demut waren mit ihrem barbarischen Menschenbild unvereinbar. So dienten das Konkordat mit dem Heiligen Stuhl von 1933 ebenso wie der „Schmusekurs“ mit der evangelischen Kirche nur dem Ziel, die Konfessionen ruhig zu stellen, um freie Hand beim ersten Holocaust, der Vernichtung der Juden, zu haben. Sie waren ebenso Heuchelei wie der Hitler-Stalin-Pakt, der den sowjetischen Partner in Sicherheit wiegen sollte, während Deutschland sich nicht nur Polen einverleibte, sondern auch den Krieg gegen Russland vorbereitete.

Hitler plante, wie er seinen Getreuen in seinen Tischreden und Monologen mehrfach ankündigte und wie offizielle Dokumente belegen, für die Zeit nach dem Krieg eine zweite *Endlösung:* die Vernichtung der christlichen Kirchen, an deren Stelle eine „deutsche Volkskirche" treten sollte, deren Messias Hitler selbst war. Der Schlag gegen sie sollte ebenso überraschend erfolgen wie der Einmarsch in Russland.

Erst in jüngster Zeit wurde die Verbindung zwischen Gnosis und Nationalsozialismus wiederentdeckt, etwa in Harald Strohms „Die Gnosis und der Nationalsozialismus" (1997), Ley/Schoeps „Der Nationalsozialismus als politische Religion" (1997), Claus-Ekkehard Bärschs „Die politische Religion des Nationalsozialismus" (2002) sowie im Rahmen des internationalen Forschungsprojektes „Totalitarismus und Politische Religionen", das in den Jahren 1992–2002 am Institut für Philosophie der Universität München unternommen wurde. Diese zum Verständnis des Nationalsozialismus entscheidenden Studien gehen zurück auf die Pionierarbeit des Politologen Eric Voegelin, der in den 1960er Jahren in München lehrte. Er hatte schon 1938 (!) den Nationalsozialismus als *„politische Religion"* und *„antichristliche religiöse Bewegung"* charakterisiert.[12] Auf den Arbeiten der Voegelin-Schule, wenn man sie so nennen will, basiert auch das vorliegende Buch. Mein Bemühen war, auf dieser Grundlage den Faden weiterzuspinnen und die Wurzeln und Auswirkungen der nationalsozialistischen Unheilslehre aufzuzeigen. Dabei ist es, zugegeben, kein leichtes Unterfangen, Hitlers Religion zu definieren. Zu unklar und oft widersprüchlich sind viele Zeugnisse seiner Zeit, an erster Stelle seine eigenen Aussagen, aber auch die Versuche seiner Paladine, daraus eine Ideologie zu formulieren und Dogmen zu definieren. Schon deshalb ist wichtig, immer wieder zu betonen, dass sich die politische Religion des Nationalsozialismus noch im Entstehungsstadium befand und weit davon entfernt war, ausgereift zu sein. Einerseits suchte man noch nach den Urgründen arischer Weisheit, andererseits galt es, speziell in den Anfangsjahren, die in die *wahre Lehre* noch uneingeweihte Masse nicht vollends vor den Kopf zu stoßen; eine allmähliche *Deprogrammierung* und Indoktrination war geplant. Dazu bedienten sich die Nazis weniger der Theorie als vielmehr großer mythischer Bilder, mit deren Hilfe sie archaische Schichten des Unterbewusstseins ansprachen. Schon deshalb ist es an der Zeit, dass das enorme geschichtsformende Potenzial von

Mythen, ob konstruktiv oder destruktiv, auch von der seriösen Geschichtsschreibung wiederentdeckt wird. Wer es voreilig ignoriert, kann schnell zu seinem Opfer werden.

Hitlers Religion war, wie die spätantike Gnosis oder die Esoterik von heute, ein Synkretismus: Sie enthielt christliche Elemente in heidnischer Deutung. Wie die Gnostiker und Esoteriker glaubte auch Hitler, dass der Mensch zum Gott werden und sich selbst erlösen kann, ohne an göttliche Gesetze oder Gebote gebunden zu sein. Das Unheil, das aus dieser Anmaßung resultierte, mag eine Warnung für die Nachwelt sein.

Was Hitler las

Ein wichtiger Schlüssel zum Verständnis Adolf Hitlers liegt in Washington D.C., der Hauptstadt der Vereinigten Staaten. Dort, in den weiten Hallen der *Library of Congress,* lagert die Bibliothek des Mannes, der einst Millionen Menschen ermorden, einen Kontinent in Schutt und Asche legen ließ. Bücher geben Einblick in die Seele eines Menschen: in sein Sehnen, sein Streben, seine Ängste und Hoffnungen, sein Weltbild, seine Philosophie. So war es ein wahrer Schatz für jeden Historiker, den die Amerikaner 1945 aus einer Salzmine bei Berchtesgaden bargen und, quasi als Kriegsbeute, in die USA brachten. Doch trotzdem dauerte es fast sechs Jahrzehnte, bis dieser Schatz für unsere Zeit geborgen wurde.

Es war nicht einmal ein Historiker, sondern ein Journalist, der „Hitlers Bücher" für unsere Zeit erneut aufspürte und eine erstaunte Weltöffentlichkeit von seinem Fund wissen ließ. Ausgerechnet an Adolf Hitlers 112. Geburtstag, dem 20. April 2001, betrat Timothy W. Ryback vom Magazin *The Atlantic* den Leseraum der „Sammlung seltener Bücher" *(Rare Books and Special Collections Division)* der Kongressbibliothek. Unter schweren Bronzeleuchtern, die von der hohen Stuckdecke hängen, umgeben von dicken Teppichen und mächtigen Holzschreibtischen, machte er seine Entdeckung.

800.000 Bände umfasst diese weltweit einmalige Sammlung seltener und historisch bedeutsamer Bücher, zu der die privaten Bibliotheken der US-Präsidenten Thomas Jefferson, Theodore Roosevelt und Woodrow Wilson zählen. Niemand, der es nicht besser weiß, vermutet an dieser Stelle die Bücher jenes Mannes, der dem Geist der Freiheit und des Humanismus, aus dem heraus die Vereinigten Staaten einst begründet worden waren, so blindwütig den Krieg erklärt hatte. Dass die Amerikaner diese *Third Reich Collection* – wie sie heute offiziell heißt – eher stiefmütterlich behandeln und bis heute noch nicht vollständig ausgewertet haben, zeigt, wie peinlich ihnen ihr Besitz eigentlich ist.[1]

Dabei war „Hitlers Bibliothek" eigentlich eher ein Zufallsfund. Ende April 1945 warfen alliierte Flieger über dem *Berghof* Bomben ab. In Minuten verwandelten sie die Lieblingsresidenz des *Führers* in einen Trümmerhaufen. Nach Hitlers Selbstmord am 30. April drangen zunächst Einheimische in das *Führersperrgebiet* rund um den *Berghof* ein, um zu plündern. Dabei fielen vor allem Lebensmittelvorräte und Bekleidung, aber auch zahlreiche Wertsachen in ihre Hände. Nach dem Rückzug der letzten SS-Einheiten besetzten Soldaten der 101. Luftlandedivision der US Army das Gebiet. Als sie das Gelände rund um den Obersalzberg durchstreiften, stießen sie auf eine stillgelegte Salzmine. In ihrem Inneren befanden sich Dutzende schwerer Holzkisten, von denen einige einst dem Transport von Schnaps gedient hatten, die jetzt aber mit Büchern voll gepackt waren. Aufkleber nannten die Reichskanzlei in Berlin als ihren Ursprung. Offenbar hatte Hitler kurz vor seinem Ende seine kostbare Bibliothek (oder zumindest einen Teil davon) aus der umkämpften Reichshauptstadt retten wollen. Tatsächlich hatte der Diktator während der letzten Wochen im *Führerbunker* mit dem Gedanken gespielt, sein Hauptquartier auf den *Berghof* zu verlegen.[2] Zu diesem Zweck waren bereits Teile des Inventars der Reichskanzlei in Frachtflugzeugen nach Berchtesgaden gebracht worden. Dort lagerten Hitlers Helfer auch seine Bücher ein, in Erwartung neuer Anweisungen.

Auch in den ausgedehnten Bunkeranlagen des *Berghofes* fand man Bücher, doch die meisten waren wohl bereits den Plünderern in die Hände gefallen. Als die amerikanische *Vogue*-Reporterin Lee Miller Anfang Mai am Obersalzberg eintraf, um Relikte aus Hitlers Privatleben aufzuspüren, bot sich ihr ein erschreckendes Bild. Geradezu säckeweise räumten Einheimische und Besatzer gleichermaßen die Gebäude und Bunker des einstigen *Führer-Quartiers* aus. Nichts, was nicht niet- und nagelfest war, ließen sie zurück. Das galt auch für Bücher, wobei die Souvenirjäger wählerisch waren: *„Wenn sie keine handschriftlichen Notizen enthielten, keine Widmung oder einen interessanten Umschlag, wurden sie achtlos weggeworfen."*[3]

Was übrig blieb, brachten die Amerikaner zusammen mit den Kisten aus der Salzmine zunächst einmal nach München, wo die US Army einen „Sammelpunkt" für Nazikriegsbeute eingerichtet hatte. Dort ließ man sich Zeit, machte sich allenfalls die Mühe, die fast 3000 Bücher zu zählen. Erst 1946 erfuhr eine Gesandtschaft der

Kongressbibliothek, die auf der Suche nach seltenen Büchern für ihre Sammlung war, von dem Sensationsfund und beschlagnahmte ihn. Im August 1946 verfrachtete man die Hitler-Bibliothek nach Frankfurt, wo sie ein weiteres Jahr fristete, bevor sie im September 1947 in den USA eintraf. Endlich in Washington, wurde die Erstellung eines Inventars zu einem undankbaren Praktikantenjob. Studenten hatten zu entscheiden, was wert war, Teil der Kongressbibliothek zu werden, und was nicht. Das hieß: Trug ein Buch keine eindeutige Widmung an Hitler oder ein *Ex libris* des Diktators, wurde es aussortiert. Man verschenkte es an eine andere US-Bibliothek oder verkaufte es an ein Antiquariat. Als die Sammlung 1952 gezählt wurde, war sie bereits auf 1800 Exemplare geschrumpft. Bis auf den heutigen Tag sind davon nur noch 1244 Bände Teil der *Third Reich Collection.* Von diesen waren bis zum April 2001 nur 200 Bücher im Onlinekatalog der *Library of Congress* zu finden. Erst die im selben Jahr erschienene Bibliographie „The Hitler Library“[4] listete sie vollständig auf.

Aufgrund eines simplen Vorurteils schenkten selbst namhafte Hitler-Biographen wie Joachim Fest, Alan Bullock, John Toland oder Ian Kershaw der Sammlung bislang keine oder nur wenig Beachtung. Der Student, der die Bücher 1952 aussortieren durfte, hielt sie für reine Belegexemplare, von deutschen Verlegern und Autoren einst unaufgefordert dem Führer übersandt. *„Es gibt kaum Hinweise darauf, dass viele dieser Bücher Teile seiner persönlichen Bibliothek waren, noch einen Beweis dafür, dass er sie je gelesen hat“,* glaubte Gerhard Weinberg.[5] Erst bei den Arbeiten an der Bibliographie „The Hitler Library“ entdeckten die Historiker Philipp Gassert und Daniel Mattern, wie falsch diese Einschätzung war. Nicht nur Hitlers persönliches *Ex libris,* sondern auch handschriftliche Unterstreichungen oder Anmerkungen des Diktators belegen, dass Hitler diese Bücher tatsächlich gelesen hatte.

Der *Führer* liest

„Der Führer liest“[6], untertitelte sein Leibfotograf Heinrich Hofmann eine berühmt gewordene Aufnahme, die Hitler auf dem Flug zwischen zwei Stationen seiner Wahlkampfreise 1932 zeigt. Wie wichtig ihm Bücher waren, bezeugen schon seine frühesten Weggefährten.

„Bücher, immer wieder Bücher!", erinnerte sich sein Jugendfreund August Kubizek.[7] *„Ich kann mir Adolf gar nicht ohne Bücher vorstellen. Daheim stapelte er sie um sich auf. Er musste ein Buch, das ihn beschäftigte, immer um sich haben."* Kubizek, der einzige echte Freund des heranwachsenden Hitlers, betonte immer wieder, welch wichtige Rolle seine Lektüre in diesen prägenden Jahren gespielt hatte. Während der spätere Diktator als Teenager die Schule ablehnte und seine Lehrer verachtete, bezog er aus Büchern das Halbwissen, mit dem er sein ganzes Leben über brillieren sollte. *„Bücher waren seine Welt. In Linz hatte er sich, um jedes gewünschte Buch erreichen zu können, gleichzeitig in drei Büchereien einschreiben lassen"*, erinnerte sich Kubizek. Dabei ging Hitler bei der Auswahl seiner Lektüre eher wahllos vor; sein einziges Kriterium war das vage Gefühl, dass der Autor *„ihm etwas sagen könnte"*. Schien er seine vorgefasste Meinung zu bestätigen, war es ein gutes Buch.

> *„Wer aber die Kunst des richtigen Lesens innehat, den wird das Gefühl beim Studieren jedes Buches, jeder Zeitschrift oder Broschüre augenblicklich auf all das aufmerksam machen, was seiner Meinung nach für ihn zur dauernden Festhaltung geeignet ist, weil entweder zweckmäßig oder allgemein wissenswert. Sowie das auf solche Weise Gewonnene seine sinngemäße Eingliederung in das immer schon irgendwie vorhandene Bild, das sich die Vorstellung von dieser oder jener Sache geschaffen hat, findet, wird es entweder korrigierend oder ergänzend wirken, also entweder die Richtigkeit oder Deutlichkeit desselben erhöhen ... Nur so hat das Lesen dann Sinn und Zweck"*[8],

erklärte Hitler in seinem eigenen Buch „Mein Kampf" zu seinen Lesegewohnheiten.

Andere Quellen bestätigen die Lesefreudigkeit des Autodidakten. Sein Cousin Johann Schmidt erinnerte sich an einen Sommerurlaub des jungen Adolf in Spital, dem Dorf seiner Verwandten im Waldviertel. Sein wichtigstes Gepäckstück war ein Stapel von Büchern, in denen er *„fast ständig las oder arbeitete"*[9]. Nach Wien nahm Hitler, so Kubizek, fünf schwere Koffer voller Bücher mit. Christa Schröder, eine Zeugin seiner „Wiener Jahre", erklärte, er habe sämtliche 500 Werke einer städtischen Bücherei *„verschlungen"*[10]. Dass er diese

Lektüre meist nur konsumierte und absorbierte, aber selten kritisch reflektierte, ist typisch für einen Autodidakten. Jedenfalls blieb ihm die Leidenschaft für Gedrucktes sein Leben lang erhalten. Selbst während des Zweiten Weltkrieges, so sein Begleitarzt Prof. von Hasselbach, verging kaum ein Tag, an dem Hitler nicht mindestens ein Buch durchzuarbeiten versuchte.[11]

In seiner Einkommensteuererklärung von 1930 erschien der Kauf neuer Bücher als drittgrößter absetzbarer Posten (nach Reise- und Transportkosten). In einer Feuerversicherung, die er im Oktober 1934 für seine Wohnung am Münchener Prinzregentenplatz abschloss, gab Hitler den Wert seiner Bibliothek mit 150.000 Reichsmark, ihren Umfang mit 6000 Bänden an.[12] Diese Zahl bestätigte HJ *(Hitlerjugend)*-Führer Baldur von Schirach, der damals schrieb:

> *„Seine große Leidenschaft ist seine Bibliothek, die 6000 Bände umfasst, die er nicht nur durchgeblättert, sondern auch gelesen hat."*[13]

Ende der 30er Jahre besaß er bereits drei Buchsammlungen. Auf dem *Berghof,* seiner Alpenresidenz bei Berchtesgaden, ließ er ein Studio im zweiten Stock als luxuriöse Privatbibliothek einrichten, ausgestattet mit eleganten Perserteppichen und zwei Globen sowie schweren handgeschnitzten Eichenschränken, in denen die Bücher hinter Glastüren mit Bronzegriffen standen. Hier war Platz für 600 Werke, die ihm besonders wichtig waren. Die anderen Bücher lagerte er in München oder in der großen Bibliothek der Reichskanzlei ein, für die sein Leibarchitekt Albert Speer den ganzen Westflügel der Monumentalresidenz reserviert hatte. Für den Berghof plante Speer einen Neubau: eine große Bibliothek für 60.000 Bände.[14]

Damit mag er natürlich für die Gesamtzeit des *Tausendjährigen Reiches* geplant haben. Doch wahrscheinlich war Hitlers Bibliothek bis zum Krieg auf über 16.000 Bände angewachsen, wie damals der *United Press*-Korrespondent Frederick Oechsner schon schätzte.[15] Es ist anzunehmen, dass Hitler einen großen Teil der Bücher tatsächlich gelesen hat. Selbst hochgebildete Männer wie Reichswirtschaftsminister Hjalmar Schacht stellten beeindruckt fest: „(Hitler hat) *unendlich viel gelesen, hat sich ein großes Wissen angeeignet und jonglierte mit diesen Kenntnissen in einer virtuosen Weise in allen Debatten und Vorträgen."*[16] Auch sein Leibarzt Dr. Theo Morell bestätigte:

„Hitlers Allgemeinbildung war durch ihren Mangel an Universitätsausbildung gekennzeichnet, den er jedoch durch Aneignung einer großen Menge von Allgemeinwissen durch Lektüre kompensierte.“[17] Sein exzellentes Gedächtnis tat das Seinige dazu, ihn bei jeder Debatte als seinen Gesprächspartnern überlegen und besser informiert erscheinen zu lassen.

Das aber stand im krassen Widerspruch zu dem Hitler der Vorurteile und der Propaganda, dem Mann aus dem Volk, dem Sohn kleiner Leute, der sich aus eigener Kraft hochgearbeitet hatte. Dieses Hitler-Bild wurde immer wieder von der Nazipresse genährt. Als Oskar Achenbach von der Münchener *Sonntag-Morgenpost* im Frühjahr 1933 Hitlers Privaträume auf dem *Berghof* inspizieren durfte, schilderte er diese nicht gerade als Hort geistiger Inspiration und Bildung:

> *„Das Schlafzimmer des Führers ist von spartanischer Einfachheit. Metallbett, Schrank, Kommode, ein paar Stühle, das sind alle seine Möbel. Auf einem Bücherbord stehen politische oder staatswissenschaftliche Werke, einige Broschüren und Bücher über die Pflege und Zucht des Schäferhundes und dann, deutsche Jungen, hört her! Dann kommt eine ganze Reihe mit Bänden von – Karl May! Der Winnetou, Old Surehand, der Schut, alles liebe alte Bekannte.“*[18]

Hitler war leidenschaftlicher Karl-May-Leser, keine Frage. Aber die Werke des phantasiebegabten Sachsen machten eben nur einen Bruchteil seiner Bibliothek aus. Dass wir nicht eines von ihnen in der *Third Reich Collection* von Washington D. C. finden (und ebenso wenig ein Buch über Schäferhundzucht!), zeigt uns allerdings auch, wie unvollständig diese ist. Sollte Oechsners Schätzung vom Umfang der Bibliothek des Unmenschen realistisch sein, wovon auszugehen ist, dann befinden sich in Washington gerade einmal 10 Prozent ihres Gesamtbestandes – ein unvollständiger, gewiss aber repräsentativer Einblick.

Hitler, der Esoteriker

Jedenfalls war es ein völlig „neuer“, zumindest ein weitgehend unbekannter Hitler, dem Timothy W. Ryback bei seiner Inspektion der *Third Reich Collection* begegnete. Dabei war der interessanteste, überraschendste Aspekt des *„Hitlers, von dem ich nichts geahnt hatte“*, dass der Führer offenbar ein *„Mann mit einem ausgeprägten Interesse an spirituellen Fragen“* war. Mehr als 130 der 1244 Bücher der *Hitler Library* befassten sich mit *„religiösen und spirituellen Themen, vom abendländischen Okkultismus über östliche Mystik bis zu den Lehren Jesu ... einige Bände datieren aus den späten 20er Jahren, als Hitler ein obskurer Demagoge am Rande des Münchener politischen Lebens war, andere aus den letzten Jahren, als er über Europa herrschte.“*[19]

Rybacks überraschendes Fazit: Der Massenmörder war ein Sinnsucher, der sich offenbar, ganz wie die heutigen Vertreter der *New Age*-Bewegung, seine Privatreligion aus den Fragmenten spiritueller und okkulter Traditionen zusammenbastelte. Hitler war Esoteriker!

Ein Teil der Werke aus der „spirituellen Bibliothek“ des *Führers* befasste sich mit dem Christentum. Dazu zählen Bücher mit Titeln wie „Sonntagsgedanken“, „Vom Beten“, „Das Leben Jesu, Unseres Heilands“, „Ein Leitfaden zu religiösen Fragen“, aber auch komplexere Werke wie Max Erich Winkels „Der Sohn: Die evangelischen Quellen und die Verkündigung Jesu von Nazareth in ihrer ursprünglichen Gestalt und ihre Vermischung mit jüdischem Geist“ aus dem Jahre 1935. Andere Werke schlugen in dieselbe Kerbe, forderten ein „germanisches Christentum“: So Tögel/Wohlrabs „Germanisches Gottgefühl im christlichen Religionsunterricht“ (1935), Josias Tillenius’ „Rassenseele und Christentum“ (1926), Georg Lomers „Die Evangelien als Himmelsbotschaft“ (1930), Hermann Karwehls „Deutschland für Christus“ (1933), Karl Furthmanns „Religiöse Erneuerung“ (1937), Kern/Schröders „Lesebuch zur Glaubensfrage: Abwehr des Jahweglaubens“ (1935) und schließlich Jörg Lanz von Liebensfels’ „Buch der Psalmen teutsch: Das Gebetbuch der Ariosophen, Rassenmystiker und Antisemiten“ (1926).

Eine in feines Leder gebundene Ausgabe der „Worte Christi“ beeindruckte Ryback ganz besonders. Die Evangelienweisung *„Du sollst Gott, deinen Herrn, lieben von ganzem Herzen, mit all deiner Seele, mit all deinem Geist: dieses ist das vordringlichste und bedeutendste Gebot. Ein anderes ist gleichermaßen wichtig: Liebe deinen Nächsten wie dich selbst“* (Mk 12,30–31) ist mit einer feinen, dünnen Bleistiftlinie am Rand markiert. Eine heimliche Selbstreflexion des Menschenfeindes Hitler? Oder eine Mahnung aus seinem engsten

Umfeld, von Eva Braun oder Paula Hitler, der jüngeren Schwester des Diktators, die gelegentlich den *Berghof* besuchte? Wir wissen es nicht.

Andere Werke beschäftigten sich mit Esoterik und Okkultismus, mit der Anthroposophie Rudolf Steiners oder – „Im Lichte der Wahrheit: Gralsbotschaft von Abdruschin“ – der Lehre des deutschen Esoterikers Oscar Ernst Bernhardt alias „Abd-ru-schin“. Dazu zählen auch Gustav Berlings „Das Wesen der Schöpfung: Forschungen über Diesseits und Jenseits, über die Grundwahrheiten der Natur, über die Substanz der Seele und Folgerungen daraus“ (1914), Hans-Friedrich Bluncks „Von Geistern unter und über der Erde“ (1935), Friedrich Lienhards „Unter dem Rosenkreuz“ (1925) sowie „Meister der Menschheit: Die Abstammung aus dem Licht“ (1923) und schließlich Heinrich Nüssleins „Das Geheimnis der Inspiration: Aus dem Wunderreiche der schöpferischen Kraft. Für geistreiche, intelligente und geniale Menschen, die mit ihren Genien, mit ihren Intelligenzen und dem Reiche des Geistes und den geistigen Heerscharen in Verbindung stehen“ (1932). Auch esoterische Werke wie Gustav von Pohls „Erdstrahlen als Krankheitserreger“, Friedrich Rittelmeyers „Meditation: Zwölf Briefe über Selbsterziehung“ (1929) sowie Schrötter/Wüsts „Tod und Unsterblichkeit im Weltbild indogermanischer Denker“ (1938) – letzteres ein persönliches Weihnachtsgeschenk von Heinrich Himmler – waren darunter.[20]

Die Entdeckung des „Esoterikers Hitler“ ist umso brisanter, als sie Hinweise aus sehr viel älteren Quellen bestätigt, die bislang von Historikern eher angezweifelt wurden. Eine dieser Quellen ist das Buch „Das Ende des Hitler-Mythos“ von Josef Greiner, das direkt nach dem Krieg aus eher opportunistischen Gründen publiziert wurde und eine ganze Reihe längst widerlegter Legenden über Hitlers Zeit in Wien enthält. Trotzdem ist unbestreitbar, dass Greiner den späteren *Führer* aus dem Wiener *Männerheim* in der Meldemannstraße kannte, in dem er, zeitgleich mit Hitler, vom Januar bis April 1910 wohnte. Zeugen bestätigten die zeitweise Freundschaft zwischen den Männern, bezeichneten Greiner allerdings auch als *„Schwätzer“*, der *„einen schlechten Einfluss“* auf Hitler ausübte.[21] Jedenfalls mag das Buch, zumindest was Greiners Ausführungen über Hitlers Interessen und Lesestoff im *Männerheim* betrifft, sehr wohl einen wahren Kern haben. So heißt es dort:

„Hitler zerbrach sich ... den Kopf über das Fakir- und Yogatum in Indien, deren Anhänger durch die Abwendung der Sinne von der Außenwelt und durch die Konzentration des Denkens nach innen, die sie durch Selbstkasteiung aller Art erreichen, unglaubliche Wunder an menschlicher Willenskraft vollbringen ... Hitler setzt nicht den geringsten Zweifel an die Wahrheit der Berichte, dass Fakire willkürlich ihr Herz zum Stillstand bringen konnten und sich tagelang eingraben ließen, oder dass sie mehrmals nacheinander nackt durch fünf Meter lange Feuergräben gehen konnten, ohne Schaden zu nehmen ... Dieses Geheimnis suchte er selbst zu ergründen und machte mit seiner Hand Proben über dem Gasrechaud ...
Da zur damaligen Zeit in Wien mehrere öffentliche Vorträge über Okkultismus *gehalten wurden, besuchte sie Hitler. Er gelangte durch sie auf das Gebiet der Telekinese, der Berührung von Gegenständen aus der Ferne ... und glaubte an ähnliche Erscheinungen wie bei der Wünschelrute ...*
Mit Vorliebe befasste sich Hitler auch mit der Physiognomik *und machte, wenn wir zusammen im Kaffeehaus oder in der Straßenbahn saßen, Gesichtsanalysen ... Auch der* Graphologie, *der zur Erforschung der Persönlichkeit immerhin eine gewisse praktische Bedeutung zukommen mag, brachte Hitler großes Interesse entgegen. Seine Liebe galt aber zweifellos der* Astrologie ... Geheimlehren ... Zahlenmystik ...
Was die Erforschung der menschlichen Seele betrifft, befasste sich Hitler emsig mit der Hypnose, *dem Vorahnungsvermögen und dem zweiten Gesicht ...“*[22]

Vielleicht ging es dem späteren Diktator bei der Beschäftigung mit diesen Themen auch um die Frage, wie man Macht über Menschen gewinnen konnte. Was die Hypnose betrifft, so betonte eine ganze Reihe von Zeitzeugen, speziell jene aus seinem engsten Umfeld, die starke Suggestivkraft von Hitlers Blick. Immer wieder gelang es ihm, sein Gegenüber durch den direkten Augenkontakt zu unterwerfen, und es ist anzunehmen, dass er diese Technik bei einem erfahrenen Hypnotiseur erlernte. Mit seltener Selbstironie meinte Hitler bei einer Lagebesprechung im *Führerhauptquartier* am 27. Januar 1945 vor dem Treffen mit dem norwegischen Regierungschef: *„Ich habe* *heute noch eine unangenehme Arbeit. Ich muss den Quisling heute noch hypnotisieren.“*[23]

Doch das allein erklärt nicht das breite Spektrum esoterischer Werke in seiner Bibliothek; vielmehr enthüllt es ein tieferes Sehnen, die Suche nach neuen Antworten auf uralte Fragen, nach den Fundamenten einer neuen Religion. Ganz wie die Anhänger der modernen *New Age*-Bewegung war auch Hitler überzeugt, dass die Welt an der Schwelle eines neuen Zeitalters, vor dem Eintritt in eine neue Phase der Evolution stand. So schrieb Hermann Rauschning, der ihn schon nach wenigen Begegnungen wie kaum ein anderer durchschaut hatte:

> *„Weltwende sei nun, das war ein Thema, das immer wieder in seinen Gesprächen anklang. Eine von uns Nichtwissenden in ihrem Ausmaß gar nicht zu erfassende Umwälzung des ganzen Lebens. Hitler sprach dann wie ein Seher und Eingeweihter. Es war eine biologische Mystik, oder soll man sagen, eine mystische Biologie, die das Fundament seiner Eingebungen bildete. ‚Der Irrweg des Geistes‘ erschien als der eigentliche Abfall des Menschen von seiner göttlichen Berufung. ‚Magisch sichtig‘ zu werden, das schien ihm als das Ziel einer menschlichen Fortentwicklung. Er selbst fühlte sich bereits an der Schwelle dieses magischen Wissens und schrieb ihm seine Erfolge und seine künftige Bedeutung zu. Da hatte ein Münchener Gelehrter neben fachwissenschaftlichen Büchern ein paar merkwürdige Sachen geschrieben über Urwelt, Sage und Menschheit, über die Traumgesichtigkeit der früheren Menschheit, über eine Erkenntnisform und eine uns übernatürliche Macht über die rationalen Naturgesetze. Da gab es das Auge des Zyklopen, das Scheitelauge mitten auf dem Haupt, das jetzt zur Zirbeldrüse verkümmerte Organ einer magischen Einfühlung in das All. Solche Ideen faszinierten Hitler. Er liebte es zu Zeiten, sich damit leidenschaftlich zu beschäftigen. Er sah sein eigenes, wundersames Leben als eine Bestätigung verborgener Kräfte.“*[24]

Eine zweite Hitler-Bibliothek

Neben der *Third Reich Collection* der US-Kongressbibliothek ist uns noch ein zweites „Fragment“ aus Hitlers Bücherschatz erhalten; ein

Teil der Privatbibliothek des *Führers* aus der *Reichskanzlei,* der offenbar nicht mehr rechtzeitig nach Berchtesgaden gebracht werden konnte. Ihn barg der amerikanische Oberst Albert Aronson, der im Mai 1945 als einer der ersten Soldaten der Westmächte das von den Russen eingenommene Berlin erreichte. Auf der Suche nach Nazisouvenirs ließ er sich von den Russen den *Führerbunker* zeigen. Das letzte Versteck des Diktators war jedoch fast leergeräumt, mit Ausnahme einiger weniger Bilder und eines Stapels Bücher. Zu einem angemessenen Preis – wohl ausbezahlt in der inoffiziellen Nachkriegswährung, nämlich amerikanischen Zigaretten – durfte er sie mitnehmen. Bis zu seinem Tod hütete Col. Aronson die Kriegsbeute auf seinem Dachboden, dann fiel sie als Erbe an seinen Neffen. Der wiederum stiftete die 81 Bücher, von denen die meisten das persönliche *Ex libris* Hitlers trugen, 1979 der *Brown University* in Washington D. C.[25]

Als Ryback diese zweite *Hitler Library* inspizierte, wiederholte sich das Bild, das sich ihm bereits in der *Library of Congress* geboten hatte. Ein ganzes Dutzend Bände befasste sich mit Themen des Okkultismus. Das Sensationelle war, dass die meisten dieser Bücher noch aus den zwanziger Jahren stammten und keinerlei Widmung aufwiesen; Hitler muss sie noch in seiner Münchener Zeit persönlich erworben haben. Darunter befand sich das „Gebet“ (1926) des „Eingeweihten“ Joseph Anton Schneiderfranken, der sich „Bo Yin Ra“ nannte und dessen Werke sich noch heute unter Esoterikern höchster Beliebtheit erfreuen. „Die Weissagungen des Nostradamus“ in der Deutung von Carl Loog (1921) sagten leider noch nicht das Ende des Diktators voraus; erst später wurde der Vierzeiler

> *„In der Nähe des Rheins der norischen Berge (des Inn) wird*
> *ein Großer geboren aus dem Volk, das zu spät gekommen ist;*
> *Er wird das Weichselland und den Donauraum verteidigen.*
> *Man wird nicht wissen, wie er schließlich endet.“*[26]

auf ihn bezogen.

Ein Buch aus dem Jahre 1921 von Otto Grabowski befasste sich mit dem „Geheimnis des Hakenkreuzes und der Wiege des Indogermanentums“. Adamant Rohms „Heilkunst, Heilkunde, Heilwissenschaft“ von 1926/27 handelte von der „Lebenskraftbehandlung, dem sogenannten Heilmagnetismus“. Um handfesten Spiritismus ging es in

Henrichs „Die Toten leben" (1922). Der etwas umständliche Untertitel versprach „unumstößliche Tatsachenbeweise. Kurz gefasste gemeinverständliche Einführung in das Gebiet des Okkultismus, Hypnotismus, Somnambulismus, Spiritismus und Theosophie; die Erscheinungen des Mediums; die Wahrheit über die Freimaurerei; Okkultismus und Christentum" und illustrierte diese durch „16 Geisterphotographien". Das zumindest auf den ersten Blick beeindruckende Bildmaterial zeigt Psi-Phänomene: Fünf Personen bringen 1892 während einer Séance in Genua einen runden Tisch zum Schweben; der Geist eines 15jährigen polnischen Mädchens erscheint in einer „leuchtenden, nebelhaften Substanz". Bei einem noch recht lebendig wirkenden Engländer soll es sich um „das Phantom von Charles Dickens" handeln, der 1871 verstarb, aber angeblich 1873 einer Gruppe von Spiritisten erschien. Am intensivsten aber muss sich Hitler mit einem anderen Buch befasst haben. Es stammte von Dr. Ernst Schertel, erschien 1923 und trug den Titel „Magie: Geschichte, Theorie, Praxis". Auf der Titelseite war es vom Autor signiert; wahrscheinlich ist, dass Hitler ihm persönlich begegnete. *„Adolf Hitler verehrungsvoll zugeeignet vom Verfasser"* heißt es in der Widmung; das Fehlen eines Titels *(Führer, Reichskanzler)* lässt darauf schließen, dass diese Widmung tatsächlich noch aus den frühen zwanziger Jahren stammte.[27]

Es ist bekannt, dass Hitler zeitlebens mit dem Okkultismus liebäugelte und einige seiner ersten Anhänger – darunter Rudolf Heß, Heinrich Himmler, Martin Bormann und Alfred Rosenberg – aus den Reihen esoterischer Logen und Geheimbünde rekrutierte. Einer seiner frühen Weggefährten, Karl Wiegand, schrieb 1939 in einem Beitrag für die Zeitschrift *Cosmopolitan: „Als ich Adolf Hitler in München kennenlernte, das war 1921 oder 1922, stand er mit einem Zirkel in Kontakt, der fest an die Macht der Sterne glaubte."*[28] Dazu gehörte Dr. Wilhelm Gutberlet, eines der ersten Mitglieder der *Deutschen Arbeiter-Partei,* die 1920 in NSDAP umbenannt wurde. Für dasselbe Jahr wird Gutberlet als einer der acht Besitzer der Parteizeitung *Völkischer Beobachter* genannt; mit einem Einsatz von 10.000 Mark gehörten ihm immerhin 8,5 Prozent des Blattes. Dr. Gutberlet war nicht nur ein Mitglied der okkulten *Thule-Gesellschaft,* einer völkischen Loge, sondern auch Pendler und Astrologe. Über ihn schrieb Walter Schellenberg, der spätere Chef der Auslandsabteilung des *Sicherheitsdienstes* (SD) von Himmlers SS, in seinen „Memoiren":

„Dr. Gutberlet, ein Münchener Arzt, gehörte zum engsten Kreis um Hitler. Gutberlet glaubte an das ‚siderische Pendel', ein astrologisches Gerät, und behauptete, es würde ihm ermöglichen, die Anwesenheit von Juden oder Personen mit teilweiser jüdischer Verwandtschaft in jeder Menschengruppe aufzuspüren. Hitler bediente sich der mystischen Kräfte Gutberlets und führte mit ihm zahlreiche Diskussionen über die Rassenfrage."[29]

Auch Hermann Rauschning bestätigte Hitlers Beschäftigung mit Esoterik, Okkultismus und Magie. In seinen „Gesprächen mit Hitler" zitiert er eine „kluge Frau" aus dem Bekanntenkreis des Diktators, die ihn eindringlich warnte:

„Mein Führer, wählen Sie nicht die schwarze Magie. Heute stehen Ihnen noch beide offen, die weiße wie die schwarze. Aber wenn Sie sich einmal für die schwarze Magie entschieden haben, wird sie nie mehr aus Ihrem Schicksal verschwinden."[30]

Offensichtlich hat Hitler diese Warnung in den Wind geschrieben.

Der Autor des magischen „Lehrbuches", Dr. Ernst Schertel, war eine Szenegröße seiner Zeit. Seine Themen waren Sex, Sadomasochismus und Magie. Er schrieb eine ganze Reihe einschlägiger Werke, darunter „Metaphysik der Persönlichkeit" (1911), „Die Katakomben von Ombas" (1917), „Die Sünde des Ewigen" (1918), „Der Erwecker" (1918), „Weltwerdung" (1919), „Magie der Leiber" (1921), „Der erotische Komplex – Paranormale Erotik" (o. J.), „Der Flagellantismus als literarisches Motiv" (1930), „Sitte und Sünde" (1930), „Der Komplex der Flagellomanie" (1932), „Gesäß-Erotik" (1932), „Die Schlangenanbeter" (1950) und „Fetisch und Phantasie" (o. J.). Schon dieser Umstand machte Ryback neugierig, und so ließ er sich das Buch von einem Bibliothekar der Brown-Universität bringen. Es war in einem schlechten Zustand, wirkte zerlesen, die Ränder seiner Seiten waren brüchig. Dafür waren mehr Textstellen markiert als bei den anderen Büchern der Hitler-Bibliothek, die der Journalist zuvor eingesehen hatte. Eine besonders dicke, mehrfach nachgezogene Bleistiftlinie kennzeichnete ein Zitat, durch das sich Hitler in seinem Innersten erkannt haben muss: *„Wer keinen dämonischen Samen in sich trägt, wird auch nie eine magische Welt gebären."*[31] Lag darin das tiefste

Geheimnis des teuflischen Diktators? Dann las der Journalist weiter, mit stockendem Atem, als würden ihm gerade die letzten Geheimnisse des Dritten Reiches offenbart. Was Schertel schrieb, liest sich seitenweise wie Rauschnings „Gespräche mit Hitler“:

„Unter den diffusen Formen ist es vor allem die allgemeine Schicksalsbestimmung, die den unmittelbarsten und unwillkürlichsten Ausdruck magischer Potenz darstellt. Alle genialen Menschen besitzen diese Kraft und alle Völker haben sie besessen, deren Geschichte nicht bloß ‚ablief‘, sondern sich geradezu zum Mythos verdichtete ... Das kann mit viel Leid und Unglück verbunden sein, führt aber immer zu einer Auswirkung von tiefstem Sinn.“[32]

„Der Magier ist der eigentlich heroische Mensch, der im Bewusstsein seiner tragischen Lebenslinie ihr dennoch folgt – um des Dämons willen, der ihn treibt.“[33]

„Magie in dieser großen Bedeutung hat die Eigenschaft, den Menschen mit den kosmischen Mächten in Beziehung zu setzen und ihn so mit den Wurzeln und Quellen allen Daseins zu verbinden. In dieser Höhe also fällt Magie zusammen mit Religion. Alle großen Magier waren große Religiöse.“[34]

„Das sogenannte ‚Gute‘ aber, das von dieser späten Universalmoral angestrebt wird ... ist eine Moral der Kastration und Abflauung, so, wie der abstrakte monotheos (Eingott) *durchaus als entmannter und abgeflauter Dämon erscheint. Das sinnlich-starke, aristokratische Lebensideal der Frühzeit wird verlassen und verpönt zugunsten einer sentimentalen Gleichmacherei, die die Verbürgerlichung und Verhaustierung des gesamten Menschengeschlechtes anstrebt.*
Magie aber ist etwas Urzeitliches, Heldenhaftes, Unsentimentales, etwas gewalttätig Aristokratisches, Leibhaft-Konkretes, das sich jeder Verabstrahierung, Universalisierung und Moralisierung widersetzt. Magie ist ein Freibeutertum dämonisch erfüllter Menschen.“[35]

Hitlers Exlibris

Rauschning hatte als Erster den Nationalsozialismus als Synthese von Magie und Sozialismus, als *„magischen Sozialismus"* und *„Traum von großer Magie"*[36] bezeichnet. Jetzt schien der Beweis für die Richtigkeit dieser Deutung erbracht.

Klopfenden Herzens legte Ryback das Buch beiseite. Bald darauf fuhr er nach Hause, ein paar Tage später begann er, über seine Entdeckungen zu schreiben. Er wusste, sie waren es wert, der Welt mitgeteilt zu werden. Vor ihm hatte sich ein ganz neues Hitler-Bild eröffnet: Er hatte einen Blick in die Seele des Unmenschen geworfen.

Vom Klosterschüler zum Kirchenfeind

Nicht einmal im Traum hätte der kleine Adolf je an eine Karriere als Politiker gedacht; er wollte Abt werden! Das Zeug dazu besaß der aufgeweckte, wenn auch ziemlich dickköpfige und jähzornige Junge aus kleinbürgerlichen Verhältnissen allemal. Seine Mutter, die er heiß und innig liebte, war eine fromme Katholikin, die ihn schon früh im Sinne der Kirche erzog. Aus der Schule brachte er stets die besten Noten nach Hause, lauter Einser in den wichtigsten Unterrichtsfächern.[1] Zu diesen zählten Religion, Lesen, Schreiben, Rechnen, „Anleitung zur Rechtschaffenheit" und Wirtschaft.[2] Ging er frühmorgens zur Schule, so richtete seine Mutter Klara Hitler ihm zuvor seinen Schulranzen her, gab ihm die obligatorische Schiefertafel und den Schwamm sowie ein deftiges Pausenbrot mit. Kam er mittags zurück, kontrollierte sie seine Hausaufgaben, achtete darauf, dass er sauber und ordentlich schrieb, und hörte geduldig zu, was er vom Tag zu berichten hatte. Sie erzog ihn bewusst zur Höflichkeit, und so beeindruckte er seine Lehrer und Mitmenschen damals noch durch gute Manieren, Aufmerksamkeit und Hilfsbereitschaft. Und sie hoffte, dass aus ihm einmal ein guter Christ würde, leitete ihn zum Tisch- und Abendgebet an, ging mit ihm, vielleicht sogar regelmäßig, in die Kirche.

Der einzige Schatten, der über der Kindheit Adolf Hitlers lag, war sein strenger, herrischer und unsteter Vater, ein österreichischer Zollbeamter. Auch als Alois Hitler 1895 in den Ruhestand ging, fand er keine Ruhe. Zunächst kaufte er ein Haus im oberösterreichischen Fischlham bei Wels, um es auf den Monat genau zwei Jahre später wieder zu verkaufen. Für anderthalb Jahre zog die Familie in das benachbarte Lambach, dann war ihm auch dieser Ort nicht genehm. Für den kleinen Adolf bedeutete das, alle zwei Jahre die Schule, seine Lehrer und Mitschüler zu wechseln. Das mag dazu geführt haben, dass er sich tief in seinem Innersten nach Heimat, nach Wurzeln zu sehnen begann.

In die Lambacher Zeit fiel seine tiefste Begegnung mit den Mysterien der katholischen Kirche. Das idyllische Städtchen auf halber Strecke zwischen Salzburg und Linz ist geprägt durch seine Benediktinerabtei, die schon damals stolz auf eine 840jährige Geschichte zurückblicken konnte. Sie wurde 1056 von Bischof Adalbero von Würzburg in unmittelbarer Nähe der Stammburg seines Geschlechtes, der Grafen von Lambach-Wels, errichtet. Welche Bedeutung er seinem Stift zukommen ließ, belegen die prachtvollen Fresken im italobyzantinischen Stil, die erst in der Mitte des 19. Jahrhunderts wiederentdeckt wurden. Die Meister, die sie anfertigten, hatte der mächtige Bischof zu diesem Zweck eigens über die Alpen kommen lassen. Weil er sich im Investiturstreit auf die Seite des Papstes stellte, musste Bischof Adalbero 1089 aus Würzburg fliehen. Seine Zuflucht war Lambach, wo er ein Jahr später, vom Volk wie ein Heiliger verehrt, verstarb. Erst 1883 wurde er von Papst Leo XIII. offiziell kanonisiert.

In diesem Kloster ging der achtjährige Adolf Hitler zur Schule. Aus Raummangel in der Dorfschule war der Unterricht der dritten Klasse in die Räume der Abtei verlegt worden, was die Kinder im Volksmund zu „Klosterschülern" werden ließ. Die Mönche verstanden es, die Knaben für den Glauben zu gewinnen. So ging der Kontakt zur Abtei weit über die Schulstunden hinaus. Nicht nur der junge Adolf, auch andere Knaben erhielten nachmittags in der Sängerknabenschule von Pater Bernhard Grüner Unterricht in sakraler Musik. Die besten, zu denen auch Hitler gehörte, durften im Chor der Abtei singen oder als Ministranten dienen. Die berauschende barocke Frömmigkeit, die in der Benediktinerabtei noch lebendig war, die herrlichen Choräle, der Klang der Glocken, die Pracht des Kerzenscheins und der schwere Duft des Weihrauchs, der den silbernen, von den Ministranten heftig geschwenkten Gefäßen entwich, beeindruckten ihn zutiefst. Im Zentrum eines jeden „levitierten" Hochamtes, damals zu den großen Kirchenfesten noch auf Latein zelebriert, stand der 53. Abt von Lambach, Coelestin Baumgartner (1889–1934). Als wäre eine der goldbemalten Heiligenstatuen des reichgeschmückten Barockaltars Fleisch geworden, schritt er im schweren Goldbrokatornat mit Mitra und Hirtenstab majestätisch durch die Reihen der Gläubigen, die andächtig niederknieten und sich eifrigst bekreuzigten, wenn sie den von ihm großzügig gespendeten Segen empfingen. Noch ein Vierteljahrhundert später, als er in der Festungshaftanstalt von Landsberg am Lech sein autobiographisches Manifest „Mein Kampf" niederschrieb, erinnerte sich Hitler:

„Da ich in meiner freien Zeit im Chorherrenstift zu Lambach Gesangsunterricht erhielt, hatte ich beste Gelegenheit, mich oft und oft am feierlichen Prunke der äußerst glanzvollen kirchlichen Feste zu berauschen. Was war natürlicher als dass ... nun mir der Herr Abt als höchst erstrebenswertes Ideal erschien? Wenigstens zeitweise war dies der Fall.“[3]

Das war für den selbstbewussten Jungen, der immer und überall Rädelsführer war, keine unrealistische Perspektive. So schlug sein Schulkamerad Balduin Wiesmayr tatsächlich die Priesterlaufbahn ein und wurde schließlich Abt des Klosters Wilhering bei Linz. Auch der Bruder seines Lambacher Schulfreundes Johann Weinberger empfing die Priesterweihe, ebenso sein späterer Linzer Spielkamerad Johann Haudum, der als Pfarrer von Leonding von 1938 bis 1945 das von der Einebnung bedrohte Grab der Eltern Hitlers rettete und pflegte.[4] Später, in München, erzählte Hitler der Frau seines Freundes Egon „Putzi“ Hanfstaengl, er habe als kleiner Junge

„den glühenden Wunsch gehabt, Pfarrer zu werden. Häufig borgte er sich von dem Dienstmädchen die große Küchenschürze, bedeckte damit nach Art eines liturgischen Gewands die Schulter, stieg auf einen Stuhl und hielt lange, feurige Predigten.“[5]

Der Abt mit dem Hakenkreuz

Auf der Suche nach einem *„role model“* für seine spätere Rolle als Abt muss der kurzzeitig Berufene unweigerlich auf den geradezu legendären Lambacher Abt Theoderich Hagn (1816–1872; Abt von 1858–72) gestoßen sein. Unter ihm war das Kloster erneuert und umgebaut worden, wurden die kostbaren Fresken aus dem 11. Jahrhundert wiederentdeckt. Sein Wappen schmückt seitdem die Abteistiege im Stiftshof sowie die Sakristei des Lambacher Klosters, zwei Orte, die der kleine Adolf immer dann besuchte, wenn er als Chorknabe in das Ministrantengewand schlüpfte. Hagns Wappenzeichen war das Hakenkreuz, umgeben von den Buchstaben T(heoderich) H(agen) A(bt von) L(ambach) und der Jahreszahl 1869. Der Abt hatte seinen Familiennamen auf das Wort „Haken“ zurückgeführt und die Kombination von Haken und Kreuz wohl als passend für seinen Lebensweg empfunden.

Ein halbes Jahrhundert später malten Nazikünstler diese erste Begegnung des jungen Adolf Hitler mit dem Hakenkreuz im Stil barokker Andachtsbildchen. Da kniet er andächtig vor dem Stiftsportal, von dem das Hagn-Wappen prangt, fließen Strahlen vom Wappen auf seine ausgebreiteten Hände. So wird in der christlichen Ikonographie der heilige Franziskus dargestellt, der während einer Vision des Gekreuzigten die Stigmata, die Wundmale Jesu, empfing.[6] Dabei ist fraglich, wie sehr sich der Junge tatsächlich für dieses Hakenkreuz interessierte. Weder in „Mein Kampf" noch in irgendeiner überlieferten Rede erwähnte er es ein einziges Mal. Bestenfalls nahm er es als Kuriosum zur Kenntnis, ließ es sich erklären, vergaß es dann wieder. Erst als ihm das Zeichen gut ein Jahrzehnt später in Wien in einem völlig anderen Kontext wieder begegnete, könnte es ihm merkwürdig vertraut erschienen sein.[7]

Bäuerliche Inzucht

Bis zu diesem Zeitpunkt war das Leben Adolf Hitlers zwar unruhig, aber dennoch recht unspektakulär verlaufen. Am 20. April 1889, einem Karsamstag, wurde er um 18.30 Uhr in Braunau am Inn geboren. Zwei Tage später, am Montag, den 22. April, um 15.30 Uhr, taufte ihn Pfarrer Ignaz Probst im Braunauer St. Stephans-Münster. Wenn er später als *Führer* alles tat, um seine Herkunft zu verschleiern, so durfte ihm dies nicht allzu schwer gefallen sein; die Familienverhältnisse im „Hause Hitler" sind bis heute nicht eindeutig geklärt. Jedenfalls waren seine Eltern so eng miteinander verwandt, dass sie, um überhaupt heiraten zu dürfen, eigens einer kirchlichen Dispens bedurften.[8] Wahrscheinlich war sein Großvater väterlicherseits gleichzeitig sein Urgroßvater mütterlicherseits.

Der Ursprung der Hitlers liegt im österreichischen Waldviertel, dem Grenzgebiet zu Böhmen. In dieser ärmlichen, kargen Gegend, dem „Armeleuteviertel" Österreichs, ist unter der bäuerlichen Bevölkerung Inzucht keine Seltenheit. Die Bewohner der hügeligen, waldreichen Gegend gelten als mürrisch, nüchtern, verschlossen und abweisend. Als Maria Anna Schicklgruber, die 42jährige, ledige Tochter eines Kleinbauern aus einem Dorf namens Strones, am

7. Juni 1837 ihren unehelichen Sohn Alois auf die Welt brachte, schien sich niemand für dessen Vater zu interessieren. Die entsprechende Spalte im Taufbuch der Kirche von Strones blieb jedenfalls leer.[9] Zu einer Zeit, in der Mädchen mit 20 verheiratet sein mussten, galt es bereits als „Wunder", dass eine 42jährige „alte Jungfer" überhaupt noch ein Kind zur Welt brachte. Offenbar war ihr der Dorfklatsch egal, jedenfalls dauerte es noch fünf Jahre, bis die Mutter des kleinen Schicklgrubers dann doch noch heiratete. Ihr Auserwählter war nicht weniger skandalös, galt der Müllergeselle Johann Georg Hiedler aus dem 25 Kilometer entfernten Spital doch als ziemlicher Taugenichts. Immerhin schon 50 Jahre alt, war er bloß ein wandernder Müllergeselle, den es von Dorf zu Dorf trieb und der mehr schlecht als recht verdiente. Schon nach fünf Jahren, die gewiss an Sorgen nicht arm waren, verstarb Maria Anna 1847, ein Jahrzehnt später setzte ein Schlaganfall dem Leben ihres Mannes ein Ende.

Doch ihr Sohn Alois wuchs nicht bei seiner Mutter und ihrem frisch angetrauten Ehemann auf, sondern bei dessen Bruder Johann Nepomuk Hiedler. Der hatte es, obwohl er 15 Jahre jünger war, als Bauer bereits zu einem bescheidenen Wohlstand gebracht und bewirtschaftete einen mittelgroßen Hof in Spital. Dort besuchte Alois die Volksschule, ging danach bei einem Schuhmacher in die Lehre. Doch als er 13 Jahre alt war, hielt ihn nichts mehr in der Provinz; nach Wien, in die Hauptstadt, zog es den Jungen vom Lande, wo er seine Ausbildung im Lederhandwerk fortsetzen wollte.

Kaum hatte er Stadtluft geschnuppert, packte den Halbwüchsigen der Ehrgeiz. Der Pomp der k. k. (kaiserlich-königlichen) Monarchie hinterließ auf ihn einen bleibenden Eindruck, der Glanz der Uniformen und der Respekt, der überall ihren Trägern entgegengebracht wurde, faszinierten ihn. Er wollte selbst eine Respektsperson, selbst Staatsbeamter werden. Kaum hatte er erfolgreich seine Gesellenprüfung abgelegt, kehrte er dem Handwerk den Rücken. Er qualifizierte sich für den Staatsdienst und trat 1855 in die k. k. Finanzwache ein. Weil er sich nach Feierabend autodidaktisch fortbildete, erlaubte man dem jungen Beamten, eine Sonderprüfung abzulegen; schließlich wurde er mit 24 bereits Vorgesetzter. Nach einer Reihe weiterer Beförderungen und Versetzungen wurde er 1875 als *k. k. Zollamtsoffizial* nach Braunau am Inn an der Grenze zum Deutschen Reich versetzt.

Heil Schicklgruber!

Offenbar war sein „Pflegevater“ von der Karriere des Alois Schicklgruber tief beeindruckt. So traf man sich am 6. Juni 1876 bei einem Notar in Weitra, um die dunkle Vergangenheit des Sohnes der fast drei Jahrzehnte zuvor verstorbenen Anna Maria Schicklgruber zu „erhellen“. Sein Vater, so wurde in einem von Johann Nepomuk Hiedler und zwei Zeugen jeweils mit einem Kreuz – sie waren Analphabeten – unterzeichneten Protokoll festgehalten, sei niemand anderes als jener „Georg Hitler“ gewesen – tatsächlich Johann Georg Hiedler –, den seine Mutter fünf Jahre nach seiner Geburt geheiratet hatte. Am nächsten Tag, als Alois seinen 39. Geburtstag feierte, änderte der Pfarrer in Döllersheim das Taufbuch, strich den Vermerk „unehelich“ und setzte in der bislang leeren Spalte für den Vater den Namen „Georg Hitler“ ein. Dann notierte er, Alois' (bereits 1857 verstorbener) Vater habe um den Eintrag seines Namens in das Taufbuch gebeten.[10]

Wer oder was auch immer den gutgläubigen Dorfpfarrer zu dieser posthumen Mauschelei veranlasst hatte, er konnte nicht ahnen, welche weltgeschichtlichen Folgen diese scheinbare „Korrektur eines Schönheitsfehlers“ noch haben sollte. Können wir uns vorstellen, dass 70 Millionen Deutsche einst „Heil Schicklgruber!“ gerufen hätten? Für den späteren Diktator erwies sich die Namensänderung des Vaters jedenfalls in zweierlei Hinsicht als außergewöhnlicher Glücksfall. Das bäuerlich-plumpe „Schicklgruber“ war vergessen, aus dem gemütlichen „Hiedler“ – wohl von dem Notar phonetisch niedergeschrieben, die drei Zeugen waren schließlich Analphabeten – ein schneidiger „Hitler“ geworden.[11]

Doch war Johann Georg Hiedler tatsächlich Alois' Vater? Wäre dies der Fall, so hätte er seinen Sohn bereits legitimieren können, als er dessen Mutter ehelichte. Jedenfalls wurde der Großvater Adolf Hitlers zum großen Ratespiel der Historiker und zum Thema wildester Spekulationen. Sein Justizminister Hans Frank etwa behauptete nach dem Nürnberger Prozess, Hitlers Großmutter habe ein Verhältnis mit einem Grazer Juden namens Frankenberger gehabt, bei dem sie als Hausmädchen tätig gewesen wäre. Eine Überprüfung jedoch ergab, dass es im 19. Jahrhundert in Graz weder eine Familie Frankenberger noch überhaupt Juden gab; ihnen war nach einem kaiserlichen Dekret die Ansiedelung in der Steiermark bis 1849 untersagt.[12] Die meisten Historiker gehen heute jedenfalls davon aus, dass Johann Nepomuk

Hiedler der Großvater Adolf Hitlers war. Dafür spricht, dass Hitler in „Mein Kampf" seinen Vater als *„Sohn eines armen, kleinen Häuslers"*[13] beschreibt. Ein „Häusler" oder „Hüttler" – davon ist der Name „Hitler" in allen seinen Schreibweisen abgeleitet – war ein Kleinbauer. Dass Johann Nepomuk Hiedler seinen Sohn verleumdete, hätte einen Sinn gehabt, denn er war zum Zeitpunkt der Geburt des kleinen Alois bereits verheiratet – mit der 15 Jahre älteren Eva Decker. Auch nach deren Tod 1873 konnte er sich nicht offen zu seinem unehelichen Sohn bekennen, das hätte zu einem Skandal geführt; aber er konnte ihn zumindest als vermeintlichen Sohn seines verstorbenen Bruders in die Familie aufnehmen. Kurz vor seinem Tod im Jahre 1888 schenkte er Alois Hitler ein kleines Vermögen. Das Geld ermöglichte diesem, bei Spital ein stattliches Haus samt Grundbesitz zu erwerben.[14] Auch wenn sich also das Rätsel um Hitlers Großvater aufklären lässt, bleibt es doch eine Ironie der Geschichte: Der Mann, der von Millionen Deutschen den Nachweis ihrer Abstammung „bis ins zweite Glied" verlangte, war selbst dazu nicht in der Lage.

Als 1876 aus Alois Schicklgruber ein Hitler wurde, war der ehrgeizige k.k. Zollamtsoffizial bereits seit drei Jahren verheiratet. Seine Frau war die bei der Heirat bereits 50jährige Zollbeamtentochter Anna Glassl; gewiss eine „gute Partie" im Dienste seines gesellschaftlichen Aufstiegs. Da seine Frau kränkelte, holte er sich im Jahr seiner Legitimierung seine damals 16jährige Nichte Klara Pölzl zunächst als Magd oder Dienstmädchen ins Haus. Klara war die Tochter seiner Halbschwester Johanna Hiedler (aus der Ehe Johann Nepomuk Hiedlers mit Eva Decker) und Johann Baptist Pölzls. Sie nannte ihn zeitlebens „Onkel".

So zielstrebig Alois Hitler in seinem beruflichen Werdegang war, so turbulent verlief sein Privatleben. Mit einer 14 Jahre älteren Frau verheiratet, suchte er sich Liebschaften, die seine Töchter hätten sein können. Seine Affäre mit der Gasthaus-Magd Franziska Matzelberger führte schließlich 1880 zum Auszug seiner Frau aus der gemeinsamen Wohnung. Auch Klara Pölzl musste gehen. Als Anna drei Jahre später verstarb, heiratete er Franziska, die bereits ein Jahr zuvor einen Sohn namens Alois zur Welt gebracht hatte. Ein zweites Kind, die Tochter Angela, wurde zwei Wochen nach der Hochzeit geboren. Doch schon 1884 verstarb die junge Mutter, gerade 23jährig, an Tuberkulose. Um die sterbende Rivalin liebevoll zu pflegen, aber auch, um die Dreifachrolle als *„Dienstmädchen, Kindermädchen und*

Geliebte des Hausherrn"[15] zu spielen, kehrte Klara Pölzl ins Haus Hitler zurück. Jetzt war ihre Stunde gekommen.

Während die nur 23jährige Franziska noch im Sterben lag, wurde die ein Jahr jüngere Nichte von ihrem „Onkel Alois" schwanger. Kaum hatte das seltsame Paar ihre Vorgängerin zu Grabe getragen, bemühte sich Alois Hitler über die zuständigen kirchlichen Stellen um die bei einer Verwandtenheirat *„im 2.–3. Grad"* notwendige kirchliche Genehmigung.[16] Kaum war die Dispens eingetroffen, ließ er sich morgens um 6.00 Uhr in einem Gasthaus trauen. Eine Stunde später ging er schon wieder seinem Dienst im Zollamt nach.

Die liebende Mutter …

Die ersten beiden Kinder dieser Ehe verstarben innerhalb weniger Wochen an Diphterie, ein drittes Kind verlor Klara kurz nach der Geburt. Erst ihr viertes Kind, ihr Sohn Adolf, überlebte und war ihr ganzer Stolz. *„Er wurde vom frühen Morgen bis in die späte Nacht verwöhnt, und die Stiefkinder* (aus Alois Hitlers zweiter Ehe, d. Verf.) *mussten sich endlose Geschichten anhören, wie wunderbar Adolf war"*[17], erklärte Alois Hitler jr. später. Fünf Jahre später kam ein zweiter Sohn, Edmund, hinzu, der jedoch im Alter von sechs Jahren verstarb. Seine 1896 geborene Schwester Paula dagegen überlebte den späteren Diktator um ganze 15 Jahre (gest. 1960). So rührend und liebevoll sich die stets besorgte Mutter um ihren Ältesten kümmerte, so streng und unnahbar war der Vater. *„Ich hatte den Vater verehrt, die Mutter jedoch geliebt"*[18], schrieb Hitler später in „Mein Kampf"; es war eine der wenigen ehrlichen Aussagen, die er über seine Kindheit machte.

Sein Propagandaminister Dr. Joseph Goebbels brachte es in seinem Tagebuch noch klarer auf den Punkt: *„Der Vater Haustyrann, die Mutter eine Quelle der Güte und Liebe."*[19] Und das war noch untertrieben. Alois Hitler war die regelrechte Karikatur eines Provinzbeamten: ein engstirniger Wichtigtuer, der sich mit Ellbogen und Ehrgeiz von ganz unten hochgearbeitet hatte und jetzt seine stets präsenten Minderwertigkeitskomplexe, aber auch das Fehlen jeglicher Kultur und Bildung durch herrische Selbstgefälligkeit zu kompensieren versuchte. Seine Uniform verlieh ihm Autorität und war stets tipptopp in Ordnung, sauber, gebügelt, die Knöpfe glänzend und blitzblank poliert. Doch der Mann in der Uniform war nur ein bulliger, derber und grober Gewaltmensch von engem geistigem Horizont. Er lebte für seine Pflicht, er verlangte und genoss Respekt, und ging einmal etwas nicht nach seinem Kopf, so entlud sich sein Selbsthass in unkontrollierter Aggression. Er rauchte wie ein Schlot, trank in der Dorfkneipe gelegentlich ein paar Biere zu viel, las die Zeitung und konnte stundenlang „diskutieren". Aber wehe, es widersprach ihm einer, dann polterte er los! Seine Familie mied er; zeitweise fünf laute Kinder gingen dem Rentner auf die Nerven. Stattdessen widmete er sich nach seiner Pensionierung lieber stundenlang seinem einzigen Hobby, der Bienenzucht. Und das war auch besser so. Denn einmal in den eigenen vier Wänden, erwies er sich als autoritärer, anmaßender, liebloser und jähzorniger Ehemann und Vater.

... der herrische Vater

Hielt sich Alois Hitlers Brutalität gegen seine Familie noch in Grenzen, als er im Dienst war, entlud sie sich erst richtig, als er die Frustration einer – aus gesundheitlichen Gründen – verfrühten Pensionierung mit 58 Jahren erlebte. Seine häufigen Umzüge spiegeln die innere Unrast und seelische Unausgeglichenheit dieses Menschen wider. Zunächst war sein ältester Sohn Alois jr. die Zielscheibe der väterlichen Gewalt; dann, gerade einmal 14 Jahre alt, verließ dieser 1896 das Elternhaus; man kann durchaus von einer Flucht sprechen. Fortan konzentrierte sich der gesamte erzieherische Ehrgeiz des Vaters auf Adolf.

Der k.k. Zollamtsoberoffizial i.R. duldete keinen Widerspruch. Sein Sohn hatte zu gehorchen wie ein gut dressierter Hund. *„Oft steckte er zwei Finger in den Mund, stieß einen scharfen Pfiff aus und Adolf, wo immer er gewesen sein mag, lief rasch zum Vater"*, erinnerte sich ein Schulkamerad. *„Er beschimpfte ihn oft und Adolf litt sehr unter der Strenge des Vaters."*[20] Oft schlug er ihn mit einer Nilpferdpeitsche, wie sein Sohn Alois jr. berichtete, der selbst bis zur Bewusstlosigkeit verdroschen worden war.[21] Eine Tracht Prügel war an der Tagesordnung. Dann wartete die mitfühlende Mutter draußen vor der Tür, um schließlich den Misshandelten tröstend in die Arme zu nehmen. Ebenso oft musste Hitler mit ansehen, wie der betrunkene Vater die geliebte Mutter schlug.[22] Selbst der Familienhund litt unter der unkontrollierten Brutalität Alois Hitlers. Er wurde so lange mit der Peitsche traktiert, *„bis er sich krümmte und den Fußboden nässte.“*[23] Nur einmal leistete der junge Adolf seinem Vater auf stille Weise Widerstand. Jahrzehnte später erzählte er einer seiner Sekretärinnen, er habe sich eines Tages vorgenommen,

> *„bei der nächsten Tracht Prügel keinen Laut von mir zu geben. Und als dies so weit war – ich weiß noch, meine Mutter stand draußen ängstlich an der Tür –, habe ich jeden Schlag mitgezählt. Die Mutter dachte, ich sei verrückt geworden, als ich ihr stolz strahlend berichtete: ‚Zweiunddreißig Schläge hat mir der Vater gegeben.‘“*[24]

Von diesem Tag an, so behauptete er, habe der Vater ihn nicht mehr angerührt.

Die zunehmende Gewalt durch den Vater hinterließ ihre Spuren an der verletzlichen Kinderseele des jungen Hitler. War er in Lambach noch ein aufgeschlossener Junge gewesen, der beste Noten von der Schule nach Hause brachte und nachmittags als Lausbub und kleiner Rädelsführer mit seinen Freunden und Schulkameraden durch die Natur tollte, zog er sich bald zunehmend in sich zurück und versagte auch in der Schule.

Abschied von der Kirche

Als die Familie Hitler im November 1898 ein Haus in Leonding am Rande von Linz bezog, endete für den neunjährigen Adolf sein Intermezzo in dem weltoffenen, menschenfreundlichen und lebensbejahenden benediktinischen Milieu der Lambacher Abtei. Vorbei war damit auch der Traum von der Priesterlaufbahn. Alois Hitler hatte bestimmt, dass sein Sohn Beamter zu werden hatte, und beharrte auf diesem Entschluss.

Aus den wenigen Zeilen, die wir darüber in „Mein Kampf“ finden, lässt sich der Konflikt zwischen Vater und Sohn nur erahnen:

> *„Nachdem aber der Herr Vater bei seinem streitsüchtigen Jungen die rednerischen Talente aus begreiflichen Gründen nicht so zu schätzen vermochte, um aus ihnen etwa günstige*

Schlüsse für die Zukunft seines Sprösslings zu ziehen, konnte er natürlich auch ein Verständnis für solche Jugendgedanken (den Wunsch, Abt zu werden – d. Verf.) *nicht gewinnen. Besorgt beobachtete er wohl diesen Zwiespalt der Natur. Tatsächlich verlor sich denn auch die zeitweilige Sehnsucht nach diesem Berufe* (des Abtes) *sehr bald ...“*[25]

Es war wohl auch ein Konflikt zwischen der kirchenfrommen Mutter und dem herrischen Vater, der hier auf dem Rücken des Jungen ausgetragen wurde. Denn Alois Hitler war alles andere als ein gläubiger Katholik.

Über den k.k. Zollamtsoberoffizial schrieb die Linzer Tagespost in seinem Nachruf am 8. Januar 1903 stark geschmeichelt und frei nach dem Motto *„De mortibus nil nisi bene“* (frei übersetzt: sage nur Gutes über die Toten):

„In der Gesellschaft war er stets heiter, ja von geradezu jugendlichem Frohsinn. Fiel auch ab und zu ein schroffes Wort aus seinem Munde, unter der rauhen Hülle barg sich ein gutes Herz. Für Recht und Rechtlichkeit trat er jederzeit mit aller Energie ein. In allen Dingen unterrichtet, konnte er überall ein entscheidendes Wort mitsprechen. Alois Hitler war ein durch und durch fortschrittlich gesinnter Mann und als solcher ein warmer Freund der freien Schule.“[26]

„Fortschrittlich“ und „Freund der freien Schule“ hieß damals nichts anderes als Angehöriger der *Freisinnigen,* die eine unabhängige, liberale Schule befürworteten und die Religionsgesetze der k.k. Monarchie ablehnten. Religion war für sie Privatsache, sie traten für eine Entkonfessionalisierung und Entchristlichung der Gesellschaft ein. Dem Kaiser war der Staatsbeamte treu ergeben, doch die Kirche mochte Alois Hitler nicht. Das bestätigte auch einer seiner engsten Freunde, der Bauer Mayrhofer aus Leonding, der zeitweise Adolf Hitlers Vormund war:

„‚Von Religion hat er nichts gehalten, aber auch nicht darüber geschimpft; er bezeichnete sich mit Vorliebe als freisinnig ... in die Kirche ging er nur an Kaisers Geburtstag (18. August).‘

Frage: ‚Da hat er wohl nur seine Uniform in die Kirche spazieren geführt und gezeigt, dass er wer ist?'
‚Ja, ja', lachte Mayrhofer, ‚genauso war's!'"[27]

Mit dem Dorfpfarrer dagegen war er *„zerstritten als Wortführer der Freisinnigen im Kampf um eine freie, von der Kirche unabhängige Schule."*[28] Sein Katholizismus war nur ein religiös-politischer Staatsglaube. Der Beamte, so war er überzeugt, stand über dem Pfarrer, und daher hatte er für seinen Sohn die Beamtenlaufbahn vorgesehen. Dem aber graute es vor der Vorstellung, Staatsdiener zu werden. Als sein Vater bestimmte, dass er in Linz die Realschule zu besuchen hatte, versagte er auf ganzer Linie. Hatte er auch den Wunsch nach einer religiösen Karriere gänzlich aufgegeben, so träumte er jetzt davon, Kunstmaler zu werden. Immerhin hatte er bei sich ein gewisses Zeichentalent entdeckt. Für den stockkonservativen Vater war ein solches Leben, der „brotlosen Kunst" gewidmet, absolut undenkbar. *„Kunstmaler, nein, solange ich lebe, niemals!"*[29] brüllte er ihn regelmäßig an. Der Nilpferdpeitsche des Vaters nicht gewachsen, entschloss sich Adolf zu einem stummen Widerstand; er verweigerte die Leistung in der Schule. So zumindest stellt er es in „Mein Kampf" dar.

Jedenfalls war es mit der Aufnahme in die Realschule aus mit den guten Leistungen des einstigen Einserschülers. Das 1. Schuljahr 1900/1901 musste er sogar wiederholen, weil er in zwei Fächern – Mathematik und Naturgeschichte – nur die Note „Nicht genügend" erzielte. Nach vier ähnlich tristen Schuljahren verließ er die Schule.

Der Misserfolg des Realschülers Hitler mag eine stille Rebellion gegen die Pläne seines Vaters gewesen sein, er hatte aber auch noch andere Ursachen. Die Schule lag direkt in der Stadt, der Schulweg von Leonding nahm eine gute Stunde in Anspruch. Vorbei war das unbeschwerte Landleben, vorbei auch die Zeit, in der er als Sohn einer Respektsperson die Achtung seiner Schulkameraden genoss, quasi zur dörflichen Elite zählte. Jetzt, in der Stadt, belächelte man ihn nur noch als Provinzler. Unter den Söhnen von Akademikern, Kaufleuten und Standespersonen blieb er ein Außenseiter und Einzelgänger. Das freilich war ein schwerer Schlag für das unsichere Selbstbewusstsein des Jungen, das immer irgendwo zwischen der Vergötterung durch die Mutter und der Verachtung durch den Vater pendelte.

So wurde der junge Hitler zunehmend aggressiver, störrischer, rechthaberischer und jähzorniger.[30] Er wurde zum Eigenbrödler, sonderte sich ab. Der einst so temperamentvolle Junge hatte plötzlich keine Freunde mehr. Jetzt musste er sich zwanghaft profilieren, um doch noch die Aufmerksamkeit Gleichaltriger auf sich zu ziehen, sei es als Klassenclown, sei es dadurch, dass er von Schwächeren die unbedingte Unterordnung verlangte.

Die Klassenfotos des jungen Adolf Hitlers zeigen allzu deutlich diesen Bruch. Auf der Klosterschule in Lambach schart er sich, andächtig erhobenen Hauptes, mit den anderen um den sitzenden Priester, die linke Hand freundschaftlich auf die Schulter eines kleineren Mitschülers gelegt. Auf der Dorfschule in Leonding steht er in der Mitte der obersten Reihe, ragt über alle hinaus, die Arme verschränkt, den Scheitel tief ins Gesicht gezogen, ganz der kleine *Führer.* Auf der Realschule in Linz dagegen sieht er aus wie ein Versager. Von den anderen gemieden, mit bedrücktem, ja dümmlichem Gesicht, steht er in der rechten Ecke der letzten Reihe und wirkt, als würde er sich für all das schämen.

In seiner Phantasie floh er zu dieser Zeit in weit entfernte Länder. Er las begeistert die Romane Karl Mays (die ihn bis in die *Reichskanzlei* begleiteten), verschlang Nachrichten vom Burenkrieg in Südafrika, den er als „heldenhaft" empfand, oder begeisterte sich für die „Deutschen Heldensagen". In der Schule interessierte ihn nur noch der Geschichtsunterricht, speziell die Stunden seines Lieblingslehrers Dr. Leopold Poetsch. Mit ihm teilte Hitler bald seine Begeisterung für Deutschland; wie alle Deutschnationalen träumte Dr. Poetsch von einem Anschluss Österreichs an das „Mutterland", erklärte:

> *„Seit den großen Tagen der herrlichen deutschen Siege in den Jahren 1870/71 sind wir* (Österreicher) *uns des Germanentums mehr bewusst geworden und blättern nun mit größerer Liebe in den Büchern deutscher Mythe, Sage und Geschichte."*[31]

Damit vertrat er dieselben Ansichten wie Hitlers Vater, der als

> *„ein strammer Freisinniger und wie alle Freisinnigen in dieser Zeit stramm deutschnational gesinnt, ein Pangermane, dabei merkwürdigerweise doch kaisertreu"*[32]

galt, wie sein Freund Mayrhofer bezeugte. Auch die Vorurteile des Vaters gegen die katholische Kirche schienen sich für Hitler auf der

Realschule zu bestätigen, als er am Religionsunterricht des Franz Sales Schwarz teilnahm. Der ungeliebte Lehrer muss bei besten Absichten ziemlich naiv gewesen sein; mit dem Unterricht jedenfalls war er restlos überfordert. Mit immer kniffligeren Fragen brachten ihn die Schüler schnell in Verlegenheit, und regte er sich schließlich auf, hatte er bereits verloren; grölend verhöhnte ihn die Schülerschar, wenn er fluchtartig das Klassenzimmer verließ. So verstand er es bestens, den Jungen mit seiner infantilen Version des christlichen Glaubens voller Ge- und Verbote, Wundergeschichten und Höllenstrafen gründlich jede Freude am Glauben zu nehmen. Später, in einem seiner unendlich langen Monologe im *Führerhauptquartier Wolfsschanze*, erinnerte sich Hitler an seine frühe Abkehr von der Religion:

„Der Religionsunterricht wurde bei uns nur von Priestern gegeben. Ich war der ewige Frager ... Aus der Bibel habe ich mit Vorliebe die bedenklichen Themen genommen. Bitte, Herr Professor, was versteht man darunter? Eine ausweichende Antwort. Ich frug wieder und wieder, bis dem Professor Schwarz schließlich die Geduld riss: ‚So, und jetzt setzen Sie sich!'
Er frug mich eines Tages, ich weiß nicht mehr, wie es gekommen ist: ‚Und betest du des Morgens und Mittags und Abends?' ‚Nein, Herr Professor, ich bete nicht, ich glaube nicht, dass der liebe Gott ein Interesse daran hat, ob ein Realschüler betet!' – Dann setzen Sie sich!' ...

Zu Ostern mussten wir zur Osterbeichte. Damit war ein Exerzitium verbunden. Wir haben darüber gelacht. Unsere Beichte bestand darin, dass einer sagte: Ich habe Schlechtes von meinem Professor gedacht. Ich habe den X. geärgert usw. Nun kam Schwarz: Wir machten uns schwerer Sünden schuldig, weil wir nicht in uns gingen. Jetzt haben wir uns ausgedacht, jeder gibt ein Riesen-Sündenregister an. Die tollsten Geschichten, wie sie nur ein Saubub erfindet ...

Wenn die Mutter einmal hereinkam, stürzte er sich auf sie, um ihr klar zu machen, dass ich ein Verlorener wäre. ‚O du Unglückseliger!', sagte er zu mir. ‚Bitte, Herr Professor, ich bin gar nicht unglückselig.' ‚Du wirst es einmal im Jenseits erfahren!' ‚Bitte, Herr Professor, es gibt einen Gelehrten, der bezweifelt, dass es ein Jenseits gibt.' ‚Willst du vielleicht ... ?' ‚Bitte, Herr Professor, Sie haben eben du zu mir gesagt!' ‚Sie werden einmal nicht in den Himmel kommen!' ‚Bitte, wenn ich aber einen Ablass tue?' ...

Ich habe ihn so in die Verzweiflung getrieben, dass er oft nicht mehr ein und aus wusste. Ich hatte sehr viel gelesen, viel freigeistige Sachen, und das hat ihn natürlich rasend gemacht, wenn ich mit meinem zum Teil auch nicht richtig verdauten Wissenskram ankam."[33]

Hitlers Firmung am 14. Mai 1904, bei der sein geliebter Dr. Poetsch als Pate fungierte und ihm eine fortan wie einen Schatz gehütete goldene Uhr schenkte[34], war eine Farce; innerlich hatte er zu diesem Zeitpunkt längst mit dem christlichen Glauben gebrochen. Von ganzem Herzen dem Satan und all seinen Werken widersagen, wie es das Firmgelöbnis verlangt, konnte und wollte er nicht mehr. Emanuel Lugert, ein Kollege seines Vaters, der als Firmpate eines anderen Jungen an der Feier im Linzer Dom teilnahm, erinnerte sich, Adolf sei mürrisch und verstockt gewesen, habe

„alleweil so finster dreingeschaut und hat nicht ja und nicht nein gesagt. Ich hatte den Eindruck, dass ihm die ganze Firmung zuwider war, dass er sie nur mit dem größten Widerwillen über sich ergehen ließ."[35]

Hitler selbst bestätigte später rückblickend:

„Mit dreizehn, vierzehn, fünfzehn habe ich nichts mehr geglaubt, auch von meinen Kameraden hat doch keiner mehr an die sogenannte Kommunion geglaubt, das waren nur ein paar ganz blöde Vorzugsschüler! Nur war ich damals der Meinung, es müsse alles in die Luft gesprengt werden."[36]

Damit war der Junge seinem Vater, mit dem ihm mittlerweile eine Hassliebe verband, geistig nähergekommen, als es ihm einmal lieb gewesen war.

Der Schatten des Todes

Vielleicht war der Verlust des katholischen Glaubens aber auch nur ein weiteres Symptom eines Schattens, der sich allmählich über das Leben des jungen Hitlers gelegt hatte, seit seine Eltern das Haus in Leonding gekauft hatten. Das Anwesen lag nicht nur am Rande des dörflichen Friedhofs, auf dem Adolf Ratten jagte; mit dem Umzug kam auch der Tod ins Leben Hitlers. Am 29. Februar 1900 verstarb sein kleiner Bruder Edmund im Alter von gerade einmal sechs Jahren. In unmittelbarer Nähe des Hauses musste das erste Grab geschaufelt werden. Dann, am 3. Januar 1903, brach Alois Hitler bei seinem morgendlichen Glas Wein im Gasthaus Wiesinger zusammen und war sofort tot. Er wurde neben seinem Sohn auf dem Leondinger Friedhof bestattet. Jetzt war der 14jährige Adolf der „Mann im Haus", das Oberhaupt einer vierköpfigen Familie.

Für ihn war der Tod des herrischen Vaters eine Befreiung. Endgültig war der Zwang einer Beamtenlaufbahn von ihm genommen, konnte er sich ganz seiner Liebe zur Kunst hingeben. Ein besserer Schüler wurde er dadurch nicht. Als ihn sein Zeugnis für das Schuljahr 1903/4 erneut nicht zur Versetzung qualifizierte, versuchte seine Mutter, ihm das Sitzenbleiben durch einen Schulwechsel zu ersparen; sie meldete ihn auf einer Realschule im 80 Kilometer entfernten Steyr an. Später sollten politische Gegner behaupten, der Skandal um einen Hostienfrevel Hitlers hätte die Umschulung notwendig gemacht. Bei einer Schülerkommunion habe der Junge die Hostie ausgespuckt und in die Tasche gesteckt. Der Vorfall, so schrieb der *Bayerische Kurier* vom 30. November 1923, soll *„seinerzeit in Linz größtes Aufsehen"*[37] erregt haben. Ein Beweis für diese Behauptung konnte jedoch nie erbracht werden.

In Steyr wohnte Hitler bei Kosteltern. Doch auch auf der neuen Schule waren seine Leistungen schwach, erlangte er den für den Besuch einer höheren Realschule notwendigen Abschluss nur durch eine Nachprüfung. Die Lust am Lernen war ihm dadurch endgültig vergangen. Eine Lungeninfektion, die er sich im Spätsommer zuzog, lieferte ihm den dringend benötigten Vorwand und überzeugte seine Mutter, ihn im Herbst 1905 schnell wieder nach Hause zu holen.[38]

Mit dem Abgang von der Realschule und der Rückkehr nach Linz begann, was Adolf Hitler später als *„die glücklichsten Tage"*[39] seines Lebens beschrieb: seine Zeit als selbsternannter Künstler, als schmarotzender Faulenzer, umsorgt von seiner Mutter. Klara Hitler hatte 1905 das Haus in Leonding verkauft und mit ihrer kleinen Tochter Paula eine geräumige Wohnung in der Linzer Innenstadt bezogen. Zudem hatte sie ihre jüngere Schwester Johanna zu sich geholt, die debile, aber herzensgute *Hanitante,* wie Hitler sie nannte. Die drei Frauen lasen ihm, dem einzigen „Mann im Haus", jeden Wunsch von den Lippen ab. Sie wuschen, putzten, kochten und nähten für ihn. Als er musikalische Ambitionen entwickelte, kaufte seine Mutter ihm einen Flügel, und Hitler nahm vier Monate lang Klavierunterricht. Die meiste Zeit aber verbrachte er mit Zeichnen, Malen, Lesen – oder er träumte einfach nur in den Tag hinein, entwickelte grandiose Phantasien von einer Zukunft als großer Künstler. Morgens schlief er lange, die Nacht über blieb er wach. Ging er auf die Straße, kleidete er sich wie ein Student oder stilisierte sich als Dandy: hager, bleich und scheu, trug er stets einen grau gesprenkelten Anzug mit untadeliger Bügelfalte, ein frisch gebügeltes weißes Hemd, dazu schwarze Glacéhandschuhe, manchmal auch einen Zylinderhut. In der Hand hielt er meist ein schwarzes Spazierstöckchen mit zierlichem Elfenbeingriff in Form eines kleinen Schuhs.

So gestylt, auf einem Stehplatz des Landestheaters, lernte das selbsternannte Künstlergenie seinen ersten und einzigen echten Freund kennen, den Tapezierersohn August Kubizek. Der naive Junge, der seinen Jugendfreund selbst nach dem Krieg noch vergötterte (*„Ich hatte nur einen Freund in meinem Leben: Adolf"*[40]), war für Hitler das richtige „Publikum". Auch eine Künstlerseele, musikalisch hoch begabt – allein durch Hitlers Fürsprache erlaubten ihm die Eltern, die Tapeziererlehre zu beenden und das Konservatorium zu besuchen –, dabei naiv, gutgläubig und von nahezu grenzenloser Geduld. Nur so konnte er die Eskapaden und stundenlangen Monologe des Möchtegernbohemiens ertragen, der von zukünftiger Größe träumte und jeden profanen „Brotberuf" verabscheute. Kubizeks 1953 veröffentlichten Memoiren verdanken wir aufschlussreiche Einblicke in diese Phase von Hitlers Leben. Doch sie sind auch mit Vorsicht zu genießen, da ihr Verfasser schamlos schönte und idealisierte.[41]

Der Kirchengegner

Kubizek bestätigt Hitlers Antipathie für die Kirche. Doch auch hier stellt er sich, wie so oft, schützend vor seinen Freund, wenn er geradezu naiv verharmlosend schreibt:

> *„Solange ich Adolf Hitler kannte, erinnere ich mich nicht, dass er einen Gottesdienst besucht hätte. Er wusste, dass ich jeden Sonntag mit meinen Eltern in die Kirche ging, und ... sagte wohl hin und wieder, dass er dies von mir nicht ganz verstehen könne, seine Mutter sei doch auch eine fromme Frau, trotzdem lasse er sich von ihr nicht zur Kirche nötigen ...*
> *Doch eines Tages kam er sehr erregt zu mir und zeigte mir ein Buch über Hexenprozesse, ein anderes Mal über die Inquisition. Aber bei aller Empörung über die in diesen Büchern geschilderten Vorgänge vermied er es, politische Forderungen daran zu knüpfen. Vielleicht war ich in diesem Fall doch nicht das richtige Publikum für ihn.*
> *Keineswegs war ihm die Kirche gleichgültig, aber sie konnte ihm nichts geben."*[42]

Offenbar war Kubizek vor der subtilen Beeinflussung durch seinen Freund immun, jedenfalls scheint er sie zeitlebens nicht bemerkt zu haben.

Manchmal war Hitler aber auch weniger subtil, überkamen ihn aus nichtigen Anlässen pure Wut und nackter Hass. Bei anderen Gelegenheiten verfiel er in einen rastlosen Aktionismus, in Phasen, in denen er keine Ruhe und keinen Schlaf kannte. *„Wie etwas Dämonisches brach es über ihn herein"*[43], meinte der Freund. „Dämonisch" – das war ein Begriff, den in Hitlers Laufbahn noch viele andere Menschen aus seinem engsten Umfeld benutzen sollten. Selbst der Apologet Kubizek war erschreckt über den *„dämonischen Hass"*[44], der sich in dem jungen Adolf angestaut hatte:

> *„Leichenblass war sein Antlitz, der Mund ganz schmal, die Lippen fast weiß. Aber die Augen glühten. Unheimlich, diese Augen! Als läge aller Hass, dessen er fähig war, nur in diesen lodernden Augen."*[45]

„Was hat nur dein Freund für Augen?", entfuhr es „Gustls" Mutter, als ihr der junge Adolf von ihrem Sohn vorgestellt wurde, *„Und ich kann mich sehr gut erinnern, dass mehr ein Erschrecken als Bewunderung in ihren Worten lag."*[46] Er hatte etwas von einem Besessenen!

Der Wagnerianer

Kubizek und Hitler vereinte eine gemeinsame Liebe: die Musik. Doch während der begabte Handwerkersohn ein ganzes Spektrum brillanter Komponisten von Beethoven bis Mozart und von Bach bis Brahms zu schätzen wusste, ließ der junge Adolf nur einen gelten, den auch Kubizek inbrünstig verehrte: Richard Wagner. Als Zwölfjähriger hatte Hitler im Linzer Opernhaus seine erste Wagner-Oper gehört, die fortan zu seiner Lieblingsoper wurde: den *Lohengrin*. Später erinnerte er sich in „Mein Kampf":

> *„Mit einem Schlage war ich gefesselt. Die jugendliche Begeisterung für den Bayreuther Meister kannte keine Grenzen. Immer wieder zog es mich zu seinen Werken."*[47]

Nicht nur die Musik, auch der Inhalt der Oper muss Hitler tief berührt haben. Der *Lohengrin* spielt in einer Zeit, in der das Deutsche Reich aus dem Osten bedroht wird, die Ungarn seine Grenzen gefährden. In dieser Stunde tiefster Verzweiflung taucht der Retter in Gestalt des Schwanenritters Lohengrin auf. Niemand weiß, woher er kommt, niemand darf nach seinem Namen fragen. Der „gottgesandte Held" bittet König Heinrich um die Hand der Elsa von Brabant, die ihm gewährt wird. Eine rauschende Hochzeit findet statt. Doch kaum will der rettende Ritter den König und sein Heer in den Krieg gegen den Feind im Osten führen, bricht Elsa das Tabu und fragt nach Lohengrins Herkunft. Da gibt er sich als Gesandter vom Heiligen Gral und Sohn des Gralskönigs Parsifal zu erkennen – und muss in seine Heimat zurückkehren.

Die „Heil!"-Rufe für den König, die Bezeichnung Lohengrins als „der Führer" im 3. Akt, müssen auf Hitler einen ebenso bleibenden Eindruck hinterlassen haben wie das Motiv des gottgesandten Retters in der Stunde größter Not. Der feurige Appell des unter einer Eiche stehenden Königs Heinrich an sein Gefolge klingt dabei fast schon wie eine spätere *Führer*-Rede:

> *„Nun soll des Reiches Feind sich nahn,*
> *wir wollen tapfer ihn empfahn:*
> *aus seinem öden Ost daher*
> *soll er sich nimmer wagen mehr!*
> *Für deutsches Land das deutsche Schwert!*
> *So sei des Reiches Kraft bewährt!“*[48]

Es sollte zwar noch ein Jahrzehnt dauern, bis Hitler sich völlig mit dem Schwanenritter aus der Gralsburg identifizierte, doch die Saat war an jenem Opernabend gelegt.

Eine unstillbare Sehnsucht nach der Welt der Helden hatte den blassen, kränkelnden Jungen schon seit der Lektüre der „Deutschen Heldensagen“ befallen, doch jetzt, mit Wagner, schien deren Zauberwelt vor ihm neu erstanden zu sein. Zudem *„bestärkte ihn das Wirken Wagners in der Ansicht, dass diese längst verflossene Epoche für die Gegenwart nutzbar zu machen sei“*[49], wie sein Freund Kubizek weiß. So las er alles, was er von und über Wagner in die Hände bekam, darunter wahrscheinlich auch die antisemitischen Hetzschriften des „Meisters“. Zumindest behauptet Kubizek, dass Hitler schon in Linz antisemitische Bemerkungen machte, obwohl sicher ist, dass er noch später in Wien mit einer ganzen Reihe von Juden freundschaftlich verkehrte. Seine größte Sehnsucht war es, *„einmal nach Bayreuth, in den nationalen Wallfahrtsort der Deutschen, zu kommen, Haus Wahnfried zu sehen, am Grabe des Meisters zu stehen“*[50], wie es der Jugendfreund, bewusst oder unbewusst in eindeutig religiösen Begriffen, ausdrückte.

Der Komponist wurde für ihn zum Propheten, seine Werke zur Offenbarung, der Operngenuss zur Kommunion. *„Für mich ist Wagner etwas Göttliches. Seine Musik ist meine Religion“*, vertraute Hitler Jahrzehnte später dem amerikanischen Journalisten Frederick Oechsner an. *„Ich gehe in seine Aufführungen, wie andere in die Kirche gehen.“*[51] Wie wörtlich das zu nehmen ist, bestätigte Kubizek:

> *„Wagner zu hören war für ihn nicht das, was man einen Theaterbesuch nannte, sondern eine Möglichkeit, sich in einen*

außergewöhnlichen Zustand zu versetzen, in den er beim Anhören der Musik Richard Wagners geriet, in jenes Sichselbstvergessen, jenes In-ein-mystisches-Traumland-Entschweben, dessen er bedurfte, um die ungeheuren Spannungen seines eruptiven Wesens zu ertragen."[52]

Heute würde man dazu Meditation sagen. Jedes Wort, jeden Takt nahm er tief in sich auf. Später war er bei den Wagner-Festspielen in Bayreuth dafür gefürchtet, dass er die kleinsten Fehler der Regisseure und Sänger bemerkte – so gut kannte er seinen Meister.

Doch die entscheidende „Berufung" empfing Hitler nicht nach dem Genuss des *Lohengrins,* sondern als er im November 1906 zusammen mit Kubizek das erste Mal den *Rienzi* hörte. Das Frühwerk Wagners erzählt die Geschichte des Römers Cola di Rienzi, dem es inmitten der politischen Wirren des 14. Jahrhunderts gelang, vom Gastwirtssohn zum Volkstribun aufzusteigen. Wagner selbst kannte Rienzis Lebensgeschichte sinnigerweise nur aus einem Roman des esoterischen Autors Edward George Bulwer-Lytton, der sich im Vorfeld der Revolution von 1848 auch in Deutschland großer Beliebtheit erfreute. Bulwer-Lytton machte aus dem Volkstribunen einen Nachkommen des deutschen Kaisers Heinrich VII., der den vergeblichen Versuch unternahm, die Stauferherrschaft des 13. Jahrhunderts wiederherzustellen. Seine Gegner waren die Vertreter der päpstlichen Partei, die schon einmal der deutschen Herrschaft in Italien ein Ende bereitet hatten. So war zumindest im Roman die Revolution des Rienzi der Kampf eines Römers für Deutschland und gegen das Papsttum. Dabei appellierte Rienzi an die einstige Größe des Roms der Kaiserzeit, als die Stadt am Tiber die Welt beherrschte. Für eine kurze Zeit faszinierte er die Römer mit seiner Vision einer Auferstehung der alten Herrlichkeit, dann aber verscherzte er sich ihr Wohlwollen durch seinen immer unverhohleneren Größenwahn.

Für Wagner war diese Oper ein politisches Programm für seine Heimat, die, als er sie 1838–40 komponierte, gerade in einer Identitätskrise steckte. Tatsächlich war das 19. Jahrhundert nicht nur für Deutschland eine Zeit des Umbruchs. Die Aufklärung des 18. Jahrhunderts hatte auf politischem Gebiet eine Vision der Freiheit, die Republik, hervorgebracht und die Wissenschaft aus den Zwängen religiöser Dogmen befreit. Zudem war es durch die industrielle Revolution zu einer völligen Umschichtung der Gesellschaft gekommen.

Eine neue soziale Schicht, die Arbeiterschaft, war entstanden und hatte sich im Umfeld der Produktionsstätten angesiedelt.

Weil die gesellschaftlichen Verhältnisse der beiden Staaten zu verschieden waren, konnte die Französische Revolution nie auf Deutschland übergreifen. Dort bestand nach wie vor das *Heilige Römische Reich Deutscher Nation,* ein Staatenbund aus dem Mittelalter, der auf der Landkarte wie ein Flickenteppich erschien. Die lutherische Reformation des 16. Jahrhunderts hatte die Grafschaften, Herzog- und Kurfürstentümer in romtreue Katholiken und romfeindliche Protestanten gespalten. Die Katholiken scharten sich um das habsburgische Österreich, das den Kaiser des Reiches stellte, die Protestanten sympathisierten mit dem aufstrebenden Königreich Preußen der aufgeklärten Hohenzollern. Das Reich erstreckte sich von Belgien bis Böhmen, vom Rhein bis an die Oder, von der Nordsee bis an die Adria. Erst durch die Napoleonischen Kriege und die Errichtung des Rheinbundes unter dem Protektorat Frankreichs zerbrach das *Heilige Römische Reich Deutscher Nation.* 1815 kam es auf dem *Wiener Kongress* zu einer Neuordnung Europas. An die Stelle des Reiches trat der *Deutsche Bund,* gebildet von 37 souveränen Fürstentümern und vier freien Städten, dem ein *Bundestag* mit Sitz in Frankfurt am Main vorstand. Die Fürstentümer gaben sich Verfassungen und wurden damit zu konstitutionellen Monarchien mit eigenen Parlamenten. Trotzdem blieb der politische Einfluss des Bürgertums begrenzt. So gärte es bald in deutschen Ländern. Schließlich kam es im März 1848 zu einer Reihe von Aufständen in allen Teilen des Landes. Die Revolutionäre forderten Pressefreiheit, Vereinsfreiheit und ein deutsches Parlament. Notgedrungen gaben die Landesherren nach, durfte mit Zustimmung des Bundestages eine Nationalversammlung gewählt werden, die eine erste Verfassung für den gesamten Bund ausarbeiten sollte. Nur Österreich lehnte dieses Unterfangen ab, verließ schließlich den Bund, den fortan Preußen dominierte. Die *kleindeutsche Lösung* spaltete das Reich in zwei mitteleuropäische Großmächte, denen bald auch noch zwei Kaiser vorstanden, seit sich Preußens König Wilhelm I. nach dem Krieg gegen Frankreich 1871 in Versailles die Kaiserkrone aufsetzte. Doch nach wie vor träumten Menschen in beiden Kaiserreichen von der verlorenen Einheit, von einem *Großdeutschen Reich,* ob nun unter der Herrschaft der Habsburger, der Hohenzollern oder eines „nationalen Retters“.

Als Richard Wagner 1838–40 seinen *Rienzi* schrieb, konnte er noch nicht ahnen, wie sehr er damit den Zeitgeist sieben Jahrzehnte später erfasste. Doch auch er hoffte auf einen „neuen Rienzi", einen Volkstribunen, der den Deutschen ihre große Vergangenheit, ihr gemeinsames Erbe bewusst machen und ihnen die Kraft und den Mut verleihen würde, das Reich in seiner einstigen Größe wiedererstehen zu lassen.

Der Rienzi der Oper aber wird zum Märtyrer seiner Idee. Bevor er in raumdurchflutenden Tonwogen dem Inferno des Flammentodes entgegentritt, verflucht er das *„entartet Volk"* der treulosen Stadt. Er selbst, verkündet er, sei rein geblieben, habe nie einer sterblichen Frau gehört. Nur eine *„hohe Braut"* will er sein Leben lang so „glühend" geliebt haben, dass er sich ihr mit ganzer Seele verschrieb, als *„ich sie tief erniedrigt sah – schmählich misshandelt, grauenvoll entstellt, geschmäht, entehrt, geschändet und verhöhnt"*[53]: Rom, seine Vaterstadt!

Die Vision

Als er *Rienzi* sah, wurde die Oper für Hitler zur Offenbarung. Auf einmal begriff er, was seine Begeisterung für Wagner mit ihm selbst zu tun hatte. Er war sich sicher, dass *Rienzi* seine Geschichte erzählte. Er fühlte sich als Reinkarnation des Volkstribunen. Er hatte, zumindest in einer flüchtigen Vision, seine eigene Zukunft gesehen. Es war seine Bestimmung, zum Rienzi Deutschlands zu werden, das entehrte Reich zu seiner einstigen Größe zurückzuführen, es von jenen zu befreien, die, wie er glaubte, seinen Niedergang bewirkt hatten, den „Päpstlichen" und den Juden!

Wie sich Kubizek erinnert, zog es den plötzlich ungewohnt schweigsamen Freund nach der Aufführung auf den Linzer Freinberg, ins Angesicht der Sterne. Dort geschah, was Hitler selbst später als seine erste „Erweckung" bezeichnete:

> *„Adolf stand vor mir. Und nun ergriff er meine beiden Hände und hielt sie fest. Es war dies eine Geste, die ich bisher noch nie an ihm erlebt hatte. Ich spürte am Druck seiner Hände, wie tief erschüttert er war. Seine Augen fieberten vor Erregung. Die Worte kamen nicht wie sonst gewandt aus seinem*

Munde, sondern brachen rauh und heiser aus ihm hervor. An dieser Stimme merkte ich noch mehr, wie tief ihn dieses Erlebnis aufgewühlt haben muss.
Allmählich sprach er sich frei. Bewegter flossen die Worte. Nie zuvor und auch später nie mehr habe ich Adolf Hitler so sprechen gehört wie in jener Stunde, da wir so einsam unter den Sternen standen, als wären wir die einzigen Geschöpfe dieser Welt ...
Etwas ganz Merkwürdiges ... fiel mir in dieser Stunde auf: Es war, als würde ein anderes Ich aus ihm sprechen, von dem er selbst mit gleicher Ergriffenheit berührt wurde wie ich ... es war ein ekstatischer Zustand, ein Zustand völliger Entrükkung ... er sprach von einer besonderen Mission, die ihm einstens zuteil werden würde."[54]

Nach seinem Einmarsch in Österreich dankte Hitler dem Jugendfreund mit einer Einladung nach Bayreuth. Dort stellte er ihn in privater Runde in Wagners Alterssitz *Wahnfried* der Gastgeberin Winifried Wagner vor. Als Kubizek damals die Geschichte erzählte, bestätigte Hitler, dass sich alles genau so zugetragen habe. *„Bei dieser gottbegnadeten Musik"* habe er die *„Eingebung"* empfangen, *„dass es auch mir gelingen müsse, das Deutsche Reich zu einen und groß zu machen."*[55] Seinem Architekten und Vertrauten Albert Speer hatte Hitler bereits 1938 von dem Erlebnis erzählt, ebenso 1942 seinem engsten Kreis im Kriegsquartier *Wolfsschanze.*[56] Vor Frau Wagner und Kubizek aber schloss er seine Erzählung mit fünf Worten, die erst den fatalen Charakter dieser nächtlichen Vision in ihrer ganzen Konsequenz erkennen lassen: *„In jener Stunde begann es."*

Nur zwei Monate nach dem Besuch in Bayreuth legte er selbst das Feuer, das in den nächsten sechs Jahren ganz Europa erfassen sollte, verheerend und vernichtend wie das Inferno, mit dem der letzte Akt des *Rienzi* schließt. Der Träumer vom Freinberg, der selbsternannte „Retter" und Volkstribun, war zum Brandstifter geworden. Die neue Religion, die ihm Wagners Musik offenbarte, sollte 40 Millionen Opfer fordern.

Erlösung dem Erlöser

Die Jüdin Kundry ist hässlich wie die Nacht. Auf ewig verflucht, der Erlösung harrend, weil sie einst Christus auf dem Weg nach Golgotha verlachte, irrt die einstige Dirne Herodias aus Jerusalem durch die Welt. Ihre Kleidung wird als „wild“ und „hochgeschürzt“ beschrieben, sie trägt einen „Gürtel von Schlangenhäuten, lang herabhängend“; ihr Haar ist „schwarz“ und flattert „in losen Zöpfen“, „tief braun-rötlich“ ihre Gesichtsfarbe, „stechend schwarz“ ihre Augen, „zuweilen wild aufblitzend, öfters wie todesstarr und beweglich“. Sie dient dem Bösen, der Antimacht des unvorstellbar reichen Klingsor, der von seinem „Wunderpalast“ aus nach der Weltherrschaft strebt. Nur manchmal kann sie, einem Dämon ähnlich, „furchtbar schöne“ Gestalt annehmen, um jene zu verführen, die dem Höchsten dienen. Ihren teuflischen Verlockungen fiel Amfortas zum Opfer, der König und Hüter des Heiligen Grals. Durch die Blutschande zum Gottesdienst untauglich, siecht er auf der Gralsburg dahin, beweint von seinen edlen Rittern, die, ihr Blut rein haltend, auf den Erlöser harren. Dieser kommt schließlich in Gestalt des Erwählten, des „tumben Toren“ Parsifal, der erst nach langer Suche seine Mission erkennt und Amfortas erlöst. In diesem Augenblick fällt auch „das Zauberweib“ tot zu Boden; durch Parsifals Mitleid erlöst, darf Kundry endlich sterben.

Das „Bühnenweihfestspiel“ *Parsifal,* die Krönung von Richard Wagners Lebenswerk, war für den Komponisten und seine Anhänger weit mehr als nur eine geniale Oper, schwülstig und pompös, sinnlich und transzendental. Es war zugleich das Programm, die Offenbarung und das Mysterienspiel einer neuen Religion. Während ihm die Idee nach eigenen Angaben am Karfreitag[1] – oder irgendeinem anderen Frühlingstag[2] – des Jahres 1857 kam, er damals schon *„ein ganzes Drama ... in drei Akte geteilt, sofort mit wenigen Zügen skizzierte“*[3], stellte Wagner es erst zwischen 1877 und 1879 fertig. Am 26. Juli 1882 fand schließlich die Uraufführung im Festspielhaus von Bayreuth statt; dem einzigen Theater der Welt, in dem die Oper nach dem Willen des Meisters gespielt werden durfte. Erst dreißig Jahre nach seinem Tod, 1913, wurde der *Parsifal* zur Aufführung auch an anderen Opernhäusern freigegeben.

„Aus Parsifal baue ich mir meine Religion“[4], offenbarte Adolf Hitler 1936 nach Anhörung des *Parsifal*-Vorspiels auf seinem Grammophon. Nach Lohengrin und Rienzi war der Gralsritter schon die dritte Operngestalt, mit der er sich identifizierte, während er zusehends zum Klingsor wurde. Später notierte er: *„Wagners Werk offenbarte mir zum ersten Mal den Mythos des Blutes“*[5]. Dem Danziger NSDAP-Senatspräsident Hermann Rauschning, einem Gutsbesitzer, der selbst in München Musik studiert und die Wagner-Festspiele in Bayreuth wiederholt besucht hatte, erklärte er:

> *„Sie müssen übrigens den Parsifal ganz anders verstehen, als er so gemeinhin interpretiert wird ... Hinter der abgeschmackten, christlich aufgeputzten äußeren Fabel mit ihrem Karfreitagszauber erscheint etwas ganz anderes als der eigentliche Gegenstand dieses tiefsinnigen Dramas. Nicht die christlich-Schopenhauerische Mitleidsreligion wird verherrlicht, sondern das reine, adlige Blut, das in seiner Reinheit zu hüten und zu verherrlichen sich die Brüderschaft der Wissenden zusammengefunden hat. Da leidet der König an dem unheilbaren Siechtum, dem verdorbenen Blut. Da wird der unwissende, aber reine Mensch in die Versuchung gestellt, sich in dem Zaubergarten Klingsors der Lust und dem Rausch der verdorbenen Zivilisation hinzugeben oder sich zu der Auslese von Rittern zu gesellen, die das Geheimnis des Lebens hüten, das reine Blut. Wir alle leiden an dem Siechtum des gemischten, verdorbenen Blutes. Wie können wir uns reinigen und sühnen? Merken Sie, dass das Mitleid, durch das man wissend wird, nur dem innerlich Verdorbenen, dem Zwiespältigen gilt. Und dass dieses Mitleid nur eine Handlung kennt, den Kranken sterben zu lassen. Das ewige Leben, das der Gral verleiht, gilt nur den wirklich Reinen, Adligen.“*[6]

Der Mythos vom Heiligen Gral

Ausgangspunkt des *Parsifal* war die Sage vom Heiligen Gral, wie sie zuerst um 1180 von Chrétien de Troyes in seinem „Perceval“ und zwischen 1200 und 1210 von Wolfram von Eschenbach in der deutschen Dichtung „Parzival" niedergeschrieben wurde. Der Kern des Mythos stammte, wie Wolfram ausdrücklich betont, aus Spanien. Dort hatte auch der Name des wundersamen Steinkelches seinen Ursprung; nur im Altspanischen war ein Gral zunächst einmal ein mörserförmiges Trinkgefäß. Im Pyrenäenkönigreich Aragon hütete man seit dem 3. Jahrhundert einen kostbaren Achatbecher, bei dem es sich, der Überlieferung nach, um den Kelch Christi vom Letzten Abendmahl gehandelt haben soll. Der heilige Petrus hatte ihn einst nach Rom gebracht, der aus Spanien stammende Diakon Laurentius rettete ihn, als er ihn in den Wirren einer blutigen Christenverfolgung in seine Heimat bringen ließ. Als im 8. Jahrhundert die muslimischen Mauren das Land einnahmen, brachte man ihn in den Pyrenäen in Sicherheit. Bald wurde er zum Symbol für den christlichen Widerstand. Als der Papst der spanischen *Reconquista* (Rückeroberung) den Status eines Kreuzzugs verlieh, ließ der Troubadour-König Alfonso II. von Aragon ihn in einem Mythos verherrlichen. Sein Ziel war es, Ritter von den Kreuzzugsheeren abzuwerben. Nicht der Schutz des Heiligen Grabes, so verkündete er, sei das höchste Ziel der edelsten Ritter, sondern der Dienst am *Heiligen Gral*. Das Grab war leer, doch Christus lebt im Sakrament der Eucharistie, dessen Symbol der Kelch ist, in dem der Gottessohn den Wein zu seinem Blut werden ließ. Das Mitleid mit dem siechen Gralskönig und die Sorge um das Schicksal der christlichen Brüder prädestinierten auch den naiven jungen Parzival nach langer Suche, dem Gral zu dienen.

Der ursprüngliche Autor dieser Dichtung, dessen Werk Chrétien und Wolfram zur Vorlage diente – wie Wolfram ausdrücklich betont –, war der französische Troubadour Guiot de Provins, der eine Zeit lang am Hofe Alfonsos von Aragon in Saragossa lebte. Guiot, der ein weit gereister Mann war – Wolframs Behauptung, er sei bis nach *„Britannien, Frankreich, Irland und in andere Länder"*[7] gekommen, wird durch sein Selbstzeugnis bestätigt, demzufolge er an 86 Höfen diente[8] –, wusste geschickt den Stoff mit den zu seiner Zeit sehr populären Sagen aus dem arthurischen Britannien zu verbinden. So vermischt sich in der Figur des Parzival der historische Graf Rotrou de Val Perche mit dem Naivling Peredur aus einem keltischen Mythos.[9]

Bei Wolfram ist Parzival der Sohn des Grafen Gachmuret von Anjou, der auf einer Ritterfahrt ins Morgenland fiel. Um ihn nicht auch noch zu verlieren, ließ seine Mutter ihn in ländlicher Abgeschiedenheit, fern allen höfischen Treibens, aufwachsen. Erst als er einer Gruppe von Rittern begegnete, packte ihn das Verlangen, selbst einer von ihnen zu werden. Unwillig ließ die Mutter ihn gehen – in einem Narrenkostüm und auf einem erbärmlichen Pferd. Doch vergeblich hoffte sie, dass er damit nicht weit kommt. Mit schlafwandlerischer Sicherheit tölpelte sich der „tumbe Tor“ durch die diffizilsten Situationen, schaffte es sogar an den Hof König Arthurs, der ihn gleich zum Ritter ausbilden ließ. Dann schickte der König ihn zur Bewährungsprobe auf Wanderschaft.

In einem waldreichen Bergland gelangte er an einen See, in dem ein Fischer mit seinem Boot vor Anker lag. Der Fremde lud ihn ein, die Nacht auf seiner Burg zu verbringen. Parzival nahm die Einladung an und wurde Zeuge einer seltsamen Zeremonie. In einer Prozession wurde ein kostbares Steingefäß, der *Gral,* an dem siechen Burgherrn vorbeigetragen. Der naive junge Ritter wunderte sich, wagte es aber nicht, eine Frage zu stellen. Erst als er die Gralsburg verlassen hatte, traf er seine Cousine Sigune, die ihn heftig beschimpfte. Hätte er die richtige Frage gestellt, hätte er den kranken König von seinem Leiden erlösen können.

Verzweifelt irrte Parzival durch die Welt, scheinbar von Gott verlassen. Erst an einem kalten Frühjahrsmorgen wandelte sich sein Schicksal. Es war Karfreitag, wie er von einer Pilgergruppe erfuhr. Endlich besann er sich auf Gott, kniete nieder, betete inbrünstig um seine Führung, ging zur Beichte. Der Beichtvater, ein alter Einsiedler, wusste um das Mysterium des *Grals.* Der Kelch sei „von makelloser Reinheit“, von ihm ginge Unsterblichkeit, das ewige Leben, aus. An jedem Karfreitag käme eine Taube vom Himmel, die eine kleine weiße Oblate auf den Steinkelch legt. Durch den Einsiedler erfuhr Parzival auch, dass der *Gral* sein Schicksal, er zum Gralsdienst berufen war. Schließlich begegnete er der Gralsbotin Kundry, die ihn auf die Gralsburg führte. Dort stellte er endlich dem siechen König die entscheidende Frage: „Oheim, was fehlt dir?“ Das Gesicht des Greises erschien in neuem Glanz, er war von seinen Schmerzen befreit. Durch Mitleid war Parzival zum Miterlöser geworden und damit würdig, selbst der neue Gralskönig zu werden.

Während Chrétien und Wolfram sich, wie die deutlichen Parallelen zwischen ihren Dichtungen belegen, wohl ziemlich eng an die leider verlorengegangene Vorlage Guiots hielten, machte sich der auf einmal sehr populäre Gralsstoff bald selbständig. Immer öfter wurde der

Gral nicht nur als Abendmahlskelch gedeutet, sondern auch als das Gefäß, mit dem der Jerusalemer Ratsherr Joseph von Arimathäa das Blut Christi am Kreuz auffing, nachdem der römische Legionär ihm seine Lanze in die Seite gestoßen hatte (Joh 19,34) - Symbol dafür, dass sich das Kreuzesopfer Christi im Mysterium der Eucharistie täglich neu vollzieht.[10]

Ein arischer Christus

Doch diese traditionell-christliche Deutung des Gralsthemas lehnte Richard Wagner entschieden ab. Wer, wie Liszt, seinen *Parsifal* für *„reinsten Mystizismus"*[11] hielt, hatte ihn ebenso gründlich missverstanden wie Nietzsche, der die Oper als *„zu christlich und eng"*[12] ablehnte. Denn schon 1875 hatte der Komponist seiner katholischen Frau Cosima erklärt, *„dass die Bildung des Grals ganz abseits von der Kirche wie eine friedsame Loslösung von ihr war"*[13]. Die Kirche, speziell die katholische, lehnte er vehement ab: Sie sei *„die Pest der Welt"*[14], es sei *„ein Skandal",* ja das *„Grässlichste in der Geschichte"*[15],dass sie überhaupt *„noch besteht"*[16]. Schließlich habe sie, so der Komponist, den *„Sieg des Judaismus über alles"*[17] bewirkt. Auch seinem großen Gönner, dem bayerischen König Ludwig II., den er oft und gerne als „Gralskönig" titulierte, eröffnete Wagner im Januar 1876, dass *„die Jesuiten den Juden unsere Welt in die Hände geliefert haben",* weshalb *„alles verloren"*[18] sei. Nicht erst Hitler, sondern schon Wagner wollte durch den *Parsifal* eine *„neue Religion"* propagieren, *„den Erlöser erlösen".*

„Erlösung dem Erlöser!" singt der Chor im Schlussakt des „Bühnenweihspiels". Der *Erlöser* ist Christus, den es von seinem Judentum zu „erlösen" galt. *„Wenn wir ... Kirche, Priestertum, ja die ganze Erscheinung des Christus in der Geschichte schonungslos darangeben",* schrieb Wagner an den Bayreuthianer Bernhard Förster, dann geschehe dies nur *„um jenes Christus willen ... den wir in seiner vollen Reinheit ... uns erhalten wollen."*[19] In einem Brief an Hans von Wolzogen vom 17. Januar 1880 pries er den *„für alle Zukunft wahrhaft erkannten, von aller alexandrinisch-judaisch-römisch-despotischen Verunstaltung gereinigten und erlösten, unvergleichlich erhabenen einfachen Erlöser in der historisch erfassbaren Gestalt des Jesus von Nazareth."*[20]

Für Richard Wagner war der historische Christus ein *Arier,* blond und blauäugig wie Siegfried und ebenso heroisch. Dass er dem jüdischen Königsgeschlecht der Daviden entstammte, wies er von sich. Jesus war Galiläer! So ließ er, einer zu seiner Zeit beliebten Mischung aus nationalchauvinistischem Wunschdenken, Rassismus und schamloser Geschichtsfälschung folgend, die Galiläer kurzerhand zu *Ariern* werden, die sich zu Füßen des Golan angesiedelt und den jüdischen Glauben angenommen hätten. Andere, die in die gleiche Kerbe schlugen, erklärten Jesus zum Sohn eines aus Germanien rekrutierten römischen Legionärs. Einen scheinbaren Beweis für diese blasphemische These lieferte ausgerechnet der jüdische *Talmud,* der von einem „Jesus ben Pandera" berichtet. Einmal vorausgesetzt, es sei Jesus von Nazareth damit gemeint – der Name „Jesus" war im alten Israel sehr beliebt –, könnte der Name auf eine Verballhornung des griechischen *parthenos,* „Jungfrau", zurückgehen. So wurde aus Jesus, dem Sohn der Jungfrau, der „Sohn des Panthers", griechisch *panthera.* Schon im 3. Jahrhundert, so entnehmen wir der Antwort des frühchristlichen Autors Origenes auf die verleumderische Schrift des Heiden Celsus, wurde von Juden behauptet, dass Pantheras der Name eines heidnischen Soldaten gewesen sei, der die Mutter Jesu schwängerte. Empört erwiderte Origenes, Pantheras sei vielmehr ein Beiname von Jakob, dem Großvater Jesu, gewesen.[21] Trotzdem zitierten Christengegner auch weiterhin die Verleumdung des Celsus, speziell nachdem im 18. Jahrhundert bei Bingen am Rhein eine römische Grabinschrift aus dem 1. Jahrhundert gefunden wurde. Sie nennt einen Bogenschützen namens „Tiberius Julius Abdes Pantera" aus dem Gebiet von Sidon in Phönizien, der im Alter von 62 Jahren nach 40 Jahren Militärdienst verstarb.[22] Zwar deutet der Name „Abdes" eindeutig auf eine syrische Herkunft des Legionärs hin, dem später das römische Bürgerrecht verliehen wurde (wahrscheinlich vom Kaiser Tiberius, wie die Vornamen enthüllen), doch schon der Umstand, dass er am Rhein bestattet wurde, machte aus dem vermeintlichen „Vater Jesu" schnell einen „Germanen".

Auch Hitler glaubte an einen *arischen Christus,* erklärte 1941 bei seinen Tischgesprächen im *Führerhauptquartier*:

> *„Der Galiläer ... den man später Christus benannte ... war ein Volksführer, der gegen das Judentum Stellung nahm. Galiläa war sicher eine Kolonie, in welcher die Römer gallische*

Legionäre angesiedelt haben, und Jesus war bestimmt kein Jude. Die Juden nannten ihn ja auch einen Hurensohn, den Sohn einer Hure und eines römischen Soldaten ... Der Galiläer hatte die Absicht, sein galiläisches Land von den Juden zu befreien, er wandte sich mit seiner Lehre gegen den jüdischen Kapitalismus und deshalb haben die Juden ihn getötet."[23]

„Christus war ein Arier."[24]

Als Beweis für seine These erzählte er seinen Getreuen, Mussolini habe ihm 1938 bei seinem Besuch in Rom einen Christuskopf gezeigt, der angeblich aus dem 1. Jahrhundert stammte.[25] Dieser habe dem Aussehen eines Römers, nicht dem eines Juden entsprochen. Mit derselben Logik hätte er allerdings nach einem Besuch in Äthiopien aus der Darstellung Christi als Afrikaner schließen müssen, Jesus sei schwarz gewesen.

Wer einmal die Herkunft Christi verleumdet, macht vor einer Verfälschung der Evangelien keinen Halt. So wurde aus dem Juden Jesus, der schon als Zwölfähriger den Tempel in Jerusalem als Haus „meines Vaters" (Lk 2,49) bezeichnete – eine Formulierung, die er bei der Tempelreinigung wiederholte, siehe Joh 2,16 –, der sich immer wieder auf Moses berief (so in Joh 5,46: *„Denn wenn ihr an Moses glaubtet, würdet ihr auch mir glauben"),* der in der Synagoge von Nazareth die Messias-Prophezeiung des Jesaja auf sich bezog (Lk 4,21) und der versicherte: *„Denkt nicht, ich sei gekommen, das Gesetz oder die Propheten aufzuheben. Ich bin nicht gekommen, aufzuheben, sondern zu erfüllen"* (Mt 5,17) –, plötzlich ein Antisemit.

Jesus war ein Revolutionär. Er hielt feurige Predigten gegen die Jerusalemer „Tempellobby", die Partei der Sadduzäer, und die selbstgefälligen und „angepassten" Pharisäer. Dabei vertrat er ähnliche – wenngleich weniger elitäre – Positionen wie die Reformbewegung der Essener, die von einer Wiederherstellung des alten, „reinen" Israel träumten. Statt Pomp und Tempelkult forderte er eine Rückbesinnung auf das Wesentliche, das Gesetz Gottes, propagierte er, in direkter Anknüpfung an Moses, einen „neuen Bund" mit dem „Vater".

Nur in diesem Kontext ist das Jesuswort aus dem Johannesevangelium, die liebste Bibelstelle der Antisemiten, zu verstehen:

> *„Ihr stammt aus dem Teufel als Vater und wollt nach den Gelüsten eures Vaters tun. Dieser war ein Menschenmörder von Anbeginn; er steht nicht in der Wahrheit, weil in ihm nicht Wahrheit ist. Wenn er die Lüge sagt, so sagt er sie aus dem, was ihm eigen ist; denn ein Lügner ist er und Vater von ihr“ (Joh 8,44).*

Auch wenn Jesus zu Juden sprach, meinte er doch all jene, die nicht bereit waren, die Wahrheit seiner Worte hinter der orientalisch-farbigen Bildersprache zu erkennen. Das Bild des Satans benutzte er auch an einer anderen Stelle, sogar in Bezug auf Petrus, seinen treuesten Jünger, den Felsen seiner Kirche (Mt 16,18), der es in einem Augenblick menschlicher Schwäche wagte, den göttlichen Heilsplan in Frage zu stellen. Als Jesus sein Leiden und seinen Tod ankündigte, warf Petrus ein, das solle Gott verhüten. Daraufhin drehte sich sein Meister zu ihm um und wies ihn zurecht: *„Weg mit dir, Satan, geh mir aus den Augen!“* (Mk 9,33). Die Sorge um seinen geliebten Meister ließ Petrus einen Augenblick lang zweifeln und damit zum „Satan“, zum „Widersacher Gottes“ werden; erst die harsche Zurechtweisung Jesu brachte ihn wieder auf den rechten Weg. Ebenso heftig rügte der Gottessohn seine Gegner. Durch den Zweifel an seinen Worten der Wahrheit wurden sie in orientalischer Diktion zu *Söhnen der Lüge* und damit *Söhnen des Teufels.* Doch wer weiterliest, merkt bald, dass dies nicht wörtlich gemeint war, heißt es doch zu Ende desselben Streitgespräches:

> *„Mein Vater ist es, der mich ehrt, er, von dem ihr sagt: Er ist unser Gott ... Abraham, euer Vater, jubelte, dass er meinen Tag sehen werde“ (Joh 8,54–56).*

Sein Vater ist also der Gott der Juden. Auch wenn seine Gegner sich dieser Wahrheit verschlossen, so war doch Abraham ihr wahrhaftiger Stammvater und eben nicht der Fürst der Lüge. *„Denn das Heil kommt von den Juden“* (Joh 4,22) hatte Jesus dann auch der Samariterin erklärt, die er am Jakobsbrunnen von Sichem (Nablus) traf. Er war der den Juden verheißene Messias, dessen Kommen von den großen Propheten des Alten Testamentes vorausgesagt worden war; schon deshalb sind das Alte und das Neue Testament als Verheißung und Erfüllung untrennbar miteinander verbunden.

Doch alles, was ihrer Überzeugung widersprach, erklärten die Antisemiten kurzerhand zur „jüdischen Fälschung“. Ausgerechnet Paulus, durch dessen Initiative das Christentum erst zu einer eigenständigen und vom Judentum unabhängigen Religion wurde, erklärten sie zu einem „Agenten des Sanhedrin“. Auch Hitler glaubte:

> *„Die entscheidende Verfälschung der Lehre des Jesus kam durch Paulus. Er hat raffiniert die Lehre des Galiläers für seine Zwecke umgefälscht und ausgewertet ...*
> *Einer der gemeinsten Kommissare gegen (Jesus) war Saulus. Als Saulus dann auf einmal merkte, dass sich für die Lehre des Galiläers viele Menschen sogar töten ließen, da kam das, was man die ‚Erleuchtung des Saulus‘ nennt; es war die Einsicht, dass man mit der Lehre des Galiläers, wenn man es richtig anpackte, den römischen Staat, den die Juden hassten, zum Zusammenbruch bringen könne ... wenn man die Lehre von der Gleichheit aller Menschen vor einem alleinigen Gott durchsetzte und wenn man die eigenen, angeblich göttlichen Auffassungen über die staatlichen Gesetze erheben würde ...*
> *Erst Paulus erkannte die Zweckdienlichkeit der jüdischen Propagandamethode unter dem Mantel einer Religion. Dadurch, dass Paulus aus der arischen Protestbewegung gegen das Judentum in Palästina eine überstaatliche christliche Religion machte, hat der Jude das Römische Reich zertrümmert.“*[26]

Dass die jüdischen Hohenpriester Paulus vor dem römischen Statthalter Felix anklagten und hinrichten lassen wollten (Apg 24,5–6), verschwiegen Hitler und seine Gewährsleute dabei geflissentlich.

Christlicher Antijudaismus

Tatsächlich waren die ersten Christen allesamt Juden, fand die erfolgreichste Missionierungsaktion ausgerechnet zum jüdischen Siebenwochenfest *(Shavuot)* statt, griechisch *pentekostos,* dem Pfingsten des Jahres 30. Über 3000 jüdische Jerusalem-Pilger bekehrten sich spontan zu dem neuen Glauben, darunter, wie die Apostelgeschichte ausdrücklich vermerkt, *„eine große Zahl von Priestern“* (Apg 6,7); jüdischen Priestern natürlich. Erst Petrus brach das Tabu der Urgemeinde und taufte mit dem römischen Hauptmann Cornelius und seinem Haushalt die ersten Heiden, was zu heftigen Diskussionen im Kreis der Apostel führte. Zwölf Jahre nach dem Pfingstfest begann erst die eigentliche Heidenmission. Dabei musste, wer getauft werden wollte, zunächst einmal Jude werden, eine Hemmschwelle, die nicht nur für den Völkerapostel Paulus bald zum Problem wurde. Viele begeisterten sich für das Evangelium, scheuten aber die vorgeschriebene Beschneidung sowie die umständlichen Speise- und Reinheitsvorschriften des Judentums. Paulus und seine Anhänger forderten eine Abschaffung der Regel, jüdische Traditionalisten um Jakobus, den Vorsteher der Jerusalemer Gemeinde, bestanden auf ihre Beibehaltung. Schließlich kam man im Jahr 48 zusammen, um einen Kompromiss zu schließen. Fortan gab es zwei gleichberechtigte Kirchen: *die Kirche aus der Beschneidung,* die Judenchristen, und die *Kirche aus den Heiden.*

Diese erste „Kirchenspaltung“ war leider langfristig der Auslöser einer der fatalsten Fehlentwicklungen in der Kirchengeschichte, des Antijudaismus. Bald sahen die Christen, die keine jüdischen Wurzeln hatten, in der „Mutterreligion“ ihren ärgsten Widersacher. Eine der Ursachen dieser Entfremdung war der heidnische Antijudaismus, waren die in der antiken griechischen und römischen Gesellschaft präsenten Vorurteile gegen die elitären Juden. Schon die Griechen, denen alle Nichtgriechen als Barbaren galten, reagierten mit Unverständnis auf den bilderlosen Jahwe-Kult und das Verbot des Verzehrs von Schweinefleisch. Wer zudem einen Gott verehrte, der keine anderen Götter neben sich duldete, wer sich so dezidiert von den anderen abhob und den Umgang mit den Andersgläubigen mied, war den Vertretern des religiösen Pluralismus der Antike suspekt. So verfasste Apion, Vorsteher der berühmten Schule von Alexandria im heutigen Ägypten, zu Anfang des 1. Jahrhunderts eine vielbeachtete Spottschrift gegen die Juden. Auch der Römer Seneca schimpfte auf *„dieses komplett ruchlose Volk“*[27], und der Historiker Tacitus warf ihnen vor, *„die Götter zu verachten, das Vaterland zu berauben und Eltern, Kinder und Brüder geringzuachten“;* die *„Sitte der Juden“* sei *„widersinnig und schmutzig“*[28]. Das Scheitern des Jüdischen Aufstands, gipfelnd in der Zerstörung Jerusalems durch Titus im Jahre 70, trug seinen Teil dazu bei, die antijüdische Stimmung im Römischen Reich aufzuheizen. Wollten sich die Christen mit ihrer Religion etablieren, mussten sie sich von den unbequemen und ungeliebten Juden distanzieren, schon um ihre Staatstreue unter Beweis zu stellen. So wurde der Sieg der Römer im Matthäusevangelium als „Strafe Gottes“ für den Unglauben der Juden gedeutet. Der Kontakt mit der Urgemeinde in Jerusalem war bereits im Jahre 66 abgebrochen, als diese, einer Prophezeiung folgend, ihren Sitz nach Pella in Transjordanien verlegte. Zwar kehrten die Judenchristen bald darauf auf den Zionsberg zurück, doch am Rande der 135 n. Chr. auf den Trümmern Jerusalems gegründeten römischen Stadt Aelia Capitolina führten sie nur ein Ghettodasein. Erst unter Konstantin dem Großen entstand eine stetig wachsende Heidenchristen-Gemeinde in Aelia, die zunächst parallel mit den Judenchristen existierte. Doch es dauerte nicht einmal 65 Jahre, bis die letzte judenchristliche Synagoge zur Kirche umgewandelt war; die Minderheit der „Beschnittenen“ war zwangsweise „eingemeindet“ und regelrecht absorbiert worden, als Kaiser Theodosius (379–395) das Christentum zur Staatsreligion erklärte und fortan auch heterodoxe Gemeinden verfolgt wurden.

Je weiter sich die neue Christenheit, die *Kirche aus den Heiden,* von ihren jüdischen Wurzeln entfernte, desto mehr entfremdete sie sich von den Juden. Deren Weigerung, sich zum Neuen Bund zu bekehren, ließ sie in den Augen der Christen als „störrisch“ und „verstockt“ erscheinen. Die Aktionen des Sanhedrins gegen die Urgemeinde, die Steinigung des Stephanus, die Hinrichtung des Jakobus d. J., die Inhaftierung des Petrus, die Anklage gegen Paulus und die Ermordung des Jakobus d. Ä. machten sie zu Feinden der jungen Kirche. *„Diese haben sogar Jesus den Herrn und die Propheten getötet; auch uns haben sie verfolgt. Sie missfallen Gott und sind Feinde aller Menschen“,* klagte der bekehrte Jude Paulus (1 Thess 2,15). Erneut zur Erhärtung der Fronten trug es bei, dass eine Versammlung hoher Rabbiner, die *Synode von Jamnia,* um das Jahr 80 in einem verzweifelten Versuch der Selbstbehauptung nach dem Fiasko von Jerusalem in einem Achtzehnbittengebet ausdrücklich die *nosrim* („Nazarener“) verfluchte und zu *minim* („Ketzern“) erklärte, denen die Teilnahme am jüdischen Synagogengottesdienst verboten war.

Die Christen reagierten, indem sie die Juden zu „Gottesmördern“ werden ließen, die ihr Schicksal durch eine Selbstverfluchung selbst besiegelt hätten, als sie vor Pilatus ausriefen: *„Sein Blut komme über uns und unsere Kinder!“* (Mt 27,25). Was sich ursprünglich wohl ausschließlich auf die Zerstörung Jerusalems bezog, die exakt eine biblische Generation, nämlich 40 Jahre, nach der Kreuzigung Jesu (historisch im Jahre 30) stattfand, wurde bald auf alle Zeiten und Generationen ausgedehnt. So entstand die Legende von *Ahasver,* dem *Ewigen Juden,* der ruhelos durch die Welt irrt, seiner Erlösung am Jüngsten Tag harrend. Sie diente Richard Wagner als Vorbild für seine Interpretation der Kundry.

Die Kirche verstand sich als das „neue Israel", das alte Israel war überwunden und musste vergehen. Dabei wurden die Evangelien schon von den Kirchenvätern oft tendenziös interpretiert. Die Ankläger Jesu, die Hohenpriester der jüdischen „Tempellobby", hatten versucht, Jesus als Rädelsführer einer revolutionären Bewegung, sein Messias-Königtum als politischen Anspruch umzudeuten. Somit fiel seine Aburteilung in die Zuständigkeit des römischen Präfekten Pontius Pilatus, der ihn wie einen Aufrührer kreuzigen ließ. Um diesen im Römischen Reich gefährlichen Vorwurf zu entkräften, vermieden die Evangelisten jede Kritik an den Machthabern. Jesu Königreich war *„nicht von dieser Welt"* (Joh 18,36), seine „Revolution" allein theologischer Natur. Damit aber fiel die Alleinverantwortung für den „Gottesmord", tatsächlich das entscheidende Erlösungsopfer Christi, an „die Juden". Pilatus, sein Richter, und die brutalen römischen Henker erhielten dagegen die Generalabsolution. Der römische Hauptmann, der das Exekutionskommando befehligte, galt mit der Erkenntnis *„Wahrhaft, dieser war Gottes Sohn!"* (Mt 27,54) bald als erster Heidenchrist, der Statthalter wurde, zumindest von den äthiopischen Christen, sogar zum Heiligen erklärt.

Die Entfremdung hatte Folgen. Seit dem 2. Jahrhundert feierten die römischen Christen Ostern nicht mehr zeitgleich mit dem jüdischen Paschafest *(Pesach),* sondern demonstrativ eine Woche später. Seit dem Konzil von Nicäa 325 wurde diese Regelung für die gesamte Christenheit verbindlich. Der Karfreitagsliturgie wurde die Fürbitte *Oremus et pro perfidis Judaeis,* „Lasset uns auch für die ungläubigen, treulosen Juden beten", zugefügt. Einigen Christen ging auch diese Entfernung vom Judentum nicht weit genug. Im Jahre 144 gründete der Römer Marcion eine eigene Kirche, in der er das Christentum zur Antithese zum Judentum erklärte. Der Gott, der sich in Jesus von Nazareth offenbarte, habe nichts mit dem Schöpfergott des Alten Testamentes gemein. So ließ er auch nur zehn Paulusbriefe und eine „entjudaisierte" Version des Lukasevangeliums als Heilige Schrift gelten. Marcionitische Gemeinden entstanden fortan im ganzen Römischen Reich.

Kaum war die Judenchristen-Gemeinde von Jerusalem durch Fusion verschwunden, breitete sich der christliche Antijudaismus verstärkt im Osten des Römischen Reiches aus. Die Juden erhielten Missionsverbot, Mischehen standen fortan unter Strafe, Juden wurden aus dem Heer und allen Staatsämtern entfernt. Im Jahre 388 brannte im mesopotamischen Kallinikon die erste Synagoge, angezündet durch Christen, die zuvor während einer Prozession von ihrem Bischof aufgehetzt worden waren. Als der empörte Kaiser Theodosius eingreifen wollte, hielt ihn ausgerechnet der hl. Ambrosius, der einflussreiche Bischof von Mailand, zurück. Doch weder Ambrosius noch sein Schüler Augustinus, der die Juden als *„Natterngezücht"*, *„Schmutz"* und *„triefäugige Schar"*[29] beschimpfte, konnte mit dem wortgewaltigen Patriarchen der Kaiserstadt Konstantinopel, Johannes *Chrysostomos* („der Goldmundige"), mithalten. Seine vielfach gar nicht *goldmundigen* Predigten lieferten noch Jahrhunderte später die Slogans für die Hatz auf Juden:

> *„Wo sich die Christusmörder versammeln, da wird das Kreuz verspottet, wird Gott gelästert, wird der Vater nicht anerkannt, der Sohn beleidigt und der Heilige Geist zurückgewiesen ... Wenn die Riten der Juden heilig und verehrungswürdig sind, dann muss unsere Lebensweise falsch sein. Aber wenn wir den rechten Weg gehen, wie es der Fall ist, dann gehen sie einen betrügerischen Weg. Ich spreche nicht von der Heiligen Schrift. Das liegt mir völlig fern, denn sie führt uns zu Christus! Ich spreche von ihrer gegenwärtigen Gottlosigkeit und Verrücktheit."*[30]

Der Westen dagegen blieb den Juden gegenüber weitgehend tolerant. Papst Gregor der Große (590–604) verbot ausdrücklich Zwangsbekehrungen und formulierte ein Prinzip, das in der Kirche bis ins 12. Jahrhundert galt: Juden sollten in ihren Synagogen nicht mehr Freiheiten haben, als das festgelegte Recht vorschreibt, aber im Rahmen der ihnen zugebilligten Rechte auch keine weiteren Einschränkungen erleiden müssen. Nur in Spanien kam es schon im 7. Jahrhundert zu ersten antijüdischen Ausschreitungen. Karl der Große (742–814) dagegen schätzte die Juden, holte sie an seinen Hof und garantierte ihnen alle Freiheiten. Speziell in den großen rheinischen Städten entstanden unter seiner Herrschaft blühende jüdische Gemeinden. Da die Juden über weit verzweigte Beziehungen untereinander verfügten, konzentrierten sie sich auf den Handel oder die Gelehrsamkeit.

Das Zeitalter der Pogrome

Dieses Klima der relativen Toleranz und nahezu friedlichen Koexistenz schlug um mit den Kreuzzügen. Schon im Vorfeld des 1. Kreuzzugs im Jahre 1096 kam es, speziell im Rheinland, zu spontanen Pogromen, als ein dubioser Wanderprediger den Pöbel zu einem „Volkskreuzzug" aufrief. Allein in Mainz wurden in der Nacht vom 27. auf den 28. Mai 1096 über 1300 Juden ermordet. Der jüdische Chronist und Zeitzeuge Elieser ben Nathan schilderte die Massaker in eindringlichen Worten:

> *„Als* (die „Volkskreuzzügler") *auf ihrem Weg durch die* (rheinischen) *Städte kamen, in denen Juden wohnten, sprachen sie in ihrem Herzen: Wir ziehen dahin, das Heilige Grab aufzusuchen und Rache an den Mohammedanern zu üben, und hier sind die Juden, die ihn* (Christus) *umgebracht haben und gekreuzigt ... Lasset uns zuerst an ihnen Rache nehmen und sie austilgen; oder sie sollen unseresgleichen werden und zu unserem Glauben sich bekennen ... Da erhoben sich die Feinde und Dränger gegen die Juden, die in ihren Häusern waren, und brachten sie um, Männer, Frauen und Kinder, Jünglinge und Greise. Sie rissen die Häuser nieder ... machten Beute und plünderten. Sie nahmen die heilige Thora, traten sie in den Straßenkot, zerrissen und zerfetzten sie ..."*[31]

Damit begann eine lange Leidenszeit für die Juden. Auf dem *4. Laterankonzil* 1215 verbot die Kirche ihnen, für geliehenes Geld Zinsen zu nehmen und öffentliche Ämter zu bekleiden. Zudem verlangte es von ihnen, eine Kleidung zu tragen – meist den gelben *Judenfleck,* oft auch den spitzen *Judenhut* –, die sie deutlich von den Christen unterschied. Die Folge war eine zunehmende Isolierung der Juden und ein verstärktes Misstrauen der Bevölkerung. Während selbst Kirchenlehrer wie der hl. Thomas von Aquin gegen sie wetterten, führten die absurdesten Beschuldigungen zu erneuten Pogromen. Mal wurde den Juden ein Hostienfrevel, mal die Vergiftung der Brunnen vorgeworfen, in den schlimmsten Fällen gar ein Ritualmord, meist das Menschenopfer eines Knaben. In der Pestzeit machte man sie für den Ausbruch der Epidemie verantwortlich, was erneut zu Massakern an Juden führte.

Noch exzessiver waren die Ausschreitungen gegen das leidgeplagte Volk Gottes in Spanien nach der vollständigen Rückeroberung des Landes von den Mauren. Im Jahre 1391 entfesselten die Hetzpredigten des Erzdiakons Martinez, sein Aufruf zur Zwangsbekehrung *(„In den Tod oder ins Weihwasser!"),* eine Judenhatz. Die Mehrzahl der Verfolgten nahm den aufgezwungenen Glauben an, wer sich weigerte, wurde an Ort und Stelle niedergemacht. Doch im Untergrund blieben viele der „Bekehrten" ihrer alten Religion treu. So nahm die Spanische Inquisition, die der Krone unterstand, die Jagd auf sie auf. Unter dem berühmt-berüchtigten Großinquisitor Tomas de Torquemada, dem Beichtvater des Königs, wurden zwischen 1481 und 1525 Hunderttausende, teilweise unter Folter, auf ihren Glauben hin geprüft. Über 5000 „Abtrünnige" wurden zum Tode verurteilt, Zehntausende in öffentlichen *Autodafés* zur Schau gestellt, inhaftiert oder enteignet. Über 200.000 gelang die Flucht; der Papst erbarmte sich ihrer und nahm die spanischen Juden gegen Zahlung einer „Steuer" im Kirchenstaat auf. Doch auch dort wurden sie diskriminiert. Im römischen Ghetto waren sie seit 1278 verpflichtet, sich wöchentliche Zwangspredigten in der Kirche San Gregorio a Quattro Capi anzuhören; erst 1847 beendete Papst Pius IX. diese Praxis. Über dem Portal der Kirche war, in hebräischer und lateinischer Sprache, für jeden lesbar die Anklage des Propheten Jesaja angebracht: *„Ich strecke meine Hände aus den ganzen Tag nach einem ungehorsamen Volk, das nach seinen eigenen Gedanken wandelt auf einem Wege, der nicht gut ist"* (Jes 65,2).

Die Protestanten übernahmen den unheiligen Judenhass in seiner radikalsten Form. 1543 veröffentlichte der Reformator Martin Luther seine Hetzschrift *„Von den Juden und iren Lügen",* in der er die Anhänger seiner neuen Kirche belehrte, wie *„mit diesem verworfenen, verdammten Volk der Juden"* umzugehen sei:

> *„... dass man ihre Synagogen oder Schulen mit Feuer anstecke und was nicht brennen will, mit Erde überhäufe und beschütte, dass kein Mensch einen Stein oder Schlacken davon sehe ewiglich. Und solches soll man tun unserm Herrn und*

der Christenheit zu Ehren, damit Gott sehe, dass wir Christen seien ...“

Schließlich seien es die Synagogen, in denen sie *„Christum und uns belügen, lästern, fluchen, anspeien und schänden“*. Auch die Häuser der Juden seien zu zerstören, ihre Bücher und Thorarollen ebenso wie ihre Besitztümer zu konfiszieren, sie selbst schließlich *„wie Zigeuner“* in ein Sammellager zu sperren und zu Zwangsarbeit zu verpflichten. 390 Jahre später wurde dieses Programm umgesetzt. Selbst der NS-Slogan *„Die Juden sind unser Unglück“* scheint auf die Luther-Schrift zurückzugehen, schrieb doch der Reformator:

> *„Ein solch verzweifeltes, durchböstes, durchgiftetes, durchteufeltes Ding ist's um diese Juden, so diese 1400 Jahre unsere Plage, Pestilenz und alles Unglück gewesen sind und noch sind. Summa, wir haben rechte Teufel an ihnen. Das ist nichts anderes ...“*[32]

Erst mit der Aufklärung entspannte sich die Lage für die Juden zumindest in Westeuropa – im zaristischen Russland kam es noch zu Anfang des 20. Jahrhunderts zu Pogromen –, wehte ein neuer, warmer Wind der Toleranz. Doch dieser erwies sich nur als Zwischenhoch.

Der kirchliche Antijudaismus, dem seine Opfer selbst während der Spanischen Inquisition noch durch die Zwangstaufe entgehen konnten, gehörte zwar zunehmend der Vergangenheit an. Doch er wurde ersetzt durch einen politischen Antijudaismus, der den Juden zum „Weltverschwörer“ deklarierte, und eine neue Definition des Judentums als Rasse. Dem neuen Antisemitismus entkam man nur durch den Tod.

Die Geschichte des Rassenwahns

Der Rassenbegriff kam mit dem Zeitalter der Eroberungen auf und diente schon früh dem Ziel, den europäischen Kolonialismus zu legitimieren. 1735 entwickelte der schwedische Biologe Carl von Linné das Grundschema der modernen Biologie. Pflanzen, Tiere und Menschen wurden in Gattungen und Rassen aufgeteilt. Dabei unterschied er zwischen vier Menschenrassen: den weißen Europäern, den roten Indianern, den gelben Asiaten und den schwarzen Afrikanern. Die Weißen galten als überlegen, die Schwarzen als minderwertig. Selbst Aufklärer wie Voltaire und Rousseau schlossen sich diesem ersten Rassismus an. Der Brite Edward Long schließlich erklärte die Afrikaner zu *„tierhaften Geschöpfen“,* dem Affen näher als dem Menschen und daher bedenkenlos zu versklaven. Der Göttinger Anthropologe Blumenbach brachte zudem 1775 die Ästhetik ins Spiel. Die *„schönen Rassen“* waren bei ihm weiß, die Schwarzen *„hässlich“*.[33]

Der Begriff des *Ariers* stammte ursprünglich aus der Linguistik des 18. und 19. Jahrhunderts. 1786 wies der britische Sprachforscher William Jones auf die auffälligen Parallelen zwischen dem indischen Sanskrit und einer Reihe europäischer Sprachen hin. Fortan war von einer *indoeuropäischen Sprachenfamilie* die Rede, ein Begriff, der noch heute verwendet wird für eine Entdeckung, die nach wie vor ihre Gültigkeit hat. 1808 schloss sein deutscher Kollege Friedrich Schlegel in dem Werk „Über die Sprache und Weisheit der Inder“ daraus, dass die Urinder wie die Ureuropäer Nachkommen desselben geheimnisvollen vorgeschichtlichen Wandervolkes sein mussten. Auslöser für ihre Wanderungen gen Norden sei eine „religiöse Sehnsucht“ gewesen, die Suche nach dem mythischen Berg Meru, der *axis mundi* ihres Universums. Die große Verehrung, die die alten Inder diesem heiligen Berg im Norden entgegenbrachten, könnte aber auch auf einen Ursprung in einem nördlichen Bergland hindeuten. Da sich das hellhäutige Volk, das gegen 2000 v. Chr. in Indien einwanderte und dessen Sprache Sanskrit war, *Aryas* nannte, bezeichnete er sie fortan als *Arier.* Die Verwandtschaft der Wurzel *Ari* mit dem deutschen Wort *Ehre* ließ sie als eine aristokratische Herrenrasse erscheinen. Ihre Selbstbezeichnung wird von einigen Etymologen als *die Edlen,* von anderen als *die Fremdlinge* übersetzt, was vielleicht abhängig von der Perspektive des Benutzers ist. Um ihre Vorherrschaft zu sichern, führten die Invasoren fortan das Kastensystem ein. Wahrscheinlich verehrten sie zunächst Sonne *(Surya)* und Feuer *(Agni,* verwandt mit dem lat. *ignis).* Ihre Gebete, Lieder und Opfersprüche sammelten sie in den *Veden,* den ältesten Texten der indischen Literatur (um 1500 v. Chr.). Ihre Urheimat war das Persische Hochland, das sie *Arian* (heute: Iran) nannten und von wo aus andere Wanderbewegungen bis nach Westeuropa stattfanden.

Während sich Schlegel noch jeder weiteren Wertung enthielt, war es sein Schüler Christian Lassen, der von einer „vollständigen Begabung" der *Arier* sprach und sie zu Widersachern der Semiten erklärte, deren Religion *„selbstsüchtig und ausschließend"* sei.[34]

Hatte man vorher, der Bibel folgend, das Hebräische für die Ursprache der Menschheit gehalten, wurden jetzt die *Rassen* als *Sprachfamilien* definiert. Während die christliche Lehre den Ursprung der gesamten Menschheit auf ein Paar, Adam und Eva, zurückführt, postulierten Forscher fortan den *Polyphylismus:* Jede Rasse, so glaubten sie, sei eine eigene Schöpfung mit ewigen und vererblichen Eigenschaften. Da das Hebräische nicht mit dem Sanskrit verwandt ist, durchaus aber mit anderen vorderasiatischen Sprachen, wurde zunächst von einer *semitischen Rasse* gesprochen, benannt nach einem der Söhne Noahs. Erst die Antisemiten erklärten die Juden zu einer eigenständigen Rasse.

Speziell der lutherische Pastor Johann Gottfried Herder (1744–1803) lenkte den Blick nach Indien und auf das Persische Hochland und beflügelte damit die Phantasie der Romantiker. Den Versuch, die gesamte Menschheit *„zu Abkömmlingen der Hebräer und zu Halbbrüdern der Juden zu machen"*[35], erklärte er für gescheitert. Während er selbst dem Christentum treu blieb, bewirkte er bei dem jungen Goethe eine geradezu pantheistische Verehrung für die Natur und ihren Zauber. Herder dagegen suchte diese archaischen Kräfte in alten Liedern, Sagen und Märchen, die für ihn Ausdruck des *Volksgeistes* waren. Diese Wiederentdeckung des Volksgutes führte bald zu einer Mystifizierung des Volksbegriffes, die zur Grundlage der *Völkischen Bewegung* des 19. Jahrhunderts wurde. Auf der Suche nach einer gemeinsamen Identität aller Deutschen idealisierten die Völkischen das Mittelalter und seine ritterlichen Traditionen oder widmeten sich den Sagen aus germanischer Vorzeit. Eine neuromantische Protestbewegung, die *Lebensreform,* propagierte das *Zurück zur Natur,* einen alternativen Lebensstil, der durch Naturmedizin, Vegetarismus, Nudismus und die Bildung von Landkommunen gekennzeichnet war. Ihre Anhänger glaubten, der Lebensweise ihrer germanischen Vorfahren und damit den eigenen Wurzeln wieder näher zu kommen. Jugendbünde, die sich schließlich 1904 im *Wandervogel* vereinigten, suchten Erkenntnis und Erfahrung, „Sehen und Schauen" in der Natur und zelebrierten Jahrzehnte vor den Nazis altgermanische Sonnenwendfeste mit lodernden Feuern. Für die Anhänger der neuheidnischen Naturmystik wohnte Gott nicht im Dämmerlicht der Kirchen, sondern im Rauschen der Bäume und Quellen, im Funkeln des nächtlichen Sternenhimmels oder im Goldglanz eines wogenden Kornfeldes. Das Land, die deutsche Heimaterde, galt als heilig. Das *Volk* wurde zur Vereinigung der Individualseelen verklärt, geprägt durch die Interaktion mit Landschaft und Natur und als höhere, übergeordnete Wesenheit irgendwo zwischen Gott und Mensch angesiedelt. Wem diese Verwurzelung fehlte, und das galt in erster Linie für die Juden, wurde zum Fremdkörper, zum Außenseiter erklärt. Aus diesem neuheidnischen Pantheismus ging ein neuer deutscher Antijudaismus hervor.

Als Charles Darwin 1859 sein Werk „Die Entstehung der Arten" veröffentlichte, kam ein neues Element hinzu. Denn in seiner Evolutionstheorie postulierte der Naturforscher das Gesetz des *Survival of the Fittest,* des Überlebens des Stärkeren. Im ewigen Daseinskampf der Natur hätten sich die Träger bestimmter Erbanlagen durchgesetzt, die das Überleben garantierten. Andere, schwächere Arten seien dagegen ausgestorben, weil sie sich schlechter an die Anforderungen der Umwelt anpassten. Darwins Schüler übertrugen den Artenkampf auf die Gesellschaft, sprachen vom Sozialdarwinismus, andere verbanden die Evolutionstheorie mit der Rassenlehre. Die Menschheitsgeschichte wurde zu einer Geschichte des Rassenkampfes umgedeutet; die überlegene Rasse musste über die schwächeren Rassen herrschen, so wolle es die Natur.

Durch dieses neue Konzept einer Verbindung des Rassenmodells mit dem politischen und völkischen Antijudaismus entstand der *Antisemitismus.* Der erste, der diesen Begriff verwendete, war Wilhelm Marr, Verfasser der Hetzschrift „Der Sieg des Judentums über das Germanentum" (1879). Seine Doktrin war simpel: Im Rassenkampf, behauptete er, wolle „der Jude" die Oberhand gewinnen, die „andersrassigen" Völker beherrschen. Die Wahnidee von einer *jüdischen Weltverschwörung* war geboren. Die schnelle Veränderung der Welt an der Schwelle vom 18. und 19. Jahrhundert, der Zusammenbruch alter Werte und Hierarchien, so hieß es, sei einzig und allein das Werk jüdischer Dunkelmänner.

Tatsächlich profitierten die Juden von der neuen Ordnung. In einer säkularisierten Gesellschaft wurden religiöse Minderheiten nicht mehr verfolgt, in einer Republik hatten sie als gleichwertige Bürger die Chance zu gesellschaftlichem und wirtschaftlichem Aufstieg, ja zu politischer Einflussnahme. Als Nutznießer wurden die Juden aber zugleich zu Symbolfiguren des gesellschaftlichen Umbruchs. Hinzu kam, dass Napoleon Bonaparte sie protegiert und sich von ihnen finanzielle Unterstützung erhofft hatte. In allen durch den *Empereur* besetzten Ländern Europas galten sie fortan als Kollaborateure und Franzosenfreunde.

Vor diesem Hintergrund ist auch der Wagnersche Antisemitismus zu sehen. Die ganze *Romantik* mit ihren archaisch-*völkischen* Idealen war eine Flucht vor den Ungewissheiten der Moderne, ein Rückzug in eine Traumwelt, getragen von einem tiefen Kulturpessimismus und der Hoffnung auf Erlösung. Die Gegenwart war im Umbruch, die Zukunft beängstigend ungewiss, was blieb, war die Idealisierung der Vergangenheit, die Vision von der einstigen Größe. Für deren Verlust bedurfte es eines Sündenbockes, des Juden. Er war anders und er war Teil der neuen Welt. Daher, so waren die „Kultur-Antisemiten" rund um Wagner überzeugt, musste sein Einfluss zurückgedrängt, die Welt von ihm „befreit" werden. Nur dann, und das war ihre geradezu eschatologische Hoffnung, könne eine neue und bessere Welt erstehen, könnten die Mythen und Götter der Vorfahren zu neuem Leben erwachen.

Eine neue Religion

Da es auch dem Christentum nicht gelungen war, den Verfall der Alten Welt aufzuhalten, musste es ebenfalls reformiert werden. Wie einst Rienzi die Römer an die einstige Größe des kaiserlichen Roms erinnerte, so führte Wagner seinem Publikum die Welt der Mythen und Legenden als ewige Ideale vor. So sah sich der Komponist als Begründer einer neuen, *judenfreien* Christusreligion:

> *„Mir ist es, als ob ich der Welt ... noch ein großes Heil zuführen könnte. Es dünkt mich nämlich, dass ich der elend entartenden Menschheit den Grund ihrer Entartung und ihren Erlöser Christus deutlich machen könnte"*[36],

schrieb er am 31. März 1880 an Bayerns König Ludwig II. Das „Bühnenweihfestspiel" *Parsifal* sollte, ganz wie die Mysterienspiele des antiken Griechenlands, die Neophyten in die Geheimnisse dieser neuen Religion einführen. Bayreuth, der einzige Ort, an dem es (nach seinem ursprünglichen Plan) aufgeführt werden durfte, würde damit zum nationalen Wallfahrtsort, zum Zentralheiligtum des neuen Deutschlands werden. Kein übliches Opernpublikum wollte er, wie er schon in Zürich 1849 schrieb, sondern eine andächtige Gemeinde, in der *„wir als Jünger einer neuen Religion uns erkennen lernen und durch gegenseitige Liebe uns im Glauben stärken.“*[37] Von der *„Vollendung des arischen Mysteriums in Bayreuth“*[38] sprachen später seine Anhänger: *„Bayreuth (ist) zum idealen Mittelpunkt aller arischen Völker geschaffen worden“*, es sei eben *„diese geweihte Stätte, wo des Grales Wunder sich enthüllen ... und über dem dunklen Grunde urzeitlicher Gedanken sich erstrahlend die rettende Idee der Erlösung erhebt.“*[39] Kritiker dagegen spotteten über den *„Götzendienst“* an dem *„größenwahnsinnigen“* Meister der bombastischen Klänge und die *„internationale Bruderschaft der Wagnerianer, die sich als besonders mit dem Bayreuther Gedanken getaufte Sekte“*[40] verstand. Adolf Hitler wurde, das ist unbestreitbar, schon mit 12 Jahren Jünger dieser „Sekte“. Für ihn war Wagner *„der größte Deutsche, der je gelebt hat“* und zugleich *„die größte Prophetengestalt, die das deutsche Volk besessen habe“*[41], *„sein einziger eingestandener Vorläufer“*[42], der erste Prophet des Nationalsozialismus. Den Besuch einer Wagner-Oper bezeichnete er als *„wirklich den besten Gottesdienst“*[43], die Ideologie des Meisters wurde zu seinem Evangelium.

Tatsächlich war das Werk Wagners in seiner Gesamtheit ein neuer Mythos, quasi eine musikalische Bibel der Arier, die den Weg der Weißen Rasse von den Uranfängen der Schöpfung bis zur Götterdämmerung offenbarte. Dass diese Deutung keineswegs willkürlich ist, sondern vom Meister beabsichtigt, entnehmen wir seiner Schrift „Die Wibelungen“ aus dem Jahre 1848, in der er die tiefere Bedeutung der bombastischen Germanen-Quadrologie *Der Ring des Nibelungen* enthüllte. Ging es dabei nach außen hin um die Vertonung der Siegfried-Sage in ihrer „rekonstruierten“ germanischen Urform, um Wotan, Wallhall, Walküren und Wilde Recken mit Hörnerhelmen, war die „esoterische Bedeutung“ des Tonmythos eine andere.

Die Geschichte beginnt in den Tagen nach der Sintflut, als noch die ganze Welt, mit Ausnahme des Himalaya, von den Fluten bedeckt war. Erst als die Wasser wichen, wagten sich die Überlebenden in die Täler vor, besiedelten erst Asien, dann Europa. Geführt wurden sie von weisen und mächtigen Königen, die zugleich Priester und Seher, „der Gottesschau“ mächtig, waren. Von diesem uralten Königsgeschlecht stammten, so Wagner, die Könige der Franken, die Wibelungen oder Merowinger, ab. Ihre uralte Sage berichtet von einem geheimnisvollen Schatz, den ihre Vorfahren aus dem *„urheimatlichen Hochgebirge Asiens"* mitbrachten, und von *„Siegfried als Licht- oder Sonnengott"*, der durch diesen Schatz *„unermessliche Macht gewinnt"*.[44] Aus der etymologischen Ähnlichkeit der Namen Siegfried und Friedrich heraus erklärte Wagner Kaiser Friedrich I. *Barbarossa* (1123–1190) zum „neuen Siegfried", seine Dynastie, die Staufer, die in Italien *Ghibellini* heißen, zu den legitimen Nachfolgern der Wibelungen und den von ihm angeführten dritten Kreuzzug zur Suche nach dem *Heiligen Gral,* dem mythischen Urschatz der Arier im Herzen Asiens. Anknüpfend an die Kyffhäuser-Legende hoffte er auf Barbarossas Wiederkehr als Führer der Deutschen im Kampf gegen ihre artfremden Unterdrücker: *„Wann kommst du wieder, Friedrich, du herrlicher Siegfried!"*, beendete er seine phantastische Reise durch die Geschichte, *„und schlägst den bösen nagenden Wurm der Menschheit?"*[45] So ordnen sich *Parsifal,* der wie Friedrich I. Barbarossa den Gral suchte, *Rienzi,* der die Stauferherrschaft in Italien wiederherstellen wollte, und *Lohengrin,* der Retter aus der fernen Gralsburg, nahtlos in das Gesamtbild ein.

Dabei hätte gerade Wagner wissen müssen, dass der apokalyptische Drachenkampf eines Tages in den Feuerflammen einer allgemeinen *Götterdämmerung* enden wird, ganz wie im letzten Teil der Ring-Quadrologie. Dort sind die Nibelungen die zwergenhaften Bewohner der unterirdischen Klüfte und Höhlen von *Nibelheim* (Nebelheim). Ihres Schatzes, des *Rheingoldes,* bemächtigt sich der listige Zwerg Alberich, schmiedet aus ihm einen Ring und beherrscht fortan die germanische Unterwelt. So gelingt es ihm, einen unermesslichen Reichtum anzuhäufen, mit dessen Hilfe er die Weltherrschaft anstrebt. Damit wird er zur Bedrohung für die Götter, die sich in einer von Riesen errichteten Burg verbarrikadieren. Das war Wagners Vision der Welt von 1848: Mit Hilfe des Geldes versuchten „garstige Zwerge" (die Juden) die Götter (den lethargischen Adel und Klerus) zu entmachten. Die Götter fangen Alberich, wagen es aber nicht, den Ring und damit die Macht wieder an sich zu reißen; sie lassen ihn von einem Drachen bewachen. Denn auf dem Ring lastet ein Fluch; wer immer ihn besitzt, soll den Tod finden. Schließlich gelingt es Siegfried, dem arischen Heros, das Urtier zu töten, sich des Ringes zu bemächtigen und die Menschheit aus der Herrschaft der Zwerge

(Juden) und Götter (Adel/Klerus) zu befreien. Doch durch den Fluch und den Verrat Hagens fällt auch Siegfried, und das Feuer des Scheiterhaufens, auf dem sein Leichnam aufgebahrt war, nimmt den Weltenbrand vorweg.

Trotz dieses tragischen Endes wurde das Nibelungen-Epos zum Kult und Auslöser einer regelrechten Germanen-Euphorie, aus der bald die ersten Wotanssekten entstanden. Wagner wusste dies zu erklären: *„Es ist gewiss das der arischen Rasse eigentümlichste Kunstwerk“,* schrieb er 1881 seinem Sponsor, Bayerns König Ludwig II. *„Kein Volk der Erde konnte in dieser Deutlichkeit seiner Herkunft und seiner Anlage sich bewusst werden.“*[46] Das arische Heldenvolk hatte seinen Propheten gefunden; sein selbsternannter Erlöser empfing durch Wagners Werk nur ein Vierteljahrhundert später seine Berufung. Begierig nahm Hitler die Geschichte von der angeblichen Gier der Juden und dem Fluch, der auf ihrem Geld und Gold lag, in sich auf. Wie Wagner glaubte er, dass diese Gier zu ihrem Untergang führen würde.

Doch man tut dem Bayreuther Meister vielleicht Unrecht, wenn man ihn deswegen gleich zum Vordenker des *Holocaust* werden lässt, im gleichen Atemzug Hitler zum Vollstrecker seiner Wahnidee erklärt.[47] Zwar war mit der „Erlösung des Erlösers“, die Wagner im *Parsifal* fordert, tatsächlich die Überwindung des Jüdischen gemeint. Zwar drohte der Komponist in seiner 1850 veröffentlichten Kampfschrift „Das Judentum in der Musik“ den Juden: *„Bedenkt, dass nur eines eure Erlösung von dem auf euch lastenden Fluche sein kann, die Erlösung Ahasvers: der Untergang!“*[48] Doch im selben Atemzug, nur einen Satz früher, lud er sie ein: *„Nehmt rückhaltlos an diesem selbstvernichtenden, blutigen Kampfe teil, so sind wir einig und unzertrennbar.“* Ja, Wagner wollte die Vernichtung des Judentums, hielt *„die jüdische Race* (sic!) *für den geborenen Feind der reinen Menschheit und alles Edlen in ihr“,* befürchtete gar, *„dass namentlich wir Deutschen an ihnen zugrunde gehen werden“*[49]. Aber der Jude war für ihn in erster Linie Synonym für die Moderne mit allen ihren „Übeln“, namentlich dem *Mammonismus,* dem Fortschritt, dem Liberalismus, der Demokratie und der Wissenschaft.[50] Nur so ist zu verstehen, dass er in seiner antijüdischen Kampfschrift die Juden selbst aufrief, ihr Judentum um *„der Erlösung zu wahrhaften Menschen“* willen aufzugeben. Das Verschwinden ihrer sozialen, kulturellen und religiösen Einheit würde sie als Individuen in einer universalistischen und erlösten Menschheit retten. Das ist übelster Antijudaismus, gewiss, ein Appell zur Vernichtung der jüdischen Kultur und Religion, tragisch und fatal, aber noch nicht der Aufruf zum Völkermord.

Erst zwei Jahre vor seinem Tod wurde auch Wagner Anhänger des rassistischen Antisemitismus. Damals, 1881, las er erstmals das bereits 1853–56 erschienene Buch „Versuch über die Ungleichheit der Menschenrassen" des französischen Rassentheoretikers Arthur Gobineau. Der Autor forderte darin die Reinhaltung der Rassen; speziell die „weiße Rasse" besitze zwar das *„Monopol auf Schönheit, Intelligenz und Kraft",* sei jedoch in ihrer kulturschöpferischen Kraft durch die Rassenmischung gefährdet.[51] Wagner war so begeistert von dem Werk, dass er Gobineau im Mai 1882 für vier Wochen nach Bayreuth einlud. Zeitweise wollte er sogar den Parsifal im Sinne der Gobineau'schen „Erkenntnisse" umschreiben. Doch mit dem Motiv der Verunreinigung des Gralskönigs Amfortas durch die sexuelle Vereinigung mit Kundry hatte er Gobineaus These bereits vorweggenommen, bevor er das Buch überhaupt gelesen hatte. Des Königs durch die „Blutschande" unrein gewordenes Blut ertrug die Nähe des rein gebliebenen Blutes Christi nicht.

Auch der junge Adolf Hitler wurde nicht gleich zum Antisemiten, als er in Linz die Schriften Richard Wagners las. Zwar erinnert sich sein Jugendfreund Kubizek, wie er einmal, beim Anblick einer kleinen Synagoge, sagte: *„Das gehört nicht nach Linz"*[52]; aber das war wohl eher antijudaistisch gemeint. Hitler selbst bestritt in „Mein Kampf", in Linz bereits Antisemit gewesen zu sein. Ein jüdischer Mitschüler auf der Realschule sei zwar *„von uns allen mit Vorsicht behandelt"* worden, doch jede Erwähnung des Wortes „Jude" brachte der junge Hitler eher mit *„konfessionellen Stänkereien"* in Verbindung, gegen die er seit seiner Jugend, wie gegen alles Kirchliche, eine *„starke Abneigung"* empfand.[53] Den christlichen Antijudaismus lehnte er daher mit aller Heftigkeit ab:

> *„Noch sah ich im Juden nur die Konfession und hielt deshalb aus Gründen menschlicher Toleranz die Ablehnung religiöser Bekämpfung auch in diesem Falle aufrecht ... Mich bedrückte die Erinnerung an gewisse Vorfälle des Mittelalters, die ich nicht gerne wiederholt sehen wollte."*[54]

Erst als er nach Wien ging, kam er mit antisemitischen Schriften in Berührung, wurde er allmählich mit jenem Virus infiziert, das ihn schließlich zur Bestie werden ließ. Fortan zwang er den verstorbenen Meister in die Rolle des Vorläufers, interpretierte den *Parsifal* auf seine ganz persönliche Weise als Evangelium der Erlösung durch Völkermord:

> *„Die Sünde wider Blut und Rasse ist die Erbsünde dieser Welt und das Ende einer sich ergebenden Menschheit ... es gibt nur ein heiligstes Menschenrecht ... dafür zu sorgen, dass das Blut rein erhalten bleibt ...“*[55]

Nicht zufällig fiel auch der große, endgültige Bruch Hitlers mit der Kirche in seine Wiener Zeit. Denn sie war überschattet vom Tod seiner geliebten Mutter.

Hitler in Wien

Im Mai 1906 war Hitler das erste Mal für etwa zwei Wochen nach Wien gereist, hatte die Architektur der Hauptstadt bewundert, Museen und Opernhäuser besucht. Damals fasste er wohl den Entschluss, an der Akademie für Bildende Künste zu studieren. Obwohl seine Mutter im darauffolgenden Herbst an Brustkrebs erkrankte und er sich rührend um sie kümmerte, fuhr er im September 1907 erneut in die Donaumetropole, um an der Aufnahmeprüfung der Akademie teilzunehmen. In seinem Handgepäck befand sich eine große Anzahl von Zeichnungen, die er in seiner Linzer Zeit angefertigt hatte.

Hitlers mangelnde Liebe zum Menschen war es, die ihm die größte Demütigung seines Lebens einbrachte. Er war in der festen Überzeugung, *„die Prüfung spielend bestehen zu können“*[56], in die Hauptstadt gekommen, war auch einer von 113 Kandidaten, die zur Prüfung zugelassen wurden – und fiel durch. *„Probez.*(eichnungen) *ungenügend, wenig Köpfe“*[57], notierte der Prüfungsrat. Tatsächlich tat er sich zeitlebens damit schwer, Menschen zu zeichnen. Er liebte sie nicht, sie waren ihm nicht wichtig. Stets dienten sie bestenfalls der Dekoration, waren sie profillose, ja leblose Schatten vor bombastischen Fassaden, die irgendwie an Ameisen erinnern. Einer seiner

Prüfer riet Hitler, doch besser Architektur zu studieren. Bauten waren ihm offenbar wichtiger als Menschen.

Später verbreitete sich das Gerücht, die narzisstische Kränkung, die ihm die Zurückweisung durch das Professorenkollegium zugefügt hatte, sei der Auslöser für Hitlers Antisemitismus gewesen. Doch keiner der Prüfer (Rudolf Bacher, Franz Rumpler, Heinrich Lefler, Kasimir Pochwalski, Christian Griepenkerl und, als Sprecher, Rektor Siegmund l'Allemand) war Jude. L'Allemand, der immer wieder in der Literatur als solcher bezeichnet wird, stammte aus einer protestantischen Hugenotten-Familie, die sich im hessischen Hanau niedergelassen hatte.[58] Allerdings ist durchaus möglich, dass Hitler, wie Wagner, die ganze Kulturlandschaft seiner Zeit mit dem Judentum assoziierte, für „verjudet" hielt.

Bedrückt kehrte der Junge an das Krankenbett seiner Mutter zurück, verbrachte dort ihre letzten zwei Monate. Er gaukelte ihr vor, er habe die Prüfung bestanden, würde im Frühjahr sein Studium beginnen. Fast das gesamte väterliche Erbe opferte er für ihre Behandlung, Pflege und schließlich die Beerdigung, ausgerechnet einen Tag vor Weihnachten. Die Teilnahme an der Totenmesse für seine Mutter war, zumindest soweit wir wissen, das letzte Mal, dass Hitler an einem katholischen Gottesdienst teilnahm. Mit ihrem Tod verlor er die letzte emotionale Bindung an die Kirche. Später erklärte er:

> *„Ich gehe nicht in die Kirche, um den Gottesdienst zu hören. Ich sehe mir nur die Schönheit des Bauwerks an. Ich möchte nicht der Nachwelt überliefert werden als einer von denen, die hier Konzessionen gemacht haben ... Ich bin froh, wenn ich mit denen keine innere Verbindung habe ... Ich möchte auch nicht, wenn ich beerdigt werde, im Umkreis von 10 Kilometern einen Pfaffen sehen ... Ich verzichte auf deren Gebet."*[59]

Im Februar 1908 reiste er wieder nach Wien. Er musste den Schein wahren, alle glauben machen, er würde jetzt studieren. Doch er ahnte nicht, dass damit die fünf härtesten Jahre seines Lebens beginnen würden.

Die arischen Ritter

Nur einen Tag nach der Beerdigung von Hitlers Mutter, am 24. Dezember 1907, wurde nur gut 60 Kilometer entfernt die erste Hakenkreuzflagge gehisst. Sie wehte über der neuen Gralsburg hoch über der Donau. Während im ganzen Land die Kirchenglocken läuteten und mit festlichen Choräle der Heilige Abend gefeiert wurde, gedachten dort Männer in weißen Roben, auf denen rote Kreuze prangten, der Geburt eines blonden, arischen Christus, den sie *Frauja* nannten.[1]

Die Burg, über der die Flagge wehte, hieß *Werfenstein*. Sie ist uralt und sagenumwoben, wird bereits im Nibelungenlied erwähnt. Die Flagge, die über ihren mittelalterlichen Zinnen wehte, zeigte ein rotes Hakenkreuz auf goldenem Grund, umgeben von vier Lilien. Sie sollte den Beginn einer neuen Ära anzeigen, in der die Arier die Herrschaft auf Erden übernehmen. Der Mann, der sie hisste, hatte zuvor den *Neutemplerorden* (ONT) begründet, eine Geheimgesellschaft, deren Ziel es war, die Reinheit der arischen Rasse zu pflegen. Er sollte als „der Mann, der Hitler die Ideen gab" in die Geschichte eingehen. Obwohl als Adolf Lanz geboren, wurde er als Georg Lanz von Liebenfels bekannt.

Schon als Kind hatte ihn eine romantische Sehnsucht nach der Welt der mittelalterlichen Ritterorden erfasst. Mit 19 Jahren war Adolf Lanz 1893 als Novize dem Orden der Zisterzienser beigetreten. Als *Fra Georg* lebte er fortan in dem geschichtsträchtigen Stift *Heiligenkreuz* im Wienerwald, der seinen Namen der Verehrung einer bedeutenden Kreuzreliquie verdankt. Diese Reliquie, eines der größten Fragmente des im Jahre 325 von der hl. Helena in Jerusalem entdeckten *Kreuzes Christi* nördlich der Alpen, war 1188 von Herzog Leopold V. gestiftet worden, der es im Heiligen Land erworben hatte. Vier Jahre später sollte Leopold dadurch fragwürdige Berühmtheit erlangen, dass er den englischen König Richard Löwenherz auf seiner Rückreise vom Heiligen Land gefangennahm und erst gegen ein beträchtliches Lösegeld wieder freiließ. Damit hatte er den Ehrenkodex eines jeden Kreuzritters gebrochen, was jedoch niemanden daran hinderte, ihn trotzdem in Heiligenkreuz würdig beizusetzen, dem vielleicht einzigen Ort der Welt, an dem man seiner dankbar gedachte.[2]

Nur ein Jahr nach seinem Eintritt in das Kloster wurde Lanzens Aufmerksamkeit ganz von einem alten Steinrelief erfasst, das, wie zahlreiche andere alte Grabsteine, den Boden des Heiligenkreuzer Kreuzganges pflastert. Das Relief zeigt einen Mann in einem weiten Mantel, dessen linker Fuß auf dem Rücken eines Tieres mit fratzenhaftem Antlitz ruht. Ob es den biblischen Propheten Daniel in der Löwengrube oder Herzog Heinrich den Grausamen mit einem Teufelssymbol darstellt, ist nicht sicher. Doch für den jungen Mönch wurde der Anblick des Reliefs zu einem Schlüsselerlebnis, dem, wie er später schrieb, ein „nächtliches Traumgesicht" und eine fatale Erkenntnis folgten. Für ihn zeigte es einen aristokratischen *Herrenmenschen,* der einen niederrassischen *Affenmenschen* unterwarf. Und damit enthüllte es, wie Lanz glaubte, das „wahre Ziel" des mittelalterlichen Templerordens, der 1119 von neun Jerusalem-Pilgern gegründet und 1128 vom Papst bestätigt wurde. Dieser Ritterorden sollte nicht etwa, wie es in seinen alten Urkunden heißt, die Pilger im Heiligen Land beschützen, noch war die Organisation neuer Kreuzzüge seine Aufgabe. Vielmehr, so glaubte der junge Zisterzienser, war sein Ziel, die Rassenreinheit der Arier zu erhalten oder sie, durch Rassenentmischung, wiederherzustellen.

Diese Grabplatte aus dem Kloster Heiligenkreuz inspirierte Georg Lanz „von Liebenfels" zu seiner Rassen-Gnosis.

Fortan teilte der junge Fra Georg die Menschheit in zwei Gruppen auf, die seiner Überzeugung nach um die Macht auf Erden rangen: die Arier, die er auch als die *Blonden, Asinge* (Söhne der *Asen,* der germanischen Götter), *Heldlinge* oder *Edelrassige* bezeichnete, und die *Tschandalen* (nach *Candala,* wie die Mischrassen im alten Indien hießen) oder *Äfflinge.* Die Geschichte wurde für ihn zu einem ewigen Kampf um die Reinheit der Rasse gegen die „Verseuchung" durch die *Minderrassigen.* Aus der pseudowissenschaftlichen Rassenlehre schuf Lanz eine neue Religion, einen gnostischen Glauben, in dem die blonden und dunklen Rassen zu kosmischen Wesenheiten wurden, die für Ordnung oder Chaos im Universum verantwortlich sind.

Offenbar kamen diese Schwärmereien bei seinen Mitbrüdern weniger gut an. Allzu offensichtlich widersprachen sie der Lehre der Kirche, nach der alle Menschen gemeinsame Stammeltern haben und daher vor Gott gleich sind. Ihr extremer Dualismus erinnerte eher an die Lehren der *Manichäer,* die schon von den Kirchenvätern als Ketzerei verurteilt wurden. Jedenfalls musste Lanz den Orden nach sechs Jahren, nur wenige Monate nach seiner Priesterweihe, verlassen. Offen ist, ob auch eine recht weltliche Liebschaft dabei eine Rolle spielte. Jedenfalls heißt es im Verzeichnis der Mönche von Heiligenkreuz:

> *„Der Lüge der Welt ergeben und von fleischlicher Liebe erfasst, warf er am 27. April 1899 das Mönchsgewand und die Priesterwürde, vielleicht auch den katholischen als auch den christlichen Glauben von sich und fiel schändlich ab."*[3]

Kaum hatte er dem Kloster den Rücken gekehrt, gründete Lanz zusammen mit seinen Brüdern Herwig und Fridolin am 25. Dezember 1900 den *Ordo Novi Templi* (ONT), den *Neutemplerorden.* Bewusst knüpfte er damit an die Tradition der Templer an, deren Orden im Jahre 1314 von Papst Clemens V. auf Druck des französischen Königs Philip des Schönen aufgelöst wurde – offiziell wegen des Verdachts der *Häresie* (Ketzerei), tatsächlich aber wohl eher, weil sich der König das Ordensvermögen aneignen wollte. Seitdem wird spekuliert, ob der bedeutendste christliche Ritterorden nicht doch ein dunkles Geheimnis gehütet haben könnte. Bei Wolfram von Eschenbach und Richard Wagner sind die *Templeisen* die Hüter des Heiligen Grals, was ihnen einen ganz besonderen Nimbus verlieh. Wie später Hitler, so deutete auch Lanz den Gral als Symbol der Blutreinheit.

Doch bevor er mit seiner rassereinen Ritterrunde an die Öffentlichkeit ging, legte sich Lanz noch eine neue Identität zu. Sein Geburtsdatum wurde um zwei Jahre vorverlegt, als Geburtsort gab er jetzt nicht mehr Wien, sondern Messina auf Sizilien an. Sein Vater, der biedere Lehrer Johann Lanz, hieß plötzlich *Baron Johann Lancz de Liebenfels,* seine Mutter Katharina, als gebürtige Hoffenreich jüdischer Abstammung, wurde jetzt zur *Katharina Skala.* Um den Schwindel komplett zu machen, verlieh er sich selbst auch noch einen (natürlich falschen) Doktortitel. Ein Baron Dr. Adolf Georg Lanz von Liebenfels war vielleicht eher der Aufgabe gewachsen, einem Orden des neuen Rasse-Adels vorzustehen, als ein bürgerlicher Adolf Lanz, der zu allem Überfluss noch das Produkt einer von ihm so verachteten „Rassenmischung" war. Später hieß es, er habe den Adelstitel durch Heirat erworben, was möglicherweise sogar der Wahrheit entspricht. Auch für seinen Ausstieg aus dem Zisterzienserorden hatte er bald eine „plausible" Erklärung. Die ursprüngliche katholische Kirche, so behauptete er, habe die Rassenreinheit gelehrt, doch durch die „verjudeten" Jesuiten sei auch sie in die Hände der *Tschandalen* gefallen. Dabei waren es gerade die Jesuiten, die an der Glaubenstreue zwangskonvertierter Juden zweifelten und so von ihren Novizen den Nachweis christlicher Abstammung verlangten. Der „Arierparagraph" der Gesellschaft Jesu trat schon 30 Jahre nach Gründung des Ordens in Kraft und galt bis zum Zweiten Vatikanischen Konzil.[4] Lanz selbst fühlte sich dagegen als Wiederentdecker des wahren, unverfälschten Christentums. Seinen Orden bezeichnete er als *„freireligiöse Reinzucht- und Rassenkultgemeinde"*[5]. Sein Jesus war ein blonder, blauäugiger Arier-Heros, der eher dem germanischen Gott *Fro* glich und den er daher – wie Bischof Ulfila in seiner Goten-Bibel – mit Vorliebe *Frauja* nannte.

Theozoologie

In den folgenden Jahren machte sich der Exmönch durch zahlreiche Publikationen in völkischen Kreisen einen Namen. Überall, in antiken Sagen und Bibeltexten, auf altassyrischen Stelen und in den Schriften Herodots, glaubte er, Hinweise auf ein verlorenes Wissen von einem evolutionsbiologischen Sündenfall zu finden. Die *arische Rasse,* die Krone der Schöpfung, habe einst mit Tiermenschen, niederen Rassen aus einem älteren Zweig der Evolution, Sodomie getrieben. Zur Befriedigung abnormer sexueller Verlangen habe man in der Antike gar affenartige *Buhlzwerge* gezüchtet und wie Haustiere gehalten. Die Konsequenz aus dieser fortgesetzten Ursünde, die später in heidnischen und satanistischen Kulten institutionalisiert wurde, war die Entstehung der Mischrassen. Sie bedrohten fortan die gottgewollte Vorherrschaft der Arier auf Erden. Also sprach Lanz:

> *„Ebenso wie einen jeden Arier beim Anblick einer Mongolenfratze oder einer Negerlarve unüberwindlicher Ekel überkommt ... so flammt in den Augen der Minderrassigen tückischer Urväterhass beim Anblick des Bleichgesichtes auf. Bei dem einen sind es die Gefühle des Herrentums, des Bewusstseins höherer göttlicher Abkunft, bei dem anderen sind es die Gefühle des noch ungezähmten, wilden Menschenaffen, die in solchem Augenblick als Erbe der Urzeit erwachen ... Hätten unsere Ahnen nicht diesen Kampf mutig aufgenommen, so wäre die Erde heute von Gorillas oder Orangs bevölkert.“*[6]

Das Hauptziel der Bibel sei es gewesen, das auserwählte Volk – die Arier! – wieder auf den rechten Weg zu bringen.

1905 veröffentlichte Lanz seine abstrusen Thesen erstmals unter dem ebenso sonderlichen wie umständlichen Titel „Theozoologie oder die Kunde von den Sodoms-Äfflingen und dem Götterelektron, Eine Einführung in die älteste und neueste Weltanschauung und eine Rechtfertigung des Fürstentums und Adels (mit 45 Bildern)“. Sein bizarres Fazit ist so sehr von sexuellen Phantasien durchdrungen, dass verständlich ist, weshalb sich die wackeren Zisterzienser mit ihrem Mitbruder so schwertaten:

> *„Agape, reine, himmlische, entaffte Liebe, jedoch Liebe ganz im geschlechtlichen Sinn, ist der innere Kern der Jesuslehre. Nur so lassen sich die nach theologischen Begriffen völlig unerklärlichen, ‚heidnischen‘ Darstellungen von lustigen Gelagen (Agapen, Eucharistien = Liebe zwischen Menschenmann und Menschenweib), Amoretten, umschlungenen Liebespaaren in den Katakomben erklären ...*
> *So lasset uns denn abtun die Sodomsharfen und auf Menschenharfen spielen (Clemens Alex. Protrept), auf dass*

Apollos heilige Schwäne wiederkommen und wir wieder eine Göttergemeinde werden. Deutsche Männer, spielet auf ‚Menschenharfen', liebet das starke, treue, nordische Weib, in dem noch das göttliche Elektron schlummert. Die Kenntnis, die Gnosis, ist viel wert, aber wertvoller ist die entaffte Minne. Die Gnosis pflanzt, die Agape aber baut das Haus (I Cor. VIII, 1). In der Agape werden alle Auserlesenen Gottes zur Vollreife gebracht (I Clemens Rom. Ad Cor. XLIX). Wir müssen unsere Leiber als Tempel Gottes bewahren. Minnen wir uns untereinander, auf dass wir alle zur Herrschaft Gottes gelangen (II Clemens Rom. Ad Cor. IX)."[7]

Gnosis

Gnosis, das griechische Wort für *Erkenntnis,* ist die älteste Häresie des Christentums. Während die „orthodoxen" Christen daran glauben, dass sie durch den Opfertod Christi am Kreuz erlöst wurden, gingen die Gnostiker einen Weg der *Selbsterlösung.* Für sie waren der Tod und die Auferstehung Jesu nur Metaphern für einen geheimen Einweihungsweg, wie ihn schon die antiken Mysterienkulte gelehrt hatten. Jesus, so glaubten sie, sei nicht für die Erlösung des Menschen gestorben, sondern nur, um den Weg zur Erlösung aufzuzeigen. Der *alte Mensch* müsse symbolisch sterben, um als *Wissender* oder *Eingeweihter* neu geboren zu werden, selbst zum *Christos,* zum Erleuchteten, zu werden. Der Besitz des *geheimen Wissens* über die Geheimnisse des Universums befähige ihn, den göttlichen Funken in sich zu erkennen. Gelänge es ihm, sich von der sündhaften und nichtswürdigen materiellen Welt zu lösen, die nicht Gottes Schöpfung, sondern das Produkt eines Unfalls sei, würde er zum Göttlichen Licht aufsteigen und eins mit ihm werden.

Die Kirchenväter bekämpften diese Verfremdung des Christentums zu einer neuen Mysterienreligion – quasi einem Attis- oder Osiris-Kult mit christlichem Mäntelchen – mit aller Heftigkeit. Für sie war der Anspruch auf Selbsterlösung eine geradezu luziferische Hybris. Luzifer stürzte, wurde aus dem Himmel verstoßen, weil er Gott gleich sein wollte. Adam und Eva wurden aus dem Paradies vertrieben, weil sie, von der Schlange verführt, vom *Baum der Erkenntnis* aßen. *„Dass euch, sobald ihr davon esst, die Augen aufgehen, und ihr* *wie Gott sein werdet"* (1 Mos 3,5), versprach der Versucher. Der Ungehorsam des Menschen, der sich, statt sich in eine göttliche Ordnung einzufügen, selbst zum Herren der Schöpfung aufschwingen wollte, führte zu seinem Fall und galt fortan als *Erbsünde.*

Doch die Schöpfungsgeschichte des Alten Testamentes lehnten die Gnostiker ebenso ab wie den Gott der Juden, den Schöpfer der von ihnen wegen ihrer Unvollkommenheit verachteten Welt. Ihre Sympathie galt Luzifer, dem Bringer des Lichtes.

Der Ursprung der Gnosis ist wohl in den Lehren des persischen Propheten Zoraster (Zarathustra) zu suchen, der um 600 v. Chr. den dualistischen *Mazdaismus* oder *Parsismus* begründete. Danach steht die Welt im Zeichen des ewigen Kampfes zwischen Licht und Finsternis, zwischen einem guten Übergott, *Ahura Mazda,* dem Schöpfer des Lichtreiches, und seinem Widersacher *Angra Manju* (Ahriman), dem Herrn über das Reich der Finsternis, die materielle Welt. Durch einen ursprünglichen Sündenfall kam es zum *Fall in die Materie,* zur Gefangenschaft der Seelen, der ursprünglichen Bewohner des Lichtreiches, im Kerker der Körperlichkeit. Dort befinden sie sich in einem schlafähnlichen Dämmerzustand, gebunden durch die Fessel des Vergessens. Nur durch die Erkenntnis (griech. *Gnosis)* ihrer Lichtnatur, d. h. ihrer Göttlichkeit, ist eine Befreiung aus dem Gefängnis der materiellen Welt und eine Rückkehr in das Lichtreich möglich. Am Ende aller Zeiten steht der große Entscheidungskrieg, der Endkampf der *Söhne des Lichtes* gegen die *Mächte der Finsternis* und die Verheißung auf das kommende Lichtreich, wenn sich eine gereinigte Menschheit ihrer Göttlichkeit bewusst wird.

Es ist nur zu offensichtlich, dass diese Lehre im direkten Gegensatz zum Christentum steht. Hier ist der Schöpfer der Welt Gott der Herr, dort der teuflische *Ahriman.* Hier besteht die Erbsünde in der Anmaßung, Gott gleich werden zu wollen, dort im Vergessen der Göttlichkeit. Hier ist Jesus der Sohn des Schöpfers der Welt, dort eine *Emanation* des Lichtgottes, mehr Geist als „unreine" Materie. Hier wird Erlösung durch den Glauben an das Opfer Christi angestrebt, dort Befreiung durch Erkenntnis.

Der *Mazdaismus* beeinflusste nachweisbar die antiken Mysterienkulte – von Pythagoras, dem Begründer einer Mysterienschule, ist überliefert, dass er bei den Jüngern des Zarathustra die neue Lehre studiert hatte – und damit die aus ihr hervorgegangene frühe *Gnosis.* Ihren wichtigsten Impuls bekam sie schließlich von Mani (216–277

n. Chr.), einem Perser, der sich als Nachfolger des Propheten der Parsen verstand. Wahrscheinlich hatte sich Mani in seiner Jugend der gnostischen Sekte der Markioniten angeschlossen, was seine Bemühung um einen Synkretismus zwischen der Zoroaster-Lehre und der Gnosis erklärt. Sein Ziel war nichts weniger als die Gründung einer neuen Weltreligion aus Elementen des Mazdaismus, des gnostischen Christentums und des Buddhismus. Dabei stieß er auf den Widerstand der parsischen Priester, die ihn verhaften, hinrichten und seinen Leichnam verstümmeln ließen. Viele seiner Anhänger flohen in den Westen, wo sie manichäische Gemeinden gründeten, die bald zur heftig bekämpften Konkurrenz für das orthodoxe Christentum wurden. Von den Gnostikern dagegen wurden sie mit offenen Armen begrüßt und trugen zu dem zeitweisen Aufblühen ihrer Bewegung bei. Den orthodoxen Christen warfen die Manichäer vor, Jesus nicht verstanden und zu eng im jüdischen Kontext interpretiert zu haben. Das Alte Testament lehnten sie vollinhaltlich ab; sein Gott sei nicht der Lichtgott Christi, sondern der teuflische Schöpfergott. So glaubte der syrische Gnostiker Satornil, Irenäus von Lyon zufolge, Christus sei

> *„zur Vernichtung des Gottes der Juden erschienen und zur Rettung derer, die ihm glauben, das seien die, die den Lebensfunken in sich hätten. Denn er* (Satornil) *sagte als erster, dass zwei Arten von Menschen von den Engeln gebildet seien, die eine böse, die andere gut.“*[8]

Während die Christen den Juden vorwarfen, Christus nicht erkannt zu haben, ihnen aber die Chance zur Bekehrung ließen, war ein Gnostiker der erste, der sie kollektiv als „Menschenart“ dämonisierte und damit den Antisemitismus begründete. Lehrt das Christentum die Einheit des Menschengeschlechts, das es auf die gemeinsamen „Ureltern“ Adam und Eva zurückführt, nahm der gnostische Dualismus den „Endkampf“ von „Ariern“ und Juden vorweg, den Adolf Hitler proklamierte.

Als das orthodoxe Christentum im 4. Jahrhundert zur Staatsreligion des Römischen Reiches wurde, zogen sich die letzten Gnostiker und Manichäer, jetzt als Ketzer offen verfolgt, in den Untergrund zurück oder gingen nach Arabien und Vorderasien. Im Mittelalter kehrten sie in Gestalt der manichäischen *Bogomilen* und *Katharer* nach Europa zurück. Nach mehreren Versuchen Roms, den Zuwachs der Sekten durch eine Gegenmission zu stoppen, eskalierte ihr Konflikt mit der Amtskirche, kam es zu einem blutigen Kreuzzug gegen die Katharer. Doch selbst die Inquisition war nicht in der Lage, die Verbreitung gnostischer Ideen im Untergrund zu verhindern. Mit der Renaissance erlebten die *okkulten Wissenschaften* ihr endgültiges Comeback. Gelehrte Humanisten übersetzten die alten Texte der Gnostiker und *Hermetiker* (der Anhänger einer nichtchristlichen Mysterienlehre) und wurden selbst zu Magiern und Astrologen. Kaum hatte die Kirche durch die Reformation einen Großteil ihrer weltlichen Macht eingebüßt, entstand die erste neognostische Gemeinschaft der *Rosenkreuzer* im protestantischen Kassel. Aus den mittelalterlichen Bauhütten der Gotik, deren Baumeister sich das architektonische Wissen der moslemischen Mauren angeeignet hatten und dabei mit allerlei Geheimlehren in Berührung gekommen waren, entwickelte sich der Bund der *Freimaurer.* Ihr Ziel war gnostisch und weltlich zugleich. Ein Kreis von Eingeweihten wollte Erkenntnis und Erleuchtung erlangen und dem Schöpfer das Werk aus der Hand nehmen, eine *neue Weltordnung* auf Erden schaffen. Ein deutscher Geheimbund, der die Lehren der Freimaurer und der Rosenkreuzer in sich vereinte, nannte sich gar *Illuminati,* die „Erleuchteten"; auch Goethe zählte zu seinen Mitgliedern. Ihr erklärter Gegner war von Anfang an die katholische Kirche. Katholiken wiederum war (und ist) es bei Strafe der Exkommunikation verboten, einer Freimaurerloge beizutreten.

Während die Freimaurerei in ihrer Hochzeit, dem 18. Jahrhundert, eher ein Geheimbund „aufgeklärter" und antiklerikaler Adliger und politisch motivierter Revolutionäre war, erreichte ihr Gedankengut im 19. Jahrhundert auch das breite Bürgertum. Die Beschäftigung mit dem „geheimen Wissen", die man heute *Esoterik* nennt, war eine romantische und pseudoreligiöse Gegenbewegung zum Materialismus und Rationalismus des Jahrhunderts der industriellen Revolution. Weil die Kirche mit dem überwundenen *Ancien régime* identifiziert wurde und ihre Lehre im Widerspruch zu den jüngsten Erkenntnissen der Wissenschaft, speziell der Evolutionslehre Darwins, zu stehen schien, wendeten sich viele Gebildete von ihr ab. Wer jetzt vom Kolonialismus und Industrialismus profitierte, dem war die Lehre vom „Überleben des Stärkeren" näher als die Botschaft der Nächstenliebe. So wurde die *neue Gnosis (Neo-Gnosis)* für viele zu einer Ersatzreligion, die den „neuen Herren" eine Moral lieferte, die ihr Tun nicht nur legitimierte, sondern sakralisierte. Für sie war die Evolution das wahre göttliche Gesetz, der Fortschritt ein Weg zur Erlösung; wer ihm diente, hatte das Recht, sich die Welt untertan zu machen. Speziell in England, der größten Kolonialmacht aller Zeiten, suchte man aber nicht nur nach den materiellen Gütern, sondern bald auch nach den verborgenen Wissensschätzen geheimnisvoller, ferner Länder.

Theosophie

Einer der populärsten Autoren der britischen Esoterik des 19. Jahrhunderts war ausgerechnet der Autor des „Rienzi", der Hochgrad-Freimaurer Sir Edward Bulwer-Lytton. In seinem berühmtesten Werk, „Die letzten Tage von Pompeji" (1834), beschrieb er die Rolle des ägyptischen Isis-Kultes im Römischen Reich. Auch in seinen späteren Werken „Zanoni" (1842), „A Strange Story" (1871) und „The Coming Race" (1871) geht es um die Einweihungen und Mysterien geheimer Bruderschaften. Er selbst gehörte seit 1850 dem Rosenkreuzerorden an, dessen Großmeister er 1861 wurde. Gemeinsam mit dem Pariser Magier Eliphas Levi nahm er Beschwörungen des antiken Magiers und Eingeweihten Apollonius von Tyana aus dem 2. Jahrhundert vor. Doch nicht Bulwer-Lytton, sondern die Deutschrussin Helena Petrowna Blavatsky, eine gebürtige von Hahn, wurde zur Galionsfigur des neuen Okkultismus, der sich fortan *Theosophie,* „göttliche Weisheit", nannte. Blavatsky war eine der schillerndsten Gestalten ihrer Zeit, eine kuriose Mischung aus Genie und Scharlatan, zudem eine begnadete Abenteurerin, die keinen Tabubruch scheute. Die Geschichte ihres bewegten Lebens zu rekonstruieren ist schon deshalb schwierig, weil man zumeist auf ihre eigenen, manchmal phantastischen, oft heftigst übertriebenen und nicht selten völlig widersprüchlichen Schilderungen angewiesen ist. Gewiss war sie eine ungewöhnliche Frau. Sie neigte zur körperlichen Fülle, konnte fluchen wie ein Landsknecht und rauchte kettenweise selbstgedrehte Zigaretten. Ihre ausdrucksstarken, leuchtend blauen Augen und ihr geradezu hypnotischer Blick faszinierten ihre Zeitgenossen ebenso wie ihre Herzlichkeit und kompromisslose Offenheit. Menschen, die sie kannten, beschrieben *H. P. B.* als elektrisierend, phantasievoll, respekteinflößend und hochintelligent.

Als *Madame Blavatsky,* wie sie bald auch hieß, 1875 in New York die *Theosophische Gesellschaft* gründete, hatte sie vielleicht mehr erlebt als irgendeine andere Frau ihrer Zeit. Geboren wurde sie in der Nacht vom 11. auf den 12. August 1831 im ukrainischen Ekaterinoslav (heute: Dnepropetrovsk). Mütterlicherseits einer russischen Fürstenfamilie, väterlicherseits altem deutschem Adel entstammend, genoss sie eine exzellente Erziehung. Sie erlernte mehrere Fremdsprachen, wurde in der Musik ausgebildet und kam – damals für ein Mädchen eine Seltenheit – auch mit den modernen Naturwissenschaften in Kontakt. Doch schon als Kind war sie eigenwillig, rebellisch und unkonventionell. Zudem entwickelte sie schon früh eine Begabung als Medium und behauptete, von unsichtbaren *Meistern* unterrichtet zu werden, die sie *Mahatmas,* „große Seelen", nannte. Um aus dem behüteten Elternhaus auszubrechen, heiratete sie, gerade 18jährig, den 60jährigen Vizegouverneur von Erivan, Nikofor V. Blavatsky. Doch die Ehe mit dem Greis wurde nie vollzogen, und schon nach wenigen Monaten floh sie vor ihrem Gatten nach Ägypten. In den folgenden zwei Jahren bereiste sie den Vorderen Orient, kam bis in den Libanon, nach Syrien und an den Euphrat, um bei Derwischen, Sufis, den Drusen und Kopten in deren geheime Künste eingewiesen zu werden. Erst als nach zwei Jahren die gesetzlichen Voraussetzungen für eine Trennung erfüllt waren, meldete sie sich wieder bei ihrer Familie und ging mit ihrem Vater nach London. Dort will sie erstmals den Meister ihrer Kindheitsträume, *„einen hoch gewachsenen Hindu"*[9], in physischer Form getroffen haben. Er sprach mit ihr über ihre Lebensaufgabe und lud sie nach Tibet, in das *Zentrum der Meister der Weisheit,* ein. Den Umweg über Nord- und Südamerika wählend, traf sie 1852 erstmals in Indien ein. Doch ihr Versuch, von dort nach Tibet zu gelangen, scheiterte; sie wurde an der Grenze aufgegriffen und wieder zurückgeschickt. Wieder in London, verdiente sie sich ihren Lebensunterhalt als Pianistin, bevor sie 1854 erneut, wieder über Nordamerika, nach Indien reiste. Glauben wir ihrer abenteuerlichen Lebensgeschichte, so gelang es ihr 1858 tatsächlich, sich in Männerkleidung und auf einem Heuwagen versteckt, über Kaschmir und Ladakh nach Tibet zu schmuggeln. Doch zu Weihnachten tauchte sie wieder zu Hause in Russland auf, wo sie acht Jahre lang blieb, um bei den Schamanen und weisen Männern im Kaukasus zu lernen. Zwei Jahre lang durchlitt sie eine schwere psychische Krise, während der, wie sie später behauptete, ihre Meister sie medial schulten. Doch schon bald packte sie wieder das Fernweh, durchquerte sie Europa, um an der Seite Garibaldis für die Unabhängigkeit Italiens zu kämpfen oder als Zirkusreiterin durch die Lande zu tingeln. Als sie wieder den Ruf ihres Meisters vernahm, reiste sie erneut nach Indien und (angeblich) weiter nach Tibet. In einem geheimen Tal im Himalaya, so behauptete sie fortan, studierte sie unter seiner Anleitung die Werke von Generationen spiritueller Lehrer. Was immer wir aus diesem Anspruch machen, Tatsache ist, dass selbst namhafte Experten ihr eine intime Vertrautheit mit den Lehren des Mahayana-Buddhismus zubilligen. So erklärte der bekannte Tibetologe Dr. W. Y. Evans-Wentz, Herausgeber des „Tibetanischen Totenbuches“:

> *„Der verstorbene Lama Kazi Dawa-Samdup war der Meinung, dass ungeachtet der ablehnenden Kritik, die H. P. Blavatskys Arbeiten erfuhren, eine adäquate innere Evidenz die intime Vertrautheit ihrer Autorin mit den höheren lamaistischen Lehren erkennen lässt.“*[10]

Dabei behauptete Madame Blavatsky nie, die tibetische Hauptstadt Lhasa erreicht zu haben. Stattdessen will sie sich an den Ufern des Manasarovar-Sees und im Karakorum-Gebirge an der Grenze nach Kaschmir aufgehalten haben. Über das dortige *Zentrum der Meister der Weisheit* schrieb sie:

> *„Jenseits des Himalaya gibt es eine Gruppe von Adepten unterschiedlicher Nationalität, die dem Teshu (Panchen) Lama bekannt sind, mit dem sie zusammenwirken, und einige von ihnen leben bei ihm, bleiben aber ihrem wahren Wesen nach selbst den einfachen Lamas unbekannt – die in der Mehrzahl Ignoranten sind. Dort halten sich mein Meister und auch KH* (der „Mahatma“ Kut Humi) *und verschiedene andere auf, die ich kenne; sie kommen und gehen, und sie alle stehen mit den Adepten in Ägypten und Syrien und sogar in Europa in Verbindung.“*[11]

Kaum war sie aus Tibet zurückgekehrt, ließ sich Madame Blavatsky erst einmal in Kairo nieder. Dort gründete sie 1870 eine *Société Spirite,* eine „spiritistische Gesellschaft“, die sich jedoch bald wieder auflöste. So siedelte sie 1873 nach New York um, wohnte zunächst in einem Mietshaus an der Lower East Side und verdiente ihr Geld in einer Fabrik für künstliche Blumen. Dann kam sie mit Anhängern des

Spiritismus in Kontakt, nahm an Séancen teil. Ihre beeindruckende Bildung, ihre Behauptung, im Besitz von Geheimwissen zu sein, und ihre charismatische Persönlichkeit zogen bald auch gelehrte Männer in ihren Bann. Schließlich gründete sie am 7. September 1875 zusammen mit dem Oberst Henry Steel Olcott und dem Rechtsanwalt William Quan Judge die *Theosophische Gesellschaft,* die sich für drei Ziele einsetzte:

> *„1. Den Kern einer universalen Bruderschaft der Menschheit zu bilden, ohne Unterschied von Herkunft, Glaube, Geschlecht und Hautfarbe;*
> *2. zum Studium der vergleichenden Religionswissenschaften, Philosophie und Naturwissenschaften anzuregen;*
> *3. ungeklärte Naturgesetze und die im Menschen verborgenen Kräfte zu erforschen.“*[12]

Das klang eher masonisch und synkretistisch als spiritistisch, was wohl auf den Einfluss der Hochgrad-Freimaurer Olcott und Judge zurückgeht. Der Begriff der *Theosophie* wiederum knüpfte direkt an die Lehren der Neuplatoniker Plotin, Porphyrios und Jamblichos an. Diese hatten sich zu Ende des 3. Jahrhunderts n. Chr. um eine Wiederbelebung der heidnischen Mysterienkulte bemüht und ihr Wissen in mehreren gelehrten Schriften zusammengefasst. Sie verstanden sich bewusst als Gegenbewegung zum erstarkenden Christentum, das sie für ihrer Lehre unterlegen hielten. Dabei glichen ihre philosophischen Systeme denen der Gnosis, die aus denselben Quellen schöpfte, nämlich der ägyptischen *Hermetik,* der Lehre des legendären Ureingeweihten *Hermes Trismegistos.* Auch Madame Blavatskys erstes, immerhin 1250 Seiten starkes Buch „Isis entschleiert“ befasste sich überwiegend mit dem antiken Mysterienwissen. Trotz des Umfangs wurde das Werk zum Bestseller. Nach nur zehn Tagen war die erste Auflage von 1000 Exemplaren bereits restlos ausverkauft. Im ersten Band versuchte die Autorin, esoterische Kosmologie und Naturwissenschaft in Einklang zu bringen, der zweite Band war eine durch und durch polemische Abrechnung mit der katholischen Kirche und ihrer Lehre. Ein ganzes Kapitel widmete sie ihren Hasstiraden gegen die Jesuiten.

Wie die Gnostiker und Ketzer aller Zeiten, so behauptete auch die Theosophin, dass sie *„nicht ein Wort gegen die reine Lehre Jesu“*

sage, die ohnehin nur sie zu kennen glaubte; ihre heftigen, hasserfüllten Attacken würden sich nur gegen deren *„Verfälschung in bösartiger kirchlicher Lehre"*[13] richten.

Die wahre Lehre, das geheime Wissen der Völker, so behauptete sie, habe ihren Ursprung im Himalaya, im *Zentrum der Meister der Weisheit.* Von allen Religionen am reinsten hätten es die Hindus und Mahayana-Buddhisten bewahrt, deren Adepten, schon aufgrund der geographischen Nähe, direkt bei den Meistern lernen konnten. Damit bekamen die heiligen Schriften des *arischen* Indiens, speziell die Veden und Puranen, einen besonderen Stellenwert. Auf ihrer Grundlage sollte die synkretistische Lehre der *Religion des Neuen Zeitalters* (als welche sich die Theosophie verstand) entstehen.

Wie sehr sie damit den Zeitgeist traf, zeigt die Tatsache, dass die *Theosophische Gesellschaft* bald über 100.000 Mitglieder zählte. Um ihren Meistern und den *Quellen der Weisheit* näher zu sein, verlegte Madame Blavatsky den Sitz der Bewegung 1878 von New York nach Bombay. Drei Jahre später siedelte sie nach Adyar bei Madras über, wo sie von dem Geld ihrer Mitglieder ein Anwesen erworben hatte. Dort verblüffte sie ihre treuesten Anhänger durch immer neue „Wunder", paranormale Phänomene und sogar die vermeintliche Materialisation von Briefen ihrer Meister in einem Holzschrein. Zu einem Skandal kam es, als das Haushälter-Ehepaar der Madame Blavatsky behauptete, es habe ein System von Löchern und Falltüren entdeckt, durch das die Briefe auf ziemlich konventionelle Weise von dem „Medium" in den Schrein befördert wurden. Natürlich bestritten die Theosophen vehement die Anschuldigungen und erklärten sie zu einer Racheaktion der Hausangestellten. Doch auch ein Mitarbeiter der Londoner *Society for Psychic Research* (SPR), der vor Ort recherchierte, kam zu dem Schluss, *H.P.B.* sei *„die größte Schwindlerin des Jahrhunderts".* Eine graphologische Analyse habe ergeben, dass die „Mahatma-Briefe" eindeutig aus ihrer Hand stammten. Erst 1986 relativierte die SPR ihr Urteil.[14]

Die Geheimlehre

Zermürbt und gesundheitlich angegriffen kehrte Helena Petrowna Blavatsky 1884 Indien für immer den Rücken. Zurück in Europa, machte sie sich daran, ihr Hauptwerk zu verfassen, „Die Geheimlehre“, die, ursprünglich zweibändig, mit einem Gesamtumfang von 1582 Seiten, 1888 erschien. War „Isis entschleiert“ noch programmatisch, mit dem Ziel geschrieben, eine neue Lehre zu präsentieren, die, anders als scheinbar das dogmatische Christentum, mit den Entdeckungen des 19. Jahrhunderts vereinbar war, war „Die Geheimlehre“ die eigentliche *Heilige Schrift* der theosophischen Religion. Von ihrer Autorin angeblich „im Astrallicht“ geschaut und damit durch und durch offenbart, behandelt sie nicht weniger als die Entstehung des Universums (im ersten Band „Kosmogenesis“) und die geheime Entwicklungsgeschichte der Menschheit (im zweiten Band „Anthropogenesis“). Als Grundlage für ihre neue Kosmologie zitiert die Autorin dabei die „Stanzen des Dzyan“, ein geheimnisvolles, uraltes Buch, das sie bei ihrem Meister in Tibet studiert haben will. Ob es je existiert hat, ist in der Fachwelt ebenso umstritten wie Blavatskys Tibet-Aufenthalte an sich. Auf seine oft dunklen Verse basierend, entwickelte sie jedenfalls eine ganz neue esoterische Evolutions- und Rassenlehre. Das Buch wurde zugleich zu ihrem Vermächtnis; nur drei Jahre nach seinem Erscheinen, 1891, verstarb *H. P. B.,* von ihren Anhängern fortan als „die Sphinx des 19. Jahrhunderts“ gefeiert.

Der „Geheimlehre“ zufolge gab es fünf Menschheiten auf der Erde: zunächst die *Selbstgeborenen,* die nur in astraler Form existierten (hier spiegelt sich der gnostische Gedanke vom Fall in die Materie wider), dann die knochenlosen *Schweißgeborenen,* schließlich die zweigeschlechtlichen *Androgynen.* Erst zu Anfang der vierten Evolutionsperiode teilte sich der Mensch in zwei Geschlechter. Die ersten Experimente mit der Sexualität führten zum *Sündenfall,* der Vermischung mit Tieren. Tiermenschen – Menschenaffen, deren Abkömmling (in Umkehrung der Darwin’schen Lehre) der heutige Affe ist – entstanden. Gleichzeitig entwickelten sich fünf Urrassen der Menschheit, jede in ihrer Zone: die Mondfarbenen, die Gelben, die Roten und die Braunen. Große Kulturen entstanden, es war die Zeit der geheimnisvollen Inselkontinente *Atlantis* und *Lemuria.* Durch Missbrauch ihres Wissens und ihrer okkulten Kräfte gingen diese Zivilisationen zugrunde, bis mit der Flut von 9564 v. Chr. der letzte Rest von Poseidonia, dem Zentrum von Atlantis, im Meer versank. Nur wenige blieben übrig. Die Weisheitslehrer hüteten das Geheimwissen von Atlantis in ihren Zentren, offenbarten es den Menschen nur noch durch die Mysterien. Unser gegenwärtiges Zeitalter brach an.

Das wichtigste Zentrum der *Meister der Weisheit,* begründet von der lemuro-atlantischen Dynastie der Priesterkönige, war das sagenumwobene *Shambhala,* einst eine Insel in einem See, dort, wo sich heute die Wüste Gobi erstreckt. Auch im tibetischen Buddhismus, speziell im *Kalachakra-Tantra,* spielt es als „Heimstatt der Erleuchteten" eine wichtige Rolle. Von dort wird das Kommen des zukünftigen Buddhas *Maitreya* erwartet. Nur der Eingeweihte hat Zugang zu diesem geheimnisvollen Land. Hier lag, so Blavatsky, der Ursprung des Wissens der Arier, der Abkömmlinge der Atlantiden, die wahre Übermenschen waren:

> *„Während so die Arier die Abkömmlinge des gelben Adam sind, der riesigen und hochzivilisierten atlanto-arischen Rasse, sind die Semiten – und die Juden mit ihnen – jene des roten Adam ...*
> *Von der vierten Rasse* (den Atlantern, d. Verf.) *erhielten die frühen Arier ihre Kenntnisse von dem ‚Bündel wundervoller Dinge' ... Aus ihnen lernten sie die Aeronautik, Vimana Vidya, die ‚Kenntnis des Fliegens in Luftfahrzeugen', und dabei ihre großen Künste der Meteorographie und Meteorologie. Von ihnen ererbten die Arier ihre höchst wertvolle Wissenschaft von den verborgenen Kräften kostbarer und anderer Steine, von der Chemie oder vielmehr Alchimie, der Mineralogie, Geologie, Physik und Astronomie."*[15]

Nur die auserwählten Rassen hatten Zugang zu diesem Wissen; verwehrt war er dagegen den

> *„verfluchten Rassen, die sich von dem Hauptstamme trennten, jetzt in den Dickichten und unter der Erde* (‚Höhlenmenschen') *lebten, als die goldiggelbe Rasse* (die vierte) *ihrerseits ‚schwarz vor Sünde' wurde."*[16]

So wurde „Die Geheimlehre" zur Bibel des Okkultrassismus, die *„durch Benutzung von historischen Mythen ... das ‚Mysterium der Rasse'* beschwor"[17] und damit die Vorherrschaft der „auserwählten" Arier legitimierte. Für Blavatsky war die 3. Wurzelrasse die der Lemurier, die 4. Wurzelrasse die der Atlantier, aus denen sieben Unterrassen – die Romahalier, Talvatlier, Tolteken, Turanier, Semiten,

Akkadier und Mongolen – hervorgingen. Zur 5. Wurzelrasse, den Ariern, gehören die fünf Unterrassen der Hindu-Ägypter, Araber, Iraner, Kelten und Germanen. Ihren Ursprung lokalisierte Blavatsky als erste nicht im heutigen Iran, sondern im Norden. Wörtlich:

> *„Die Arische Rasse wurde in fernem Norden geboren und entwickelt, obwohl nach dem Sinken des Kontinents der Atlantis ihre Stämme weiter südwärts nach Asien auswanderten.“*[18]

Ihren Jüngern gab sie einen Rat mit auf den Weg, der so wörtlich auch in einem Handbuch der SS gestanden haben könnte:

> *„Folge dem Rad des Lebens, folge dem Rade deiner Pflicht gegenüber Rasse und Geschlecht, gegen Freund und Feind, und verschließe dein Gemüt sowohl der Lust als auch dem Schmerz.“*[19]

Das Hakenkreuz

Eines der wichtigsten Symbole des „arischen Geheimwissens“ war bei Madame Blavatsky die *Swastika,* das Hakenkreuz. Ihm wurde so große Bedeutung geschenkt, dass es sogar im Siegel der *Theosophischen Gesellschaft* von 1875 Verwendung fand. Dazu erklärte *H.P.B.* in der „Geheimlehre“:

> *„Wenige Weltsymbole sind reicher an wirklicher occulter Bedeutung als der* (sic!) *Svastika. Er wird symbolisiert durch die Zahl 6. Gleich jener Zahl deutet er in seiner konkreten Bildersprache, sowie es das Ideogramm der Zahl tut, auf den Zenith ... Er ist das Emblem der Tätigkeit des Fohat, der beständigen Umdrehung der ‚Räder‘ und der Vier Elemente, der ‚Heiligen Vier‘, in ihrer mystischen und nicht allein in ihrer kosmischen Bedeutung ... Jemand, der in die Geheimnisse der Bedeutung des Svastika initiiert ist, sagen die Kommentare,*

kann auf ihm mit mathematischer Genauigkeit die Entwicklung des Kosmos ... verfolgen. Auch die ‚Beziehung des Sichtbaren zum Unsichtbaren' und ‚die erste Hervorbringung des Menschen und der Gattung!'"[20]

Tatsächlich ist die Swastika eines der ältesten heiligen Symbole der Menschheit. Ihr Name ist abgeleitet von *svasti,* dem Sanskritwort für *Glück* und *Heil.* Im Hinduismus gilt sie als glückbringendes, mystisches Zeichen, das überall auf Tempeln und Kultobjekten zu finden ist. Dass sie in rechts- und linksdrehender Form vorkommt, entspricht dem Prinzip der Dualität von männlich und weiblich oder positiv und negativ. Im Buddhismus wird sie als Symbol des *Rades der Lehre* benutzt, in China ist sie zudem das Zeichen für die Zahl 10.000 und damit auch *„des Unendlichen, des Ewigen, das sich im Geist des Buddha offenbart."*[21] Bei den Indianern Nord- und Südamerikas (speziell den Hopi, Pima und Navajo in New Mexico und Arizona) steht sie für *„die Kraft des Samens und des Wachstums"*[22]. Sie ist also keineswegs das *arische Leitfossil,* ein allein von der indoeuropäischen Sprachfamilie benutztes Symbol, wie 1891 Ernst Krause in seinem bizarren Buch „Tuisko-Land, der arischen Stämme und Götter Urheimat" behauptete.

Die ältesten Hakenkreuze finden wir auf neolithischer Keramik des 3. Jahrtausends v. Chr. aus dem Donauraum, dem Gebiet zwischen Böhmen und Siebenbürgen. Größter Beliebtheit erfreute sie sich auch in Troja; in der *zweiten Stadt* auf dem Hissarlik-Hügel in der Nordwesttürkei, die auf 2600–2480 v. Chr. datiert wird, fand der Archäologie-Pionier Heinrich Schliemann zahlreiche Gefäße, die mit Hakenkreuzen geschmückt waren. Von dort aus breitete sich das Zeichen in der gesamten antiken Welt aus; selbst die frühen Christen griffen es auf und ritzten es in die marmornen Verschlussplatten ihrer Gräber in den römischen Katakomben.

Seine Bedeutung ist jedoch unklar. Nach einer Theorie geht es auf den Feuerquirl oder Feuerbohrer zurück, ein frühes Gerät zur Feuererzeugung, das schon im *Rigveda,* einem heiligen Text der Inder aus der Zeit um 1500 v. Chr., beschrieben wird. Damit wäre es ein Symbol für *Agni,* den Feuergott der Arier. Dafür spricht, dass der litauische Feuergott *Sweistiks* hieß; Litauisch gilt als eine der ältesten indoeuropäischen Sprachen. Nach einer anderen Theorie ist es ein Sonnensymbol – *„ein Kreuz, bei dem durch die angefügten Haken* *die Bewegung der Sonne angedeutet werden sollte, ihr Auf- und Absteigen von der Sommersonnenwende zur Wintersonnenwende und umgekehrt.*"[23]

Zu einem völkischen Symbol machte es erstmals der *Turnvater* Jahn, der nach Preußens Zusammenbruch 1806 die deutsche Jugend durch Sport zur „Wehrhaftigkeit" ertüchtigen und ihr nationale Werte einimpfen wollte. Da kurz zuvor bei Ausgrabungen in Mecklenburg altgermanische Urnen mit dem Hakenkreuzsymbol gefunden wurden, griff er es auf, um seine Anhänger für die deutsche Vorzeit zu begeistern. Fortan wurde das vierfache „F" seines Mottos „frisch, fromm, fröhlich, frei", als Hakenkreuz geschrieben, zum Wappen seiner Bewegung. Die Jahn'sche Tradition führte der *Deutsche Turnerbund* fort, aus dem in den 1890er Jahren die völkisch orientierte Jugendbewegung *Wandervogel* entstand. Ihre Anhänger grüßten sich nicht nur mit dem alten gotischen Ruf „Heil!", sie machten auch das Hakenkreuz zu ihrem Wahrzeichen: *„Es sollte bei ihnen als Symbol der Sonne und der Lebenskraft daran gemahnen, ständig ein mit der Natur und den völkischen Kräften verbundenes Leben zu führen."*[24] Doch es hatte noch eine andere Bedeutung, die Erhard Schlund 1924 in seinem Buch „Neugermanisches Heidentum im heutigen Deutschland" so treffend definierte: Es diente als Symbol für einen Kulturkampf gegen das „andere Kreuz", das Christentum:

> *„Jedenfalls hat das Hakenkreuz, dieses uralte, durchaus nicht spezifisch arische Symbol der Sonne ... den Kampf mit dem Kreuz Christi aufgenommen, wenn auch nicht alle Hakenkreuzler, Nationalisten und Deutsch-Völkischen sich dieses Kampfes bewusst werden. Oft ist dieser religiöse Kampf durch den politischen so stark verdeckt, dass selbst gelehrte, christliche Theologen und kirchlich wachsame und eifrige Priester nichts davon merken."*[25]

Der Orden der Armanen

Im selben Jahr, in dem Madame Blavatsky unter dem Zeichen des Hakenkreuzes die *Theosophische Gesellschaft* gründete, am 28. Juni 1875, vergrub ein völkischer Dichter in den Ruinen der alten Römerstadt Carnuntum bei Wien acht Weinflaschen, die ein Hakenkreuz formten.[26] Er gedachte damit des 1500. Jahrestages des Sieges der anrückenden Germanen über die Römer, die damals, nach einer Reihe von Kämpfen, die Stadt räumen mussten. 13 Jahre später, zeitgleich mit dem Erscheinen von Blavatskys „Geheimlehre", verfasste Guido List den historischen Roman „Carnuntum", in dem er, romantisch verzerrt, die Völkerwanderung zum Sieg der moralisch hochstehenden germanischen Kultur über die verkommene römisch-christliche Welt verklärte. Tatsächlich zielte er damit vor allem auf die katholische Kirche, die er verabscheute. Sie war für ihn ein Joch, das den Germanen aufgezwungen wurde und das es abzuwerfen galt.[27]

Guido List, am 5. Oktober 1848 geboren, stammte aus einer wohlhabenden Wiener Kaufmannsfamilie. Obwohl katholisch aufgewachsen, fühlte er sich schon früh vom Heidentum angezogen. Als sein Vater ihm 1862 die Katakomben unter dem Wiener Stephansdom zeigte, hielt er sie für einen vorchristlichen Schrein. Wie er später erzählte, kniete er damals vor einem halb zerstörten Altar nieder und legte das Gelübde ab, einen Tempel für Wotan zu errichten, wenn er erwachsen sei.[28] Fortan wollte er Künstler und Gelehrter werden. Das führte bald zu einem Konflikt mit seinem Vater, der von seinem Sohn erwartete, dass er Kaufmann werden und einmal das Geschäft übernehmen sollte. So assistierte er widerwillig in der Firma seines Vaters; doch in seiner Freizeit zog es ihn stets in die Einsamkeit der Natur. Bei jedem Wetter streifte oder ritt er durch das Wiener Umland, widmete sich dem Alpinismus oder dem Rudern. Seine Flucht in die Natur wurde nicht nur zur Flucht vor dem väterlichen Druck, sondern vor der Moderne an sich.

Erst mit dem Tod des Vaters 1877 konnte er sich seinen schriftstellerischen Ambitionen widmen. Zunächst verfasste er Artikel für einschlägige Heimatzeitschriften aus dem völkischen Spektrum, dann Kurzgeschichten, schließlich sein erstes Buch. Immer wieder ging es ihm dabei um die Wiederentdeckung heidnischer Traditionen in Brauchtum und Sage. Auch in mittelalterlichen Wappenbildern wollte er „magische Runen" und „okkultes Wissen" der Altvorderen entdeckt haben. Zudem wurde er zum begeisterten Wagnerianer, der zeitweise plante, in Carnuntum ein „österreichisches Bayreuth" zu errichten. Inspiriert vom *Ring des Nibelungen,* dem umfangreichsten Werk des Bayreuther Meisters, dichtete er 1895 das Epos „Walküren-Weihe". In „Ostaras Einzug", ein Jahr später verfasst, beschwor er den Göttervater Wotan, seine Germanen nach tausendjähriger Dämmerzeit aus der christlichen Unterdrückung zu neuer Macht und Größe zu berufen. Dann werde die Frühlingsgöttin *Ostara* wieder in das ihr geweihte *Ostarland* Österreich zurückkehren. Um diese heidnische Renaissance zu beschleunigen, propagierte er die Wiederbelebung der *„alten heiligen Priesterschaft des Wotankultes, der Armanen"*, eine Idee, die bald zum Zentralpunkt seiner völkischen Mythologie wurde.[29] Ihren Namen leitete er aus der „Germania" des römischen Schriftstellers Tacitus zurück, der die drei Hauptstämme der Germanen als *Ingwäonen, Hermionen* und *Istwäonen* bezeichnete. Für List waren dies jedoch keine Völker, sondern Kasten, nämlich Bauern, Priester und Krieger. Von ihm „germanisiert", wurden aus den *„Hermionen"* die *Armanen,* was er als „Erben des Sonnenkönigs" deutete.[30]

1907 gründete er die *Armanenschaft,* auch *Hoher Armanen Orden* (HAO) genannt, einen mystischen Geheimbund nach dem Vorbild der Freimaurerei mit drei Einweihungsgraden. Seine Mitglieder wählte er persönlich aus. Das entscheidende Kriterium war dabei aber offenbar nicht die „Reinheit der Rasse", sondern die Dicke des Geldbeutels.[31]

Wie Madame Blavatsky, so glaubte auch List an einen Ursprung der Arier *„auf einem Kontinent am Nordpol"*. Von dort seien sie durch die Eiszeit vertrieben worden, zogen in den Süden und brachten der gesamten Menschheit die Kultur. Die Widersacher der arischen Herrenmenschen seien die Herdenmenschen oder *Tschandalen,* wie auch Lanz von Liebenfels die Mischrassen nannte. Eine *Große Internationale Partei* (GIP), bestehend aus der katholischen Kirche, den Juden und den Freimaurern, habe sich gegen die arische Rasse verschworen. Durch *„Lügen und Gewalttaten"* habe sie *„deutsche Denkweise und deutsches Recht zu unterdrücken und zu vernichten verstanden"*.[32] Rassenmischung, Parlamentarismus, Feminismus und moderne Malerei dienten dabei als Instrumente der Zersetzung. Jetzt aber sei die Zeit der arischen Neugeburt unter Anleitung der neuen Priesterschaft der Armanen angebrochen. Das neue Germanien, das Reich seiner Vision und politischen Utopie, sollte allein von rassereinen Ariern beherrscht werden. Sie würden als Elite über die Sklavenkaste der nichtarischen Völker herrschen. Strikte Rassen- und Ehegesetze hätten Mischehen zu verhindern; jede Familie müsse eine *Sippenchronik* führen, um ihre rassische Reinheit belegen zu können. Die Ähnlichkeit seiner Pläne mit den späteren *Nürnberger Rassegesetzen* der Nazis ist frappierend![33]

Der „Starke von oben"

In seinem Werk „Der Unbesiegbare" (1898) prophezeite List das Kommen eines Führers, wie er schon in der *Völuspa*-Prophezeiung der germanischen Heldendichtung *Edda* vorausgesagt worden war. Dieser *Starke von oben* werde die germanische Weltherrschaft vorbereiten. Sein Zeichen sei das Hakenkreuz, sein Leitspruch *„Deinem Volke und Vaterland sei treu bis in den Tod"*. Er würde aus jedem Kampf als Sieger hervorgehen, habe immer Recht und sei mit den Naturgewalten in Einklang. Der Endsieg sei ihm daher gewiss.

Es ist sicher, dass Adolf Hitler die Schriften Guido Lists nicht nur gekannt hat, sondern von ihnen maßgeblich beeinflusst wurde. Schon sein Jugendfreund Kubizek erinnert sich, 1908 bei Hitler ein Buch *„über den kulturellen Stand der germanischen Stämme"* gesehen zu haben, das auf dem Titelbild das Hakenkreuz trug. Dabei kann es sich nur um Lists „Das Geheimnis der Runen" (1908) gehandelt haben. Kubizek: *„Adolf sagte damals, das deutsche Volk brauche ein Symbol, ein Feldzeichen, welches den internationalen Begriff des ‚Deutschen' darstellt."*[34] *„Wir müssen den Kult erneuern, der alten Germanen. Wir Nationalsozialisten sollten uns eines Ihrer* (sic!) *alten Zeichen annehmen"*, schrieb Hitler Anfang 1920. Auf seinem Skizzenblock notierte er, bevor er aus einer Reihe von Symbolen und Runen – darunter der *Sig*-Rune der späteren SS – die Swastika auswählte: *„Die heiligen Zeichen der Germanen. Eines dieser Zeichen sollte von uns wieder erhoben werden."*[35] Die Vorlagen für seine Studie hatte er zweifelsohne aus den List-Büchern kopiert.

Im selben Jahr, bei einer Rede im Münchener Hofbräuhaus, definierte Hitler das Hakenkreuz ganz im Sinne der List'schen Lehre als *„Zeichen der Sonne"* und des Lichtes, das die Arier aus ihrer Urheimat im dunklen, eisigen Norden mitgebracht hätten:

„Alle ihre Kulte bauen sie auf Licht, und sie finden das Zeichen, das Werkzeug der Feuererzeugung, den Quirl, das Kreuz ... Es ist das Hakenkreuz der einst von arischer Kultur gegründeten Gemeinwesen."[36]

Laut seiner Münchener Buchhändlerin Elsa Schmidt-Falk, selbst eine List-Jüngerin, besaß Hitler mehrere Bücher Lists; neben dem „Unbesiegbaren" auch „Deutsch-Mythologische Landschaftsbilder", „Armanenschaft der Ariogermanen", „Rita der Ariogermanen", „Die Ursprache der Ariogermanen" und „Völkerstämme der Germanen". Er habe sogar Lists Traum vom Wiederaufbau Carnuntums gekannt und verwirklichen wollen und scherzhaft gemeint, er werde, wenn Österreich einmal wieder zu Deutschland gehöre, das vergrabene Hakenkreuz aus Weinflaschen wieder ausgraben lassen.

Einen Hinweis darauf, dass die Verbindung noch sehr viel tiefer ging, finden wir in der *Hitler Library* in Washington D. C. Denn ein Buch des Inders und späteren Literatur-Nobelpreisträgers Rabindranath Tagore mit dem Titel „Nationalismus" trägt die handschriftliche Widmung:

„20.04.21. logapore, wodan wigiponar. Herrn Adolf Hitler, meinem lieben Armanenbruder. B. Steininger."[37]

Der altgermanische Spruch *„Logapore, wodan wigiponar"* stammt von einer bei Nordendorf in Bayern entdeckten altgermanischen Gemme und bedeutet so viel wie *„Logapore und Wotan, gebt göttlichen Schutz"*. Die Verfasserin der Widmung, Babette Steininger, war eines der ersten Mitglieder der Münchener NSDAP. Dass sie Hitler ausdrücklich als *„lieben Armanenbruder"* bezeichnet, kann nur bedeuten, dass Hitler und Steininger beide Lists Geheimbund angehörten oder zumindest nahestanden, auch wenn es dafür keine weiteren Hinweise gibt.

Hitler und die Wotansjünger

Später, als *Führer,* versuchte Hitler, alle Verbindungen zu den Wotanjüngern zu verwischen. Er wusste, dass sie auf die Masse eher befremdlich wirkten. So schrieb er schon in „Mein Kampf":

> *„Überhaupt habe ich ... immer wieder vor jenen deutschvölkischen Wanderscholaren warnen müssen, deren positive Leistung gleich null ist, deren Einbildung aber kaum übertroffen zu werden vermag ... Es ist das Charakteristische dieser Naturen, dass sie von altgermanischem Heldentum, von grauer Vorzeit, Steinäxten, Ger und Schild schwärmen, in Wirklichkeit aber die größten Feiglinge sind, die man sich vorstellen kann. Denn* (sie) *... predigen für die Gegenwart immer nur den Kampf mit geistigen Waffen und fliehen vor jedem kommunistischen Gummiknüppel eiligst von dannen ...*
> *Auf die breite Masse wirken sie lächerlich ...“*[38]
> *„Sie sind im günstigsten Fall unfruchtbare Theoretiker, meistens aber verheerende Schwadroneure, und glauben nicht selten, durch wallenden Vollbart und urgermanisches Getue die geistige und gedankliche Hohlheit ihres Handelns und Könnens maskieren zu können.“*[39]

„Diese Professoren und Dunkelmänner, die ihre nordischen Religionen stiften, verderben mir nur das Ganze“[40], erklärte er dem NSDAP-Senatspräsidenten von Danzig, Hermann Rauschning, im Sommer 1932. Sie dienten nur dem Zweck, Althergebrachtes zu „zersetzen“, Unruhe zu stiften. *„Es erschiene mir unsagbar töricht, einen Wotankult wieder erstehen zu lassen. Unsere alte Göttermythologie war überholt, war nicht mehr lebensfähig, als das Christentum kam“*[41], meinte er am 14. Oktober 1941 in einem seiner Tischmonologe im *Führerhauptquartier* im Beisein des *Reichsführers* der SS, Heinrich Himmler. Doch selbst diese Aussage könnte ihn sehr wohl als Eingeweihten, als *Armanen,* ausweisen. Denn auch für List war der Wotankult nur eine Symbolsprache für das Volk, eine exoterische Lehre. Wer nämlich glaubte, er sei ein Anhänger des altgermanischen Polytheismus, der hatte weder ihn noch seine krude Lehre verstanden. Wie die Theosophen, so dachte auch er synkretistisch, hielt alle Religionen der Welt bloß für eine Symbolsprache, ihre *Götter* für Metaphern der einen, unbeschreiblichen Wirklichkeit, die allenfalls das „dumme Volk“ verehrte. So diente auch sein Wotanismus (oder *Wuotanismus,* wie er ihn nannte) allein der Rückbesinnung auf die arteigene arische Spiritualität; er war nichts anderes als Blavatskys Theosophie im Wagner-Kostüm. Schon die Wissenden, die *Armanen* der alten Germanen, hätten gelehrt, dass sich hinter Wotan nur die eine

geheimnisvolle Urkraft verbarg, die dem Universum innewohnt, und wären deshalb *Monotheisten,* eigentlich aber Pantheisten gewesen. Als Initiierte verstanden sie die geheime Botschaft der Mythen als Parabeln für die Kräfte der Natur und die Urgesetze des Universums. Nach List glaubten sie, dass die gesamte Schöpfung die Emanation einer spirituellen Kraft sei. Ihre Gesetze und Zyklen, ihr Werden und Vergehen, offenbarten ihnen den in der Natur wie im Menschen immanenten Gott. Sie hatten *Gnosis,* Erkenntnis, erlangt. Auch das Christentum, so behauptete List, sei ursprünglich eine germanische Religion und damit ein Vorläufer der Ariosphie gewesen. Erst die Juden hätten daraus eine *Sklavenreligion* gemacht; den Gnostikern schrieb er das Verdienst zu, seine eigentliche Botschaft wiederentdeckt zu haben.

Hitler war offensichtlich schon früh von diesem esoterischen Wotanismus fasziniert. So erzählt uns August Kubizek, wie sehr sein Jugendfreund für die germanischen Heldensagen schwärmte:

> *„Immer wieder personifizierte er sich mit den großen Männern jener versunkenen Welt. Nichts erschien ihm erstrebenswerter, als nach einem Leben voll kühner, weitreichender Taten, einem möglichst heroischen Leben, nach Walhall einzuziehen und für alle Zeiten zu einer mythischen Gestalt zu werden.“*[42]

Einmal habe Hitler sogar ein Germanen-Drama konzipiert, in dessen Zentrum ein Wotanpriester stand. Es war *„in den bayerischen Voralpen ... zur Zeit der Christianisierung“* angesiedelt. Dort hatte sich die Urbevölkerung verschworen, die *„christlichen Sendboten zu erschlagen“,* womit sie die unbedingte Sympathie des Autors gewonnen hatten. In einer Szene hieß es:

> *„Heiliger Berg im Hintergrund, davor der mächtige Opferstein, von riesigen Eichen überschattet. Zwei gewaltige Rekken halten den schwarzen Stier, der geopfert werden soll, an den Hörnern fest und pressen das wuchtige Haupt des Opferstieres gegen die Höhlungen des Steines. Hinter ihm steht, hochaufgerichtet, der Priester im hellen Gewande ... Rundum starren ernste bärtige Männer auf die feierliche Szene.“*[43]

Dass Hitler selbst die Rolle des Wotanpriesters (oder *Armanen,* nach List'scher Diktion) nicht fremd war, zeigt eines der ganz wenigen Gedichte, die er als Gefreiter im Ersten Weltkrieg *„in einer Rauhnacht 1915 im Felde"* angeblich in seinem Kriegstagebuch notierte:

„Ich gehe manchesmal in rauhen Nächten
Zur Wotanseiche in den stillen Hain,
Mit dunklen Mächten einen Bund zu flechten –
Die Runen zaubert mir der Mondenschein.

Und alle, die am Tage sich erfrechten,
Sie werden vor der Zauberformel klein!
Sie ziehen blank – doch statt den Strauß zu fechten,
Erstarren sie zu Stalagmitgestein.
So scheiden sich die Falschen von den Echten –

Ich greife in das Fibelnest hinein
Und gebe dann den Guten und Gerechten
Mit meiner Formel Sehen und Gedeihn."[44]

In seiner Münchener Zeit legte sich Hitler den Decknamen *Wolf* zu. Adolf, so hatte List gelehrt, war die Kurzform des germanischen Namens *Adelwolf,* „der edle Wolf". Mit dem wilden, einsamen Jäger der Steppe konnte er sich identifizieren. Der Wolf war aber auch das Wappentier Wotans. Stets wurde der germanische Göttervater von einem Wolfsrudel begleitet. Als Wolf tarnte er sich, wenn er unerkannt die Welt durchstreifte. Später sollte Hitlers Hauptquartier in Ostpreußen den Namen *Wolfsschanze* tragen, ein anderes *Wolfsschlucht,* seine Autostadt *Wolfsburg* heißen. Neben den Wölfen, so lehrt die Sage, wurde er von zwei Raben begleitet, *Hugin* und *Munin.* Als Hitler in München wie ein wiedergekehrter Gott verehrt wurde, tauften seine Freunde seine beiden ständigen Begleiter Otto Dietrich und Ernst „Putzi" Hanfstaengl auf die Namen *„Hugin und Munin"*.[45]

Geradezu erschreckend ist, wie sehr sich der *Führer* später mit dem Unbesiegbaren identifizierte, die Prophezeiung Lists auf sich bezog. Wie dieser kämpfte er unter dem Hakenkreuz, dem *„Kampf- und Siegeszeichen des arischen Rassegeistes"* und *„höchstgeheiligte(n) Geheimzeichen des Armanentums"*[46], wie es der Wiener nannte. So musste Hitler geradezu zwanghaft beweisen, sich nie geirrt zu haben. In

„Mein Kampf" schrieb er, dass ein Führer, der seine Weltanschauung als falsch erkennt, *„einer weiteren politischen Betätigung"* entsagen sollte: *„Denn da er schon einmal in grundlegenden Erkenntnissen einem Irrtum verfiel, ist die Möglichkeit auch ein zweites Mal gegeben."*[47] Hitler war davon überzeugt, von der Vorsehung auserwählt worden zu sein, glaubte:

> *„Wir sehen in diesen geschichtlichen Erscheinungen des Germanentums die unbewusste Beauftragung des Schicksals, dieses störrische deutsche Volk, wenn notwendig, mit Gewalt zusammenzuschließen. Das war, geschichtlich gesehen, genauso notwendig wie es heute notwendig ist."*[48]

Wie Lists Heros, so glaubte auch er, unbesiegbar zu sein, mehr noch, die Elemente zu beherrschen. *„Weder Drohungen noch Warnungen werden mich von meinem Weg abbringen",* erklärte Hitler am 14. März 1936 in München. *„Ich gehe mit traumwandlerischer Sicherheit den Weg, den mich die Vorsehung gehen heißt."*[49] Und er hielt sich daran. *„Er war wie ein Roulettespieler im Gewinn, der nicht aufhören kann, weil er glaubt, das System zu besitzen, mit dem er alles Verlorene wieder hereinholen und die Bank sprengen kann"*[50], bescheinigte ihm sein Reichspressechef Otto Dietrich. Diese Selbstsicherheit, dieser unbedingte Glaube an die eigene Unbesiegbarkeit, hatten fatale Folgen, als er seine Soldaten in den Russland-Feldzug schickte. Im festen Glauben, dass weder der Feind noch das Wetter seine *Operation Barbarossa* stoppen konnten, hatte er für seine Truppe keine Winterausrüstung bereitgestellt. Bei Wintereinbruch erfroren Zehntausende an der Front. Die Schlacht um Stalingrad wurde schließlich zur fatalsten Niederlage der Geschichte, was für Hitler unbegreiflich war. Immer wieder faselte er etwas von „Verrat" und dem „Versagen der Generäle". Selbst zu Kriegsende, im *Führerbunker* von Berlin, hoffte er noch auf den *Endsieg,* eine Schicksalswende in letzter Minute, ein rettendes Wunder.

Der blinde Seher

1902 wurde List, der rauschebärtige Prophet des *Kommenden,* selbst zum Seher. Sein Augenarzt diagnostizierte einen grauen Star, der operativ entfernt werden musste. Für elf Monate war er blind. Es war eine Zeit der Angst, das Augenlicht für immer verloren zu haben, der aufgezwungenen Ruhe, des Rückzugs in die Innerlichkeit, des Grübelns. Die Folge war eine Reihe von Visionen. In den *„Tagen der Dunkelheit“,* wie er später schrieb, blickte er in die Vergangenheit, erwachten in ihm *„Erberinnerungen“* aus den Zeiten der Urväter. Guido List schaute die Runen, erkannte ihre geheime Bedeutung als Schicksalszeichen der Germanen.

Tatsächlich geht das runische Alphabet, nach seinen ersten Buchstaben auch *Futhark* genannt, auf die Schrift der norditalienischen Etrusker zurück. Gegen 200 v. Chr. übernahmen germanische Stämme ihre mit dem Griechischen und Lateinischen verwandten Zeichen, um sie zunächst zu magischen und divinatorischen Zwekken zu nutzen. Davon zeugt noch heute der Begriff *Buchstabe;* die Orakelpriester/-innen der Germanen warfen Buchenstäbchen und deuteten die Zeichen, die sie bildeten, nach einem speziellen System. In den Runen glaubten sie das Raunen des Schicksals zu vernehmen. Jedes Zeichen erhielt einen Namen, der sich auf einen Aspekt des täglichen Lebens bezog, den es vorauszusagen galt: Hagel stand für *Verderben,* Lauch für *Gedeihen,* der Auerochse für die *Urkraft.* Zudem wurde ihnen eine magische Kraft zugesprochen, die bei Krankheit, Streit, Geburt, Brautwerbung und anderen Lebenslagen helfen sollte, weshalb sie auch als Amulett getragen wurden. Erst später begannen die Germanen, sie auch als Schrift zu benutzen.

Im 5. Jahrhundert, mit dem Einfall der Angelsachsen in England, wurde der ursprünglich aus 24 Runen bestehende *Futhark* um neun Zeichen erweitert, um auch die neuen Sprachlaute darstellen zu können. Der sogenannte *Angelsächsische Futhorc* überdauerte die Christianisierung und blieb bis ins 10. Jahrhundert gebräuchlich. In Skandinavien dagegen hielt sich der *Ältere Futhark* bis ins 8. Jahrhundert, die Zeit der *Eddas,* der Abfassung der germanischen Heldendichtung. Danach wurde er auf 16 Runen verkürzt. In entlegenen Regionen hielt sich der Gebrauch dieses magischen Alphabets noch bis ins 17. Jahrhundert.

Doch mit dem ursprünglichen Runensystem hatte Lists Vision wenig zu tun. Er glaubte, den Schlüssel zu ihrer geheimen Bedeutung gefunden zu haben, indem er die 18 Strophen vom *Runenlied Odins,* einer eddischen Dichtung, auf sie bezog. Da die Anzahl der Strophen aber weder zum *Älteren Futhark* mit seinen 24 Buchstaben noch zum

Jüngeren Futhark mit 16 Zeichen passte, erfand er kurzerhand einen „esoterischen" *Armanen-Futhark* aus 18 Runen.

Kaum kehrte das Augenlicht zurück, schrieb er seine neuen Erkenntnisse nieder. Seiner Visionen gewiss, verfasste er außerdem ein umfangreiches Manuskript über die „arische Ursprache" und reichte es bei der *Kaiserlichen Akademie der Wissenschaften* ein. Die Gutachter müssen sich über seine oft abenteuerliche Etymologie köstlich amüsiert haben, und es heißt, sie habe noch über Jahre hinweg unzähligen Kneipabenden der *Ostmärkischen Burschenschaftler* Stoff für Witze und Persiflagen geliefert.[51] Zumindest gehörte einiger Mut dazu, den Namen der germanischen Heldendichtung *Edda* als „eh' da" („ohnehin schon da") zu deuten und die Herkunft der *Arier* aus den Silben „ar" = Sonne, „ri" = gezeugt, „er" = Leute abzuleiten, womit sie zu nichts Geringerem als *„sonnen- oder gottgezeugten Leuten"* wurden.

Beleidigt, dass ihm nicht sofort ein Lehrstuhl angeboten wurde und auch kein Verlag das peinliche Werk drucken wollte, fand er Zuflucht im Kreis seiner Jünger aus okkulten Kreisen. Die vergötterten trotzig den einst blinden Seher und gründeten 1907 die *Guido-von-List-Gesellschaft,* die von nun an seine Schriften herausgab. Er hatte sich mittlerweile einen stattlichen weißgrauen Rauschebart zugelegt, der ihm irgendwie das Aussehen eines biblischen Propheten verlieh, trug stets eine Richard-Wagner-Mütze und schaute wissend durch seine Nickelbrille. Da der Kaiser es versäumt hatte, sollte List sich zwischenzeitlich selbst adeln. Die alte Priesterschaft war für ihn der Adel der alten Germanen, und so war er überzeugt, dass ihm der Titel zustand. Zudem behauptete er, aus altem Adel zu stammen; sein Großvater habe das „von" nur abgelegt, um Gastwirt werden zu können. Zum Beweis verwies er auf einen Ritter Burckhard von List, der im 11. Jahrhundert lebte. Diese Chuzpe mag seinen Anhänger Georg Lanz inspiriert haben, sich im selben Jahr ebenfalls einen Titel, das noch bombastischere „Lanz von Liebenfels", zuzulegen.

Die Masche zog. Bald hatte die *Guido-von-List-Gesellschaft* Mitglieder aus der besten Wiener Gesellschaft. Ihr Sitz befand sich ausgerechnet in der Nähe von Hitlers erster Wiener Wohnung, nämlich in der Webgasse 25 im 6. Bezirk.[52] Auch die Wiener Sektion der *Theosophischen Gesellschaft* trat geschlossen der neuen Vereinigung bei.

Theosophie und Ariosophie

Seitdem List Beiträge in der theosophischen Zeitschrift *Gnosis* veröffentlichte, war es zur Verbrüderung mit den Theosophen gekommen. Der Runenforscher verstand seine Studien fortan als völkische Version der Blavatsky'schen Lehre und machte „Die Geheimlehre" zur Grundlage seiner weiteren Spekulationen. Dabei gelang ihm der eigentlich widersinnige Spagat zwischen dem neuheidnischen Pantheismus der *Völkischen* und der *Neo-Gnosis.* So entstand eine abenteuerliche Synthese von Theosophie und germanischer Mythologie, die er bald *Ariosophie,* „Weisheit der Arier", nannte. Der führende deutsche Theosoph, der Blavatsky-Schüler Dr. med. Franz Hartmann, sprach ihm dafür seine Anerkennung aus und verglich – was als Kompliment gedacht war – Lists konfuse Runendeutungen mit „Isis entschleiert". List habe die Übereinstimmung zwischen germanischer und hinduistischer Lehre schlüssig nachgewiesen.

Die deutsche Sektion der *Theosophischen Gesellschaft* war zunächst 1884 gegründet worden, als Helena Petrowna Blavatsky auf ihrer letzten Europa-Reise bei einem befreundeten Ehepaar in Wuppertal-Elberfeld Station machte. Doch der Skandal um die gefälschten *Mahatma*-Briefe führte bald wieder zur Auflösung des jungen Vereins. Stattdessen bemühten sich die deutschen Blavatsky-Schüler Wilhelm Hübbe-Schleiden und Dr. med. Franz Hartmann mit den Zeitschriften *Sphinx* und *Lotusblüthen* um die Verbreitung theosophischen Gedankengutes. Sie trugen damit maßgeblich zur Wiederbelebung des Okkultismus in Deutschland bei.

Dr. Hartmann war ähnlich abenteuerlustig wie seine Lehrerin. Nach dem Medizinstudium war er als Schiffsarzt nach Amerika gelangt und hatte in mehreren Staaten gelebt, als er mit dem Spiritismus in Berührung kam. Nach der Lektüre von „Isis entschleiert" wurde er zum begeisterten Anhänger der neuen Lehre. Über Japan und Südostasien reisend, erreichte er das Hauptquartier der *Theosophischen Gesellschaft* in Adyar, wo er schnell in den „inneren Kreis" aufgenommen wurde. Als Madame Blavatsky nach Europa abreiste, leitete er das indische Zentrum als ihr Stellvertreter, bis die Theosophen es 1885 ganz aufgaben. Zurück in Europa, schloss er sich zunächst der Lebensreform-Bewegung an. In Hallein bei Salzburg und auf dem legendären Monte Verita bei Ascona im Tessin gründete er Sanatorien, die bald zu theosophischen Laienklöstern wurden. Neben den *Lotosblüthen,* der ersten Zeitschrift, die das Hakenkreuz auf dem Umschlag trug, gab er zahlreiche theosophische Druckschriften und Buchserien heraus. 1896 wagte er schließlich die (diesmal erfolgreiche) Neugründung des deutschen Zweigs der *Theosophischen Gesellschaft.* Ihr gehörte zunächst auch der junge Gelehrte Rudolf Steiner an, der von 1903 bis 1908 eine theosophische Zeitschrift mit dem Namen *Luzifer* herausgab. Erst 1912 gründete er die *Anthroposophische Gesellschaft,* die sich der christlichen Gnosis und der Lebensreform verschrieb.[53] Dr. Hartmann dagegen zog es tiefer in den okkulten Untergrund. 1895 rief er zusammen mit dem Wiener Pharmafabrikanten Dr. Karl Kellner den *Ordo Templi Orientis* (O.T.O. = Orientalischer Templerorden) ins Leben, der als Sektion der Großloge *Memphis-Misraim* der amerikanischen Hochgrad-Freimaurerei anerkannt wurde. In dem offiziellen Gründungspatent ist Dr. Hartmann als Freimaurer des 95. Grades ausgezeichnet.[54] Zudem war der O.T.O. der deutsche Ableger der britischen Großloge *Golden Dawn* („Goldene Dämmerung"), die sich um den Kontakt mit den *„Großen Meistern der Weißen Loge"* bemühte. Dieser Gründung britischer und irischer Hochgrad-Freimaurer gehörte nicht nur der Nobelpreisträger und Blavatsky-Schüler William Butler Yeats an, sondern auch der berüchtigte Sexualmagier Aleister Crowley, der sich selbst als *„das große Tier"* aus der Offenbarung des Johannes (Offb 13,1) bezeichnete.[55] Die prominentesten Mitglieder des deutschen *Golden Dawn*-Ablegers waren Rudolf Steiner, der es zum Großmeister *(Rex summus)* schaffte, der berüchtigte Sexualmagier Theodor Reuss und der spätere *Führer*-Stellvertreter Rudolf Heß.[56]

Die Bücherei der Blonden

Doch während sich weder der O.T.O. noch die Loge *Golden Dawn* sonderlich für die List'sche Lehre interessierten, saugte Lanz von Liebenfels jedes Wort seines Meisters begierig auf, hoffend, durch den Wotanpriester das Geheimnis des wahren Christentums offenbart zu bekommen. Wie Lanz Mitglied der *Guido-von-List-Gesellschaft* war, gehörte List als *Familiar* dem *Neutemplerorden* an.[57] Zudem sympathisierte der „abgefallene" Mönch mit der Theosophie und sah sich in ihrer neognostischen, antijesuitischen Tradition stehend. Seine Propagierung der *Rassenreinheit* stand im Einklang mit der theosophischen Rassenlehre, und Blavatskys Ausführung über den *ersten Sündenfall,* die Vermischung mit Tieren und die Entstehung von Tiermenschen, entsprach seiner Vision von den niederrassischen *Affenmenschen.*

Um die Lehren der *Ariosophie* zu popularisieren, gab List seit 1905 die Zeitschrift *Ostara* heraus. Ihren Namen verdankte sie der auch von List verehrten germanischen Frühlingsgöttin und angeblichen Namensgeberin Österreichs. Mit Werbeslogans wie *„Sind Sie blond? Dann sind Sie Kultur-Schöpfer und Kultur-Erhalter", „Sind Sie blond? Dann drohen Ihnen Gefahren!", „Sind Sie blond? Sind Sie ein Mann?",* stets gefolgt von der Aufforderung *„Dann lesen Sie die ‚Ostara', Bücherei der Blonden und Mannesrechtler!"*[58], brachte sie es bald auf eine Auflage von 100.000 Exemplaren. Dabei ist nicht ganz klar, ob Lists fanatischer Rassismus oder ihr militanter Antifeminismus den schrulligen Heftchen mehr Leser einbrachten. Zumindest an unfreiwilliger Komik – oder muss man sagen: Tragik? – konnten es einige Beiträge selbst noch mit der List'schen *Runenkunde* aufnehmen. Sogar der Aufruf zu „arischen Schönheitswettbewerben" gehörte zum skurrilen Repertoire. Nach Eigenauskunft war die *Ostara* jedenfalls

> *„die erste und einzige Zeitschrift zur Erforschung und Pflege des heroischen Rassentums und Mannesrechtes, die die Ergebnisse der Rassenkunde tatsächlich in Anwendung bringen will, um die heroische Edelrasse auf dem Wege der planmäßigen Reinzucht und des Herrenrechtes vor der Vernichtung durch sozialistische und feministische Umstürzler zu bewahren."*[59]

Immer wieder warnte List seine Leserschaft vor der Bedrohung der Kulturlandschaft durch das *„unerzogene oder verzogene deutsche Weib",* speziell jenes, das als Sexualpartner minderrassige Männer oder *„Halbaffen"* aufgrund ihrer stärkeren *„Manneskraft"* bevorzugt. Denn *„die derb-sinnlichen dunklen Männer der Niederrassen, die unter uns wohnen, haben den erotischen Geschmack unserer Weiber psychisch und physisch von Grund auf verdorben."* Einmal diesem Trieb erlegen, sei ein solches *„Weib"* für seine Rasse verloren. Denn der erste Liebhaber einer Frau *„imprägniere"* sie auf geheimnisvolle Weise, mache sie auf ewig zu seinem Eigentum. Alle Kinder, die sie mit einem späteren Partner zur Welt bringe, hätten daher auch Eigenschaften dieses ersten Geschlechtspartners. Deshalb müsse der deutsche Mann strikt darauf achten, sich einzig und allein eine Jungfrau zu erwählen. Eine solche nämlich habe *„nicht bloß Liebhaberwert, sondern einen hochbedeutsamen rassenwirtschaftlichen Wert."* Sie allein sei dazu auserwählt, zur *„Zuchtmutter"* oder *„Schmerzensmutter der Reinzucht"* künftiger blonder, heroischer, kleiner Arier zu werden.[60] Sollte Siegmund Freud, der zur selben Zeit wie Lanz in Wien lebte, eines dieser Heftchen in die Hände bekommen haben – und davon ist auszugehen – wird er gewiss seine wahre Freude an dieser Fundgrube praktizierter Sexualneurotik gehabt haben. Mit derselben Gründlichkeit, die später von den Nazis praktiziert wurde, wurde jedes Körperteil bis hin zum Becken, den Schamteilen und dem Gesäß nach rassischen Kriterien bewertet. Nur durch eine konsequente Ausmerzung aller fremdrassischen Elemente, so glaubte Lanz, könne der Mensch wieder zum *Gottmenschen* werden, der sich fortan die Welt unterwirft:

> *„Große Fürsten, starke Krieger, gottbegeisterte Priester, Sänger mit beredter Zunge, Weltweise mit hellen Augen werden aus Deutschlands urheiliger Göttererde erstehen, den Sodomsäfflingen wieder die Ketten anlegen, die Kirche des heiligen Geistes ... aufrichten und die Erde zu einer ‚Insel der Glückseligen' machen ... Unter dem Jubel der befreiten Gottmenschen würden wir den ganzen Erdball erobern."*[61]

Gnosis war für Lanz die Erkenntnis, dass Gott im Blute ist. So bezeichnete er sich selbst als *„rassengläubig und, was dasselbe ist: gottgläubig"*[62] und postulierte: *„Die Rasse ist Gott, der Gott ist gereinigte Rasse."*[63]

Es ist sicher, dass Hitler die *Ostara*-Hefte gekannt und gelesen hat. Lanz selbst behauptete sogar, so in einem Brief vom 22. Februar 1932 an einen Neutempler-Bruder, Fra Aemilius,

> *„dass* Hitler *einer unserer* Schüler *ist. Du wirst es noch erleben, dass er u. dadurch auch wir siegen u. eine Bewegung entfachen werden, die die Welt erzittern macht."*[64] (Hervorhebungen im Original)

Als ihn 1951 der Wiener Tiefenpsychologe Prof. Wilfried Daim befragte, schilderte Lanz seine einzige Begegnung mit Hitler an einem Sommernachmittag im Jahre 1909. Lanz saß gerade in seinem Büro in Rodaun und korrigierte Manuskripte für die *Ostara,* als ein junger Mann, vielleicht 20 Jahre alt, eintrat. Er war schmal, blass und wirkte abgerissen, hatte aber gute Manieren. Sein Name, so stellte er sich vor, sei Adolf Hitler. Er wohne in der Felberstraße und würde in der dortigen Tabak-Trafik regelmäßig die *Ostara* kaufen, wenn er es sich irgendwie leisten könne. Allerdings fehlten ihm einige ältere Nummern, die er gerne von Lanz direkt erwerben würde, um eine vollständige Sammlung zu haben. Der Exmönch erbarmte sich des heruntergekommenen Jungen und schenkte ihm nicht nur die fehlenden Hefte, er gab ihm auch noch zwei Kronen für die Straßenbahn. Der junge Hitler bedankte sich artig und versprach, die Zeitschrift weiter begeistert zu lesen.[65]

Es gibt keinen Grund, am Wahrheitsgehalt von Lanzens Aussage zu zweifeln. Nach den Aufzeichnungen der Wiener Meldebehörden wohnte Hitler tatsächlich vom 18. November 1908 bis zum 20. August 1909 in der Felberstraße 22. Bis zum Jahre 1934 befand sich in der Felberstraße 18 eine Tabak-Trafik (ein Tabakladen), die an eine gewisse Leopoldine Bellendorfer vermietet war. Dort wurden auch die *Ostara*-Hefte verkauft.[66]

Auch Josef Greiner, der Hitler Anfang 1910 im Wiener Männerwohnheim in der Meldemannstraße kennenlernte, will bei ihm *„eine große Zahl von Heften, vor allem* Ostara-*Hefte ... einen Stoß von ca. 25–30 cm"* gesehen haben. Zudem habe Hitler *„intensiv den Rassenstandpunkt des Lanz"*[67] vertreten. Auch Hitlers eigene Aussage in „Mein Kampf", er habe in Wien *„um wenige Heller die ersten antisemitischen Broschüren meines Lebens"* erworben, scheint sich auf die *Ostara* zu beziehen. Tatsächlich kosteten die Heftchen nur 40 Heller, und auch die nachfolgende Kritik trifft durchaus auf ihre oft abgehobene „Argumentation" zu: *„Sie gingen leider nur alle von dem Standpunkt aus, dass im Prinzip der Leser wohl schon die Judenfrage bis zu einem gewissen Grade mindestens kenne oder gar begreife"*. Obwohl ihre *„außerordentlich unwissenschaftliche Beweisführung"*[68] ihn zunächst befremdete, schien Hitler sie sich bald zu eigen gemacht zu haben, wenn er aus voller Brust tönte:

„So glaube ich heute im Sinne des allmächtigen Schöpfers zu handeln: Indem ich mich der Juden erwehre, kämpfe ich für das Werk des Herrn."[69]

Das war, auf den Punkt gebracht, auch der Glaube von Lanz. Die Jahre in Wien sollten, gerade weil es die schwersten seines Lebens waren, Hitler prägen. Hier erhielt er *„die Grundlagen für eine Weltanschauung"*[70], hier begegneten ihm, wie wir im nächsten Kapitel sehen werden, seine Vorbilder als Politiker im Umgang mit Religion und Kirche. Es ist daher mehr als angebracht, Hitlers Wiener Zeit noch gründlicher zu untersuchen. Wie begierig er das neu Gelesene in sich aufnahm und zu Mosaiksteinen seiner Weltanschauung werden ließ, zcigt sich in „Mein Kampf"; das Buch liest sich seitenweise wie eine Abhandlung aus der *Ostara*. Hier wie dort derselbe pseudoreligiöse Rassismus!

„Was wir heute an menschlicher Kultur, an Ergebnissen von Kunst, Wissenschaft und Technik vor uns sehen, ist nahezu ausschließlich schöpferisches Produkt des Ariers ... Er ist der Prometheus der Menschheit, aus dessen lichter Stirne der göttliche Funke des Genies zu allen Zeiten hervorsprang, immer von neuem jenes Feuer entzündend, das als Erkenntnis die Nacht der schweigenden Geheimnisse aufhellte ... er ist Kulturbegründer (und) Kulturträger."[71]

Hitler konnte nicht falscher liegen. Ganz wie die Germanen die Kultur des antiken Rom übernahmen, wurden die arischen Wandervölker erst zivilisiert, als sie gegen 2000 v. Chr. in das drawidische Indien einfielen. Dort stießen sie auf eine hochentwickelte Kultur, auf Städte mit Steinhäusern, prächtigen Tempeln, Bibliotheken und einer ausgeklügelten Kanalisation, erbaut von den dunkelhäutigen Ureinwohnern des Landes. Zu diesem Zeitpunkt existierte im Zweistromland schon seit 1800 Jahren die Hochkultur der zumindest teilweise semitischen Sumerer, die sich *Schwarzköpfe* nannten. Sie waren die Erfinder der ersten Schrift, aus der über Umwege das Phönizische hervorging, nach dessen ersten Buchstaben noch heute das Alphabet benannt ist. Die griechische und lateinische Schrift ist ebenso von ihm abgeleitet wie das Alphabet der Etrusker, das die Germanen für eine Sammlung magischer Zeichen hielten, aus denen sie das Runensystem entwickelten. Die Ariosophen umgingen diese Peinlichkeit jedoch, indem sie den Ursprung der Arier in das mythische, in Urzeiten versunkene Atlantis verlegten. Nur dieser Mythos erlaubte es Hitler zu behaupten:

> *„Der Arier gab die Reinheit des Blutes auf und verlor dafür den Aufenthalt im Paradiese, das er sich selbst geschaffen hatte. Er sank unter in der Rassenvermischung ... Die Blutvermischung und das dadurch bedingte Senken des Rassenniveaus ist die alleinige Ursache des Absterbens aller Kulturen."*[72]

> *„Die Sünde wider Blut und Rasse ist die Erbsünde dieser Welt und einer sich ihr ergebenen Menschheit."*[73]

Tatsächlich war viel Lanz in Hitler, spiegeln sich seine Ideen in Taten und Plänen des *Führers,* der NSDAP und der SS wider, wurde sein Programm während der NS-Zeit fast punktgenau verwirklicht. Schon in „Mein Kampf" hatte Hitler ganz im Lanz'schen Sinne erklärt:

> *„Ein völkischer Staat wird ... in erster Linie die Ehe aus dem Niveau einer dauernden Rassenschande herauszuheben haben, um ihr die Weihe jener Institution zu geben, die berufen ist, Ebenbilder des Herrn zu zeugen und nicht Missgeburten zwischen Mensch und Affe ... Der völkischen Weltanschauung muss es im völkischen Staat endlich gelingen, jenes edlere Zeitalter herbeizuführen, in dem die Menschen ihre Sorge nicht mehr in der Höherzüchtung von Hunden, Pferden und Katzen erblicken, sondern im Emporheben des Menschen selbst ..."*[74]

Die Neutempler waren nur auf den ersten Blick ein abstruser Verein schrulliger österreichischer Großbürger und ewiggestriger Adliger, die sich, gewandet in weiße Kutten mit roten Krückenkreuzen, die Kapuze über das Haupt gezogen, zu bizarren nächtlichen Ritualen in halb verfallenen Burgen trafen. Zwar zählte die verschworene Gemeinschaft wohl nie mehr als 300 Mitglieder, doch sie verstand sich als Kaderschmiede einer *arischen* Weltrevolution. Durch die *Ostara* wurde ihr Gedankengut in hunderttausend Haushalten verbreitet, von dort aus ging es um die Welt und wirkt bis in die Gegenwart. Lanz:

„... der böse Bann weicht, schon zeigen sich die Umrisse einer neuen ariosophischen, ariochristlichen Internationale: Der Faszismus (sic!) *in Italien, die erwachenden Ungarn, die spanischen Faszisten, die nordamerikanischen Ku-Klux-Klan und schließlich die von der Ariosophie direkt ausgegangene Hakenkreuz-Bewegung in Deutschland ... (sind) im Grunde genommen nur Seitenentwicklungen der Ostara-Ideen ...“*[75]

Ihre Revolution, die in Österreich ihren Anfang nahm, sollte fatale Folgen haben.

So verwundert es nicht, dass sich in der *Hitler Library* auch ein Werk des Ariomystikers befindet, nämlich das „Buch der Psalmen teutsch: Das Gebetbuch der Ariosophen, Rassenmystiker und Antisemiten“.

Ein Vers darin, „Psalm XXVII“ genannt, lässt dem Leser das Blut gefrieren:

„Bringt Frauja (dem Arier-Christus) *Opfer dar, ihr Göttersöhne.*
Auf, auf und bringt ihm dar die Schrättlingskinder.“

Er wird von seinem Verfasser wie folgt kommentiert:

„Es ist der gewaltige Psalm, der zur Ausmerzung des Untermenschentums auffordert und den gigantischen Kampf der Gralstaube gegen die Schreckensungeheuer der Urzeit schildert, denen sie die heldische Menschheit als Siegesbeute abgerungen hat.“[76]

Das Wort *Holocaust* bedeutet, aus dem Griechischen übersetzt, „Brandopfer“.

Der Urführer

Er wurde von seinen Anhängern *„der Führer"* genannt. Seine Briefe unterschrieb er *„Mit deutschem Gruß!"*[1]. Auf Versammlungen grüßte er mit *„Heil!"* Von Gestalt her klein, beleibt, mit rot angelaufenem Gesicht und matten Augen entwickelte er sich, sobald er ein Podium betrat, zu einem feurigen Redner: Die Augen strahlten, wenn er lebhaft und mit großen Gesten, in sonorer Stimme, seine Visionen von alldeutscher Größe verkündete und seine Gegner in Grund und Boden verdammte. Am Eingang hing dann meist ein Schild: *„Juden ist der Eintritt verboten!"*[2] Denn der *Führer* war fanatischer Antisemit, erklärte:

> *„Wir Deutschnationalen betrachten den Antisemitismus als einen Grundpfeiler des nationalen Gedankens, als Hauptförderungsmittel echt volkstümlicher Gesinnung, somit als größte nationale Errungenschaft dieses Jahrhunderts."*[3]

Georg Ritter von Schönerer, der *Führer* der österreichischen *Alldeutschen,* war bereits das große politische Idol des jungen Adolf Hitler, als dieser 1907 erstmals nach Wien kam.[4] 1842 in Wien als Sohn eines reichen Eisenbahnunternehmers geboren, wurde Schönerer ab 1869 Verwalter des ausgedehnten väterlichen Landgutes Rosenau bei Zwettl im Waldviertel. In den darauffolgenden Jahren erwarb er sich in Hitlers Heimat einen geradezu legendären Ruf als Wohltäter der Kleinbauern. Er gründete landwirtschaftliche Gesellschaften und ließ sie in modernen Methoden der Bewirtschaftung ihrer Höfe schulen. Er finanzierte die Einrichtung von 200 Dorffeuerwehren und 25 Volksbüchereien, stiftete Sportgeräte für die Landjugend und Medikamente für Alte und Kranke.[5]

Dann beschloss er, in die Politik zu gehen. Sein Idol war Bismarck, sein Traum die Rückkehr Österreichs in den *Deutschen Bund* bzw. das *Deutsche Reich.* Einmal dem Germanentum verfallen, ließ er auf seinem Gut halbjährliche Sonnwendfeuer entzünden, „Heil Bismarck“ in Runen auf Granitfindlinge meißeln und preußische Pikkelhauben aus Papierstoff unter der Dorfjugend von Zwettl verteilen. Seine Sympathie galt den preußischen Hohenzollern, die österreichischen Habsburger hielt er für „entbehrlich“.

Das „Völkerbabel“

Seit dem Austritt aus dem Deutschen Bund hatte sich Österreichs Erscheinungsbild grundlegend verändert. In dem Vielvölkerstaat Österreich-Ungarn waren die deutschstämmigen Österreicher plötzlich zur Minderheit geworden, während Slawen und Magyaren vermehrt nach Selbstbestimmung verlangten. (Um 1900 machten Deutsche und Magyaren jeweils knapp ein Viertel, die slawischen Völker fast die Hälfte der Gesamtbevölkerung des Habsburgerreiches aus.) Zum ethnischen Problemfall wurde dabei Galizien, heute der Westen der Ukraine, mit seiner Hauptstadt Lemberg (heute: Lwiw). Hierher waren seit 1881 Hunderttausende von Juden vor den Pogromen des Zarenreiches geflüchtet; zu viele, um in der ländlichen Region eine Perspektive zu haben. So zogen viele weiter in die Hauptstadt, wo sie um 1910 schon 10 Prozent der Gesamtbevölkerung ausmachten.

Wien wurde nicht nur durch die Zuwanderung aus dem Osten, sondern auch dank der allgemeinen Landflucht gegen Ende des 19. Jahrhunderts bald zum „Völkerbabel“, zum Mikrokosmos des Vielvölkerstaates. Mit über 2 Millionen Einwohnern war es die sechstgrößte Metropole der Welt und mit Abstand die größte Stadt des Habsburgerreiches. Triest, Prag und Lemberg brachten es auf jeweils gerade mal ein Zehntel seiner Bevölkerung.[6]

Das Stadtbild war geprägt von den neuen Zuwanderern aus dem Osten, die, in einer vom Sozialdarwinismus geprägten Zeit, schon aufgrund ihrer Armut und ihrem Mangel an Bildung – sie waren meist Analphabeten – als „rückständig“ und „unterentwickelt“ empfunden wurden. Die großen sozialen Gegensätze Wiens fielen auch dem jungen Adolf Hitler sofort ins Auge:

> *„Strahlender Reichtum und abstoßende Armut lösten einander in schroffem Wechsel ab. Im Zentrum und in den inneren Bezirken fühlte man so recht den Pulsschlag des 52-Millionen-*

Reiches, mit all dem bedenklichen Zauber des Nationalitätenstaates. Der Hof in seiner blendenden Pracht wirkte ähnlich einem Magneten auf Reichtum und Intelligenz des übrigen Staates. Dazu kam noch die starke Zentralisierung der Habsburgermonarchie an und für sich ... Die Folge davon war eine außerordentliche Konzentration von hohen und höchsten Behörden in der Haupt- und Residenzstadt.
Doch Wien war nicht nur politisch die Zentrale der alten Donaumonarchie, sondern auch wirtschaftlich. Dem Heer von hohen Offizieren, Staatsbeamten, Künstlern und Gelehrten stand eine noch größere Armee von Arbeitern gegenüber, dem Reichtum der Aristokratie und des Handels eine blutige Armut. Vor den Palästen der Ringstraße lungerten Tausende von Arbeitslosen, und unter dieser Via triumphales (sic!) *des alten Österreichs hausten im Zwielicht und Schlamm der Kanäle die Obdachlosen."*[7]

Die Begegnung mit dem nackten Elend der heruntergekommenen Zuwanderer löste bei allen, die in der Hauptstadt ihr Glück suchten, Ängste vor dem eigenen sozialen Abstieg aus. Hitler erlebte dies am eigenen Leibe. Als selbsternannter Student aus kleinbürgerlichen Verhältnissen war er nach Wien gekommen, um sich schließlich in den Obdachlosenasylen und Männerheimen der Donaumetropole wiederzufinden. Er hatte kein Geld mehr, sich Kleidung zu kaufen, lief in abgetragenen Sachen herum und bezog sein Essen aus der Armenküche, wenn er nicht gerade hungerte. „Frau Sorge" sollte seine neue Mutter werden, schrieb er später voll weinerlichem Selbstmitleid in „Mein Kampf".[8] Freilich tat er auch wenig, um der Verelendung zu entkommen. Denn der Abstieg war selbstverschuldet. Als er nach Wien kam, war der Beamtensohn zunächst finanziell abgesichert. Er hätte sogar sein Abitur nachmachen und Architektur studieren können. Doch *„dem jungen Hitler waren systematische Vorbereitung und harte Arbeit ebenso fremd wie dem späteren Diktator"*[9]. Er lebte lieber in den Tag hinein, träumte den Traum, der größte Künstler aller Zeiten zu sein, und vergaß, dass es ein Leben nach dem Heute gibt. Lieber heckte er – zunächst mit Kubizek, den er bald nachholte – phantastische, unrealistische Pläne aus, schrieb schlechte Opern (nämlich, inspiriert von einem nie realisierten Plan Richard Wagners, das Germanen-Epos *Wieland, der Schmied)*, war fest davon überzeugt, bei der Lotterie zu gewinnen, oder tüftelte an völlig unbrauchbaren Erfindungen.

Bereits im Herbst 1907, als er sich bei der Kunstakademie bewarb, hatte Hitler sich ein Untermietzimmer im Wiener Stadtteil Mariahilf gesucht. Seine Vermieterin war eine ältliche, alleinstehende Tschechin, Maria Zakreys. Ihre Wohnung lag in der Stumpergasse 31, nur ein paar Häuser entfernt von der Redaktion des *Alldeutschen Tageblattes,* einer Schönerer-Zeitung.

Als Hitler im Februar 1908 nach Wien zurückkehrte, hatte er, nach vorsichtigen Schätzungen, um die 1000 Kronen von seiner verstorbenen Mutter geerbt.[10] Hinzu kamen monatlich 58 Kronen aus dem väterlichen Erbteil sowie eine monatliche Waisenrente in Höhe von 25 Kronen.[11] Das restliche Erbe seines Vaters sollte ihm erst mit Erreichung des 24. Lebensjahres, also 1913, ausgezahlt werden. Jedenfalls konnte er damals leicht seine Miete, 10 Kronen im Monat, bezahlen. Das Verhältnis zu seiner Wirtin war entspannt und herzlich. Als Kubizek anreiste, war sie sogar bereit, in ein kleineres Zimmer umzuziehen, damit der Musikstudent sein Klavier im „Salon“ (d. h. dem Wohnzimmer) aufstellen konnte.

Im September 1908 bemühte sich Hitler erneut um die Aufnahmeprüfung an der Akademie. Die Professoren erinnerten sich an ihn und ließen ihn nicht einmal zum Probezeichnen zu. Erneut zurückgewiesen, brach der beschämte Hitler auch den Kontakt zu Kubizek ab. Er zog bei Frau Zakreys aus, suchte sich eine neue Wohnung. Die Inflation des Jahres 1909 machte auch ihm zu schaffen. Von seinen Verwandten, die ihn nicht ganz zu Unrecht für einen arbeitsscheuen Taugenichts hielten, konnte er keine Hilfe erwarten. In Wien brodelte es, kam es zu sozialen Unruhen und unangemeldeten Demonstrationen der oft hungernden Arbeitslosen. Bald mussten Massenkrawalle vom Militär niedergeschlagen werden.

Im Spätsommer 1909 wohnte Hitler das letzte Mal in einer Wiener Wohnung. Drei Wochen später verschwand er; er war seiner Wirtin die Miete schuldig geblieben. Drei Monate lang war er obdachlos.

Später behauptete der Diktator, er habe sich in dieser Zeit als Hilfsarbeiter auf dem Bau durchgeschlagen. Damit konnte er den Arbeitern, die seine NSDAP wählen sollten, sagen, er sei einer von ihnen gewesen. Aber das war eine Propagandalüge. Aus der Masse kräftiger, auf dem Bau erfahrener Arbeitsloser hätte kein Polier den schmächtigen, blassen Träumer gewählt, dessen Hände bislang jede Arbeit gescheut hatten. So lebte der junge Hitler meist auf der Straße, hatte, wie er in bekannt wehleidigem Ton klagte, *„keine andere Freundin als Sorge und Not, keinen anderen Begleiter als den ewigen unstillbaren Hunger“*[12]. Suppenküchen – so die kostenlose Suppenausspeisung im Krankenhaus der *Barmherzigen Schwestern* – und schließlich das Meidlinger Obdachlosenasyl waren fortan seine Heimat.

Wie so viele soziale Absteiger suchte auch Hitler nach einem Sündenbock, jemandem, den er für seinen Abstieg verantwortlich machen konnte. Dass er einen solchen in den Juden fand, lag im Geist der Zeit. Die unvorbereitete Konfrontation mit der ihnen fremden Kultur der osteuropäischen Juden, die jiddisch sprachen, den Kaftan und schwarze Hüte, lange Bärte und Ringellocken trugen, löste bei vielen seiner Zeitgenossen einen „Kulturschock“ aus. Hitler beschreibt seine erste Begegnung mit einem galizischen Juden, wahrscheinlich einem *Handeleh* (Kleintrödler), in „Mein Kampf“:

> *„Als ich einmal so durch die innere Stadt strich, stieß ich plötzlich auf eine Erscheinung in langem Kaftan mit schwarzen Locken.*
> *Ist dies auch ein Jude?, war mein erster Gedanke.*
> *So sahen sie freilich in Linz nicht aus. Ich beobachtete den Mann verstohlen und vorsichtig, allein je länger ich in dieses fremde Gesicht starrte und forschend Zug um Zug prüfte, umso mehr wandelte sich in meinem Gehirn die erste Frage zu einer anderen Frage:*
> *Ist dies auch ein Deutscher?“*[13]

Ohne Juda, ohne Rom!

Aus der inneren Verunsicherung entstand Unbehagen, Angst vor dem Unbekannten. Diese Furcht vor einer „Überfremdung“ ließ die Deutschösterreicher, die mehr und mehr fürchteten, zu einer Minderheit im eigenen Land zu werden, in Scharen dem völkischen Demagogen Georg Ritter von Schönerer in die Arme laufen. Der bestärkte seine Anhänger in dem Glauben, höherwertig zu sein, und in der Hoffnung, ihnen eine Heimat zu schaffen, die von vertrauten Werten und Sitten geprägt ist. Für den Ur*führer* gab es nur ein Heilmittel gegen die *Verjudung* Österreichs, die Rückkehr ins Deutsche Reich. Zugleich sagte er nicht nur den Juden, sondern auch der katholischen Kirche, der Reichsreligion der Habsburger, den Kampf an. Sie war keine exklusiv „deutsche" Kirche, sondern auch die Religion der Slawen und Magyaren, und sie hatte sich nicht gescheut, böhmische Priester in deutsche Gemeinden zu versetzen.

Schönerers germanische „Ersatzreligion" war zunächst Wagner. Kurz nach dem Tod des Komponisten im Jahre 1883 gründete er den *Neuen Richard Wagner Verein zu Wien,* dessen erklärtes Ziel es war, *„die deutsche Kunst aus Verfälschung und Verjudung zu befreien"*[14]. Der Club wurde fortan zur Pflegestätte des Germanenkultes, der *„neuen Religion des Deutschtums"*. *„Das Volkstum derer, die deutsch sind aus tiefstem Grunde* ... (ist) *ein vollwertiger Ersatz der Religion"*[15], war der Demagoge überzeugt, *„uns Deutschen muss zweifellos der germanische Heldenglaube höher stehen als der jüdischen Erzväter Weltanschauung"*[16]. Seine Anhänger ersetzten Weihnachten und Ostern durch das Jul- und Ostarafest, feierten die Sonnenwenden und benutzten Runenzeichen. Sie verpflichteten sich, vor der Eheschließung ihre „arische Abstammung" und „biologische Gesundheit" nachzuweisen. Sie waren überwiegend, wie später Hitler, Vegetarier und Alkoholabstinenzler, stärkten sich durch Leibesübungen an der frischen Luft. Ihre Frauen verzichteten auf Schminke und modische Kleidung ebenso wie auf die Emanzipation, wollten nur „gute deutsche Mütter" sein. Ihr Antisemitismus war ganz und gar rassistisch:

> *„Was die Juden anbetrifft, ist unser Standpunkt unverrückbar derselbe: Jud bleibt Jud, ob er sich taufen lässt oder nicht!"*[17],

lautete der Standpunkt des U*rführers*. Gleichzeitig gab Schönerer die Parole aus, die, in gedruckter Form, tausendfach verbreitet wurde und die später auch, sauber eingerahmt, über Adolf Hitlers Bett im Wiener Männerheim hing:

> *„Ohne Juda, ohne Rom*
> *Wird gebaut Germaniens Dom!*
> *Heil!"* [18]

So wurde Schönerer zum Begründer der *Los von Rom!*-Bewegung.

„Weg mit den Fesseln, die uns an eine deutschfeindliche Kirche binden. Nicht jesuitischer, sondern germanischer Geist soll walten und herrschen in deutschen Landen!"[19]

Viele seiner Anhänger gehörten der *Guido-von-List-Gesellschaft* an oder lasen regelmäßig die *Ostara*-Hefte. Georg Lanz von Liebenfels, der Begründer der *Neutempler,* verfasste unzählige Artikel für diverse Schönerer-Blätter, verglich den Ur*führer* mit Bismarck und pries ihn als *„Wiedererneuerer germanischen Rassentums"*. Er habe *„uns ... rassenpolitisch geschult und rassenhaft gestählt."*[20]

Doch Schönerer wusste, dass sein Germanenglaube sich im christlichen Österreich nicht durchsetzen konnte. Daher propagierte er eine zweite „Lösung", die Konversion seiner Anhänger zum Protestantismus. Über 10.000 Österreicher, so wird geschätzt, folgten seinem Aufruf und traten der evangelischen Kirche bei, darunter, wie es scheint, auch Guido List und Georg Lanz von Liebenfels.[21] Auf seine Initiative wurden in den folgenden zehn Jahren 65 evangelische Kirchen in Österreich gebaut und 108 Predigerstellen eingerichtet. Gleichzeitig hetzten seine diversen Presseorgane und Parteizeitungen gegen katholische Priester und Ordensleute, speziell gegen die auch Lanz so verhassten Jesuiten. Seitenlang berichteten sie von angeblichen sexuellen Verfehlungen der Kleriker. Dabei zielte die Kampagne auch darauf ab, die Habsburger zu schwächen, die ihre Autorität auf den Segen und die Unterstützung der Kirche begründeten. Zudem ließ sich ein protestantisches Österreich einfacher mit dem protestantischen Preußen vereinigen. Wie Schönerer privat über jede Form des Christentums dachte, daraus machte er zumindest im Kreis seiner Anhänger keinen Hehl, denn

„dass die Judenbibel kein deutsches sittlich-religiöses Buch ist und dass der Stifter des Christentums als Sohn einer Rassejüdin und Nachkomme Davids usf. kein Arier ist, lässt sich doch nicht ungeschehen machen."[22]

Doch je mehr sich Schönerer in seinen Kampf gegen die Kirche verbiss, desto schneller sank sein Stern im katholischen Österreich. Als ihn der christsoziale Wiener Bürgermeister Dr. Karl Lueger als *„politischen Hanswurst"* betitelte, fand er tosenden Beifall.

Selbst Hitler räumte später ein, dass Schönerers *Los von Rom!*-Bewegung ein schwerer politischer oder zumindest taktischer Fehler war. Inhaltlich stimmte er seinem Vorbild dabei uneingeschränkt zu: Wäre die Kampagne erfolgreich gewesen, wäre mit ihr *„auch die unselige Kirchenspaltung in Deutschland überwunden, und die innere Kraft des Reiches und der deutschen Nation konnte durch einen solchen Sieg nur auf das Ungeheuerlichste gewinnen."*[23] Zudem habe Schönerer recht gehabt, dass *„der Protestantismus ... von sich aus die Belange des Deutschtums besser"*[24] vertrete als der global denkende Katholizismus. Trotzdem zeuge sein Vorgehen von einem mangelhaften *„Verständnis für die Psyche der breiten Masse"*[25], da sie mit ihrem Vorgehen gegen die Juden und die Kirche die Aufmerksamkeit des Volkes *„zersplitterte"*, statt sie *„auf einen einzigen Gegner zu konzentrieren."*[26]

> *„Das Ziel war richtig gesehen, das Wollen rein, der eingeschlagene Weg aber falsch. Sie glich einem Bergsteiger, der den zu erklimmenden Gipfel wohl im Auge behält, auch mit größter Entschiedenheit und Kraft sich auf den Weg macht, allein diesem selber keine Beachtung schenkt, sondern, immer den Blick auf das Ziel gerichtet, die Beschaffenheit des Aufstiegs weder sieht noch prüft und darin endlich scheitert."*[27]

Stattdessen plädierte Hitler für eine List. Zur Durchsetzung eines so großen Ziels wie der Bekämpfung der Juden solle man sich zunächst *„die Unterstützung einer so mächtigen Organisation, wie sie die Kirche nun einmal darstellt"*, sichern und sich auf den *„einen einzigen und wahrhaft großen Hauptgegner"* konzentrieren.[28] In diesem Punkt allein sympathisierte er sogar mit der *Christlichsozialen Partei* des legendären Wiener Bürgermeisters Dr. Karl Lueger, der energisch gegen die Juden vorging und trotzdem den Segen Roms hatte. Natürlich verurteilte er im gleichen Atemzug, dass Luegers geistige Grundlage „lediglich" der (Hitlers Meinung nach oberflächliche) christliche Antijudaismus und eben nicht Schönerers radikaler, rassistischer (und damit letztendlich eliminatorischer) Antisemitismus war. Doch der Strategie, es sich nicht offen mit den Kirchen zu verscherzen und sich (zunächst) auf seinen „Hauptgegner", das Judentum, zu konzentrieren, sollte er bis zu seinem Ende treu bleiben. Selbst in seinem ansonsten eher ungeschminkten programmatischen Manifest „Mein Kampf" schonte er die Kirchen.

Auch sonst schien Hitler von Schönerer die Ideologie und von Dr. Lueger die Strategie übernommen zu haben. Ideologisch lehnte er den Bürgermeister ab, politisch lernte er von ihm. Schon bei der ersten Begegnung beeindruckte ihn die Rednergabe des Wieners und die Art und Weise, wie er sie nutzte, um sein Publikum zu begeistern. Der gutaussehende Dr. Lueger, den die Wienerinnen nur den „schönen Karl" nannten, war ein Meister der Selbstinszenierung. Er war sich nicht zu fein dafür, in Bierkellern zu reden, wo er sich als der „Anwalt der kleinen Leute" feiern ließ. Das Hugo-von-Hofmannsthal-Motto *„Politik ist Magie. Welcher die Massen aufzurufen weiß, dem gehorchen sie"*[29] hatte er sich gänzlich einverleibt. Luegers Reden wirkten wie eine Massensuggestion. *„Nahezu übernatürlich"*, so berichteten Zeitzeugen, habe er *„seine Willensübertragung auf andere auszuüben vermocht"*.[30] Mit blitzenden Augen, weit gestikulierend, ließ er seine Stimme ertönen. Stürmischer Beifall begleitete jeden Satz. Immer wieder verstand Dr. Lueger es, selbst dem verzagtesten Wiener Hoffnung und Selbstbewusstsein zu geben. Seinen Anhängern präsentierte er sich als *„ein großer Mann in schwerer Zeit, ein Mann der Vorsehung."*[31]

Dabei war der Bürgermeister – *nomen est omen,* möchte man sagen – nur ein eitler, selbstverliebter Opportunist, dem es einzig und allein um die Macht ging. Sein Antijudaismus war ebenso vorgetäuscht wie seine Frömmigkeit oder sein vermeintlicher Zölibat.

„Wer a Jud ist, bestimm i!"[32], erklärte er im vertrauten Kreis, zu dem auch seine zahlreichen jüdischen Freunde zählten. Nur aus politischen Gründen heiratete er nicht, versteckte seine Geliebte Marianne Beskiba vor der Öffentlichkeit. So konnte er erklären, er habe keine Zeit für ein Privatleben oder gar eine Familie. Er gehöre einzig und allein „seinen Wienern". Die Frauen liebten ihn dafür und umschwärmten ihn. Er hatte eine eigene Aktivistengruppe aus Frauen gebildet, die *„Lueger-Amazonen"*[33]. So erlebte Hitler die geradezu hysterische Begeisterung und Aufopferung des weiblichen Geschlechts für einen unverheirateten, charismatischen Politiker, auf die er später ebenfalls setzte. Auch seine Geliebte Eva Braun trat nicht an die Öffentlichkeit, der er scheinheilig erklärte: *„Meine Geliebte ist Deutschland."*[34] Selbst Dr. Luegers zur Schau gestellte Frömmigkeit kopierten die Nazis, als sie bei den Wahlen am 13. März 1932 in den katholischen

Gebieten Deutschlands Zehntausende Handzettel an Häuser, Briefkästen und Telegraphenmasten klebten, auf denen zu lesen war: *„Katholiken! Wählt den gläubigen Katholiken Adolf Hitler!“*[35]

Wie er wirklich schon in Wien über die Kirche dachte, entnehmen wir den Erinnerungen von Zeitzeugen. Seinem Jugendfreund Kubizek, der ihn 1908 in Wien besuchte, erklärte er etwa:

> *„Diese Weltkirchen sind auf alle Fälle der Seele des Volkes fremd, auch der Kult der Kirche ist artfremd ... Nur jener Fürst konnte sich behaupten, der der Kirche dienstbar war, daher auch die Bezeichnung ‚von Gottes Gnaden‘, die Auslegung lautet richtig, durch die Gnade der Kirche ... (Ihr Ziel sei) die Welt zu beherrschen ... Das deutsche Volk aus diesem Joch zu befreien, gehört mit zu den Kulturaufgaben der Zukunft.“*[36]

Auch gegenüber Rudolf Hanisch, der ihn 1910 im Meidlinger Obdachlosenasyl kennenlernte, hetzte Hitler gegen die Jesuiten und die katholische Kirche, die er als „deutschfeindlich“ bezeichnet:

> *„Die Deutschen könnten eine geeinte Nation sein und hätten, wenn sie der germanischen Mythologie treu geblieben wären, einen höheren Zivilisationsstandard erreicht.“*

Speziell die christliche Demut nannte er *„das größte Übel für das deutsche Volk“;* sie habe ihren Ursprung in der *„orientalischen Faulenzerei“*.[37]

Faulenzerei und Resignation, ein untätiges Vorsichhinbrüten kennzeichneten jedoch vielmehr Adolf Hitlers Dasein, als der Landstreicher Hanisch ihm auf ziemlich unspektakuläre Weise begegnete: *„Zur Linken auf der Drahtpritsche war ein magerer junger Mensch mit ganz wundgelaufenen Füßen. Da ich noch Brot von den Bauern hatte, teilte ich mit ihm. Ich sprach damals stark den Berliner Dialekt, er schwärmte für Deutschland ...“*[38] Als Hitler ihm erzählte, er sei „Akademiker und Künstler“, kam dem gerissenen Obdachlosen eine Idee. Die Männer taten sich zusammen. Hitler malte fortan Aquarelle nach Wiener Postkartenmotiven, Hanisch verkaufte sie an Bilderhändler, Rahmentischler und Tapezierer. Die Einnahmen wurden geteilt. Schon bald konnten beide umziehen, sich Schlafkabinen in einem *Männerheim* in der Meldemannstraße leisten. Doch schon nach sieben Monaten kam es zum Streit. Hanisch warf Hitler vor, nicht produktiv genug zu sein. Wenn er nicht gerade hitzige Debatten mit anderen Bewohnern des Wohnheims führte oder endlose Monologe hielt, las er stundenlang Bücher und Zeitungen, statt zu malen. Daraufhin bezichtigte Hitler den Partner, ihn um einen Teil der Einnahmen betrogen zu haben, zeigte ihn bei der Polizei an. Hanisch musste für sieben Tage ins Gefängnis. Als Hitler 1938 Österreich besetzte, ließ er den einstigen Freund aufspüren und ermorden. Kurz zuvor hatte dieser seine Erinnerungen an Hitler für eine amerikanische Zeitung zu Protokoll gegeben.[39]

Nach dem Bruch mit Hanisch fand Hitler andere, die seine Aquarelle für ihn verkauften. Einmal bekam er selbst Ärger mit der Polizei, weil er sich *Akademischer Kunstmaler* nannte, obwohl er nie eine Akademie besucht hatte. Er log sich aus der Affäre, indem er behauptete, er habe *„nur einige Semester"* studiert, dann aber die Akademie verlassen müssen, weil er politisch für Schönerers *Los von Rom*-Bewegung aktiv gewesen sei. Man nahm ihm das ab, weil er auch im Männerheim ständig gegen *„die Roten und die Jesuiten"* hetzte.[40]

Hitler und der Spiritismus

Glauben wir Josef Greiner, dessen Buch allerdings mit größter Skepsis zu behandeln ist, so nahm in dieser Zeit auch Hitlers Interesse am Okkultismus zu. Sogar spiritistische Séancen soll er besucht haben:

> *„Er verschafft sich Zutritt zu solchen Kreisen in der Absicht, einen etwaigen Schwindel oder Betrug rücksichtslos aufzudecken. Doch er kam staunend von derlei Sitzungen nach Hause und konnte sich die Vorgänge nicht enträtseln, deren Zeuge er war. Er berichtete, dass beim Erscheinen des Mediums eine Wasserflasche und ein Trinkglas vorerst in heftige Bewegungen gerieten und dann vom Tische fielen, obwohl der Tisch selbst am Boden befestigt war, sich nicht rührte und auch keine mechanischen Einrichtungen angebracht waren, die eine Bewegung hätten auslösen können. Hitler suchte diese Erscheinung durch Materialisierung von fluidalen,*

rutenartigen Gliedern zu erklären und glaubte an ähnliche Erscheinungen wie bei der Wünschelrute."[41]

Dass sich Hitler tatsächlich für den Spiritismus interessierte, beweist das Vorhandensein des Buches „Die Toten leben" in seiner persönlichen Bibliothek. Wir könnten es bei diesem Hinweis belassen, wenn nicht ein ebenso spektakulärer wie spekulativer Bestseller dem Ganzen eine tiefere Bedeutung gegeben hätte.

In „Der Speer des Schicksals" behauptet der britische Geschichtsdozent Trevor Ravenscroft, Hitler habe sogar als Medium an Séancen teilgenommen, um sein eigenes Schicksal zu ergründen. Ravenscrofts Quelle für diese Behauptung ist der 1891 in Wien geborene Historiker und Anthroposoph Dr. Walter Johannes Stein, der im Zweiten Weltkrieg angeblich als Berater Winston Churchills tätig war. Laut Ravenscroft soll Dr. Stein als junger Student Hitler in Wien durch die Vermittlung eines esoterischen Buchhändlers getroffen haben. Da sich beide für die Mysterien des Heiligen Grals interessierten, entstand eine lockere Freundschaft, die bis zu Hitlers Machtergreifung 1933 andauerte. Damals, so der Brite, wollte der *Reichsführer-SS* Heinrich Himmler Dr. Stein zwingen, im *„Okkulten Büro der SS"* mitzuarbeiten. Dr. Stein lehnte ab – und floh nach England. Tatsächlich unterrichtete er damals an einer Waldorfschule in Stuttgart, hatte ein eigenwilliges Buch mit dem Titel „Weltgeschichte im Lichte des Heiligen Grals" verfasst und musste das Land verlassen, weil er Jude war.

Der Speer des Schicksals

Als Hitler einmal die *Weltliche und Geistliche Schatzkammer* der Habsburger in der Wiener *Hofburg* besichtigte, waren es insbesondere die *Reichskleinodien,* die Herrschaftssymbole der deutschen Kaiser, die ihn in ihren Bann zogen, behauptet Ravenscroft. Dazu zählen neben Krone, Szepter und Reichsschwert auch die beiden kostbaren Reliquien, die ursprünglich in einem 95 Zentimeter hohen, goldenen, juwelen- und perlengeschmückten Kreuz, dem *Reichskreuz,* verwahrt wurden: ein großes Fragment vom *Kreuze Christi* und die *Heilige Lanze.* Bei Letzterer handelt es sich angeblich um die Lanze, die der römische Legionär dem Gekreuzigten in die Seite stieß. Ihr Blatt ist in der Mitte gebrochen. An diese Stelle hatte man im Mittelalter einen eisernen Dorn eingefügt, den man bald für einen der Nägel vom Kreuze Christi hielt.[42]

Während er so vor sich hin sann, so behauptete Ravenscroft, wurde Hitler Zeuge, wie eine Gruppe ausländischer Politiker von einem Experten des Museumsarchivs durch die *Schatzkammer* geführt wurde. Als die Männer vor den *Reichskleinodien* stehenblieben, soll der Experte erklärt haben:

> *„Mit diesem Speer ist die Legende verknüpft, dass derjenige, der auf ihn Anspruch erhebt und seine Geheimnisse löst, das Schicksal der Welt im Guten wie im Bösen in seinen Händen hält.“*[43]

Laut Ravenscroft waren es diese Worte, die Hitlers Leben veränderten. Sie gaben seiner grenzenlosen Gier nach Macht und Respekt, seinem pathologischen Größenwahn ein ganz konkretes Ziel. Er wollte, er musste den *Schicksalsspeer* in seinen Besitz bekommen. Und er spürte, behauptet der Autor, dass er ihn in einem früheren Jahrhundert, in einer anderen Inkarnation, bereits in Händen gehalten habe. So verbrachte er die nächsten Tage in der Wiener *Hofbibliothek,* um so viel wie möglich über die Geschichte der *Heiligen Lanze* zu erfahren. Später versuchte er angeblich, Antworten im Spiritismus, in schwarzen Messen und durch die Einnahme psychoaktiver Drogen zu finden.

Während es sich bei Ravenscrofts Buch zum größten Teil um sensationalistische Phantasterei handelt, könnte die Geschichte doch einen wahren Kern haben. Denn dass Hitler schon bei seinem ersten Besuch in Wien 1906 die Hofburg besuchte, wissen wir von Kubizek.[44] Schon auf der Realschule begeisterte er sich für die Geschichte des Mittelalters, die Kaiser des *Heiligen Römischen Reiches Deutscher Nation* faszinierten ihn zeitlebens; noch 1942 erklärte er: *„Wenn wir überhaupt einen Weltanspruch erheben wollen, müssen wir uns auf die deutsche Kaisergeschichte berufen* ... (sie ist) *das gewaltigste Epos, das ... die Welt je gesehen hat.“*[45] Deshalb kann davon ausgegangen werden, dass er sich für die *Reichskleinodien* brennend interessierte. Er wusste mit Sicherheit, dass Kaiser Otto I. mit der *Heiligen Lanze* in der Hand im Jahre 955 die Schlacht gegen die Ungarn auf dem Lechfeld bei Augsburg gewann. Seitdem galt sie das ganze

Mittelalter hindurch als Unterpfand göttlich legitimierter kaiserlicher Macht. Da sie der Legende nach mit dem Erlöserblut Christi getränkt war, bezeichnete sie selbst Papst Gregor IX als *„Schlüssel zur Pforte des Paradieses"*.

Für Hitler als Wagnerianer aber hatte sie noch eine andere Bedeutung. Denn im *Parsifal* war der Schwarzmagier Klingsor in den Besitz des Schicksalsspeeres gelangt, was den Gralskönig unerlöst dahinsiechen ließ, sein Reich in einen desolaten Zustand stürzte. Erst als der junge Ritter Parsifal dem satanischen Machthaber die Reliquie abrang, zerfiel sein Märchenpalast, verdorrte der Zaubergarten der Lüste, in dem er zahlreiche edle Ritter verführen und vom rechten Weg abbringen hatte lassen. Nur mit Hilfe des Speers konnte Parsifal dann auch Amfortas erlösen, wurde er selbst zum neuen König im Reich des Grals.

Schon diese zentrale Rolle der *Heiligen Lanze* im Hauptwerk seines geliebten Meisters Richard Wagner machte sie für Hitler zu einem Objekt von größter Bedeutung. Da Dr. Stein in Wien gelebt und studiert hat und er, wie auch Hitler offenbar, in okkulten Kreisen verkehrte, ist es gut möglich, dass die beiden Männer einander tatsächlich gekannt haben. So könnte, bei aller „dichterischer Freiheit" des Autors, Ravencrofts Werk auf einem wahren Kern, vielleicht einer von Dr. Stein erzählten Anekdote, beruhen. Schon 1960, also zwölf Jahre vor Erscheinen des Buches, hatte die Witwe des 1957 verstorbenen Dr. Stein einem britischen Journalisten von Hitlers Interesse an der Heiligen Lanze erzählt.[46] Ein Jahr später, 1961, wiederholte sie diese Behauptung dem deutschen Journalisten Dr. Heinrich Heinen von der *Kölner Rundschau* gegenüber.[47]

Am 16. Mai 1913 hatte Hitlers Leidenszeit in Wien ein Ende. Mit Verfügung des k.k. Bezirksgerichtes Linz sollte das väterliche Erbe an den *Kunstmaler* mit Adresse „Wien, Meldemannstraße" ausbezahlt werden. Als Erstes kleidete er sich neu ein, kaufte Unterwäsche, Hemden, Anzüge, einen Frack für die Oper. Am 24. Mai 1913 meldete er sich bei der Polizei ab, gab als neuen Wohnort „unbekannt" an. Sein Ziel war München. Gemeinsam trafen er und ein neuer Freund, der 19jährige Beamtensohn Rudolf Häusler, zwei Tage später mit der Eisenbahn dort ein. Als sie sich ein Zimmer in der Schleißheimer Straße 34 nahmen, behauptete Hitler, *Kunstmaler und Schriftsteller* und *staatenlos* zu sein. Mit Österreich, mit Wien allemal, hatte er gebrochen.

„Wien aber war und blieb für mich die schwerste, wenn auch gründlichste Schule meines Lebens. Ich hatte diese Stadt einst betreten als halber Junge noch und verließ sie als still und ernst gewordener Mensch. Ich erhielt in ihr die Grundlagen für eine Weltanschauung …“[48],

schrieb er später in „Mein Kampf“. Im Februar 1914 fuhr er noch einmal nach Salzburg, um sich einer Musterungskommission zu stellen und wegen körperlicher Schwäche als für den Militärdienst untauglich erklärt zu werden.

Erst 24 Jahre später sollte er in seine Heimat zurückkehren. Ein geradezu gespenstisches Himmelsschauspiel ging diesem Ereignis voraus.

Am Abend des 25. Januar 1938 färbte sich der Himmel über ganz Europa blutrot. In den großen Metropolen des alten Kontinentes heulten die Sirenen, weil Bürger glaubten, ein Feuer sei ausgebrochen. In der gesamten Alpenregion schien es, als sei die Morgendämmerung vorverlegt worden, so tiefrot glühte der Horizont. Man konnte denken, der Himmel würde brennen, als habe die mythische Götterdämmerung begonnen. Zahllose Menschen erfüllte das mit tiefer Angst, da sie glaubten, das Ende der Welt sei gekommen. Bis hinunter nach Italien, Spanien und Portugal, ja sogar in Gibraltar, auf Sizilien und in Nordafrika wurde das Phänomen beobachtet, das später von der Wissenschaft als gigantische *Aurora borealis* erklärt wurde, als Nordlicht von historischer Dimension.

Sechs Wochen nach dem Schauspiel am Himmel, am 12. März 1938, läuteten in ganz Österreich die Glocken, um den *Anschluss* an Deutschland zu feiern. Am Abend passierte Adolf Hitler bei seiner Geburtsstadt Braunau die Grenze, um sich von seinen neuen Untertanen bejubeln zu lassen. Seine erste Station war Linz, die Stadt, in der er in der Realschule versagt, doch als Dandy *„die glücklichsten Jahre seines Lebens“* verbracht hatte. Am 14. März fuhr er weiter nach Wien, wo ihn auf der Ringstraße die wie hypnotisiert jubelnden Massen begrüßten. Die Stadt, in der er so viel Ablehnung und Demütigung erfahren hatte, gehörte endlich ihm. Nach einem glanzvollen Empfang im Hotel *Imperial* machte er sich auf, um sein letztes Ziel zu erreichen. Lange nach Mitternacht betrat Hitler, begleitet von Himmler, die *Weltliche und Geistliche Schatzkammer* der Wiener *Hofburg*. Dort wurde er von Ernst Kaltenbrunner erwartet, dem Führer der österreichischen SS, der seine Aufgabe gewissenhaft erledigt hatte. Denn in dem Augenblick, in dem die deutschen Truppen die österreichische Grenze passierten, waren unter seinem persönlichen Kommando dichte Reihen schwarzgekleideter SS-Männer vor der *Hofburg* aufmarschiert. Bald hatte er sich der Schlüssel ihrer *Schatzkammer* bemächtigt, während seine Leute Befehl erhielten, auf alles und jeden und insbesondere die Polizei das Feuer zu eröffnen, sollte diese versuchen, sie an ihrer Aktion zu hindern. Jetzt aber führte er Hitler persönlich in die *Schatzkammer,* der verlangte, alleingelassen zu werden.

Nach einer Stunde zeigte er sich, zutiefst bewegt, wieder seinen Männern. Zu den Zeugen dieses nächtlichen Besuches gehörte Dr. von Ingrad, der Sicherheitsdirektor von Wien, wie Erwin Nedbal 1975 bestätigte.[49]

Ein halbes Jahr später sollte Hitler anordnen, die *Reichskleinodien* nach Nürnberg zu bringen, in die Stadt, in der die NSDAP ihre Parteitage abhielt. Die Entscheidung hatte auch historische Gründe, denn in Nürnberg waren sie von 1424 bis 1796 verwahrt worden, als die Habsburger sie vor Napoleon in Sicherheit brachten; gerade noch rechtzeitig, bevor er nach seinem Sieg in der Schlacht von Austerlitz Anspruch auf sie erheben konnte. Doch in erster Linie geht sie auf das Drängen von Willy Liebel zurück, dem ehrgeizigen Nürnberger Oberbürgermeister, der schon 1935 anlässlich des Reichsparteitages der NSDAP Kopien der *Reichskleinodien* in Nürnberg ausstellen ließ. Damals schon sagte Hitler ihm zu, *„dass sogleich nach der Wiedervereinigung der Ostmark mit dem Reich die Kleinodien nach Nürnberg übergeführt würden“.*[50] Schließlich wurden sie in der Nacht vom 28. auf den 29. August 1938, nur zwei Tage vor Ausbruch des Zweiten Weltkrieges, in einem Sonderzug der Deutschen Reichsbahn in die alte Reichsstadt gebracht. Dort stellte man sie zunächst in der *Meistersingerkirche* aus. Die von Liebel vorgeschlagene Überführung in das *Germanische Nationalmuseum* lehnte Hitler *„nachdrücklich“* ab; das wäre eine Profanisierung gewesen.[51] Als endgültigen Aufstellungsort kam für ihn nur die geplante Kongresshalle auf dem Reichsparteitagsgelände infrage. Damit würde zum Ausdruck gebracht, dass das *Großdeutsche Reich* der legitime Erbe des *Heiligen Römischen Reiches Deutscher Nation* sei. Der Krieg vereitelte jedoch auch diese Pläne, und als die ersten Bomben der Alliierten auf Nürnberg fielen, mussten auch die *Reichskleinodien* in Sicherheit gebracht werden. Ausgerechnet an Hitlers Todestag, dem 30. April 1945, wurde die *Heilige Lanze* von einer Sondereinheit des amerikanischen Nachrichtendienstes in einem geheimen Tunnel unter der Oberen Schmiedgasse entdeckt. Erst Monate später fand man auch die Kronjuwelen. Am 6. Januar 1946 kehrten sämtliche *Reichskleinodien* auf Veranlassung der Amerikaner nach Wien zurück.

Krieg als Erlösung

Kaum hatte Hitler sein erstes Jahr in München verbracht, brach über Europa eine Katastrophe herein: Mit einem tödlichen Attentat auf den habsburgischen Thronfolger Erzherzog Franz Ferdinand in Sarajewo begann der Erste Weltkrieg. Nicht nur Hitler erhoffte sich von diesem Krieg den *„Beginn der Erlösung der deutschen Nation“.*[52] Die Ermordung des verhassten Habsburgers, des *„Patronatsherr(n) der von oben herunter betätigten Slawisierung Österreichs“,* sah er als *„Faust(schlag) der Göttin ewigen Rechts und unerbittlicher Vergeltung“.*[53] Guido List, der greise Seher der Ariosophen, der den Großen Krieg um nur ein Jahr überleben sollte, hatte ihn schon 1911 herbeigesehnt:

> *„Ja, noch einmal sollen die Funken aus den ario-germanisch-deutsch-österreichischen Schlachtschiffen stieben, noch einmal sollen Donars Schlachtenblitze aus den Kolossalkanonen unserer Dreadnoughts zischelnd zügeln, noch einmal sollen unsere Völkerheere ... nach Süden und Westen wettern, um (den Feind) zu schlagen ... damit Ordnung geschaffen wird.“*[54]

Entsprechend euphorisch war Hitlers Reaktion auf die Nachricht vom Kriegsausbruch:

> *„Ich schäme mich auch heute nicht, es zu sagen, dass ich, überwältigt von stürmischer Begeisterung, in die Knie gesunken war und dem Himmel aus übervollem Herzen dankte, dass er mir das Glück geschenkt, in dieser Zeit leben zu dürfen.“*[55]

Schon am 3. August 1914 meldete sich Hitler, der um keinen Preis für das Habsburgerreich gekämpft hätte, bei der deutschen Armee als

Freiwilliger. Dort brauchte man jeden Mann, auch den noch ein halbes Jahr zuvor Ausgemusterten. Für ihn aber begann die *„unvergesslichste und größte Zeit meines irdischen Lebens“.*[56] Sein Regiment wurde an die Westfront versetzt, kämpfte in Flandern und Frankreich. Er galt als Eigenbrödler und Sonderling, fiel durch endlose Monologe über die Ursachen des Krieges und Kritik an der Taktik der Weltkriegsgeneräle auf, doch er war auch pflichtbewusst und tapfer und wurde mit dem *Eisernen Kreuz I. Klasse* ausgezeichnet. Einige kritische Situationen soll er mit geradezu traumwandlerischer Sicherheit unbeschadet überstanden haben, was ihn bald glauben ließ, wirklich „unbesiegbar“ zu sein.

Für den Gefreiten Adolf Hitler endete der Krieg an der Front bei La Montagne in der Nacht vom 13. auf den 14. Oktober 1918 mit einem Gasangriff des Feindes. Zeitweise vollständig erblindet, wurde er zunächst in ein Feldlazarett, dann in das preußische Reservelazarett von Pasewalk in Pommern verlegt. Was dort geschah, sollte er später im Sinne christlicher Hagiographien als Erweckungserlebnis schildern.

„Es lag etwas Unbestimmtes, aber Widerliches schon lange in der Luft“, schilderte er seine Tage im Lazarett. Immer wieder drangen Gerüchte von Streiks und Aufständen zu den Krankenbetten vor. In der Marine, so hieß es, sollte es gären. Dann, am 7. November, erfuhren Hitler und seine Kameraden, dass der Krieg beendet und Bayern Republik geworden sei. Zwei Tage später unterschrieb der Sozialdemokrat Matthias Erzberger für die Regierung Ebert die von den Alliierten formulierten Waffenstillstandsbedingungen. Der Gefreite war verbittert. *„Ein paar Judenjungen waren die ‚Führer‘ in diesem Kampf um die ‚Freiheit, Schönheit und Würde‘ unseres Volksdaseins. Keiner von ihnen war an der Front gewesen“*[57], schrieb er später. Der Krieg, dem er scheinbar sein Kostbarstes, das Augenlicht, geopfert hatte, war verloren.

> *„Es war alles umsonst gewesen. Umsonst all die Opfer und Entbehrungen, umsonst der Hunger und Durst von manchmal endlosen Monaten, vergeblich die Stunden, in denen wir, von Todesangst umkrallt, dennoch unsere Pflicht taten, und vergeblich der Tod von zwei Millionen, die dabei starben.“*[58]

Es gab für ihn, so glaubte er, keine Hoffnung mehr, dass er, trotz allmählicher Besserung, je wieder gut genug sehen könnte, um als

Maler zu arbeiten. Wie viele andere Frontsoldaten seiner Zeit fühlte er sich verraten. „Im Felde unbesiegt“, so verbreitete sich bald, hätten Kommunisten und Sozialdemokraten dem Deutschen Heer hinterrücks den Dolchstoß versetzt. Ihnen und ihren „jüdischen Hintermännern“ galt fortan sein ganzer Hass. In Pasewalk, nicht in Wien, ist Hitler endgültig zum fanatischen Antisemiten geworden.

„Seit dem Tage, da ich am Grabe der Mutter gestanden, hatte ich nicht mehr geweint ... nun aber konnte ich nicht mehr anders.“[59]

In diesem verzweifeltsten Augenblick seines Lebens, so erzählte er später seinen Gefährten, habe er eine Vision gehabt. Er empfing den Auftrag, das deutsche Volk zu befreien und Deutschlands Größe wiederherzustellen.[60] *„Ich aber beschloss, Politiker zu werden“*[61], fasste er seinen daraufhin gefassten Entschluss in „Mein Kampf“ zusammen, bewusst oder unbewusst eine bekannte Phrase Dr. Karl Luegers zitierend. Wie Guido List, der rauschebärtige *Ariosoph,* hatte er in den „Tagen der Dunkelheit“ seine Bestimmung gefunden. Und plötzlich, so erzählte er später, konnte er wieder sehen!

Die Geschichte, so dramatisch sie ist, hat allerdings einen Haken. Hätte Gelbkreuzsubstanz Hitlers Augen getroffen, wären diese völlig verätzt worden und auf ewig erblindet. Kamen sie dagegen mit Gelbkreuzdämpfen in Kontakt, was anzunehmen ist, waren eine Bindehautentzündung und Lidschwellung die Folgen; nach einigen Tagen hätte der Betroffene wieder normal sehen können. Es gibt keinerlei Hinweise darauf, dass Hitlers Augen nach seiner Entlassung aus dem Lazarett nur irgendwie geschädigt waren. Schon am 13. November wurde er wieder „kriegsverwendungsfähig“ geschrieben, am 19. November 1918 als vollständig geheilt in die Heimat entlassen. Auch Versorgungsansprüche wurden von ihm nie gestellt. Sicher ist daher aus medizinischer Sicht, dass sich so, wie Hitler sie beschrieben hat, die Vorgänge zwischen dem 14. Oktober und dem 13. November nicht zugetragen haben können; seine „Heilung“ war alles andere als ein Wunder.

Was sich damals in Pasewalk wirklich ereignet hat, kann nur aufgrund von Indizien rekonstruiert werden, da Hitlers offizielle Krankenakte schon vor 1933 spurlos verschwand. In seiner Kriegsstammrolle wird er lediglich als verwundet und „gaskrank“ beschrieben – ein ziemlich dehnbarer Begriff. Umfangreiche Recherchen führte der Jurist und Zeitgeschichtler Bernhard Horstmann durch, der seine Ergebnisse 2004 publizierte. Pasewalk, so fand Horstmann heraus, war in erster Linie eine Station für Opfer von Kriegspsychosen, was durch die zweifelsfrei erwiesene Anwesenheit von psychiatrischem Fachpersonal bestätigt wird. In der verschwundenen Krankenakte, so erfuhr Horstmann von Zeitzeugen, habe es geheißen, Hitlers Erblindung sei ausschließlich von „hysterischer Art" gewesen. So habe der behandelnde Arzt, ein Prof. Dr. Edmund Forster, den Patienten als „Hysteriker mit entsprechenden Symptomen" diagnostiziert und ihn als „zum Vorgesetzten untauglich" eingestuft. Während Dr. Forster am 11. September 1933 angeblich durch Selbstmord ums Leben kam, gelang es seinem Kollegen Dr. med. Ernst Weiß, dessen privates Protokoll über die Behandlung Hitlers ins Exil nach Paris mitzunehmen, in seinem Roman „Der Augenzeuge" zu verarbeiten und dem amerikanischen Geheimdienst zuzuleiten.[62] So fand die Diagnose Eingang in einen am 21. März 1943 verfassten Bericht des US-Marinegeheimdienstes mit dem Titel „Deutschland – Hitler – Psychiatrische Studie".[63]

Dr. Forsters Spezialität jedenfalls war die Behandlung von Hysterikern durch suggestive Hypnose, und es ist durchaus möglich, dass er dem seltsamen Gefreiten suggerierte, über außergewöhnliche Kräfte zu verfügen oder in Deutschland gebraucht zu werden. Den Mythos vom „Wunder" seiner Heilung hat Hitler dagegen selbst in die Welt gesetzt, und zwar erst sechs Jahre später, als er ein möglichst dramatisches Szenario für seine „Berufung zum Politiker" brauchte.[64]

Nicht zu bestreiten sind die Parallelen zu den Wundern des Neuen Testamentes, einer Vorlage, derer sich Hitler ebenso wissentlich wie schamlos bediente. Heilte Jesus einen Blinden, so heilte er ihn nicht nur von physischer Blindheit, er öffnete ihm auch die Augen für Gottes Plan. Auch Saulus erblindete nach seiner Christusvision vor den Toren von Damaskus, um nach seiner Berufung zum Völkerapostel Paulus wieder sehen zu können (Apg 9, 8-18). Fortan behauptete Hitler, in Pasewalk zum Auserwählten der Vorsehung geworden zu sein, der in der Stunde tiefster Finsternis das Licht erblickte. Erst heute wissen wir, dass er durch andere in die Rolle des Erlösers gedrängt wurde, bis er sich selbst mit dieser so bedingungslos identifizierte, wie es nur einem hysterisch veranlagten Psychopathen möglich war.

Trommler für Thule

Glauben wir Adolf Hitlers Selbststilisierung in „Mein Kampf", so glich seine Rückkehr nach München der Ankunft des mythischen Helden *Lohengrin* in Brabant. Er sah die Not, stieß zu einem verzagten Häuflein, das sich *Deutsche Arbeiterpartei* nannte, und formte diese ganz aus eigener Kraft zu einer politischen Massenbewegung um. Zwar verheimlichte er niemals, wie der Schwanenritter aus der Wagner-Oper, seinen eigenen Namen; er sorgte sogar dafür, dass dieser bald in aller Munde war. Doch von seinen Lehrern und geistigen Vätern durfte niemand etwas erfahren. Das Eingeständnis, dem okkulten Sumpf völkischer Logen zu entstammen, hätte seine Chancen auf eine politische Karriere gewiss gemindert. So ließ er lieber jeden glauben, dass er aus einer fernen Gralsburg gekommen sei oder direkt von der *Vorsehung* gesandt wurde. Nur den Autor seines Drehbuches, Richard Wagner, verschwieg er nicht; aber dass der Bayreuther Meister bei ihm posthum Regie führte, ließ sich ohnehin nicht mehr verbergen.

Tatsächlich aber war alles ganz anders. Der frühe Hitler war zunächst eine Marionette, wenn auch eine ziemlich populäre. Die Fäden hielten andere in der Hand. Erst später ging ihnen auf, dass sie ein Monstrum geschaffen hatten, das sich nicht mehr bändigen ließ.

Das abenteuerliche Leben des Rudolf Glauer

Am Anfang der deutschen Hakenkreuz-Bewegung stand ein schillernder Abenteurer, der sich Rudolf von Sebottendorff nannte. Geboren wurde der Sohn eines Lokomotivführers am 9. November 1875 unter dem Namen Adam Alfred Rudolf Glauer im sächsischen Hoyerswerda. Da sein Vater fleißig sparte, konnte Glauer eine Fachhochschule besuchen, an der er Maschinenbau studierte, doch das Studium nach dem dritten Semester abbrach. Stattdessen meldete er sich zum Militärdienst, wurde dort jedoch abgelehnt. Immer noch nach

Abenteuern aus, beschloss er, zur See zu fahren, und heuerte 1898 als Heizer auf der H.H. Meier an. Auf diversen Schiffen gelangte er bis nach Amerika und Australien, um schließlich im Juli 1900 im ägyptischen Alexandria anzulegen. Dort lernte er Hussein Pasha kennen, einen einflussreichen türkischen Landbesitzer, der in den Diensten des Khediven Abbas Hilmi stand, des osmanischen Vizekönigs von Ägypten. Die Männer wurden Freunde, und Hussein Pasha lud den jungen Deutschen ein, mit ihm in die Türkei zu kommen und gegen eine gute Bezahlung seine dortigen Landgüter zu verwalten. Glauer nahm das verlockende Angebot an und erreichte schließlich, mit Umweg über Istanbul (das damals noch Konstantinopel hieß), Cubuklu bei Beykoz in Anatolien. Während er eifrig Türkisch lernte, brachte er dic Güter mit deutscher Gründlichkeit auf Vordermann. Schon bald wichen die primitiven Hütten der Landarbeiter sauberen Ziegelbauten, während Maulbeerbäume für die Zucht von Seidenraupen und Haselnussbäume für die europäische Schokoladenindustrie angepflanzt wurden.

Gleichzeitig zog der Okkultismus Glauer in seinen Bann. Schon in Ägypten hatte er sich brennend für die Geheimnisse der Pyramiden interessiert, jetzt, in der Türkei, ließ er sich von Derwischen in der Lehre der *Sufis,* der islamischen Mystiker, unterrichten. Als er nach Bursa kam, um Abnehmer für seine Rohseide zu finden, lernte er eine Familie griechischer Juden, die Termudis, kennen. Das Familienoberhaupt war ein intimer Kenner der *Kabbala,* der jüdischen Geheimlehre, und Sammler seltener alchimistischer und rosenkreuzerischer Schriften. Glauer freundete sich mit ihm an und ließ sich von ihm in eine Freimaurerloge nach dem Ritus von Memphis einführen. Als der alte Jude starb, vererbte er Glauer seine umfangreiche Bibliothek okkulter Werke.

Irgendwann muss der Abenteurer trotz all dieser faszinierenden Herausforderungen Heimweh bekommen haben. Jedenfalls kehrte er im September 1902 nach Deutschland zurück, wo er bald eine sächsische Bauerntochter heiratete, von der er sich jedoch schon 1907 wieder scheiden ließ. Unterdessen war er mit deutschen okkultistischen Kreisen in Kontakt gekommen, so mit Richard Hummel, dem späteren Herausgeber der *Magischen Blätter.* Außerdem übersetzte er Bücher des Theosophen und Rosenkreuzers Max Heindel. Er zog mehrfach um und war oft in der Schweiz, wo er angeblich 1906 den Titel eines Ingenieurs erwarb. Dass er tatsächlich damals eher in dunkle

Geschäfte involviert war, davon zeugt, dass die Berliner Staatsanwaltschaft 1908 nach ihm wegen Urkundenfälschung und Betrugs fahnden ließen. So floh er auf abenteuerlichem Wege nach Istanbul; sein deutsches Intermezzo verschwieg er fortan geflissentlich.[1]

In der türkischen Hauptstadt hatten zwischenzeitlich die *Jungtürken* unter Kemal Atatürk die Regierung übernommen und zunächst eine konstitutionelle Monarchie mit Parlamentsherrschaft errichtet. Glauers Loge hatte den Umsturz unterstützt. Zu Ostern 1909 wurde der Deutsche Zeuge, wie Sultan Abdul Hamid II. und seine Getreuen vergeblich versuchten, die Revolutionäre zu stürzen. Offenbar kam es damals zum Bruch zwischen ihm und den Freimaurern; jedenfalls gründete Glauer am 25. Dezember 1909 in Istanbul seine eigene „mystische Loge".[2] Sie basierte auf der Lehre der *Baktaschi-Derwische,* die Glauer später in Deutschland in einem Buch mit dem Titel „Geheime Übungen der türkischen Freimaurer" publizierte. Wohl um der deutschen Strafverfolgung zu entkommen, nahm er 1911 die türkische Staatsbürgerschaft an. Zudem änderte er seinen Namen. Unter nie völlig geklärten Umständen – angeblich durch Adoption – wurde aus dem Eisenbahnersohn Rudolf Glauer der Baron Rudolf von Sebottendorff von der Rose.

Glauben wir seinen Schilderungen, die nahezu so glaubwürdig wie die Vita der Madame Blavatsky sind, nahm er auf türkischer Seite am Balkankrieg teil, wurde verwundet und geriet in Kriegsgefangenschaft. Doch es gelang ihm, aus dem Internierungslager zu fliehen und sich nach Deutschland durchzuschlagen. Dort hielt er es wieder nie mehr als ein paar Monate in einer Stadt aus, was vielleicht daran lag, dass er sich seinen Lebensunterhalt durch die Vermittlung von Finanzierungen für windige Projekte verdiente. Dann lernte er die so begüterte wie geschiedene Kaufmannstochter Anna Iffland geb. Müller kennen. Sie war vielleicht nicht seine große Liebe, doch sie hatte etwas, das er begehrte, nämlich Geld, und ihr bot sich die Chance, durch ihn an einen Adelstitel zu kommen. So heirateten „Baron" Rudolf und die künftige „Baronin" Anna und legten sich gleich (auf ihre Kosten, versteht sich) eine luxuriöse Villa am Dresdner Elbufer zu, wo sie fortan residierten. Erst als der Vermögensverwalter seiner Braut ihn öffentlich als „Mitgiftjäger" diffamierte, floh das Paar über Berlin und München in den eleganten oberbayerischen Kurort Bad Aibling, wo es erneut ein luxuriöses Anwesen bezog.

Die Ehe mit der Millionenerbin ermöglichte es Sebottendorff endlich, sich wieder ganz seinen esoterischen Studien zu widmen. Nach der Lektüre der Werke von Guido von List kam er zu der Überzeugung, dass *„die islamische Mystik und die Runen dieselben arischen Wurzeln haben müssen"*.[3] So suchte er den Kontakt zu den deutschen Ariosophen und kam mit dem 1912 gegründeten *Germanenorden* in Kontakt.

Der Germanenorden

Dieser „Orden" nach dem Vorbild der List'schen *Armanenschaft* war der jüngste Versuch der deutschen Völkischen, die altgermanische Religion wieder zu beleben. Der Vater dieser Bewegung war der gelernte Müller Theodor Fritsch, dessen 1882 gegründeter *Deutscher Müllerbund* bald zur ideologischen Plattform der deutschen Antisemiten wurde. Fritsch verfasste 1887 einen „Antisemiten-Katechismus", gab eine antisemitische Zeitschrift heraus und veranstaltete einschlägige Kongresse, an denen auch eine österreichische Delegation unter Georg Ritter von Schönerer teilnahm. In der Politik dagegen scheiterte er. Sein Versuch, eine *Antisemitische Volkspartei* zu gründen, war ebenso erfolglos wie sein Engagement in der *Deutsch-Sozialen Reformpartei.* Stattdessen widmete er sich gegen Ende seines Lebens der Religion. In seiner Schrift „Zur Bekämpfung zweitausendjähriger Irrtümer" propagierte er einen urarischen, heidnischen Glauben und forderte eine „Befreiung" des Landes von allen jüdischen und christlichen Einflüssen. Eine neue Zeitschrift, der *Hammer,* forderte zum sofortigen Handeln auf; tatsächlich entstanden *Hammer*-Gemeinden im ganzen Land, die sich 1912 zu einem *Reichshammerbund* zusammenschlossen. Zwei seiner Gründer, die List-Schüler Karl August Hellwig und Georg Hauerstein, ließen ihm nicht nur einen zwölfköpfigen *Armanen-Rat* vorstehen, sondern riefen auch eine geheime Schwesterorganisation, den *Germanenorden,* ins Leben. Er sollte *„die germanische Wiedergeburt einleiten"* und einen *„Rassebund von Gleichgesinnten"* schaffen, der wie eine Freimaurerloge organisiert war, zugleich aber die angeblich jüdisch beeinflusste Freimaurerei bekämpfte:

„Der feierliche Ernst, das geheimnisvolle Brauchtum und stille Wirken, der wohltätige Zwang des Ordensgelübdes, die stetige, fleißige Arbeit, die edle Geselligkeit, der gute Ton und Takt, der treue Schutz einer Loge bewirkt erst den Zauber, Germanen zu geschlossenem Vorgehen zu einigen.“[4]

Eine bereits bestehende völkische Loge, die 1911 in Magdeburg vom *Hammerbund*-Mitglied Hermann Pohl gegründete *Wotan-Loge,* lieferte das Vorbild und wurde gleich von dem neuen Orden absorbiert. Ein Jahr später umfasste dieser bereits sieben lokale Logen mit insgesamt 451 Mitgliedern. Die Mitgliedschaft stand nur rassereinen „germanischen Naturen“ offen: blond bis dunkelbraun musste ihr Haupthaar sein, blau, grau oder hellbraun ihre Augen. *„Körperlich stark entartete, erblich schwer belastete und dem Aussehen nach unsympathische Menschen“*[5] wurden abgelehnt. Als Richtlinien dienten die *Ostara*-Hefte des Lanz von Liebenfels. Jeder, der eine Mitgliedschaft beantragte, musste mit seiner Unterschrift feierlich geloben,

„mich allezeit freiwillig unterzuordnen sowie getreu und schweigepflichtig in den Dienst des Ordens zu stellen. Ich versichere (nach bestem Wissen und Gewissen) an Eides statt, dass in meinen Adern kein Tropfen jüdischen oder farbigen Rasseblutes fließt und sich auch unter meiner Frau Eltern und Vorfahren keine Angehörigen der hebräischen Rasse befinden!“[6]

Wurde ein Kandidat für würdig befunden, in den *Germanenorden* aufgenommen zu werden, musste er sich einem Einweihungsritual unterziehen, das dem der Freimaurer entsprach, aber „germanisch“ umgestaltet war. Die Einweihung zum Ersten Grad hieß *„Rückkehr des verirrten Ariers zum deutschen Halgadom“* und lief wie folgt ab:

„Während die Neuen in einem Raum zu warten haben, kommen die Brüder im Zeremoniensaal der Loge zusammen. Der Meister sitzt unter einem Baldachin, flankiert an beiden Seiten von zwei ‚Rittern‘, die in weiße Roben gekleidet sind, einen Helm mit Hörnern als Kopfbedeckung tragen und sich auf ihr Schwert stützen. Vor ihnen sitzt der Schatzmeister und der Schriftführer, beide in weißen Umhängen. Der Herold steht in der Mitte des Raumes. Im Hintergrund der Kammer, in den Tie-

fen des Grals, steht der Barde in weißem Mantel und vor ihm der Zeremonienmeister in einem blauen Gewand. Die anderen Logenbrüder stellen sich im Halbkreis um ihn herum auf. Ganz im Hintergrund befindet sich der Musikraum mit Harmonium und Klavier und dem Chor der ‚Waldelfen'.
Die Feierlichkeit beginnt mit sanften Weisen, gespielt auf dem Harmonium, während die Brüder den Pilgerchor aus (der Wagner-Oper) Tannhäuser *singen. Das Ritual findet bei Kerzenlicht statt. Die Brüder machen das Zeichen des Hakenkreuzes, der Meister wiederholt es in umgekehrter Richtung. Darauf werden die Novizen, eingehüllt in Pilgermäntel und mit verbundenen Augen, vom Zeremonienmeister in den Saal geführt. Der Logenmeister erklärt darauf die deutsch-arische Weltanschauung des Ordens. Der Barde entzündet die heilige Flamme im Gral und den Novizen werden Mantel und Augenbinde abgenommen. In diesem Moment ergreift der Meister Wotans Speer und hält ihn vor sich, während die beiden ‚Ritter' ihre Schwerter darüber kreuzen. Eine Reihe von Aufrufen und Antworten, begleitet von Musik aus* Lohengrin, *bilden den Eid der Novizen. Ihre Weihe wird von den ‚Waldelfen' mit Rufen gefeiert, während die Novizen um die heilige Flamme geführt werden."*[7]

Das Zeichen des *Germanenordens* war, wie sollte es anders sein, das Hakenkreuz. Die Swastika über einem Kreuz schmückte das Titelblatt seines Organs, der *Allgemeinen Ordens-Nachrichten,* in denen

Teutsche und Germanen-Sachen.

1) **Germanen-Stätten** mit **Germanen-Gestalten** (als Bl. 15), 15 Lichtbild-Blätter mit Hunderten von Abbild. u. m. gedr. Erläut. Gesamtpreis 4,50 Mk (5,65 Kr.), Einzelpreis für jed. Bl. 40 Pf. (50 H.), stets mit allen gedr. Erläut.
2) **Germaniens Schattenreigen,** 9 german. Sprüche. 1 Stück 15 Pf (20 H); 5: 60 Pf. (75 H); 10: 1 Mk. (1,25 Kr.); 25: 2 Mk. (2,50 Kr.) usw.
3) **Bismarck-Postkarten.** 1 Stück 10 Pfg. (15 H.), von 3 Stück an je 5 Pfg. (6 H.).
4) **Erdkundliche Sprachen-Postkarten,** 4 Stück mehrfarbig. 1 Stück 10 Pf. (15 H.); alle 4 Karten 30 Pf. (40 H.); 12 Stück 85 Pfg. (1 Kr.); 20: 1,20 Mk. (1,50 Kr.); 100: 3 Mk. (4 Kr.); 500. 10 Mk. (12,50 Kr.).

Werbung in der Zeitschrift „Ostara" 1909

Vertraulich!

Gelübde

Deutsch sei Dein Geist,
Dein Lied, Dein Wort;
Dein Volk, Dein Stolz
und höchster Hort;
Und deutsch, was droht
und kommen mag.
Dein Herz bis zu dem
letzten Schlag.

Germanen=Botschaft!

Nach den Ergebnissen der Rassenforschung steht fest:

Die einzelnen Menschenrassen sind ebenso grundverschieden und ungleich, wie die einzelnen Pflanzenklassen und Tierarten. Jede Rasse hat ihre besonderen Gaben und Fähigkeiten von vornherein erhalten.

Rassereine Völker wachsen und gedeihen, Rassenvermischung stört das irdische Gleichmaß, die Harmonie zwischen Geist, Seele und Leib, und muß Disharmonie und infolge dessen Krankheit und Siechtum, Entartung und Verfall erzeugen, letzten Endes aber zur Verkrüppelung, Verpöbelung und Verschandelung des Menschengeschlechtes führen. Ja, der größte Teil unserer fürchterlichen Volkskrankheiten sind die natürlichen Folgen dieser Rassenvermanschung. Und die Rassenvermischung ist es auch, welche die nationale Kraft und Einigkeit vernichtet und ein Volk zur leichten Beute rassenreinerer Feinde werden läßt. Der Untergang aller Kulturvölker des Altertums beruht lediglich auf der fortgesetzten Rassenvermischung der Arier infolge zuchtloser Gattenwahl.

Mitteilung des „Germanenordens" von 1918 mit Hakenkreuz

auch Ringe, Anhänger und Krawattennadeln mit dem Hakenkreuz als Erkennungszeichen seiner Mitglieder angeboten wurden.

Schon vier Jahre nach seiner Gründung, im Weltkriegsjahr 1916, spaltete sich der *Germanenorden* aufgrund interner Querelen. Hermann Pohl, Gründer der ersten *Wotan-Loge,* machte sich selbständig und firmierte fortan unter dem Namen *Germanenorden Walvater vom Heiligen Gral.* Diesem schloss sich Ende 1916 Rudolf von Sebottendorff an, der ein Jahr später, zu Weihnachten 1917, einen bayerischen Zweig gründete. Kaum war der Baron zum *Großmeister der bayerischen Ordensprovinz* ernannt worden, blühte die völkische Loge auf; ein Jahr später hatte sie bereits über 1500 Mitglieder. Private Räumlichkeiten waren jetzt für die Ordenstreffen zu klein geworden; fortan traf man sich in einem eleganten Saal des noblen Münchener Hotels *Vier Jahreszeiten.* Um den Charakter dieses Geheimordens zu verschleiern, nannte Sebottendorff sie in *Thule-Gesellschaft zur Erforschung deutscher Geschichte und Förderung deutscher Art* um: *„Der Name klang geheimnisvoll genug, er sagte aber dem Wissenden sofort, worum es sich handelte."*[8] Das Wappenzeichen der *Thule* war das Schwert vor dem Hakenkreuz. Um das

1919

Ausweis-Karte Nr. 147

für

Herrn Fräulein Frau

Ort und Wohnung:

Eigenhändige Unterschrift:

Eingetreten am:

Thule Gesellschaft e.V.

Ausweiskarte für Mitglieder der Thule-Gesellschaft von 1919

Briefkopf der Thule-Gesellschaft von 1919

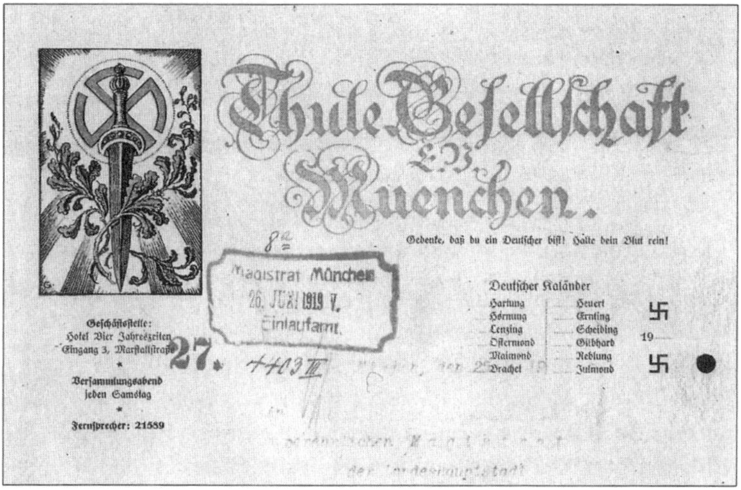
Thule Gesellschaft E.V. Muenchen.

Gedenke, daß du ein Deutscher bist! Halte dein Blut rein!

Magistrat München 26. JUNI 1919 V. Einlaufamt

Geschäftsstelle: Hotel Vier Jahreszeiten Eingang 3, Marstallstraße

Versammlungsabend jeden Samstag

Fernsprecher: 21589

Deutscher Kaländer

Hartung, Hörnung, Lenzing, Ostermond, Maimond, Brachet

Heuert, Ernting, Scheiding, Gilbhard, Nebelung, Julmond

19

Gedankengut der Loge zu propagieren, gründete der Baron zudem die Zeitschrift *Runen,* die sich ganz der Lehre von Guido List verschrieb. Auch später würdigte er List und Lanz von Liebenfels als *„Quellen der Bewegung“.*[9]

Das Geheimnis von Thule

Die geheimnisvolle Insel Thule war nichts anderes als die mythische Urheimat der Arier, die schon Helena Petrowna Blavatsky *„im fernen Norden“*[10] ansiedelte. Auf diesem *„Kontinent am Nordpol“*[11] (List) lebte einst ein Geschlecht von Riesen, das erst durch die Eiszeit gezwungen wurde, nach Süden zu wandern. Dort ereignete sich in Urzeiten, so glaubten die *Ariosophen,* was später in der nordischen Heldensaga der *Edda* in mythologischem Gewand überliefert wurde:

„Das wirkliche Ursprungsland des Inhaltes der Edda liegt hoch im Norden, im ‚Lieblingslande Apollos, in dem die Sonne nicht unterging', wie Herodot die Polarländer der Hyperboräer nennt. Wahrscheinlich infolge geänderter Erdachse waren die Nordpolländer derart der Sonne zugekehrt, dass dort ewiger Tag herrschte, und zudem ist es geologisch erwiesen, dass in den Nordpolländern tropische Flora und Fauna bestand. Als aber durch die Veränderung der Erdachsenlage die Polarländer vereisten, als der ‚Fimbulwinter' der Edda anbrach und nach dessen Vergehen die Flutzeit ... folgte, waren in jener Bildungsperiode der neuen Kontinente auch die Verschiebung der Völkermassen inbegriffen. Die von den nördlichen Polarländern verdrängten Arier zogen in meridionaler Richtung südwärts und retteten so aus ihrem Urlande ... das Armanenweistum ... nach ihren neuen Wohnstätten"[12],

schrieb List 1908. Für die Überreste dieser Urkultur hielt der Wiener Ariosoph die Megalithbauten, etwa Stonehenge und Avebury in England, die Steinreihen von Carnac in der Bretagne oder die Hünengräber Norddeutschlands. Sie waren für ihn das Werk der riesenhaften Vorfahren der Arier, die durch ihr hohes magisches Wissen die Schwerkraft beeinflussen konnten und in Luftschiffen den Himmel durchquerten. In der griechischen Sage erhielt sich, so List, die Erinnerung an das sagenhafte Land Hyperboräa, *„jenseits des Nordwindes"*, dem die Titanen entstammten und das jedes Jahr von Apollo, dem Sonnengott, besucht wurde.

Der Mythos von einer paradiesischen Urheimat der Arier im Norden war zugleich das Gegenmodell zum biblischen Garten Eden, der *„gegen Osten"* (1 Mos 2,8) lag. Mit ihrer alternativen nordischen Genesis wendeten sich die Ariosophen gegen den christlichen Glauben von gemeinsamen Stammeltern aller Menschen; von Adam und Eva mochten die Juden abstammen, die Vorfahren der Germanen aber waren die Riesen des Nordens.

Was von Hyperboräa blieb, so die *Ariosophen,* war das nicht minder geheimnisvolle Eiland Thule, das zum ersten Mal von dem griechischen Seefahrer und Naturforscher Pytheas von Marseille (ca. 360–300 v. Chr.) erwähnt wird. Um 320 v. Chr. bereiste Pytheas auf der Suche nach einem neuen Seeweg für den Zinnimport mit einer griechischen Handelsflotte den Norden. Dabei segelte er die Küste

Britanniens hinauf, an Irland und den Hebriden vorbei, bis er nach einer sechstägigen Schifffahrt die Insel Thule erreichte. Fasziniert beschrieb er die kurzen Nächte des nordischen Sommers, das Nordlicht und, jenseits von Thule, das Eismeer. Noch vor Wintereinbruch machte sich der Grieche auf den Rückweg, wobei er auch die Bernsteininsel Abalus erreichte, das damals sehr viel größere Helgoland. Fortan galt Thule in der antiken Literatur als das nördliche Ende der Welt. So dichtete der Römer Seneca in der „Medea":

> *„In späten Jahren kommen die Zeiten*
> *Da sie Fesseln der Dinge der Ozean löst*
> *Und sichtbar wird der gewaltige Erdkreis*
> *Und Thethys enthüllt die neuen Bereiche*
> *Und Thule ist nicht mehr das äußerste Land."*[13]

Im 6. Jahrhundert berichtete der Byzantiner Prokop in seiner Geschichte der Gotenkriege, der germanische Stamm der Heruler sei nach der Niederlage gegen die Langobarden bis nach Thule gezogen:

> *„Unter Führung vieler Mitglieder der königlichen Familie wanderten sie zuerst durch alle Länder der Sklavenen (Südslawen), dann durch eine Wüste, bis sie zu den Warnen (Nordslawen) kamen. Dann wanderten sie noch durch das Land der Danen (Dänen). Und alle diese wilden Völker taten ihnen nichts. Am Ozean angelangt, gingen sie zu Schiff und fuhren nach Thule, wo sie blieben. Thule ist eine sehr große Insel, über zehnmal größer als Britannien; es liegt von dort aus noch weit nach Norden."*[14]

Alle Angaben sowohl von Pytheas als auch von Prokop lassen darauf schließen, dass es sich bei Thule um das heutige Norwegen gehandelt hat. Doch Rudolf von Sebottendorff setzte es lieber mit Island gleich, der

> *„letzte(n) Zuflucht der sich nicht zum Christentum bekehrenden Germanen. Hier wurden die Sagen aufbewahrt, Edda, so dass eine Wiederherstellung der germanischen Religion möglich war."*[15]

Dennoch war Thule war für ihn weit mehr als nur das Vulkaneiland im Nordatlantik, mehr als der letzte Überrest des mythischen Atlantis oder der arischen Urheimat Hyperboräa. Es war der Mythos vom Norden schlechthin, der Glaube, *„dass die Wiege unserer göttlichen Vorfahren auf einer großen Insel gestanden hat im hohen Norden“*.[16]

Von dort aus, so der „Baron“, eroberten die Arier die Welt:

> *„Vor sechstausend Jahren, als noch tiefe Nacht Indien, Ägypten, das Zweistromland deckte, maßen unsere Vorfahren die Sterne an Steinkreisen zu Stonehenge und Udry, bestimmten das Jahr und die Feste. Schnitten Runen, die für die Buchstaben die Basis wurden. Wir finden arische Kultur in Ur in Chaldäa, deutsche Stämme in Palästina, ehe die Juden dort einwanderten, die trojanische, die mykenische Kultur ist germanisch, die griechische ist Blut von unserem Blut! Indien und Persien tragen den Stempel deutscher Kultur, und was wir später vom Orient zurückerhielten, hat der Osten von uns empfangen.“*[17]

Hinweise der Bibel auf das *„erste Volk“*, das *„ferne von der Welt Ende“* lebt und *„groß wie Riesen“* gewesen sein soll, wurden von Sebottendorff ebenfalls mit dem mythischen Thule in Verbindung gebracht.[18]

Wie sehr sich Hitler später den Thule-Mythos zu eigen machte, zeigt sich in einer Rede, die er am 13. August 1920 im Münchener Hofbräuhaus hielt. Dort erklärte er, dass in den *„unerhörten Eiswüsten* (des Nordens) *ein Geschlecht von Riesen an Kraft und Gesundheit ... in Rassenreinzucht“* gewachsen sei. *„Diese Rassen nun, die wir als Arier bezeichnen, waren in Wirklichkeit die Erwecker all der späteren großen Kulturen ... Wir wissen, dass Ägypten durch arische Einwanderer auf seine Kulturhöhe gebracht wurde, ebenso Persien, Griechenland; die Einwanderer waren blonde, blauäugige Arier ...“*[19]

Die Thule-Gesellschaft

„Thule ist nicht Vergangenheit, Thule ist die ewige germanische Seele“[20] – dass mit diesem Slogan schon 1913 der renommierte Diederichs-Verlag für eine 24bändige Ausgabe der nordischen Mythen

und Heldensagen warb, zeigt, auf welche Resonanz der Thule-Begriff damals in völkischen Kreisen stieß. Der „Wissende“ erkannte also tatsächlich sofort, worum es ging. Der verlorene Erste Weltkrieg hatte Millionen Deutsche in eine Sinnkrise gestürzt; der Gott der Kirchen, die ihnen die Waffen gesegnet hatten, schien versagt zu haben, und so suchten sie nach neuen Göttern. Die Folge war eine Esoterikwelle, die nur noch mit jener in den 80er und 90er Jahren des 20. Jahrhunderts vergleichbar war. Plötzlich hatte alles Okkulte Hochkonjunktur, schossen einschlägige Buchhandlungen und sektenähnliche Bewegungen wie Pilze aus dem Boden. Besonders dem Zeitgeist entsprach, was an die einstige, verlorengeglaubte Größe der Deutschen erinnerte, etwa Literatur über den versunkenen Kontinent Atlantis, die vermeintliche Urheimat der Arier, und das „geheime Wissen“ der alten Germanen. Durch solchen Lesestoff holten sich die durch den Versailler Vertrag gedemütigten Deutschen ihr verlorengegangenes Selbstbewusstsein zurück, schöpften sie neue Hoffnung auf eine Wiederauferstehung ihrer Nation.

Sebottendorffs Geheimbund lag also im Trend seiner Zeit. Er bereitete eine germanische Kulturrevolution vor, die Begründung einer neuen Religion, die man am besten als *gnostischen Wotanismus* bezeichnen kann; an die Stelle des jüdisch-christlichen Schöpfergottes sollte der *Allvater* (germanisiert: Walvater) treten, dessen germanisches Symbol Wotan war:

> *„Walvater wurde entthront, und an Stelle unseres Väterglaubens trat ein neuer Glaube, und zwar in Formen, die unserer deutschen und religiösen Begabung nicht entsprechen ... Besonders aber ist heute jene Richtung (des Christentums) abzulehnen, zu bekämpfen, die unter der Maske der Religion, still und unentwegt, auf die Schwächung unseres Volkstums hinarbeitet.“*[21]

Diese Schwächung fand statt, weil das Christentum die Gleichheit aller Menschen lehrte.

> *„Diese Gleichheit ist Widersinn! Es ist die größte Lüge, die jemals der Menschheit aufgeschwatzt wurde. Uns Deutschen zur Vernichtung. Es gibt höhere und niedere Rassen! Wertet man den Rassenmischmasch, die Tschandalen den Ariern, den*

Edelmenschen, gleich, so begeht man ein Verbrechen an der Menschheit. Diese braucht Führer, auch führende Völker, zu ihrer Höherentwicklung ...
Rassenreinheit bedeutet Volksgesundheit. Wenn alle Glieder des Volkes vom Wert der Blutreinheit durchdrungen sind, dann ist auch die soziale Frage gelöst, dann hat sie ihre Schärfe verloren, dann sieht jeder im Volksgenossen den Bruder, die Schwester, dann stützt einer den anderen, dann ist die alte germanische Religion, das Wissen und Weistum vom Du, wieder erwacht.“[22]

Speziell der katholischen Kirche warf Sebottendorff vor, *„im Grunde ... immer der Schutz und der Schild Judas“* gewesen zu sein, *„weil Juda Einfluss auf die Kirche hatte“.*[23] Aber auch die Freimaurerei sei unter den Einfluss des „Volksfeindes“ gekommen. Während sich bei den alten Alchimisten und Rosenkreuzern *„eine Unmenge arisches Weistum findet“*[24], sei dies in den Logen *„durch das Geschwätz von der Weltbrüderschaft, der Gleichheit und Freiheit entwertet worden“.*[25] Daher sei die Gründung germanischer, antisemitischer Logen notwendig gewesen, die das alte Wissen lehrten und bewahrten, sich aber gleichzeitig *„jüdischer Gleichmacherei“* und demokratischer Prinzipien erwehrten. „Artgerecht“ arisch könne nur der autoritäre Führerstaat sein, der mit dem *„eisernen Schwert und dem eisernen Hammer“* den *„Deutschen Halgadom“,* das kommende Reich der Arier, errichtet.[26] Doch noch ahnte niemand, wie bald die Thule-Mitglieder tatsächlich zu den Waffen greifen würden.

Revolution und Gegenrevolution

Dann, am 7. November 1918, kam es in München zur Revolution. In einer Kundgebung auf der Theresienwiese forderten der Unabhängige Kurt Eisner und der Sozialdemokrat Erhard Auer die Abdankung Kaiser Wilhelms II. und des Kronprinzen. Ihren Anhängern gelang es, die Soldaten auf ihre Seite zu bekommen. Der Kommandeur des II. Bayerischen Armeekorps, General Kraft von Dellmensingen, wurde gefangen genommen, König Ludwig III. musste mitsamt seiner Familie fliehen. Bald waren sämtliche öffentlichen Gebäude von Eisners Leuten besetzt, während im Mathäserbräu-Saal ein Arbeiter- und Soldatenrat installiert wurde, der in der folgenden Nacht die Macht übernahm. Bayern wurde zur Republik, das Haus Wittelsbach für abgesetzt erklärt. Zwei Tage später, am 9. November 1918, folgte die Revolution in Berlin. Prinz Max von Baden gab die Thronentsagung Kaiser Wilhelms II. bekannt, Max Scheidemann von der SPD rief die Republik aus. Sein Parteivorsitzender Friedrich Ebert übernahm die Regierungsgeschäfte und nahm die Verhandlung mit den Kriegsgegnern auf, um einen Waffenstillstand zu bewirken. Zwei Tage später war der Krieg beendet.

Am selben 9. November, dem Tag, an dem Adolf Hitler in Pasewalk sein Augenlicht wiedergewonnen haben will, rief Sebottendorff in München seine Loge zusammen. *„Wir erlebten gestern den Zusammenbruch alles dessen, was uns vertraut, was uns lieb und wert war. An Stelle unserer blutsverwandten Fürsten herrscht unser Todfeind: Juda ... Eine Zeit wird kommen des Kampfes, der bittersten Not, eine Zeit der Gefahr“,* schwor er seine Getreuen ein, um von ihnen ein gemeinsames Glaubensbekenntnis einzufordern:

> *„Unser Orden ist ein Germanenorden, Germanisch ist die Treue.*
> *Unser Gott ist Walvater, seine Rune ist die Aarrune.*
> *Und die Dreiheit: Wodan, Wili, We ist die Einheit der Dreiheit.*
> *Nie wird ein niederrassiges Gehirn diese Einheit in der Dreiheit begreifen. Wili ist wie We die Polarisation Walvaters und Wodan das göttliche immanente Gesetz.*
> *Die Aarrune bedeutet Arier, Urfeuer, Sonne, Adler. Und der Adler ist das Symbol des Ariers ...*
> *Die Juden wissen nur zu gut, dass sie den Adler zu fürchten haben ...“*[27]

So gründete die Loge einen konterrevolutionären *Kampfbund,* der direkt ins politische Geschehen eingreifen sollte. Fortan kaufte Sebottendorff, wo immer er sie auftreiben konnte, Waffen, die in den Thule-Räumlichkeiten versteckt wurden. Zudem öffnete die Loge ihre Räume anderen völkischen Vereinigungen, die durch die Revolution obdachlos geworden waren. So wurde sie zu einer Art Dachorganisation des rechten Widerstandes. Als ihr politisches Sprachrohr fungierte fortan der *Münchener Beobachter,* ein Lokalblatt, das Sebottendorff für 5000 Mark von der Witwe des Herausgebers gekauft hatte und als dessen Schriftleiter er fortan fungierte. Um es für die

Jugend attraktiv zu machen und um zu verhindern, dass Juden es lesen, tarnte er es als *Sportblatt,* denn *„die Juden ... hatten ja kein Interesse am Sport an sich. Ein Sportblatt konnte also unbeachtet seine Propaganda treiben."*[28]

Der erste Versuch eines Putsches, die geplante Entführung Kurt Eisners während einer Rede in Sebottendorffs Wohnort Bad Aibling, scheiterte in letzter Minute. Drei Monate später, am 21. Februar 1919, wurde der Ministerpräsident der Revolutionsregierung von einem jungen Leutnant, Graf Arco auf Valley, auf offener Straße erschossen. Der junge Adlige hatte zuvor versucht, in die Thule-Loge aufgenommen zu werden, wurde jedoch abgelehnt, weil seine Mutter, eine geborene Oppenheim, eine Jüdin war. Später gab er zu Protokoll, er hätte beweisen wollen, *„dass auch ein Halbjude eine Tat ausführen könne".*[29] Bald darauf kam es in den Räumen der Thule-Gesellschaft zur ersten Hausdurchsuchung durch die Polizei. Doch Sebottendorff war von einem seiner Informanten in Regierungskreisen vorgewarnt worden. So setzte er für den Zeitpunkt, zu dem die Aktion geplant war, eine Gesangsstunde der Thule-Schwestern an. Als die Polizeitruppen anrückten, schallten ihnen deutsche Volkslieder entgegen. „Was ist das für ein Verein?", fragte der irritierte Polizeipräsident. „Oh, das ist ein Verein zur Höherzüchtung der germanischen Rasse", erwiderte ihm Sebottendorff. Doch so leicht ließ sich der Polizeipräsident nicht abwimmeln, und so musste der Leiter der *Thule-Gesellschaft* deutlicher werden:

> *„Meine Macht reicht etwas weiter, als Sie denken ... Wenn Sie, Herr Polizeipräsident, hier mich oder einen meiner Leute oder auch alle verhaften, dann nehmen meine Leute, wo immer sie einen finden, einen Juden hoch, schleifen ihn durch die Straßen und behaupten, er habe eine Hostie gestohlen. Dann, Herr Polizeipräsident, haben Sie einen Pogrom, der auch Sie hinwegfegen wird."*
> *„Das ist ja irrsinnig, das ist Wahnsinn."*
> *„Vielleicht, aber mein Wahnsinn hat Methode."*[30]

Noch einmal war er davongekommen. Das änderte sich, als in den auf Eisners Tod folgenden Wirren die Kommunisten die Macht ergriffen. Am 6. April 1919 wurde in München nach russischem Vorbild die Räterepublik ausgerufen. Die reguläre bayerische Landesregierung floh nach Bamberg. Zum Handeln gezwungen, verbündete sich die Rechte mit der verhassten Demokratie. Gemeinsam mit Reichstruppen sollte die bayerische Landeshauptstadt zurückerobert werden. Sebottendorff und sein *Thule-Kampfbund* warben Freiwillige für Freikorps an, schafften die angesammelten Waffen zu Treffpunkten außerhalb Münchens. Am Ostersonntag, dem 19. April 1919, erhielt der Leiter der *Thule-Gesellschaft* von der Exilregierung in Bamberg und dem Landessoldatenrat die Bewilligung, in Treuchtlingen das Freikorps Oberland aufzustellen. Für den 2. Mai plante man den Marsch auf München.

Doch vorher erfuhr die Räteregierung von den konterrevolutionären Aktivitäten der Loge. Am Nachmittag des 26. April 1919 stürmte die Polizei die Räume der *Thule-Gesellschaft,* durchsuchte sie und verhaftete in den nächsten Tagen 20 ihrer Mitglieder. Im Stützpunkt der Räteregierung, dem Luitpoldgymnasium, versuchte man, ihnen Geständnisse zu entlocken. Dann, am 30. April, wurden sieben Logenangehörige, darunter eine Frau, von den Kommunisten erschossen. Die Empörung über den Tod der fortan zu *Märtyrern* erklärten Geheimbündler Heila Gräfin von Westarb, Gustav Prinz von Thurn und Taxis, Franz Freiherr von Teucherl, Friedrich Freiherr von Seidlitz, Anton Daumenlang, Walter Deike und Walter Nauhaus führte dazu, dass man den *Sturm auf München* um einen Tag vorverlegte. Fast ungehindert marschierten die Freikorps, darunter das von Thule unterstützte *Freikorps Oberland* und die *Marinebrigade Ehrhardt,* mit den Reichstruppen in der bayerischen Landeshauptstadt ein. Sie trugen neben dem schwarz-weiß-roten Band des Deutschen Reiches auch das Hakenkreuz als Emblem am Stahlhelm.[31] Nur im Gebiet um den Hauptbahnhof und in einigen Arbeitervierteln leisteten ihnen die Roten erbitterten Widerstand, der jedoch blutig niedergeschlagen wurde. Es folgte eine *Reinigung* von ungeahnter Brutalität. Über 300 Kommunisten wurden standrechtlich erschossen, Hunderte Zivilisten fielen den Kämpfen zum Opfer. Noch am 6. Mai fielen Freikorpsmänner in Mordlaune über eine Gruppe der katholischen *St. Josephs-Gesellschaft* her. Von Schüssen, Bajonettstichen und Fußtritten traktiert, starben 21 der Jugendlichen, die man fälschlicherweise für Spartakisten gehalten hatte.[32] Erst nach einer Woche konnten sich unbescholtene Bürger wieder auf die Straße wagen.

Jetzt kehrte auch Sebottendorff, der das Geschehen aus sicherer Entfernung verfolgt hatte, wieder nach München zurück.

„Die Thule-Leute starben als Erste den Opfertod für das Hakenkreuz“[33], würdigte er seine *Märtyrer* in einer eigens für sie veranstalteten *Trauerloge.* Doch auch seine Zeit war abgelaufen. Seine Logenbrüder warfen ihm vor, die Mitgliedslisten der Loge nicht rechtzeitig in Sicherheit gebracht zu haben, weshalb es überhaupt zu den Verhaftungen und Geiselmorden kommen konnte. Noch mehr nahmen sie ihm übel, seine jüdische Freundin Käthe Bierbaumer, die durch ihn zur Hauptgesellschafterin des *Beobachter*-Verlages *Franz Eher Nachf.* wurde, als „Arierin“ in die *Thule-Gesellschaft* eingeführt zu haben. Zudem waren bei der Durchsuchung der Thule-Räume wichtige Papiere mit kompromittierendem Inhalt in die Hände seiner Gegner gefallen. Einmal auf der richtigen Fährte, deckte die Presse seinen dubiosen Werdegang auf und warf ihm Hochstapelei vor. Die Staatsanwaltschaft nahm die Ermittlungen auf und schrieb ihn am 11. Dezember 1919 zur Fahndung aus. Sebottendorff floh mit dem nächsten Zug nach Freiburg, wo er ein halbes Jahr später vom Badischen Innenministerium ausgewiesen wurde. So tingelte er drei Jahre lang als „völkischer Wanderprediger“ durch die Lande, wurde Herausgeber der *Astrologischen Rundschau* und publizierte sieben Bücher über Astrologie. 1924 erschien sein autobiographischer Roman „Der Talisman des Rosenkreuzers“, als sich Sebottendorff bereits in der Schweiz aufhielt. Dort arbeitete er mit dem theosophisch geprägten Esoteriker Joseph Anton Schneiderfranken alias Bo Yin Ra zusammen, der behauptete, mit der *Großen Weißen Bruderschaft* in Kontakt zu stehen; auch von ihm finden wir ein Werk in der *Hitler Library.* Ein Jahr später besuchte er die Türkei. 1929–1931 bereiste er Mexiko und die Vereinigten Staaten, dann kehrte er auf Schleichwegen wieder nach Deutschland zurück. Dort trat er der *Rosenkreuzer-Gemeinschaft* des Theosophen Max Heindel bei und veröffentlichte ein Lehrbuch der Astrologie. Die *Thule-Gesellschaft* hatte ihre Aufgabe erfüllt und ging langsam an Mitgliederschwund zugrunde; 1930 wurde sie ganz aus dem Vereinsregister gelöscht. Sie wurde nicht mehr gebraucht, gab es doch jetzt NSDAP und SS. Nur noch einmal kam es zur Reunion von immerhin 75 alten Mitgliedern, als Sebottendorf zur Feier der Machtergreifung „seiner“ Nazis am 9. September 1933 im Hotel *Vier Jahreszeiten* eine *Jubelloge* abhielt. Doch als sein Buch „Bevor Hitler kam – Urkundliches aus der Frühzeit der Nationalsozialistischen Bewegung“ zwei Monate später erschien, musste er sich wie Dr. Faust gefühlt haben. Die Geister, die

er gerufen hatte, wendeten sich jetzt gegen ihn. Die Zweitauflage von 5000 Exemplaren wurde von der Gestapo beschlagnahmt, der Autor verhaftet, schließlich in die Schweiz abgeschoben. Nichts konnte Hitler jetzt weniger gebrauchen als die Selbststilisierung eines polizeilich gesuchten Hochstaplers zum Urvater der NSDAP. Wieder in die Türkei zurückgekehrt, arbeitete Sebottendorff fortan in Istanbul für den deutschen Geheimdienst. Am 9. Mai 1945 sah er ein, dass sein Lebenswerk gescheitert war. Am Tag der Kapitulation des Deutschen Reiches stürzte sich der rüstige, aber alt gewordene Baron in den Bosporus.

Hitler und Thule

Sebottendorffs Behauptung: *„Thule-Leute waren es, zu denen Hitler zuerst kam, und Thule-Leute waren es, die sich mit Hitler zuerst verbanden! ... wir sammelten, er führte ans Ziel“*[34], entsprach den Tatsachen.

Im Herbst 1918, als Hitler noch „erblindet“ in Pasewalk lag, überlegte der „Baron“, wie er die Arbeiterschaft für die Ideale der *Thule-Gesellschaft* gewinnen konnte. Schließlich beauftragte er den Logenbruder Karl Harrer, einen 29jährigen Sportreporter, mit der Gründung eines Arbeiter-Ringes. In dem gelernten Eisenbahnschlosser Anton Drexler, der bereits deutsch-völkische Aufrufe veröffentlicht hatte, fand er einen geeigneten Mitstreiter. Drei Monate lang tagte der *Politische Arbeiterzirkel* wie ein Geheimbund in den Räumen der *Thule-Gesellschaft,* dann, im Januar 1919, gründeten seine sieben Mitglieder die *Deutsche Arbeiterpartei* (DAP). Drexler hätte den Namen *Deutsche Nationalsozialistische Partei* bevorzugt, doch die Mehrheit lehnte das ab; sie wollte nicht mit den Sozialisten in Verbindung gebracht werden. Bereits 1886 hatte sich in Böhmen eine Partei gebildet, die sich *nationalsozialistisch* nannte und später das Hakenkreuz als Parteiabzeichen wählte.[35] 1904 riefen dort Angehörige der deutschsprachigen Minderheit eine *Deutsche Arbeiterpartei* (DAP) ins Leben, die sich im Mai 1918 in *Deutsche Nationalsozialistische Arbeiterpartei* (DNSAP) umbenannte. Einen Monat zuvor, Weihnachten 1918, war auf der Jahrestagung des *Germanenordens* eine *Deutsch-Sozialistische Partei* (DSP) gegründet worden. Sebottendorff, der an der Tagung teilnahm, stellte zunächst der DSP, dann auch der DAP den *Münchener Beobachter* als Organ zur Verfügung. Seit dem 9. August 1919 erschien das Blatt landesweit unter dem neuen Namen *Völkischer Beobachter.* Drexler nahm fortan als *Gast* an den Veranstaltungen der Thule-Loge teil. Da die Thule-Räumlichkeiten im eleganten Hotel *Vier Jahreszeiten* Arbeiter eher abgeschreckt hätten, veranstaltete die DAP regelmäßige Treffen und Vorträge in Münchener Gasthäusern. Unübersehbar blieb dabei die enge Bindung der Partei an die *Thule-Gesellschaft.* Das Hakenkreuz, das Emblem der Thule, wurde zum Abzeichen der DAP, die Thule-Zeitschrift *Völkischer Beobachter* zu ihrem Parteiorgan. Selbst den Thule-Gruß „Heil und Sieg" übernahm man, wenn auch in verkürzter Form als „Sieg Heil!" Eine ganze Reihe wichtiger Nationalsozialisten gehörte ursprünglich der *Thule-Gesellschaft* an, so Rudolf Heß, Hans Frank, Gottfried Feder und Heinrich Jost als Mitglieder der Loge, Adolf Hitler, Alfred Rosenberg und Dietrich Eckart als *Gäste der Thule.*

Als Hitler Ende November 1918 in München eintraf, hatte er alles andere im Sinn, als Politiker zu werden, war weder von einer dramatischen Berufung noch einer charakterlichen Veränderung etwas zu spüren. Er war noch immer derselbe unauffällige und eigenbrötlerische Sonderling, als der er an der Front in Erscheinung getreten war. Sein Leben bot ihm keine Perspektive, der Gedanke an seine Zukunft bereitete ihm noch immer *„so bittere Sorgen".* Er begriff, dass er *„als Namenloser selbst die geringste Voraussetzung zu irgendeinem zweckmäßigen Handeln nicht besaß."*[36] Die Zeit im Heer hatte ihm, bei allen Greueln des Krieges, zumindest eine gewisse Sicherheit gegeben, einen geregelten Tagesablauf, regelmäßige Mahlzeiten und klare Befehle. So entschied er sich dagegen, wieder in sein unstetes und unsicheres Künstlerleben der Vorkriegszeit zurückzukehren; er wollte Soldat bleiben.

Wie aus seiner Kriegsstammrolle Nr. 4470/7111 hervorgeht, wurde er am 21. November 1918 der 7. Kompanie des 1. Ersatzbataillons des 2. Bayerischen Infanterie-Regiments zugewiesen, das in München stationiert war. Dort wurde ein Hauptmann im Generalstab, Karl Mayr, auf ihn aufmerksam, dessen Bereich klassische Geheimdienstarbeit war. *„Als ich ihn das erste Mal traf, glich er einem müden, streundenden Hund, der nach seinem Herrn suchte",* erklärte Mayr später. Der schwächliche, bleiche Mann mit dem Oberlippenbart sei bereit gewesen, *„von irgend jemandem einen Posten anzunehmen,* *der ihm freundlich gesinnt war ... er hätte für einen jüdischen oder französischen Auftraggeber genau so gerne gearbeitet, wie für einen Arier.“*[37] Von politischen Ambitionen war jedenfalls nichts zu merken, und auch die Zukunft des deutschen Volkes, so schien es, war dem Gefreiten aus Österreich zu diesem Zeitpunkt ziemlich egal. In Hauptmann Mayrs Zuständigkeit fiel nach Kriegsende die Beobachtung subversiver Aktivitäten in der Truppe und die Infiltration sozialistischer Organisationen. Hitler erschien ihm für eine solche Aufgabe geeignet. So schickte Hauptmann Mayr ihn zunächst zwecks politischer Schulung auf die Münchener Universität. Dort hörte er eine Vorlesung des umstrittenen Wirtschaftsfachmanns Gottfried Feder, der die „Brechung der Zinsknechtschaft“ forderte und gegen die Juden wetterte. Nach dem Vortrag war Hitler in seinem Element. Lebhaft diskutierte er mit seinen Kameraden Feders Thesen, schien sie mit seiner seltsam gutturalen Stimme und seinen fanatisch kalt glänzenden Augen in seinen Bann zu ziehen. Feders Schwager, Prof. von Müller, bemerkte die sonderbare Szene, um kurz darauf seinem Freund Hauptmann Mayr davon zu berichten: *„Weißt du, dass du ein rednerisches Naturtalent in deiner Gruppe hast?“*

Sofort wurde Hitler zum Ausbilder befördert. Endlich hatte er sein wahres Talent entdeckt: Er konnte reden!

Der Trommler ...

Ein halbes Jahr lang durfte er seine Kameraden politisch schulen, dann erhielt er den Auftrag, sich bei einer kleinen Partei umzuschauen, die sich *Deutsche Arbeiterpartei* nannte. Auf deren Programm stand ein Vortrag Feders. Befremdet notierte Hitler die *„lächerliche Spießigkeit“* der kleinen Runde von vielleicht 40 Zuhörern und dem sechsköpfigen „Parteivorstand“. Erst als in der anschließenden Diskussion ein Besucher die Loslösung Bayerns vom Reich und die Union mit Österreich forderte, hielt es ihn nicht mehr. Empört legte er los, leidenschaftlich begann er zu argumentieren. *„Mensch, der hat a Gosch'n, den kunnt ma braucha“,* flüsterte der DAP-Mitgründer Anton Drexler in breitem Bayerisch seinem Tischnachbarn zu.[38]

Als Hitler gerade gehen wollte und vielleicht dem „langweiligen Verein“ für immer den Rücken gekehrt hätte, eilte Drexler auf ihn zu und drückte ihm die selbstverfasste Broschüre „Mein politisches

Erwachen“ in die Hand. Zurück in der Kaserne, während die Stubenmäuse sich um einige von ihm hingeworfene Brotstücke balgten, begann er zu lesen – und war fasziniert, weil er sich mit dem Autor identifizieren konnte. Auch Drexler war ein Ausgestoßener und glaubte, dass die Juden allein die Schuld an seinem Leidensweg trugen.

Zwei Tage später forderte Hauptmann Mayr seinen *„sehr verehrten Herrn Hitler“* schriftlich auf, seine eigenen antisemitischen Erkenntnisse zu Papier zu bringen. Als er *„das Judentum unbedingt* (als) *Rasse und nicht Religionsgemeinschaft“* bezeichnete, eine *„planmäßige gesetzliche Bekämpfung und Beseitigung der Vorrechte des Juden“* und schließlich *„unverrückbar die Entfernung der Juden überhaupt“*[39] forderte, hatte er offenbar die Prüfung bestanden. Unaufgefordert wurde ihm von Drexler der DAP-Mitgliedsausweis Nr. 555 übersandt. Er war das 55. Mitglied; um größer zu erscheinen, hatte die kleine Partei bei 500 zu zählen begonnen. Die Zahl bewies aber auch, dass man bei der DAP etwas von Zahlenmagie verstand, was aufgrund ihrer Nähe zur Thule-Loge nicht verwundert.

Eher unschlüssig besuchte der Gefreite eine zweite Parteiversammlung. Wieder befremdete ihn die Vereinsmeierei. Doch Hauptmann Mayr redete ihm gut zu. Er hatte bereits einer *„Gruppe hoher Offiziere und Finanziers, die sich einmal wöchentlich im Hotel Vier Jahreszeiten trafen“*[40] – also in den Räumlichkeiten der *Thule-Gesellschaft!* – von Hitler berichtet, die in ihm sofort einen potenziellen Hoffnungsträger erkannte. Schließlich erschien der legendäre Weltkriegsgeneral Ludendorff persönlich in Mayrs Büro und drängte ihn, Hitler in die Partei eintreten zu lassen. Eigentlich war Reichswehr-Angehörigen eine Betätigung in politischen Parteien nicht gestattet, doch im Fall Hitler machte man offenbar eine Ausnahme. Er wurde nicht nur freigestellt, er erhielt auch ein wöchentliches Salär von 20 Goldmark für die Parteiarbeit. Das war ein Angebot, das er nicht abschlagen konnte. Fortan gehörte er zum Vorstand der DAP (als Vorstandsmitglied Nr. 7, was wieder einmal von gekonnt angewandter Numerologie zeugte) als Zuständiger für Propaganda und Öffentlichkeitsarbeit. Als ihn ein paar Monate später der Polizeiliche Nachrichtendienst zu seiner Tätigkeit befragte, erwiderte er wahrheitsgemäß, er sei als „berufsmäßiger Werberedner“ tätig.[41] Der arbeitslose Kunstmaler hatte seine Bestimmung und zudem einen lukrativen Job gefunden; er war jetzt wirklich Politiker geworden.

Verstand sich Hitler zunächst als „Trommler“, als Werberedner für die DAP (Zitat von 1922: *„Ich bin nichts als ein Trommler und Sammler“;* 1923: *„Unsere Aufgabe ist es, dem Diktator, wenn er kommt, ein Volk zu geben, das reif für ihn ist“*[42]), setzten die Insider längst auf den „Österreicher mit dem großen Maul“. So notierte Thule-Mitglied Gottfried Feder am 9. März 1921: *„Jede revolutionäre Bewegung muss einen diktatorischen Kopf haben. Deshalb halte ich auch gerade unseren Hitler für unsere Bewegung als den geeignetsten.“*[43] Er musste nur noch auf diese Aufgabe vorbereitet werden, den richtigen Schliff erhalten.

... und sein Meister Eckart

Diese Aufgabe fiel Dietrich Eckart zu, einem völkischen Schriftsteller, „Gast der Thule“ und begeisterten Wagnerianer. Seit er, wie Hitler, beim Besuch einer Wagner-Oper ein geistiges Erweckungserlebnis hatte, blieb Eckart dem Gralstempel treu und galt bald als eine der *„bekanntesten Figuren des Wagner- und Bayreuther Kreises“*[44]. Zudem war er Gnostiker mit einem ausgeprägten Antisemitismus. Die profane Welt erschien ihm als *„Spuk“,* als *„Vorspiegelung“, „von lügenhaftem Charakter“* und damit als Teufelswerk. Die Juden, Anbeter des Schöpfergottes, waren für ihn die Verkörperung der Bejahung dieses diabolischen Trugbildes und damit des Materialismus. Dagegen schätzte er die christliche Mystik, weil sie die Weltüberwindung lehrte. Er fühlte sich als *„Auserwählter“,* als *„Kind des Lichtes“,* dessen Aufgabe es sei, die Welt von den bösen Mächten zu befreien. Sein Ziel war die Vergeistigung, sein Vorbild der Mystiker Angelus Silesius (1624–1677). Doch von diesem Ideal war er selbst noch weit entfernt.

Geboren 1868 als Sohn eines angesehenen königlichen Notars im oberfränkischen Neumarkt, genoss er eine gutbürgerliche, aber lieblose Erziehung. Wie Hitler, so erlebte auch Eckart seinen Vater als herrischen, jähzornigen Haustyrann, Verhaltensmuster, die der Sohn in seinem späteren Leben kopierte. Sein cholerisches Temperament und seine ständige Aggressivität ließen ihn bald zum Einzelgänger werden. Obwohl, wie Hitler, schon früh künstlerisch veranlagt, studierte er zunächst Medizin, wahrscheinlich weil er darin die einzige Möglichkeit sah, an bewusstseinsverändernde Drogen zu kommen.

Jedenfalls waren es seine Rauschgiftprobleme, die ihn dazu zwangen, nach drei Jahren sein Studium abzubrechen und sich kurzfristig in eine Nervenheilanstalt zu begeben. Allzu viel wird die Therapie nicht genutzt haben, denn dem Morphium blieb er sein Leben lang treu. Als sein Vater 1895 starb, erbte er ein beträchtliches Vermögen, mit dem er die nächsten Jahre in Berlin, Leipzig und Regensburg ein Künstlerdasein führen konnte. Er versuchte sich als Dramatiker, doch der Erfolg blieb ihm verwehrt; böse Zungen führten seinen Antisemitismus bald auf seine Erfahrungen mit jüdischen Kritikern zurück und seinen Hass auf das Materielle auf seine berufliche Erfolglosigkeit, die für ihn eine stete Kränkung seines geradezu pathologischen Narzissmus bedeutete. Das väterliche Erbe war schnell verbraucht, und es gab Nächte, die Eckart, ganz wie Hitler, obdachlos und ohne einen Pfennig in der Tasche, auf Parkbänken verbringen musste. Erst seine Nachdichtung von Ibsens *Peer Gynt,* die 1914 mit großem Erfolg uraufgeführt wurde, veränderte alles schlagartig. Plötzlich war er berühmt und finanziell saniert. Zwei Jahre später heiratete Eckart und zog nach München, wo er sich – für einen Schriftsteller recht ungewöhnlich – gleich einen ganzen Verlag kaufte. Der *Hoheneichen-Verlag* war fortan der Ausgangspunkt seiner publizistischen und bald auch politischen Ambitionen. In München galt der schon früh kahlköpfige Schriftsteller als Szenegröße, stets laut, nie dem Alkohol abgeneigt, in den Bierkellern ebenso zu Hause wie in den feinsten Salons. Er war ein Mann der Gegensätze und Widersprüche, ein Mensch mit zwei Gesichtern. Sein bulliges Äußeres, sein krachledernes Gemüt, sein mächtiger Bierbauch und seine polternde Rhetorik passten so gar nicht zu dem feinsinnigen, weltentfliehenden Intellektuellen, der er ebenfalls sein konnte. Wohlwollende Zeitgenossen wunderten sich, wie dieser *„streitbare Propagandist ... solch innige Verse zu schreiben im Stande war.“*[45]

In einer stillen Stunde, fern der lärmenden Stammtische, dichtete er, was durchaus als gnostisches *Credo* bezeichnet werden kann:

„Ecce deus:

Du bist wie einer, der am Tage schläft und träumt.
Und gar nicht ahnet, dass ihn hellstes Licht umsäumt.
Im Diesseits gehst du auf, wie er im Traumgesicht.
Dein Eingebettetsein im Jenseits merkst du nicht.

Begreif es doch einmal: dein Jenseits ist schon da
Und war schon da, bevor dein Geist das Diesseits sah.
Was ist Geburt und Tod, was Altern und Gebrest?
Zusammen nur ein Punkt, der sich nicht messen lässt ...

So oft du dich – bedenk's! – noch mit der Welt betörst
Und dann ihr jedes Mal wie früher ganz gehörst,
So oft hat auch in dir gesiegt der Antichrist –
Vernichtet ist er erst, wenn keine Welt mehr ist ...

Bedenke jederzeit, die Welt ist nur ein Nichts.
Ein Traumgebilde bloß des inneren Gesichts.
Wer aber sieht so falsch? Du kannst sagen: Ich
Erwache! Und du fühlst zu Gott geworden dich."[46]

Eckarts gnostischer Antisemitismus hatte ihn bald völkischen Kreisen zugeführt. Am meisten prägten ihn die *Ostara*-Hefte des Lanz von Liebenfels, in dem er eine verwandte Seele entdeckte (1951 bestätigte Lanz, dass Eckart zu den Abonnenten seiner Hefte gehört hatte[47]). Seit Dezember 1918 gab er selbst eine antisemitische Wochenschrift, *Auf gut deutsch,* heraus (später erschien auch die *Münchener Zeitung* in seinem Verlag), in der er ein halbes Jahr später, im Juli 1919, eine Prophezeiung wagte. In einem Artikel mit dem Titel „Luther und der Zins" verkündete er den Anbruch des *Dritten Reiches:*

„Zeichen und Wunder geschehen, aus der Sintflut will sich eine neue Welt gebären ...
Die Befreiung der Menschheit vom Fluche des Goldes steht vor der Türe! Nur darum unser Zusammenbruch, nur darum unser Golgatha! Heil ist uns Deutschen widerfahren, nicht Jammer und Not, so arg wir's auch jetzt noch empfinden. Nirgends auf Erden ein anderes Volk, das fähiger, gründlicher wäre, das dritte Reich zu erfüllen, denn unseres, Veni creator spiritus!"[48]

Fortan galt all sein Streben der Verwirklichung dieser Vision der Errichtung eines Dritten Reiches auf deutschem Boden.

Auf dem Weg ins Dritte Reich

Auf den ersten Blick war das Dritte Reich der politische Erbe des *Ersten Reiches, des Heiligen Römischen Reiches Deutscher Nation,* und des *Zweiten Reiches, des Deutschen Reiches* Bismarcks und der Hohenzollern. Doch tatsächlich verbarg sich hinter dem Begriff ein Geheimnis, eine endzeitliche Vision und die Verheißung eines kommenden Friedensreiches.

Der erste, der das Heraufdämmern des *Dritten Reiches* prophezeite, war nicht etwa der antisemitische Gnostiker Dietrich Eckart, sondern ein mittelalterlicher Mönch. Joachim von Fiore (1135–1202) gilt als einer der bedeutendsten Theologen seiner Zeit. Nach einer Orientreise war der Italiener dem Zisterzienserorden beigetreten. 1177 wurde er zum Abt des Klosters Corazzo gewählt, zwölf Jahre später gründete er im kalabrischen Fiore das Kloster S. Giovanni, das aufgrund seiner besonders strengen Regeln als Reformkloster galt. So entstand ein neuer Ordenszweig, die *Florenser,* die von mehreren Päpsten und dem Herrscherhaus der Staufer besonders gefördert wurden. Joachim selbst verfasste mehrere gelehrte Traktate, die ihm schon zu Lebzeiten große Anerkennung einbrachten. In einer dieser Schriften, seinem Kommentar zur Offenbarung des Johannes, kombinierte er die christliche Apokalypse mit dem Dogma der Trinität. Wie Gott drei Gestalten hat, so gäbe es drei Weltzeitalter: das des Vaters, die Zeit des Alten Bundes, das des Sohnes, die Zeit des Neuen Bundes, und das zukünftige *Dritte Reich* des Heiligen Geistes. In diese Zeit fielen die Ereignisse, die im 20. Buch der Offenbarung angekündigt sind: Der Satan werde gefesselt und in den Abgrund geworfen. In einem *Tausendjährigen Reich* würden die Erwählten zu *„Priestern Gottes und Christi werden ... und mit ihm herrschen“* (Offb 20,6). Auch einen Zeitpunkt für dessen Anbruch hatte Joachim von Fiore auf der Grundlage des Alten Testamentes errechnet. 21 Generationen seien es von Adam bis Abraham gewesen, die Phase der *initiata* oder Vorbereitung, 21 Generationen von Abraham bis Ozias, die *properietas* oder Reifung, 21 Generationen von Azias bis Zacharias, die *fructificatio* oder Fruchtbringung. So würde auch das Zweite Reich dreimal 21 Generationen von je 20 Jahren umfassen. 1260 Jahre nach der Geburt Christi müsste also das *Dritte Reich* anbrechen.

Wurde Joachims Lehre zunächst von der Kirche begrüßt, änderte sich das, je näher das Jahr 1260 rückte. 1259, gerade rechtzeitig, um zu verhindern, dass die Prophezeiung des Abtes zu einer Endzeitpanik führen konnte, verbot man sie offiziell.

Zu spät, wie sich bald herausstellte. Denn kaum war das „apokalyptische" Jahr 1260 angebrochen, zogen Tausende Männer in Prozessionen durch die Städte Deutschlands und Oberitaliens, verschenkten ihr Geld, bekannten ihre Sünden, entblößten ihre Oberkörper und schlugen sich blutig mit dornenbestückten Peitschen; die Geißlerbewegung war geboren. Ihre Umzüge bewirkten eine Welle von Bekehrungen, waren aber auch ein Symptom für die schnell grassierende Weltuntergangspanik. Pest und Dürren galten als Vorzeichen des göttlichen Strafgerichts. Die Kirche wehrte sich gegen den Endzeitwahn, erklärte die Flagellanten, die als Laien kirchliche Rituale vollzogen und Sünden vergaben, kurzerhand zu Ketzern. Zeitweise kam es zu handfesten Auseinandersetzungen, wurden Priester von den Geißlern von der Kanzel gezerrt und auf dem Scheiterhaufen verbrannt. Ihre eigentlichen Feinde aber waren die Juden. Um die Herabkunft des *Dritten Reiches* nach florensischer Deutung zu beschleunigen, wurden von den Geißlern Pogrome veranstaltet. Erst als die Inquisition im Auftrag des Papstes offen gegen die Weltuntergangsfanatiker vorging, „da sie unter dem Anschein der Frömmigkeit grausame und unfromme Werke verrichten" (so der Text der päpstlichen Bulle von 1349), verschwand die Bewegung allmählich.

Ursprünglich entstammte die Apokalyptik dem Mazdaismus, der dualistischen Lehre des Zoroaster, der als erster ein kommendes Lichtreich für die Zeit nach dem Endkampf der Söhne des Lichtes gegen die Mächte der Finsternis verhieß. Während der babylonischen Gefangenschaft kamen die Juden mit dieser Lehre in Kontakt. Fortan kündigten auch die großen Propheten des Alten Testamentes, etwa Ezechiel oder Daniel, eine endzeitliche Entscheidungsschlacht der Kinder Gottes gegen die Verführten des Teufels an, aus der ein neues und geläutertes Israel hervorgehen würde. Ihren Höhepunkt erreichte die apokalyptische Literatur des Judentums in den beiden Jahrhunderten vor Christi Geburt. Dabei fixierten sich die Hoffnungen auf einen Messias-König, der das auserwählte Volk von seinen Unterdrückern befreit und in ein Friedensreich führt, dessen Hauptstadt das „neue Jerusalem“ ist, in dessen Tempel Gott zurückkehrt, um fortan für immer unter den Seinen zu wohnen. Noch im 2. Jahrhundert n. Chr. wagten Juden einen Aufstand gegen die Römer, nachdem führende Rabbiner einen gewissen Simon Bar Kochba für den erwarteten Messias gehalten hatten.

Auch das Christentum war von Anfang an eine apokalyptisch ausgerichtete Religion; Jesus von Nazareth offenbarte sich seinen Jüngern als der verheißene Messias. Die von Matthäus, Markus und Lukas zitierte Prophezeiung Jesu von der Endzeit wurde auf die Zerstörung Jerusalems durch die Römer unter Titus (70 n. Chr.) bezogen. Erst als die sehnsüchtig erwartete Wiederkunft Christi ausblieb, verlagerten sie ihre Endzeithoffnungen auf eine fernere Zukunft und definierten die Kirche als das verheißene Gottesreich. Fortan galt die Offenbarung des Johannes, verfasst in den Zeiten der äußersten Bedrängnis während der Christenverfolgung des römischen Kaisers Domitian (81–96 n. Chr.), allenfalls als Relikt. Man bevorzugte, wohl zu Recht, sie theologisch-symbolisch zu deuten statt als Zeitplan kommender Ereignisse. Erst Joachim von Fiore brach mit dieser klugen Tradition.

Anders dagegen die Gnostiker. Hatten sie zu Anfang die Apokalypse noch ignoriert, kamen sie im 3. Jahrhundert durch die Manichäer mit der ursprünglichen Eschatologie des Mazdaismus in Kontakt. So entstand eine explizit gnostische Apokalyptik, eingebettet in den Kontext ihres radikalen Dualismus. Danach findet der Endkampf zwischen dem Licht und der Finsternis statt, die mit der Materie gleichgesetzt wurde. Dabei steht der Lichtgott dem Weltenschöpfer gegenüber, dem Gott des Alten Testamentes, dessen auserwähltes Volk die Juden sind. Den orthodoxen Christen warfen sie vor, Jesus, den Sohn des Lichtgottes, zugunsten der Juden verraten zu haben. Die Erben der Manichäer, die Katharer des Mittelalters, wiederholten diese Beschuldigung, während die Kirche sie der Ketzerei bezichtigte.

Galt auch Joachims Lehre von den drei Reichen bald als Häresie, zudem von der Geschichte wiederlegt, wurde sie zunächst von den Reformatoren und Wiedertäufern des 16. Jahrhunderts, dann von den Völkischen und Esoterikern der vorletzten Jahrhundertwende wiederentdeckt. So erschien 1900 der Roman „Das dritte Reich“ von Johannes Schlaf, dessen Protagonist Dr. Emmanuell Liesegang gnostische Schriften und die Offenbarung des Johannes studiert und vom *Übermenschen* träumt. 1912 tauchte der Begriff *Drittes Reich* in dem Roman „Wiltfeber, der ewige Deutsche" des Kleist-Preisträgers Hermann Burte auf. In dem Buch ist auch von *Krist* (Christus), dem *Widerkrist* (Antichrist), dem Hakenkreuz und der *Reinheit der Blonden* die Rede. 1923 benutzte Arthur Moeller van den Bruck den Begriff des Dritten Reiches erstmals in einem politischen Kontext, Bezug nehmend auf die Zukunft Deutschlands, für die er eine *„Synthese von Nationalismus und Sozialismus"* voraussagte.[1] Allerdings ist wahrscheinlich, dass er dabei bereits von Eckart beeinflusst war, dessen mystische Interpretation bald von den Nationalsozialisten vereinnahmt wurde.

Während Eckarts pfingstliche Anrufung des Heiligen Geistes („Veni creator spiritus", „Komm, Schöpfer-Geist") und der Verweis auf Sintflut und Golgotha ganz klare Anspielungen auf die florensische *Dreizeitalterlehre* sind, ist noch eine andere Deutung möglich.

Als Ibsen-Übersetzer könnte der Schriftsteller nämlich sehr wohl auch an einen Dialog aus dem Drama „Kaiser und Galiläer" von Henrik Ibsen gedacht haben, als er den Begriff vom Dritten Reich prägte. Das Stück handelt von dem römischen Kaiser Julian (355–363), der als *Apostata*, „der Abtrünnige", in die Geschichte einging. Nur wenige Jahrzehnte nach der Christianisierung des Römischen Reiches unter Konstantin dem Großen und seinen Söhnen versuchte Julian, das Rad der Geschichte zurückzudrehen. Julian war überzeugter Neuplatoniker, hing also einer heidnischen Variante der Gnosis an, auf die sich auch die Theosophen des 19. Jahrhunderts gerne beriefen: Für ihn waren die Götter Roms nur exoterische Symbole des einen Gottes, doch vom Volk als solche zu verehren. Durch eine Reformation des heidnischen Priestertums wollte er sein Reich erneuern und den Siegeszug der „Sklavenreligion des Galiläers" stoppen. *„Durch der Christen Torheit wäre beinahe alles umgestürzt worden",* beklagte er den labilen Zustand des Imperiums. Seine Orakelpriester rieten ihm, durch einen Feldzug gegen die Perser die Überlegenheit der alten Götter zu beweisen. Doch offenbar versagten die Auguren; der Kaiser fiel im Feindesland, die christlichen Brüder Valentinian und Valens folgten ihm auf den Thron.

In Ibsens Drama scheitert Julian Apostata am Versuch einer Synthese zwischen Antike und Christentum im Sinne der Gnosis. Die Gegenüberstellung ihrer Lehren in einem Gespräch mit dem Philosophen Maximos mündet in der Idee von einem „Dritten Reich":

„Julian: Messias? Weder Kaiser noch Erlöser?
Maximos: Beide in einem und einer in beiden.
Julian: Kaiser/Gott – Gott/Kaiser, Kaiser im Reich des Geistes – und Gott in des Fleisches Reich.
Maximos: Das ist das dritte Reich, Julian!
Julian: Ja, Maximos, das ist das dritte Reich.“[2]

Kein Wunder also, dass der abtrünnige Julian bald zu einer von Hitlers Lieblingsfiguren in der Geschichte wurde. Noch 1942 bezeichnete er ihn in seinen Tischgesprächen als *„Julian den Treuen“* und seine Schriften als *„reine Wahrheiten“*[3].

Das Dritte Reich, so Eckart, würde von einem Führer eingeleitet werden, dessen Ankunft er bereits sehnsüchtig erwartete, als ihm Hitler gerade vorgestellt wurde. So veröffentlichte er am 15. Dezember 1919 in seiner Zeitschrift *Auf gut deutsch* ein Gedicht unter dem Titel „Geduld“, in dem es heißt:

„Glaubt man denn wirklich, was so kühn beginnet,
Verginge jemals unter schmutz'ger Not?
Die deutsche Seele wie das Licht der Sonnen,
Besiegt die Nacht mit neuem Morgenrot!
Wohl kauert noch in all dem schweren Dunkel
An Tür und Tor der Heunen Lügenbrut,
Und ihrer Augen stechendes Gefunkel
Verrät die Gier nach Gold, die Gier nach Blut;
Doch hält die Wacht, die treue Wacht ein Großer,
Der Tronjer nicht, ein Andrer ist uns nah,
Vertraut und fremd zugleich, ein Namenloser,
Den jeder fühlt und doch noch keiner sah.
Wie ruhig gehen seine Atemzüge!
Er rührt sich nicht, er wartet stumm und still,
So langsam auch zum Kampfe mit der Lüge
Die Stunde der Vergeltung dämmern will.“[4]

Sehr viel bodenständiger und sehr viel realistischer schätzte er die Person des künftigen „Führers“ ein, wenn er unter Gleichgesinnten war. So erklärte er einer vertrauten Runde in der Münchener Weinstube *Die Brennessel,* gewiss längst nicht mehr ganz nüchtern:

„Ein Kerl muss an die Spitze, der ein Maschinengewehr hören kann. Das Pack muss Angst in die Hosen kriegen. Einen Offizier kann ich nicht brauchen, vor denen hat das Volk keinen Respekt mehr. Am besten wäre ein Arbeiter, der das Maul auf dem richtigen Fleck hat ... Verstand braucht er nicht viel, die Politik ist das dümmste Geschäft auf der Welt und so viel wie die in Weimar weiß bei uns in München jedes Marktweib. Ein eitler Affe, der den Roten eine saftige Antwort geben kann und nicht vor jedem geschwungenen Stuhlbein davonläuft, ist mir lieber als ein Dutzend gelehrter Professoren, die zitternd auf dem feuchten Hosenboden der Tatsachen sitzen ... ein Junggeselle muss es sein, dann kriegen wir die Weiber."[5]

So war Hitler ganz nach seinem Geschmack, und tatsächlich wurden die beiden Männer bald zu einem unzertrennlichen Gespann. Eckart sollte für Hitler, den „herrenlosen Hund", zu seinem Lehrer, Meister und Übervater werden. Der spätere *Führer,* der sich sonst von niemandem etwas sagen ließ, verehrte, ja vergötterte ihn wie keinen anderen. Die beiden Männer verband mehr als nur ihre antisemitische Weltanschauung, die Liebe zur Musik Richard Wagners und eine Vergangenheit als verkrachte Künstlernaturen. *„So oft Hitler von Dietrich Eckart erzählte, trübten sich seine Augen",* erinnerte sich seine Sekretärin Christa Schroeder[6], *„nie mehr* (habe er) *in seinem späteren Leben einen Freund gefunden",* mit dem ihn *„eine ähnliche Harmonie des Denkens und Fühlens verbunden hätte".* Posthum rühmte er ihn in „Mein Kampf" als *„der Besten einer,* (der) *sein Leben dem Erwachen seines, unseres Volkes gewidmet hat im Dichten und im Denken und am Ende in der Tat"*[7]. Im „Braunen Haus", Hitlers Parteizentrale in München, hing das Bild des Freundes über dem Führertisch. Erschien einmal ein Artikel über Eckart, der ihm nicht vollständig zusagte, intervenierte der Diktator persönlich.

Tatsächlich hatte Hitler seinem Meister Eckart sehr viel zu verdanken. Er war es, der den noch linkischen jungen Mann mit dem unverkennbaren Stallgeruch der Provinz gesellschaftsfähig machte. Dazu kaufte er ihm gepflegte Kleidung und einen Trenchcoat, besuchte mit ihm die feinsten Restaurants und brachte ihm Tischmanieren bei. Er arbeitete mit ihm an seiner Ausdrucksweise in Schrift und Sprache und korrigierte seine oft abenteuerliche Grammatik. Hatte Hitler bislang eher in Obdachlosenasylen und Männerheimen verkehrt, führte er ihn in die elegantesten Salons des Großbürgertums ein. *„Das ist der Mann, der einmal Deutschland befreien wird“*[8], stellte er ihn dann stets vor, zunächst mit feiner Ironie, dann im Brustton der Überzeugung. So war er auch der erste, der Hitler den *Führer* nannte.

Einer der Salons, in denen der *Führer* bald am liebsten verkehrte, gehörte dem wohlhabenden Kunstverleger und Harvard-Absolventen Ernst „Putzi“ Hanfstaengl. Beeindruckt von seinem Redetalent hatte Hanfstaengl, ein hochgewachsener, hagerer Mann von Welt mit geschliffenen Manieren und exzellentem Kunst-Sachverstand, den unbeholfen und verkrampft wirkenden Kleinbürger in sein Haus eingeladen. Leicht befremdet verfolgte er dessen noch ungeschickten Umgang mit Messer und Gabel, geradezu entsetzt musste er erleben, wie Hitler den ihm kredenzten Wein mit der Zuckerdose „veredelte“. Doch als der Österreicher nicht nur reihenweise Sahnetorten verschlang, sondern zu allem Übermaß auch noch Hanfstaengls Frau übertrieben altmodisch den Hof machte, litt dieser längst nicht mehr; er war vielmehr fasziniert von so viel Vulgarität. „Putzi“, ein leidenschaftlicher und talentierter Hobbypianist und überzeugter Wagnerianer, eroberte wiederum das Herz des bizarren *Führers,* indem er ihm am Flügel Motive aus den Opern seines geliebten Bayreuther Meisters vorspielte. Fortan gehörte der Verleger zu Hitlers Hofstaat, beriet ihn in Stilfragen und durfte immer, wenn er zu Wagner-Musik entspannen wollte, in die Tasten greifen.

Bald stellte Hanfstaengl den Exoten Elsa Bruckmann vor, der Frau des völkischen Verlegers Hugo Bruckmann, der einige populäre antisemitische Werke veröffentlicht hatte. Die ältliche Verlegergattin, von Geburt eine rumänische Prinzessin, nahm ihn mit offenen Armen auf. Als bräuchte er Schutz, schenkte sie ihm eine Pferdepeitsche aus Nilpferdleder, die er fortan immer bei sich trug. Doch obwohl sie ihm bemüht gute Manieren und Stil zu vermitteln versuchte, musste sie letzthin scheitern. Bald gewöhnte auch sie sich daran, empfand es sogar als „ganz reizend“, dass er manchmal zu einem feinen Cutaway gelbe Schuhe trug, einen blauen Anzug mit einem violetten Hemd, brauner Weste und knallroter Krawatte kombinierte oder wie ein Mafiaboss mit Gangsterhut und Trenchcoat, unter dem sich unübersehbar die Form einer Pistole wölbte, in der Türe stand. Immerhin waren seine Blumensträuße imposanter als die aller anderen Gäste und seine Höflichkeit so übertrieben, dass sie etwas geradezu Komisches hatte. Was immer er von Eckart lernte, er musste zu allem seine persönliche Note hinzugeben, die stets eine maßlose Übertreibung war.

Im Hause Bruckmann verkehrte auch der Münchener Gnostiker Alfred Schuler, der sich für die Reinkarnation eines Römers aus der Zeit Neros hielt. Auch wenn unwahrscheinlich ist, dass Hitler einem seiner Vorträge beiwohnte[9], wird er doch von den Lehren des überzeugten Antisemiten gehört haben. Schuler hatte die Schriften Franz Hartmanns, Helena Petrowna Blavatskys und die magischen Werke des Eliphas Levi studiert und jahrelang mit dem französischen Okkultisten Josephin Peladan alias *Papus* korrespondiert, dem Gründer des *Ordre de la Rose-Croix du Temple et du Gral* („Rosenkreuz-Orden des Tempels und des Grals"). Auch mit Friedrich Nietzsche hatte er bis zu dessen Tod im Jahre 1900 in Kontakt gestanden. Als der Philosoph erkrankte, glaubte der selbsternannte *Mysteriologe,* ihn durch die Vorführung *korybantischer Tänze* heilen zu können.[10]

Auch für Schuler war der Gott Israels Satan, hatte er doch laut Genesis die materielle Welt geschaffen, die nach den gnostischen Lehren nur ein *„Gefängnis des Lichtes"* ist. So schimpfte er auf das *„verreckte/bocksschwänzige Judenaas"*[11], das, wie er glaubte, den Teufel anbetete. Auch das *„molochitische Christentum"* lehnte er als *„geistesverwandt mit dem Judentum"* ab.[12] Wie Lanz von Liebenfels hielt er den Arier für den Gottmenschen an sich, Träger des gnostischen Lichtes, das er, wie Lanz, mit den Elektronen identifizierte. Sitz der Elekronen und damit der Seele sei das Blut, dessen Reinhaltung nach Schuler die höchste Aufgabe des Gnostikers sei. Wie der Schuler-Biograph Franz Wegener feststellt: *„Viele Gnostiker waren Vegetarier, weil das Blut zugleich als Sitz der göttlichen Seele galt und befürchtet wurde, das Licht durch die Nahrungsaufnahme zu zerstreuen, da man davon ausging, dass der Seelenkern oder Engelssamen sich teilen könne und so immer mehr mit Materie verwoben würde."*[13] Auch Hitler war bald seinem Vorbild Richard Wagner gefolgt und, gleich den Gralsrittern im *Parsifal,* zum Vegetarier geworden. Er übernahm die gnostische Blutmystik und muss beeindruckt gewesen sein, dass auch Schuler das Hakenkreuz als *katharisches Lichtkreuz* verehrte. *„Im Zentrum des alten Lebens steht als Symbol das Swastika, das sich drehende Rad"*[14], glaubte der Gnostiker.

Bereits im Mai 1919, vier Monate vor Hitlers Eintritt in die DAP, hatte der Zahnarzt Dr. Friedrich Krohn, Mitglied der *Thule-Gesellschaft,* ein Memorandum mit dem Titel „Ist das Hakenkreuz als

Symbol der nationalsozialistischen Partei geeignet?“ verfasst. Da er die Frage heftigst bejahte, ließ er für die Gründung der NSDAP-Ortsgruppe Starnberg am 20. Mai 1920 die erste Hakenkreuzflagge anfertigen. Sie zeigte eine schwarze Swastika in einem weißen Kreis auf rotem Untergrund.[15] Diese hatte jedoch, wie im Thule-Wappen, gebogene Haken, zudem drehte sie sich – wie im Siegel der *Theosophischen Gesellschaft* – nach links. Hitler selbst korrigierte den Entwurf durch Einfügung der eckigen, rechtsdrehenden Swastika, für ihn Symbol für *„den Sieg des arischen Menschen“*.[16]

Die „Richtungsänderung“ der Swastika war eine signifikante Entscheidung. So schreibt der britische Historiker Goodrick-Clarke in seinem Standardwerk über den Naziokkultismus: „(Krohn) *bevorzugte* (das linksgerichtete Zeichen) ... *offensichtlich aufgrund dessen buddhistischer Interpretation als Talisman für Glück und Gesundheit, wogegen das rechtsgerichtete Gegenstück ein Symbol des Unterganges und Todes wäre.“*[17] Auch in den römischen Katakomben ist die rechtsdrehende Swastika ein Zeichen für den Tod, die linksdrehende für die Geburt. Allerdings gab es diese Wertung in der völkischen Tradition nie, auch die Hakenkreuze Lists, Lanz von Liebenfels' und das Thule-Zeichen waren rechtsdrehend. So deutet der renommierte Germanist Prof. Klaus Vondung die Verwendung des Sonnensymbols eher im Sinne eines gnostischen Dualismus:

> *„Kosmologische Sonnenmythen symbolisieren meist ein dualistisches Weltbild. Die Sonne erscheint als Hierophanie und Symbol des Guten, des Lebens, der Kraft. Demgegenüber vertritt die Finsternis die Welt des Bösen und des Todes. Diese Möglichkeit der Symbolisierung entsprach der Gut-Böse-Polarisierung des nationalsozialistischen Weltbildes. Der Nationalsozialismus übernahm das Sonnensymbol bewusst – man denke an das Emblem des Sonnenrades – und identifizierte sich mit der Welt des Lichts; seine Gegner wurden der Welt der Finsternis zugeordnet ... der neue, nationalsozialistische Mensch wird als Kind des Lichts gedeutet.“*[18]

Eine Hakenkreuzfahne trägt auch der Entwurf für eine zweibändige „Monumentale Menschheitsgeschichte“, den Hitler wohl im Winter 1919/20 anfertigte. Bezeichnenderweise verweist er in dieser *„ersten Völkergeschichte unter (Zugrundelegung des) Rassengesetzes“* immer wieder auf die Bibel, fordert ihre „Reinigung“ und fragt: *„Was ist von ihr unser Geist?“* Deutlich wird hier auch sein gnostischer Dualismus, wenn von *„2 Menschenarten“* die Rede ist, die er als *„Schaffende und Drohnen“, „Erbauer und Zerstörer“, „Gotteskinder und Menschenkinder“* bezeichnet, nämlich Arier und Juden.

Im *„ewigen Lauf der Geschichte“* sei *„nichts ohne Ursache“. „Der Weg von der Natur(,) dem Instinkt(,) über halbes Wissen zu klarem* (Wissen) *bringt gesetzmäßig Erkenntnis“,* fasst er seine Gnosis zusammen. Der Sieg sei das Naturrecht des Stärkeren, Humanität sei *„Schwäche“, „Halbwissen“* und *„Dummheit“* und letztendlich *„grausam“,* weil sie das Naturgesetz bricht. *„Nicht Kriege vernichten Rassen, nur die Erbünde – die Blutvergiftung allein.“* Das Exposé ist insofern von höchster Bedeutung, weil es zeigt, dass Hitlers politische Glaubenslehre schon in der frühesten Phase seines politischen Wirkens voll ausformuliert war. Anders als später in „Mein Kampf“ scheut er hier nicht den direkten Verweis auf die Bibel und bedient sich einer unverhohlen religiösen Sprache, die wohl auf Eckart zurückgeht.[19]

Positives Christentum

Als Hitler am 24. Februar 1920 im Festsaal des Münchener Hofbräuhauses – gab es einen würdigeren Rahmen? – das Programm der DAP verkündete, trug es ebenfalls die Handschrift des Gnostikers Dietrich Eckart. Sie ist unverkennbar, wenn vom *„Standpunkt eines positiven Christentums“* die Rede ist und es heißt: *„Sie* (die Partei) *bekämpft den jüdisch-materialistischen Geist in und außer uns“,* so mysteriös Letzteres auch geklungen haben mag.[20] Gewiss war das zu abgehoben für das eher proletarische Publikum, vielleicht ging es auch unter in der Lärmkulisse eines von Gegröle und Gebrüll geprägten Ambientes. Doch was zählte, war die begeisterte Aufnahme des Manifestes an sich, wie Hitler sie gewohnt pathetisch und wohl stark geschönt in „Mein Kampf“ schildert:

> *„Als die letzte These so den Weg zum Herzen der Masse gefunden hatte, stand ein Saal voll Menschen vor mir, zusammengeschlossen von einer neuen Überzeugung, einem neuen Glauben, von einem neuen Willen ...*

Das Feuer war entzündet, aus dessen Glut dereinst das Schwert kommen muss, das dem germanischen Siegfried die Freiheit, der deutschen Nation das Leben wiedergewinnen soll.“[21]

Eine Woche später, am 1. März 1920, wurde die DAP offiziell in *Nationalsozialistische Deutsche Arbeiterpartei* (NSDAP) umbenannt. Wie Hitlers Worte bezeugen, war offenbar schon damals klar, dass es beim Nationalsozialismus mehr um einen *„neuen Glauben“* als um eine neue Politik ging. Ein *positives Christentum* war für Eckart ein germanisches, gnostisches und *„judenfreies“* Christentum. Der Jude war für ihn der Antichrist, Christus dagegen eine *„Individuation des substantiell-arischen Geistes“*[22], der arische Gottmensch in Reinkultur. Die jüdische Trennung von Mensch und Gott lehnte er ab. Ihm galt der Mensch, oder zumindest der Arier, als Gott:

„Dieser jüdische Gottesbegriff geht uns Deutsche nichts an! Wir empfinden nirgendwo anders als in uns selbst. Uns ist die Seele das Göttliche, von der wiederum der Jude keine Ahnung hat. ‚Das Himmelreich ist inwendig in euch‘ (Lk 17,21), also auch Gott, der zum Himmelreich gehört. Unsterblich fühlen wir unsere Seele, ewig von Anbeginn zu Anbeginn, und lehnen es deshalb ab, uns einreden zu lassen, dass wir aus dem Nichts entstanden sind ... So lehrte längst der arische Geist, noch ehe Christus das Licht der Welt wie in einem Brennspiegel zusammenfasste.“[23]

Immer wieder lief seine Argumentation auf diesen manichäischen Dualismus hinaus, auf den Endkampf der *Söhne des Lichtes,* der göttlichen Arier, gegen die *Söhne der Finsternis,* die teuflischen Juden. Hitler übernahm dieses Denken, als er mit Eckart zusammen an dem (erst nach dessen Tod, nämlich 1924, erschienenen) Buch „Der Bolschewismus von Moses bis Lenin – Zwiegespräch zwischen Adolf Hitler und mir – von Dietrich Eckart“ arbeitete. Das Ziel der Juden, so behauptete er darin, sei *„über die Weltherrschaft hinaus“* die *„Vernichtung der Welt“*. Dass sie dabei auch untergehen würden, sei einkalkuliert: *„Die Tragik des Luzifer“*.[24]

Das *positive Christentum* der Nazis war aber auch ein Christentum ohne die Konfessionen, speziell ohne die katholische Kirche. Das jedoch wollten Hitler und sein Meister nicht so offen sagen, wie es einst Schönerer in Wien tat, dessen Schicksal ihnen stets ein warnendes Beispiel war. Noch berief man sich darauf, einmal getauft worden zu sein, und so bezeichneten sich der Gnostiker Eckart und der Kirchenfeind Hitler als Katholiken, um im gleichen Atemzug gegen die Kirche zu polemisieren. Sie sei, glaubten sie, jüdisch infiltriert. *„Die Moraltheologie der Jesuiten sieht der Morallehre des Talmud verdammt ähnlich"*, behauptete Eckart[25], während Hitler sich ereiferte:

> *„Es hat Päpste jüdischen Blutes gegeben. Auch an sonstigen Würdenträgern der gleichen Herkunft fehlt es selten oder nie in der Kirche. War das, was sie vertraten, Katholizismus? Nein, es war Judentum ... der jüdische Geist, wie er leibt und lebt. Wir beide sind Katholiken, aber dürfen wir das nicht sagen? Will man uns wirklich weismachen, dass an der Kirche nie etwas auszusetzen gewesen wäre? Gerade weil wir Katholiken sind, sagen wir es."*[26]

Als Gipfel der Heuchelei erlaubten sich die Nazis, die Hetzschrift als Zeugnis *„für die christliche Einstellung der völkischen Bewegung"*[27] (so der Herausgeber, NSDAP-Chefideologe Alfred Rosenberg, im Nachwort) auszugeben. Dass man für das *positive Christentum* die Kirche ebenso wenig brauchte wie die Bibel – Hitler bezeichnete gar das Alte Testament als *„Satansbibel"* und kritisierte Luther, es *„wieder zu Ehren gebracht"*[28] zu haben –, deutete auch Eckart an, als er erklärte:

> *„In Christus, dem Inbegriff der Männlichkeit, finden wir alles, was wir brauchen; und wenn wir gelegentlich einmal von* (dem germanischen Lichtgott) *Baldur reden, schwingt immer ein Stück Freude mit, die Genugtuung darüber, dass unsere heidnischen Urahnen bereits so christlich waren, Christus in dieser Idealgestalt vorauszuempfinden. Auch den Lukas, den Loki, hatten sie schon."*[29]

Ausgerechnet der gnostische Ketzer und barocke Scharlatan Giordano Bruno fand dagegen bei Eckart und Hitler ungeteilten Applaus. *„Der geniale Denker"*, wie sie ihn nannten, hatte die Juden als *„pestilenzialische, aussätzige und gemeingefährliche Rasse"* bezeichnet und gefordert, *„dass sie vor ihrer Geburt ausgerottet zu werden verdienten.“*

Schließlich sah sich Hitler schon als Retter und Reformator der katholischen Kirche und verglich sich mit Jesus, der die jüdischen Händler und Geldwechsler aus dem Tempel vertrieb; nicht umsonst trug er ja die Nilpferdlederpeitsche immer bei sich. Dabei wurde geflissentlich übersehen, dass Jesus bei diesem symbolischen Akt der Reinigung den Jerusalemer Tempel ausdrücklich als *„Haus meines Vaters“* (Joh 2,16) bezeichnete und sich damit zum jüdischen Gott bekannte. Hitler dagegen wollte Rom vom Judentum „befreien“:

> *„Rom wird sich ermannen; aber erst, wenn wir uns ermannt haben werden. Nur die Gründlichkeit des Deutschen kann der Welt die Augen öffnen. Ein zweiter Hildebrand* (der deutschstämmige Papst Gregor VII., 1073–1085) *wird erscheinen, ein noch größerer, und den Weizen von der Spreu sondern. Und eines Tages wird es heißen: Die Kirchenspaltung ist gewesen.“*[30]

Alfred Rosenberg

Doch nicht nur Hitlers künftiges Parteiprogramm wurde von Dietrich Eckart abgesegnet, die „graue Eminenz“ der NSDAP führte ihm auch einige seiner wichtigsten Weggefährten zu. Sie stammten alle aus dem Umfeld der *Thule-Gesellschaft.*

Der erste war der stets mürrisch-arrogante und verschlossene junge Baltendeutsche Alfred Rosenberg, der zu diesem Zeitpunkt seit einem halben Jahr für Eckarts Zeitschrift arbeitete. Ende 1918 war Rosenberg zusammen mit seiner lungenkranken jungen Frau in München eingetroffen. Das Paar war vor den Wirren der russischen Revolution aus Moskau geflohen, wo Rosenberg Architektur studiert hatte. Finanziell unterstützt von einer Flüchtlings-Hilfsorganisation, verbrachte Rosenberg die meiste Zeit in der Münchener Staatsbibliothek, die ihn geradezu magisch anzog. Sein besonderes Interesse galt der indischen Philosophie und Spiritualität (was auf eine Vorprägung durch die russische Theosophie schließen lässt), den Rassen und Religionen und insbesondere den alten Germanen. Zudem war er ein begeisterter Wagnerianer und fanatischer Antisemit. Durch eine Bekannte mit ähnlichen Ansichten erfuhr er von Dietrich Eckart und beschloss, dessen Büro aufzusuchen. „Können Sie einen Kämpfer gegen Jerusalem gebrauchen?“ stellte sich der junge Balte mit einem finsteren, todernsten Blick vor. Ein Lächeln ging über Eckarts breites Gesicht. „Gewiss!“ Fortan wurde Rosenberg (noch vor Hitler) zum ersten Schüler und engsten Mitarbeiter des Verlegers und, wie dieser, regelmäßiger *Gast* der *Thule-Gesellschaft.*

Im Herbst 1919 lernte er in Eckarts Haus Adolf Hitler kennen. Zunächst noch skeptisch, war er erst von ihm überzeugt, als er ihn ein paar Tage später reden hörte. Am nächsten Tag trat der Balte der DAP bei. Er war es, der den späteren Diktator vom „jüdischen Charakter“ des Bolschewismus überzeugte und ihm schließlich den lang ersehnten „Beweis“ für die Realität einer Weltverschwörung lieferte: die „Protokolle der Weisen von Zion“, die er aus dem Russischen ins Deutsche übersetzt hatte. Einen Tag nach Hitlers Verkündigung des Parteiprogrammes der NSDAP im Hofbräuhaus, am 25. Februar 1920, erschienen sie in voller Länge im *Völkischen Beobachter.* Das sollte zeigen, wie richtig, wie notwendig die Ziele der neuen Partei waren.

Die gefälschten Protokolle

Bei den „Protokollen“ handelt es sich um eine der perfidesten Fälschungen der Weltgeschichte. Der Legende nach entstanden sie auf dem *Basler Zionistenkongress* von 1897, gelang es einem Agenten des russischen Geheimdienstes, sie in seinen Besitz zu bekommen. In 24 Punkten legten die vermeintlichen Verfasser dar, wie sie innerhalb eines Jahrhunderts die Weltherrschaft erlangen könnten. Danach seien die Ideen von Freiheit, Gleichheit, Brüderlichkeit ebenso wie der Liberalismus und Sozialismus von den Juden in die Welt gesetzt worden, um die Macht der christlichen Staaten zu brechen. Alkohol, Prostitution und Hedonismus sollten die Menschen von ihrem Glauben und ihren Werten entfremden und damit manipulierbar machen. Durch die Infiltration der Wirtschaft, Wissenschaft, Kultur, Presse und der Parteien würden die Staaten gefügig gemacht werden. Die Plutokratie, die Herrschaft des Geldes, sollte den alten Adel ersetzen. Wenn man die Staaten gegeneinander aufgehetzt und in Kriege gestürzt hätte, wenn Krankheiten, Bürgerkriege und Wirtschaftskrisen die Menschen verzweifeln ließen, wäre die Zeit gekommen, einen totalitären jüdischen Staat zu errichten, ein globales Zion, das die Vorlage für Huxleys „Schöne neue Welt“ und Orwells „1984“ gewesen sein könnte.[31]

Doch die „Protokolle“ waren schon Jahrzehnte vor dem Basler Zionistenkongress entstanden, und ihre Autoren waren keine Juden, sondern Franzosen, Deutsche und Russen. Tatsächlich basiert die Schrift auf der Satire „Dialog in der Hölle zwischen Macchiavelli und Montesquieu“ des französischen Liberalen Maurice Joly aus dem Jahre 1864. Joly hatte, wiederum inspiriert durch einen Roman seines Landsmannes Eugène Sue, mit der Veröffentlichung Stimmung gegen Kaiser Napoleon III. machen wollen. Sie fiel vier Jahre später einem preußischen Postbeamten namens Herrmann Goedsche in die Hände, der sie in seinen unter dem Pseudonym Sir John Retcliff veröffentlichten Roman „Biarritz“ einbaute. Auf dem Prager Judenfriedhof besprechen hier Vertreter der zwölf Stämme Israels einen Plan zur Eroberung der Welt. 1881 druckte die französische katholische Zeitung *Le Contemporain* die Geschichte in abgewandelter Form als „Bericht“. Aus dem Postbeamten Goedsche alias Retcliff wurde dabei der *„Englische Diplomat Sir John Readcliff“.* Der Artikel gelangte ein paar Jahre später in die Hände von Pjotr Iwanowitsch Raschkowski, dem Chef der Pariser Abteilung des zaristischen Geheimdienstes *Ochrana.* Der überzeugte Antisemit und Okkultist entwickelte 1891 den Plan, eine *„Kampagne gegen die russischen Juden“* zu starten und rief zur Gründung einer *Französisch-Russischen Liga zum Kampf gegen die geheimnisvolle, okkulte und unverantwortliche Macht der Juden* auf. Die „Protokolle“, die er als Zusammenfassung von Retcliffs und Jolys Texten erstellen ließ, sollten diese Initiative legitimieren. Ein Exemplar gelangte (wohl auf direktem Wege) in die Hände der St. Petersburger Diplomatentochter Juliana Dimitrijewna Glinka, die als Theosophin eine Gesinnungsgenossin Raschkowskis war. Sie verbreitete die „Protokolle“ in der russischen Oberschicht. Der Autor Sergeij Nilus, der sich der russischen Mystik verschrieben hatte und sich als *Streiter Gottes* gegen den jüdischen *Antichrist* verstand, verbreitete sie schließlich in den Reihen der traditionell antijudaistischen russisch-orthodoxen Kirche. Der Moskauer *Metropolit* (Erzbischof) ließ Ausschnitte auf allen 368 Kanzeln seiner Stadt verlesen. Fortan galten die „Protokolle“ als Rechtfertigung für die bereits erwähnten Pogrome des Zaren, die zur Flucht der ukrainischen Juden nach Galizien führten. Dass an der russischen Revolution tatsächlich auch jüdische Intellektuelle beteiligt waren, muss als Notwehr verstanden werden. Die russischen Juden hatten tatsächlich jeden Grund, sich gegen den Zarenstaat zu wenden, der so viel Leid über sie gebracht hatte. Den Antisemiten aber musste diese Beteiligung am Umsturz als eine Bestätigung der „Protokolle" und damit einer *jüdischen Verschwörung* erscheinen. Über 100.000 russische Juden wurden zwischen 1918 und 1920 im Bürgerkrieg zwischen den Kommunisten und der gegenrevolutionären Weißen Armee von deren Angehörigen aus Rache massakriert. So waren es dann auch russische Flüchtlinge wie Rosenberg, die die „Protokolle" nach Deutschland brachten.[32] Dort fielen sie auf fruchtbarem Boden, schienen sie doch endlich zu beweisen, was die deutsche Rechte längst ahnte: dass die Revolution der *Novemberverbrecher,* der angebliche *Dolchstoß* in den Rücken der tapferen Frontkämpfer durch den Waffenstillstandsvertrag mit dem Feind, das Werk jüdischer Verschwörer war. So pries Hitler die „Protokolle" in „Mein Kampf" geradezu als Offenbarung und argumentierte mit der „zwingenden" Logik jedes Verschwörungsgläubigen:

> *„Sie sollen auf einer Fälschung beruhen, stöhnt immer wieder die* Frankfurter Zeitung *in die Welt hinaus: der beste Beweis dafür, dass sie echt sind. Was viele Juden unbewusst tun mögen, ist hier bewusst klargelegt. Darauf kommt es an. Es ist ganz gleich, aus welchem Judenkopf diese Enthüllungen stammen, maßgebend aber ist, dass sie mit geradezu grauenerregender Sicherheit das Wesen und die Tätigkeit des Judenvolkes aufdecken und in ihren inneren Zusammenhängen sowie den letzten Schlusszielen darlegen."*[33]

Mit anderen Worten: Selbst wenn sie gefälscht sind, müssen sie echt sein, da sie die paranoiden Wahnideen der Antisemiten so treffend beschreiben …

Rudolf Heß

Ebenfalls ein Weggefährte Hitlers seit der ersten Stunde war sein späterer Stellvertreter Rudolf Heß, der dem inneren Kreis der *Thule-Loge* angehörte. Heß entstammte einer wohlhabenden Kaufmannsfamilie und kam 1894 im ägyptischen Alexandria zur Welt, wo sein Vater ein Importunternehmen führte. Der kaisertreue Deutsche trichterte seinen drei Kindern preußische Tugenden ein: äußerste Pünktlichkeit, penible Ordnung und eiserne Disziplin. Seine Familie kommandierte er im Kasernenhofton, während die Mutter den Kindern einfühlsame Zärtlichkeit schenkte. Sie vermittelte ihrem ältesten Sohn Rudolf auch ihr Wissen von den Heilkräutern und der Astrologie.

Als er 14 Jahre alt war, schickten seine Eltern Rudolf Heß in Deutschland auf eine protestantische Schule, dann, nach Erlangung der Mittleren Reife, auf eine höhere Handelsschule im schweizerischen Neuchâtel. Als er schließlich seine kaufmännische Lehre in Hamburg absolvierte, brach der Erste Weltkrieg aus. Begeistert meldete sich der sportliche und mutige Junge freiwillig zum Militärdienst. Er kam an die Front, wurde verwundet und durfte zur Fliegertruppe. Zwar wurde er zu einem der ersten Offiziere der jungen deutschen Luftwaffe ausgebildet, doch kaum kam er zum Einsatz, war der Krieg auch schon beendet. Wutschnaubend schwor er den „roten Vaterlandsverrätern“ einen „Tag der Rache“.

Während seiner Soldatenzeit war neben der Fliegerei auch ein anderes Interesse erwacht, das der Astrologie und dem Okkultismus galt. Dabei empfand Heß sich als Mann von *„religiöse(m) Sinn, der aber nichts mit bestimmten Konfessionen und Äußerlichkeiten wie Kirchengehen zu tun hat.“*[34] Immer wieder überkamen ihn „mediale Vorahnungen“ und Visionen. Bald begann er, wie viele Esoteriker, asketisch zu leben. Anders als Dietrich Eckart ernährte er sich fleischlos, hatte stets sein eigenes Essen aus biodynamischem Anbau dabei, rauchte nicht und trank keinen Alkohol. Als Anhänger der Lebensreformbewegung zog er die Homöopathie der Schulmedizin vor. Noch im Krieg oder unmittelbar danach schloss er sich, von einem Fliegerkameraden eingeladen, dem *Orientalischen Templerorden* O. T. O. an, lernte Rudolf Steiner kennen. Noch während der Naziherrschaft hielt er seine schützende Hand über die anthroposophische Bewegung und ihre Waldorfschulen, von deren Idealen er überzeugt war.

Nach dem Krieg begann Heß, in München Volkswirtschaft zu studieren, als er von der *Thule-Gesellschaft* erfuhr. Die Mischung aus Germanenmystik, Spiritualität und politischem Aktivismus faszinierte ihn. Er wurde zu einem der engsten Vertrauten von Sebottendorff, in dessen Auftrag er schließlich Waffen kaufte und Freiwillige für den *Kampfbund* anwarb. Nach einer ersten Begegnung mit Hitler – wahrscheinlich auf einem Treffen der DAP – schloss er sich der neuen Partei an. Auch dort schätzte man seine Fähigkeiten und setzte ihn als Hitlers mentalen Trainer ein. So erinnerte sich Hauptmann Kurt Mayr:

> *„Als Amateur im Hypnotisieren und Gesundbeten hatte Heß sicher besonders großen Einfluss auf Hitler. Vor jeder wichtigen Rede zog sich Heß mit Hitler zurück, manchmal gingen sie für mehrere Tage in Klausur. Dort gelang es Heß irgendwie, Hitler in jenen rasenden Zustand zu versetzen, in dem er sich dann an die Massen wandte."*[35]

Das Ergebnis beeindruckte auch Ernst „Putzi" Hanfstaengl. Der rühmte fortan Hitlers

> *„unheimliche Gabe ... die gnostische Sehnsucht der Zeit nach einer starken Führerpersönlichkeit mit seinem eigenen Sendungsanspruch zu koppeln und in dieser Verschmelzung jede nur denkbare Hoffnung und Erwartung erfüllbar erscheinen zu lassen – ein erstaunliches Schauspiel suggestiver Beeinflussung der Massenseele."*[36]

Doch statt dass Heß allmählich Macht über Hitler gewann, erlag er dessen suggestiver Kraft. Bald war nicht er es, der Hitler hypnotisierte, nein, er selbst war von Hitler wie hypnotisiert, wurde ihm in geradezu hündischer Treue und Unterwürfigkeit ergeben. Rudolf Heß sollte zum ersten Jünger, zum „wahren Gläubigen" der Hitler-Religion werden. Sein Credo des absoluten Gehorsams formulierte er 1934 vor Parteigenossen:

> *„Mit Stolz sehen wir ... Er* (Hitler) *hat immer recht und er wird immer recht haben. In der kritiklosen Treue, in der Hingabe an den Führer, die nach dem Warum im Einzelfalle nicht fragt, in der stillschweigenden Ausführung seiner Befehle liegt unser aller Nationalsozialismus verankert. Wir glauben daran, dass der Führer einer höheren Berufung zur Gestaltung des deutschen Schicksals folgt. An diesem Glauben gibt es keine Kritik."*[37]

So fand er auch nur wärmste Worte für Hitler, als er ihn im Mai 1921 dem nationalkonservativen bayerischen Ministerpräsidenten Georg Ritter von Kahr als politischen Partner empfahl: *„Er ist ein lauterer Charakter, voll tiefer Herzensgüte, religiös, ein guter Katholik. Er hat nur ein Ziel: das Wohl des Landes. Für dieses opfert er viel in selbstloser Weise.“*[38] Wie Eckart, so war offenbar auch Heß darum bemüht, Hitler ein „gutes katholisches Image“ zu verpassen; er strebte schließlich nicht das Scheitern Schönerers, sondern den Erfolg Dr. Luegers an.

Der Führer

Ein Jahr später verfasste Heß im Rahmen eines Preisausschreibens einen Aufsatz zum Thema „Wie wird der Mann beschaffen sein, der Deutschland wieder zur Höhe führt?“ Ohne seinen Namen zu nennen, ist eindeutig, dass er Hitler meinte, als er schrieb:

> *„(Er) darf seinen Hörern nie die Freiheit lassen, auch anderes für richtig zu halten und übertragen auf ein Volk und seine Mission etwa zu erklären, außer seinem eigenen Volk gibt es noch soundso viele andere Völker, die ebenso gut, ebenso tüchtig, ebenso zur Größe bestimmt sind wie das eigene. Hier trifft sich der große Volksführer mit dem großen Religionsstifter: Den Hörenden muss ein apodiktischer Glaube vermittelt werden, nur dann vermag die Masse der Anhänger dorthin geführt zu werden, wohin sie geführt werden soll. Sie wird auch dann dem Führer folgen, wenn Rückschläge eintreten, aber nur dann, wenn sie den unbedingten Glauben an die unbedingte Richtigkeit des eigenen Wollens, an die Mission des Führers und in unserem Falle an die Mission des eigenen Volkes vermittelt erhielt ...*
> *Noch wissen wir nicht, wann er rettend eingreift, der ‚Mann‘. Aber dass er kommt, fühlen Millionen ...“*[39]

Der Text beweist, dass Heß, wie vielleicht vor ihm schon Hitler und Eckart, das Buch Gustave Le Bons „Die Psychologie der Massen“ gelesen hatte. Laut Le Bon ist es die Eigenschaft „großer Führer“, *„Glauben* (zu) *erregen ... Sie faszinieren erst, nachdem sie selbst* *durch einen Glauben fasziniert sind. Die Stärke ihres Glaubens verleiht ihren Worten große suggestive Macht.*"[40] Le Bon war überzeugt, dass die Masse „*eine Art Gemeinschaftsseele*" besitzt, mittels derer sie kollektiv fühlt, denkt und handelt. Stets sei sie im „*Zustand gespannter Erwartung, der die Beeinflussung begünstigt*". Die „*Dummen, Ungebildeten und Neidischen*" verlören in ihr „*das Gefühl der Mächtigkeit und Ohnmacht. An seine Stelle tritt das Bewusstsein einer rohen ... ungeheuren Kraft. Sobald eine gewisse Anzahl lebender Wesen vereinigt ist, unterstellt sie sich unwillkürlich einem Oberhaupt, einem Führer ... Sein Wille ist der Kern, um den sich die Anschauungen bilden und ausgleichen ... Meistens sind Führer keine Denker, sondern Männer der Tat. Sie haben wenig Scharfblick und können auch nicht anders sein, da der Scharfblick im Allgemeinen zu Zweifeln und Untätigkeit führt. Man findet sie namentlich unter den Nervösen, Reizbaren, Halbverrückten, die sich deutlich an der Grenze des Irrsinns befinden.*" Die Masse erkennt die Macht des Tyrannen, der „*sie kraftvoll beherrscht*", an. Güte, die leicht für Schwäche gehalten wird, kann sie dagegen nicht begeistern. „*Für die Masse muss man entweder ein Gott sein, oder man ist nichts ... Alle politischen, religiösen und sozialen Glaubenslehren finden bei den Massen nur Aufnahme unter der Bedingung, dass sie eine religiöse Form angenommen haben, die sie jeder Auseinandersetzung entzieht.*"[41]

Auch das Geheimnis von Hitlers Rhetorik ist bei Le Bon entschlüsselt:

> „*Da die Masse nur durch übermäßige Empfindungen erregt wird, muss der Redner, der sie hinreißen will, starke Ausdrücke gebrauchen. Zu den gewöhnlichen Beweismitteln gehören Schreien, Beteuern, Wiederholen, und niemals darf er den Versuch machen, einen Beweis zu erbringen.*"[42]

Doch Heß' Tätigkeit beschränkte sich nicht darauf, Hitler mental und rhetorisch zu *coachen*. Der großbürgerlich erzogene Student, der in den besten Kreisen der Gesellschaft verkehrte, führte der jungen Partei auch neue Mitglieder und Förderer zu und verschaffte ihr ein gewisses Ansehen. Eine der wichtigsten Personen, die er Anfang 1920 Adolf Hitler vorstellte, war einer seiner Professoren, Karl Haushofer.

Der Geopolitiker

1869 geboren, entstammte Haushofer einer alten, angesehenen Akademikerfamilie. Schon als Kind entwickelte er einen *„Hang zum Phantastischen ... und Irrealen"*, der im krassen Gegensatz zu seinen *„ernsten soldatischen Zügen"*[43] stand. Sein Vater vermittelte ihm eine Abneigung gegen den politischen Katholizismus und dessen „Kleristerei". Stattdessen schwärmte der Junge für die alten Germanen und verschlang Felix Dahns „Kampf um Rom". 1887 trat Haushofer in die *Bayerische Kriegsschule* ein, womit seine militärische Laufbahn begann. Zugleich schloss er sich ein paar Jahre später dem völkisch orientierten *Alldeutschen Verband* an. Er absolvierte die Kriegsschule mit der „Qualifikation zum Generalstab". Zum Hauptmann befördert, lehrte er zunächst Kriegsgeschichte an der *Bayerischen Kriegsakademie.* Angeblich kam er in dieser Zeit mit der *Gruppe der Wahrheitssucher* des georgischen Esoterikers Georg Iwanowitsch Gurdjieff in Kontakt. Als sein Vater starb und sich der örtliche Pfarrer weigerte, ihn kirchlich zu bestatten – wahrscheinlich weil er Freimaurer war –, trat Haushofer aus der katholischen Kirche aus.

1907 wurde der junge Hauptmann aufgrund seiner Qualifikationen nach Japan entsandt. Seine Reise führte ihn über Indien, wo er den bekannten Kolonialpolitiker, Schriftsteller, Freimaurer und Esoteriker Lord Kitchener – auch ein Leser der *Ostara*-Hefte – besuchte und einen Abstecher zum Himalaja unternahm. Schließlich traf er 1909 in Japan ein und trat seinen Dienst in der deutschen Botschaft in Tokio an. Im japanischen Shintoismus begegnete ihm eine Religion, die ihm bald näher war als das Christentum und der er sich fortan sein Leben lang verbunden fühlte.

Als Karl Haushofer ein Jahr später nach Deutschland zurückkehrte, entschied er sich für eine akademische Laufbahn. Er studierte Geographie, Geologie und Geschichte, verfasste Arbeiten über seine Erfahrungen in Japan, ein Thema, das auch seine Dissertation bestimmte. Nach dem Ersten Weltkrieg, als er im Rang eines Generalmajors die Bayerische Armee verließ, habilitierte er.

Fortan bekannte er sich immer offener zu seinem Glauben an das *„zweite Gesicht"*, an das *„Irrationale, Metaphysische"* und zu seiner Bewunderung für die Kultur und Religion Japans. Er lobte *Nippons* Bemühungen, eine *„Edelrasse heranzuzüchten"*, und bezeichnete die Japaner als *„rassenrein"*.[44] Darum, so glaubte er, sei Japan ein idealer Verbündeter für Deutschland: *„Nur mit Japan zusammen* (können wir uns) *dem Vernichtungswillen, Hass und Zweckhetzen der vereinigten Angelsachen widersetzen.“*[45] Zwei seiner Studenten luden ihn auf eine Veranstaltung der *Thule-Gesellschaft* ein, deren treuer Gast er bald wurde. Einer dieser beiden Studenten war Rudolf Heß, in dem er eine verwandte Seele fand, was zwischen den beiden Männern einen die Jahre überdauernden Freundschaftsbund entstehen ließ. Haushofer, der Metaphysiker, war beeindruckt von den medialen Fähigkeiten des jungen Rudolf Heß. Wem das Duo, das fortan ausgedehnte Spaziergänge, Ausflüge und Reisen unternahm, suspekt vorkam, der wurde mit der Lüge abgefertigt, Heß sei im Krieg Generalmajor Haushofers Adjutant gewesen. Tatsächlich war er das Medium des Magiers Haushofer.

Doch auch auf Hitler hatte Haushofer einen prägenden Einfluss. Der *Honorarprofessor für Geographie* entwickelte die Schule der *Geopolitik* und forderte als erster *Lebensraum im Osten* für das deutsche Volk. Auch seine positive Beurteilung des Shintoismus und schließlich die *Achse* und Waffenbrüderschaft mit Tokio gingen auf Haushofer zurück. Selbst Hitlers Konzept von der *Vorsehung* finden wir in den Schriften des Professors wieder.

Der Kapp-Putsch

Kaum begann Hitler, von Eckart gefördert und von Heß gecoacht, in den Bierkellern Münchens vor einer immer größer werdenden Zuhörerschaft die Massen zu faszinieren, überschlugen sich die Ereignisse. Mit dem 1. Januar 1920 trat der im Vorjahr von der sozialdemokratischen Regierung unterzeichnete Versailler Vertrag in Kraft, der Deutschland die Alleinschuld am Ersten Weltkrieg zuschrieb und dramatische Reparationsforderungen an das Reich stellte. Deutschland verlor nicht nur sämtliche Überseekolonien, sondern auch 70.000 Quadratkilometer des bisherigen Kernlandes mit 7,3 Millionen Menschen. Zudem musste es fortan 75 % der jährlichen Zink- und Eisenförderung, 28 % der Steinkohlenförderung und 20 % seiner Kartoffel- und Getreideernte an die Siegermächte abtreten, ebenso sämtliche Handelsschiffe über 1600 BRT und die Hälfte aller Handelsschiffe von 1000–1600 BRT. Das Kohlerevier im Saarland ging an Frankreich. Die Heeresstärke wurde von 400.000 auf 100.000

Mann reduziert, die allgemeine Wehrpflicht ebenso verboten wie der Besitz schwerer Waffen. Der Kaiser, als Kriegsverbrecher angeklagt, musste ins Exil nach Doorn in den Niederlanden. Selbst britische Zeitungen bezeichneten die Forderungen der Entente als *„schamlos und abgeschmackt"* und als *„Vorspiel neuen Rassenhasses und eines neuen Krieges"* (so der *Daily Herald* vom 8. Mai 1919), Reichskanzler Philipp Scheidemann sprach von einem *„befristeten Todesurteil für Deutschland"*. Als schließlich die sozialdemokratische Reichsregierung Zehntausende Soldaten und Offiziere entlassen wollte und die Auflösung der Freikorps forderte, kam es zum Putsch.

In Berlin griffen die Rechten nach der Macht. Nach dem Vorbild des Marsches auf München zehn Monate zuvor besetzten am 12. März 1920 Truppenteile der Reichswehr und Freikorps die Hauptstadt. Die Aufständischen standen unter dem Kommando des Generals von Lüttwitz und des Korvettenkapitäns Ehrhardt, der eine Marinebrigade befehligte. Die rechtsradikalen Truppen trugen, wie in München, Hakenkreuze auf den Stahlhelmen. Anders als in Bayern verlief die ganze Aktion aber völlig ohne Blutvergießen. An die Spitze des Putsches stellte sich der preußische Regierungsbeamte Wolfgang Kapp. Er erklärte sich zum Reichskanzler, während die reguläre sozialdemokratische Reichsregierung unter Friedrich Ebert und Gustav Bauer zunächst nach Dresden, dann nach Stuttgart floh. Von dort aus rief sie die Bevölkerung zum Generalstreik auf.

Doch die rechte Gegenregierung scheiterte. Der Putsch war schlecht vorbereitet, der Generalstreik versetzte ihm den Todesstoß. Man hatte vergessen, die Reichsbank zu besetzen, und plötzlich war kein Geld mehr verfügbar. Am Morgen des 17. März gab Kapp auf und floh nach Schweden. Nur drei Tage später kehrte die Regierung Ebert/Bauer wieder nach Berlin zurück.

Ebenfalls am Morgen des 17. März hob in München eine Militärmaschine ab, die von dem Piloten Lt. Ritter von Greim geflogen wurde. An Bord waren nur zwei Passagiere: Dietrich Eckart und Adolf Hitler. Es war ein turbulenter Flug, und Hitler, der zum ersten Mal flog, musste sich mehrfach übergeben. Wegen eines heftigen Gewitters landete die Maschine in Jüterborg, rund 70 Kilometer südwestlich von Berlin. Die Männer fuhren weiter mit dem Wagen, passierten die Straßensperren der Spartakisten. Als sie endlich die Hauptstadt erreichten, trafen sie dort nur noch Ignacz Trebitsch-Lincoln an, den Pressesprecher der Putschisten. Er winkte den enttäuschten Bayern ab: *„Haut's* *wieder ab nach München! Es ist alles vorbei! Kapp ist geflohen!"*[46] Trotzdem entschieden sie sich, zunächst in Berlin zu bleiben.

Die kurze Episode ist eine der rätselhaftesten in der Frühgeschichte des Nationalsozialismus. Völlig unklar ist, was Eckart, der kein Militär war, und der damals noch völlig unbekannte Hitler überhaupt in Berlin wollten. Wer hatte den Flug organisiert? Was war der Zweck der Reise? Wollten sich *Thule-Gesellschaft* und DAP dem Putsch anschließen? Wartete man auf Instruktionen oder gar Gelder aus Berlin?

Hitler verfasste nach dem missglückten Staatsstreich einen Bericht an seinen Vorgesetzten, den Nachrichtendienst-Hauptmann Mayr, in dem er Trebitsch-Lincoln mit nur einem Satz erwähnte: *„Als ich den Pressechef der Regierung Kapp sprach und sah, wusste ich, dass dies keine nationale Revolution sein konnte und diese auch erfolglos bleiben musste, denn dieser Pressesprecher war ein Jude."*[47] Trotzdem ließen sich die beiden Münchener in den nächsten Tagen von Trebitsch-Lincoln den Berliner Hintermännern des Putsches vorstellen. Zudem führte Eckhardt „Deutschlands jungen Messias", wie er Hitler jetzt nannte, im Berliner Salon Helene Bechsteins ein, der Frau eines renommierten Klavierfabrikanten, die zu den engagiertesten Unterstützern der völkischen Bewegung zählte. Zwei Wochen lang blieb das Duo in der Hauptstadt, danach waren alle finanziellen Probleme, die die junge Partei zuvor noch geplagt hatten, auf geheimnisvolle Weise beseitigt.

Der gekaufte Beobachter

Was immer auch der tatsächliche Zweck seines Besuchs in Berlin war, Hitler hatte fortan reiche Freunde. Am selben Tag, an dem er aus der Hauptstadt zurückkehrte, am 31. März 1920, wurde er aus der Reichswehr entlassen. Wahrscheinlich hatte er in Berlin von General Ludendorff persönlich den Befehl erhalten, fortan als hauptamtlicher Parteifunktionär am Aufbau der DAP zu arbeiten. So bezog er eine kleine Wohnung in einem gutbürgerlichen Viertel Münchens, in unmittelbarer Nähe der Redaktion des *Völkischen Beobachters.* Keine neun Monate später, am 17. Dezember 1920, ging die einstige *Thule*-Zeitung mehrheitlich in die Hände von Anton Drexler von der NSDAP über. Bald darauf verkaufte von Sebottendorff, dessen Freundin Käthe Bierbaumer offiziell als Hauptgesellschafterin auftrat, auch seine letzten Anteile. Ab dem 11. August 1921 zeichnete Dietrich Eckart als Schriftleiter des *Völkischen Beobachters,* drei Monate später ging das Blatt vollständig in den Besitz Adolf Hitlers über.[48] Er hatte damit nicht nur für 100.000 Mark alle Anteile erworben, sondern auch die Schulden des Blattes in Höhe von 250.000 Mark übernommen. Aus dem obdachlosen Postkartenabmaler war, dank diverser Geldgeber, ein wichtiger Verleger geworden.

Noch mehr hatte sich für Hitler die Begegnung mit der Bechstein-Gattin ausgezahlt. Der großen Dame der Berliner Deutschnationalen muss beim Anblick des unsicher, verkrampft und irgendwie verloren wirkenden Provinzlers das Mutterherz aufgegangen sein. Jedenfalls wurde sie zur großzügigsten Unterstützerin und mütterlichen Freundin Adolf Hitlers. So setzte sie die von Eckart begonnene Domestizierung des Jungpolitikers fort, verfeinerte seine Tischmanieren und lehrte ihn, Damen mit einem Handkuss zu begrüßen – so formvollendet, dass man ihm bald österreichischen Charme nachsagte. Sie kaufte ihm einen Smoking, gestärkte Hemden und schwarze Lackschuhe und wies ihn an, sich in der Gesellschaft leger zu benehmen, was ihm freilich nie ganz gelang. Jedenfalls war er bald halbwegs gesellschaftsfähig und bereit, an den eleganten Empfängen teilzunehmen, die Helene Bechstein in ihrer Berliner Villa und in München – ausgerechnet und nicht zufällig im *Thule*-Hauptquartier, dem Hotel *Vier Jahreszeiten* – gab. Zudem, und das gefiel Hitler am besten, nahm sie ihn mit in die Oper, wo er in der Bechstein-Loge – und nicht, wie früher, im Stehparkett – den Werken seines geliebten Richard Wagner lauschen durfte. Denn die Klavierfabrikanten-Gattin war begeisterte Wagnerianerin und zudem mit der Familie des Komponisten eng befreundet. In ihrem Haus hatte Winifred, die aus England stammende Frau des Wagner-Sohnes Siegfried, zeitweise als Pflegetochter gelebt. So war es ihr ein Leichtes, Hitler schließlich seinen Lebenstraum zu erfüllen. Er durfte nach Bayreuth, zum Grab seines Idols.

Fahnenweihe in Bayreuth

Begeistert hatte Helene Bechstein ihrer Pflegetochter Winifred von ihrem neuen Zögling berichtet. Er habe auf sie wie der junge Siegfried gewirkt, der nichts kann und wenig weiß, aber dennoch das

Siegschwert schmieden wird; oder wie Parsifal, der *reine Tor,* der nicht einmal seinen Namen kennt und doch erwählt ist, das Land vom Fluch des Bösen zu befreien. Ein solcher „neuer Siegfried" oder „Parsifal" wurde in Bayreuth, im Kreis der heils- und erlösungssüchtigen Wagnerianer, voller Sehnen erwartet. Eine erste Begegnung mit der Wagner-Gattin fand, in Gegenwart Dietrich Eckarts und Ernst „Putzi" Hanfstaengls, vielleicht schon 1920/21 in der Münchener Villa der Bechsteins statt. Glauben wir ihrer Tochter Friedelind, so trat Winifred damals schon in die NSDAP ein und zählte zu den *„ersten paar hundert"* Parteigenossen. Sie selbst dagegen behauptete später, sie sei erst 1926 und *„auf Zureden Hitlers"* der Partei beigetreten. Jedenfalls fuhr Helene Bechstein zum ersten Mal Ende April 1923 mit Hitler nach Bayreuth. Während Siegfried und Winifred gerade verreist waren, wurde er Cosima Wagner, der Witwe des Komponisten, als der kommende „Retter Deutschlands" vorgestellt. Hanfstaengl, der ihn begleitete, erlebte einen völlig veränderten Hitler, der plötzlich *„mit fast andachtsvoller Ergriffenheit"*[49] zuhören konnte. Ein halbes Jahr später sollte er auf geradezu triumphale Weise nach Bayreuth zurückkehren.

Im September 1923 veranstaltete der *Deutsche Kampfbund,* eine Vereinigung aller völkischen Verbände und Freikorps, dessen Leitung Hitler längst an sich gerissen hatte, in verschiedenen bayerischen Städten *Deutsche Tage.* Mit Gottesdiensten, Predigten, Festmärschen und Fahnenweihen glichen diese den Massenerweckungsveranstaltungen charismatischer Sekten. In Reih und Glied aufgereiht, harrte die Menge der Ankunft des Messias, der sie „aus Knechtschaft und Not" befreien sollte, die tatsächlich in jenen Tagen groß wie nie war. Längst galoppierte die Inflation, angeheizt durch die astronomischen Reparationsforderungen aus dem Versailler Vertrag, war ein Dollar bald 142 Millionen Mark wert. Der Ruf nach einem „Retter" wurde immer lauter.

Für den 29. September war ein *Deutscher Tag* in der *Alten Wagner- und Kunststadt Bayreuth* angesetzt. *„Siegfriedsgeist ist es, der uns not tut, um gleich unserm Meister Richard Wagner, der sich siegreich gegen alle Anfeindungen zu behaupten wusste, auch wieder gleich ihm zu Ansehung in der Welt zu gelangen"*[50], lautete das Motto der Veranstaltung, zu der auch die Bechsteins eigens aus Berlin angereist waren. Nachdem am Vorabend von der Bayerischen Landesregierung die Waffen sämtlicher SPD-Mitglieder konfisziert worden waren, begann der Aufmarsch am Sonntagmorgen mit einer pompösen Parade. Nach der Weihe der völkischen Fahnen und einem Kriegstotengedenken unter Glockengeläut sprach Hitler vor 6000 Menschen in der überfüllten markgräflichen Reithalle. Diesmal verzichtete er auf seine antisemitischen Hasstiraden und schilderte nur pathetisch das tiefe Unglück Deutschlands. *„Überall höre man: Es kann nicht so weitergehen; Alles warte auf den Tag der Erlösung"*, fasste die *Oberfränkische Zeitung* den Tenor der Rede zusammen.

Auch der Erlöser wurde bereits erwartet. Während Siegfried Wagner während der Parade am Garteneingang der Wagner-Villa Wahnfried stand und *„mit lebhaften Heilrufen"*[51] frenetisch begrüßt wurde, verfolgte ein siecher Greis das Geschehen am offenen Parterrefenster seiner Villa, den Vorbeimarschierenden vom Rollstuhl aus zuwinkend. Es war Houston Stewart Chamberlain, der britische Schwiegersohn Richard Wagners und Prophet der völkischen Bewegung.

Der Gralskönig

Der 1855 geborene Admiralssohn und Schriftsteller war durch das Erlebnis von Wagners Musik zum Deutschtum bekehrt worden. Fortan schrieb er nur noch auf Deutsch, das ihm sein Hauslehrer schon früh beigebracht hatte. Seine gelungenen Biographien Kants und Goethes erreichten hohe Auflagen, mit seinem Werk über Wagner war es ihm gelungen, das deutsche Bürgertum zum „Meister von Bayreuth" zu bekehren. Als Cosima Wagner den großen, blonden Engländer in glänzenden Reitstiefeln 1888 empfing, wusste sie sofort, dass er der Mann war, der das geistige Erbe des Komponisten antreten würde. Er wurde fortan zum Propheten des Wagnerianismus, dem die Aufgabe zufiel, die Geschichtsphilosophie des Meisters der Welt zu offenbaren. Das geschah durch ein zweibändiges, 1197 Seiten starkes Werk, das Chamberlain in Wien verfasst hatte und das 1899 ausgerechnet im Verlag des späteren Hitler-Freundes Bruckmann erschienen war. Es trug den Titel „Die Grundlagen des neunzehnten Jahrhunderts" und sollte fortan zur Bibel der Antisemiten werden.

Für Chamberlain war die Rassenlehre der eigentliche Schlüssel zum Verständnis der Geschichte. So reduziert er die letzten zwei Jahrtausende auf den manichäischen Urkampf zwischen Licht und Finsternis, Geist und Materie, Glaube und Unglaube, repräsentiert durch zwei

Rassen, die Arier und die Juden. Der Arier sei das kreative, kulturschaffende Element, der Jude das Zersetzende, Zerstörerische. Die Tragik Europas sei, dass es durch ein falsch verstandenes Christentum unter den geistigen Einfluss des Judentums gekommen war:

> *„Keine Menschen der Welt sind so bettelarm an echter Religion wie die Semiten und ihre Halbbrüder, die Juden; und wir, die wir auserkoren waren, die tiefste und erhabenste religiöse Weltanschauung als Licht und Leben und atemgebende Luft unserer gesamten Kultur zu entwickeln, wir haben uns mit eigenen Händen die Lebensader unterbunden und hinken als verkrüppelte Judenknechte hinter Jahve's Bundeslade her!"*[52]

Chamberlain scheute sich nicht, dem Alten Testament jeden religiösen Wert abzusprechen. Der Monotheismus, die Lehre von dem einen Schöpfergott, sei *„in Wirklichkeit die Frucht einer Menschenrasse, deren religiöse Bedürfnisse sehr gering sind. Es bedeutet ein Minimum an Religion."*[53] Der Polytheismus Indiens, der Glaube an eine Vielzahl von Göttern, Gottheiten und Götzen, sei ein Ausdruck arischer Kreativität und der monotonen Eingottlehre haushoch überlegen. Hatten sich aber die Israeliten auf der Flucht aus Ägypten ein goldenes Kalb geschmiedet, war ihm das auch nicht recht, denn, so schlussfolgerte Chamberlain, *„den Juden, als Materialisten, lag, wie allen Semiten, der krasse Götzendienst am nächsten; immer wieder sehen wir sie sich Bildnisse schaffen und anbetend vor ihnen niederfallen."*[54]

Jesus, so führte er seitenlang aus, könne kein Jude gewesen sein – Originalwortlaut: *„Die Wahrscheinlichkeit, dass Christus kein Jude war, dass er keinen Tropfen echt jüdischen Blutes in den Adern hatte, ist so groß, dass sie einer Gewissheit fast gleichkommt"*[55] –, denn ein Jude wäre unfähig gewesen, eine Religion zu entwickeln, die auf dem *„arischen Gedanke(n) der Gnade"*[56] basiert.

Die wahren Religionsgründer, das tatsächlich *„auserwählte Volk Gottes"*, seien die Arier gewesen. Die Übersetzung der indischen Veden, Puranen und Upanishaden pries er mit den Worten: *„... jetzt besitzen auch wir unsere ‚heiligen Bücher', und was sie lehren, ist schöner und edler, als was das alte Testament berichtet."*[57] Tatsächlich sei *„der arische Inder in metaphysischer Beziehung unstreitig der begabteste Mensch, den es je gegeben hat, und allen heutigen Völkern in dieser Beziehung weit überlegen."*[58]

So wurde die Auseinandersetzung des frühen Christentums mit häretischen Strömungen wie der Gnosis bei ihm zum Konflikt zwischen arischer Gottesnähe und jüdischem Materialismus:

> *„Jene beiden Hauptpfeiler nun, auf denen die christlichen Theologen der ersten Jahrhunderte die neue Religion errichteten, sind jüdischer historisch-chronistischer Glaube und indoeuropäische symbolische und metaphysische Mythologie ... Im Christentum diese fremden Elemente zusammenzuschweißen, war das Werk der ersten Jahrhunderte, ein Werk, das natürlich nur unter unaufhörlichem Kampfe gelingen konnte. Auf seinen einfachsten Ausdruck zurückgeführt, ist dieser Kampf ein Wettstreit zwischen indoeuropäischen und jüdischen religiösen Instinkten um die Vorherrschaft. Es bricht sofort nach dem Tode Christi aus zwischen den Judenchristen und den Heidenchristen, wütet Jahrhunderte lang auf das Heftigste zwischen Gnose* (Gnosis) *und Antignose ... Unvermittelt stehen jüdische Religionschronik und jüdischer Messiasglaube neben der mystischen Mythologie der hellenischen Decadence. Nicht allein verschmelzen sie nicht, sondern in den wesentlichen Punkten widersprechen sie sich. So z. B. die Vorstellung der Gottheit: hier Jahve, dort die altarische Dreieinigkeit. So die Vorstellung des Messias: hier die Erwartung eines Helden aus dem Stamme Davids, der den Juden die Weltherrschaft erobern wird, dort der Fleisch gewordene Logos, anknüpfend an metaphysische Spekulationen ... Christus, die unleugbar historische Persönlichkeit, wird in beide Systeme hineingezwängt; für den jüdischen historischen Mythus muss er den Messias abgeben, wenngleich sich keiner weniger dazu eignete; in dem neoplatonischen Mythus bedeutet er die flüchtige, unbegreifliche Sichtbarmachung eines abstrakten Gedankenschemas.“*[59]

Wie alle völkischen Gnostiker seit Richard Wagner forderte auch Chamberlain eine Reinigung des Christentums von den „artfremden“ jüdischen „Zutaten“ und plädierte für die Mystik als *„die rechte hohe Schule der Befreiung vom hieratisch-historischen Zwange“*[60]. Vollendete Mystik sei nur in zwei Kulturen zu finden, bei den arischen Indern und den *„großen germanischen Mystiker(n)“*, die *„kaum die*

Breite eines Haares von ihren indischen Vorgängern und Zeitgenossen" trennt. Jeder echte Mystiker aber sei *„(ob er's will oder nicht) ein geborener Antisemit."*[61]

Eifrig vom *Bayreuther Kreis* und den *Völkischen* propagiert, wurde Chamberlains Credo zum Bestseller, der 30 Auflagen erreichte und in Hunderttausenden Exemplaren verbreitet wurde. Vielen galt das sich betont sachlich-analytisch gebende Werk als „wissenschaftlicher Beweis" für die Wahnvorstellungen der Antisemiten. Selbst Kaiser Wilhelm II. las es mit Begeisterung, lud den Autor nach Berlin ein und pries ihn mit den Worten *„Ihr Buch dem Deutschen Volk und Sie persönlich mir sandte Gott."*[62] Fortan gehörte ein Pflichtexemplar in jede preußische Schulbibliothek, wurden die „Grundlagen" jedem Offizier zur Lektüre empfohlen, waren sie am Hofe Tagesgespräch. *„Meiner Meinung nach ist Christus ein Galiläer gewesen von Abstammung, also kein Jude ... unsere Kirche muss deutsch, germanisch werden"*, kolportierte Wilhelm II. später die Thesen der „Grundlagen."[63] Der Kaiser hatte seinen *„neuen Propheten"*[64] gefunden; Chamberlains Werk legitimierte nicht nur den deutschen Imperialismus, es segnete auch die Waffen der deutschen Truppen in ihrer „historischen Mission", dem „Befreiungsschlag der Germanen", dem Ersten Weltkrieg.

1908 vermählte die stolze Cosima Wagner den damals 53jährigen mit ihrer zwölf Jahre jüngeren Tochter Eva. So konnte er endlich nach Bayreuth ziehen und auch physisch zum neuen König der Gralsburg werden. Als England im August 1914 Deutschland unerwartet den Krieg erklärte, erlitt er einen Nervenzusammenbruch. Für ihn war der Kriegseintritt der Briten ein Verrat an der gemeinsamen arischen Rasse. Fortan verfasste er Broschüren, die den Hass auf den Gegner schürten und den Ersten Weltkrieg zur apokalyptischen Entscheidungsschlacht der Mächte des Lichtes gegen die Finsternis verklärte:

> *„Der Krieg ist der Kampf zwischen zwei Weltanschauungen; der germanisch-deutschen für Sitte, Recht, Treu und Glauben, wahre Humanität, Wahrheit und echte Freiheit, gegen ... Mammonsdienst, Geldmacht, Genuss, Landgier, Lüge, Verrat, Trug und nicht zuletzt Meuchelmord! Diese beiden Weltanschauungen können sich nicht ‚versöhnen' oder ‚vertragen', eine muss siegen, die andere muss untergehen! Solange muss gefochten werden!"*[65]

Mit dem Fortschreiten des Krieges verschlimmerte sich das Nervenleiden des „Propheten", verbunden mit heftigen Krampfanfällen. Immer mehr steigerte sich in ihm die Hoffnung, dass *„aus dem Schützengraben ... gewiss der Erlöser"*[66] käme. Bald war er an den Rollstuhl gefesselt. Als er nicht mehr schreiben konnte, schickte ihm sein Verleger Hugo Bruckmann das damals hochmoderne Diktiergerät *Parlograph,* als ihm bald darauf auch noch die Stimme versagte, musste seine Frau Eva ihm die Worte von den Lippen ablesen und zu Papier bringen.

Vier Jahre nach dem Kriegsende erschien Chamberlains Alterswerk „Mensch und Gott", wieder bei Bruckmann. Das Buch war ein Plädoyer für ein Christentum ohne Altes Testament und Kirche, ohne Priester und Glaubenssätze. Ihm voran stellte er eine Würdigung des Römers Marcion *(„Ein edler Mann, der ein edles Lebensziel zum Heile des Christentums im Herzen trug!"*[67]), der, wie die Gnostiker, den Gott der Juden nicht für den Vater Jesu Christi hielt:

> *„Der Weltschöpfer Jahve steht unermesslich tief unter dem Gott der Liebe: Er trägt die Verantwortung für das Elend, das die Welt erfüllt, und für die Schlechtigkeit der Menschen; die Schrift zeigt ihn ja als rachsüchtig, listig, betrügerisch, zornig und er erwählt die Juden – ‚ein besonders schlimmes, störrisches und untreues Volk' – zu seinen auserkorenen Schützlingen und verspricht ihnen die Herrschaft über die ganze Welt: Kurz, er ist ein böser Geist, der vom Dasein des Gottes der Liebe nichts weiß, bis er es durch Jesum Christum erfährt, den er zum Lohn dafür durch die Juden ans Kreuz schlagen lässt. Sein Gesetz ist das Gegenteil von Religion: Es führt von dem Gott der Liebe hinweg, anstatt zu ihm hinzuführen. So musste dem Marcion der Judengott samt seiner Urkunde, dem Alten Testament, zum eigentlichen Feinde werden.*
> *Keiner hat klarer die Grundverderbnis, in die das Christentum durch seine Vermählung mit dem Judentum unfehlbar verfallen musste, eingesehen als Marcion, und er machte es sich zur Lebensaufgabe, die Christenheit vom Alten Testament zu befreien ... (er) scheiterte – zum dauernden Unheil für das Christentum."*[68]

Seitdem, so Chamberlain, bildeten *„Jesus und die christliche Kirche ... religiöse Gegensätze."*[69] Aus dem jüdischen Gesetzesglauben wurde eine *„Religion der Sünde",* wo doch der *„unvergleichlich feinsinnigere"* Arier nur seinem Gewissen zu folgen bräuchte, um zwischen Gut und Böse zu unterscheiden. So bedürfe er auch keiner Kirche, die ihn lehrt, was rechtens ist, sondern bloß einer *„Friedensgemeinschaft"*[70] der Laien, weder Dogma noch Moral, sondern allein der Kunst Richard Wagners. Für die neuen, wahren Christen hätten die Werke des Bayreuther Meisters den Charakter *„arischer Mysterien ... zur Heranführung bis dicht an die Gottheit."*[71]

Der neue Parsifal

Hitler hatte Chamberlains Werke nicht nur gelesen, sondern sie begeistert und begierig wie eine Heilsbotschaft in sich aufgenommen, galt der Brite doch als der Prophet seines Idols Richard Wagner. So war der Tag in Bayreuth ein Ereignis, dem er wochenlang entgegenfieberte. Es galt, von allerhöchster Stelle, vom Papst des Wagnerismus selbst, die Weihe zu empfangen. Hier sollte sich entscheiden, ob er, wie er bislang immer wieder behauptet hatte, nur der *„Trommler",* der *„Johannes"* (der Täufer) des *„Kommenden",* des *„Mensch*(en), *den uns der Himmel geben wird"* – oder der *„Erwählte"* selbst sei.

So eilte Hitler gleich nach seiner abendlichen Rede in die Chamberlain-Villa, wo er von Eva und Winifred Wagner bereits erwartet und herzlich begrüßt wurde. Bald führten die beiden Frauen ihn zum Krankenlager des Propheten. Hitler, so heißt es, soll vor ihm auf die Knie gefallen und ihm die Hand geküsst haben, was Winifred Wagner allerdings später entschieden dementierte.[72] Doch trotzdem hatte die Szene etwas vom Schlussbild des *Parsifal,* dem Moment, in dem der junge Gralsritter an das Siechbett des greisen Gralskönigs Amfortas tritt, um diesen zu erlösen. Eva, als Wagner-Tochter eine geborene Gralshüterin, las Chamberlain, wie immer, die Worte von den Lippen ab, während Hitler, der sonst stundenlange Monologe zu halten pflegte, sich respektvoll zurückhielt und ergriffen lauschte.

Er muss eine gute Figur gemacht haben an diesem Abend. Als Hitler am nächsten Tag auch die Wagner-Villa *Wahnfried* besuchen durfte, bot ihm der Meister-Sohn Siegfried gleich das „Du" an. Dann zeigte er ihm die Hinterlassenschaften des Komponisten. *„Auf Zehenspitzen“,* so erinnert sich seine Tochter Friedelind, folgte ihm der *Führer* durch das Haus, so andächtig, *„als besichtige er die Reliquien einer Kathedrale“.* Immer wieder rühmte er Richard Wagner als den *„größten Deutschen, der je gelebt hat“.*[73] Der Höhepunkt seines Besuches auf der Gralsburg des Wagner-Kultes aber war der Gang zum Grab des Meisters, eine mächtige Granitplatte im Garten der Villa, überragt von riesigen Bäumen. Hitler bat darum, die letzten Schritte allein gehen zu dürfen. Bedächtig schritt er auf das Ziel seiner Wallfahrt zu, lange verharrte er dort schweigend, seinen Gastgebern den Rücken zugekehrt. Als er sich, Minuten später, wieder umwandte, hatte er Tränen in den Augen. Noch Jahre später sprach er voller Rührung von diesem Moment.[74]

Als ein Jahr später, im Sommer 1924, die ersten Bayreuther Festspiele nach dem Ersten Weltkrieg abgehalten wurden, schmückte den offiziellen Festspielführer das erhobene Schwert. Die martialische Geste zeigte an, dass *„das geistige Schwert ... mit dem wir heute fechten“,* in Bayreuth geschmiedet wurde. *„Nothung! Nothung! Neu und verjüngt! Zum Leben weckt' ich dich wieder“,*[75] lautet die Umschrift. Der neue Siegfried war gefunden, er hielt das Schwert bereits in den Händen.

Eine Woche nach Hitlers Besuch in Bayreuth, am 7. Oktober 1923, sprach der Prophet in einem langen Brief. Wie Amfortas, so fühlte auch er sich nach der Begegnung mit *„seinem Parsifal“* erlöst. Zum ersten Mal seit dem Ausbruch seines Nervenleidens habe er *„einen so langen, erquickenden Schlaf“* genossen, ja er *„hätte (es) auch nicht nötig gehabt, wieder zu erwachen“.* Das sei ihm ein Zeichen gewesen, denn *„der wahre Erwecker ist zugleich der Spender der Ruhe“.* Er glaubte jetzt, getrost sterben zu können, denn er wusste sein Werk nach dem Erscheinen des verheißenen Vollstreckers in den richtigen Händen: *„Dass Deutschland in der Stunde seiner höchsten Not sich einen Hitler gebiert, das bezeugt seine Lebendigkeit ... Gottes Schutz sei bei Ihnen!“*[76] Und da er wusste, aus wessen Stall der *Führer* stammte, bestätigte er in einem zweiten Brief an Ernst Boepple von der *Thule-Gesellschaft,* Hitler sei tatsächlich eine der seltenen *„Lichtgestalten“,* die *„Gott uns geschenkt hat“.*[77]

Deutschland, so glaubte er, hatte seinen Messias gefunden.

Ein deutscher Messias

Die Zeit zu handeln, nach der Macht zu greifen, war gekommen. Der Zeitpunkt schien günstig. Seit Januar 1923 brodelte es mehr denn je im Lande, wuchs die Wut auf die *Novemberverbrecher,* die Unterzeichner des Waffenstillstandes von 1918. Mit der Begründung, Deutschland habe den Versailler Vertrag nicht erfüllt und zu wenig Kohle geliefert, hatte Frankreich mit 60.000 schwerbewaffneten Soldaten das Ruhrgebiet besetzt. Arbeitern und Eisenbahnern, die den Abtransport der Kohle verzögerten, drohte die Todesstrafe. Zudem gingen die Besatzer mit Massenvertreibungen gegen den passiven Widerstand der Deutschen vor.

Die deutsche Wirtschaft stand dadurch am Rande des Ruins. Die Regierung musste die über 150.000 Ausgewiesenen unterstützen und Kohle für das übrige Reich kaufen, denn Frankreich hatte die gesamte Ruhr-Produktion beschlagnahmt. Die steigenden Staatsausgaben führten zur größten Inflation der Geschichte. Während die Notenpressen der Reichsbank auf Hochtouren liefen, um auch nur annähernd den Bedarf des Staates zu decken, rutschte der Wechselkurs der Mark in einen bodenlosen Abgrund. War ein Dollar noch im Juli 1919 14,– Mark wert, kostete er im Juli 1922 bereits 493,20 Mark, im Juli 1923 sogar 353.412,– Mark. Im November 1923 erreichte er seinen Höchststand mit astronomischen 4.200.000.000.000,– Mark. Entsprechend stiegen die Preise fast stündlich; die Ehefrauen erwarteten ihre Männer an den Werkstoren, um sofort einkaufen zu gehen, bevor der Lohn nichts mehr wert war. Erst eine auf den 15. November 1923 angesetzte Währungsreform und die Einführung der Rentenmark machten dem Spuk ein Ende.

In dieser Zeit der Angst vor einem Aufstand, einem Bürgerkrieg oder der drohenden Machtergreifung der Kommunisten ließ sich Hitler von Chamberlain zum Retter Deutschlands proklamieren. Er hatte zu diesem Zeitpunkt seit seinem Eintritt in die DAP vier politische Lehrjahre hinter sich, die von einem kometenhaften Aufstieg begleitet waren. Seit seiner „Bayreuther Initiation“ war bei ihm jeder Zweifel gewichen, tatsächlich selbst der Auserwählte und nicht nur sein „Trommler“ zu sein. Er fühlte sich wie Parsifal, der, gerade noch ein *tumber Tor,* den Gral geschaut und seine Bestimmung gefunden hat, die Rolle, die ihm die Vorsehung zuwies. Mit dem ihm eigenen hysterischen Fanatismus steigerte sich Hitler in diese Rolle hinein, ging in ihr auf, bis sie völlig von ihm Besitz ergriffen hatte. Mit traumtänzerischer Sicherheit folgte er dem, was er als seinen höheren Auftrag empfand, und staunte, wie ihm dabei alles zufiel. Unterstützt durch seine reichen Gönner, gesteuert von seinen Hintermännern aus den Reihen der *Thule-Gesellschaft,* des *Bayreuther Kreises* und der *Deutschnationalen* um General Ludendorff wurde aus dem Bierkelleragitator eine lokale Größe, der ungekrönte *König von München.* Längst sprach er im Zirkus Krone vor 6000 Zuhörern, wohin er in einem auffälligen, offenen roten Mercedes kutschiert wurde, ein Geschenk Helene Bechsteins. Er verfügte über eine eigene Privatarmee, die SA oder *Schutzabteilung,* die aus ehemaligen Freikorpsleuten und Angehörigen der *Marinebrigade Ehrhardt* – den Beteiligten des Kapp-Putsches – bestand. Ihr Kommandant war Hauptmann Ernst Röhm, ein Weltkriegssoldat mit eingedrückter Nase und kahlrasiertem Schädel, der zum Amtsnachfolger von Hitlers einstigem Vorgesetzten, Hauptmann Karl Mayr, geworden war. Wie viele von Hitlers Getreuen entstammte auch Röhm dem Dunstkreis der *Thule-Gesellschaft.* Ihm gesellte sich bald das Kampfflieger-Ass Hermann Göring hinzu, dem ein Ruf als letzter Kommodore des legendären *Richthofen-Geschwaders* aus dem Ersten Weltkrieg vorausging. Göring, der aus großbürgerlichen Verhältnissen stammte – sein Vater war von Bismarck zum Reichskommissar für Deutsch-Südwestafrika ernannt worden –, war fortan für die militärische Ausbildung der paramilitärischen Truppe zuständig. Während die SA die Veranstaltungen politischer Gegner aufmischte und bei Hitlers Reden mit dem Gummiknüppel für Ruhe und Ordnung sorgte, bildeten besonders treue SA-Kämpfer im März 1923 eine persönliche Leibwache für den *Führer,* die *Stabswache.* Sie unterschieden sich durch feldgraue Waffenröcke und Windjacken, schwarze Skimützen mit einer silbernen Totenkopfnadel sowie schwarz umrandete Hakenkreuzarmbinden von den üblichen Braunhemden der SA. Sie waren die Vorläufer der späteren SS.

Auch Hitler gab sich, stets mit Reitpeitsche, hohen Stiefeln und Trenchcoat ausgestattet, ein martialisches Erscheinungsbild. Begleitet wurde sein Auftreten als Mischung von Rienzi und Mussolini auf allen Parteiveranstaltungen durch das gleiche *„ebenso heidnische wie militärische Ritual“*[1]: Musikkapellen spielten aufrüttelnde Klänge, wie in einem römischen Triumphzug trugen SA-Männer Fahnen und Standarten mit der von Eckart erdachten Aufschrift „Deutschland erwache!“ herein, skandierten das „Sieg Heil!“ der *Thule-Gesellschaft* und hoben den Arm zum *deutschen Gruß*. Auch der erinnerte an das alte Rom, obwohl Hitler darauf bestand, in *„einer Schilderung des Reichstags von Worms gelesen“* zu haben, dass dort *„Luther ... mit dem alten Deutschen Gruß begrüßt* (wurde), *der anzeigen sollte, dass sie ihm nicht mit der Waffe, sondern in Frieden gegenüberstehen“*[2]. Aus welcher Quelle er auch immer stammte, das suggestive Zeremoniell mit Musik, Fahnen und frenetischen „Heil!“-Rufen sorgte für einen „Großen Auftritt“ und ließ Hitler als starken Mann und Hoffnungsträger erscheinen.

> *„Niemand beschreibt das Fieber, das in dieser Atmosphäre um sich griff ... Mitten durch die schreienden Massen und die schreienden Fahnen kommt der Erwartete mit seinem Gefolge, raschen Schritts, mit starr erhobener Rechten ... die schmalen, bleichen Züge wie von einem besessenen Ingrimm zusammengeballt, kalte Flammen ausschleudernd aus den vorgewölbten Augen, die rechts und links nach Feinden auszuspähen schienen, um sie niederzuwerfen,“*

erinnerte sich Karl Alexander von Müller an den ersten *Reichsparteitag der NSDAP* 1923 in München, um sich zu fragen: *„War es die Masse, die ihm die rätselhafte Kraft eingab? Oder strömte sie von ihm aus zu ihr?“*[3] Auch der millionenfach wiederholte Gruß „Heil Hitler“ hatte eine sakrale Dimension, wie der Religionsphilosoph und Theologe Romano Guardini feststellte:

> *„Religionsgeschichtlich gesehen (ist) der Gruß eine der einfachsten Formen der Frömmigkeit: Gemeinschaft und Begegnung, Beschwörung und Abwehr. Folgerichtig erscheint bei der christlichen Umdenkung des Daseins in ihm der Name des Erlösers, Jesu Christi. An seine Stelle ist der Name Hitlers gesetzt worden. Gewiss, der Gruß wurde in der Regel gedankenlos vollzogen, seinem Sinn nach bedeutet er aber ein Doppeltes. Einmal, dass man dem Manne, dessen Name darin genannt*

wurde, bei jeder Begegnung, d. h. also unzählige Male im Laufe des Tages, Heil zuwünschte. Alle Kraft und alles Glück, das alle Herzen wünschend zu erwirken vermochten, sollte sich auf ihn sammeln. Der Gruß bedeutet aber noch etwas anderes. Nicht nur wurde Hitler Heil zugewünscht, sondern den Begegnenden wurde gewünscht, Hitlers Heil solle über ihn kommen. Gegenbild und Verdrängung dessen, was der Gläubige meint, wenn er dem anderen die Gnade Jesu Christi wünscht.“[4]

Entsprechend pathetisch war die Verkündung seiner Heilsbotschaft, bei der sich Hitler gerne einer biblischen Sprache bediente:

„In grenzenloser Liebe lese ich als Christ und Mensch die Stelle durch, die uns verkündet, wie der Herr sich endlich aufraffte und zur Peitsche griff, um die Wucherer, das Natternund Ottergezücht hinauszutreiben aus dem Tempel! Seinen ungeheuren Kampf aber für diese Welt, gegen das jüdische Gift, den erkenne ich heute, nach zweitausend Jahren, in tiefster Ergriffenheit am gewaltigsten an der Tatsache, dass er dafür am Kreuz verbluten musste.“
„Die Menschen sollen nicht schlafen, sondern sie sollen wissen, dass ein Gewitter heraufzieht. Wir wollen vermeiden, dass auch unser Deutschland den Kreuzestod erleidet! Mögen wir inhuman sein! Aber wenn wir Deutschland retten, haben wir die größte Tat der Welt vollbracht!“[5]

Und manchmal schloss er auch mit einem beherzten *„Das walte Gott! Amen!“*[6]

Die pseudoreligiöse Effekthascherei verfehlte ihre Wirkung nicht. Nicht nur, dass die Bibelsprache den Eindruck erwecken sollte, Hitler sei tatsächlich ein gläubiger Katholik (und damit für Katholiken wählbar), sie ließ ihn selbst auch zum Propheten, zum Reformator oder gar zum Messias werden. Viele der begeisterten Zuhörer traten nach solchen Reden noch am selben Tag der NSDAP bei. Einer von ihnen war der Münchener Gesellschaftslöwe Kurt Lüdecke, der bekannte:

„Durch seine bloße Überzeugungskraft hielt er die Massen und mich mit ihnen gleich einem Hypnotiker in Bann ... Sein

Appell an die deutschen Männer war wie ein Ruf zu den Waffen, das Evangelium, das er predigte, wie eine heilige Wahrheit. Er schien ein zweiter Luther ... Mich durchfuhr eine Begeisterung, die nur mit einem religiösen Bekehrungserlebnis verglichen werden kann ... Ich hatte mich selbst, meinen Führer und mein Anliegen gefunden.“[7]

Anderen erging es ähnlich, und auch sie bemühten biblisches Vokabular. So bemühte Hitlers lebenslanger Bewunderer Otto Wagener gar das Johannesevangelium, als er schrieb:

„Er war nur ‚Wort‘ und sprach mit leuchtenden Augen und strahlendem Blick. Und ich nahm nur das Auge und jenen Logos in mir auf, der aus ihm sprach.“[8]

Bis November 1923 stieg die Anzahl der Parteimitglieder auf über 55.000 an. Dabei war die NSDAP wie eine Sekte organisiert. Jedes Mitglied hatte die Pflicht, vierteljährlich drei neue Mitglieder und einen Abonnenten für den *Völkischen Beobachter* anzuwerben. Zudem musste es die wöchentlichen *Sprechabende* besuchen. Das Parteiabzeichen – das schwarze Hakenkreuz im roten Kreis – war auch in Beruf und Privatleben offen sichtbar zu tragen. Mit einem breit gefächerten Angebot von gemeinsamen Ausflügen, Konzerten, Sonnenwendfeiern und *Deutschen Weihnachtsfeiern* wurden, wie Joachim C. Fest treffend schreibt, *„Sentiment, Erwählungsbewusstsein und das Gefühl der Geborgenheit gegen die dunkle, feindliche Umwelt“*[9] erzeugt. Die Partei sollte, so Hitler, *„diesen breiten, suchenden und irrenden Massen“* eine geistige Heimat schaffen, eine Stelle, *„die ihrem Herzen Ruhe gibt.“*[10] Wie einer Sekte ging es auch ihr darum, ihre Mitglieder der Kirche und Gesellschaft zu entreißen. So enthielt das Programm der *Deutschen Weihnachtsfeier* von 1921 zwar Musik von Beethoven und Schubert sowie den „Gewitterzauber und Einzug der Götter in Walhall“ aus der Wagner-Oper *Rheingold,* eine Hitler-Rede, einen *heiteren* Teil mit bayerischer Volksmusik und den Auftritt eines Komikers, aber, einmal abgesehen von einem *Weihnachtslieder-Potpourri,* nichts Christliches.[11]

Der Putsch

Kaum hatte er den „Segen“ Chamberlains erhalten, glaubte Hitler, dass die Zeit des Redens ein Ende hatte; nach Taten verlangte es ihm. Als die Not am größten schien, noch bevor die angekündigte Währungsreform eine Chance hatte, sie zu lindern, nutzte er die Gunst der finstren Stunde und griff nach der Macht. Als nahezu waschechter bayerischer Bierkelleragitator wählte er dazu den angemessenen Rahmen: den Münchener *Bürgerbräukeller.*

Da den ganzen Sommer 1923 über Gerüchte von einem bevorstehenden Putsch in München kursierten, hatte die Bayerische Landesregierung, wie schon 1920, Gustav von Kahr zum Generalstaatskommissar mit diktatorischen Vollmachten ernannt. Als aus Berlin von der sozialdemokratischen Reichsregierung die Anweisung kam, alle Beteiligten des Kapp-Putsches von 1920 festnehmen und ausliefern zu lassen, weigerte sich der Bayer. Insgeheim bereitete er zusammen mit der Rechten den *„Marsch auf Berlin“,* die Absetzung der *„Novemberverbrecher“* vor, denen auch er die Schuld an der Misere gab. Während er sich mit dem Reichswehrbefehlshaber für Bayern, General von Lossow, und dem Chef der Bayerischen Landespolizei, Oberst Seisser, verbündete, die beide zu einer vorsichtigen Vorgehensweise rieten, drängte Hitler darauf, sofort loszuschlagen. In eschatologischen Tiraden feierte er den bevorstehenden Zusammenbruch:

> *„Dann ist der Tag gekommen, für den diese Bewegung geschaffen wurde! Die Stunde, für die wir Jahre gekämpft haben. Der Augenblick, in dem die nationalsozialistische Bewegung den Siegeszug antreten wird zum Heile Deutschlands! Nicht nur für eine Wahl sind wir gegründet worden, sondern um als letzte Hilfe in der größten Not einzuspringen, wenn dieses Volk angstvoll und verzweifelt das rote Ungeheuer herankommen sieht ... Von unserer Bewegung geht die Erlösung aus, das fühlen heute schon Millionen. Das ist fast wie ein neuer religiöser Glaube geworden!“*[12]

Der Tag, der für den Putsch festgelegt wurde, war der 9. November 1923, ein symbolträchtiger Zeitpunkt. Exakt fünf Jahre zuvor hatte die Revolution in Berlin den Ersten Weltkrieg beendet. Am gleichen Tag hatte Hitler in Pasewalk angeblich sein Augenlicht wiedergewonnen und Rudolf von Sebottendorff in München die *Thule-Gesellschaft* zum Kampf aufgerufen. Doch noch waren sich die Putschisten nicht sicher, ob sie den politischen Abenteurer Hitler überhaupt dabeihaben wollten. Als von Kahr für den Vorabend im *Bürgerbräukeller* eine programmatische Rede ankündigte, ohne ihn dazu einzuladen, musste Hitler befürchten, dass der Staatsstreich ohne ihn stattfinden würde. Das galt es zu verhindern.

So fuhr er dort kurz nach 20.00 Uhr, begleitet von Rosenberg und Drexler, bekleidet mit einem langen schwarzen Gehrock, das Eiserne Kreuz an die Brust geheftet, in seinem roten Mercedes vor, um eines der bizarrsten Kapitel der deutschen Geschichte aufzuschlagen. Kaum hatte von Kahr seine Rede begonnen, tauchten die ersten Lastwagen der SA auf, und 600 Schwerbewaffnete umzingelten den Bierkeller, bereit, ihn auf Befehl zu stürmen. An der Saaltür wartend, griff Hitler nach seinem Bierglas (er trank zur Feier des Tages ausnahmsweise einmal Alkohol) und nahm einen letzten, kräftigen Schluck. Dann ließ er es in einer dramatischen Geste zu Boden fallen, griff nach seiner Pistole und stürmte an der Spitze eines bewaffneten Stoßtrupps den Saal. Während einigen Münchenern vor Schreck ebenfalls die Biergläser aus den Händen fielen, sprang er auf einen Tisch, feuerte einen Schuss in die Decke und rief: „Die nationale Revolution ist ausgebrochen!" Ein herzhaftes Lachen war die Antwort des eher befremdeten Publikums, spottende Stimmen riefen „Mexiko!" oder „Schmierentheater!" Erst als Hitler drohte, auf der Galerie ein Maschinengewehr aufzustellen, begriff die Menge, wie ernst er es meinte. Schließlich kommandierte der Mann mit dem komischen Oberlippenbärtchen, nach wie vor mit gezogener Waffe, von Kahr, von Lossow und Seisser in harschem Ton in einen Nebenraum. Mit einer Mischung von „Zuckerbrot und Peitsche", der Drohung, sie sofort erschießen zu lassen, und der Verheißung neuer Ämter, versuchte er, sie auf seine Seite zu ziehen, doch ohne Erfolg. Erst als er den legendären Weltkriegsgeneral Ludendorff, nach wie vor der ungekrönte König der Rechten, holen ließ, willigten sie notgedrungen ein, mit ihm zusammenzuarbeiten.

Dann kehrte Hitler in den Festsaal zurück. In einer flammenden Rede gelang es ihm, den Spott des Publikums zu ersticken und die Menge zu überzeugen. Von Bayern aus, so verkündete er, sei die deutsche Revolution eingeleitet und die Reichsregierung abgesetzt worden, der Marsch auf Berlin stünde unmittelbar bevor:

„Ich will jetzt erfüllen, was ich mir heute vor fünf Jahren als blinder Krüppel im Lazarett gelobte: nicht zu ruhen und zu rasten, bis die Novemberverbrecher zu Boden geworfen sind, bis auf den Trümmern des heutigen jammervollen Deutschland wieder auferstanden sein wird ein Deutschland der Macht und der Größe, der Freiheit und der Herrlichkeit. Amen!"[13]

Während Hitler, ergriffen von der Größe des Augenblicks und seiner selbst, den Weg in die Nacht antrat, bemühten sich die eben Erpressten um die größtmögliche Schadensminderung. Mit einer öffentlichen Proklamation am nächsten Morgen, der durch eine alarmbereite Polizei Nachdruck verliehen wurde, war der Bierkellerputsch so schnell und überraschend gescheitert, wie er begonnen hatte.

In dem verzweifelten Versuch, die Situation doch noch zu ihren Gunsten zu wenden, organisierten Hitler und Ludendorff hektisch einen Demonstrationszug zur Innenstadt. Man war bereit, alles auf eine Karte zu setzen. Doch schon auf der Höhe der Feldherrnhalle trieb die Polizei die Demonstranten auseinander. Als einige von ihnen das Feuer eröffneten, schossen die Polizisten zurück, und 16 NSDAP-Mitglieder verloren ihr Leben. Sie wurden später als *Märtyrer der Bewegung* geradezu kultisch verehrt. Die Parteifahne, die sie trugen, bekam als *Blutfahne* den Status einer Passionsreliquie. In grandiosem Dünkel setzte General Ludendorff mit aufrechtem Gang, in frisch gebügelter Uniform, die Pickelhaube fest um den Kopf geschnallt und bebend vor Zorn, seinen Weg unbeirrt fort, bis schließlich auch er verhaftet wurde. Hitler dagegen hatte, in einem Anfall von Feigheit, das Weite gesucht. Im Landhaus der Hanfstaengls in Uffing am Staffelsee leckte er sich zwei Tage lang die Wunden und drohte schon, vor Selbstmitleid zu zergehen, bevor er sich endlich, dem Rat der Freunde folgend, der Polizei stellte. Auch Dietrich Eckart und Ernst Röhm, dessen Fahnenträger an diesem Tag ein blasser, bebrillter Student namens Heinrich Himmler war, wurden inhaftiert, Hermann Göring war verwundet worden. Winifred Wagner hatte Grund, sich um ihren Schützling Sorgen zu machen: *„Entweder wird er unser Erretter, oder man lässt ihn, den körperlich Zarten – im Kerker elend untergehen! Dann aber, wehe Deutschland!!!"*[14]

Nur sechs Wochen später, am 23. Dezember 1923, verstarb Dietrich Eckart im Alter von nur 55 Jahren an den Folgen der Haft und seiner Drogensucht. Kurz vor seinem Tod soll Hitlers gnostischer Mentor noch gesagt haben:

> *„Folgt Hitler! Er wird tanzen, aber die Musik zu seinem Tanz habe ich komponiert. Wir haben ihm die Mittel gegeben, mit IHNEN in Verbindung zu treten ... Beklagt mich nicht, ich werde mehr Einfluss auf die Geschichte gehabt haben als jeder andere Deutsche ...“*[15]

Hitler in Landsberg

Der nachfolgende Prozess war eine Farce. Nur allzu offensichtlich sympathisierten der Vorsitzende Richter und die drei Laienrichter mit den Putschisten. Einzig von Lossow, der überrumpelte Reichswehrbefehlshaber, klagte Hitler offen an, bezeichnete ihn mit aller Verachtung als *„taktlos, beschränkt, langweilig, bald brutal, bald sentimental und jedenfalls als minderwertig“* und zitierte ein psychologisches Gutachten über ihn. Habe er noch im Frühjahr 1923 *„betont, er wolle nur Propaganda machen und das Feld bearbeiten für den, der kommen soll“*, gebe er sich jetzt selbst als *„der Berufene“* aus:

> *„Er hielt sich für den deutschen Mussolini ... und seine Gefolgschaft, die das Erbe des Byzantinismus der Monarchie angetreten hatte, bezeichnete ihn als den deutschen Messias.“*[16]

Auf den Vorwurf, er habe bei dem Putsch ein lukratives Ministeramt in Berlin im Auge gehabt, antwortete Hitler mit grenzenloser Arroganz:

> *„Wie klein denken doch kleine Menschen! Nehmen Sie die Überzeugung mit, dass ich die Erringung eines Ministerpostens nicht als erstrebenswert ansehe. Ich halte es eines großen Mannes nicht für würdig, seinen Namen der Geschichte nur dadurch überliefern zu wollen, dass er Minister wird ... Was mir vor Augen stand, das war vom ersten Tage an tausendmal mehr, als Minister zu werden. Ich wollte der Zerbrecher des Marxismus werden. Ich werde diese Aufgabe lösen, und wenn ich sie löse, dann wäre der Titel eines Ministers für mich eine Lächerlichkeit.“*[17]

Entsprechend milde fiel das Urteil aus. Während General Ludendorff freigesprochen wurde, rangen sich die Richter dazu durch, Hitler zumindest zu einer symbolischen Haftstrafe zu verurteilen, um die Reichsregierung in Berlin zu beruhigen. Das Urteil lautete fünf Jahre Festungshaft – mit der Aussicht auf eine Umwandlung in eine Bewährungsstrafe nach Verbüßung von sechs Monaten. Die NSDAP wurde, zumindest pro forma, verboten und aufgelöst; ihre wichtigsten Mitglieder strömten jetzt zur *Thule-Gesellschaft,* die für ein Jahr als „Ersatzpartei" diente. Schrieb das Gesetz vor, lästige Ausländer auszuweisen, verzichtete man darauf ausdrücklich. Wer *„so deutsch denkt und fühlt wie Hitler",* habe ein Recht darauf, in Deutschland zu leben, erklärten die Richter.

Die Urteilsverkündigung wurde zum Triumph für Hitler. Hatte er zuvor noch gefürchtet, standrechtlich erschossen zu werden, wurde er durch den Prozess plötzlich landesweit bekannt und durch das Urteil, trotz aller Milde, zum Märtyrer verklärt. Auch die „Verräter" waren bald identifiziert: General Ludendorff machte fortan „Juden und Jesuiten" für das Scheitern des Putsches verantwortlich.

Die sechs Monate, die Hitler auf der Festung Landsberg verbringen sollte, hatten eher den Charakter einer Klausur als den einer Haftstrafe. An der Wand seiner „Zelle", die eigentlich eine kleine Wohnung mit mehreren Zimmern war, hing ein Lorbeerkranz als Symbol seines Triumphes. Die ganze Zeit über war die Anstaltsleitung geradezu rührend bemüht, den Wünschen ihrer Insassen gerecht zu werden. Während der Mahlzeiten führte Hitler, unter der Hakenkreuzflagge sitzend, den Vorsitz. Die Wärter grüßten ihn respektvoll mit „Heil Hitler!", Mithäftlinge führten ihm den Haushalt, Heß half ihm, die umfangreiche Korrespondenz zu erledigen, man traf sich zu regelmäßigen Besprechungen, Kameradschaftsabenden und langen Spaziergängen im Gefängnisgarten. Obwohl die Besuchszeit für Häftlinge offiziell auf sechs Stunden wöchentlich beschränkt war, empfing Hitler oft sechs Stunden täglich seine angereisten Freunde. Als er am 20. April 1924 seinen 35. Geburtstag feierte, füllten die eingegangenen Geschenke und Blumengrüße aus dem ganzen Reich mehrere Räume. Zeitweise sah es in ihnen aus wie in einem Delikatessenladen: Es stapelten sich Früchte und Weine, Schinken, Würste, Kuchen und Pralinenschachteln. Helene Bechstein schickte ihm sogar ein Grammophon, eine ganze Plattensammlung und eine Schreibmaschine, Winifred Wagner besorgte dazu massenhaft Schreibpapier.

Nicht zu Unrecht galt später das „Gefängnis" als Hitlers erstes *Braunes Haus.*

Besonders berührte Hitler der Brief eines jungen Rheinländers, eines promovierten Philologen, der in der Zeitung von dem Prozess und seinem Schlussplädoyer gelesen hatte und jetzt erklärte:

> *„Was Sie da sagten, das ist der Katechismus eines neuen politischen Glaubens in der Verzweiflung einer zusammenbrechenden, entgötterten Welt ... Ihnen gab ein Gott, zu sagen, was wir leiden. Sie fassten unsere Qual in erlösende Worte."*[18]

Der junge Mann hieß Dr. Joseph Goebbels. Hitler fühlte sich in seinem Innersten verstanden. Kaum war die NSDAP ein Jahr später wieder zugelassen, gründete Goebbels eine Ortsgruppe in Wuppertal-Elberfeld – ausgerechnet dort also, wo auch die erste deutsche Sektion der *Theosophischen Gesellschaft* entstanden war –, die erste außerhalb Bayerns.

Trotz des geschäftigen Tagesablaufs in Landsberg blieb Hitler Zeit zur inneren Sammlung und Reflexion seines bisherigen Weges. Er las viel und verschlang ganze Bibliotheken. Endlich hatte er Zeit, das Gesamtwerk Chamberlains, des Propheten von Bayreuth, zu studieren, außerdem Nietzsche, in dem er einen verwandten Geist erkannte, Schopenhauer und diverse Werke der Esoterik.[19] Dann beschloss er, selbst ein Buch zu schreiben. Genauer gesagt: er diktierte, Heß tippte. Bis spät in die Nacht klapperte Helene Bechsteins Schreibmaschine. „Mein Kampf" entstand.

Mein Kampf

Stilistisch war das Werk mit seinen gedrechselten und verkrampften, wurmartigen und unglaublich schwülstigen Satzmonstern eine Katastrophe, inhaltlich eine Kampfansage an den gesunden Menschenverstand. Kommerziell allerdings war es ein grandioser Erfolg. Mit über zehn Millionen Exemplaren, die bis Kriegsende verkauft wurden, machte es den ehemaligen Obdachlosen zum Multimillionär. Der meist schwarze Ledereinband mit Goldprägung ließ „das Buch der Deutschen" (Verlagswerbung) schon rein äußerlich wie eine Bibel erscheinen, und tatsächlich war es das „Evangelium" der Nazis.

Dass fast jeder Leser nach den ersten Seiten das Buch resigniert beiseite legte, hatte geradezu fatale Folgen. Hätten die Deutschen „Mein Kampf" wirklich gelesen und, so schwer es fiel, ernst genommen, wäre ihnen vielleicht der Terror des Nationalsozialismus erspart geblieben. Doch als 1931 erste warnende Stimmen laut wurden, deren Autoren sich endlich durch die eng gedruckten 782 Seiten der Nazibibel durchgearbeitet hatten[20], war es bereits zu spät.

Obwohl Hitler versicherte,

> *„dem politischen Führer haben religiöse Lehren und Einrichtungen seines Volkes immer unantastbar zu sein, sonst darf er nicht Politiker sein, sondern soll Reformator werden, wenn er das Zeug hierzu besitzt"*[21],

diente diese Phrase wohl nur der Beruhigung seiner politischen und weltanschaulichen Gegner. Jedenfalls war das Buch eine einzige Kampfansage an das christliche ebenso wie an das humanistische Menschenbild und jede Ethik. So warf Hitler der Kirche vor, sich *„am Ebenbilde des Herrn zu versündigen"*, weil sie sich für die Schwachen einsetzt; durch ihr Mitleid würde der Mensch *„zum verkommenen Proleten degenerieren"*. Eine noch größere „Sünde" der Kirche sei die Arbeit der Missionare, ihr Versuch, sich für ihr „Versagen" in Europa, ihre Erzeugung eines *„körperlich verhunzten und damit natürlich auch geistig verlumpten Jammerpacks"* durch *„Erfolg bei Hottentotten und Zulukaffern"* zu entschädigen.[22] Auch Entwicklungshilfe lehnte Hitler vehement ab und bezeichnete sie ebenfalls als „Sünde":

> *„Wie grenzenlos die heutige Menschheit in dieser Richtung sündigt, mag noch ein Beispiel zeigen. Von Zeit zu Zeit wird in illustrierten Blättern dem deutschen Spießer vor Augen geführt, dass da und dort zum ersten Mal ein Neger Advokat, Lehrer, gar Pastor, ja Heldentenor oder dergleichen geworden ist. Während das blödselige Bürgertum eine solche Wunderdressur staunend zur Kenntnis nimmt, voll von Respekt für dieses fabelhafte Resultat heutiger Erziehungskunst, versteht der Jude sehr schlau, daraus einen neuen Beweis für die Richtigkeit seiner den Völkern einzutrichternden Theorie von der Gleichheit der Menschen zu konstruieren. Es dämmert dieser*

> *verkommenen bürgerlichen Welt nicht auf, dass es sich hier wahrhaftig um eine Sünde an jeder Vernunft handelt; dass es ein verbrecherischer Wahnwitz ist, einen geborenen Halbaffen so lange zu dressieren, bis man glaubt, aus ihm einen Advokaten gemacht zu haben, während Millionen Angehöriger der höchsten Kulturrasse in vollkommen unwürdigen Stellungen verbleiben müssen; dass es eine Versündigung am Willen des ewigen Schöpfers ist, wenn man Hunderttausende und Hunderttausende seiner begabtesten Wesen im heutigen proletarischen Sumpf verkommen lässt, während man Hottentotten und Zulukaffern zu geistigen Berufen hinaufdressiert. Denn um eine Dressur handelt es sich dabei, genauso wie bei der des Pudels ... "*[23]

Um der Gerechtigkeit willen sei hinzugefügt, dass selbst einem dressierten Pudel mehr Menschlichkeit und Ästhetik zuzutrauen ist als diesem Vergewaltiger der deutschen Sprache. Der Autor, der sich als *„Angehöriger der höchsten Kulturrasse"* und eines der *„begabtesten Wesen"* des *„ewigen Schöpfers"* sah, der sich mit ebenso schamloser wie grenzenloser Arroganz über das *„blödselige Bürgertum"* sowie die als *„Hottentotten und Zulukaffern"* bezeichneten Afrikaner erhob, offenbarte seinen künftigen Opfern zumindest, dass bei ihm jede Dressur oder Erziehung vergebens war, ihn nichts aus dem tiefsten und verkommensten *„proletarischen Sumpf"* zu holen vermochte. Der Unmensch zeigte sein wahres Gesicht; doch wer konnte es ertragen, solche Ergüsse zu lesen?

Jedenfalls machte Hitler auch in „Mein Kampf" klar, dass es ihm um mehr ging als eine reine Ideologie, nämlich um ein *„politisches Glaubensbekenntnis"*, das er mit den Dogmen der Kirche verglich und aus dem er einen *„politischen Glauben"*[24] formen wollte, eine neue Religion und Heilsbotschaft: *„Sorgen aber muss sie dafür, dass wenigstens in unserem Lande der tödliche Gegner* (gemeint ist der Jude) *erkannt und der Kampf gegen ihn als leuchtendes Zeichen einer lichteren Zeit auch den anderen Völkern den Weg weisen möge zum Heil einer ringenden arischen Menschheit ... Die heilige Pflicht, so zu handeln, gebe uns Beharrlichkeit, und höchster Schirmherr bleibe unser Glaube."*[25] Die Umsetzung einer *„allgemeinen weltanschauungsmäßigen idealen Vorstellung von höchster Wahrhaftigkeit in eine bestimmt begrenzte, straff organisierte, geistig und willensmäßig* *einheitliche politische Glaubens- und Kampfgemeinschaft"* (sprich: einer politischen Religion in eine Partei oder Bewegung) sei die *„bedeutungsvollste Leistung",* zu der *„aus dem Heer von oft Millionen Menschen",* die *„diese Wahrheiten ahnen ... e i n e r* (im Original gesperrt) *hervortreten* (muss), *um mit apodiktischer Kraft aus der schwankenden Vorstellungswelt der breiten Masse granitene Grundsätze zu formen".* Dieser Eine, womit sich Hitler zweifellos selbst meinte, müsse bis ans Ende für die Durchsetzung dieser Dogmen kämpfen, bis sich *„aus dem Wellenspiel einer freien Gedankenwelt ein eherner Fels"*, ein einheitlicher Glaube erhebt.[26] So hatte sich Hitler selbst zum Programmatiker und Propheten einer neuen Religion ernannt.

Doch kaum war er am 20. Dezember 1924 vorzeitig aus der ach so qualvollen Festungshaft entlassen worden, fraß der *Wolf* Kreide in rauhen Mengen und legte sich einen Schafspelz zu. Hitler hatte begriffen, dass jeder Versuch, durch eine Revolution die Macht an sich zu reißen, unweigerlich scheitern musste. Es galt daher, den „Marsch durch die Institutionen" anzutreten, sich mit den Autoritäten des verhassten Staates zu verbünden, um sie dann im geeigneten Augenblick auszuschalten. Kaum waren die Weihnachtstage vorüber, nämlich am 4. Januar 1925, wurde der entlassene Sträfling von Bayerns Ministerpräsidenten Dr. Heinrich Held empfangen, dem er hoch und heilig versprach, nie mehr zu putschen. Offenbar wurde er beim Wort genommen, jedenfalls war die NSDAP nur sieben Wochen später wieder zugelassen. Auch der *Völkische Beobachter* mit Alfred Rosenberg als neuem Chefredakteur kam wieder auf den Markt. Da Held der streng katholischen Bayerischen Volkspartei angehörte, warfen Kritiker aus dem völkischen Lager – darunter auch General Ludendorff – Hitler vor, er habe wohl seinen „Frieden mit Rom" gemacht. Seine Antwort war eindeutig: Er könne *„es sich nicht leisten, seinen Gegnern vorher anzukündigen, dass er sie totschlagen wolle."*[27] Stattdessen brach er mit vielen von denen, die ihn gemacht, die auf ihn gesetzt hatten. Um von der breiten Masse anerkannt zu werden, das begriff er jetzt, musste er raus aus den verstaubten Hinterzimmern der rauschebärtigen Wotanisten, sich befreien von ihrer verschrobenen Diktion, so sehr er sich ihre Ziele auch zu eigen gemacht hatte. Mit elitären Armanen-Orden, versponnenen Professoren und überspannten Esoterikern, so wusste er, ließ sich keine Breitenwirkung erzielen, keine Wahl gewinnen, nicht das Herz eines Volkes erobern. Verklärten die Völkischen eine vorchristliche Vergangenheit, so strebte er nach einer Zukunft ohne Judentum und Katholizismus. Dazu aber musste er zunächst den „Weg durch die Institutionen" gehen und seinen Hinterzimmer-Stallgeruch loswerden. Das gelang am besten, wenn er sich als möglichst modern und für alle Schichten wählbar präsentierte, wenn er die Sprache des 20. Jahrhunderts sprach. So distanzierte er sich in „Mein Kampf" sogar ausdrücklich *„von der Weltfremdheit und besonders der Unkenntnis der Volksseele dieser völkischen Johannesse des zwanzigsten Jahrhunderts"*[28], um ihnen gleichzeitig die Rolle des „Vorläufers" einzuräumen. Zu gut wusste er zwischen Esoterik und Exoterik zu unterscheiden, zwischen den Zielen, die er vertrat, und ihrer effektvollsten „Verpackung". So wurde der Nationalsozialismus vom politischen Instrument der Völkischen zu einer eigenständigen politischen Religion, die jetzt ganz auf Adolf Hitler ausgerichtet war, den Erfüller und Vollstrecker ihrer Ziele. Und um bei seiner eigenen Metaphorik zu bleiben und Johannes den Täufer zu zitieren: Er musste jetzt wachsen, sie aber kleiner werden (siehe Joh 3,30). Ihre Aufgabe als Wegbereiter und Steigbügelhalter hatten sie bald erfüllt.

Hitlers grenzenloser Ehrgeiz reichte jetzt weit über Bayern hinaus. Den Landshuter Apotheker Gregor Strasser beauftragte er, die NSDAP auch im Norden aufzubauen, wobei ihn der Leiter des *Gaues Rheinland-Nord,* Dr. Joseph Goebbels, tatkräftig unterstützte. Hitler selbst dagegen tat nicht nur alles, um wie ein gezähmtes Raubtier zu wirken, er entzog sich zeitweise ganz den Blicken und Schritten der Sterblichen.

Der Mythos vom Untersberg

Anfang 1923, nur wenige Monate vor Hitlers Weihe in Bayreuth, hatte Dietrich Eckart ihn in ein letztes Geheimnis eingeweiht. Die beiden Männer fuhren mit dem Zug nach Berchtesgaden, wo sie in der *Pension Moritz* am Hange des Obersalzberges abstiegen; Hitler trug sich unter dem Namen „Herr Wolf" ein. Von der Pension aus hatten sie einen herrlichen Blick auf das Massiv des Untersberges, dessen Geschichte Eckart seinem Schüler in den nächsten Tagen erzählte. Über den Untersberg heißt es in einem Bericht aus dem Jahre 1558:

„Dieser Perg wirth nit allein in der heilligen Schrift genenet ... disen Namen hat er darum weillen so, vill wuntherliche Sachen und Geschichten in und auf dem Perg geschehen seint.“[29]

Auch ein Reisebericht aus dem Jahre 1829 folgt dieser eigenwilligen Etymologie: *„Dieser Berg verdient ... den Namen Wunderberg.“*[30] Der Sage nach ist der Untersberg ausgehöhlt und mit Palästen, Kirchen, Klöstern, Goldminen und Silberquellen versehen. Er werde, so heißt es, von Riesen und Zwergen bewohnt. Nachts höre man manchmal in seinem Innern Schlachtenlärm, und wenn zur Geisterstunde die Riesen zum Gipfel emporstiegen, sei der Berg wie von Feuerflammen umgeben.[31] Das größte Geheimnis des *Wunderberges* aber sei der Kaiser, der einst in sein Inneres entrückt worden war. In einer Version der Sage ist es Karl der Große, in einer anderen Friedrich Barbarossa, wobei die Untersbergsage als bayerische Version der Kyffhäusersage erscheint. Zwei Raben umkreisen in seinem Auftrag den Gipfel des Berges, um nach dem Rechten zu sehen. Die Untersbergmännlein (oder Zwerge) sind die Untergebenen und Vollstrecker der Befehle dieses Kaisers. Wenn in Deutschland ein Krieg ausbricht, erscheinen sie in Rüstung und Waffen. Weiter heißt es:

„Wenn dereinst der Erbfeind kommt und Deutschland in der größten Not ist, wird auf den Walserfeldern eine Völkerschlacht geschlagen. Dann ist des Kaisers Bart dreimal um den Tisch gewachsen, an dem er sitzt, und er rückt mit seinem ganzen Heere aus dem Untersberg heraus, und es wird ein großes Gemetzel sein, dass den Kriegern das Blut bei den Schuhen hineinrinnen wird. Der Kaiser aber geht siegreich hervor und hängt nach der Schlacht seinen Schild in der Nähe des ‚Himmelreichs' an den Birnbaum, der schon so oft umgehauen, aber stets wieder neu emporgewachsen ist. Danach kommt das Ende der Welt.“[32]

Guido von List, der Wiener Ariosoph, vermutete in der Kaisersage, wohl nicht zu Unrecht, heidnische Wurzeln. Die Raben deuteten darauf hin, dass ursprünglich Wotan im Untersberg („Wotansberg“?) residierte. So prophezeite er schon 1911 in gewohntem Pathos:

„Noch fliegen nur die Raben um den Untersberg, in dem der Armanengeist seiner Wiedergeburt entgegensieht, aber die Zeichen mehren sich, woraus es zu erkennen ist, dass die Zeit nahe ist, in welcher dessen Tor sich öffnen muss für den Auszug der Wiedergeborenen, für den ‚Starken von oben', der da kommen wird ... um das erneute Armanenrecht allen Völkern zu geben für die werdende kommende Zeit."[33]

Damit wurde der Untersberg zum Kyffhäuser der Völkischen, zu dem Ort, von dem aus der *Kommende,* der *Starke von oben,* zur Rettung des deutschen Volkes antreten müsse, um das neue Reich zu errichten. Hier, so verriet eine Prophezeiung aus dem 16. Jahrhundert, auf dem Walserfeld westlich von Salzburg am Fuße des Untersberges, würde schließlich die Endzeitschlacht gegen den Antichristen ausgefochten, die *„Streitmacht der Lüge, des Verrats, der Falschheit, Bosheit und jeglicher Schande endgültig vernichtet"*.[34] Toni Blum veröffentlichte 1912 das Singspiel „Ein Sang vom Untersberg" zur Sage vom schlafenden Kaiser Karl, das mit dem Hymnus *„Heil dir, du heil'ges deutsches Reich"*[35] endet.

Kaum war er aus der Festungshaft entlassen, zog es Hitler wieder an diesen schicksalsträchtigen Ort, an dem sein Meister Eckart 1923 bestattet worden war. Zunächst mietete er das Landhaus *Wachenfeld* eines Hamburger Kaufmanns, wahrscheinlich vermittelt von Helene Bechstein, die ganz in der Nähe ihr eigenes Anwesen hatte. Aus Wien ließ er seine Halbschwester Angela Raubal zusammen mit ihrer 17jährigen Tochter Geli kommen, um ihm den Haushalt zu führen. Hier fand er die Ruhe, den zweiten Band von „Mein Kampf" zu diktieren. Als das Buch genügend Tantiemen abwarf, war er in der Lage, das *Haus Wachenfeld* zu kaufen. Während des Dritten Reiches wurde es zum festungsartigen *Berghof* ausgebaut, dessen Haupthaus mit einem riesigen, versenkbaren Panoramafenster versehen war, das den Blick auf den Untersberg freigab. Das Fenster war Hitlers ganzer Stolz, und oft wartete er dort nächtelang auf ein Zeichen des Kaisers im Berg. So erklärte er seinem Leibarchitekten Albert Speer, der ihn ab 1935 regelmäßig auf dem Obersalzberg besuchte: *„Sehen Sie den Untersberg da drüben. Es ist kein Zufall, dass ich ihm gegenüber meinen Sitz habe."*[36] Hier war es, wo Hitler und seine Getreuen in der Nacht vom 23. auf den 24. August 1939 ein letztes Zeichen erhielten, das sie ermutigte, den Angriff auf Polen zu starten. Speer erinnert sich:

„In der Nacht standen wir mit Hitler auf der Terrasse des Berghofes und bestaunten ein seltsames Naturschauspiel. Ein überaus starkes Polarlicht überflutete den gegenüberliegenden, sagenumwobenen Untersberg für eine lange Stunde mit rotem Licht, während der Himmel darüber in den verschiedensten Regenbogenfarben spielte. Der Schlussakt der Götterdämmerung hätte nicht effektvoller inszeniert werden können. Gesichter und Hände eines jeden waren unnatürlich rot gefärbt. Unvermittelt sagte Hitler, zu einem seiner militärischen Adjutanten gewandt: ‚Das sieht nach viel Blut aus. Dieses Mal wird es nicht ohne Gewalt abgehen.'"[37]

So war es nur folgerichtig, dass Hitler zumindest zeitweise überzeugt war, vom Obersalzberg aus doch noch den Endsieg erringen zu können. Er hatte geplant, an seinem 56. Geburtstag, dem 20. April 1945, Berlin zu verlassen und die letzten Überbleibsel des Dritten Reiches von seiner Bergfestung aus zu verteidigen. Deshalb wurde ein Großteil seines persönlichen Haushalts, darunter auch – wie im ersten Kapitel bereits ausgeführt – seine private Bibliothek, in den letzten Kriegswochen nach Berchtesgaden gebracht. Zeitweise war es sein Wunsch, am Untersberg begraben zu werden. Doch am Ende musste auch er begreifen, dass er eben nicht der *Kommende,* der *Starke von oben* war, sondern nur ein anmaßender Hochstapler.

Der Propagandist

Doch noch wurde eifrig an der Führerlegende gestrickt, sie zu einem regelrechten *Führerkult* ausgebaut. Dessen wichtigster Urheber war Dr. Joseph Goebbels, der zum ersten Mal Hitler während der Haft in Landsberg seine abgöttische Verehrung ausgesprochen hatte. 1897 im niederrheinischen Rheydt geboren, entstammte Goebbels einer kleinbürgerlichen, streng katholischen Familie. Eine Knochenmarkentzündung im Alter von vier Jahren hatte zur Verkümmerung seiner rechten Unterschenkelmuskulatur und zur Bildung eines Klumpfußes geführt. Die Behinderung prägte das Seelenleben des Jungen, löste lebenslange Minderwertigkeitskomplexe, die er durch krankhaften Ehrgeiz und Allmachtsphantasien zu kompensieren versuchte, religiöse Zweifel und Selbsthass aus. Zwar war Goebbels aufgrund seiner Behinderung kriegsuntauglich, doch er verfolgte den Verlauf des Ersten Weltkrieges, von dem er sich die Geburt eines neuen Deutschlands erhoffte, mit großer Anteilnahme. Er studierte in Heidelberg Literatur und Philosophie, las die Schriften der Romantiker und begann, sich mit ihren Träumen und Idealen zu identifizieren. Der Ausgang des Krieges stürzte ihn in eine tiefe Sinnkrise und entfremdete ihn vollends vom *„Glauben seiner Kindheit“* an einen gerechten Gott. In einer selbstverfassten *biblischen Tragödie* mit dem Titel „Judas Iscariot“ ließ er den Verräter Jesu als „Außenseiter“ und „Schwärmer“ auftreten, der die *„frommen Sprüche“* leid war und sich nach einem *„neuen, schier unermesslichen Reich“* auf Erden sehnte.[38] Die autobiographischen Züge der Judasfigur waren unverkennbar. Von tiefen Zweifeln am Christentum erfüllt, blieb Goebbels fortan selbst zu Weihnachten der Kirche fern, verstand sich aber dennoch als *„der Gottsucher, der Mystiker, der Romantiker“* im Glauben an *„einen Gott, der vom Einzelnen mystisch erlebt wird.“*[39]

In seiner 1921 verfassten Dissertation, die sich mit der „Geschichte des Dramas der Romantischen Schule“ befasste, stellte er erstmals eine Verbindung zwischen der mystischen Gottsuche und der Sehnsucht nach einem Führer her. Zeitgleich entwickelte er antisemitische Neigungen und setzte das Judentum mit dem den Romantikern und Mystikern verhassten Materialismus gleich. Die Lektüre von Chamberlains „Grundlagen“ und der Schriften Richard Wagners fanatisierten ihn vollends. Fortan galten ihm die Juden als „Antichristen“ und das Böse schlechthin. Als er im Sommer 1924 zu politisieren begann, verdichtete sich seine persönliche Führersehnsucht; so schrieb er am 4. Juli 1924 in sein Tagebuch in geradezu biblischer Sprache:

> *„Deutschland sehnt sich nach dem Einen, dem Mann, wie die Erde im Sommer nach Regen. Uns rettet nur noch letzte Sammlung der Kraft, Begeisterung und restlose Hingabe. Das sind alles ja Wunderdinge. Aber kann uns nicht nur noch ein Wunder retten? Herr, zeig dem deutschen Volke ein Wunder! Ein Wunder!! Einen Mann!!! Bismarck, sta(nd) up!“*[40]

Dann erfuhr er von Hitler. War er der Erwartete? Nach der Lektüre von „Mein Kampf“ schrieb Goebbels in sein Tagebuch: *„Ich* *lese Hitlers Buch zu Ende. Mit reißender Spannung! Wer ist dieser Mann? Halb Plebejer, halb Gott! Tatsächlich der Christus, oder nur der Johannes?"*[41] Die religiöse Terminologie ist kein Zufall, die gesamten „Tagebücher" sind davon durchzogen. Goebbels trat der NSDAP bei, plante, seine Lokalvertretung in Elberfeld zum *„Mekka des deutschen* (National-) *Sozialismus"* auszubauen, wollte selbst *„ein Apostel und Prediger sein"* und notierte: *„Ich beginne wieder zu glauben"*.[42] Trotz zeitweiser Zweifel erlag er schließlich ganz dem Charisma Hitlers *(„So ein Brausekopf kann mein Führer sein. Ich beuge mich dem Größeren, dem politischen Genie"*[43]), um schließlich zu jubeln: *„Adolf Hitler, ich liebe Dich, weil Du groß und einfach zugleich bist."*[44] Konfrontiert mit der frühen Hitler-Begeisterung *(„Die Berliner stehen vor seinem Hotel und singen. Ergreifend: ‚Hitler wird uns führen einst aus dieser Not!'"*[45]) und bewegt von der Heilsbotschaft des „Retters" *(„Hitler spricht. Von Politik, Idee und Organisation. Tief und mystisch. Fast wie ein Evangelium. Schaudernd geht man mit ihm an den Abgründen des Seins vorbei. Das Letzte wird gesagt. Ich danke dem Schicksal, dass es uns diesen Mann gab"*[46]), machte er sich auf seine eigene, persönliche Pilgerfahrt zu den Anfangsstätten des Nationalsozialismus. In Bayreuth traf er Chamberlain *(„Erschütternde Szene: Chamberlain auf einem Ruhebett. Gebrochen, lallend, die Tränen stehen ihm in den Augen. Er hält meine Hand und will mich nicht lassen. Wie Feuer brennen seine großen Augen. Vater unseres Geistes, sei gegrüßt. Bahnbrecher, Wegbereiter! Ich bin im Tiefsten aufgewühlt ... Du bist bei uns, wenn wir verzweifeln wollen"*[47]), verliebte sich in Winifred Wagner *(„Ein rassiges Weib. So sollten sie alle sein. Und fanatisch auf unserer Seite"*[48]) und erinnerte sich seiner „Jugenderweckung" bei Wagners *Tannhäuser*. In Berchtesgaden zog es ihn zum Grabe Dietrich Eckarts, den er prompt mit dem im Untersberg schlafenden Kaiser verglich *(„Ein breiter Hügel, mit Geranien und Vergissmeinnicht übersät. Darunter ... Eckart! Droben in den Bäumen schlagen Vögel. Nachts singt hier die Nachtigall ... Und Dietrich Eckart schläft!"*[49]). Unweit des Grabes, im *Haus Wachenfeld,* hatte er schließlich seine persönliche Hitler-Apotheose:

> *„Der Chef* (Hitler) *spricht über Rassenfragen. Man kann das so nicht wiedergeben. Man muss dabeigesessen haben. Er ist ein Genie. Das selbstverständlich schaffende Instrument eines*

„Es lebe Deutschland", Gemälde von K. Stauber, ca. 1935: Hitler als „deutscher Messias"; am geöffneten Himmel schwebt, statt der Taube des Heiligen Geistes, ein schwarzer Adler.

Franz Stassen: Die jüdische Kundry verlacht einen blonden, „germanischen“ Christus (1930)

Franz Stassen: Ein blonder Par. erhebt den Gral mit dem erlöser Blut (undatiert)

Fidus: Lichtgebet zeigt den erlösten blonden Gottmenschen

Werfenstein, die Gralsburg de Neutempler

Die Abtei Lambach;
hier ging Hitler zur Schule

Hitlers Elternhaus in Leonding,
neben dem Friedhof

Das Grab der Eltern Hitlers

Das „Hagn-Kreuz" von Lambach

Monumentale Liturgie: der Nürnberger Parteitag 1938

Oben: Hommage an Atlantis: Wagen auf dem dritten Festumzug „2000 Jahre deutscher Kultur“, München 1939
Unten: SS-Vereidigung in München am 9. November 1938

Hitler als Gralsritter: Gemälde von Hubert Lanzinger, 1937

Ordensburg Sonthofen im Allgäu

*Freier Blick auf den sagenhaften Untersberg:
das große Fenster von Hitlers „Berghof“*

Himmlers Wewelsburg in Ostwestfalen

Frappierende Ähnlichkeit: die Wewelsburg…

… und die Katharerburg Montsé

Der „Gruppenführersaal" im Mittelgeschoss des Nordturms der Wewelsburg mit der „Schwarzen Sonne"

Den Toten geweiht: die Krypta d Nordturms der Wewelsburg

lers Eltern: seine Mutter Klara, sein Vater Alois

Oben: Der kleine Führer: Foto der 4. Klasse in Leonding, Hitler oben in der Mitte. Rechts: Der Versager: Foto der 1. Realschulklasse in Linz, Hitler rechts außen

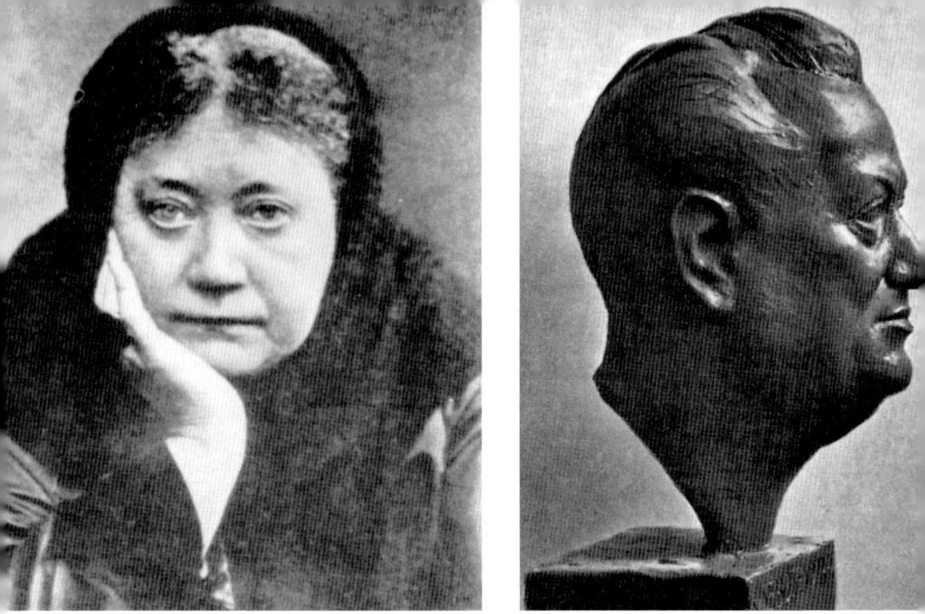

Hitlers okkulte Vordenker: Helena Petrowna Blavatsky (links), Rudolf von Sebottendorff, Gründer der Thule-Gesellschaft (rechts)

Guido „von“ List (links), „Georg“ Adolf J. Lanz „von Liebenfels“ (rechts)

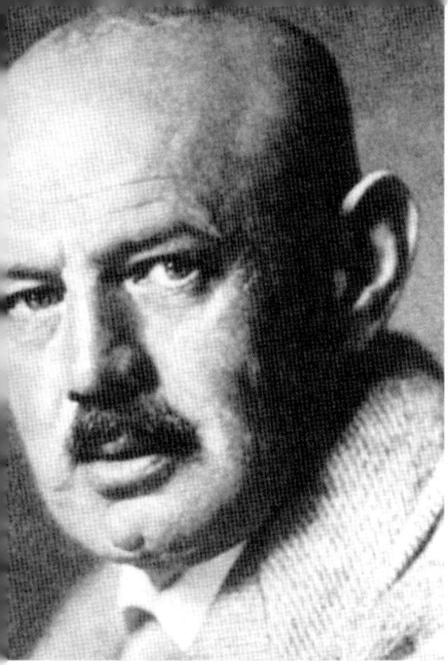

Dietrich Eckhart, Hitlers gnostischer Mentor

Hitler in einstudierter Propheten-pose im Studio seines Leibfotografen Hofmann

Hitler mit „Kampfgefährten“ im Münchener Bürgerbräukeller

Hitler und Rudolf Heß

Hitler und Alfred Rosenberg (links, mit Hut) im November 1923

Hitler und HJ-Führer Baldur von Schirach

selbsternannte Erlöser:
tler und seine Jünger

Oben: Ein Altar für den „Führer", 1935

Rechts: Entwurf für ein Propagandaplakat, von Hitler abgezeichnet: im Hiintergrund die Gralsburg, darüber schwebend die Gralsschale

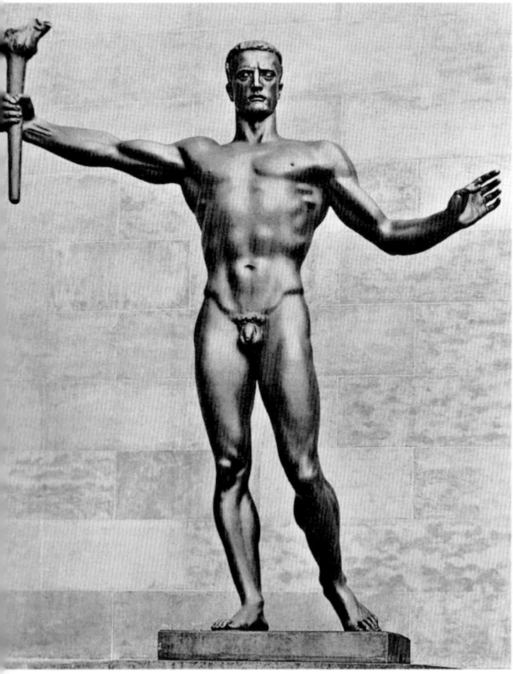

Links: „Partei" von Arno Breker, 1939. Rechts: „Der neue Mensch" in der Kunst des 3. Reiches: „Bereitschaft" von Arno Breker, 1939

Oben links: Stätte „arischer Mysterien“: Bayreuth 1936. Oben rechts: Nationalsozialistische „Kreuzwegsprozession“ in München am 9. November 1936 im Gedenken an die November-Märtyrer

Brauner Lichtzauber: Hakenkreuz aus Fackeln bei Sonnwendfeier 1938

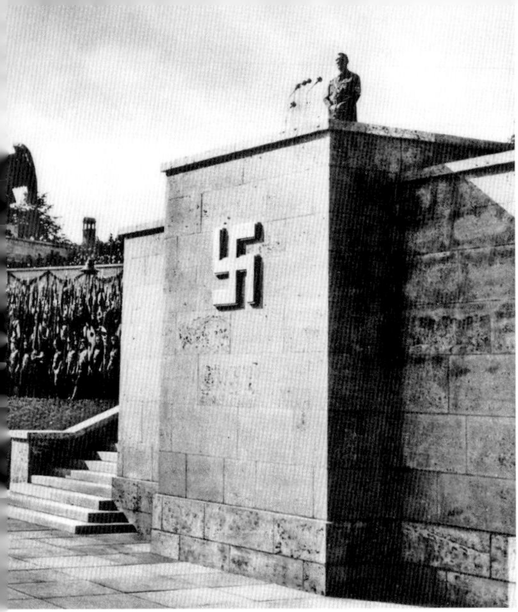

Hitler auf dem Nürnberger Parteitag 1935

Standartenweihe mit der „Blutfahne". Rechts: Speers „Lichtdom" auf dem Nürnberger Parteitag 1936

Hitler und die Masse: eine unio mystica, inszeniert auf dem Nürnberger Parteitag 1935

Links: Ein offener Tempel für die „November-Märtyrer“: die „ewige Wache“ in München. Rechts: Faschistischer Freilufttempel: das Nürnberger Parteitagsgebäude, von Speer gestaltet

Die „Große Halle“: Hitlers monumentaler Gralstempel nach einem Modell von Speer

Links: Modell des geplanten „Obergruppenführersaals" im Obergeschoss des Nordturms der Wewelsburg. Rechts: Himmler und sein Adjutant Wolff im Hof der Wewelsburg

Der von „Weisthor" entworfene SS-Ring

Bühnenbild für den Gralstempel im „Parsifal"

ımler an der Gruft Heinrichs I.
im Quedlinburger Dom

Himmler (links) und „Weisthor"
(rechts) vor der Wewelsburg

Speer und Gral; Modell des geplanten „SS-Vatikans"
rund um die Wewelsburg

Unter dem Hakenkreuz: die SS-Tibet-Expedition

Für den „neuen Menschen“
die NS-Ordensburg Vogelsan
ihr „Kultraum“ (oben)

Gnostischer Antisemitismus: „I
Vater der Juden ist der Teufe
NS-Propaganda auf einer Lai
straße in Franken, 1935. Pa
Pius XI., Kardinalstaatssekre
Pacelli (links) Rechte Se

Augen zu und durch: die Bischöfe Bornewasser und Sebastian mit Frick und Goebbels beim Hitlergruß, 1935

Papst Pius XII. segnet nach seiner Krönung die Gläubigen vom Balkon des Petersdomes

Jüdische Flüchtlinge wurden in der Papstresidenz Castelgandolfo vor den Nazis versteckt

> *göttlichen Schicksals. Ich stehe vor ihm wie erschüttert. So ist er: wie ein Kind, lieb, gut, barmherzig. Wie eine Katze, listig, klug und gewandt, wie ein Löwe, brüllend-groß und gigantisch. Ein Kerl, ein Mann. (...) er predigt den neuen Staat und wie wir ihn erkämpfen. Wie Prophetie klingt das. Droben am Himmel formt sich eine weiße Wolke zum Hakenkreuz. Ein flimmerndes Licht steht am Himmel, das kein Stern sein kann. Ein Zeichen des Schicksals?*“[50]

Die Anspielungen auf den Stern von Bethlehem und die Kreuzesvision des römischen Kaisers Konstantin des Großen sind kein Zufall. Hatte Konstantin während seiner Vision vor der Schlacht an der Milvischen Brücke im Oktober des Jahres 312 die Worte „*In hoc signo vinces!*“ („In diesem Zeichen sollst du siegen“)[51] vernommen, stand auch für die Gefolgsleute des Hakenkreuzes fest, dass sie in ihrem Zeichen siegen würden. Hitler selbst bezeichnete es blasphemisch als „*das Kreuz der Erlösung und das Kreuz der Freiheit*“[52] und verhieß: „*Wir aber werden in unserem Zeichen wieder siegen!*“[53]

Seinen persönlichen Weg zu Hitler thematisierte Goebbels in seinem Tagebuchroman „Michael. Ein deutsches Schicksal in Tagebuchblättern“, der 1929 im NSDAP-eigenen Verlag Franz Eher Nachf. erschien, der auch „Mein Kampf“ herausgegeben hatte. Das stark autobiographische Werk war zugleich Goebbels' Abrechnung mit dem Christentum. Die Konfessionen, so ließ er den Protagonisten sagen, hätten versagt, sie würden „*jede Bildung eines neuen religiösen Willens verhindern*“. Ganz ohne die Kirche würden die Deutschen „*auch im Religiösen einmal herrlich erwachen*“. Bis dahin aber solle man der „*breiten Masse ihre Götzen lassen, bis man ihnen einen neuen Gott geben kann.*“[54]

Wie gewohnt verknüpfte Goebbels auch in diesem Buch Ideologie und Religion. Die Deutschen seien das „*Herrenvolk der Welt*“, das durch „*Krieg*“ und „*Kampf*“ eine neue Ordnung schaffen müsse. Auf dem Weg dorthin gelte „*das neue Prinzip, das bedenkenlose Aufgeben, sich Opfern, die Hingabe zum Volk*“, die er für religiöse Akte hielt: „*Die Idee des Opfers gewann zum ersten Mal in Christus sichtbare Gestalt.*“[55] Christus zu lieben hieße auch, die Juden zu hassen: „*Christus ist das Genie der Liebe, als solches der diametralste Gegenpol zum Judentum, das die Inkarnation des Hasses darstellt.*“[56] Die Juden waren für ihn die Verkörperung des Teufels, die Deutschen das auserwählte Volk Gottes: *„Wer den Teufel nicht hassen kann, der kann auch Gott nicht lieben. Wer sein Volk liebt, der muss die Vernichter seines Volkes hassen."*[57] So bezeichnete er die Nationalsozialisten als *„Christussozialisten"*[58] und stellte fest: *„Die deutsche Gottesfrage ist nicht von Christus zu trennen. Wir haben unseren eigentlichen Zusammenhalt mit Gott verloren ... Volk ohne Religion, das ist so wie Mensch ohne Atem."*[59]

Seine Suche nach dieser neuen Religion, seine Sehnsucht nach Erlösung, führten „Michael" alias Joseph Goebbels schließlich zu seinem Führer, eine Begegnung, die auch im Roman den Charakter einer Gottesoffenbarung hatte:

> *„Der da oben spricht, wälzt Quader auf Quader zu einem Dom der Zukunft. Was in mir seit Jahren lebte, hier wird es Gestalt und nimmt greifbare Form an. Offenbarung! Offenbarung! ... Das ist kein Redner, das ist ein Prophet! ... Der da oben schaut mich einen Augenblick an. Diese blauen Augensterne treffen mich wie Flammenstrahlen. Das ist Befehl! Von diesem Augenblick an bin ich wie neugeboren ... Ich weiß, wohin mein Weg geht ... Er ist die schaffende Kraft des Schicksals und der Götter."*[60]

Eingeweiht in die politische Gnosis des *„Offenbarers"*, *„erkennt"* „Michael", dass Selbsterlösung die Voraussetzung für die politische Aktion ist: *„Wenn ich mich selbst erlöse, dann erlöse ich mein Volk"*[61] wurde sein Motto, und am Ende jubelte er: *„Ich habe mich selbst erlöst: In mir machte ich den deutschen Menschen frei"*[62]:

> *„Ich stehe auf, ich habe Kraft,*
> *Tote zu erwecken.*
> *Sie wachen auf aus tiefem Schlaf,*
> *Nur wenige erst, doch mehr und mehr.*
> *Die Reihen füllen sich, ein Herr steht auf,*
> *Ein Volk, eine Gemeinschaft.*
> *Gedanke bindet uns,*
> *Wir sind vereint im Glauben,*
> *Im starken Willen*
> *Nach junger Form und Fülle der Verheißung*
> *Und werden so das neue Reich gestalten."*[63]

Der reale Dr. Joseph Goebbels muss auf dem Obersalzberg ein ähnliches Erweckungserlebnis gehabt haben. Jedenfalls stand von diesem Tag an für ihn fest: *„Ja, diesem Mann kann man dienen. So sieht der Schöpfer des dritten Reiches aus.“*[64] Damit wurde er zum Apostel dieses selbsternannten deutschen Messias und verkündete seine vermeintliche Heilsbotschaft, die, wie er glaubte, das traditionelle Christentum ersetzen würde:

> *„Was ist uns heute das Christentum? Nationalsozialismus ist Religion. Es fehlt nur noch das religiöse Genie, das alte überlebte Formeln sprengt und neue bildet. Der Ritus fehlt uns. Nationalsozialismus muss auch einmal Staatsreligion der Deutschen werden. Meine Partei ist meine Kirche, und ich glaube, dem Herrn am besten zu dienen, wenn ich seinen Willen erfülle und mein unterdrücktes Volk von den Sklavenketten befreie. Das ist mein Evangelium.“*[65]

Nationalsozialistische Liturgie

Goebbels war es, der der politischen Pseudoreligion des Nationalsozialismus ihre Riten schenkte. Die Parteitage wurden ihm zu „Hochämtern“, die SA-Appelle zu „religiösen Feiern“. Er perfektionierte den bereits in der Frühzeit der NSDAP festgelegten Ritus von Hitlers öffentlichen Auftritten, plante fortan jedes kleinste Detail mit größter Sorgfalt: die Größe der Versammlungen, das *Timing* und die Regie der Fahnenaufzüge, Marschrhythmen und ekstatisch angestimmten Heilrufe ebenso wie die Route und die vermeintliche Verspätung des Hauptredners, die nur ein Vorwand war, um die Spannung bis ins Unendliche zu steigern.

> *„Der überragenden Redekunst einer beherrschenden Apostelnatur wird es nun leichter gelingen, Menschen dem neuen Wollen zu gewinnen, die selbst bereits eine Schwächung ihrer Widerstandskraft in natürlichster Weise erfahren haben, als solche, die noch im Vollbesitz ihrer geistigen und willensmäßigen Spannkraft sind“*[66],

hatte Hitler unverblümt in „Mein Kampf" erklärt. Es war also alles kalkulierte Massensuggestion und diente dem Zweck, den kritischen Verstand des Einzelnen auszuschalten und ihn in einer gläubigen Gemeinschaft aufgehen zu lassen.

Die Menge war im Rausch, zum Taumel präpariert, die Sonne längst hinter dem Horizont verschwunden, die Nacht hatte sich über das Land gelegt, wenn endlich, unter aufflammenden Lichteffekten, der *Führer* erschien. Als Hitler, wie im Wahlkampf 1932, mit dem Flugzeug von Kundgebung zu Kundgebung reiste, war es oft, als sei der Erlöser, das „Werkzeug der Vorsehung", im Kegel gewaltiger Scheinwerfer direkt aus dem Himmel kommend zu seiner Gefolgschaft herabgestiegen. Ob im Freien oder in Hallen, stets erschien der *Führer* im Halbdunkel, den *„geheimnisvollen Zauber"* einer Bayreuther *Parsifal*-Aufführung oder den *„geheimnisvollen Dämmerschein katholischer Kirchen"* imitierend.[67]

Mit dem *Badenweiler Marsch,* den er selbst mit der Papsthymne verglich[68], hatte er seine ganz persönliche Auftrittsmusik. Erklang sie, verstummte das Geraune, wusste sein Volk, dass ER nun da war. Als wolle er ihre kulminierte Energie mit sich ziehen, betrat Hitler die Versammlungshallen stets von hinten, das Spalier der tobenden, schluchzenden oder jubelnden Masse abschreitend; eine *„Via triumphalis ... aus Menschenleibern",* wie Goebbels einmal pathetisch schrieb. Unnahbar, verschlossen, entrückt wirkend, erreichte er schließlich das Podium, wo er noch einmal in Minuten der atemlosen Stille die Energie seines Publikums in sich aufzunehmen schien. Schüchtern, stockend, ja unsicher begann er seine Rede, bis er mental den Kontakt mit seiner Quelle aufgenommen hatte. *„Nach etwa fünfzehn Minuten tritt ein, was sich nur mit dem alten primitiven Bilde sagen lässt: Der Geist fährt in ihn",* bemerkte ein Zeitzeuge.[69] Der eben noch Stockende steigerte sich in eine nicht enden wollende rauschhafte Ekstase, während die Worte aus ihm herauszuquellen schienen. Mit großen Gesten, oft mit geballten Fäusten, schleuderte er sie dann ins Publikum, das sich erschreckt und gelähmt nur noch seiner verbalen Gewalt ergab.

Niemand ahnte, dass vieles, was wie eine tranceartige Ekstase wirkte, vorher sorgsam einstudiert und vor dem Spiegel geübt worden war, zunächst unter Beratung des hypnosekundigen Rudolf Heß, später unter fachmännischer Anleitung des eigens engagierten Erik Jan Hanussen (alias Hermann Steinschneider), des berühmtesten

Bühnenhypnotiseurs seiner Zeit, und des Opernsängers Paul Devrient. Adolf Hitler gelang es, ganze Säle, später ganze Parteitage, zu hypnotisieren, eine Masse zu seinem willenlosen Gefolge zu formen.

Wurde er im Taumel seiner Reden, wie er selbst erklärte, *„ein anderer Mensch"*, so kollabierte er anschließend fast regelmäßig. Während die Menge noch das *Deutschlandlied* sang und auf den anschließenden Fackelzug der SA und SS wartete, brachte ihn sein Fahrer in sein Hotel. Dort wurde er nur von seinen engsten Vertrauten gesehen, wie er mit glasigem Blick, in durchgeschwitzter Kleidung und um einige Kilogramm Körpergewicht erleichtert, geistesabwesend seine Gemüsesuppe löffelte. Der Schaubühnen-Messias war in sich zusammengefallen, der Unmensch wieder zum Menschen geworden.

Dr. Goebbels, der Regisseur dieser pseudoliturgischen Spektakel, sprach von *„Gottesdiensten unserer politischen Arbeit"*.[70] Es ging ihm schließlich weniger um ein paar Sitze im Reichstag als um die Erlösung eines Volkes. Doch bei allem Pathos, allem Fanatismus und seinem festen Glauben an den deutschen Messias aus Braunau am Inn kam dann und wann bei ihm der Zyniker durch, der voller Verachtung über die *„Canaille Mensch"* spöttelte.[71] In einem solchen seltenen Moment der Ehrlichkeit sich und anderen gegenüber räumte er ein, die Stilisierung des Nationalsozialismus zur Heilslehre ganz gezielt zu betreiben. *„Sie werden niemals Millionen von Menschen finden, die für ein Wirtschaftsprogramm ihr Leben lassen"*, erklärte der Propagandist am 9. Januar 1928 in einer Rede. *„Aber Millionen von Menschen werden einmal bereit sein, für ein Evangelium zu fallen."*[72] Er wusste ganz genau, was er tat.

Das Evangelium verkündete fortan Goebbels, die Dogmen formulierte Hitler. Er wollte einen politischen Glauben begründen, *„um den die ganze Welt sich im Kreise dreht"*, ein Programm könne *„noch so blödsinnig sein, in der Festigkeit, in der es vertreten wird, liegt die Ursache zum Geglaubtwerden"*. So erklärte er das Parteiprogramm der NSDAP von 1920, mit dem alles seinen Anfang genommen hatte, für *„unabänderlich"*. Es wurde zur Reliquie, zum Gegenstand der Verehrung, das nicht Fragen beantworten, sondern *„Energien übermitteln"*[73] sollte. Noch 1943 zitierte das „Organisationsbuch der NSDAP" Hitlers *Zwölf Gebote,* die nicht nur den biblischen *Dekalog* imitierten, sondern auch das Programm zum Dogma erhoben:

„Der Führer hat immer Recht!
Verletze nie die Disziplin!
Vergeude nie Deine Zeit in Schwätzereien, in selbstgefälliger Kritik, sondern fasse an und schaffe!
Sei stolz, aber nicht dünkelhaft!
Das Programm sei Dir Dogma; es fordert von Dir äußerste Hingabe an die Bewegung!
Du bist Repräsentant der Partei, danach richte Dein Betragen und Auftreten. Nationalsozialist sein heißt Vorbild sein!
Treue und Selbstlosigkeit sei Dir höchstes Gebot!
Übe treue Kameradschaft, dann bist Du ein wahrer Sozialist!
Behandle Deine Volksgenossen so, wie Du behandelt zu werden wünschst!
Im Kampfe sei zäh und verschwiegen!
Mut ist nicht Rüpelhaftigkeit!
Recht ist, was der Bewegung und damit Deutschland, d. h. Deinem Volke, nützt!“[74]

Das Programm Hitlers forderte nicht zum Mitdenken und Mitgestalten auf, sondern zum Glauben. *„Blinder Glaube stürzt Berge um“*, erklärte er, während er seinen Getreuen verriet, worum es eigentlich ging: *„Unser Programm lautet mit zwei Worten: Adolf Hitler.“*

Hitlers Tempel

Doch es bedurfte erst einer neuen Not, um dem Volk seinen Retter präsentieren zu können. Nachdem sich die Lage im Reich nach der Währungsreform im November 1923 sichtlich entspannt hatte und die Wahl von Generalfeldmarschall Paul von Hindenburg zum zweiten Reichspräsidenten im April 1925 auch die politische Rechte mit der Weimarer Republik versöhnte, hatten Erlöser auch in Deutschland keine Konjunktur. Die NSDAP blieb in dieser Zeit eine rechte Splitterpartei.

Da halfen nur Durchhalteparolen. Auf der Weihnachtsfeier der Münchener NSDAP von 1926 verglich Hitler die Lage der Partei mit der Situation der Urchristen. Während er gelobte, *„die Ideale von Christus zur Tat werden (zu) lassen“*, stellte er sich mit dem Gottessohn auf eine Stufe: *„Das Werk, welches Christus angefangen hatte,* *aber nicht beenden konnte, werde er – Hitler – zu Ende führen"*, vermeldete am nächsten Tag der *Völkische Beobachter.* Zuvor hatte ein Laienspiel *„durch eine Darstellung der gegenwärtigen Not und Knechtschaft"* sein Erscheinen vorbereitet und seinen Messias-Anspruch veranschaulicht: *„Der aufgehende Stern in der Weihnachtsnacht deutete auf den Erlöser; der sich nun teilende Vorhang zeigte den neuen Erlöser, den Erretter des deutschen Volkes aus Schande und Not – unseren Führer Adolf Hitler."*[75]

Erst der „Schwarze Freitag", der Börsen-Crash vom 25. Oktober 1929, und die darauf folgende Weltwirtschaftskrise wendeten das Blatt. Zuvor schon hatte der „Young-Plan" in Deutschland für Unruhen gesorgt; er legte die Reparationsverpflichtungen Deutschlands auf 59 Jahre, also bis 1988, und auf einen Gesamtbetrag von 116 Milliarden Mark fest. Die neue Krise zeigte Wirkung. Schon bei den Landtagswahlen in Thüringen am 8. Dezember 1929 erhöhte sich der Stimmanteil der NSDAP von 4,6 % auf 11,3 %. Ein Jahr später, bei den Reichstagswahlen am 14. September 1930, schnellte die braune Partei sogar von 2,6 % auf 18,3 % hoch und wurde damit nach der SPD zur zweitstärksten politischen Kraft. Ihr Siegeszug schien nicht mehr aufzuhalten zu sein.

Damit war es an der Zeit, der neuen Politreligion und ihrem Messias einen Tempel zu errichten. Obwohl die Partei längst landesweit operierte, konnte dies nur in München geschehen, galt die bayerische Metropole doch als *Hauptstadt der Bewegung.* Hitler bezeichnete sie als *„geheiligten Boden"*, als die *„Stadt, die die ersten Blutopfer unserer Bewegung sah"*, und nannte München in einer Reihe mit *„Rom – Mekka – Moskau"*.[76] Mit Geldern aus der Parteikasse und einem großzügigen Darlehen von Fritz Thyssen kaufte Hitler das Palais Barlow an der Brienner Straße und baute es zum *Braunen Haus* um. Einen Großteil seiner Inneneinrichtung gestaltete er höchstpersönlich, und entsprechend vulgär und einschüchternd fiel sie aus. Das überladene Eingangsportal mit seiner riesigen, auf beiden Seiten von Hakenkreuzen eingerahmten Bronzetür erinnerte an das römische Pantheon. Im Erdgeschoss gab es einen Fahnensaal, in dem die Wimpel und Banner aus den Anfangsjahren der Partei ausgestellt waren, allen voran die als kostbarste *Reliquie der Bewegung* verehrte *Blutfahne.* Sie erinnerte an die Opfer des Novemberputsches, deren Namen, auf zwei Bronzetafeln verzeichnet, den Eingang zum sogenannten *Senatssaal* flankierten. In ihm standen 60 Sessel aus rotem Maroquin-Leder, auf deren Rückseiten der Parteiadler eingeprägt war, um einen riesigen Tisch in Hufeisenform. Massive Büsten Bismarcks und Dietrich Eckarts würdigten die *Väter der Bewegung.* Doch der Saal hatte allenfalls symbolische Bedeutung, denn einen Parteisenat hat es nie gegeben. Im sogenannten *Kleinen Konferenzsaal* hing ein Gemälde, das den bezeichnenden Titel „Triumph der Bewegung" trug. *„Auf einem unendlichen Blachfeld drängte eine ungeheure Menschenmenge wie im Jüngsten Gericht die Schar der Auferstandenen durch Sturm und Gewölk dem hell leuchtenden Hakenkreuz am Himmel entgegen",* beschrieb es Hermann Rauschning.[77] Das eigentliche Allerheiligste des *Braunen Hauses,* zu dem eine massive Freitreppe führte, war das private *Arbeitszimmer* des Führers. Es war meist ebenso leer wie das *sanctum sanctorum* des Tempels von Jerusalem, denn der *Führer* zog es vor, in seinen Schwabinger Lieblingscafés Hof zu halten; doch gerade diese ständige Abwesenheit machte seinen magischen Nimbus aus.

So war die symbolische Bedeutung des *Braunen Hauses* wichtiger als seine praktische Funktion als Parteizentrale. Und auch seine Lage war nicht zufällig gewählt; auf der anderen Straßenseite genau gegenüber befand sich das Palais des Päpstlichen Nuntius, die „Botschaft" des Papstes in Bayern. *„Braunes Haus und Nuntiatur liegen nebeneinander wie die zwei Schiffe im ‚Fliegenden Holländer'",* erklärte Hitler seinem Parteigenossen und späteren Justizminister Dr. Hans Frank, einem Mitglied der *Thule-Gesellschaft, „wir dienen den Lebenden zur Fahrt, die da drüben den Toten."*[78] Der Konfrontationskurs war vorprogrammiert.

Der braune Katechismus

War Goebbels für die Naziliturgie zuständig, formulierte Alfred Rosenberg die nationalsozialistische Glaubenslehre. War Hitlers „Mein Kampf" das Evangelium der braunen Bewegung, so sollte Rosenbergs 1930 veröffentlichtes Werk, das in Anlehnung an Chamberlains „Grundlagen des neunzehnten Jahrhunderts" den Titel „Der Mythus des 20. Jahrhunderts" trug, fortan ihr Katechismus werden. Das 712 Seiten starke Werk in schwülstigster Naziprosa war selbst Hitler, der nicht gerade ein Meister der klaren Sprache war, zu umständlich geschrieben. Es erschien im *Hoheneichen-Verlag,* den Dietrich Eckart der Partei vererbt hatte, und las sich tatsächlich seitenweise so, als habe der Lehrer seinem Schüler posthum die Feder geführt. Dabei war der Baltendeutsche, der seine Leser sieben Jahre zuvor mit den gefälschten „Protokollen der Weisen von Zion“ beglückt hatte, ein Mann von einer nicht immer ganz gesunden Halbbildung. Er hatte zwar Architektur studiert, betätigte sich jetzt aber als Hobbyphilosoph und konnte, zumindest was seinen Dilettantismus betraf, seinem *Führer* durchaus das Wasser reichen. In seinem Buch verwechselte er nicht nur den Frankenkönig Chlodwig mit dem römischen Kaiser Konstantin den Großen[79] und den gelehrten Bischof und Kirchenhistoriker Eusebius von Caesarea mit einem kaiserlichen Hofeunuchen[80], er glaubte auch ernsthaft, dass die Kuppel des Petersdomes auf etruskische Rundbauten zurückginge.[81]

Für Rosenberg waren Rasse und Seele untrennbar miteinander verbunden. So war für ihn der manichäische Urkampf zwischen Ariern und Juden – ein Motiv, das er von Chamberlain übernahm – auch ein Kampf der Seelen und ihrer Werte und Ideale. Die größte Sünde konnte daher nur die Rassenmischung sein, ihre Folge der unvermeidliche Niedergang einer Zivilisation: *„Rassengeschichte ist deshalb Naturgeschichte und Seelenmystik zugleich; die Geschichte der Religion des Blutes aber ist, umgekehrt, die große Welterzählung vom Aufstieg und Untergang der Völker, ihrer Helden und Denker, ihrer Erfinder und Künstler.“*

Wie bei Blavatsky begann auch für Rosenberg die Geschichte der Arier auf der sagenhaften Insel Atlantis, das er, ohne konkret zu werden, irgendwo in den hohen Norden verlegte. Von dort aus seien *„einst Kriegerschwärme strahlenförmig ausgewandert ... als erste Zeugen des immer wieder sich erneut verkörpernden nordischen Fernwehs, um zu erobern, zu gestalten. Und diese Ströme der atlantischen Menschen zogen zu Wasser auf ihren Schwan- und Drachenschiffen ins Mittelmeer, nach Afrika; zu Land über Zentralasien nach Kutscha, ja vielleicht sogar nach China; über Nordamerika nach dem Süden dieses Erdteils.“* Sie begründeten die Kulturen Indiens und Persiens, Ägyptens und Griechenlands. Einer dieser arischen Schwärme, *„die Amoriter* (,) *gründeten Jerusalem, sie bildeten die nordische Schicht im späteren Galiläa, d. h. in dem ‚Heidengau‘, aus dem einst Jesus hervorgehen sollte.“*[82] Dort stießen sie auf den Erzfeind, die Juden.

Die Geschichte des Christentums spiegelt den ewigen Kampf zwischen Ariern und Juden wider. Rosenberg behauptete zwar, *„die* *große Persönlichkeit Jesu Christi, wie immer sie auch gestaltet gewesen sein mag"*, durchaus zu schätzen, sprach ihm aber jede Gottsohnschaft ab. Wie Hitler deutete er den Nazarener als *„arischen Revolutionär"* gegen das Judentum, rühmte den *„gewaltige*(n) *Prediger und* (den) *Zürnende*(n) *im Tempel,* (den) *Mann, der mitriss, und dem ‚sie alle' folgten"*. Seinem Vorbild im Kampf gegen das Judentum nachzueifern sei das *positive Christentum,* zu dem sich auch das Parteiprogramm der NSDAP bekannte. Dem gegenüber aber stünde der Glaube an *„das Opferlamm der jüdischen Prophetie ... den Gekreuzigten"*[83], das *„negative Christentum ... der auf etrusko-asiatische Vorstellungen zurückgehenden Priesterherrschaft und des Hexenwahns"*[84], die Lehre der Kirche.

Der große Verfälscher des Christentums sei der Jude Paulus gewesen: *„Die christliche, die alten Lebensformen aufwühlende Strömung erschien dem Pharisäer Saulus vielversprechend und ausnutzbar. Er schloss sich ihr mit plötzlichem Entschluss an und, ausgerüstet mit einem unbezähmbaren Fanatismus, predigte er die internationale Weltrevolution gegen das römische Kaiserreich"*[85], das natürlich eine Gründung der Arier war. Um das edle, antike Rom zu zerstören, habe er *„bewusst alles staatlich und geistig Aussätzige in den Ländern seines Erdkreises gesammelt, um eine Erhebung der Minder-Wertigen zu entfesseln"*.[86] Im „Völkermorast" der römischen Hauptstadt habe sich das so verfälschte Christentum zu allem Überfluss noch mit den Traditionen der Etrusker verbündet, der Ureinwohner Italiens, die Rosenberg originellerweise für *„Syro-Vorderasiaten"*[87] hielt. Bei seiner vernichtenden Wertung der Etrusker als *„zaubergläubige, blutdürstige ... vorderasiatische Schmarotzer"*[88] war Rosenberg offenbar durch das Werk Albert Grünwedels[89] beeinflusst, das freilich in Fachkreisen nur mit amüsiertem Kopfschütteln zur Kenntnis genommen wurde. Der Autor hatte geglaubt, altetruskische Inschriften entschlüsseln zu können, und war dabei auf allerlei vermeintliche Perversitäten gestoßen, die allerdings mehr über seine eigene pornographische Phantasie aussagten als über die altitalische Hochkultur. Doch Rosenberg ging noch weiter und behauptete, das junge Christentum habe das Amt des Papstes, den er für den unmittelbaren Nachfolger des etruskischen *Haruspex* (des römischen Orakelpriesters) hielt, ebenso wie die Vorstellung der Hölle mit ihren Qualen, den Zauberglauben und den Hexenwahn von den Etruskern übernommen.

Während Rosenberg die historische Realität der Christenverfolgungen infrage stellte und die Zahl ihrer Opfer auf *„neun hingerichtete aufrührerische Bischöfe"* und *„in der Provinz des heftigsten Widerstandes, Palästina, ganze 80 ausgeführte Todesurteile"*[90] reduzierte, übertrieb er das Ausmaß des Hexenwahns geradezu maßlos und schrieb von *„neun Millionen gemordeten Ketzern als größtes Gleichnis der inneren Freiheit der Gestaltung"*.[91] Dabei übersah er geflissentlich, dass der Hexenglaube eben nicht aus Italien, nicht von den Etruskern und auch nicht aus dem päpstlichen Rom stammte, sondern aus Germanien. Wenn Rosenberg behauptete, *„die größte Leistung seiner* (des nordischen Menschen) *Geschichte aber war die germanische Erkenntnis, dass die Natur sich nicht durch Zauberei (wie Vorderasien es meinte tun zu können), aber auch nicht durch Verstandesschemen (wie es das spätere Griechenland tat) meistern ließe, sondern nur durch innigste Naturbetrachtung"*[92], dann war das bestenfalls ein romantischer Irrtum. Tatsache dagegen ist, dass die Kirche nicht etwa den Hexenglauben förderte, sondern ihn zunächst heftigst bekämpfte. Schon der *Edictus Rothari* aus dem 7. Jahrhundert verbot die Tötung von Hexen, weil *„ein Christ nicht glauben dürfe, dass es Hexen gäbe"*[93], was dagegen offenbar von den heidnischen Langobarden angenommen wurde. Auch die *Capitulatio* Karls des Großen untersagte ausdrücklich den Glauben *„nach Art der Heiden, dass ein Mann oder eine Frau eine Hexe sei"*, und stellte die sächsische Sitte, diese zu verbrennen und ihr Fleisch zu verzehren, unter schwere Strafe.[94] Im *Canon episcopi,* dem Beschluss einer Bischofssynode des 9. Jahrhunderts, wurden die Priester ausdrücklich aufgefordert, gegen den *„von den betreffenden Weibern selbst verbreiteten Wahn aufzutreten, dass Weiber nächtlicherweise, auf gewissen Tieren reitend, zum Dienste der heidnischen Göttin aufgeboten würden"*.[95] Erst im 15. Jahrhundert kapitulierte die Kirche vor diesem heidnisch-germanischen Volksglauben, als der deutsche Inquisitor Heinrich Kramer (der seinen Nachnamen in „Institoris" latinisierte) den berühmt-berüchtigten „Hexenhammer" verfasste und Papst Innozenz VIII. aufforderte, sein Vorgehen gegen die *„Sekte der Hexen"* zu billigen. Die junge evangelische Kirche schloss sich schon zur Zeit der Reformation dem allgemeinen Wahn an, statt ihn zu bekämpfen, und leitete eigene Hexenverfolgungen ein. Italien dagegen, die Heimat der Etrusker und das Herzland der Kirche, blieb von Hexenprozessen weitgehendst verschont.

Tragischerweise ließ die jeweilige Staatsjustiz, der die Inquisitoren die Hexen zur Verurteilung übergaben, die heidnische Sitte ihrer Verbrennung wieder aufleben; nur auf den rituellen Kannibalismus der alten Germanen verzichtete sie geflissentlich. Sie berief sich bei der Vollstreckung auf ein Gesetz, das der Stauferkaiser Friedrich II. 1232 für das gesamte *Heilige Römische Reich* erlassen hatte. Danach galt die Ketzerei als Majestätsverbrechen, das mit dem Tode zu bestrafen war.[96] Unabhängig davon ist kein seriöser Forscher je auf eine Zahl von *„neun Millionen gemordeten Ketzern"* gekommen. Was die Hexenverbrennungen betrifft, so waren es bei einer realistischen Schätzung höchstens 35.000 Fälle. Diese aber waren eben kein Versuch der Kirche, das Germanentum zu unterdrücken, sondern ein zeitweiliger Sieg des germanischen Aberglaubens über die christliche Lehre.

Für Rosenberg jedoch hatte die Verbreitung des Christentums bei den Germanen nur ein Ziel: die *„Unterhöhlung"* der *„seelischen Würde der nordischen Völker ... durch Verlegung des inneren Schwergewichts vom Ehrbewusstsein zu Demut und Mitleid"*.[97] Das Wesen des Ariers, so Rosenberg, sei von Ehre, Stolz, Mut und Selbstbeherrschung geprägt und daher mit den christlichen Tugenden der Nächstenliebe und der Demut unvereinbar. Rosenberg:

> *„Das kirchlich-christliche Mitleid, das auch in der freimaurerischen Humanität in neuer Form aufgetaucht ist, (hat) zu der größten Verheerung unseres gesamten Lebens geführt ... Aus dem Zwangsglaubenssatz der schrankenlosen Liebe und der Gleichheit alles Menschlichen vor Gott einerseits, der Lehre vom demokratischen rasselosen und von keinem nationalverwurzelten Ehrgedanken getragenen ‚Menschenrecht' andererseits, hat sich die europäische Gesellschaft geradezu als Hüterin des Minderwertigen, Kranken, Verkrüppelten, Verbrecherischen und Verfaulten ‚entwickelt' ... Wir sehen ... dass sich das einheitslüsterne rasselose Schema mit ungesundem Subjektivismus paart, während ein durch Ehre und Pflicht zusammengeschweißtes soziales Gemeinwesen zwar aus Gerechtigkeit äußere Not beseitigen und das Wertbewusstsein des Einzelnen innerhalb dieses Zuchtwillens zu steigern bemüht sein muss, dass es aber ebenso notgedrungen die rassisch und seelisch für die nordische Lebensform Untauglichen aussondern würde. Das eine wie das andere ergibt sich,*

wenn als Höchstwert alles Handeln die Ehre und als Träger dieser Idee der Schutz der nordisch-abendländischen Rasse gesetzt wird.“[98]

Auch das Prinzip von Sünde und Vergebung lehnte der Naziideologe als *„eine Begleiterscheinung physischer Bastardisierung“*[99] ab. Ein Arier, der aus Ehre, Stolz und Mut das Notwendige tut, brauche sich keiner Schuld bewusst zu sein. Da er der Gottmensch ist, wäre Demut vor Gott nur falsche Bescheidenheit.

Dabei postulierte Rosenberg nicht etwa eine neue Ethik, sondern expressis verbis eine neue Religion, *„die Religion des Blutes“*[100], die das Christentum der Kirchen abzulösen hätte. Traditionelles Christentum und Nationalsozialismus, so stellte er explizit fest, waren unvereinbar. Die Phrase des *positiven Christentums* im Parteiprogramm der NSDAP, von naiven Zeitgenossen nicht weiter beachtet, kennzeichnete eine andere Religion, die mit dem, woran Katholiken und Protestanten glauben, rein gar nichts mehr gemein hatte:

> *„Wir erkennen heute, dass die zentralen Höchstwerte der römischen und der protestantischen Kirche als negatives Christentum unserer Seele nicht entsprechen, dass sie den organischen Kräften der nordisch-rassisch bestimmten Völker im Wege stehen, ihnen Platz zu machen haben, sich neu im Sinne eines germanischen Christentums umwerten lassen müssen. Das ist der Sinn des heutigen religiösen Suchens ...*
> *Heute erwacht aber ein neuer Glaube: Der Mythus des Blutes, der Glaube, mit dem Blute auch das göttliche Wesen der Menschen überhaupt zu verteidigen. Der mit hellstem Wissen verkörperte Glaube, dass das nordische Blut jenes Mysterium darstellt, welches die alten Sakramente ersetzt und überwunden hat.“*[101]

Diese neue Religion befreie den Gläubigen von der „Schwäche“ christlicher Nächstenliebe und humanitären Mitleids, der Autorität der Heiligen Schrift und einer christlichen Kirche, ja der *„zauberhaft-dämonischen Weltauffassung des Medizinmannes“*[102], wie er gleich mehrfach den Papst nannte. An ihre Stelle setzte er ein „Ehrgefühl“, das sich durch unbedingte Pflichterfüllung ausdrücke und keinerlei menschliche Schwäche, keine Gefühlsregung zulasse.

Oberste Pflicht des Gläubigen aber sei die Ausmerzung all dessen, was Ursache oder Folge der *„Todsünde der Rassenvermischung"* war. Dazu zähle auch die konsequente *„Aussonderung"* schwacher, *„artfremder"* oder *„für die nordische Lebensform untauglicher"* Mitmenschen. Der Holocaust war nur die letzte Konsequenz dieser unmenschlichen Irrlehre.

Das Ende des Christentums

Um endgültig das „negative" (sprich: authentische) Christentum aus Deutschland zu vertreiben, schlug Rosenberg vier Maßnahmen vor:

1. Abschaffung des Alten Testamentes, womit er in die Fußstapfen Marcions trat. An seine Stelle sollten nordische Heldensagen treten. Wörtlich: *„Abgeschafft werden muss ein für allemal das sogenannte Alte Testament als Religionsbuch. Damit entfällt der misslungene Versuch der letzten anderthalb Jahrtausende, uns geistig zu Juden zu machen ... an Stelle der alttestamentlichen Zuhälter- und Viehhändlergeschichten werden die nordischen Sagen und Märchen treten, anfangs schlicht erzählt, später als Symbol ergriffen. Nicht der Traum vom Hass und mordenden Messianismus, sondern der Traum von Ehre und Freiheit ist es, der durch nordische, germanische Sagen angefacht werden muss."*[103]

2. „Reinigung" des Neuen Testamentes von vermeintlichen jüdisch-paulinischen Einflüssen, Erstellung eines *„fünften Evangeliums"* auf der Grundlage des Markusevangeliums und Elementen aus dem Johannesevangelium. Rosenberg: *„Das Markusevangelium enthält wahrscheinlich (wenn auch gleichfalls überarbeitet) den eigentlichen Kern der Botschaft von der Gotteskindschaft gegen die semitische Lehre vom Knechte Gottes, das Johannesevangelium die erste geniale Deutung, das Erlebnis der ewigen Polarität von Gut und Böse ..."*[104] Unter Gotteskindschaft verstand Rosenberg die gnostische Lehre von der göttlichen und menschlichen Natur nicht etwa Jesu Christi allein (wie in der christlichen Dogmatik), sondern des Ariers (des *Gottmenschen)* an und für sich. Der Dualismus von Licht und Finsternis, den Johannes als Metapher benutzt *(„Das Licht leuchtet in der Finsternis, und die Finsternis hat es nicht ergriffen",* Joh 1,5), der aber zur

Kernlehre der Gnosis wurde, sei auch die eigentliche Grundlage der nationalsozialistischen Weltanschauung.

3. Entfernung von Kruzifixen. An ihre Stelle sollten Darstellungen eines heldenhaften Christus treten. Wörtlich: *„Aus der inneren Neueinstellung zum Jesusbilde aber ergibt sich auch eine unbedingt notwendige, scheinbar nur äußere Änderung: der Ersatz der die quälende Kreuzigung darstellenden Kruzifixe in Kirchen und auf Dorfstraßen ... Eine Deutsche Kirche wird nach und nach in den ihr überwiesenen Kirchen an Stelle der Kreuzigung den lehrenden Feuergeist, den Helden im höchsten Sinne darstellen.“*[105] Dieser „kämpfende Jesus“ war nicht mehr der Gottessohn, sondern der Vorläufer Adolf Hitlers, der sich gerne (und zum Entsetzen sogar seines Mentors Dietrich Eckart) mit dem Tempelreiniger verglich[106] und versprach, dessen Werk zu vollenden.[107] Dass Hitler stets mit einer Nilpferdlederpeitsche auftrat, war ein bewusst gewähltes Symbol, das an dieses biblische Bild anknüpfte. Auch andere religiöse Darstellungen lehnte Rosenberg ab, Mariensäulen und Heiligenstatuen sollten durch Darstellungen der *„Märtyrer eines neues Glaubens“*, der deutschen Soldaten des Ersten Weltkrieges *(„der deutschen Feldgrauen“)* ersetzt werden.[108]

4. Ersatz der bisherigen beiden Konfessionen durch eine *„deutsche Volkskirche“*.[109] Wörtlich: *„Der Mythus des römischen Stellvertreters Gottes muss hierzu ebenso überwunden werden wie der Mythus des ‚heiligen Buchstabens‘ im Protestantismus. Im Mythus von Volksseele und Ehre liegt der neue bindende, gestaltende Mittelpunkt.“*[110] Sie sollte das „Positive Christentum“, die *„schlichte, frohe Botschaft vom Himmelreich inwendig in uns, von der Gotteskindschaft, vom Dienst für das Gute und von der flammenden Abwehr gegen das Böse“* lehren. Ebenso würde sie *„erklären müssen, dass das Ideal der Nächstenliebe der Nationalehre unbedingt zu unterstellen ist; dass keine Tat von einer deutschen Kirche gutgeheißen werden darf, welche nicht in erster Linie der Sicherung des Volkstums dient.“*[111]

Keine Frage, dass ein Aufschrei der Empörung durch die Reihen beider Kirchen ging, als Rosenbergs unverblümt antichristliches Werk erschien. Ein gutes Dutzend Schriften, darunter sogar eine offizielle Publikation des Generalvikariats der Erzdiözese Köln[112], wurde aufgeboten, um – was nicht sonderlich schwer war – den pseudowissenschaftlichen Unsinn des Nazikatecheten Punkt für Punkt zu widerlegen. In 36 Punkten wies der evangelische Theologe Rudolf Homann nach, dass die Lehre des „Mythus“ und damit die Nazitheologie mit dem Christentum unvereinbar war.[113] Der *Osservatore Romano,* das offizielle Organ des Vatikanstaates, bezeichnete den „Mythus“ als *„ein fanatisches und gewalttätiges Buch, das Hass sät“.*[114] Das *Heilige Offizium,* heute die Kongregation für die Glaubenslehre, versah es mit dem Kirchenbann, da es *„bildungsfeindlich, christenfeindlich und menschenfeindlich“*[115] sei. Das war zwar berechtigt, allerdings auch äußerst unklug. Denn kaum stand der „Mythus“ auf dem Index, schnellte seine Auflage in die Höhe. Bis Dezember 1936 wurde eine halbe Million Exemplare verkauft, die Gesamtauflage erreichte bei Kriegsende 1,1 Millionen. Hinzu kamen Rosenbergs Erwiderungen an die Protestanten („Protestantische Rompilger“) und Katholiken („An die Dunkelmänner unserer Zeit“) mit bis zu 680.000 verkauften Exemplaren.

Doch Hitler ging Rosenberg für den damaligen Zeitpunkt zu weit. Er formulierte Thesen, denen der *Führer* inhaltlich zwar vollständig zustimmte (wie Vergleiche mit „Mein Kampf“ und Hitlers Tischgesprächen belegen), die zu veröffentlichen er aber für unklug und verfrüht hielt. Immerhin bemühte er sich gerade um ein Konkordat, ging auf „Schmusekurs“ mit den Kirchen, um sich den Rücken freizuhalten für seinen ersten großen Schlag gegen die Juden. So verweigerte er dem Werk den „offiziellen Segen“, lehnte es ausdrücklich ab, ihm *„parteipäpstlichen Charakter“* zu geben und räumte in vertrauter Runde ein, es *„nur zum geringen Teil gelesen“* zu haben, da es *„seines Erachtens auch zu schwer verständlich geschrieben sei“*[116]. Offiziell betonte er den „privaten“ Charakter der Publikation, was man in Rom zu glauben bereit war, hatte Hitler doch immer erklärt, *„das Dritte Reich auf christlicher Basis errichten“* zu wollen.[117] Das freilich hatte wenig zu bedeuten, denn auch Rosenberg glaubte ja, das wahre, „positive“ Christentum zu lehren.

Rosenbergs Vita jedoch belegt, dass er sehr wohl die Rückendeckung des Führers hatte. Als *Reichsleiter der NSDAP* wurde ihm mit Erlass vom 24. Januar 1934 das Amt zur *Überwachung der gesamten geistigen und weltanschaulichen Schulung und Erziehung der NSDAP* übertragen. Das kam der Rolle eines Präfekten der Kongregation für die Glaubenslehre der katholischen Kirche gleich, so anmaßend der Vergleich auch gewesen wäre. 1937 erhielt der Nazitheologe den ersten *Deutschen Nationalpreis* – der als Naziversion des Nobelpreises gedacht war – mit der Begründung: *„A. Rosenberg hat in seinen Werken in hervorragendstem Maße die Weltanschauung des Nationalsozialismus wissenschaftlich und intuitiv begründet und festigen geholfen.“*[118] 1940 ernannte ihn Hitler zum *Beauftragten des Führers zur Sicherung der nationalsozialistischen Weltanschauung.* Im gleichen Jahr wurde ihm der Aufbau einer Parteiuniversität *(Hohe Schule)* gestattet, an dem der *Einsatzstab Reichsleiter Rosenberg* fortan arbeitete. Neben Kultur- und Kunstraub in ganz Europa beschlagnahmten seine Untergebenen fortan insbesondere okkulte Literatur aus Privatbesitz. *„Der Führer hat die Jahre über immer meinen konsequenten Standpunkt geschirmt, soweit er das bei seiner Stellung tun konnte“,* stellte Rosenberg ganz zu Recht am 28. Juni 1934 in seinem politischen Tagebuch fest. *„Er betonte lachend nun mehr als einmal, er sei von jeher Heide gewesen, es sei jetzt die Zeit gekommen, da die christliche Vergiftung ihrem Ende entgegengehe.“*[119] Es kann also ganz und gar nicht davon die Rede sein, dass Rosenberg im „Mythus“ nur seine persönliche Weltanschauung zu Papier brachte. Was er propagierte, war Nationalsozialismus pur – Hitlers Religion in Reinform, endlich ohne opportunistische Schönung.

Hitlers Religion

Dem Grazer Theologen Dr. Rainer Bucher zufolge war der Erfolg der Hitler'schen Theologie in einer tiefen Sehnsucht nach Gemeinschaft und Kränkungslinderung begründet, die nach der Niederlage im Ersten Weltkrieg die Deutschen befallen hatte und die er zu einer Sehnsucht nach Selbsterlösung transformierte und damit sakralisierte. So fasst Bucher Hitlers Theologie so zusammen: „Hitler teilte, wie viele damals, die Sehnsucht nach Erlösung, nach einer Erlösung nicht durch den Gott der Gnade, sondern durch eigene Kraft und Anstrengung. In Hitlers Theologie bedeutete das, sich als wirkliches Mitglied des Herrenvolkes zu erweisen. Denn das war der Imperativ dieses Hitlerschen Gottes: Das deutsche Volk sollte sich der von ihm mit der ‚Schöpfung‘ gegebenen ‚Erwählung‘ würdig zeigen.

Der Gott Hitlers ‚erlöste‘ nur jene, die sich seiner als ‚würdig‘ erweisen. Das aber ist das Dogma der Selbsterlösung: Man muss würdig sein der Erlösung. Die Gläubigen dieses Gottes brauchen und kennen daher auch keine Gnade. Ihr Gott ist nicht der Spender der Erlösung, sondern der Garant der Gnadenlosigkeit. Sich selbst erlösen zu wollen aber ist gnadenlos."[120]

Das Perfide an Hitlers Religion war die Verkehrung des Bekannten. Durch das Blut Christi wurden wir von den Sünden gereinigt und erlöst, lehrt das Christentum. Die Nazis machten daraus: Durch die Reinigung des Blutes von den Folgen der Ursünde der Rassenmischung wird der Arier erlöst.

Es war eine einfache Gleichung. Die Seele ist im Blut. Der Arier ist der Gottmensch, die Gesamtheit der arischen Seelen, d. h. des arischen Blutes, ist ein Aspekt Gottes in höherer Potenz als der Einzelmensch. Wie der Christ an die Realpräsenz Christi in der Eucharistie glaubt, war der Nationalsozialist von der Realpräsenz Gottes im Blut und in der Kollektivseele der arischen Rasse überzeugt. Die gottgleiche Volks- und Rassenseele kulminierte in der Person des messianischen Führers, der das Dritte Reich einleitete. Gott hat seit Urzeiten einen Widersacher, den Teufel, der sich im Juden manifestiert. Er ist daher der Gegenpol zum Arier, sein natürlicher und metaphysischer Feind. Das neue Zeitalter der Herrschaft Gottes auf Erden kann erst dann verwirklicht werden, wenn das Volk Gottes in einen apokalyptischen Endkampf gegen das Volk des Teufels zieht, das inkarnierte Gute das inkarnierte Böse besiegt, der Arier den Juden vernichtet. So stand es angedeutet in „Mein Kampf" und im „Mythus", im Evangelium und Katechismus der Nazis. Hätte jemand sie wörtlich genommen, statt Hitler, dem „Wolf im Schafspelz", blindlings zu vertrauen, wären die Deutschen gewarnt gewesen. Doch man tat die braune Blut-Gnosis der Selbsterlösung durch Völkermord als propagandistische Überzeichnung oder als esoterische Spinnerei ab. So hatte der „deutsche Messias" zwölf Jahre lang Zeit, seine düsteren Visionen wahr werden zu lassen.

Die Revolution der Barbaren

Am 31. Dezember 1932 lag tiefer Schnee in Berchtesgaden, als am Bahnhof ein Zug aus Berlin eintraf. Es war schon dunkel, am Himmel blitzten die Sterne, und ein eisiger Wind begrüßte den aussteigenden Fahrgast, einen gedrungenen, kleinen Mann mit mächtigen Augenbrauen. Wie suchend schaute sich dieser um, stellte fröstelnd den Kragen seines langen schwarzen Wollmantels hoch, zog den weißen Schal enger. Er wurde bereits erwartet. Hitler hatte seinen Fahrer geschickt, um den Besucher in Empfang zu nehmen und in seinem Mercedes ins Hotel zu bringen.

Am nächsten Morgen, dem ersten Tag des neuen Jahres 1933, holte derselbe Mercedes den Gast aus Berlin in seinem Hotel ab, brachte ihn auf den Obersalzberg. Als Hitler ihn begrüßte, präsentierte ihm Erik Jan Hanussen zwei Geschenke. Das eine war eine Wurzel, eine Glück verheißende Alraune, die er angeblich bei Vollmond auf dem Grundstück eines Metzgers in Hitlers Geburtsstadt Braunau ausgegraben hatte, das andere war eine selbstverfasste Prophezeiung. Hanussen erklärte, er habe Hitlers Horoskop studiert und eine Vision gehabt, die er in Verse fasste:

„Die Bahn zum Ziel ist noch verrammelt
Die rechten Helfer nicht versammelt,
Doch in drei Tagen – aus drei Ländern,
Wird durch die Bank sich alles ändern!
Und dann am Tag vor Monatsende
Stehst Du am Ziel und an der Wende!“[1]

Hitler glaubte an Horoskope, und schon einmal hatten die Sterne recht gehabt. In ihrem astrologischen Jahrbuch für das Jahr 1923 hatte die Astrologin Elsbeth Ebertin vorausgesagt, dass er sich *„durch übertrieben unvorsichtiges Handeln großen persönlichen Gefahren aussetzen und sehr leicht eine unkontrollierbare Krise auslösen“* würde. In der Zukunft aber werde er *„eine Führerrolle spielen“*. Es sei ihm vorbestimmt, sich *„für die deutsche Nation zu opfern"*. Ein anderer Astrologe, Wilhelm Wulff, hatte im Sommer 1923 Hitlers Horoskop erstellt und *„Gewaltanwendung mit einem verheerenden Ergebnis"* für den 8. und 9. November angekündigt.[2] Wie es für ihn typisch war, interpretierte Hitler alles zu seinen Gunsten und ignorierte die Warnungen. Erst als sein Bierkellerputsch missglückt war, nahm er sie ernst.

Gegen Ende des Jahres 1932 befand sich die braune Bewegung in ihrer größten Krise. Zum ersten Mal seit 1929 hatte die NSDAP bei den Wahlen massive Stimmenverluste zu verzeichnen. Die Öffentlichkeit war der ständigen Wahlkämpfe müde, und auch Hitlers Propaganda hatte ihren Reiz verloren. Sein Traum, Reichskanzler zu werden, war in weite Ferne gerückt; der Reichspräsident Paul von Hindenburg wollte ihn allenfalls als Vizekanzler akzeptieren. Wegen seiner Kompromisslosigkeit kam es zum Zerwürfnis mit Gregor Strasser und anderen gemäßigten Parteimitgliedern, stand die NSDAP vor der Spaltung. Hinzu kamen nach den kostspieligen und aufwendigen Wahlkämpfen noch chronisch leere Kassen. Auch persönlich durchlitt Hitler eine Krise. Ein Jahr zuvor hatte seine geliebte Nichte Geli Raubal in seiner Münchener Wohnung Selbstmord begangen, was zu den wildesten Gerüchten führte. Am 1. November 1932 folgte ein Selbstmordversuch von Hitlers Lebensgefährtin Eva Braun, die sich von ihm vernachlässigt fühlte. Nach der Wahlschlappe und der Strasser-Krise drohte schließlich der *Führer* selbst mit dem Freitod. Er glaubte ohnehin, nicht mehr lange zu leben. Magenkrämpfe und unkontrollierbare Blähungen hielt er für Vorboten einer drohenden Krebserkrankung. Zu Weihnachten hatte er längst alle Hoffnungen aufgegeben, und auch im Ausland schrieb man ihn, nicht ohne Erleichterung, allmählich ab.

Hitlers jüdischer Seher

Doch jetzt schienen die Sterne ihm günstig, und auch numerologisch betrachtet war 1933 ein interessantes Jahr. In der Hochgrad-Freimaurerei steht die 33 für die höchste Stufe der Einweihung, die Vollendung des masonischen Werkes. Die Katholiken wiederum feierten 1933 als *Heiliges Jahr der Erlösung* in Andenken an das Leiden und die Auferstehung Jesu Christi, die traditionell auf das Jahr 33 datiert wurden. Diese Symbolik, kombiniert mit seinem Horoskop, machte Hitler neuen Mut. Als er – Hanussen saß längst wieder im Zug nach Berlin – nach München zurückkehrte und dort den Hanfstaengls einen Besuch abstattete, erschien er wie verwandelt. Voller Zuversicht schrieb er in ihr Gästebuch: *„Dieses Jahr gehört uns. Das gebe ich Ihnen schriftlich.“*[3]

Der unheimliche Hanussen, der ihm neue Hoffnung gemacht hatte, war nicht irgendwer; manche Zeitgenossen bezeichneten ihn gar als den *„Rasputin Hitlerdeutschlands“*[4]. Geboren wurde er im selben Jahr wie Hitler, nämlich 1889, und unter Umständen, die ebenso abenteuerlich wie sein ganzes späteres Leben waren. Denn dem ungarischen Regisseur Geza von Cziffra zufolge kam Hermann Steinschneider – so Hanussens bürgerlicher Name – im Wiener Kreisgefängnis auf die Welt. Sein Vater, der jüdische Schauspieler Siegfried Steinschneider, hatte seine Freundin Julie Kohn, die Tochter eines reichen jüdischen Pelzhändlers, zunächst verführt und sie dann, als sich ihr Vater gegen die nicht gerade standesgemäße Beziehung stellte, kurzerhand entführt. Der wütende Patriarch fackelte nicht lange und erstattete Anzeige; er bezichtigte seine hochschwangere Tochter und ihren Liebhaber, den Familienschmuck gestohlen zu haben. So saßen beide ein, bis der Vater beim Anblick des Enkelchens endlich zur Versöhnung bereit war.

Fortan tingelte der kleine Hermann mit Steinschneiders Theatergruppe durch die Lande. Als sein Vater dann doch für kurze Zeit einem bürgerlichen Beruf nachging, empfand der damals Neunjährige das als so langweilig, dass er kurzerhand eine örtliche Mühle anzündete. Der Brandstifter flog von der Schule, die Eltern zogen, um der Schande zu entgehen, wieder nach Wien. In der dortigen Boheme verkehrte Steinschneider mit Schmierenkomödianten und Kleinkünstlern, Huren, Hochstaplern und Trickbetrügern, von denen er allerhand lernte. Sich mal als Sänger, mal als Regisseur und einmal sogar als der Operettenkomponist Franz Lehar höchstpersönlich ausgebend, reiste er durch die Türkei, heiratete eine Souffleuse und ließ sich wieder scheiden, schrieb für diverse Zeitungen und verfasste Klatschgeschichten, Lieder und Gedichte, bevor er in einem Wiener Künstlercafé dem *Experimentalpsychologen* Joe Labéro begegnete und bei ihm in die Lehre ging. Zunächst versuchte er, mit zwei erfolglosen Büchlein über die Tricks der Bühnenhypnotiseure und Gedankenleser aufzuklären, dann begriff er, dass die Menschen Wunder wollen. So wechselte er schnell die Fronten und trat jetzt selbst als Hypnotiseur, Hellseher und Telepath auf. Das Pseudonym Erik Jan Hanussen legte er sich zu, um nicht als Jude erkannt zu werden; fortan gab er sich als Sohn eines dänischen Diplomaten aus.

Er hatte Erfolg, ging auf Tournee, bereiste ganz Europa, die Türkei, Syrien, Palästina und Ägypten und landete schließlich in Berlin. Mit allerlei Tricks und Attraktionen zog er auch dort ein sensationslüsternes Publikum in seinen Bann. Er überzeugte so sehr, dass ihn sogar die Kriminalpolizei zur Aufklärung von Verbrechen zu Rate zog. Seine Erfolge veröffentlichte er zunächst in einschlägigen Publikationen, dann in einer eigenen Zeitschrift mit dem Namen *Die andere Welt.* Als „nordischer Seher" kam er auch mit den Nazis in Kontakt. Seit 1926 beriet er Hitler darin, seinen Worten durch entsprechende Gebärden mehr Ausdruck zu verleihen und die Masse in seinen Bann zu ziehen.[5] Er freundete sich mit dem preußischen NSDAP-Abgeordneten, SA-Führer und späteren Polizeipräsidenten Graf von Helldorf an, borgte SA-Leuten Geld und verlieh Autos an sie. Als offizieller SA-Förderer durfte er eine SA-Uniform tragen, sein Chauffeur trat sogar in die Sturmabteilung ein. Hellsehend oder aus Opportunismus „erkannte" er im Nationalsozialismus die Zukunft Deutschlands. In seinen Séancen, meist veranstaltet in seinem eigenen *Haus des Okkultismus,* verkündete er immer wieder die Heraufkunft des *Dritten Reiches,* in seiner Hauszeitung rühmte er sich seiner Freundschaft zu Hitler.[6] Als das Jahr 1933 herandämmerte, sah er dessen Stunde gekommen.

Die Machtergreifung

Schon drei Tage nach dem Besuch auf dem Obersalzberg erfüllte sich der erste Teil der Prophezeiung. Hatten die Reichstagswahlen am 24. November 1932 keine regierungsfähige Mehrheit zustande gebracht, drohte gar die Spaltung der NSDAP in einen gemäßigten und einen Hitler-treuen Flügel, brachte der Jahreswechsel die überraschende Wende. Am 4. Januar 1933 fand in Köln ein geheimes Treffen zwischen Hitler und dem gestürzten Reichskanzler Franz von Papen statt, in dem es um eine Regierungsbeteiligung der NSDAP ging. Durch eine Indiskretion erfuhr die Presse von der Unterredung. Hitler, dessen Partei vor dem Bankrott stand, wurde dadurch mit einem Schlag wieder kreditwürdig. Zudem flossen ihm plötzlich großzügige Spenden aus den USA, der Schweiz und von der deutschen Industrie zu. Es folgten Wochen zäher Verhandlungen, bis Hitler am 30. Januar sein Ziel erreicht hatte. Während Reichskanzler Kurt von Schleicher noch den Staatsnotstand erklären und NSDAP wie KPD verbieten lassen wollte, glaubte Reichspräsident Paul von Hindenburg, mit Hilfe der Reichswehr und konservativer Kräfte die Nazipartei kontrollieren zu können. Hitler wiederum machte seine Kanzlerschaft zur Bedingung für eine Koalitionsbeteiligung, und letztlich gab von Hindenburg nach, machte seinen „Pakt mit dem Teufel", berief den Führer der NSDAP zum Reichskanzler.

Noch in der Nacht des fatalen Tages erlebte Berlin die größte Machtdemonstration seiner Geschichte. Kaum war die Dunkelheit über der Reichshauptstadt hereingebrochen, setzten sich 25.000 uniformierte Hitler-Anhänger zusammen mit Stahlhelm-Einheiten zu einem gigantischen Fackelzug in Bewegung, der fünf Stunden lang dauern sollte. Wie ein feuriger Drache passierte die Parade das Brandenburger Tor, um an der Reichskanzlei vorbeizuschreiten, wo in einem erleuchteten Fenster, nervös tänzelnd, Hitler stand, umgeben von seinen Getreuen. Einige Fenster weiter starrte von Hindenburg eher nachdenklich auf die gerade von ihm entfesselten Mächte. Ihn mag, wie viele andere Schaulustige, ein mulmiges Gefühl überkommen haben. Der krachende Marschschritt, der düstere Pomp der blutroten und nachtschwarzen Banner, das flackernde Licht, das sich in den derben und zu allem entschlossenen Gesichtern der Fackelträger widerspiegelte, und die gleichermaßen aggressive wie sentimentale Musik der gespielten Kampflieder verfehlten ihre Wirkung nicht. Fast im ganzen Land übertrug der Reichsrundfunk das dämonische Spektakel, euphorisch und schwülstig von Goebbels höchstpersönlich kommentiert. Am Morgen nach der *„Nacht des großen Wunders"* sollte in Deutschland alles anders sein: *„Das neue Reich ist geboren"*, verkündete Hitlers Propagandist dem Volk.[7]

Ähnlich pathetisch und einer Predigt gleich schloss Hitler seine erste Rede als Reichskanzler an das deutsche Volk im Berliner Sportpalast:

> *„Denn ich kann mich nicht lösen von dem Glauben an mein Volk, kann mich nicht lossagen von der Überzeugung, dass diese Nation wieder einst auferstehen wird, kann mich nicht entfernen von der Liebe zu diesem Volk und hege felsenfest die*

Überzeugung, dass eben doch einmal die Stunde kommt, in der die Millionen, die uns heute hassen, hinter uns stehen und mit uns dann begrüßen werden das gemeinsam geschaffene, mühsam erkämpfte, bitter erworbene neue deutsche Reich der Größe und der Ehre und der Kraft und der Herrlichkeit und der Gerechtigkeit. Amen.“[8]

„Denn dein ist das Reich und die Kraft und die Herrlichkeit. Amen“ – mit dieser Doxologie endet das evangelische Vaterunser, das Gebet des Herrn.

Doch bei aller Zuversicht wusste Hitler, dass sein Ziel noch nicht erreicht war. Noch war er Reichskanzler einer Republik, die ihm zutiefst verhasst war, von Gnaden jener, die er verachtete. *„Wir haben ihn uns engagiert“,* glaubte Franz von Papen von der katholischen *Zentrumspartei, „wir rahmen also Hitler ein“,* war sich Alfred Hugenberg von der DNVP (Deutschnationalen Volkspartei) sicher, beide Mitglieder des neuen Koalitionskabinetts der „nationalen Konzentration“.[9] Man glaubte, ihn kontrollieren zu können, man hoffte, dass er, einmal an der Macht und konfrontiert mit der Realität, bald scheitern und seinen Nimbus als *Retter* verlieren würde. Doch man hatte ihn gründlich unterschätzt.

Hitler wartete nur auf den geeigneten Vorwand, alle demokratischen Institutionen außer Kraft setzen zu können. Ein solcher sollte sich ihm schon bald bieten. Kaum war er vier Wochen an der Macht, da brannte der Reichstag.

Der Reichstag in Flammen!

Am 27. Februar 1933 gegen 21.30 Uhr hörte ein Theologiestudent, der auf dem Heimweg das Parlamentsgebäude passierte, das laute Klirren zerbrechender Fensterscheiben. Dann sah er, wie eine geduckte Gestalt, einen brennenden Gegenstand in der Hand, in das Innere des Gebäudes stürmte. Sofort lief er zu einem Polizisten, der an der nordwestlichen Ecke des Reichstages Wache hielt. Der Beamte folgte ihm zu der eingeschlagenen Scheibe, sah, dass es brannte, ließ aber wichtige Minuten verrinnen, bevor er endlich die Feuerwehr rief. Als diese um 22.00 Uhr schließlich eintraf, stand der Plenarsaal bereits in Flammen.

Kurz darauf rief Erich Hanfstaengl, dessen Wohnung im Regierungsviertel lag, bei Dr. Joseph Goebbels an, in dessen Haus gerade eine Gesellschaft für Hitler stattfand. Zunächst dachte der Propagandist an einen Scherz, dann informierte er den Reichskanzler. Gegen 22.15 Uhr trafen der *Führer* und sein Paladin am Schauplatz des Geschehens ein. Dort fanden sie bereits Hermann Göring, der kurz zuvor das preußische Innenministerium übernommen hatte, in voller Aktion. *„Retten Sie die Wandteppiche!“* war sein wichtigster Befehl an die Feuerwehr. Gebannt, wie hypnotisiert, starrte Hitler in die Flammen, erinnerte für einen Augenblick an Nero im Angesicht des Brandes von Rom. Dann drehte er sich um und erklärte mit kompromissloser Gewissheit: *„Das waren die Kommunisten!“* Eine halbe Stunde später ergänzte er dem britischen Journalisten Sefton Delmer gegenüber: *„Sie erleben jetzt den Beginn einer neuen großen Epoche in der deutschen Geschichte, Herr Delmer. Der Brand ist der Auftakt dazu.“* Und seinem mittlerweile ebenfalls eingetroffenen Stellvertreter Franz von Papen rief er zu: *„Dies ist ein von Gott gegebenes Signal, Herr Vizekanzler! Wenn dies Feuer, wie ich glaube, das Werk der Kommunisten ist, dann müssen wir die Mörderpest mit eiserner Faust zerschlagen!“*[10]

Kaum hatte er dies gesagt, trat Polizeichef Rudolf Diels an ihn heran. *„Wir haben den Täter, Herr Reichskanzler!“* meldete er preußisch-zackig. Es war ein junger Holländer namens Marinus van der Lubbe, eine abgerissene Gestalt, die man in der Nähe des Reichstages halbnackt aufgegriffen hatte. Im Verhör gestand er die Tat, gab an, den Brand *„aus Protest“* gelegt zu haben. So sehr sich Hitler und seine Helfer in den folgenden Tagen auch bemühten, ihn als Teil einer kommunistischen Verschwörung erscheinen zu lassen, deutete nichts wirklich darauf hin, dass er Hintermänner hatte; zumindest was die Kommunisten betraf. Van der Lubbe hatte sich bereits vier Jahre zuvor von der kommunistischen Partei getrennt, gehörte zum Zeitpunkt der Tat einer winzigen moskaufeindlichen Splittergruppe an.

Bis auf den heutigen Tag gilt der Reichstagsbrand als eines der großen, ungelösten Rätsel der deutschen Geschichte. Hatte man in den ersten Nachkriegsjahren die Nazis als Brandstifter in Verdacht, geht heute ein Großteil der Historiker tatsächlich von van der Lubbe als Einzeltäter aus. Weitgehend unbeachtet und das zu Unrecht, wie ich meine, blieb eine ganz andere Spur, die zu Hitlers jüdischem Seher führt.

Schon einen Tag vor dem Brand, am Abend des 26. Februars, hatte Erik Jan Hanussen auf einer von einflussreichen Berlinern besuchten Séance prophezeit, *„ein großes Gebäude Berlins werde vom Feuer verschlungen ... aus den Flammen steige ein Adler empor.“*[11] Das galt den einen lange als Beweis für die echten medialen Fähigkeiten des *Experimentalpsychologen,* während andere glaubten, er habe durch seine Freunde in der Partei von den Plänen für die Brandstitung erfahren. Jedenfalls blieb ihm nicht viel Zeit, sich an der Machtergreifung der Nazis zu erfreuen. Am gleichen Tag, an dem Hitlers *Ermächtigungsgesetz* in Kraft trat, am 24. März 1933, holten SA-Männer „Hitlers Rasputin“ aus seiner Wohnung, um ihn in einem Waldgebiet südlich von Berlin zu erschießen. Erst zwei Wochen später wurde seine Leiche von Chaussee-Arbeitern entdeckt. Hatten die Nazis ihr Ziel erreicht, brauchten sie Hanussen jetzt nicht mehr, dessen jüdische Herkunft kurz zuvor von einem Varieté-Kollegen ausgeplaudert worden war, war er jetzt für sie zur Belastung geworden?

Laut dem ungarischen Regisseur Geza von Cziffra gab es einen sehr viel brisanteren Grund. Er will von Dzino Berlin, dem Sekretär des „Sehers“, erfahren haben, dass Hanussen selbst im Auftrag seiner Nazi-Freunde dem Brandstifter van der Lubbe die Tat hypnotisch suggeriert habe, um Hitler einen Vorwand für die Ausschaltung seiner politischen Gegner zu liefern.[12] Dass diese These von Historikern weitgehendst ignoriert wird, mag daran liegen, dass sie schwer beweisbar ist; es gibt kein Dokument, das sie stützt, nur das Zeugnis des Ungarn. Sollte es tatsächlich einen solchen Plan, den von Cziffra als „Unternehmen Nero“ bezeichnet, gegeben haben, dann war nicht einmal die NS-Führungsspitze darin eingeweiht. Gut möglich wäre, dass er auf Göring zurückgeht, vielleicht aber auch auf niedere NS-Chargen, die damit „dem Führer in die Hand spielen“ wollten. So bleibt von Cziffras Behauptung zumindest ein interessantes Szenario, das auch Hanussens Ermordung als gefährlichen Mitwisser plausibel erklären würde. Außer Frage aber steht, dass der Reichstagsbrand für Hitler genau zum richtigen Zeitpunkt stattfand und seine totalitäre Machtergreifung überhaupt erst möglich machte.

Mit ihm als Vorwand ließ Hitler noch in der Brandnacht etwa 5000 führende Oppositionelle, insbesondere Kommunisten, verhaften. Tags darauf setzte er in einer Notverordnung jene sieben Artikel der Weimarer Verfassung außer Kraft, die die bürgerlichen und persönlichen Freiheiten garantierten. Bei den letzten freien Reichstagswahlen am 5. März 1933 schafften es die Nationalsozialisten auf 43,9 %, womit die rechte Koalition erstmals eine regierungsfähige Mehrheit hatte. Das Land stand noch unter dem Schock des „Terroraktes" von Berlin. Zum „Schutz des Volkes" kam es zu drastischen Einschränkungen der Versammlungs- und Meinungsfreiheit, schließlich zu weiteren Verhaftungen politischer Gegner. Allein in den preußischen Regierungsbezirken wurden im März 1933 über 10.000 Menschen in *Schutzhaft* genommen. Weil die Gefängnisse bald überfüllt waren, entstanden die ersten Konzentrationslager in Dachau bei München sowie in Oranienburg, Wusterhausen und Bornim bei Berlin.

Ohne die Kirche an die Macht

Pünktlich zum symbolträchtigen Frühlingsanfang, dem 21. März 1933, setzte Goebbels, jetzt zum Propagandaminister ernannt, den *Tag der nationalen Erhebung* an. Ein feierlicher Staatsakt in der Potsdamer Garnisonskirche, über dem Grab Friedrichs des Großen, sollte ihn eröffnen. Doch als in der katholischen Kirche St. Peter und Paul eine Festmesse angesagt war, blieb der Stuhl des Reichskanzlers leer. Hitler, dem die Toten stets näher waren als der Auferstandene, hatte etwas Besseres zu tun. Er ging an die Gräber der *Alten Kämpfer* der NSDAP auf dem Luisenstädter Friedhof in Berlin. Später erklärte er, der Kirche fernzubleiben sei eine Grundsatzentscheidung gewesen. Er wollte sich nicht *„der Kirche bedienen"* und so in ihre Abhängigkeit geraten.[13] Ausgedehnte Fackelzüge und eine Galavorstellung von Wagners *Meistersingern* beschlossen das Festprogramm.

Zwei Tage später, am 23. März, vollendete Hitler seinen Griff nach der Macht. Die historische Krolloper, in der der provisorische Reichstag jetzt tagte, wurde von der SS abgeriegelt, während im Innern lange Reihen braunhemdiger SA-Männer drohende Spaliere bildeten. Im Hintergrund der Bühne, auf der das Kabinett Platz genommen hatte, hing eine riesige Hakenkreuzfahne. Den Tag eröffnete Hermann Göring mit einer anlasslosen Gedenkrede auf Dietrich Eckart, Hitlers gnostischen Mentor. Dann betrat Hitler, auch er im Braunhemd, das Podium. In einer pathetischen Rede schilderte er die Not des Landes seit dem *Verrat* der *Novemberverbrecher,* um endlich die totale Macht zu fordern, die ihm das *Ermächtigungsgesetz* gewähren sollte. Um sich die Stimmen der katholischen Zentrumspartei zu sichern, hatte er deren Leiter, dem Prälaten Dr. Kaas, ein Konkordat mit dem Heiligen Stuhl in Aussicht gestellt. Zudem sollten die bürgerlichen Freiheitsrechte wiederhergestellt werden. Die Mischung von Versprechungen und subtilen Drohungen ging auf. Mit 441 zu 94 Stimmen nahm der Reichstag das *Ermächtigungsgesetz* Hitlers an, das alle Macht des Parlaments auf die Reichsregierung, vom Reichspräsidenten auf den Reichskanzler übertrug. Ab dem 1. April wurden alle Juden aus öffentlichen Ämtern entfernt, am 7. April die Autonomie der Länder aufgehoben, am 2. Mai die Gewerkschaften von der *Deutschen Arbeitsfront* (DAF) vereinnahmt, bis Ende Juni alle politischen Parteien aufgelöst. Anfang Juli konnte Hitler vom *„Abschluss der eigentlichen Revolution"* sprechen. Deutschland wurde jetzt vollständig von der NSDAP kontrolliert.

Was das Regime als *„Wunder der deutschen Einigung"* rühmte, wurde jetzt prachtvoll gefeiert. Am 1. Mai, dem *Tag der Arbeit,* durchzogen dichte Kolonnen von Kapellen und Marschierenden die Straßen Berlins, um sich, einer Szene aus Wagners *Meistersingern* nacheifernd, auf einem weiten Feld vor einem Meer von Fahnen aufzustellen. Als endlich Hitler erschien, aus Tausenden Kehlen begrüßt, flammten Scheinwerfer auf, die in weiten Abständen in den Himmel reichten. Doch kaum hatte er die Bühne betreten, erloschen sie alle bis auf einen, der den Führer in gleißendes Licht tauchte. Es war still wie in einer Kirche, als Hitler am Ende seiner Rede die Stimme zum Gebet erhob:

> *„Wir wollen tätig sein, arbeiten, uns brüderlich vertragen, miteinander ringen, auf dass einmal die Stunde kommt, da wir vor Ihn hintreten können und Ihn bitten dürfen: Herr, Du siehst, wir haben uns geändert, das deutsche Volk ist nicht mehr das Volk der Ehrlosigkeit und der Schande, der Selbstzerfleischung, der Kleinmütigkeit und Kleingläubigkeit, nein, Herr, das deutsche Volk ist wieder stark geworden in seinem Geiste, stark in seinem Willen, stark in seiner Beharrlichkeit, stark im Ertragen aller Opfer. Herr, wir lassen nicht von Dir, nun segne unseren Kampf."*[14]

Das Werk konnte beginnen. *„Die Macht haben wir. Niemand kann uns heute Widerstand entgegensetzen. Nun aber müssen wir den deutschen Menschen für diesen Staat erziehen. Eine Riesenarbeit wird einsetzen“*[15], erklärte der *Führer* am 9. Juli seiner SA. Hitler ging es nie um die Macht um der Macht willen. Er war ein Mann mit einer Mission.

Noch lag viel Arbeit vor ihm. Der erste Versuch, die Deutschen zu Antisemiten zu machen, scheiterte kläglich. Als am 1. April bewaffnete SA-Trupps vor den Türen jüdischer Geschäfte standen und an ihre Schaufenster Plakate mit dem Boykottaufruf „Deutsche, kauft nicht beim Juden!“ klebten, bewirkten sie damit nur, dass viele Bürger für die Juden Mitleid empfanden. Der Umsatz jüdischer Geschäfte war, wie die Nazis enttäuscht feststellen mussten, dadurch keineswegs zurückgegangen. Trotzdem löste die Kampagne einen Exodus jüdischer Intellektueller aus, was einen großen Verlust für das Land bedeutete.

Der mangelnde Enthusiasmus „seiner“ Deutschen bei der praktischen Umsetzung seiner *Rassenpolitik* machte Hitler klar, dass erst ein *Umerziehungsprogramm* nötig war, bevor weitere Schritte realisiert werden konnten. Durch eine radikale Propaganda musste die breite Masse von der „Richtigkeit“ der nationalsozialistischen Ideologie überzeugt werden. Um dieses Ziel zu erreichen, ging er vor wie manche Sekte. Der erste Schritt war eine *Deprogrammierung,* eine Negierung der bisherigen Werte, gefolgt von einer ständigen Indoktrination mit den neuen Glaubenssätzen. Dabei ging es in erster Linie darum, die Deutschen zu entchristlichen und eine Renaissance des Heidentums herbeizuführen. Sie sollte dort beginnen, wo die Menschen am frömmsten sind: auf dem Lande, beim Bauerntum. Indem man die alten Volksbräuche wieder zum Leben erweckte, wollte man die Bauern wieder an die Religion ihrer Urväter heranführen. Hitler zu Rauschning, der selbst nicht nur Danziger NSDAP-Senatspräsident, sondern auch *Bauernführer* im *Reichsnährstand* war:

> *„Der Bauer soll wissen, was ihm die Kirche zerstört hat. Das ganze, geheimnisvolle Wissen um die Natur, das Göttliche, das Gestaltlose, das Dämonische. Sie sollen die Kirche von da aus hassen lernen ... vom Bauerntum her werden wir das Christentum wirklich zerstören können, weil dahinter die*

Kraft eines echten Glaubens steckt, der in der Natur und im Blute wurzelt ..."[16]

Geschickt plazierte man mitten in landwirtschaftlichen Ausstellungen mit pädagogischem Geschick zurechtgemachte Bilderserien vom Kampf der Stedinger Bauern gegen die Kirche in Bremen. Sie sollten die Kirche anklagen, die freiheitsliebenden Bauern unterdrückt, ihr Brauchtum bekämpft, ihr Blut vergossen zu haben. Zumindest bei den *Bauernführern* wichen die Kreuze in den Häusern bald Runen und heidnischen Weisheitssprüchen, brannte die ewige Flamme im neuen Kamin. Ähnlich auch bei den lokalen Parteigrößen, den höheren Graden der Hitlerjugend. Der Kirchenaustritt wurde zur Ehrensache für den überzeugten Parteigenossen. *„Zielbewusst und planmäßig, mit eiserner Konsequenz, wurde der Ausrottungskampf gegen alles Christliche geführt",* beobachtete Rauschning.[17] Das Kreuz wurde durch das Hakenkreuz, Jesus durch Hitler ersetzt, um den ein regelrechter Kult entstand.

Sein Ziel war, eine Atmosphäre blinden Vertrauens in den *Führer* zu schaffen. Einerseits war Hitler durch den *deutschen Gruß* und die unzähligen Hitler-Bilder allgegenwärtig, andererseits war er aller Verantwortung für die Missstände des NS-Staates enthoben. „Wenn das der Führer wüsste!" wurde noch in den Kriegsjahren zur gängigen Entschuldigung für Parteiwillkür und Nazigewalt. Hitler stand, unantastbar und unfehlbarer als der Papst, über allem.

Als er am 30. Juni 1934 den Putschversuch des SA-Führers Ernst Röhm blutig niederschlug, wurde diese „Selbstreinigung der Partei" von der Öffentlichkeit eher begrüßt; sie war der gewalttätigen Ausschreitungen der SA schon lange überdrüssig. Dass in der *Nacht der langen Messer* nicht nur Rivalen aus eigenen Reihen, sondern auch politische Gegner ermordet wurden, wurde dagegen dem Übereifer Görings und Himmlers zugeschrieben. Einen Imageschaden für den *Führer* gab es nicht. Nur der alte Reichspräsident Hindenburg bat Hitler inbrünstig, das Morden einzustellen.

Ins Walhall!

Vier Wochen später verschied auch diese letzte moralische Instanz der alten Republik, verstarb der 86jährige Generalfeldmarschall i. R.

auf seinem Gut in Westpreußen. Hitler ließ ihn mit allem Pomp im Hof des monumentalen Denkmals der Schlacht von Tannenberg bestatten, das an seinen größten Sieg zu Beginn des Ersten Weltkrieges erinnerte. *Das Reichsehrenmal,* ein von acht Türmen überragtes Oktogon, war ein architektonischer Zwitter, eine Kreuzung zwischen dem englischen Stonehenge und dem Castel del Monte Friedrichs II. in Apulien. Mit unendlichen Mühen ließen die Architekten Walter und Johann Krüger auf Befehl Hitlers eigens einen 120 Tonnen schweren Findling heranschaffen, der über der Gruft Hindenburgs ruhen sollte. Der letzte Wille des Toten, im Familiengrab neben seiner Frau beigesetzt zu werden, wurde außer Kraft gesetzt; er passte nicht zu dem inszenierten Spektakel, das zur ersten nationalen Zurschaustellung der nationalsozialistischen Todesverehrung werden sollte. *„Hindenburg ist nicht tot. Er lebt, denn indem er starb, wandelt er nun über uns inmitten der Unsterblichen unseres Volkes, umgeben von den großen Geistern der Vergangenheit, als ein ewiger Schutzherr des Deutschen Reiches und der deutschen Nation“*[18], verkündete Hitler bei der Trauerfeier im Reichstag und definierte damit seine eigene Lehre vom Leben nach dem Tod. Zu den Klängen von Wagners *Götterdämmerung* paradierten Reichswehr, SA und SS an dem aufgebahrten Leichnam vorbei. Bei der Beisetzungsfeier in Tannenberg weihte Hitler das monumentale Hindenburg-Grab zur neuen Wallfahrtsstätte, zum *„Heiligtum der gesamten germanischen Welt“: „Das deutsche Volk aber wird zu seinem toten Helden kommen, um sich in Zeiten der Not neue Kraft zu holen für das Leben, denn wenn selbst die letzte Spur dieses Leibes verweht sein sollte, wird der Name noch immer unsterblich sein.“* In einem eigens angelegten Hain von 1500 Eichen sollte das Rauschen der Blätter noch in tausend Jahren die Erinnerung an das Heldentum der Weltkriegssoldaten und ihres großen Heerführers wachrufen. Und als wollte er keinen Zweifel daran lassen, dass er nicht in christlichen Dimensionen dachte, rief er Hindenburg nach, ihn ins altgermanische Heldenparadies entlassend: *„Toter Feldherr, geh' nun ein in Walhall!“*[19]

Mit Hindenburgs Tod hatte Hitler sein Ziel der totalitären Machtübernahme bald auch formaljuristisch erreicht. Bei einer Volksabstimmung am 19. August 1934 stimmten immerhin 89,9 % der Deutschen für die Zusammenlegung der Ämter *Reichskanzler* und *Reichspräsident.* Das Schicksal Deutschlands lag nun nur noch in den Händen eines Mannes, der niemandem gegenüber Rechenschaft abzulegen beabsichtigte. Das Volk wurde dazu erzogen, seinen *Führer* zu lieben und kultisch zu verehren. War er schon vor der Machtergreifung zum deutschen Messias stilisiert worden, konnte er jetzt sein Volk zur Erlösung führen und seine Religion etablieren.

Mittler zwischen Gott und Volk

Die offizielle Propaganda tat alles, um ihn als den neuen Heiland erscheinen zu lassen. Hitler selbst benutzte in seinen Reden immer wieder das mythologische Motiv von der Erwählung des Geringsten, wenn er sich als *„Unbekannter Frontsoldat des Weltkriegs“, „Mann ohne Namen, ohne Geld, ohne Einfluss, ohne Anhang“* oder als *„einsamen Wanderer aus dem Nichts“* bezeichnete. Er nutzte die Vorliebe seiner Paladine für Prunk und Pomp und prachtvolle Uniformen für einen wirkungsvollen Kontrast; er selbst trat stets nur im schlichten Soldatenrock auf. Das entsprach dem Mythos vom anspruchslosen, spartanisch und zurückgezogen lebenden, sich selbst nichts gönnenden und stets für sein Volk aufopfernden *Führer,* dem Mysterium der Selbstaufopferung des Messias. Sein Vegetarismus, seine äußere Schlichtheit und nicht zuletzt sein vermeintlicher Zölibat unterstrichen dieses Bild vor der Öffentlichkeit. Fast allem Irdischen entrückt, residierte der Hitler der Vorkriegszeit am liebsten auf dem *Berghof* am Obersalzberg, dem Himmel und Deutschlands Schicksalsberg, dem Untersberg, nah.

„Er stieg empor aus Urwelttiefen
Und wurde ragend wie ein Berg.
Und während wir ins Elend liefen
Und bebend nach dem Retter riefen,
Begann er groß sein heilig Werk.

Er trat mit starken, kühnen Schritten
In eine Welt voll Hass und Trug.
Und siehe: Plötzlich stand er mitten
Im Volk, mit dem sein Herz gelitten,
Ein Herz, das so voll Liebe schlug.

Er steht mit aufgerechten Händen
Im Untergange einer Welt.
Verzweiflung zuckt an allen Enden,
Doch wie von heißen Feuerbränden
Sein Geist die wüste Nacht erhellt.

Und plötzlich sieht man Fahnen wehen
Von einer nie erschauten Art
Kolonnen zieh'n, die Trommeln gehen
Und hunderttausend Männer stehen
Um einen Willen fest geschart.

Ins ferne Morgenglühen weist er
Und alle Herzen sind entbrannt.
Die Fäuste beben und die Geister –
Nun baue deinem Volk, o Meister,
Ein neues, hohes Vaterland."[20]

Dies dichtete der Nazihofpoet Otto Bangert anlässlich Hitlers 49. Geburtstag für den *Illustrierten Beobachter.* Hitler, so heißt es, missfielen die Verse, er hatte sogar verboten, Gedichte über seine Person in der Parteipresse zu veröffentlichen. Zu sehr war er der politische Taktierer, zu sehr fürchtete er, dass der Personenkult lächerlich wirken, sich das Ausland über ihn mokieren könnte. Doch das ändert nichts daran, dass Bangerts schwülstige Lyrik ziemlich exakt die Parteilegende von Hitlers heilsgeschichtlicher Sendung wiedergab. Da Hitler eben diese Legende in unzähligen Reden nährte, ist sein Protest reinste Heuchelei, ebenso wie seine Versicherung im engsten Kreis, *„wenn einige Menschen ... in ihrer Begeisterung über den Wiederaufstieg unseres Volkes ihn mit Gewalt zu einem Propheten, zu einem zweiten Mohammed oder zweiten Messias machen wollten, so könne er demgegenüber nur erklären, dass er zum Prophetentum oder zu einem Auftreten als Messias keine Eignung in sich spüre.*"[21]

Eben gerade dieses gespielte Sichzieren ließ seine Getreuen an die „Bescheidenheit des *Führers*" und seine „wahre Größe" glauben und ihn für eine authentische messianische Gestalt halten. Hitler selbst „bekannte":

„Ich bin mir darüber klar, was ein Mensch kann und wo seine Begrenzung liegt, aber ich bin der Überzeugung, dass die Menschen, die von Gott geschaffen sind, auch dem Willen dieses Allmächtigen nachleben sollen. Gott hat die Völker nicht geschaffen, dass sie sich im Leichtsinn selbst aufgeben, vermantschen und ruinieren, sondern dass sie sich so erhalten, wie Gott sie erschaffen hat! Indem wir für ihre Haltung eintreten in der Form, wie Gott es gewollt hat, glauben wir, dass wir auch dem Willen des Allmächtigen entsprechend handeln. So schwach der einzelne Mensch in seinem ganzen Wesen und Handeln am Ende doch ist gegenüber der allmächtigen Vorsehung und ihrem Willen, so unermesslich stark wird er in dem Augenblick, in dem er im Sinne dieser Vorsehung handelt! Dann strömt auf ihn jene Kraft hernieder, die alle großen Erscheinungen der Welt ausgezeichnet hat.“[22]

Hitler sah sich also als Instrument des göttlichen Willens und zugleich als Inkarnation der deutschen Volksseele, was ihn zum alleinigen Mittler, zum *pontifex maximus,* zwischen Gott und dem Volke und damit zum messianischen Hohepriester werden ließ.

Ebenso widersprüchlich sind Hitlers Aussagen über die von ihm geformte Religion. Einerseits erklärte er 1938 auf dem Reichsparteitag der NSDAP:

„Indem wir für diese Lehre das Herz unseres Volkes erschlossen haben und erschließen, wünschen wir nicht, es mit einem Mystizismus zu erfüllen, der außerhalb des Zweckes unserer Lehre liegt. Vor allem ist der Nationalsozialismus in seiner Organisation wohl eine Volksbewegung, aber unter keinen Umständen eine Kultbewegung. (...) Denn der Nationalsozialismus ist eben keine kultische Bewegung, sondern eine aus ausschließlich rassischen Erkenntnissen erwachsene völkisch-politische Lehre. In ihrem Sinne liegt kein mystischer Kult, sondern die Pflege und Führung des blutbestimmten Volkes. Wir haben daher keine Kulträume, sondern ausschließlich Volkshallen, auch keine Kultplätze, sondern Versammlungs- und Aufmarschplätze. Wir haben keine Kultheime, sondern Sportarenen und Spielwiesen. Und das Charakteristische unserer Versammlungsräume ist nicht das mystische Dunkel

einer Kultsstätte, sondern die Helligkeit und das Licht eines ebenso schönen wie zweckmäßigen Saal- oder Hallenbaus.“[23]

Doch das ist offenbar nur ihr exoterischer Charakter, die Art und Weise, wie sie sich nach außen präsentiert. Noch in der gleichen Rede nämlich bekennt Hitler sich dann doch zum mystischen Kern, zur Esoterik des Nationalsozialismus, offenbart sich als Wissender der *Gnosis* (griech. „Erkenntnis“):

„An der Spitze unseres Programms steht nicht das geheimnisvolle Ahnen, sondern das klare Erkennen und damit das offene Bekenntnis. Indem wir aber in den Mittelpunkt dieser Erkenntnis und dieses Bekenntnisses die Erhaltung und damit die Fortsicherung eines von Gott geschaffenen Wesens stellen, dienen wir damit der Erhaltung eines göttlichen Werkes und damit der Erfüllung eines göttlichen Willens, und zwar nicht im geheimnisvollen Dämmerschein einer neuen Kultstätte, sondern vor dem offenen Antlitz des Herrn. Es gab Zeitalter, in denen das Halbdunkel die Voraussetzung für die Wirksamkeit bestimmter Lehren war, und es gibt heute ein Zeitalter, in dem das Licht die Grundbedingung für unser erfolgreiches Handeln ist.“[24]

So verstand sich der Nationalsozialismus durchaus, wie Goebbels 1936 nach einer Massenkundgebung mit Hitler-Rede in Köln schrieb, als

„Religion im tiefsten und geheimnisvollsten Sinne ... Man hatte das Gefühl, als sei Deutschland in ein einziges großes, alle Stände, Berufe und Konfessionen umschließendes Gotteshaus verwandelt worden, zu dem nun sein Fürsprecher vor den hohen Stuhl des Allmächtigen trat, um Zeugnis abzulegen für Wille und Werk.“[25]

Zu einer Religion gehörte natürlich auch ein Credo, das gläubige Nazis auf unzähligen Parteifeiern, meist im Schein der Fackeln, rezitierten: das „deutsche Gebet“ von Herbert Böhme, das dem Apostolischen Glaubensbekenntnis entlehnt ist:

„Wir sind Deutsche.
Wir folgen unserem Führer
als dem leibhaft gewordenen Befehl
eines höheren Gesetzes,
das über uns und in uns schwingt,
das wir erahnen,
und daran glauben.
Wir glauben an unseren Führer
als an eine Offenbarung
dieses Gesetzes
für uns,
sein Volk."[26]

Auch seine Paladine erlagen dem Götzenkult um Hitler. Joachim C. Fest schreibt: *„Robert Ley bezeichnete ihn als den einzigen Menschen, der sich nie geirrt habe; Hans Frank nannte ihn einsam wie den Herrgott, und ein Gruppenführer der SS versicherte, der Führer sei sogar größer als jener Gott, der nur zwölf treulose Jünger gehabt habe, während Hitler an der Spitze eines großen verschworenen Volkes stehe."*[27]

Ein Gedicht, das in der Hitlerjugend verbreitet wurde, beschreibt Hitler dann tatsächlich als gottgleichen Messias, der die Gabe hat, jedem Menschen tief in die Seele zu schauen und in seinem Innersten zu erkennen:

„Vor dir, mein Führer

Und mögen tausend Menschen vor dir stehn,
so fühlt doch jeder deinen Blick allein
und denkt, es muss für ihn die Stunde sein,
und du willst tief in seine Seele sehn.

Denn in Minuten, wo du bei uns weilst,
erschließen wir dir gerne jedes Tor,
und die Gedanken heben wir empor,
dass du an ihnen besserst und sie teilst.

Du bist so gütig, und du bist so groß,
du bist so stark und bist unendlich rein –

wir legen gerne ohne jeden Schein
vor dir die Einheit unsrer Herzen bloß.

Denn keiner ging noch unbeschenkt von dir,
traf ihn nur einmal deiner Augen Strahl,
wir wissen, du verkündest jedes Mal:
Ich bin bei euch – und ihr gehört zu mir!"[28]

Reliquien vom *Führer*

Den inszenierten Führerkult übertrafen nur noch die Auswüchse einer nationalsozialistischen Volksfrömmigkeit, wie sie Ian Kershaw in seiner wichtigen Studie „Der Hitler-Mythos" anschaulich darstellt. Der Berghof auf dem Obersalzberg wurde zur Wallfahrtsstätte von *Volksgenossen,* denen nichts wichtiger war, als einen kurzen Blick auf den leibhaftigen *Führer* zu erhaschen. Besonders Frauen waren anfällig für eine leidenschaftliche Hitler-Verehrung, die Züge einer Hysterie annahm. Bald entstand ein regelrechter Reliquienkult; Steine, auf denen der *Führer* wandelte, wurden andächtig aufgesammelt und ehrfürchtig verwahrt. So zitiert der Hitler-Biograph John Toland den Bericht des Hanfstaengl-Sohnes Egon: *„... eine hysterische Frau sammelte ein paar Kieselsteine auf, die er unter den Füßen gehabt hatte, und legte sie in ein kleines Gefäß, das sie ekstatisch an die Brust presste."*[29] Wie Christen Splitter des wahren Kreuzes verehren, schätzten sich Hitler-Anhänger *„glücklich, wenn man um zwanzig Mark einen Holzsplitter vom angeblich echten Bett, in dem Adolf geboren wurde, als Reliquie erstehen könnte",* wie Reichsorganisationsleiter Dr. Robert Ley am 20. Juli 1944 in einer Rundfunkansprache erklärte, überzeugt, *„dass man tatsächlich nahe dran war, den Adolf auf die Altäre zu erheben."*[30] Tatsächlich errichteten seine treuesten Anhänger in ihren Häusern und Wohnungen kleine, meist blumengeschmückte Hitler-Altäre, auf denen, unter dem obligatorischen *Führer*-Foto, ein ledergebundenes Exemplar von „Mein Kampf" plaziert war. Selbst Christen beteten dort ein tägliches *Vaterunser* für den Diktator.[31] Die nationalsozialistische Zeitung *Das Freie Wort* erklärte unter der Überschrift „Der Hausaltar der Nationalsozialisten":

„Hitler ist das A und O unserer Weltanschauung. Jedes nationalsozialistische Haus muss eine Stätte haben, wo der Führer uns greifbar nahe ist. An solcher Stätte müssen ihm gebefreudige Hände und Herzen täglich kleine Ehrungen in Form von Blumen und Ranken darbringen.“[32]

Hitlers Geburtsort Braunau wurde zum braunen Bethlehem verklärt, und die Nazi-Poetin Alice Försterling dichtete 1933 den folgenden Hymnus:

„In Braunau, da ist er geboren,
da trat er ins Leben ein,
Er, der für die Heimat erkoren,
der unser Befreier sollt' sein.
Drum zieht es voll Sehnsucht mich hin
Nach Braunau, nach Braunau am Inn.

Du Braunau, Gott hat dich erlesen,
Durch dich wurde er uns geschenkt,
Hier wurde reindeutsches Wesen
In jungfrisches Herze gesenkt:
Drum Deutscher, lenk stets deinen Sinn
Nach Braunau, nach Braunau am Inn.“[33]

Als Dr. Joseph Goebbels 1938 das Hitler-Haus neben dem Friedhof in Leonding bei Linz besuchte, beschrieb er es mit der religiösen Inbrunst und dem andächtigen Staunen eines Pilgers am Ziel seiner Wallfahrt:

„Besuch beim Grabe seiner Eltern ... Erschauderndes Gefühl, dass hier die Eltern eines so großen geschichtlichen Genies ruhen. Ich bleibe lange bei den Gräbern stehen. Gleich gegenüber dem Friedhof liegt das Haus, in dem der Führer gewohnt hat ... Man führt mich in das Zimmer, das sein Reich war. Klein und niedrig. Hier hat er Pläne geschmiedet und von der Zukunft geträumt. Weiter die Küche, in der die gute Mutter kochte. Dahinter der Garten, in dem der kleine Adolf sich nachts Äpfel und Birnen pflückte ... Hier also wurde ein Genie. Mir wird ganz groß und feierlich zumute ... Ich bin

ganz glücklich, in diesem Haus zu weilen. Ich gehe noch einmal durch alle Zimmer und sauge so tief die Luft dieses Hauses ein.“[34]

Das liturgische Jahr der Nazis

Die Städte und Gemeinden übertrumpften sich gegenseitig darin, Hitler die Ehrenbürgerwürde zu verleihen und ihn in Festakten mit überschwenglichen Reden zu feiern. Überall wurden Straßen und Plätze nach ihm benannt. Vielerorts wurden zudem *Hitlereichen* oder *Hitlerlinden* gepflanzt, *„Bäume, die als alte heidnische Symbole seit langem in den nationalistischen deutschen Liturgien präsent waren“*[35], wie Kershaw treffend notiert. In den ersten Jahren der NS-Diktatur herrschte eine fast konstante Volksfeststimmung. *„Das politische Geschehen ... war begleitet von einem pausenlosen Feuerwerk großer Schaustellungen, von Paraden, Weihestunden, Fackelzügen, Höhenfeuern, Aufmärschen“*[36], schreibt Joachim C. Fest in seiner klassischen Hitler-Biographie. Ein eigenes *Amt für Fest-, Freizeit- und Feiergestaltung* wurde beauftragt, *„Beispielprogramme für Feiern der nationalsozialistischen Bewegung und für die Rahmengestaltung nationalsozialistischer Gestaltungstradition“* zu entwickeln und gab zu diesem Zweck sogar eine eigene Zeitschrift heraus.[37] Den Deutschen wurde auf jede nur denkbare Weise klargemacht, wie gut es ihnen angeblich unter Hitler ging. Insbesondere die Höhepunkte des neuen, nationalsozialistischen Feiertagskalenders, der das liturgische Jahr der Kirche weitgehend ersetzen sollte, boten Anlass zu neuen Festen. An seiner Gestaltung hatte der neuheidnische NSDAP-Chefideologe Alfred Rosenberg maßgeblich mitgewirkt. In dem vom *Reichsnährstand* herausgegebenen „Deutschen Bauernkalender“ für das Jahr 1935 fehlten die christlichen Heiligennamen und Feste ganz. Stattdessen gedachte man am Karfreitag der *„Opfer der Christianisierung Germaniens, verbrannter Ketzer und Hexen“* und feierte an christlichen Feiertagen germanische Gottheiten.[38] Den Zweck der *Kalenderreform* erklärte Hitler Hermann Rauschning Anfang 1933 wie folgt:

„Was wir tun sollen? Was die katholische Kirche getan hat, als sie den Heiden ihren Glauben aufgepfropft hat: erhalten, was

zu erhalten geht, und umdeuten. Wir werden den Weg zurückgehen: Ostern ist nicht mehr Auferstehung, sondern die ewige Erneuerung unseres Volkes, Weihnachten ist die Geburt unseres Heilandes: des Geistes der Heldenhaftigkeit und Freiheit unseres Volkes ... Sie werden anstatt des Blutes ihres bisherigen Erlösers das reine Blut unseres Volkes zelebrieren.“[39]

Der Nazifeiertagskalender begann mit dem 30. Januar, dem Jahrestag der Machtergreifung. Am 24. Februar folgte die *Parteigründungsfeier,* im März der *Heldengedenktag.* Am 20. April wurde *Führers Geburtstag* als *„ein frohes Fest des Volkes“*[40] gefeiert. Selbst das kleinste Dorf zierten Flaggen und Pflanzen, blumengeschmückte Hitler-Büsten oder -Bilder. Der 1. Mai, der *Tag der Arbeit,* galt als *„nationalsozialistisches Osterfest“,* das an die *„Auferstehung des deutschen Volkes aus seiner Zerrissenheit und Zersplitterung“*[41] erinnern sollte. Der Muttertag im Mai würdigte die „Heldinnen“ der „Gebärschlacht“. Am 21. Juni wurde die Sommersonnenwende gefeiert. Das *Erntedankfest* Anfang Oktober zelebrierte Hitler vor einem *Erntealtar* auf dem Bückeberg bei Hameln. Die Wintersonnenwende am 21. Dezember sollte als *Julfest* oder *Weihe-Nacht* das christliche Weihnachten ersetzen. Während im Sommer Hitlerjungen und SA-Männer über brennende Scheite sprangen, tanzte man im Winter um einen mit Hakenkreuzen behängten *Sonnen-* oder *Lebensbaum.*

Die größte Sonnenwendfeier des Dritten Reiches fand im Sommer 1935 statt, als gleichzeitig 800 Scheiterhaufen entlang der Lübecker Bucht angezündet wurden. Im Winter desselben Jahres gab es ein Zentralfeuer auf dem Brocken im Harz, von dem aus in sechs Strahlen unzählige Feuer bis hin zu den Reichsgrenzen reichten; Deutschland wurde zu einem riesigen Sonnenrad. *„In das Dunkel der Welt trugen die Arier das Licht. Vom Norden her kam der große Glanz. Ewiger und älter als Rom, ewiger und älter ist Deutschland“* hieß es in der offiziellen Ankündigung. Die nächtlichen Julfeuer seien *„Altäre eines kommenden Volkes, das sich in dieser heiligen Stunde ... zusammenfindet, um erneut ein Bekenntnis abzulegen für Reich, Nation, Blut und Glauben.“*[42]

Der Reichsparteitag im September lag fast zeitgleich mit dem alten Kirchenfest der *Kreuzerhöhung* und erinnerte an die großen Wallfahrten des Christentums. Tatsächlich erklärte ihn die Propaganda zur *Pilgerfahrt der Nation,* seinen Austragungsort Nürnberg zur *Wei-*

hestätte. Hier versammelte sich das „gläubige Volk" zu einem *„Gottesdienst im Dom der deutschen Landschaft"*, um seinem Propheten Hitler zu huldigen, der wie ein Hohepriester zu den Gläubigen sprach. Reichsjustizminister Hans Frank bezeichnete den Reichsparteitag gar als *„seinen* (Hitlers) *Hochzeitstag mit dem deutschen Volk"*.

Parteitag unter dem Lichtdom

Der große, siebentägige Nürnberger Parteitag von 1934 (er wurde vom 4.–10. September abgehalten) war Hitlers Triumphfeier nach der Selbstreinigung der Partei in der *Nacht der langen Messer* und diente der offiziellen Etablierung des Führerkultes. Er sollte zu einem monumentalen Mysteriendrama, zur Initiation in seinen magischen Sozialismus werden. So beauftragte Hitler den begabten jungen Architekten Albert Speer damit, die richtige Kulisse für eine perfekte Inszenierung zu schaffen. Als „Bühnenbild" errichtete dieser ein 390 Meter langes und 27 Meter hohes monumentales Quaderkonstrukt, das an den in Berlin ausgestellten Pergamonaltar erinnerte. Zwischen den Säulen des blendend weißen Mammutbaus hingen mächtige rotschwarze Hakenkreuzfahnen, auf seinem Flachdach standen an beiden Enden steinerne Feuerschalen. Ihm gegenüber thronte ein riesiger Adler mit einer Flügelspannweite von 33 Metern. Rund um das Gelände wurden in Abständen von je 33 Metern – Speer beherrschte offenbar die Zahlenmystik – 130 Suchscheinwerfer der Luftwaffe installiert, von denen jeder eine Reichweite von 8000 Metern hatte.[43] Um das Spektakel für alle Zeiten festzuhalten und es jedem, wirklich jedem im Lande zu zeigen, engagierte Hitler die geniale Regisseurin Leni Riefenstahl, die selbst zu seiner glühendsten Verehrerin wurde. Ihr „Triumph des Willens" war Hitlers Apotheose auf Zelluloid. Schon am Anfang des Filmes bediente sie sich bewusst einer religiösen Symbolik, als sie zeigte, wie sein Flugzeug allmählich die Wolkendecke durchstieß, zur Landung auf Nürnberg ansetzte und einen kreuzförmigen Schatten auf die Reihen marschierender SS-Männer und die Tausenden warf, die in ekstatischer Erwartung ihrem *Führer* entgegenfieberten. Hitler wurde zum Heilsbringer verklärt, der aus den Himmeln herabstieg, um einem gedemütigten Volk Erlösung zu bringen und es zu seiner glorreichen Auferstehung zu führen. Ein *„Ton des eindringlichen Messianismus"*[44] durchzieht den ganzen

Film bis zum End- und Höhepunkt, der Proklamation der *unio mystica* von Führer, Partei und Volk durch Rudolf Heß: „*Die Partei ist Hitler. Hitler aber ist Deutschland, wie Deutschland Hitler ist. Hitler! Sieg Heil!*" Zwei Jahre später, auf dem Reichsparteitag 1936, bestätigte Hitler diese Einheit mit weihevollen Worten, die an das Johannesevangelium (15,16) erinnerten: „*Das ist das Wunder unserer Zeit, dass ihr mich gefunden habt* (hier unterbrach ihn langer Beifall), *dass ihr mich gefunden habt unter so vielen Millionen! Und dass ich euch gefunden habe, das ist Deutschlands Glück!*"[45] Weiter mystifizierte er:

> „*Wie fühlen wir nicht wieder in dieser Stunde das Wunder, das uns zusammenführte! Ihr habt einst die Stimme eines Mannes vernommen, und sie schlug an eure Herzen, sie hat euch geweckt, und ihr seid dieser Stimme gefolgt. Ihr seid ihr jahrelang nachgegangen, ohne den Träger der Stimme auch nur gesehen zu haben; ihr habt nur eine Stimme gehört und seid ihr gefolgt. Wenn wir uns hier treffen, dann erfüllt sich das Wundersame dieses Zusammenkommens. Nicht jeder von euch sieht mich und nicht jeden von euch sehe ich. Aber ich fühle euch und ihr fühlt mich! ... Nun sind wir beisammen, sind bei ihm und er bei uns, und wir sind jetzt Deutschland!*"[46]

Der *Reichsjugendführer* Baldur von Schirach beschrieb diese mystische Kommunion zwischen Führer und Volk, dieses braune „durch ihn und mit ihm und in ihm", in seinem Gedicht „Hitler":

> „*Ihr seid vieltausend hinter mir*
> *und ihr seid ich und ich bin ihr.*
> *Ich habe keinen Gedanken gelebt,*
> *der nicht in euren Herzen gebebt.*
> *Und forme ich Worte, so weiß ich keins,*
> *das nicht mit eurem Wollen eins.*
> *Denn ich bin ihr und ihr seid ich,*
> *und wir alle glauben, Deutschland, an dich!*"[47]

Begleitet von Wagner-Klängen, speziell dem „Wach auf"-Chor aus den *Meistersingern,* war der Parteitag wie eine dramatische Oper inszeniert. Seinen Höhepunkt bildete die Totenehrung und Fahnenweihe. Begleitet von Choralmusik schritt der *Führer* zwischen langen Spalieren seiner SS und SA auf dem breiten Mittelweg der Luitpoldarena von der Tribüne zum Ehrenmal, in respektvollem Abstand von zweien seiner Paladine gefolgt. Für einen Augenblick verharrte er in getragener Stille, während vieltausende Fahnen sich senkten, dann schritt er, begleitet von seiner *Papsthymne,* dem *Badenweiler Marsch,* denselben Weg zurück. Die martialischen Klänge, die auf die Totenstille folgten, symbolisierten die Auferstehung der Partei, aber auch den Weg des *Führers* von der Niederlage zum Sieg. Die unerreichbare Distanz und unüberbrückbare Leere, die Hitler *„zur lebenden Architektur aus Menschenblöcken und Marschsäulen hielt“*[48], sein unendlicher Marsch vorbei an den Mauern aus uniformierten Leibern, spiegelten die cäsarische Einsamkeit des Gottgesandten wider, umgeben nur von *„den toten Helden, die sich im Glauben an ihn und seine Sendung geopfert“*[49] hatten.

Im nächsten Akt schritt Hitler wie ein Hohepriester zur Fahnenweihe, nur gefolgt von einem verdienten Parteigenossen, der die *Blutfahne,* die Reliquie der *Novembermärtyrer,* trug. Als er das Spalier der vor ihm aufgestellten Parteistandarten abschritt, griff er nach dem Ende des geheiligten Tuches, um die jungfräulichen Flaggen mit ihm zu berühren und dadurch zu weihen. Er kopierte damit bewusst ein christliches Ritual, indem er Berührungsreliquien schuf, in dem Glauben, dass die mystische Kraft des Originals auf sie überginge.

Um die Magie der Kulisse zu steigern, wurden die meisten *Führer*-Veranstaltungen in die Abend- und Nachtstunden verlegt. Der lichttechnische Zauber, mit dem Hitler schon auf seinen Wahlkampfveranstaltungen imponiert und verführt hatte, wurde jetzt durch Speer zur Perfektion gebracht. Durch dieses Spektakel, das an die Mysterienspiele der griechischen Antike erinnerte, steigerte sich die Begeisterung der Massen zu einer rauschhaften Ekstase. Niemand, der es einmal erlebt hatte, vergaß den tiefen Eindruck, den der *Lichtdom* hinterließ; *„ein unendlicher Dom, (der) sich über uns wölbt, der in die Unendlichkeit geht“*[50], wie der Verantwortliche, Dr. Robert Ley, schwärmte. Ein Stimmungsbericht aus dem Jahre 1936, veröffentlicht im *Niederelbischen Tageblatt,* zeugt davon, wie überwältigt die Zeugen von dem überirdischen Zauber dieser Inszenierung eines *Licht-Gottesdienstes* waren:

„Ein fernes Brausen wird stärker und kommt näher. Der Führer ist da! Reichsorganisationsleiter Dr. Ley meldet ihm die angetretenen Männer. Und dann: eine große Überraschung ... Als Adolf Hitler das Zeppelinfeld betritt, flammen 150 (tatsächlich waren es „nur" 130) *Scheinwerfer der Luftwaffe auf, die um das gesamte Quadrat verteilt sind und die einen Baldachin von Licht aus der Nacht herausschneiden und über dem Feld bauen. Einen Augenblick ist Totenstille. Zu groß ist noch die Überraschung. Nie zuvor sah man Ähnliches. Wie ein gewaltiger gotischer Dom aus Licht wirkt jetzt das weite Feld. Bläulich violett strahlen die Scheinwerfer, zwischen deren Lichtkegel das schwarze Tuch der Nacht sich hängt. 140.000 – so viele mögen hier wohl beisammen sein – kommen nicht los von diesem Anblick. Träumt man, oder ist es Wirklichkeit? Ist denn so etwas überhaupt denkbar? Ein Dom aus Licht? Nicht lange haben sie Zeit, sich solchen Gedanken hinzugeben, noch schöner vielleicht und noch zwingender für die Menschen, die ihn erfühlen.*
Dr. Ley meldet den ‚Fahneneinmarsch'. Man sieht noch nichts. Aber dann tauchen sie auf aus der schwarzen Nacht – drüben an der Südseite. In sieben Säulen ergießen sie sich in die Räume zwischen den Formationen. Man sieht nicht die Menschen, erkennt nicht die Träger, erblickt nur einen wallenden roten breiten Strom, der an der Oberfläche golden und silbern glitzert und der sich wie feurige Lava langsam nähert. Man spürt die Dynamik, die in diesem langsamen Näherkommen liegt, und erhält so einen kleinen Eindruck von dem Sinn dieser heiligen Symbole. 25.000 Fahnen, das sind 25.000 Ortsgruppen, Kreise und Betriebe überall im Reich, die sich um die Fahne scharen. Jeder von diesen Tausenden von Bannerträgern ist bereit, jedes dieser Tücher mit seinem Leben zu verteidigen. Keiner darunter, dem diese Fahne nicht letzter Befehl und höchste Verpflichtung ist.
Der Aufmarsch ist beendet. Die 140.000 sind untergetaucht in diesem Meer glitzernder Spitzen, die einem dichten Verhau ähneln, in das einzudringen nur den Tod bringen kann.
Das Schwurlied steigt auf in den unendlichen Lichtkegel. Die Ordensschüler singen es. Es ist wie eine große Andacht, zu der wir hier alle zusammengekommen sind, um uns neue Kraft zu

> *holen. Ja das ist es, eine Andachtsstunde der Bewegung wird hier abgehalten, wird von einem Meer von Licht geschützt gegen die Dunkelheit dort draußen ...*
> *Dr. Ley spricht: ‚Wir glauben an einen Herrgott, der uns lenkt und behütet und der uns Sie, mein Führer, gesandt hat.' Das sind die letzten Worte des Reichsorganisationsleiters, die von den 140.000 Besuchern durch minutenlang aufwallenden Beifall unterstrichen werden.“*[51]

Auch ein Jahr später, auf dem Parteitag 1937, erschien Hitler abends um acht, als *„die Dunkelheit ringsum plötzlich weißflutend erhellt“* wurde:

> *„Wie Meteore schießen die Strahlen der einhundertfünfzig* (130, s. o.) *Riesenscheinwerfer in den schwarzgrau verhüllten Nachthimmel. In der Höhe vereinen sich die Lichtsäulen an der Wolkendecke zu einem viereckigen flammenden Kranz. Ein überwältigendes Bild: Von schwachem Winde bewegt, schlagen die auf den Tribünen rings das Feld umsäumenden Fahnen langsam in dem gleißenden Licht hin und her ... Die Haupttribüne (ist) in blendende Helle ... getaucht, gekrönt von dem golden strahlenden Hakenkreuz im Eichenkranz. Auf dem linken und rechten Abschlusspfeiler lodern Flammen aus großen Schalen.“*[52]

So wurde das Gelände zu einem überdimensionalen, transzendentalen Tempel, gesäumt von Säulen aus Licht. Seine Symbolik war eindeutig. Das *„Licht, das in der Finsternis leuchtet“* war eine Anlehnung an das bei den Gnostikern beliebte Johannesevangelium (1,5), die 144.000 Auserwählten ein Motiv aus der Apokalypse (14,1). Die arischen Gottmenschen, erweckt durch den *Lichtbringer* Adolf Hitler, sollten antreten zur letzten Schlacht, zum Endkampf gegen die Mächte der Dunkelheit. Die Fahnenweihe durch die *Blutfahne,* die *Reliquie der Bewegung,* erinnerte an den Speerkult der Gralsritter im *Parsifal,* zumal die „echte“ Reliquie der Heiligen Lanze ab 1938 in Nürnberg verwahrt wurde. Nach Hitlers Willen sollte ihr zukünftiger Aufbewahrungsort die geplante Kongresshalle auf dem Reichsparteitagsgelände sein, der steinerne Tempel der Mysterienstätte. Wie die Gralsritter, so huldigten auch die 140.000 Gläubigen des magischen

Sozialismus der *Reinheit des Blutes.* Folgerichtig wurden von hier aus 1935 die *Nürnberger Rassengesetze* verkündet, offiziell als *Gesetz zum Schutz des deutschen Blutes und der deutschen Ehre* bezeichnet, die zum Dekalog der nationalsozialistischen Erlösungslehre – sprich: Blut-Gnosis – werden sollten. In Nürnberg war Hitler seinem Plan,

> *„aus Parsifal baue ich mir meine Religion, Gottesdienst in feierlicher Form ohne theologisches Parteingezänk. Mit einem brüderlichen Grundton der echten Liebe ohne Demutstheater und leeres Formelgeplapper. Ohne diese ekelhaften Kutten und Weiberröcke. Im Heldengewand allein kann man Gott dienen ...“*[53]

so nahe wie nie gekommen. Auch für die *New York Times* war es auf dem Nürnberger Parteitag von 1936, als würde *„eine neue deutsche Religion gestiftet, mit einem Gott, der sich in einer unbesiegbaren deutschen Nation manifestierte, und mit Adolf Hitler als seinem modernen Propheten.“*[54]

Tempel des Nationalsozialismus

Das Gelände, auf dem die Parteitage stattfanden, sollte nach den Plänen Hitlers zum deutschen Delphi oder Olympia, zum *„Wallfahrtsort und (zur) Tempelstadt der Bewegung“,* ausgebaut werden. Schon in „Mein Kampf“ hatte er ausgeführt: *„Die geopolitische Bedeutung eines zentralen Mittelpunktes einer Bewegung kann dabei nicht überschätzt werden. Nur das Vorhandensein eines solchen, mit dem magischen Zauber eines Mekka oder Rom umgebenen Ortes kann auf die Dauer einer Bewegung die Kraft schenken.“*[55] Die Architektur verstärkte den religiösen Charakter. Um Karl-Josef Schipperges zu zitieren:

> *„Die Anlage im Luitpoldhain ist eine Arena, deren ‚halbrunde Ausbuchtung des Kopfbaus ... an eine Apsis‘ erinnert, an den Chorraum einer christlichen Kirche. Die spätere Anlage auf dem Zeppelinfeld rückt dann aber deutlich ab von christlichen Vorbildern und orientiert sich an antiker Tempelarchitektur. ‚Der Mittelbau der Tribüne lehnt sich an die Konzeption des*

> *griechischen Tempels im kleinasiatischen Didyma* (der bedeutendsten Orakelstätte nach Delphi) *an.' Die Tür in der Mitte des Tempels ist die ‚Erscheinungstür', der ‚Ort der Epiphanie des Gottes bzw. der Orakelverkündigung durch den Priester/ Propheten'. Die ‚Rednerkanzel' Hitlers liegt ‚genau in der Achse' der ‚Erscheinungstür', Hier spricht Hitler als Priester des Gottes, der das Orakel deutet und die Wahrheit verkündet.*"[56]

Das Gesamtgelände hatte ein Ausmaß von elf Quadratkilometern. Es wurde zur größten Baustelle Europas. Für das Bauvorhaben stand Albert Speer ein Budget von 700 Millionen Reichsmark zur Verfügung. Die Bauten sollten aus Granit erstellt werden, um, wie Hitler es wollte, *„unverändert noch in zehntausend Jahren zu stehen"*[57] und selbst die nächste Eiszeit zu überdauern. *„Wenn aber die Bewegung jemals schweigen sollte"*, erklärte er bei der Grundsteinlegung, *„dann wird noch nach Jahrtausenden dieser Zeuge hier reden. Inmitten eines heiligen Haines uralter Eichen werden dann die Menschen diesen ersten Riesen unter den Bauten des Dritten Reiches in ehrfürchtigem Staunen bewundern."*[58] Alles war darauf ausgerichtet, den Besucher in staunende Atemlosigkeit zu versetzen, ihn seiner eigenen Kleinheit bewusst zu machen im Angesicht des Großen, dem er dient. Als Zentralachse des Geländes war die *Große Straße* geplant, eine 2000 Meter lange und 60 Meter breite Allee aus Granitplatten, die in der Verlängerung auf die Nürnberger Burg ausgerichtet war und damit symbolisch das Erste mit dem Dritten Reich verband. Auf ihr sollten Einheiten der Wehrmacht im *Märzfeld* einmarschieren, das seinen Namen dem antiken Kriegsgott Mars und dem Monat der Einführung der Wehrpflicht verdankt. Auf 1050 x 700 Metern, umgeben von Tribünen, die 24 Türme von je 40 Metern Höhe rhythmisch unterteilten, hätte die Wehrmacht vor bis zu 160.000 Zuschauern Kampfübungen vorgeführt. Die Ehrentribüne in der Mitte wäre nach Speers Plan von einer 60 Meter hohen Frauenskulptur überragt worden; um vierzehn Meter höher als die New Yorker *Freiheitsstatue,* wie er stolz vermerkte.[59] Gesäumt hätte die *Große Straße* eine monumentale Säulenhalle auf einer Stufenanlage, die Ehrentribüne für Hitler und seine Generäle, und, gegenüber, die Pfeilerhalle für die Fahnen der Regimenter. Hinter ihr sollte sich das *Große Stadion* erheben, mit 400.000 Plätzen die größte Arena der Welt mit dem vierfachen

Volumen der *Cheopspyramide.* 550 Meter lang, 460 Meter breit und 100 Meter hoch wäre es geworden. *„1940 finden die Olympischen Spiele noch einmal in Tokio statt. Aber danach, da werden sie für alle Zeiten in Deutschland stattfinden, in diesem Stadion“*[60], hatte Hitler seinem Architekten erklärt. Eine hufeisenförmige Kongresshalle von 275 Metern Breite bot 60.000 Menschen Platz. Ihre Fassade war der des römischen Kolosseums nachempfunden. Die Luitpoldarena für 150.000 Menschen, die auf das Gefallenen-Denkmal ausgerichtet war, diente der Totenehrung. Die 40.000 Eichen, die rund um das Zeppelinfeld gepflanzt wurden, verliehen dem Gelände zusätzlich den Charakter des *heiligen Hains* einer Mysterienstätte.

Der „Karfreitag der Bewegung“

Der Höhepunkt des liturgischen Jahres der Nazis aber war nicht der Reichsparteitag in Nürnberg, sondern der 9. November, der braune „Karfreitag“, der in der *Hauptstadt der Bewegung,* in München, gefeiert wurde. Lieferte beim Nürnberger Parteitag auch Wagners *Meistersinger-*Oper einen Großteil des Drehbuchs, war es an diesem *„weihevollsten Tag des nationalsozialistischen Feierjahres“*[61] nur noch der *Parsifal.* Schließlich ging es um Blut, um Opfer und Reliquien.

In seinen „Spandauer Tagebüchern“ reproduziert Albert Speer das offizielle Programm zum 8./9. November 1936, in dem es wörtlich heißt, es sei mit den Feiern *„die Grundlage für eine ‚Nationalsozialistische Prozession‘ gelegt“.* Daher erfolgte die Anweisung: *„Die in diesem Jahr – und in allen kommenden Jahren – stattfindenden Feiern ... müssen aus diesem Grund genau so aufgezogen werden wie die Feiern von 1935.*“ Hitlers Architekt kommentierte:

> *„Den Satz vom Tausendjährigen Reich hatte ich lange als leere Formel genommen, als Anspruch, etwas über die eigene Lebenszeit hinaus zu begründen. Aber bei der Festlegung, ja fast Kanonisierung des Rituals, wurde mir erstmals bewusst, dass das ganz buchstäblich gemeint war. Immer hatte ich geglaubt, dass alle diese Aufmärsche, Umzüge und Weihestunden Teil einer virtuosen propagandistischen Revue seien; jetzt wurde mir klar, dass es für Hitler fast um die Gründung einer Kirche ging.“*[62]

Eigens zum Zweck ihrer zukünftigen Verehrung hatte Hitler die Leiber der 16 Opfer seines politischen Abenteuers von 1923 zwölf Jahre später exhumieren lassen. Ihre sterblichen Überreste wurden in 16 bronzenen Sarkophagen gesammelt, die zunächst in der mit braunem Tuch ausgeschlagenen und mit Feuerschalen dekorierten Feldherrnhalle aufgestellt wurden. Nach einer Erinnerungsrede im *Bürgerbräukeller* fuhr Hitler kurz vor Mitternacht, im offenen Wagen stehend, durch das Siegestor, wo ihn ein Meer der Flammen erwartete. Bis zum Odeonsplatz war die Ludwigstraße gesäumt von 240 blutrot verkleideten Pylonen mit qualmenden Feuerbecken, von denen jeder mit goldenen Lettern die Namen der „Märtyrer der Partei" trug. Die Flammen tauchten die Szenerie in ein gespenstisch flackerndes Licht. Zwischen dem Spalier nervös tanzender Schatten bildeten Einheiten der SS und SA mit Tausenden Fackeln feurige Linien. Im Schritttempo fuhr Hitler, gefolgt von einer Prozession *alter Kämpfer,* die ihm aus dem *Bürgerbräukeller* gefolgt war, ihre Reihen ab. Während die Namen der Gefallenen aufgerufen wurden und zu ihren Ehren 16 Kanonenschüsse fielen, hielt der Wagen vor der Feldherrnhalle, und Hitler stieg, mit zum Gruß erhobenem Arm, auf einem roten Läufer ihre Stufen empor. In sich versunken wie ein Hohepriester, verweilte er vor jedem der Särge, als hielte er eine stumme Zwiesprache mit dem Toten, dann marschierten 60.000 uniformierte Parteigenossen mit ihren Fahnen schweigend an ihnen vorbei.

Am nächsten Morgen setzte sich im düsteren Grau eines Novembertages die feierliche Gedenkprozession in Gang, die den Marschweg von 1923 nachvollzog. An der Spitze des Zuges ging Hitler, gefolgt von den Trägern des von ihm gestifteten *Blutordens* und der *Führergruppe* mit der *Blutfahne,* der Reliquie von 1923. Das *Heiligtum der Bewegung,* wie sie HJ-Führer Baldur von Schirach nannte, wurde nur zweimal im Jahr enthüllt; zur Fahnenweihe auf dem Reichsparteitag und am 9. November. Wieder und wieder erklang aus Tausenden Lautsprechern das martialische *Horst-Wessel-Lied,* die Parteihymne, die an die Fahne und die Toten erinnerte:

„Die Fahne hoch,
die Reihen fest geschlossen,
SA marschiert,
mit ruhig festem Schritt.
Kameraden, die Rotfront

Und Reaktion erschossen,
marschier'n im Geist
in uns'ren Reihen mit."

16 Artilleriesalven dröhnten über der Stadt, als die Prozession endlich die blutroten Pylone passiert und die Feldherrnhalle erreicht hatte. Während die Glocken der Stadt Sturm läuteten, schritt Hitler noch einmal die Stufen der Feldherrnhalle empor, die der *Völkische Beobachter* „unseren Altar" nannte, und legte einen Kranz für die Toten nieder. Dann wurden ihre Särge auf 16 Pferdegespanne geladen, auf denen sie zu den beiden offenen, säulengesäumten *Ehrentempeln* im griechischen Stil gefahren wurden, die der Architekt Ludwig Troost am Münchener Königsplatz errichtet hatte. Während die Blaskapellen in ohrenbetäubender Lautstärke immer wieder das *Deutschlandlied* spielten, erreichte der Trauerzug den Platz der *Wiederauferstehung.* Noch einmal wurden die 16 Namen der Toten aufgerufen, doch jetzt antwortete jedes Mal die versammelte Hitlerjugend im Chor mit einem donnernden „Hier!" Nationalsozialistischer Auferstehungsglaube: In der Jugend lebten die Toten weiter, ihr Blut hatte den vielen ein neues Leben geschenkt. *„Für uns sind sie nicht tot",* hatte Hitler am Abend zuvor im *Bürgerbräukeller* erklärt. *„Diese Tempel sind keine Grüfte, sondern eine Ewige Wache. Hier stehen sie für Deutschland und wachen für unser Volk!"*[63]

Der Historiker David Clay Large zitiert einen Zeitzeugen, der das Spektakel als „Naziversion eines Passionsspiels" bezeichnete und den Weg der Prozession mit den „Stationen des Kreuzwegs" verglich: *„Mit einem schreienden Unterschied: Der Heiland marschierte aufrecht, mit grimmiger Miene und kniehohen Stiefeln zwischen seinen Jüngern in der ersten Reihe; Golgotha und Wiederauferstehung mischten sich zu einem einzigen düsteren, aufwühlenden Ereignis."*[64] Auch der *Völkische Beobachter* ließ keinen Zweifel daran, welchem Messias an diesem Tag gehuldigt wurde: *„Statuenhaft steht er, der über das Maß des Irdischen bereits hinausgewachsen"*[65], beschrieb das Blatt Hitlers Auftreten bei der Gedenkfeier.

Der NSDAP-Chefideologe Alfred Rosenberg nannte das Monument für die *Novembermärtyrer,* die *Ewige Wache,* ein *„Gleichnis für alle Gräber. Offen unter dem Himmel wie einst ein uraltes Hünengrab liegen da in ehernen Sarkophagen zum letzten Appell be-*

reit jene Kameraden ... die keine Gemeinschaft mit Verrätern und ihren christlichen Verbündeten haben wollten." Zu ihnen würden „*kommende Geschlechter ... nicht ‚wallfahren' – wohl aber marschieren, wie einst die Völker zu den Gräbern der christlichen Heiligen pilgerten.*"[66] Ein nationalsozialistischer Märtyrerkult als Ersatz für die christliche Heiligenverehrung war also bewusst geplant.

Mysterien der Erotik

Neben den Mysterien des Todes zelebrierten die Nazis auch die Mysterien der schwülstigen Erotik. Ihr Großmeister war Christian Weber, ein ehemaliger Stallbursche und Hitler-Kumpan, der es zum Ratsherrn gebracht hatte. Mit der Fülle an Macht war auch seine Körperfülle ins nahezu Unendliche gewachsen, was ihn bald zwang, sich eine kurze Lederhose maßschneidern zu lassen, wofür die Haut eines ganzen Kalbes geopfert wurde. Der feiste Nazi liebte neben Bergen guten Essens und opulenten Schmiergeldern auch den Pferdesport und die Jagd, den Verkehr mit drallen Prostituierten und das Feiern heidnischer Feste. Sein Beitrag zur Geschichte des Dritten Reiches war es, all diese Leidenschaften zu einem einzigen pseudoreligiösen Spektakel zu vereinen: der *Nacht der Amazonen.*

Seit 1934 hatte Weber das *Braune Band von Deutschland,* ein internationales Pferderennen, in München veranstalten lassen. Er brüstete sich damit, die Rennbahn von Riem zu einem „deutschen Ascot" gemacht zu haben; mit dem einen Unterschied, dass man in Riem viel mehr Spaß haben konnte. Das abendliche Spektakel im Park des Nymphenburger Schlosses, mit dem der Renntag abschloss, war eine eigenwillige Kreuzung zwischen einem Faschingszug und einer Moulin-Rouge-Show. Auf mythologisch dekorierten Themenwagen, die im Schein der Fackeln durch die Nacht rollten, räkelten sich halbnackte junge Frauen, andere, mit Goldbronze bemalte Schöne ritten dazwischen auf unbesattelten Pferden. Im Scheinwerferlicht vollführten „chinesische Tempelgöttinnen" garantiert nichtauthentische, aber umso enthüllendere Kulttänze. Während das nicht unbedingt jugendfreie Spektakel der Öffentlichkeit zugänglich war, gab es einen streng abgegrenzten VIP-Bereich, in dem Weber, einen überdimensionalen braunen Frack tragend, persönlich darüber wachte, dass seine Ehrengäste von den „Amazonen" in ihre tiefsten Geheimnisse eingeweiht wurden. Er war fest davon überzeugt, die dionysischen Mysterien des alten Griechenland wieder zum Leben erweckt zu haben.[67]

Kitsch, Kult, Kunst und Kultur

Doch München sollte als *Hauptstadt der Bewegung* nicht nur zum Heiligtum des Blutes und des Eros, sondern auch zur *Hauptstadt der deutschen Kunst* stilisiert werden. So wurde Mitte Juli 1937 das *Haus der Deutschen Kunst,* ein säulengesäumter Bau, mit einem dreitägigen Spektakel eröffnet. Neben Galakonzerten, Theateraufführungen und endlosen Volkstanzdarbietungen im Englischen Garten war sein Höhepunkt ein drei Kilometer langer Festzug, der unter dem Motto *2000 Jahre Deutsche Kultur* stand. Er kam so gut an, dass er in den nächsten beiden Jahren bis zum Krieg wiederholt wurde und zu einer festen Einrichtung im braunen München zu werden drohte. Obwohl guter Geschmack nie zu den Tugenden des Nationalsozialismus gehörte, war er in seinen Superlativen des Kitsches an Peinlichkeit kaum mehr zu überbieten. Wahrscheinlich inspiriert von rheinischen Rosenmontagszügen, aber leider bar jeden Humors, enthüllte er unverhohlen, was die Nazis unter Kultur verstanden. Um die *„Höhenflüge des deutschen Schöpfergeistes im Lauf der Jahrtausende“* zu illustrieren, mussten Pferde und ächzende SA-Männer Themenwagen ziehen, die Pappmaschee-Modelle berühmter Bauwerke vom Naumburger Dom bis zu dem neuen Münchener Kunsttempel, eine riesige Goethe-Büste, einen martialischen goldenen Adler, ein strahlend goldenes Hakenkreuz, eine vollschlanke Meergöttin auf einer Muschelschale, über der ein Adler thronte (Symbol für das *„germanische Zeitalter“),* eine in grüne Folie gehüllte Weltesche und drei Krieger mit der Aufschrift „Opfer“, „Glaube“, „Treue“ (als Symbole für die *„moderne Epoche des Nationalsozialismus“)* trugen. Dazwischen paradierten in heiligem Ernst Kostümträger, die diverse historische Figuren, die Germanen der Bronzezeit und der Völkerwanderung, dralle Walküren mit eisernen Büstenhaltern, die Ritter des Mittelalters (paradoxerweise Kreuzritter mit Hakenkreuzschilden) und wen sonst noch darstellten. Es war, als habe man für die bizarre Prozession wahllos den Fundus sämtlicher Opernhäuser des Reiches oder zumindest der Bayreuther Festspiele geplündert. Um dem befremdlichen Spektakel die Krone der Absurdität aufzusetzen, bildeten Einheiten der Wehrmacht und der SS den Abschluss. Wahrscheinlich hatten sie den Befehl, jeden, der zu laut lachte, standrechtlich zu erschießen.

Der *Völkische Beobachter* sah das natürlich ganz anders. Sein Feuilletonist disqualifizierte sich mit der folgenden pathetischen Beschreibung, die zumindest etwas von dem pseudoreligiösen Charakter dieser Farce einer Mysterienprozession erahnen lässt:

> *„Germanische Krieger, germanische Frauen ziehen vorüber ... Die mächtigen Sinnbilder der mythischen Zeit unserer Ahnen überwältigen uns moderne Menschen selbst in ihren Nachbildungen. Die Sonne, das Symbol des Tages, der Mond, die Göttin der Nacht, wirken in ihrer Farbenpracht eindringlich und überzeugend. Die Gestalten der Urväter-Saga sind plötzlich mitten unter uns ... Fanfarenbläser und Paukenschläger zu Pferd reißen uns mit stürmischen Klängen aus der ekstatischen Versenkung."*[68]

Entsprechend schlecht war die im *Haus der Deutschen Kunst* präsentierte „Kunst“, was nicht besonders verwunderte, hatte Hitler sie doch persönlich ausgesucht. Da repräsentierten vier nackte Frauen die „vier Elemente“, demonstrierten wohlgerundete Blondinen die Fruchtbarkeit des germanischen Weibes, pflügten stolze Bauern mit bloßem Oberkörper ihre sonnendurchfluteten Felder, verrichteten muskelbepackte Arbeiter ihr Werk. Andere „Kunstwerke“ waren die reinsten Propagandaplakate in Öl. Auf ihnen marschierten Braunhemden der SA hinter der Hakenkreuzfahne, zogen stahlgraue Soldaten in die Schlacht. Das Hauptwerk der Ausstellung zeigte Hitler als Lohengrin in schimmernder Ritterrüstung, von hinten beleuchtet durch die aufgehende Hakenkreuzsonne. Was die Nazipresse als *„Zeugnis für die Erneuerung der Künste unter dem Nationalsozialismus“* pries, illustrierte nur zu augenscheinlich, dass „Hitlers Religion“ ihrem großen Rivalen, dem Christentum, auch in dieser Hinsicht weit unterlegen war. Einen Raffael, Lippi oder da Vinci konnten die Nazikünstler nicht einmal schlecht kopieren.

Wie weit der Kitsch der pseudoreligiösen Naziikonogaphie selbst in das Herz des Reiches eingedrungen war, demonstrieren auf erschrekkende Weise die Fresken des Bunkers der *Leibstandarte Adolf Hitler,* der im Sommer 1990, also unmittelbar nach der Wiedervereinigung, in Berlin-Mitte freigelegt wurde. Eines der Wandbilder zeigt die griechischen Götter, wie sie die Eroberung des Klidi-Passes in Nordgriechenland im April 1941 durch Angehörige der Leibstandarte beobachten. Zeus schleudert runenartige Blitze, Athena ihre Lanze und ein paar Kampfflugzeuge auf die sich ergebenden britischen Soldaten. Auf einem zweiten Fresko ist ein SS-Kommando auf einem Klosterhof zum Appell angetreten. Während der Offizier Feuer und Runenblitze ausspeit, schauen hinter ihm, auf einer Esche sitzend, Wotans Raben Hugin und Munin zu. Eine verschreckte Nonne blickt ängstlich hinter einem Baum hervor. Ein drittes Bild zeigt uniformierte SS-Männer mit mittelalterlichen Langschilden, wie sie als moderne Ritter ein Liebespaar und ein sich zuprostendes Biertrinkerduo beschützen. An anderer Stelle wachen zwei rote Langschilde über den Schlaf einer nackten Schönheit. In ihrer *„Mischung von pubertärem Hochmut und sentimentaler Banalität"* illustrieren diese Wandbilder *„das irrationale Glaubensbekenntnis einer sich auserwählt fühlenden Elite ... berufen zum Schutz des deutschen Volkes vor dem Bösen dieser Welt"*[69], erklärte ihr Entdecker, der Archäologe Alfred Kerndl.

Größer als Babylon und Rom

War Nürnberg das Olympia des NS-Staates und München sein Athen, so war es Berlin bestimmt, zu seinem Rom, zur Hauptstadt eines Weltreiches zu werden. Die geplante Zehn-Millionen-Stadt sollte dann nicht mehr ihren alten Namen tragen, sondern *Germania* heißen. Zwei Achsen würden ihr Zentrum bilden: eine imperiale Staats- und Feierachse von Nord nach Süd und die Administrations- und Verkehrsachse von Ost nach West. Den Kreuzungspunkt der beiden Achsen hätte das größte Gebäude der Welt überragt, ein domartiger Kuppelbau von 290 Metern Höhe, der 140–150.000 Menschen fassen sollte und den Hitler nur die *Große Halle* nannte. *„Berlin wird als Welthauptstadt nur mit dem alten Ägypten, Babylon oder Rom vergleichbar sein"*[70], erklärte Hitler zu seinen Plänen, die an die Monumentalarchitektur der Cecil-de-Mille-Filme erinnerten. Von der Großen Halle aus sollte eine fünf Kilometer lange Prachtstraße zu einem 117 Meter hohen Triumphbogen führen, der an Hitlers in Wirklichkeit nie errungene Siege erinnert hätte. Für sich selbst beanspruchte der Diktator den *Führerbau,* einen festungsartigen Palast von zwei Millionen Quadratmetern Grundfläche, wie eine antike Cäsarenresidenz mit zahlreichen Festsälen, Wandelhallen, Dachgärten, Wasserspielen und einem Theater ausgestattet. *„Wer die Reichskanzlei betritt, muss das Gefühl haben, vor den Herrn der Welt zu treten"*, erklärte Hitler den erhofften Effekt seiner Gigantomanie, *„schon der Weg dahin durch den Triumphbogen auf den breiten Straßen an der Soldatenhalle vorbei zum Platz des Volkes soll ihm den Atem nehmen."*

Die erste Skizze zu der *Großen Halle* stammte aus Hitlers eigener Hand; er hatte sie bereits 1925 angefertigt, inspiriert durch Jakob von Steinles gemalte Vision der Gralsburg Monsalvat aus Wagners *Parsifal* und die Bühnenbilder von Bayreuth. Selbst das Oberlicht, das aus der Kuppel auf die Runde der Gralsritter herabfällt, übernahm er in seinem Entwurf. So wäre der gigantomanische Kuppelbau zu einem monumentalen Gralstempel geworden, in dem sich 144.000 Auserwählte zu einer arischen Andacht versammeln könnten. Das Licht aus der Kuppelöffnung in himmlischer Höhe hätte die Szenerie gewiss *„bühnenweihfestspielhaft"*[71] beleuchtet.

Den Säulenvorbau, der in die *Große Halle* führte, sollten zwei 15 Meter hohe Plastiken von Atlas und Tellus, das Himmelsgewölbe und die Weltkugel tragend, flankieren. Damit war eine symbolische Verbindung zu Atlantis, der mythischen Urheimat der Arier, hergestellt, die ihrem Namen dem Atlas verdankte. Da sich die *Große Halle* über den Wassern der Spree erhob, hätten aufsteigende Nebel ihr beizeiten den Eindruck einer aus den Fluten emporragenden Insel verliehen. Um diesen Effekt noch zu verstärken, war *„daran gedacht, die Spree ... seenartig zu erweitern"*[72], wie Speer schreibt, so dass der Kuppelbau schließlich an drei Seiten von Wasser umgeben gewesen wäre.

Von der Führertribüne im Innenraum, unter einem haushohen vergoldeten Adler, wollte Hitler sich an die Völkerscharen des Großgermanischen Reiches wenden und der Welt seine Heilsbotschaft verkünden. „Germaniens Dom" war gekrönt von einem weiteren goldenen Adler, der nicht etwa auf dem Hakenkreuz stand, sondern die Weltkugel in den Fängen hielt, wie Hitler ausdrücklich bestimmt hatte.[73] Albert Speer, dem Hitler am 25. Juni 1940 den Auftrag zur *„Verwirklichung dieser nunmehr wichtigsten Bauaufgabe des Reiches"* erteilte, erkannte bald: *„Im Grunde handelte es sich ... um einen Kultraum, der im Laufe der Jahrhunderte durch Tradition und Ehrwürdigkeit eine ähnliche Bedeutung gewinnen sollte wie St. Peter* *in Rom für die katholische Christenheit. Ohne einen solchen kultischen Hintergrund wäre der Aufwand für Hitlers Zentralbau sinnlos und unverständlich gewesen.“*[74]

Sein Ziel war, im Konkurrenzkampf mit der katholischen Kirche zu obsiegen. Hitler wörtlich: *„Damit allein sind wir in der Lage, den einzigen Konkurrenten, den es gibt für uns, Rom, in den Schatten zu stellen. Die Große Halle soll so werden, dass die Peterskirche mit dem Platz davor darin verschwinden kann.“*[75] Speers Plan entsprach dieser Anforderung. In dem runden Innenraum des Kuppelbaus mit seinem Durchmesser von 250 Metern hätte der Petersdom 17mal Platz gehabt. Die *Große Halle* wäre doppelt so hoch wie die Cheopspyramide geworden. Dabei war Hitler wichtig, dass diese Monumentalbauten noch zu seinen Lebzeiten vollendet würden; nur wenn er *„noch in ihnen gesprochen und regiert habe, bekommen sie die Weihe, die sie für meine Nachfolger brauchen“*[76], erklärte er seinem Architekten Albert Speer, der jetzt begriff: *„Hitler glaubte, wenn die Jahrhunderte vergingen, würde seine riesige Versammlungshalle ... zu einem Heiligen Schrein werden. Ein solcher Kult war die Wurzel des ganzen Plans ... ein Mittel, seine Weltanschauung zu verewigen.“*[77] Es sollten Tempel und Kathedralen der neuen Religion werden, gebaut, um die Kirchen der Christenheit zu ersetzen.

Der Sternentempel von Linz

Für Linz, das er als seine eigentliche Heimatstadt ansah, plante Hitler nicht nur eine gigantische neue Donaubrücke und das größte Museum Europas – hier sollten von den Nazis erbeutete Gemälde aus den eroberten Ländern ausgestellt werden –, sondern auch ein Heiligtum des nationalsozialistischen Pantheismus, getarnt als Sternwarte. Ausgerechnet auf dem Pöstling-Berg oberhalb der Donaustadt wollte er sie plazieren, dort, wo seit Jahrhunderten eine barocke Wallfahrtskirche steht. *„Den Götzentempel dort beseitige ich und setze das dafür hinauf“*, erklärte er in der Nacht vom 20. auf den 21. Februar 1942 im *Führerhauptquartier, „in der Zukunft werden jeden Sonntag Zehntausende von Menschen durchgehen, und alle werden erfüllt sein von der Größe des Universums. Als Überschrift kann ich mir nur das denken: Die Himmel rühmen des Ewigen Ehre! Wir erziehen die Menschen damit allerdings zu einer Religiosität, aber zu einer pfaf-*

fenfeindlichen, wir erziehen sie zur Demut. Der Mensch kann das eine und andere begreifen, aber er kann die Natur nicht beherrschen, er muss wissen, dass er ein von der Schöpfung abhängiges Wesen ist. Das führt weit hinaus über den Aberglauben der Kirche ... Ich will da etwas hinsetzen, das auch in propagandistischer Hinsicht eigenartig ist.“[78] *„Der katholischen Pseudowissenschaft zum Trotz“*[79] sollte die Sternwarte die Weltbilder des Ptolemäus, des Kopernikus und die pseudowissenschaftliche Welteislehre des Österreichers Hanns Hörbiger propagieren, die sich längst zur Kosmologie der Nazis gemausert hatte.

Ein Universum aus Eis

Hörbiger, der Vater der Schauspieler Paul und Attila Hörbiger und Großvater von Christiane Hörbiger war Konstrukteur für Dampfmaschinen, als er 1894 bei Mondschein eine Erleuchtung hatte. *„Blitzartig“*, so schrieb er später, überkam ihn *„der Gedanke, dass die Mondoberfläche aus Eis besteht“*. Es war eine geradezu mystische Erfahrung, eine *„mit seherischer Kraft überkommene Eingebung“*, die ihn *„fast zu Boden drückte“*: Der Baustoff des Universums, so glaubte er zu ahnen, war *„Eis – Eis – überall ... Ja, vom Eis kam dieses peinigende Licht, das jede Ruhe zerriss – vom Eis auf hohen Gipfeln – vom Eis – von einer Welt aus Eis“*[80] Immer wieder wurde er in den folgenden Monaten von Visionen der Eis-Welt überwältigt, bis sie ihm ganz den Schlaf raubten und seine Gesundheit ruinierten.

Sämtliche Planeten des Sonnensystems, so glaubte er, seien mit Eis überzogen. Der ewige Kampf *„der Gegenpole Glut und Eis“*, so Hörbiger, bestimmte das gesamte Weltgeschehen, ließ *„Sonnenreiche gebären, sich vollenden und absinken.“*[81] So entstand die Welteislehre, kurz WEL genannt, oder, um wissenschaftlicher zu wirken, auch *Glacialkosmogonie*. Sie war laut ihrem Entdecker der *„Schlüssel, der die Mondhieroglyphe entziffert und die Geheimnisse der Milchstraße, der irdischen Atmosphäre und des Kohlenflötzes enthüllt.“*[82] Die Welteislehre hatte auf alles eine Antwort, deutete so gut wie jedes Phänomen des Weltalls. Das Universum, so Hörbiger, wurde aus einer Urkatastrophe geboren: Riesige Roheisblöcke seien in eine Ursonne gestürzt und hätten eine Explosion ausgelöst. Ihre ins All geschleuderten Splitter hätten die Galaxien gebildet. Immer wieder würden größere Himmelskörper kleinere durch ihre Gravitation „einfangen“ und zu ihren Trabanten machen, bis sie schließlich, dem Trägheitsgesetz folgend, auf sie stürzen. So hätte auch unsere Erde schon mehrere Monde gehabt; der jetzige Erdtrabant sei der sechste in der Erdgeschichte, die anderen hätten durch ihre Abstürze die geologischen Zeitalter markiert, Gebirge sich auftürmen lassen und die Eiszeiten ausgelöst.

Erst sechs Jahre nach seiner kosmischen Vision wagte Hörbiger, seine Theorie dem Direktor der Sternwarte der Wiener Universität mitzuteilen, um gleich auf harsche Ablehnung zu stoßen. Der betagte Professor gab ihm nur *„den väterlichen Rat, auf seiner schiefen Ebene schleunigst umzukehren, um nicht mit seiner Familie in den Abgrund zu stürzen, an dessen Rand er bereits steht.“*[83] So entmutigt, widmete sich Hörbiger zunächst wieder der Entwicklung bergbautechnischer Erfindungen, bis er, durch einen befreundeten Astronomen unterstützt, 1912 seinen ersten Schritt an die Öffentlichkeit wagte und kurz vor Weihnachten sein erstes Buch „Glacial-Kosmologie“ veröffentlichte. Auf Laien machte es schon wegen der zahlreichen Fachbegriffe, von denen Hörbiger viele frei erfunden hatte, einen großen Eindruck, in der Fachwelt stieß es auf vernichtende Kritik. Doch sie verhinderte nicht den Aufstieg der neuen Lehre, nicht unbedingt als wissenschaftliche Hypothese, so doch als pseudoreligiöse Offenbarung.

> *„Das Ziel muss sein, wieder eine Weltenschau aufzurichten, die die Harmonie zwischen ‚Wissen und Glauben‘ herstellt. Vor allem gilt es, den krassen Materialismus hinauszuwerfen aus den Kammern unseres Gehirns ... (und) eine wahrhaft unendliche Perspektive in das Absolute des Transzendentalen zu eröffnen. Wir müssen den Kosmos in seinem größten Sinne theozentrisch auffassen, zum Gottesbegriff zurückkehren. Dann wird es uns erst recht wieder möglich werden ... ihrer selbst bewusste Lebewesen hervorzubringen ... Das ist der Weg, das ist das Kreuz, der Kreuzungspunkt, in welchem unsere Gedanken sich finden müssen, soll aus dem Schnittpunkte seiner Balken der Strahl der Erlösung werden“*[84],

schrieb einer von Hörbigers enthusiastischen neuen Anhängern, der 24 Jahre junge Astronom Max Valier. Er hatte schon in den Schützengräben des Ersten Weltkrieges begeisterte Vorträge über die Lehre seines Idols gehalten. Zwischen 1919 und 1924 erschienen rund 20 Bücher über die Welteislehre, die begeisterte Aufnahme speziell bei jungen Technikern (deren Sprache der gelernte Konstrukteur sprach) aus dem deutschvölkischen Lager fanden. Sie sahen in der *Glacialkosmogonie* eine „arische“ Alternative zur „jüdischen“ Astrophysik und eine Erlösung vom „Joch der erstarrten Wissenschaft“. Speziell die Parallelen zur germanischen Heldendichtung der *Edda,* die eine Weltentstehung aus dem Eis schildert, faszinierten die braunen Ideologen. So pries der Wiener Theosoph Franz Spunda Hörbiger gar als *„Entdecker dieses nordischen Menschentyps ... In ihm sind die Urkräfte der Edda lebendig geworden“,* seine Lehre sei *„die Gegenfuge zur südländischen Mythe. Dass er uns Licht aus dem Norden brachte, hat uns unerhört bereichert.“*[85] Der völkische Autor Richard Bie bescheinigte der *Glacialkosmogonie* ebenfalls, *„eine ausgesprochen nordische Lehre“* zu sein: *„Abgeleitet von den großen Prozessen der Weltraumkälte, von riesigen Sintfluten und heimlich zehrenden Kräften der Anziehung und Einschrumpfung der Mondbahnen begründet diese Lehre einen Typus Mensch, der* (dem) *Gesetz einer unerbittlichen Unentrinnbarkeit“* unterworfen ist. Dieses *„germanische Ideal eines besonderen Menschentypus ... scheint mir alle Vorzüge des nordischen Charakters zu besitzen. Er blickt mit frischen, lebhaften und mutigen Augen in die harten und schroffen Erlebnisse dieser dramatischen Natur.“*[86] So wurde sie zum naturwissenschaftlichen „Beweis“ für den Glauben an die spirituelle Überlegenheit des *Ariers,* dessen Urheimat auch Hörbiger wie schon Madame Blavatsky am Polarkreis vermutete: *„Die nordischen Menschen, die in der Eisnot ausharrten und durchhielten, fanden im unsäglich harten Kampfe um ihr Sein erst die volle Tiefe des Bewusstseins. Hier erwachte und erwuchs ihnen das Vertrauen in ihre schöpferischen Kräfte. Sie mussten ... neu schaffen, um leben zu können.“*[87] Seine Lehre stellte ganz im Sinne des nationalsozialistischen Weltbildes die Verbindung zwischen Mensch und Kosmos her, zwischen dem im Kampf gegen die Mächte des Eises erstarkenden nordischen Menschen und einem Universum des ewigen Kampfes zwischen Feuer und Eis. Während sich Hörbiger selbst nie politisch engagierte, war er dem Zuspruch aus dem völkischen Lager gegenüber keineswegs abgeneigt; er schien sogar offen mit Hitler sympathisiert zu haben. Jedenfalls wurde schon im Sommer 1925 in seinem Namen ein Brief an deutsche Gelehrte verschickt, in dem es hieß:

„Es gilt jetzt zu wählen, ob man für oder gegen uns sein will. Zur gleichen Zeit, da Hitler die Politik säubern wird, wird Hanns Hörbiger die falschen Wissenschaften hinwegfegen. Die Welteislehre wird das Signal zur Erneuerung des deutschen Volkes sein. Nehmt euch in Acht! Bekennt euch zu uns, bevor es zu spät ist!"[88]

Hitlers Machtergreifung sollte Hörbiger, der 1931 verstarb, ebenso wenig miterleben wie seine Erhebung zum *„Kopernikus des 20. Jahrhunderts"*[89] durch die Nazis. *„Ich neige der Welteislehre von Hörbiger zu"*, erklärte Hitler in einem seiner Monologe in der Nacht vom 25. auf den 26. Januar 1942, um endlos über alte Mythen, *„Erzählungen von einem Himmelssturz"* und einem *„Einbruch des Mondes ... um das Jahr 10.000 vor unserer Zeitrechnung"* zu schwadronieren. Alles, was *„die Mythologie von Gestalten zu berichten weiß,* (ist) *die Erinnerung ... an eine einstige Wirklichkeit"*, glaubte Hitler. Dabei war er überzeugt, *„dass eine der nordischen Naturkatastrophen eine Menschheit ausgelöscht hat, die im Besitz einer höchsten Kultur gewesen ist"*. Spuren dieser Kultur, gemeint war Atlantis, ließen sich vielleicht finden, *„wenn wir den Boden, der jetzt vom Wasser überspült wird, durchforschen können"*. Visionäres Schauen, wie es auch Hörbiger erfahren zu haben glaubte, war dabei für Hitler eine legitime Methode zur Wahrheitsfindung: *„Ich glaube, diese Fragen werden sich nur lösen, wenn eines Tages ein Mensch intuitiv Zusammenhänge schaut und der exakten Wissenschaft damit den Weg weist. Wir werden sonst nie hinter den Schleier schauen, den die Katastrophe zwischen uns und die Vorwelt hat fallen lassen."*[90]

Als der frühe Wintereinbruch 1942 seinen Russland-Feldzug zum Scheitern brachte, war es Hörbigers Welteislehre, die Hitler als Entschuldigung diente. Wie Gauleiter August Eigruber protokollierte: *„Der Führer bemerkte ausdrücklich, dass er auf Grund seiner Erfahrungen im Osten bestärkt sei in der Anerkennung der Ansichten Hörbigers, obwohl die ‚Profaxen', die Professoren, über die Welteislehre die Nase rümpften."*[91] Die „Profaxen" waren ihm verhasst, seit ihm Professoren der Wiener Kunstakademie eine akademische Laufbahn verwehrten. So sehr er immer wieder behauptete, der Nationalsozialismus basiere auf wissenschaftlichen Grundlagen, so auffällig war seine Vorliebe für Hypothesen und Erklärungen der Pseudowissenschaft. *„Denken Sie an die jüngste Vergangenheit, die eine*

Viermillionen-Front im Frost erstarren ließ – vielleicht bin ich zu befangen – wir wollen sehen. Allein der Satz: ‚Eis ist nicht gefrorenes Wasser, sondern Wasser ist geschmolzenes Eis' verdient zumindest eine Darstellung"[92], verteidigte er seine Vision vom Linzer Ptolemäus-Kopernikus-Hörbiger-Tempel dem mit seiner Errichtung beauftragten Architekten Hermann Giesler gegenüber. Und auch in den Akten der SS findet sich die auf den 4. August 1942 datierte Notiz:

> *„Der Führer äußerte im Frühjahr dieses Jahres im Gespräch dem Reichsführer* (Himmler) *gegenüber, der harte Winter dieses Jahres und auch die klimatische Entwicklung der letzten Jahre habe ihn immer mehr zu der Überzeugung gebracht, dass die Welt-Eislehre von Hörbiger richtig sei."*[93]

Der Übermensch

Die Welteislehre gab Hitler das Gefühl, Teil eines gewaltigen kosmischen Kampfes zwischen Feuer und Eis, sprich: Licht und Finsternis, zu sein, eines Kampfes, hinter dem der unbeugsame Wille einer höheren Macht steht, deren ehernes Gesetz den Sieg des Stärkeren und die Ausmerzung des Schwachen forderte. Er nannte diese Macht *Vorsehung* oder *Herrgott* und er war überzeugt, ihr Instrument zu sein. Sein Ziel war die Errichtung eines Reiches der Kraft, der Größe und Stärke. Seine Mittel waren Indoktrination und Gewalt. Die feste Überzeugung, im Einklang mit dem kosmischen (sprich: göttlichen) Willen zu stehen, nahm ihm alle Skrupel. Wer sich seinem Willen beugte, hatte es verdient, zum Herrenmenschen der neuen Welt zu werden; wer ihm widersprach, verwirkte sein Recht zu leben. Menschen waren für Hitler nur „Material", nur Baustoff zur Verwirklichung seiner düsteren Visionen. Hitler war überzeugt, der Verkünder und Pionier einer neuen Weltordnung, eines neuen, germanischen Zeitalters zu sein. In seinem grenzenlosen Größenwahn wollte er nicht als Revolutionär, Religionsgründer oder Kulturreformator gelten, nicht einmal „bloß" als Messias und Erlöser der Deutschen, sondern als Schöpfer einer neuen Menschheit, der *sechsten Wurzelrasse* nach der Lehre der Theosophie. So war das Ziel der *Nürnberger Rassengesetze* nicht nur die Ausmerzung des Jüdischen im Deutschen, sondern auch die Heranzüchtung einer neuen Herrenrasse, ganz wie

Lanz von Liebenfels gefordert hatte. Joachim C. Fest stellte in seiner klassischen Hitler-Biographie fest: *„Es war dies sein innerster und feierlichster Gedanke ... seine positive Idee: das in allen Klingsorgärten dieser Welt vergeudete arische Blut zu sammeln und die kostbare Schale für alle Zeit zu hüten, um unverwundbar und zum Herren der Welt zu werden.“*[94] In Sinne dieser „mystischen Biologie“, der *„bewussten Züchtung eines neuen Menschen“,* des *arischen Gottmenschen,* forderte er Ehe- und Erbgesundheitsgesetze, Sterilisations- und Euthanasieprogramme. Nietzsches Vision vom gottlosen, erdverbundenen *Übermenschen,* wortreich und in starken, mythischen Bildern gezeichnet in „Also sprach Zarathustra“, war auch das Ideal, das Hitler anstrebte. Dazu war es nötig, die Deutschen komplett zu entchristlichen. *„Das Christentum will über Raubtiere Herr werden“,* schrieb Nietzsche im „Antichrist“, *„sein Mittel ist, sie krank zu machen – die Schwächung ist das christliche Rezept zur Zähmung, zur ‚Zivilisation.‘“*[95] Hitler wollte neue Barbaren züchten.

„Wer den Nationalsozialismus nur als politische Bewegung versteht, weiß nichts von ihm“, versicherte der Führer dem Danziger NSDAP-Senatspräsidenten Hermann Rauschning, *„Er ist mehr noch als Religion; er ist der Wille zur neuen Menschenschöpfung“:*

> *„Der Mensch befände sich in einer ungeheuren Wandlung. Buchstäblich, über Jahrtausende hinweg, vollziehe sich ein Umwandlungsprozess mit ihm, verkündete er. Die solare Periode des Menschen neige sich ihrem Ende zu. In ersten großen Menschengestalten einer neuen Art künde sich das Kommende heute schon an. Wie sich nach der unvergänglichen Weisheit der alten nordischen Völker die Welt immer wieder verjüngen müsse, indem das Alte mit seinen Göttern untergehe, wie die Wendepunkte der Sonne ihnen als Sinnbild des Lebensrhythmus galten, nicht in der graden Linie eines ewigen Fortschritts, sondern in der Spirallinie, so wende sich nun der Mensch scheinbar zurück, um sich wiederum eine Stufe höher zu heben ...*
>
> *Die Schöpfung ist nicht am Ende, wenigstens was dieses Lebewesen Mensch anlangt. Der Mensch steht biologisch gesehen deutlich an einem Scheidepunkt ... Die alte bisherige Gattung Mensch gerät damit unweigerlich in das biologische Stadium*

der Verkümmerung ... Die ganze Schöpferkraft wird sich in der neuen Menschenspielart konzentrieren. Die beiden Spielarten werden sich sehr schnell voneinander fort in entgegengesetzter Richtung entwickeln. Die eine wird unter den Menschen heruntersinken, die andere wird weit über den heutigen Menschen hinaussteigen. Gottmensch und Massentier möchte ich die beiden Spielarten nennen.“[96]

Hitlers Pädagogik

Wichtiger als die Indoktrination und Gleichschaltung der „Volksgenossen“ war Hitler die Erziehung der Jugend. „*Wir Alten sind verbraucht“*, vertraute er Rauschning an,

„Ja, wir sind schon alt. Wir sind bis ins Mark verdorben. Wir haben keine ungebrochenen Instinkte mehr. Wir sind feige, wir sind sentimental ... Aber meine herrliche Jugend! Gibt es eine schönere in der ganzen Welt? Sehen Sie sich diese jungen Männer und Knaben an! Welch Material. Daraus kann ich eine neue Welt formen.

Meine Pädagogik ist hart. Das Schwache muss weggehämmert werden. In meinen Ordensburgen wird eine Jugend heranwachsen, vor der sich die Welt erschrecken wird. Eine gewalttätige, herrische, unerschrockene, grausame Jugend will ich. Jugend muss das alles sein. Schmerzen muss sie ertragen. Es darf nichts Schwaches und Zärtliches an ihr sein. Das freie, herrliche Raubtier muss erst wieder aus ihren Augen blitzen. Stark und schön will ich meine Jugend. Ich werde sie in allen Leibesübungen ausbilden lassen. Ich will eine athletische Jugend. Das ist das erste und wichtigste. So merze ich die Tausende von Jahren der menschlichen Domestikation aus. So habe ich das reine, edle Material der Natur vor mir. So kann ich das neue schaffen.

Ich will keine intellektuelle Jugend. Am liebsten ließe ich sie nur das lernen, was sie ihrem Spieltriebe folgend sich freiwillig aneignen. Aber Beherrschung müssen sie lernen. Sie sollen

mir in den schwierigsten Proben die Todesfurcht besiegen lernen. Das ist die Stufe der heroischen Jugend. Aus ihr wächst die Stufe des Freien, des Menschen, der Maß und Mitte der Welt ist, des schaffenden Menschen, des Gottmenschen. In meinen Ordensburgen wird der schöne, sich selbst gebietende Gottmensch als kultisches Bild stehen und die Jugend auf die kommende Stufe der männlichen Reife vorbereiten."[97]

Von Kindheit an wurde der deutsche Nachwuchs in Schule und Freizeit von der Partei vereinnahmt. Nach der Machtübernahme wurden schrittweise alle deutschen Jugendverbände in die parteieigene, militärisch organisierte *Hitlerjugend* unter Leitung des *Reichsjugendführers* Baldur von Schirach zwangsintegriert. Sie war von Anfang an als neuheidnische Alternative zur *Katholischen Jugend* und den katholischen Pfadfindern gedacht. Seit 1936 war der Beitritt für alle Kinder und Jugendlichen Pflicht. Die 10–14jährigen Jungen hatten dem *Deutschen Jungvolk* (DJ), die 14–18jährigen der eigentlichen *Hitlerjugend* (HJ), alle 10–14jährigen Mädchen dem *Jungmädelbund* (JM), alle 14–18jährigen dem *Bund Deutscher Mädel* (BDM) beizutreten. Für die 7–10jährigen Jungen bestand zudem die Möglichkeit des freiwilligen Eintritts beim *Bubenrudel,* für die 17–21jährigen Frauen gab es das ebenfalls freiwillige *Werk Glaube und Schönheit.* Das Ziel der staatlichen Jugendverbände war es, *„die gesamte deutsche Jugend ... geistig und sittlich im Geiste des Nationalsozialismus ... zu erziehen",* wie es im *Gesetz über die Hitlerjugend* vom 1. Dezember 1936 ausdrücklich heißt.

Schon das *Bubenrudel* wurde für politische und antiklerikale Indoktrination missbraucht. *„Um den Abwehrkampf gegen die Zersetzungsarbeit der katholischen Aktion besser führen zu können",* erging 1936 der als „Geheim" klassifizierte Befehl an die Anführer der *Hitlerjugend,* den Religionsunterricht an den Schulen *„unmerklich"* überwachen zu lassen. Nachmittags sollte in sogenannten *„Erzählerkreisen"* des *Bubenrudels* durch die Gegenüberstellung von deutschen Heldensagen die *„Minderwertigkeitstendenz"* der Bibel aufgezeigt und eine *„heroische Weltanschauung vertreten"* werden.[98]

Bei der HJ sang man dann:

„Wir sind die fröhliche Hitlerjugend,
wir brauchen keine christliche Tugend,

denn unser Führer ist Adolf Hitler,
ist unser Erlöser, unser Vermittler.

Kein Pfaff, kein böser, kann uns hindern,
dass wir uns fühlen als Hitlerkinder.
Nicht Christus folgen wir, sondern Horst Wessel,
fort mit Weihrauch und Weihwasserkessel.

Wir folgen singend Hitlers Fahnen,
dann sind wir würdig unseren Ahnen.
Ich bin kein Christ und kein Katholik,
ich geh mit SA durch dünn und dick.

Die Kirche kann mir gestohlen werden,
das Hakenkreuz macht uns selig auf Erden,
ihm folg ich auf Schritt und Tritt,
Baldur von Schirach, nimm mich mit.“[99]

Oder:

„*Unsre Fahne flattert uns voran.*
In die Zukunft ziehn wir Mann für Mann.
Wir marschieren für Hitler durch Nacht und Not
Mit der Fahne der Jugend für Freiheit und Brot.
Unsre Fahne flattert uns voran,
Unsre Fahne ist die neue Zeit.
Und die Fahne führt uns in die Ewigkeit!“[100]

Der BDM hatte sogar seine eigene Abart des Vaterunsers:

„*Adolf Hitler, Du bist unser großer Führer,*
Dein Name macht die Feinde erzittern,
Dein Drittes Reich komme,
Dein Wille sei allein Gesetz auf Erden.
Lass uns täglich Deine Stimme hören
Und befehle uns durch Deine Führer,
Denen wir gehorchen wollen
Unter Einsatz unseres eigenen Lebens.
Das geloben wir. Heil Hitler!“[101]

„Die Religion ist bei denen, die ihrem Vaterlande dienen, und nicht bei jenen, die wohl das Wort Gottes im Munde führen“, hatte von Schirach auf einer Kundgebung der Stuttgarter HJ am 1. Juli 1935 erklärt, *„indem wir Adolf Hitler dienen, dienen wir Deutschland – und indem wir Deutschland dienen, dienen wir Gott.“*[102] Bei einer Sonnenwendfeier auf dem Hesselberg am 23. Juni 1935 bekannte sich der *Reichsjugendführer* offen zum Neuheidentum:

> *„Wenn hier auf solch einer alten Kultstätte Sonnwendfeuer entzündet werden ... und wenn wir hier zusammenkommen, so ist auch dies eine heilige Handlung; denn wir haben zusammengefunden zu den Stimmen unseres Blutes ... Wenn sie Heidentum nennen, wenn wir wallfahren zu einer alten Kultstätte unserer Vorfahren, so mögen sie das ebenfalls als Heidentum bezeichnen; aber sie mögen uns nicht verübeln, wenn wir wieder in der Geschlossenheit unsres Volkes hier zusammenströmen, unsre Herzen hochheben zu der Idee unseres Führers, anstatt das Geschwätz zänkischer Pfaffen anzuhören ... Wir lassen uns nicht durch Unglauben und nicht durch kundgetane Wunder fesseln; denn nie ist ein größeres Wunder geschehen als in unsrer Zeit. Dieses Wunder ließ der Allmächtige durch Adolf Hitler geschehen: das Wunder der Auferstehung des deutschen Volkes.“*[103]

Um ihr Bewusstsein für die Religion ihrer Ahnen zu wecken, wurden Hitlerjungen zum Ehrenschutz für neolithische Megalithgräber bestellt, die als *„steinerne Heiligtümer der Vorzeit“* und *„Wohnstätten für die Ewigkeit“* galten.[104]

Die HJ lockte die Jugend mit Pfadfinderromantik, Sportbegeisterung und dem Gefühl, Teil einer großen Familie zu sein. Doch alles war nur Mittel zum Zweck. Das Ziel ihrer paramilitärischen Ausbildung war, sie zu den Soldaten von morgen zu erziehen und aus ihnen jene „heroischen“, eiskalten *Herrenmenschen* zu machen, von denen Hitler träumte. Gelobt war, was hart macht. *„Wir lieben die Kälte, den Sturmwind und Regen, wir lieben den Schnee – alles, was froh und stark macht“,* heißt es in einer Werbeschrift der *Jungvolkjungen* aus dem Jahre 1934, *„Alles, was uns weich und schlapp macht, verachten wir.“*[105] Eben so hatte es Hitler gewollt:

> *„Nach unserer Ansicht, da muss die deutsche Jugend der Zukunft schlank und rank sein, flink wie die Windhunde, zäh wie Leder und hart wie Kruppstahl."*[106]

Schon in „Mein Kampf" hatte er die Grundlagen nationalsozialistischer Pädagogik festgelegt. Nicht *„das Einpumpen bloßen Wissens"* war ihm wichtig, sondern *„das Heranzüchten kerngesunder Körper"*: ein *„wissenschaftlich wenig gebildeter, aber körperlich gesunder Mensch mit gutem, festem Charakter, erfüllt von Entschlussfreudigkeit und Willenskraft"* sei *„für die Volksgemeinschaft wertvoller ... als ein geistreicher Schwächling."*[107] Anstelle einer *„Überlastung des Gehirns"*[108] durch wissenschaftsorientierten Unterricht sollten Sport und Turnen, jede Form *„körperlicher Ertüchtigung"* und speziell das Boxen den deutschen Schüler zur *„Verkörperung männlicher Kraft"*[109] werden lassen. Ein *„schöner, wohlgeformter Körper, den jeder mithelfen kann zu bilden"*[110], war sein Ideal, *„Treue, Opferwilligkeit, Verschwiegenheit"* die höchsten Tugenden, ebenso die Bereitschaft, *„auch Leiden und Unbill einmal schweigend ertragen zu können"*[111].

In diesem Sinne wurde der Schulunterricht umgestaltet, der Lehrplan geändert. Hinzu kam, wie schon beim *Bubenrudel* und der HJ, die ständige *Deprogrammierung* der christlichen Werte, die das Elternhaus womöglich noch vermittelt hatte. Texte wie der folgende wurden zum Diktat in der Volksschule empfohlen:

> *„Jesus und Hitler*
> *Wie Jesus die Menschen von der Sünde und Hölle befreite, so rettete Hitler das deutsche Volk vor dem Verderben. Jesus und Hitler wurden verfolgt, aber während Jesus gekreuzigt wurde, wurde Hitler zum Kanzler erhoben. Während die Jünger Jesu ihren Meister verleugneten und ihn im Stiche ließen, fielen die 16 Kameraden für ihren Führer. Die Apostel vollendeten das Werk ihres Herrn. Wir hoffen, dass Hitler sein Werk selbst zu Ende führen darf. Jesus baute für den Himmel, Hitler für die deutsche Erde."*[112]

„Eine durch Machtziele verratene Kirche hat das deutsche Volk vergiftet", *„Wir haben einen tausendjährigen Feind, den Feind in Rom"* oder *„Rom ist schuld am verlorenen Krieg"* wurde in Schulungskursen den Lehrern eingehämmert.[113] Der Aufbau des Lehrplans, so

Rosenberg, sollte *„bereits derartig in antichristlichem, antijüdischen Sinne“* erfolgen, *„dass die aufwachsende Generation vor dem schweren Schwindel bewahrt bleibe.“*[114] Schulwandbilder und Schautafeln machten die Kinder mit der nordischen Mystik und der altgermanischen Religion vertraut. Der Feind war klar definiert. Wie der „Bericht über neue Lehrmittel“ des *Schulwartes* von 1934 eine der Tafeln beschreibt:

> *„Unter einer vom Wetter zerrissenen Eiche walten Priester und Priesterinnen ihres hohen Amtes, von zahlreichen andächtig lauschenden Volksgenossen umgeben. Da treten die Boten des neuen Glaubens mit erhobenem Kreuz heran und stören die heilige Handlung, um den Anwesenden den neuen Glauben aufzuzwingen. Wie sehr unseren Vorfahren die neue Lehre und die Unterbrechung ihrer Götterverehrung zuwider war, davon zeugen ihre feindseligen Blicke und die drohend erhobenen Fäuste.“*[115]

Gleich dreimal wurde versucht, die damals noch obligatorischen Kruzifixe aus den Schulen zu entfernen – 1936 in Oldenburg, 1937 in der Pfalz und 1941 in Bayern, wo man zudem das Schulgebet verbot. Das entsprach der Forderung Rosenbergs aus dem „Mythus“, und auch Hitler polemisierte gegen die *„Perversität“* der *„Leiden des Gekreuzigten im Bilde“*.[116] Doch in allen drei Fällen scheiterte das Vorhaben am Widerstand der gläubigen Bevölkerung.

Nach welchen Grundsätzen *„jeder deutsche Junge und jedes deutsche Mädel ... erzogen sein müsse“*, legte 1940 Hitlers Sekretär Martin Bormann fest: *„Das Gebot der Tapferkeit, das Verbot der Feigheit, ein Gebot der Liebe zur allbeseelten Natur, in der sich Gott auch im Tier und in der Pflanze offenbart, ein Gebot zur Reinerhaltung des Blutes.“* Einen christlichen Religionsunterricht, ja selbst den Versuch einer Synthese zwischen Nationalsozialismus und Christentum, lehnte Bormann dagegen entschieden ab; er könne nur dazu führen, dass *„die durch den Nationalsozialismus befreite deutsche Volksseele wieder einmal in christlichen Dogmen verkümmern und ersticken“* würde. So bat er Alfred Rosenberg darum, einen *„kurzen Leitfaden für eine nationalsozialistische Lebensgestaltung“* zu verfassen und seine „weltanschaulichen Thesen“ für den Schulunterricht auszuarbeiten.[117]

Rosenberg folgte der Aufforderung und legte seine Thesen als „Dokument PS-1749“ vor. Da es einem nationalsozialistischen Kurzkatechismus gleicht, seien Ausschnitte hier zitiert:

„Mut und Stolz und Freiheit anrufen, heißt germanisch-deutsch erziehen; De-Mut lehren und Furcht einflößen ist der Erziehungsgrundsatz der christlichen Kirchen ...

Die germanische Einheit von Religion, Wissenschaft und Kunst in Haltung und Ausdruck herzustellen ist das Wesen der weltanschaulichen Revolution des 20. Jahrhunderts ...

Wer den edelsten Werten zu folgen sich bestrebt, erfüllte einen metaphysischen, religiösen Auftrag ... Nicht die Willens-Entsagung ist Religion, sondern die Willens-Entfaltung im Dienst der edlen Seelenart. Mit dieser Erkenntnis ist der Einfluss aller bisherigen Religionen des Orients beendet ... Aus dem Chaos des Konfessionszerfalls ist die Möglichkeit einer deutschen Religion geboren worden.

Wir sind die Überwinder eines Zeitalters und die Begründer einer neuen – auch religiösen – Epoche ...

Das deutsche Volk ist nicht erbsündig, sondern erbadlig ...

Die Weihe-Nacht, das Ostara-Fest, die Sonnenwende hat es vor dem Christentum gegeben und wird es nach ihm geben ... Feste der Gesetze der Natur und der Freiheit des erhobenen Innern. ...

... Deshalb werden des nationalsozialistischen Ordens einst eine neue Gemeinschaft mahnen und über die deutschen Felder und Wälder und Berge nach den Angehörigen einer neuen Gemeinschaft rufen ...

An die Stelle der christlichen Liebe ist die nationalsozialistische, germanische Kameradschaftsidee getreten ... Der Spaten des deutschen Arbeitsdienstes hat den Rosenkranz überwunden ...

Wer das Vertrauen gewinnen könnte, dass der Tod ein Hilfsmittel des Lebens ist, ein Übergang in eine hier nicht erkennbare andere Form, der hätte tiefste Religion.“[118]

Ordensburgen für den „neuen Menschen“

Während die konfessionellen Schulen schrittweise abgebaut wurden und staatlichen Gemeinschaftsschulen Platz machen mussten, richtete Reichsorganisationsleiter Dr. Robert Ley in Zusammenarbeit mit dem NSDAP-Chefideologen Alfred Rosenberg ein System von NS-Eliteschulen ein. Ihr Ziel war die Auslese und Ausbildung zukünftiger Führungskräfte für die Partei oder, wie es Ley formulierte, *„fanatische(r) Soldaten und Prediger unserer Weltanschauung“*[119]. Zu ihnen gehörten die staatlichen *Nationalpolitischen Erziehungsanstalten* (Napola) ebenso wie die parteiamtlichen *Adolf-Hitler-Schulen* (AHS), die der HJ unterstellt waren. Beide standen nur Jungen offen, die Napolas ab der 5., die AHS ab der 7. Klasse. Die Anwärter mussten *„aus einer arisch wertvollen Sippe“* stammen, völlig gesund sein und besondere Charaktereigenschaften wie Mut, Aggressivität und Führungsqualitäten aufweisen. Zudem wurde von ihnen erwartet, dass sie aus der Kirche ausgetreten und *gottgläubig* im Sinne des *positiven Christentums* der Nazis waren. Auf dem Lehrplan waren Wehrsport und Leibesübungen, Deutsch, Geschichte und Biologie die wichtigsten Fächer. Regelmäßige Nachtübungen, ausgedehnte Geländemärsche, Mutproben und halbjährliche Sonnenwendfeiern rundeten das Erziehungsprogramm ebenso ab wie die obligatorischen Auslandsfahrten in nordische Länder auf der Suche nach der „Urheimat der Arier“. Nach dem Abitur stand dem Absolventen mit 18 Jahren die gehobene Parteilaufbahn offen.

Waren die ersten 13 Napolas noch ehemalige Kadettenanstalten des Reichsheeres, wurden drei der fünf AHS auf den ab 1934 errichteten *Ordensburgen* in Sonthofen im Allgäu, Vogelsang in der Eifel und Crössinsee in Pommern untergebracht. Ihre dem Mittelalter entlehnte Architektur sollte dem neuen braunen Adel das Gefühl geben, Teil eines neuen Ritterordens zu sein. Bewusst wurde speziell an die Tradition des *Deutschen Ordens,* der den Osten Europas kolonisierte und durch trutzige Ordensburgen schützte, angeknüpft. Ebenso trutzig erhoben sich fortan die Türme und Mauern dieser

Festungen der braunen Ideologie über den Hügeln der Eifel, vor der Bergkulisse der Alpen und in der endlosen Weite der norddeutschen Tiefebene. *„Die Gauhäuser des Nationalsozialismus, die Ordensburgen, die Versammlungshallen, die Hohe Schule sind neue Ideen einer neuen Gemeinschaft: eines Volks-Rittertums“*[120], stellte Alfred Rosenberg fest. Galt bei den Ordensrittern noch das *Deus lo vult,* „Gott will es so!“, wurde den Zöglingen der NS-Institute das Motto „Der Führer will es!“ gründlichst eingeimpft. Die *Ordensburgen* dienten zugleich als *„Hochschulen der kommenden nationalsozialistischen Aristokratie“*. Oder, wie es Ley formulierte: *„Auf den Ordensburgen der Partei werden die Herrenmenschen ... erzogen ... keine Theologen, aber Führer und Prediger und Schwärmer für das deutsche Volk, die von dem Glauben an Deutschland besessen sind. Von dem Glauben an das deutsche Volk, und vor allem von dem Glauben an den Führer. So wird hier der neue Adel Deutschlands gezüchtet ...“*[121] Für die Ordensangehörigen gab es kein Zurück; sie hatten, so Ley, *„zu erkennen und das in der Tiefe ihres Herzens (zu) bewahren, dass sie diesem Orden auf Gedeih und Verderb verfallen sind und ihm unbedingt gehorchen müssen ... Der Gehorsam ist es, der menschliche Institutionen über Jahrhunderte und Jahrtausende hinaus getragen hat.“* Wer versagte, wer gar die Partei und den Führer verriet, wem *„die Partei das Braunhemd auszieht, dem wird dadurch nicht nur ein Amt genommen, sondern der wird auch persönlich mit seiner Familie, seiner Frau und seinen Kindern vernichtet sein. Das sind die harten und unerbittlichen Gesetze eines Ordens.“*[122]

Hatte der AHS-Abiturient seinen Wehr- und Arbeitsdienst absolviert, konnte er im Alter von 25 Jahren zu den Ordensburgen zurückkehren und sich einem letzten, dreijährigen Schliff unterziehen. *„Drei Jahre durchlebt die Burgmannschaft in dieser unerbittlich harten Schule, in der sie an Leib und Seele und Geist neu geformt, durch die besten Lehrer in die Weltanschauung der Bewegung hineingeführt wird. In jeder Ordensburg wird sie ein Jahr verbringen, um so auch Land und Landschaft, das Rheinland auf der Burg Vogelsang, das alpine Vorland auf der Burg Sonthofen und die norddeutsche Heimat und ihre Menschen in Crössinsee kennen zu lernen“*[123], erklärte Ley 1937. In Crössinsee wurden die Ordensjunker charakterlich ausgebildet, Sonthofen bildete in Verwaltungs-, politischen, diplomatischen und Militäraufgaben aus, Vogelsang diente der Eintrichterung der rassistischen Philosophie der Nazis. *„Jawohl eine Festung wird hier* *gebaut, aber nicht für militärische Zwecke, sondern eine Festung des Glaubens an die Idee, in der jahraus, jahrein der Glaube an den Nationalsozialismus gestärkt wird"*[124], jubelte die Parteipresse bei der Einweihung der Ordensburg Vogelsang am 15. März 1934, *„es soll nicht eine Stätte sein, wo totes Wissen beigebracht wird. Es soll die Seele näher bringen dieser Unendlichkeit des deutschen Wesens."*[125] Zwei Jahre später, am 24. April 1936, konnten alle drei Burgen in einem feierlichen Akt Hitler übergeben werden. Ihr Zentrum war ein ausdrücklich als *Kultraum* bezeichneter Saal im Erdgeschoss des *Bergfrieds,* in dem neben den mit der *Blutfahne* geweihten Flaggen auf Anweisung des *Führers „der schöne, sich selbst gebietende Gottmensch als kultisches Bild"* stand, das Idol der Selbstvergottung des Menschen, deren Prophet er war. Wie das Allerheiligste eines antiken Tempels war der Kultraum durch einen weinroten Vorhang vom großen Vortragssaal der Ordensburg getrennt, der Halle, in der das neue Evangelium verkündet wurde. *„Wie ein gewaltiger Dom streben die Wände empor ... Verdeckt angebrachte Lichtstrahler und wiederum schräggestellte mächtige Freiheitsfahnen tauchen den Raum in eine wundervolle feierliche Stimmung",* beschrieb ihn damals die NS-Presse.[126] Auf dem Burghof zeigte ein monumentales Relief den nackten Fackelträger als Symbol für den *Lichtbringer* und zur Erinnerung an den hohen Auftrag der Ordensschüler: *„Ihr seid die Fackelträger der Nation. Ihr tragt das Licht des Geistes voran im Kampfe für Adolf Hitler."*[127]

Der Partei-Orden

„Die Idee eines Ordensstaates, die vielleicht romanhaft anmutet, den ich aber realpolitisch für möglich halte, schwebt mir schon lange vor", vertraute Hitler bereits 1925 dem Wagnerianer Hans Severus Ziegler an.[128]

„Die Partei wird für alle Zukunft die politische Führungsauslese des deutschen Volkes sein", verkündete er auf dem Nürnberger Parteitag von 1935. *„Sie soll in ihrer Lehre unveränderlich, in der Organisation stahlhart, in ihrer Taktik schmiegsam und anpassungsfähig, in ihrem Gesamtbild aber wie ein Orden sein."*[129]

„Ich will Ihnen ein Geheimnis sagen. Ich gründe einen Orden", erklärte er schließlich 1933 Rauschning. Ähnlich wie die Mysterien-

bünde wollte er *„eine Art Priesteradel“* heranzüchten, mit einer eigenen Geheimlehre, nur von Eingeweihten verstandenen Symbolen und geheimnisvollen Riten, die *„stufenweise höhere Einsicht“* gewährten. Eben deshalb wollte er die Freimaurer ebenso wie die völkischen Logen „beseitigen“: Es durfte keine der Partei ähnliche Hierarchien und Geheimgesellschaften geben.

Neben der Massenpartei, so ergänzte Rosenberg, müsse ein *„engerer Kreis der wirklich Eingeweihten“* geschaffen werden, *„als eine geheime Priesterschaft, die auch ohne das Hilfsmittel einer äußerlich sichtbaren Organisation die großen Kulturideen des Nationalsozialismus“* zur Verwirklichung bringt.[130] Ein solcher Zirkel sollte den neuen Menschen, den barbarischen *Gottmenschen,* durch sorgfältige Auslese heranzüchten.

Es waren diese Worte von einem *neuen Orden,* einer NS-Elite, Hitlers Aufforderung zur Menschenzucht und -auslese, die einen

Der NS-Ordensritter in der Nachfolge des Mittelalters, als dessen Personifikation hier der antirömische Propagandist Ulrich von Hutten (1488–1523) aus der Zeit der Reformation vor der Ordensburg Vogelsang dargestellt ist. Die Nazi-Propaganda erklärte von Hutten, den „Führer unseres Volkes zur Befreiung vom römischen Joch“ und „Lichtträger des Nordens in deutscher Sendung“, zum Vorbild für die Ordensjunker, Holzschnitt von G. Sluyterman von Langeweyde, 1937.

begeisterten Landwirt und Hühnerzüchter dazu inspirierten, sie in die Tat umzusetzen. Als *Reichsführer-SS* formte Heinrich Himmler die einstige Leibwache Hitlers in eine Ordensgemeinschaft nach dem Vorbild der Jesuiten, Deutschordens- und Tempelritter um. Sie wurde darauf eingeschworen, gnadenlos und kaltblütig an der Verwirklichung von Hitlers diabolischer Vision eines *judenfreien* germanischen Weltreiches und der Unterjochung der slawischen Völker zu arbeiten.

Durch sie wurde der *neue Mensch* zum Unmenschen, zeigte der *Gottmensch* sein wahres Gesicht, die Fratze Luzifers.

Selbst Hitler war zeitweise erschüttert von den letzten Konsequenzen seiner barbarischen Zuchtpläne, wie er Rauschning anvertraute: *„Der neue Mensch lebt unter uns. Er ist da! Genügt Ihnen das? Ich sage ein Geheimnis. Ich sah den neuen Menschen, furchtlos und grausam. Ich erschrak vor ihm."*[131] „Furchtlos und grausam" und vor allem barbarisch war auch die SS. Vor ihr erschrak nicht nur Hitler, vor ihr erschrak die Welt.

Der Schwarze Orden

Hunderte Kerzen tauchten die massiven Sandsteinsäulen in ein mystisches Dämmerlicht, ließen sie wie die Stämme mächtiger Eichen erscheinen, deren Wipfel romanische Rundbögen formten. Grüne Kränze aus Eichenlaub schmückten die kahlen Wände der Krypta, in denen die Klänge bronzener Luren hallten. Dann knarrten lederne Stiefel, klirrten Säbel und Orden, zerstörten donnernde Schritte die feierliche Atmosphäre. Eine Gruppe schwarzer Gestalten drang in die Krypta ein, an deren Ende zwei Schatten in Uniform, das Gewehr im Anschlag, statuenhaft über die drohende Entweihung wachten. Ein toter König sollte auf diese Weise geehrt werden von jenen, die sich anmaßten, sein Erbe anzutreten.

Die makabre Feier in der Krypta der Quedlinburger Stiftskirche galt dem deutschen König Heinrich I. (876–936), dessen Leichnam einst irgendwo in oder nahe der Vorharzstadt seine letzte Ruhe fand. Der Begründer der Dynastie der Ottonen war den Nazis eine ihrer Lieblingsgestalten der deutschen Geschichte. Der erdverwachsene Sachsenherzog, nur hundert Jahre nach der Zwangschristianisierung seiner Heimat durch Karl den Großen geboren, war ein Heide mit christlicher Tünche. Seinen Sohn Otto, den späteren Kaiser, hatte er gelehrt, dass Einfalt die höchste Tugend des Mannes sei; jede Gelehrsamkeit, jedes Bücherwissen war dem Analphabeten unheimlich. Dagegen schätzte er alle Arten der Körperertüchtigung, den Ring- und Schwertkampf wie den Wettlauf. Seine große Leidenschaft, der Vogelfang, trug ihm den Beinamen *der Vogler* ein. Am Vogelherd saß er, als ihm eine Delegation der deutschen Stämme Szepter und Krone überreichte; die Salbung durch einen Bischof aber lehnte er ab, um von der Kirche unabhängig zu bleiben. Stattdessen suchte er nach direkter göttlicher Legitimation und erwarb die Reliquie der *Heiligen Lanze,* die sich zuvor im Besitz des Burgunderkönigs Rudolf II. befunden hatte. Er einte die deutschen Stämme, schuf das *Erste Reich* und sicherte dessen Grenzen zu den Westfranken hin. Dann drang er in den Osten vor, besiegte einen slawischen Stamm nach dem anderen, führte Brandenburg, Böhmen und die Lausitz dem Reiche zu. Auch den Vorstoß der Ungarn stoppte er mit einem Heer aus allen deutschen Stämmen an der Unstrut. *„Er hinterließ ein großes, weites Reich, welches er nicht von seinen Vätern ererbt, sondern durch eigene Kraft errungen hat“,* schrieb sein Biograph Widukind von Corvey später.[1] Auch Hitler hätte sich gewünscht, dass dieser Satz eines Tages seine Biographie krönen würde.

Da war es verständlich, dass die Nazis König Heinrichs 1000. Todestag, den 2. Juli 1936, angemessen feierten. Hitler tat dies auf seine Weise, durch die Finanzierung einer aufwendigen Neuinszenierung des *Lohengrin* bei den Bayreuther Festspielen. In der Oper, die seit 27 Jahren nicht mehr in Bayreuth gespielt worden war, versucht König Heinrich, den vom Gral gesandten Schwanenritter zum „Führer“ gegen die Eindringlinge aus dem Osten zu machen, um schließlich selbst gegen sie in den Krieg zu ziehen. Zudem fand im Sommer 1936 in Berlin in Form der Olympischen Spiele der größte Turnierwettkampf auf deutschem Boden seit dem Mittelalter statt.

Zwiesprache mit dem toten König

Nicht Hitler aber war es, der am 2. Juli 1936 in die Gruft der Quedlinburger Stiftskirche stieg, um den toten Heinrich in einer *Weihestunde* zu ehren, sondern einer seiner Paladine. Heinrich Himmler, der *Reichsführer* der SS und frischgebackene Chef der deutschen Polizei, stand mit dem Bauernkönig aus Sachsen in ganz besonderer Beziehung. Er glaubte, wie er seinem Masseur Felix Kersten anvertraute, die Reinkarnation seines Namensvetters zu sein, und behauptete, im Traum und Halbschlaf Ratschläge von ihm zu erhalten. Gab er sie an seine Getreuen weiter, begann er meist mit den Worten: *„König Heinrich hätte in diesem Falle Folgendes getan ...“*[2] So war es Ehrensache für ihn, die Gedenkfeier zu organisieren und den *„Führer vor tausend Jahren“* in einer schwülstigen Rede zu preisen. Mit seinen Ostsiedlungen und seinem Widerstand gegen die Reichskirche, so Himmler, *„habe er den Weg gewiesen für die germanische Wiedergeburt, die nun, 1000 Jahre später, endlich stattfinde“.* Es schien, als gelte die Feier weniger dem Toten als jenen, die sich für seine Erben hielten und seinen Segen zu erzwingen versuchten. Himmler, wie zum Appell: *„So sind wir angetreten und marschieren nach un-*

abänderlichen Gesetzen als ein nationalsozialistischer Orden nordisch bestimmter Männer und als eine geschworene Gemeinschaft ihrer Sippen den Weg in eine ferne Zukunft."[3] Doch das war nur der offizielle Teil der Zeremonie.

Als der anschließende Empfang mit den örtlichen Würdenträgern beendet war, kehrte Himmler allein in die Krypta zurück. Während die dröhnenden Glocken der Stiftskirche zwölfmal zur Mitternacht schlugen, hielt er mit dem anderen Heinrich stille Zwiesprache. Seinem Masseur vertraute er an, er habe die Fähigkeit, die Geister der Toten zu beschwören. So kehrte er fortan jedes Jahr zum 2. Juli nach Quedlinburg zurück. Ein Jahr später, Archäologen hatten gerade in der Nähe ein paar Knochen entdeckt, die sie mit viel gutem Willen und noch mehr Opportunismus als jene Heinrichs des Voglers „identifizierten", ließ er die „Gebeine des Königs" in einer feierlichen Prozession in die Krypta überführen. Dann erteilte er den Auftrag, die Stiftskirche in aufwendigen Restaurierungsarbeiten wieder in ihren Originalzustand aus der Zeit um 1070 zu versetzen, um sie schließlich, zu Ostern 1938, der lokalen Kirchengemeinde zu entreißen. Die Altarlichter verloschen, die Bänke wurden entfernt, Kanzel und Altar zerschlagen, das Gotteshaus in eine *Weihestätte der SS* verwandelt. Noch im Kriegsjahr 1940 wurde auf seinen Befehl hin Erde *„aus allen Reichsgauen"* nach Quedlinburg gekarrt, um mit diesem Opfer den toten König zu beschwören, Hitler, dem neuen Lohengrin, die Führung im Feldzug gegen den Osten anzuvertrauen.

Man könnte diesen Heinrich Himmler leicht als esoterischen Spinner, als Okkultisten und Spiritisten abtun, und tatsächlich war er all dies auch; doch das darf nicht darüber hinwegtäuschen, dass er zugleich zum Vollstrecker des größten Massenmordes der Geschichte wurde.

Ein Mann der Widersprüche

Heinrich Himmler war ein Mann der Widersprüche wie kaum ein anderer. Ein frömmelnder Jüngling war er und ein fanatischer Antichrist, ein sensibler Intellektueller und herzloser Menschenschinder, ein devoter „Anhimmler" und machtgieriger Intrigant, versponnener Phantast und penibler Bürokrat, opferbereiter Idealist und gnadenloser Vernichter, sentimental und eiskalt zugleich in der Planung und

Durchführung des Undenkbaren, ebenso schillernd wie farblos, rätselhaft und langweilig, dabei abstoßend wie Hitler selbst: ein Spießbürger, der zum Monster wurde.

Er war der Sohn eines Gymnasiallehrers für klassische Sprachen, der zudem als Hauslehrer im Dienst der Wittelsbacher stand; Prinz Heinrich wurde sein Taufpate. Seine Familie war traditionsbewusst wie kaum eine andere und pflegte den Kult ihrer Vorfahren sogar in einem eigenen „Ahnenzimmer". Sein besonderes Vorbild war der Großvater, Johann Himmler, der vom königlich-bayerischen Regiment zur königlichen Polizeikompanie wechselte und es dort bis zum Brigadier brachte; *„eine Basis der Ehrbarkeit und finanziellen Sicherheit"*[4], wie sein Vater immer wieder mahnend betonte. Den Sommerurlaub verbrachte die königstreue Familie meist im Schatten der Märchenschlösser Ludwigs II. bei Füssen in Oberbayern.

Der kleine Heinrich war ein schmales, blasses, kränkelndes Kind, das schon früh schlecht sah und deshalb stets eine Brille tragen musste. So erzog ihn sein strenger und pedantischer Vater dazu, durch Eifer wettzumachen, was ihm durch körperliche Gebrechlichkeit fehlte. Der väterliche Druck, aber auch der dadurch erzwungene, verbissene Fleiß ließen Himmler bald zum typischen Musterschüler werden; ein Primus im Unterricht, ein ungeliebter Einzelgänger in den Pausen und der Freizeit, verlacht und verspottet wegen seiner Schwäche und Schwerfälligkeit. So floh er mal in die Natur, dann wieder in die Religion, wurde Ministrant und unternahm ausgedehnte Wallfahrten, auf denen er für seine körperliche Gesundung betete, um schließlich – im Januar 1918, als man buchstäblich jeden nahm – doch noch beim Militär zu landen. Doch nicht seine schwächliche Konstitution, sondern die deutsche Kapitulation bereiteten seinen Träumen von einer Militärkarriere ein jähes Ende; er hatte nicht einmal die Grundausbildung abschließen können. Stattdessen machte er sein Abitur nach und schrieb sich zum Landwirtschaftsstudium an der Technischen Hochschule ein. Sein Eintritt in eine deutschnationale Burschenschaft brachte den gläubigen Jungen in schwere Glaubensnöte. Die schlagende Verbindung forderte die Mensur, die Kirche verbot sie. Nach Nächten des Gebets wandte Himmler sich schließlich von Gott ab, *„ertrug voll Stolz die Übungen, die ihm die ehrenvollen Narben garantierten"*[5], schloss sich der völkischen Bewegung an und wurde zum erklärten Antisemiten. Wie seine *Leseliste* belegt, beschäftigte er sich zwischen 1919 und 1926 intensiv mit Themen des Okkultismus und las Bücher wie „Der Spiritismus“ und „Das zweite Gesicht“. Mittlerweile zum Diplomlandwirt avanciert, trat Himmler im August 1923 der NSDAP bei; an Hitlers gescheitertem Novemberputsch nahm er bereits als Fahnenträger teil.

Der Artamanenbund

Während des NSDAP-Verbotes 1924 schloss er sich dem *Artamanenbund* an, einer neuheidnischen Jugendbewegung, die sich als *ritterliche Kampfgenossenschaft auf deutscher Erde* und *neues Heils-Heer* im Kampf gegen Slawen, Juden und das Christentum verstand. Sein Name erinnerte nicht nur an die *Armanen*-Priesterschaft Guido Lists, er sollte auch auf das angeblich altgermanische Wort *Artam* zurückgehen, das als *„Erneuerung aus den Urkräften des Volkstums“* übersetzt wurde. Jedenfalls propagierte der Bund eine krude Mischung aus Rassismus, Antisemitismus und völkischer Blut- und Bodenideologie. Sein Ideal war der deutsche Bauer, der heimatlichen Scholle verbunden, und so organisierten die *Artamanen* Lager auf dem Land in geradezu klösterlicher Askese, mit freiwilliger *„Armut und Einfachheit inmitten einer überfeinerten, materialistisch gewordenen Welt“*. Auch die Nazis schickten später die städtische Jugend zum Landarbeitsdienst auf die Felder. Das entsprach der Ideologie der *Ariosophen,* wie sie auch Lanz von Liebenfels in den *Ostara*-Heften formuliert hatte: *„Nur der mit der Scholle verwachsene Mensch, der Landwirt, ist Mensch im eigentlichen Sinne ... Deshalb gedeiht die arische* (göttliche) *Rasse nur in der ländlichen Kultur.“*[6] Speziell zog es die *Artamanen* in den Osten des Reiches, wo sie *Wehrbauerndörfer* als *germanischen Schutzwall* gegen die Slawen planten – eine Vision, die Himmler später im Zweiten Weltkrieg zu realisieren versuchte. Sie trugen germanische Trachten und führten Sonnenwendfeiern, Tänze und Weihespiele durch, um sich *„mit der Ahnenseele zu verbinden“:*

> *„Ein heiliger Brand wie aus ergrauten Urvätertagen, wo sie der Lichtwende weihten, loderte empor in leuchtenden Flammen. Tiefe Weihe und Andacht schlich sich in die Herzen, als würden Götterstimmen lebendig und befreit aus jahrhundertjähriger Knechtschaft, die ihnen das Licht des Ostens aufzwang. So standen wir und lauschten am Flammenaltar“*[7],

beschrieb ihre Vereinszeitschrift das neuheidnische Ritual. Ihr Ziel war die „*Befreiung germanischen Geistes von der Fremdherrschaft orientalischer Religion*". So stellte auch der *Artamanenbund „das Hakenkreuz gegen das christliche Kreuz und verklärte es zu einem ‚germanischen Heilszeichen deutscher Gottinnigkeit, Reinheit des Blutes und des Geistes zu schöpferischer Urkraft, Überwindung des Leids durch Entschlossenheit und Charakter*'"[8]. Die Verbindung zur NSDAP war eng; kaum war die Nazipartei wieder zugelassen, gründeten *Artamanen* NSDAP-Ortsgruppen oder starteten eine Karriere in der Partei. Neben Himmler waren auch der spätere *Reichsbauernführer* und SS-Offizier Walther Darré, der Geschäftsführer der SS-Stiftung *Ahnenerbe* Wolfram Sievers und der berüchtigte Auschwitz-Kommandant Rudolf Höß Mitglieder des etwa 2000 Mann starken Bundes und trugen seine Ideale in die Partei.

1926 traf Himmler erstmals persönlich Adolf Hitler, der das organisatorische Talent des pedantischen Bürokraten erkannte und ihn entsprechend protegierte. Noch im selben Jahr wurde er stellvertretender Gauleiter von Oberbayern, danach stellvertretender Propagandaleiter. Trotzdem blieb er ein Einzelgänger, ein Sonderling, der so gar nicht zu den grobschlächtigen Exfrontkämpfern und Bierzeltagitatoren der frühen NSDAP passte.

Zwei Jahre später fand er die passende Frau und heiratete. Marga Himmler geb. Boden war eine blonde, blauäugige, dralle Walküre, ehemalige Krankenschwester und Klinikleiterin, sieben Jahre älter, energisch und herrschsüchtig. Während sie den stets kränkelnden Heinrich mit ihren Kenntnissen in der alternativen Heilkunde – sie verstand sich auf Homöopathie, Mesmerismus, Kräuter- und allerlei esoterische Kuren – faszinierte, hatte sie in der Beziehung eindeutig die Hosen an. Noch ganz den Idealen der *Artamanen* folgend, kaufte sich das junge Paar ein kleines Grundstück, zimmerte sich ein Holzhaus und einen Stall, legte sich 50 Hennen zu und widmete sich fortan der Hühnerzucht. Doch die Idylle des Hühnerzüchters endete, als Hitler im Januar 1929 mit einer neuen Aufgabe an Himmler herantrat. Er sollte die *Schutzstaffel* (SS) leiten, eine 280 Mann starke Truppe, die 1925 als Unterabteilung der SA zum persönlichen Schutz des *Führers* gegründet worden war. Jetzt wünschte Hitler ihre Unabhängigkeit von der SA, die ihm allmählich zu stark und zu eigenständig wurde, und ihren Ausbau zu einer nationalsozialistischen Elitetruppe.

Ein Zuchtorden für Herrenmenschen

Damit ging ein Wunschtraum des linkischen, versponnenen und komplexbeladenen Lehrersöhnchens von einer soldatischen Karriere doch noch in Erfüllung. Im Jahre 1925 hatte Himmler ein bizarres Buch über Verschwörungstheorien in die Hände bekommen, das den Titel „Freimaurer und Gegenmaurer im Kampf um die Weltherrschaft" trug. Der Autor, ein gewisser Franz Haiser, propagierte das Kastensystem des alten Indiens als gesellschaftspolitisches Ideal. An seiner Spitze stand der Kriegeradel der *Kshatriyas,* unter ihnen der Klerus der *Brahmanas,* dann die Händler, Handwerker und Bauern der *Vaisha*-Kaste und schließlich die *Shudras* oder Arbeiter. Abweichend von Karl Marx war für Haiser die Geschichte Europas die eines fortwährenden Kastenkampfes, in dem die *Vaishas,* verkörpert durch das internationale Finanzjudentum, die Macht usurpiert hätten. Gleichzeitig drohe die Revolution des *Shudra*-Proletariats, der Kommunismus. Um die alte Ordnung wiederherzustellen und die Machtergreifung der *„Shudra-Köter"* zu verhindern, forderte Haiser die Schaffung eines *„wohlorganisierten",* elitären Kriegerordens, den er als *„allarischen Bund"* bezeichnete.[9] Dieser solle in einer Revolution die Macht an sich reißen und zu ihrer Sicherung sein *Sechs-Punkte-Programm* befolgen; in diesem forderte Hauser:

„– Erziehungsinstitute mit rassischer Auslese
– Rassenveredelung durch Auslese und Hochzucht
– Rassengesundung durch natürliche Ausmerze und Ausschaltung biologisch Minderwertiger aus der Vermehrungsgemeinschaft (Rassenhygiene)
– Förderung der Kshatriya-*Auslese und Hemmung der* Vaisha-*Auslese durch Änderung des Gesellschaftsbildes und des Weges zum Aufstieg*
– Besiedelung mit Edelrassen
– Beschränkung der Vermehrung unedler Rassen"[10]

Die Juden, der Kern der *Vaishas,* sollten zwangssterilisiert werden: *„Jude, willst du hier bleiben, so musst du deine Testikel alle zehn Jahre röntgenisieren und mit der Jahreszahl plombieren lassen, bei sonstiger Strafe der Auspeitschung",* forderte der Autor. Sein Kriegerbund dagegen sollte ein *„Zuchtorden"* werden, mit Verpflichtung zur *„Polygamie der Edelsten"*.[11] Himmler, der verhinderte Soldat, war begeistert von dieser Idee. *„Kschatrijakaste, das müssen wir sein. Das ist die Rettung"*, schrieb er in seine penibel geführte Leseliste, die heute im Bundesarchiv in Koblenz verwahrt wird.[12] Der Hühnerzüchter wollte zum Menschenzüchter werden.

Hitlers Befehl gab ihm die Chance, Haisers Visionen in die Realität umzusetzen und sich selbst an die Spitze dieser neuen Elite zu stellen. In kürzester Zeit entwickelte er den Plan, die SS in einen elitären Orden zur Verwirklichung der nationalsozialistischen Blut- und Boden-Ideologie umzuwandeln, den er im April 1929 Hitler vorlegte. Stammten die Angehörigen der SA überwiegend aus dem Proletariat, bemühte sich Himmler, zumindest seine Führungskräfte aus Bürgertum, Bauernschaft und Adel zu rekrutieren. Bewerber mussten *„guten Blutes"* sein, mindestens 1,70 Meter groß und vom Typ her entweder *„rein nordisch"*, *„vorherrschend nordisch oder fälisch"* oder zumindest nur *„mit leichten alpinen, dinarischen oder mittelmeerischen Zusätzen"*. Zwei Jahre später ergänzte er seine Selektionskriterien durch einen *Verlobungs- und Heiratsbefehl.* Von einem SS-Mann wurde erwartet, dass er im Alter von 25 bis 30 Jahren heiratete und eine Familie gründete. Seine zukünftige Braut hatte sich zuvor einer eingehenden biologischen Prüfung zu unterziehen. Dazu zählte ein Stammbaumnachweis, eine erbgesundheitliche Untersuchung durch einen SS-Arzt und die Vorlage von Fotos im Badeanzug. Nur wenn sie *„gesund, erbgesund und rassisch mindestens gleichwertig"* war, erteilte der *Reichsführer-SS* – bei SS-Führern persönlich – die Erlaubnis zur Vermählung.

Kirchliche Trauungen waren verpönt; die Hochzeit fand nach einem eigens entwickelten neuheidnischen Ritus statt. *„Unsere Fest- und Feiergestaltung unterscheidet sich grundsätzlich und wesensmäßig von der bisher jüdisch-orientalischen des Christentums"*, hieß es in der eigens dazu erlassenen Verordnung. Die Anwesenheit eines Priesters war dabei ausdrücklich untersagt: *„Es ist eine Frage der inneren Haltung des SS-Mannes, ob er sich von einem uns feindlich eingestellten Vertreter einer fremden Weltanschauung einsegnen und weihen lässt, oder aber ob er im Kreise der Kameraden die Hoch-Zeiten des Lebens begeht. In Zukunft muss für jeden SS-Mann selbstverständlich sein, die Feiern innerhalb der SS-Sippe zu begehen."* Christliche Symbole waren selbst in Form von Schmuck unerwünscht; es wirke *„störend, wenn die Braut eines SS-Mannes sich* *selbst bei der Eheweihe nicht von dem Kreuz auf ihrer Brust trennen kann“.* Nach der standesamtlichen Zeremonie erschienen die Brautleute also zur *Eheweihe* vor dem örtlichen Einheitsführer, der die Funktion des Priesters übernahm. In einem Festraum, geschmückt mit Blumen, Tannen- und Birkengrün, sollte das Paar vor einen fahnenbedeckten Tisch treten, um den herum im Halbkreis die Kameraden versammelt waren und hinter dem eine Opferschale stand. Im Hintergrund brannten zwei Feuerschalen *„als Symbol der Heiligkeit des ewigen Lebens“,* an die Wände waren Runen *(„Hagalrune, Lebensrune oder doppelte Lebensrune als Symbol der Ehe“)* gemalt. Nach einer Lesung wahlweise aus Hitlers „Mein Kampf“ oder Rosenbergs „Mythus“ und der Ansprache des die Trauung vollziehenden Offiziers entzündeten Braut und Bräutigam mit einer Fackel die Opferschale und gelobten, fortan nur Deutschland zu dienen. Nach Geleitworten aus „Mein Kampf“ oder dem „Mythus“ tauschte das Paar schließlich die Ringe aus und empfing von der SS Brot und Salz als neues Sakrament.[13]

Fortan hatten die Eheleute sich eifrigst am Zuchtprogramm des Blut-Ordens zu beteiligen. Kinderlosen SS-Männern wurde der Sold gekürzt, Ehen, die länger als fünf Jahre kinderlos blieben, sollten geschieden werden. *„Ich habe mir die praktische Aufgabe gestellt, durch äußere Auslese nach dem Erscheinungsbild und durch dauernde Belastung, durch eine brutale, ohne menschliche Sentimentalität geführte Auswahl und durch Ausmerzung des Schwachen und Untauglichen einen neuen germanischen Stamm herauszuziehen“,* rühmte sich der Menschenzüchter.[14] Sein *Artamanen*-Bundesbruder Walther Darré katalogisierte die biologische Erbmasse der neuen Elite in einer eigens eingerichteten Kartothek, einer *„Pedigreesammlung des Neuadels“,* einem *„Stutbuch oder Herdbuch für die planmäßig zu erzüchtende Herrenrasse, nach denselben bewährten Grundsätzen, wie sie jede landwirtschaftliche Züchtervereinigung verwendet“,* wie Herrmann Rauschning spöttelte. *„Wir werden das beste Blut sammeln“,* hatte ihm Darré versichert, *„aus dem Menschenreservoir der SS werden wir den neuen Adel züchten.“*[15]

Nicht nur Haisers *Sechs-Punkte-Programm* setzte er dabei buchstabengetreu um, sondern auch die Anweisungen zur Gottmenschen-Zucht des Lanz von Liebenfels. Dieser hatte die *„Förderung der Heranzucht eines hochrassigen, gesunden, produktiven Menschentypus durch Einführung von Ehekonsensen, Prämien (in Form von*

Grundschenkungen) für Eheschließungen rasseschöner Menschen"[16] gefordert und die Gründung von Reinzuchtkolonien angeregt:

> *„Im Verborgenen, im Geheimen, an versteckten, abgelegenen Orten müssen wir schon jetzt die Reservationen der blonden, heroischen Rasse anlegen ... der vollkommene Mann hat nach der Reinzuchtpolitik aller arischen Völker das Recht, sich zahlreicher fortzupflanzen als der Minderrassige ... Die Zuchtmütter müssen in strenger Abgeschiedenheit leben, damit keine Versuchung zum Ehebruch gegeben ist."*[17]

Als das Fortpflanzungsverhalten seiner SS-Männer zu wünschen übrig ließ – mit einem Durchschnitt von 1,4 Kindern pro Ehe waren sie noch weit von dem von Himmler geforderten Ideal der Vier-Kinder-Familie entfernt – rief der *Reichsführer* 1936 den *Lebensborn e. V.* ins Leben. In diskreten und billigen Mütterheimen sollten auch ledige Mütter „guten Blutes", von einem SS-Mann geschwängert, in *„restloser Geheimhaltung"* gebären können. Die Einführung der Polygamie für SS-Führer wurde ebenfalls erwogen. War das erste Kind geboren, erhielten die Eltern vom *Reichsführer* einen silbernen Becher, einen silbernen Löffel und ein blaues Seidentuch; einen Geburtsleuchter mit der Aufschrift *„In der Sippe ewiger Kette bist Du nur ein Glied"* bei der Geburt des vierten Kindes.[18] Anstelle der Taufe trat dann die Namensweihe: *„In der Mitte des Weiheraums stand dabei ein hakenkreuzgeschmückter Altar mit einem Porträt Hitlers als ‚neuem Christus'. Hinter dem Altar wachten drei SS-Männer in Kampfuniform, flankiert von Feuerschalen und ‚Lebensbäumen'. Während das Kind, unmittelbar vor dem Hitler-Altar liegend, die Zeremonie über sich ergehen lassen musste, trugen die Feiergäste im ‚Sprechchor' Passagen aus Hitlers ‚Mein Kampf' vor"*, beschreibt der Historiker Guido Knopp das von Himmler persönlich in allen Details ausgearbeitete SS-Sakrament.[19]

Gottgläubig

Der pseudoreligiöse Ritus entsprach Himmlers Forderung, seinen *„Orden germanischer Sippen"* von allen christlichen Wurzeln zu trennen. Sein Vorbild war einerseits der Deutsche Orden, der seinen Hauptsitz in der Marienburg in Ostpreußen hatte und von dort aus über Jahrhunderte hinweg die Kolonisierung des Ostens und die Bekehrung der Slawen betrieb. Dessen Tugend- und Dienstideal, die Verbindung von geistlichem und weltlichem Streiten, wollte er für die SS übernehmen. Nur mit zwei *„damals vielleicht bedingten Fehlern“* wollte er *„ordentlich brechen“:* der *„Verneinung der Sippe und Verneinung der Familie“* und der *„für unsere Begriffe für das Germanentum falschen Lehre ... eines asiatisierten Christentums.“*[20]

Während Himmler verkündete, keinen Mann in der SS dulden zu wollen, *„der nicht an Gott glaubt“*[21], war damit nicht der persönliche Gott der Christen gemeint. Der Gott der Nazis war fern und unnahbar, wer sich als *gottgläubig* bezeichnete, sollte bloß demütig einem *„ungeheuren Gewaltigen, einer Allmacht gegenüberstehen, die so unerhört und tief ist, dass wir Menschen sie nicht zu fassen vermögen“,* wie Hitler, sein Prophet, das nationalsozialistische Glaubensbekenntnis bei der Einweihung der Ordensburg in Sonthofen formulierte.[22] Der Begriff war im November 1936 von Reichsinnenminister Frick eingeführt worden, um eine Sammelbezeichnung für alle Neuheiden und Neognostiker zu finden, die nicht als *Glaubenslose* bezeichnet werden wollten. *Gottgläubig* durfte sich nur nennen, wer offiziell aus seiner Kirche ausgetreten war oder einer solchen nie angehörte; seine Glaubensgemeinschaft war fortan die Partei. Nach dem Willen Himmlers sollte der SS-Mann das Christentum zugunsten der neuen Religion überwinden. *„Wir wollen religiöses Gefühl und religiöse Wiedererneuerung“*[23], hieß es 1936 in der SS-Zeitschrift *Das Schwarze Korps.* Der Kirchenaustritt war Voraussetzung für eine Beförderung zum SS-Führer, langfristig strebte Himmler den Kirchenaustritt aller Schutzstaffel-Angehörigen an.[24] Waren 1938 nur 25,8 % der mittlerweile 238.159 SS-Männer *gottgläubig* (51,4 % dagegen evangelisch und 22,6 % katholisch), waren es bei den elitären Verfügungstruppen und Totenkopfeinheiten bereits 40–50 %.[25] Die SS wurde für sie zum Religionsersatz. Nicht einmal ihrer Beerdigung durfte ein Priester beiwohnen. *„Ich weiß, dass gerade meine unchristlichen germanischen SS-Verbände in ihrem allgemeinen überkonfessionellen Gottglauben ihre Pflicht für ihr Volk klarer erfassen können als die durch den Katechismus verdummten anderen Soldaten“,* erklärte Hitler 1937 in einer Kabinettssitzung.[26] *„Ich habe sechs SS-Divisionen, die vollständig kirchenlos sind und doch mit der größten Seelenruhe sterben“,* rühmte er sie in seinen Tischreden.[27] Die SS, *„eine Truppe, die unbändig in ihrem Willen, aber auch schön ist"*, war sein ganzer Stolz, und Himmler, seinem treuen Paladin, zollte er seine Anerkennung: *„Ihren ganzen Gehalt aber hat sie durch Himmler bekommen. Aus diesem Häufchen die stärkste Weltanschauungstruppe gemacht zu haben, ist sein Verdienst ... Er ist sozusagen der völkische Ignatius von Loyola im guten Sinne."*[28]

Die schwarzen Jesuiten

Der Verweis auf den Gründer des Jesuitenordens war kein zufälliger. Wie Walter Schellenberg, Chef des Auslandsnachrichtendienstes der SS, in seinen Memoiren schrieb, besaß Himmler *„die beste und größte Bibliothek über den Jesuitenorden und hatte die umfangreiche Literatur jahrelang in nächtlichen Stunden studiert. So wurde die SS-Organisation von ihm nach den Grundsätzen des Jesuitenordens aufgebaut. Als Grundlagen dienten die Dienstordnung und die Exerzitien des Ignatius von Loyola."*[29] Wie die Jesuiten, so sollte auch Himmlers SS ein mit den größten Privilegien ausgestatteter Orden werden, frei von jeder weltlichen Jurisdiktion, geschützt durch strengste Auswahlkriterien und eine stete innere Schulung seiner Mitglieder, zusammengehalten durch das Gelübde absoluten, blinden Gehorsams dort dem Papst, hier dem *Führer* gegenüber. So wie Ignatius von Loyola an die Spitze seines Ordens einen *General* und dessen vier *Assistenten* stellte, bestand die Ordensregierung der SS aus dem *Reichsführer* und seinen vier *Hauptämtern:* neben dem *Persönlichen Stab* unter Brigadeführer Karl Wolff waren dies das *SD(Sicherheitsdienst)-Hauptamt* unter Gruppenführer Reinhard Heydrich, das *Rasse- und Siedlungsamt* unter Obergruppenführer Walther Darré, das *SS-Gericht* unter Brigadeführer Paul Scharfe und das *SS-Hauptamt* unter August Heißmeyer. So wie die Jesuiten im 17. Jahrhundert einen Ordensstaat in Paraguay gründeten, träumte auch Himmler von einem SS-eigenen Reichsland Burgund mit autonomer Regierung, Armee und Verwaltung.

Hatte ein Bewerber die Hürden der Rassenkommission passiert, erwartete ihn ein ganzes System anhaltender Prüfungen und Bewährungen. So wie ein Novize des Jesuitenordens sich zwei Jahre lang Exerzitien und Proben zu unterziehen hatte, bevor er sein Gelübde ablegen durfte, musste sich auch der SS-Anwärter mannigfacher Tests unterziehen, bevor er den Sippeneid seiner Gemeinschaft schwören durfte. Dabei orientierten sich die Stationen des SS-Noviziats am nationalsozialistischen Festtagskalender. Am 9. November, dem Jahrestag des Münchener *November-Martyriums,* trat der 18jährige Kandidat als Staffel-Bewerber in die SS ein. Am 30. Januar (NS-Machtübernahme) erhielt er als Staffel-Jungmann bereits einen vorläufigen SS-Ausweis. Am *Führer-Geburtstag,* dem 20. April, schwor der Novize, bevor er seinen endgültigen SS-Ausweis erhielt, Adolf Hitler *„Treue und Tapferkeit ... Gehorsam bis in den Tod"*. Fortan bestand ein *„mystisches Band"* zwischen dem *„charismatischen Führer"* und seinem *„schwarz uniformierten Kultdiener"*.[30] Als äußeres Zeichen erhielt er eine Tätowierung, die Kennzeichnung seiner Blutgruppe und zugleich Sinnbild einer Blutsbrüderschaft, der ewigen Zugehörigkeit zum Schwarzen Orden. Der silberne Totenkopf, den er fortan auf der schwarzen Schirmmütze trug, war (als *memento mori)* schon ein Symbol der Templer, der Mönchsritter des Mittelalters, die seit Wolfram von Eschenbachs „Parzival" auch als Hüter des Heiligen Grals galten.

Bevor der Staffel-Anwärter am 1. Oktober zum Arbeitsdienst und danach zur Wehrmacht einrückte, musste er noch das Reichssportabzeichen erwerben und den SS-Katechismus erlernen, dessen Frage- und Antwort-Spiel ihn tiefer und tiefer in den Hitler-Kult des Schwarzen Ordens einführte:

> *„– Warum glauben wir an Deutschland und den Führer?*
> *Weil wir an einen Herrgott glauben, glauben wir an Deutschland, das er in seiner Welt geschaffen hat, und an den Führer Adolf Hitler, den er uns geschickt hat.*
> *– Wem müssen wir zuerst dienen?*
> *Unserem Volk und unserem Führer Adolf Hitler.*
> *– Warum gehorchst Du?*
> *Aus innerster Überzeugung, aus Glaube an Deutschland, an den Führer, die Bewegung, die Schutzstaffel und aus Treue."*[31]
> *„– Also glaubst du an einen Gott?*
> *Ja, ich glaube an einen Herrgott.*
> *– Was hältst du von einem Menschen, der an keinen Gott glaubt?*
> *Ich halte ihn für überheblich, größenwahnsinnig und dumm; er ist für uns nicht geeignet."*[32]

Bewährte sich der Staffel-Anwärter bei der Wehrmacht, konnte er nach seiner Rückkehr innerhalb eines Monats endgültig in die SS aufgenommen werden. Es war wieder ein 9. November, an dem er *„für sich und seine künftige Familie“* den *Sippeneid* schwor. In einem feierlichen Akt wurde ihm das Signum seiner Ordenszugehörigkeit, der SS-Dolch, überreicht, auf dem das Motto des Schwarzen Ordens eingraviert war: *„SS-Mann, deine Ehre heißt Treue.“ „Den Tod zu geben und den Tod zu empfangen“* war fortan seine heiligste Pflicht.

Angehörige der *Verfügungstruppe,* einer besonderen SS-Eliteeinheit, durften ihren Führereid in Gegenwart Hitlers am *Karfreitag der Bewegung* und an der heiligsten Stätte der Nationalsozialisten ablegen, nämlich am 9. November um 22.00 Uhr an der Münchener Feldherrnhalle: *„Prächtige junge Männer, ernst, in tadelloser Haltung und Ausrüstung. Eine Elite. Mir traten die Tränen in die Augen, als die Tausenden bei Fackelschein im Chor den Treueschwur sagten. Wie ein Gebet“*[33], schwärmte ein Mitglied des *Freundeskreises der SS,* Emil Helfterich.

War er einmal in den Orden aufgenommen, erwartete den SS-Mann eine strikte Hierarchie, stieß er auf Symbole und Insignien, die eine Priester- und Hohepriesterschaft von den Laienbrüdern trennte. Bewährte SS-Männer erhielten den silbernen Totenkopfring, dessen fünf Runensymbole – Sig, Swastika, Doppelsig zusammen mit einer Kombination aus Tyr- und Os-Rune, Hagal, Sig – nach Guido von Lists „Geheimnis der Runen“ als religiöse Weisung gelesen wurden:

„Der Schöpfergeist muss siegen:
Sei eins mit Gott, dem Ewigen
Deines Geistes Kraft macht dich frei
Umhege das All in dir und du wirst das All beherrschen
Der Schöpfergeist muss siegen!“[34]

Der Ring wurde von Himmler persönlich verliehen, zusammen mit einem Zertifikat, das die Bedeutung seiner Runen erklärte. War der Ring zunächst nur für die ersten 10.000 Mitglieder der SS gedacht, wurde er 1939 praktisch an jeden SS-Führer ausgegeben, der diesen Rang drei Jahre innehatte. Auserlesener dagegen war die Schar der Träger des Ehrendegens, den nur besonders verdiente SS-Männer von Himmler persönlich erhielten. Bei Kriegsende gab es gerade einmal 775 Degenträger; sie waren die eigentlichen Ritter des Schwarzen Ordens. Den innersten Kreis sollten nach dem Vorbild der Gralsritterrunde zwölf Obergruppenführer der SS bilden. Ihre Zahl geht direkt auf Robert de Borons „Roman von der Geschichte des Grals" aus der Zeit um 1199 zurück, einer der frühesten literarischen Versionen der Gralssage. Darin heißt es, Joseph von Arimathäa habe mit dem Abendmahlskelch das Blut des Gekreuzigten aufgefangen, dem der römische Legionär seine Lanze in die Seite stieß (Joh 19,34). Dann floh er in die Wüste, wo Gott zu ihm sprach: Er sollte einen runden Tisch anfertigen, groß genug für 13 Personen, an dem er selbst und zwölf Auserwählte fortan vom Gral gespeist würden.[35] Erst später richtete der mythische König Arthur nach diesem Vorbild seine Tafelrunde ein. Auch der *Leitende Konvent* des *Deutschen Ordens* bestand aus zwölf Rittermönchen, die in der Marienburg tagten. Die nordische *Edda* schließlich weiß von zwölf Göttern, die in der „Mitte der Welt" als Richter über das Menschengeschlecht walten.[36]

Himmlers zwölf Obergruppenführer sollten der Konvent der schwarzen Gralsritter werden. Jeder von ihnen erhielt ein eigenes Wappen, im Auftrag des *Reichsführers* von SS-Forschern auf der Grundlage germanischer Hausmarken angefertigt. Ihre zwölf Wappenschilde fanden Platz in der „Marienburg" der SS, der Gralsburg des Schwarzen Ordens, der Wewelsburg in Ostwestfalen.

Himmlers Gralsburg

Hoch über dem Flüsschen Alme, auf einer Landzunge aus Kalkstein, 14 Kilometer südwestlich der alten Domstadt Paderborn, erhebt sich eine dreieckige Burg, deren Ursprung in sagenhafter Zeit liegt. Schon zur Zeit der Hunneneinfälle, also im 5. oder 6. Jahrhundert, befand sich hier eine frühgeschichtliche Wallburg, einer alten sächsischen Chronik zufolge Wifilisburg genannt. Wurde sie bald darauf dem Zerfall preisgegeben, zwang Graf Friedrich von Arnsberg, genannt *der Streitbare,* die einheimische Bevölkerung im Jahre 1123, auf ihren Ruinen eine steinerne Zwingburg zu bauen. Doch kaum war der ungeliebte Lehensherr ein Jahr später verstorben, rissen seine gefrönten Untertanen die gerade errichteten Mauern wieder ein. Während in den folgenden Jahrhunderten nur zwei befestigte Häuser auf der Bergzunge standen, übernahm der Fürstbischof von Paderborn um 1589 den Besitz. In den Jahren 1604–1607 ließ er auf dem Felsen eine wuchtige, dreieckige Festung errichten, die ihm bei Gefahr als Zufluchtsstätte dienen sollte. Die Wewelsburg wurde im Dreißigjährigen Krieg von den Schweden erobert und teilweise zerstört, dann ab 1654 wieder aufgebaut. Doch ihre Blütezeit war nur kurz; bereits im 18. Jahrhundert wurde sie nur noch als Gefängnis genutzt, im 19. Jahrhundert ganz aufgegeben.

Im Januar 1933 war Himmler während des Wahlkampfes der NSDAP durch Westfalen gereist, hatte im Winternebel das Hermannsdenkmal besucht und mit Hitler im romantischen Schloss Grevenburg übernachtet. Schon damals zog ihn die mystische Atmosphäre des Teutoburger Waldes, der vermeintlichen Stätte der Varusschlacht, in ihren Bann, und er spielte mit dem Gedanken, hier eine Burg für SS-Zwecke zu erwerben. Als der Landrat des Kreises Büren, zu dessen Aufgaben auch die Instandhaltung der Wewelsburg gehörte, von diesen Plänen erfuhr, bot er das alte Gemäuer dem *Reichsführer* an. Himmler besichtigte sie am 3. November 1933 und war sofort begeistert; noch am Abend desselben Tages fasste er den Entschluss, die Burg zu pachten. Für den Schwarmgeist hatte der dreieckige Grundriss der Festung eine geradezu esoterische Bedeutung; dreieckig war auch die Katharerburg Montségur, die von rechten Okkultisten für die historische Gralsburg gehalten wurde. Wie eine Speerspitze zeigte das Dreieck der Wewelsburg nach Nordnordwest, in Richtung der mythischen Insel Thule, der Urheimat der Arier. Der Nordturm, dessen Dach einst ein Feuer zerstört hatte, war der mächtigste ihrer drei Rundtürme. In Himmlers wuchernder Phantasie verlangte er geradezu danach, von einer wuchtigen Kuppel wie jener der Gralsburg oder des Petersdomes gekrönt zu werden. Hier, so beschloss er, sollte das künftige Kultzentrum der SS entstehen, *„sozusagen das große ‚SS-Kloster', wohin der Ordensgeneral einmal jährlich das Generalkonsistorium einberief. Hier sollten alle, die zur obersten Ordensführung zählten, geistige Exerzitien und Konzentrationsübungen abhalten"*, wie Walter Schellenberg seine Pläne zusammenfasste.[37] *„Ich bewundere die Welt der indischen Religionsstifter, die von ihren Königen und höchsten Würdenträgern verlangten, dass sie sich jedes Jahr für zwei bis drei Monate zur Meditation in ein Kloster zurückzogen"*, vertraute Himmler seinem Masseur Felix Kersten an, *„solche Einrichtungen werden wir später auch schaffen."*[38]

Mit dem um die Bürde einer Denkmalspflege erleichterten Landrat war er sich schnell einig. So ging die Wewelsburg am 27. Juli 1934 für den jährlichen Pachtzins von einer Reichsmark in den Besitz der SS über. Zunächst wurde sie als Museum und SS-Offiziersschule für weltanschauliche Schulung dem *Rasse- und Siedlungshauptamt* überantwortet, dann, nur ein halbes Jahr später, dem direkten Befehl des *Reichsführers* unterstellt. Der Gaukulturwart Hermann Bartels erhielt den Auftrag, die Restaurierung und den Umbau der Burg zu koordinieren. Als Arbeitskräfte dienten die Insassen des nahegelegenen Konzentrationslagers Niederhagen. Doch das war nur der erste Schritt. In den folgenden Jahren entstand der Plan für ein gigantisches Bauprojekt mit einer vorgesehenen Bauzeit von 20 Jahren und einem Etat von 250 Millionen Reichsmark. Mit dem *„Erlass des Führers und Reichskanzlers über bauliche Maßnahmen im Gebiet der Wewelsburg"* gab Hitler am 2. Juli 1940 grünes Licht für seine Umsetzung, die nur durch die Kriegswirren aufgehalten wurde. Den erhaltenen Bauplänen zufolge sollte eine kreisförmige, zum Almetal hin offene Anlage mit einem Radius von 450 Metern um den Nordturm im Zentrum entstehen. Um dieser von einer 15–18 Meter hohen Ringmauer geschützten SS-Stadt Platz zu machen, wäre das Dorf Wewelsburg eingeebnet worden. Modelle aus der Zeit zwischen 1941 und 1944 zeigen einen riesigen architektonischen Komplex mit ausgedehnten Hallen und Galerien, Türmen und Türmchen. Auf dem Gelände sollten Forschungsinstitute für Vor- und Frühgeschichte entstehen, um *„die nationalsozialistische Weltanschauung mit den Händen ‚begreifbar'* zu machen". Eine Sternwarte ähnlich dem „Sternentempel von Linz" hatte die Aufgabe, *„die historische und weltanschauliche Schulung durch die kosmische Schau"* zu erweitern und zu vertiefen. Eine große Bibliothek mit angeschlossener Buchbinderei und der seinerzeit modernsten Fotokopieranlage umfasste bereits vor Baubeginn 16.000 Bände zur germanischen Frühgeschichte, darunter allein 400 Werke über die Hermannsschlacht im Teutoburger Wald. Der Grundriss des geplanten „SS-Vatikans" war mehr als symbolträchtig. Die dreieckige Burg war jetzt die äußerste Spitze einer gigantischen Lanze, in Form und Gestaltung der Heiligen Lanze von Wien nachempfunden, die in das Zentrum eines dreifachen Kreises stach. Offensichtlicher als durch die architektonische Darstellung von Schale und Lanze ließ sich die Absicht, eine neue Gralsburg zu errichten, nicht darstellen.

Für die zwölf Gralsritter des SS-Konventes wurde eine eichenhölzerne Tafel mit schweinsledernen Ohrensesseln angefertigt, die, auf silberne Plättchen eingraviert, ihre Namen trugen. Jeder von ihnen hatte in der Burg ein eigenes Zimmer, eingerichtet im Stil einer bestimmten historischen Epoche, benannt nach einer historischen Gestalt; etwa Widukind, König Heinrich, Heinrich der Löwe, König Arthur, aber auch nach dem Heiligen Gral.[39] In seinem eigenen Arbeitszimmer hütete Himmler eine Kopie der Heiligen Lanze, des *Schicksalsspeeres* von Wien. Auch die *Blutfahne,* die *Reliquie der Bewegung,* sollte nach seinen Plänen eines Tages auf die Wewelsburg gebracht werden. Zudem ruhten dort seit 1938 die Totenkopfringe aller verstorbenen SS-Führer in einer eigenen Truhe. *„Möge in dieser Burg der Geist der urältesten Vergangenheit der Geist der Zukunft sein",* schrieb er am 17./19. November 1935 in das Gästebuch der Wewelsburg.[40]

Tief unter dem Nordturm befindet sich ein kreisrundes Kellergewölbe aus farbigem Naturstein, durch 1,80 Meter dicke Mauern von der Außenwelt getrennt, die sogenannte *Walhalla,* der *„Weiheraum für tote SS-Führer",* angelegt nach dem Vorbild mykenischer Kuppelgräber.[41] Zwölf steinerne Podeste schmiegen sich dort ringsum an die Wand. In der Mitte befindet sich eine Vertiefung, wie eine Art Brunnen, in die man über ein paar Stufen hinabsteigen kann. Im Zentrum stand einmal eine gasgespeiste Flammenschale mit der heiligen *Waberlohe.* Hier sollten nach ihrem Tod vielleicht die Wappen der zwölf Obergruppenführer verbrannt werden, während ihre Nachfolger auf den Sockeln bei Ritualen Platz nehmen konnten. Die Entlüftung durch vier faustgroße Löcher in der Kellerdecke hielt den Rauch während der Verbrennungszeremonie wie eine Säule im Raum. Eine raffinierte Akustik verstärkte den Klang von Beschwörungen und rituellen Gesängen.

War die Krypta den Toten geweiht, würden sich die lebenden SS-Obergruppenführer unter der mächtigen Kuppel des Nordturmes zu ihren geheimen Exerzitien versammeln, zu *„regelmäßigen Meditationen und Konferenzen, die sich kaum von Spiritistenzusammenkünften unterschieden".*[42] Dass es solche Übungen bei der SS gab, ist belegt. So wurde Walter Schellenberg Zeuge, wie Himmler *„zwölf seiner vertrautesten SS-Führer"* beorderte, durch Willenskonzentration Einfluss auf einen angeklagten Generaloberst zu nehmen: *„Ich betrat damals die Stätte dieses seltsamen Exerzitiums und war nicht wenig verwundert über das Bild einer im Zirkel sitzenden, in tiefe Andacht versunkenen SS-Führerschaft",* erinnerte sich der Chef des *Auslandsnachrichtendienstes* der SS.[43]

Umgeben von zwölf Säulenpaaren, 48 nach innen gerichteten Fenstern des unteren und zwölf nach außen gerichteten Fenstern des oberen Rundganges, erhob sich im Modell ihrer Planer eine mächtige Kuppel, die jener der Gralsburg im Bühnenbild von Wagners *Parsifal* glich; selbst für den dramaturgischen so eindrucksvollen Einfall des Sonnenlichtes hätte eine entsprechend ausgerichtete Kuppelöffnung gesorgt.

Zwischen Walhall und Gralssaal, lag, wieder von zwölf Säulen und zwölf Nischen umringt, der *Gruppenführersaal,* in dem die Tafelrunde der Zwölf einmal tagen sollte, um weltliche Dinge zu besprechen. Damit wurde der Nordturm zur *axis mundi* und zum Modell der germanischen Weltordnung, die die Erde, *Midgard,* zwischen der Welt der Götter, dem himmlischen *Asgard,* und der Unterwelt der Toten, dem *Niflheim,* ansiedelt. Zentrum des *Gruppenführersaales* bildete ein Sonnenrad aus zwölf *Sig*-Runen. Dem „Buch der deutschen Sinnzeichen" des SS-Führers Walther Blachetta zufolge war dies das *Zeichen der Vollendung,* das Symbol für die höhere, „himmlische" Ordnung, die es auf Erden wiederherzustellen galt im Reiche der Gottmenschen. Die heutige rechte Szene dagegen interpretiert es als *Schwarze Sonne.* Zumindest erinnert diese Deutung an eine Stelle aus der *Volüspa,* dem „Lied der Seherin" aus der *Edda: „Die Sonne wird schwarz, es sinkt die Erde ins Meer, vom Himmel fallen die hellen Sterne. Es sprüht der Kampf und der Spender des Lebens, die heiße Lohe, den Himmel bedeckt."* Wenn die neue Sonne siegt, wird ein neues Zeitalter entstehen: *„Einen Saal sehe ich stehen, die Sonne überstrahlt er, mit dem Gold bedeckt auf Gimles Höhen, dort werden wohnen wackere Scharen, ein Glück genießen, das nimmer vergeht."*[44] Es ist durchaus möglich, dass Himmler, der in eschatologischen Dimensionen dachte, auch diese Prophezeiung auf die SS bezog.

Doch nicht Himmler war es, der den Plänen von der Wewelsburg als künftiges Initiationszentrum des Schwarzen Ordens sein Siegel aufdrückte, sondern ein Mann, der bald zum Rasputin des *Reichsführers,* zum Mysterienmeister der SS werden sollte.

Himmlers Rasputin

Karl Maria Wiligut (1866–1946), der sich *Weisthor* nannte, war die graue Eminenz des Schwarzen Ordens und zudem sein direktes Bindeglied zu den Wiener Ariosophen. War Guido List 1919 zu früh verstorben, um die Ankunft des von ihm prophezeiten *Starken von oben* noch zu erleben, und wurde Lanz von Liebenfels dadurch gedemütigt, dass sein „Schüler“ Hitler sich zumindest nach außen hin von dem schrulligen Ideengeber distanzierte, brachte es nur Wiligut im Dritten Reich zu Einfluss und Ansehen. Himmler war ihm zeitweise geradezu hörig und zog ihn bei wichtigen Entscheidungen zu Rate. Dabei war er die schillerndste Gestalt des infernalen Trios aus der Donaumetropole, stand er zeitlebens im Zwielicht zwischen Opportunismus und Wahnsinn.

Geboren als Sohn eines Polizei-Offizials und einer Landadligen behauptete Wiligut, einer uralten Sippe germanischer Seher zu entstammen. 1890 soll ihn sein Vater in das uralte Wissen der *Asa-Uana-Sippe* eingeweiht und ihm offenbart haben, der letzte legitime „König der Burgenlande“ zu sein. Tatsächlich hatte Wiligut 1880 mit seinem Eintritt in die Reichskadettenschule von Wien-Breitensee eine Militärlaufbahn eingeschlagen. Trotz gesundheitlicher und finanzieller Probleme absolvierte er die Ausbildung und diente 1884 als Infanterist und Gefreiter im Balkan. Bis zum Ende des Ersten Weltkrieges sollte er es bis zum Oberst bringen, bescheinigten ihm seine Vorgesetzten Tüchtigkeit, Pflichttreue und einen „gediegenen Charakter“. Doch das war nur die bürgerliche Fassade seines Lebens; dahinter wucherte wildester, verschrobenster Okkultismus.

1899 trat Wiligut in Görz unter dem Ordensnamen *Lobesam* der quasimasonischen Loge *Schlaraffia* bei, in der er es bis zum Grad eines Ritters und dem Amt eines Kanzlers brachte. Als er danach auch mit den völkischen Okkultisten um List in Kontakt kam, verfasste er Gedichtbände zu alten Sagen und Runen und gab sich als *Hüter alten Wissens* aus. Doch seine 1908 verfassten neuheidnischen *Neun Gebote* stießen selbst bei den List'schen Armanen nur auf kopfschüttelnde Ablehnung:

„1. Got ist Al-Einheit!
2. Got ist ‚Geist und Stoff‘, die Zweiheit.
3. Got ist Dreiheit: Geist, Kraft und Stoff, Got-Geist, Got-Ur, Got-Sein, oder Sunlicht und Wekr, die Zweiheit …“[45],

raunte er eher bizarr als bedeutungsschwanger und in geradezu okkulter Orthographie, Syntax und Semantik. Auch seine Militärkameraden reagierten mit Skepsis auf solch unausgegorene „Weisheiten". Er habe wohl *„sein vielseitiges Wissen nicht genügend verdaut und sucht zuviel nach Originalität",* heißt es in einer internen Beurteilung aus dem Jahre 1913. Dem war schwerlich zu widersprechen.

Der Krieg unterbrach seine völkisch-esoterischen Ambitionen. Erst als sich Wiligut nach seiner Entlassung aus dem Heeresdienst 1919 in Morzg bei Salzburg zur Ruhe setzte, nahmen die Geister der alten Germanen wieder von ihm Besitz. War er bei den List-Jüngern durchgefallen, stieß er bei den Neutemplern um Lanz von Liebenfels auf offene Ohren. List, so erklärte er die Ablehnung, habe der schismatischen Sekte der *Wotanisten* angehört und schon deshalb ihn, den Erberinnerer der *Lichtreligion der Irminen,* bekämpft. Sieben Wochen verbrachte der ONT-Frater Theodor Czepl bei ihm, dann war auch er davon überzeugt, dass der *„martialisch aussehende Mann"* Träger einer *„geheimen deutschen Königswürde"* sei. Seine Krone, so berichtete Czepl seinem Prior in einem ausführlichen Memorandum, liege in der Kaiserpfalz von Goslar, sein Schwert in einem Steingrab bei Steinamanger bei Wien. Angeblich auf der Grundlage okkulter Erberinnerungen beschrieb Wiligut die Welt der alten Germanen ganz so, wie sie zuvor auch Guido List „geschaut" hatte. Doch zur Begeisterung der Frauja-Jünger beließ er es nicht dabei, sondern offenbarte, wie es später hieß, die *„Fragmente einer verschollenen Religion".*

Die Bibel, so Wiligut, war ursprünglich in Deutschland verfasst worden, das Christentum arischen Ursprungs. Sie waren Zeugnisse einer germanischen Urreligion, des *Irminenglaubens.* Der Ursprung seiner Sippe, so behauptete er, reiche bis in die Zeit um 228.000 v. Chr., als noch drei Sonnen den Himmel erhellten, während sich die Menschen die Erde mit Riesen und Zwergen teilten. Damals entstanden die *Ueiskuinigs* („weisen Könige") aus einer Kreuzung der *Asen* (Luftgötter) mit den *Wanen* (Wassergötter). Ein Zweig der göttlichen Familie, die *Adler-Wiligoten,* gründeten um 78.600 v. Chr. die Stadt Arual-Jöruvallas (Goslar im Vorharz) als urzeitliches Mysterienzentrum. Gegen 12.500 v. Chr. verkündete dort der Prophet *Krist* den Germanen den *Irminenglauben,* der bald darauf zur Staatsreligion ausgerufen wurde. *Irmin,* so Wiligut, war der Sohn des Mannus oder Manu, des ursprünglichen Gesetzgebers der Arier, Namensgeber der Weltensäule *Irminsul* und vergöttlichter Stammvater der von Tacitus erwähnten *Hermionen.* Sein Name sei gleichbedeutend mit dem indischen Ausdruck *Karma,* dem *Schicksalsgesetz*. Doch um 9600 v. Chr. spaltete sich der Urglaube, kämpften rechtgläubige *Irministen* gegen die schismatische Sekte der *Wotanisten,* kam es zu einer gewaltigen Schlacht. Schließlich kreuzigten die *Wotanisten* Baldr-Krestos, den heiligen Propheten des *Irminenglaubens,* bei Goslar. Doch der geschundene Held überlebte die Tortur. Über Wittow auf Rügen, Krakau und die damals noch fruchtbare Wüste Gobi floh er auf dem Rücken eines Schimmels nach Innerasien, wo eine „große Meisterschule" noch heute seine reine Lehre bewahrt. Erst als die *Wotanisten* um 1200 v. Chr. den Tempel der *Irministen* in Goslar zerstörten, wendete sich das Blatt, mussten sie „unter dem Druck der Volksmeinung" das prähistorische Deutschland verlassen. Während die *Irministen* ihr Kultzentrum zu den Externsteinen bei Detmold verlegten, ließen sich die *Wotanisten* in Vorderasien nieder, kamen mit den Juden in Kontakt und verschworen sich mit ihnen gegen die Anhänger der Urreligion. Im historischen Christentum sah Wiligut nur das Propagandawerk jüdischer Epigonen, um das Martyrium des Baldr-Krestus vergessen zu machen.[46]

Der Sieg der Christen unter Karl dem Großen zwang die Sippe der Wiliguts, in den Untergrund zu gehen, doch eines Tages, wenn die *Irministen* doch noch die *Wotanisten* besiegen, werde er auf einem Hannoveraner Schimmel als neuer König in Wien einziehen.

Doch die Realität sah ganz anders aus. Bereits 1906 hatte Wiligut eine junge Adlige, Malwine Leurs von Teuringen, Tochter des erzherzoglichen Verwalters, geheiratet. Aus der Ehe gingen zwei Töchter hervor, ein Sohn verstarb gleich nach der Geburt. Mit dem Ausbleiben eines Stammhalters aber war ihm die vermeintlich traditionelle *„Weitergabe des geheimen Stammeswissens an den ältesten männlichen Erben"* verwehrt, aus der er seine eigene Legitimation bezog. Je mehr er sich in seine Wahnideen hineinsteigerte, umso lauter wurden die Vorwürfe an seine Frau, die bald zu handfesten Drohungen und körperlicher Gewalt ausarteten. Als Wiligut zudem noch durch eine Reihe fehlgeschlagener Geschäfte und eine geplatzte Bürgschaft vor dem wirtschaftlichen Ruin stand, hatte die Geduld der leidgeplagten Gattin ein Ende. Machte der *Hüter alten Wissens* auch in einer Reihe von Tobsuchtsanfällen die Agenten einer wotanistischen Verschwörung für seine Misserfolge verantwortlich, stellte sie kurzerhand einen Antrag auf seine Entmündigung. Am 29. November 1924 wurde der heimliche König von der Polizei verhaftet und in die Landesheilanstalt für Geistes- und Gemütskranke eingeliefert. Dort diagnostizierte man *„eine paraphrene Psychose mit Bildung von Größen- und Beeinträchtigungsideen, bei starker psychischer Reizbarkeit und Neigung zu Gewalttätigkeiten mit starker Tendenz zur Dissimulation“*[47] und hielt ihn mehr als zwei Jahre lang unter Verschluss. Als er schließlich im Januar 1927 entlassen wurde, bestätigte ein Gericht die Entmündigung auf Grund *„megalomanischer Vorstellungen“* und *„schizophrener Verhaltensweisen“*. Seine Ehe wurde rechtsgültig geschieden.

Nur seine ariosophischen Verehrer hielten ihm fortan die Treue, darunter Friedrich Schiller und Richard Anders vom ONT sowie Rudolf John Gorsleben, Präsident der *Edda-Gesellschaft.* Ende 1932 oder Anfang 1933 brachten sie den *allwaltend Wissenden,* wie er sich jetzt nannte, nach Bogenhausen bei München, wo er bald auf neue Jünger stieß, die von seinem Klinikaufenthalt nichts wussten. Er selbst gab vor, er sei gekommen, *„um sein Erberinnern für das junge Werden in Deutschland nutzbar zu machen“*.[48] So stellte ihn schließlich der Neutempler Anders, mittlerweile zum SS-Führer aufgestiegen, Heinrich Himmler vor. Der *Reichsführer* war, wie es heißt, vom *Ahnenwissen* des *Irministen* tief beeindruckt und verpflichtete den 67jährigen gleich im Rang eines Obersturmbannführers (Oberstleutnant) für die SS. Unter dem Pseudonym Karl Maria Weisthor wurde er zum Chef der *Abteilung für Vor- und Frühgeschichte* des *Rasse- und Siedlungshauptamtes* der SS ernannt. Seine Aufgabe bestand einzig und allein darin, seine „Erberinnerungen“ der SS und damit Himmler zugänglich zu machen. Wann immer es um vorgeschichtliche und runenkundliche Fragen ging, wurde Weisthor als maßgebliche Autorität konsultiert. Seine Schriften, darunter gereimte Verse über Runenweisheit, mythologische Poesie und kosmologische Spekulationen, seine *Neun Gebote* des *Irminismus* und ein *irministisches* Vaterunser in gotischer Sprache, landeten sämtlich in den persönlichen Papieren des *Reichsführers* der SS. So können wir uns nur allzu gut vorstellen, wie der pedantische Himmler die erhabenen Verse des *„Vatar unsar der Du bist der Aithar, Gibor ist Hagal des Aithars und der Irda ...“* andächtig murmelnd so lange aufzusagen versuchte, bis er sie auswendig kannte. In diesem Augenblick wird er dem Herrgott dankbar gewesen sein, ihm einen so allwissenden Seher wie seinen Weisthor gesandt zu haben. Jedenfalls wurde Wiligut innerhalb eines Jahres zunächst zum Standartenführer, dann zum Oberführer (was dem Rang eines Oberst entsprach) der SS befördert. Der mittlerweile 68jährige zeigte sich erkenntlich und schickte immer neue Werke, stets mit dem Gruß *„in teutscher Treue mit Irmins-Heil“* Himmler persönlich gewidmet. Als oberster Ritualgestalter der SS durfte er bald mit Hilfe eines mit Runen verzierten *Gotenstockes* auch Trauungen von ranghohen SS-Angehörigen vornehmen. Zudem gestaltete er im Auftrag Himmlers den silbernen Totenkopfring und hatte maßgeblich Einfluss auf die Ausgestaltung der Wewelsburg zur Gralsburg des Schwarzen Ordens.

Kurz vor seiner Reise nach Westfalen im November 1933, so erinnerte sich der Chef des Persönlichen Stabes des *Reichsführers-SS,* Karl Wolff, hatte Himmler seinen Weisthor nach der geeigneten Burg gefragt:

> *„... als ich nähertrat, entdeckte ich einen kleinen, rundlichen Mann, der Himmler auf der anderen Seite des Tisches gegenübersaß. Er hatte seinen Kopf in ein Buch vergraben. Endlich hob der kleine Mann seinen Kopf. Ich sah, dass er eine hohe schmale Stirne besaß. Sein Haar war weiß, kurz geschnitten und er mochte Mitte sechzig sein. ‚Ich habe es gefunden, Herr Reichsführer‘, sagte er jetzt. ‚Hier ist die Prophezeiung der großen Entscheidungsschlacht, über die wir uns unterhalten haben, sogar schriftlich niedergelegt. Soll ich sie Ihnen vorlesen? Der Text ist in mittelhochdeutscher Sprache abgefasst.‘ Die Augen des Alten blitzten vor Freude und Genugtuung über seinen Fund.“*[49]

Die alte Sage handelte von der Vision eines alten Hirten von der endzeitlichen *Schlacht am Birkenbaum,* wenn ein gewaltiges Heer aus dem Osten letztendlich vom Westen geschlagen wird. Weisthor behauptete, dass die Wewelsburg das Bollwerk sei, an dem der neue „Hunnensturm“ zerbrechen würde, ein magischer Kraftpunkt im künftigen Konflikt zwischen Europa und Asien, den er in ein- oder zweihundert Jahren erwartete. Himmler war überzeugt, dass seine SS bei diesem apokalyptischen Abwehrkampf eine entscheidende Rolle spielen würde.

Fortan war der kauzige Alte ein häufiger Gast auf der Wewelsburg. Der Burgkommandant Manfred von Knobelsdorff erwies sich als ein gelehriger Schüler, der sich aufrichtig bemühte, den *irministischen*

Glauben auf der Burg wiedererstehen zu lassen. Und auch andere ranghohe Nazis waren von Weisthor beeindruckt. So gehörte der Landwirtschaftsminister Herbert Backe ebenso zu seinen regelmäßigen Gästen wie der *Reichsbauernführer* und SS-Offizier Walther Darré, der auf seine Anregung hin den jährlichen *Reichsbauerntag* in Goslar abhielt, der alten Mysterienstätte der *Irministen.* Am 15. Januar 1934 konnte Darré befriedigt in sein Tagebuch schreiben: *„Zuschlag für Goslar erteilt. Damit wird Goslar wieder zu seinem alten Recht verholfen. In Goslar wird das deutsche Volk wieder seine Weltanschauung vom Odal zurückerhalten.“*[50]

Das zweite Kultzentrum der *Irministen,* die Externsteine bei Horn-Bad Meinberg, nur 38 Kilometer nördlich der Wewelsburg gelegen, wurde von Himmler zur *Weihestätte der SS* erklärt.

Die Externsteine

Wie vier felsige Finger ragen die Externsteine empor aus dem Dunkel des Teutoburger Waldes, reichen sie hinein in das klare Blaugrün eines kleinen Sees, scheint sich das Grau ihres Sandsteins mit dem Grau des Himmels zu verbinden. Ein Zauber liegt über der Landschaft, vielleicht auch ein Fluch aus lang vergangener Zeit. Die mächtigen Felsen entstammen dem zwielichtigen Grenzland zwischen dem Gewissen und dem Ungewissen, zwischen Geschichte und Mythos. Schon Goethe war von den moosbewachsenen Steinriesen fasziniert: *„Ihre ausgezeichnete Heiligkeit erregte von den frühesten Zeiten an Ehrfurcht; sie mochten dem heidnischen Gottesdienst gewidmet sein und wurden sodann dem christlichen geweiht.“*[51] Unverkennbar haben hier Menschen ihre Spuren hinterlassen. Treppen führen zu dem höchsten Felsen empor, in dessen Spitze eine Kapelle mit kreisrundem Fenster gemeißelt ist. Vier weitere Fenster im äußersten Felsen verraten, dass sich auch in seinem Innern künstliche Höhlen befinden. Zu seinen Füßen ist in einen Felsbrocken ein Rundbogengrab gemeißelt. Ein Relief zeigt die Abnahme Christi vom Kreuz.

Es besteht kein Zweifel, dass hier christliche Eremiten Einzug hielten, heimgekehrte Jerusalem-Pilger eine Kopie des Heiligen Grabes angefertigt haben. Doch das Gebiet ist erst seit dem 8. Jahrhundert, seit seiner Eroberung durch Karl den Großen, christlich. Dienten die Felsentürme zuvor den heidnischen Sachsen als Heiligtum? Stand hier vielleicht die sagenhafte *Irminsul,* das Hauptheiligtum der Sachsen, das Karl der Große zerstören ließ? Dass die christlichen Missionare stets die Heiligtümer der alten Religion übernahmen und „christianisierten“, ist bekannt. Ob dies auch bei den Externsteinen der Fall war, ist Thema einer noch heute anhaltenden Debatte.

1929 veröffentlichte Wilhelm Teudt, ein ins völkische Lager abgewanderter ehemaliger evangelischer Pastor, sein Buch „Germanische Heiligtümer“. Für Teudt waren die Externsteine das *deutsche Stonehenge.* Das kreisrunde Fenster in der oberen Kapelle zeigt exakt in Richtung des Sonnenaufgangs bei der Sommersonnenwende. Damit stand für ihn fest, dass die künstlichen Höhlen nicht christlichen Ursprungs sein konnten. Im Umland suchte er nach weiteren heidnischen Kultstätten und wurde fündig. Bald glaubte er, ein ganzes Netzwerk astronomisch ausgerichteter Heiligtümer gefunden zu haben. Sein Fazit: *„Der Sonnenkult an den Externsteinen war nur ein kleiner Teil eines astronomischen Kultes, der für die ganze Rasse zentralisiert war, und der auf tiefgehenden wissenschaftlichen Grundlagen beruhte.“*[52] Der „Sternenstein an der Egge“ (Egge-Stern-Stein, wie er ihren Namen deutete) war für ihn das Zentralheiligtum der germanischen Stämme, der Ort, an dem sie zu ihren großen Festen zusammenkamen, an dem Adepten in heiligen Mysterien in die tieferen Geheimnisse des ewigen Kreislaufs von Tag und Nacht, Sonne und Winter, Geburt und Tod, kurzum: des Werdens und Vergehens, eingeweiht wurden. Jetzt galt es, diese Stätte für die „Wiedergeburt Deutschlands“ zu nutzen und aus dem Erbe der Ahnen Kraft für die Zukunft zu schöpfen.

Himmler war begeistert von Teudts „Entdeckungen“, zumal sie die „Erberinnerungen“ seines Mentors Weisthor zu bestätigen schienen. So gründete er 1934 eine *Externsteinestiftung,* die unter seinem persönlichen Vorsitz stand, sowie, im benachbarten Detmold, eine „Pflegestätte für Germanenkunde“, zunächst unter Leitung von Teudt, den er kurzerhand zum Professor ernannte. Am Eingang der Externsteine ließ er eine große Holztafel aufstellen, die mit den Worten *„Haltet Ruhe am Heiligtum der Ahnen“* den Besucher zum stillen Gedenken der glorreichen Vergangenheit aufforderte. Noch im selben Jahr beauftragte er Prof. Dr. Julius Andree von der Universität Münster, an der „Kultstätte“ archäologische Ausgrabungen durchzuführen. Zwei Jahre später lag der Grabungsbericht vor. Glauben wir Andree, so fand er den Abräumsteinschutt von der Aushöhlung der Felsen unter einer Schicht mit Scherben aus vorgeschichtlicher, d. h. germanischer Zeit.[53] Zwei Mauern zu Füßen der Felsen wurden als „Steinaltäre" gedeutet, ein viereckiges, eingemeißeltes Loch auf dem zweiten Felsen als „Standloch der Irminsul". Diese Mischung aus solider Archäologie und opportunistischer Interpretation der Funde führte natürlich dazu, dass Andrees Grabungsergebnisse nach dem Zweiten Weltkrieg – vielleicht fälschlich – völlig ignoriert wurden. Jedenfalls will er bewiesen haben, dass Teudt doch recht hatte und *„die Externsteine in ihrer Gesamtheit ein altes germanisches Kultheiligtum sind ... das ... offenbar Sonnenfesten diente"*. Erst in den Sachsenkriegen Karls des Großen, *„in der Zeit der gewaltsamen Christianisierung der Sachsen"*, sei auch dieses *„roh und gewaltsam zerstört worden"*. So schließt der Archäologe seinen Abschlussbericht mit einem neuheidnisch-nationalsozialistischen Glaubensbekenntnis:

> *„Umso dankbarer wollen wir einem gütigen Geschick sein, dass es uns dieses Heiligtum unserer germanischen Vorfahren so erhielt, dass wir es noch zu erkennen und zu begreifen vermögen. Es sind für uns die Externsteine wieder die ‚heiligen Steine' – nicht der ‚Agistersteyn', der ‚Schreckenstein', bei dem Dämonen und Teufel ihr Wesen treiben, nicht eine ‚Stätte der Abgötterei', zu der die christliche Kirche die Externsteine herabzuwürdigen versuchte –, nein, heiliges Land, das unsere Vorväter einst zu festlichen Zeiten betraten, um hier in ihrer Weise der Gottheit zu nahen. Und mehr denn je ist es für uns Aufgabe und Pflicht, dieses Ahnenerbe zu wahren und jene alten Zeiten in uns wieder lebendig werden zu lassen, damit wir das Wissen von unseren Vorfahren und ihrer geistigen und sittlichen Größe einer kommenden Generation vermitteln können."*[54]

Fortan kümmerte sich Himmler persönlich um die entsprechenden *„Umgestaltungs- und Aufgestaltungsaufgaben an der Weihestätte"*. Jährlich fanden hier *„Sonnenwendfeiern der SS"* und schließlich 1938 die *„feierliche Vereidigung von SS-Bewerbern"* statt. Auch ein Schulungszentrum für SS-Offiziere und eine Jugendherberge waren geplant. In den Akten der obersten SS-Führung fanden sich sogar *„Rekonstruktionsversuche für die germanische Kultstätte"* mit Blockhäusern auf den Felsen und einer Irminsul auf Fels 2.[55] 1939 sollte ein Film „Germanen gegen Pharaonen" mit liturgischer Musik und raunender Erzählerstimme ein breites Publikum mit dem *„überlegenen astronomischen Wissen“* der sonnenverehrenden Vorfahren vertraut machen, die jetzt zu *Gelehrten des Nordens* verklärt wurden, die der *Wiedergeburt des Lichtes* huldigten. Die Berliner Filmstelle empfahl die Vorführung des Streifens speziell *„am Karfreitag, am Bußtag und am Heldengedenktag“.*[56]

Auch die Opfer der Sachsenkriege erhielten ihre eigene SS-Weihestätte, den *Sachsenhain* bei Verden an der Aller. 4500 Findlinge aus ganz Niedersachsen ließ der *Reichsführer-SS* hier zusammentragen, um der vermeintlichen Zahl von sächsischen Adligen zu gedenken, die Karl der Große hier angeblich im Jahre 782 hinrichten ließ. Bei der hohen Zahl, die natürlich dem Zweck diente, den christlichen Frankenkönig in ein möglichst schlechtes Licht zu rücken, berief er sich auf die Reichsannalen. Nach dem Aufstand der Sachsen, so heißt es dort, sei Karl der Große an die Aller gezogen, um über die Rädelsführer Gericht zu halten; dem Reichsrecht zufolge hatten sie Hochverrat begangen, und darauf stand der Tod. Die Quelle weiter: *„redidderunt ... ad occidendum IIII D“, „sie überlieferten zur Tötung IIII D“.* Da „D“ auch das lateinische Zahlzeichen für „500“ ist, lasen Himmlers Gewährsleute das „IIII D“ als „4500“. Doch so schrieb niemand lateinische Zahlen; wären tatsächlich 4500 Sachsen gemeint, hätte im Text die Zahl MMMMD gestanden! Tatsächlich aber war das „D“ eine Abkürzung für „Domino“, „dem Herrn“ (gemeint war Karl, den die Annalen stets als *dominus Carolus* betiteln), wurden dem Frankenkönig gerade einmal vier Rädelsführer zur Hinrichtung ausgeliefert. Dabei ging es natürlich um eine politische Machtdemonstration, nicht um einen blutigen Missionierungsversuch. Doch davon wollten die Nazis nichts wissen. Für sie symbolisierte das Gedenken an die Toten von Verden zugleich die Wiederauferstehung des Heidentums: *„Damals fielen 4500 Köpfe, die sich nicht beugen wollten“,* erklärte Himmler bei der Einweihungsfeier am 21. Juni 1935, *„heute recken sich Köpfe, die sich niemals beugen werden. In knapp acht Monaten wurde dieser Thingplatz geschaffen. Heute endlich, nach über einem Jahrtausend, feiern wir hier Sonnenwende, Symbol für den ewigen Wechsel von Untergang und Aufstieg.“*[57] Ehrfurchtsvoll schwiegen die 25.000 Besucher, dann wurde gemeinsam das Lied „Flamme empor“ angestimmt. Fortan sollten ähnliche *Thingplätze* an heidnischen Heiligtümern im ganzen Reich entstehen, die speziell den Sonnenwendfeiern dienten.

Das Ahnenerbe

Um die Erkundung der germanischen Vorzeit landesweit zu koordinieren, gründete Himmler am 1. Juli 1935 zusammen mit Darré und dem niederländischen „Urkultur-Forscher“ Herman Wirth den Verein *Deutsches Ahnenerbe. Studiengesellschaft für Geistesurgeschichte.* Die SS-nahe Vereinigung gab bald eine eigene Zeitschrift mit dem Titel *Germanien* heraus und organisierte eine Reihe von archäologischen Ausgrabungen und Expeditionen. Ihr offizielles Ziel war, *„Raum, Geist, Tat und Erbe des nordrassischen Indogermanentums zu erforschen, die Forschungsergebnisse lebendig zu gestalten und dem Volke zu vermitteln“.*[58] Intern aber ging es darum, die Grundlagen für einen neuheidnischen Ahnenkult zu schaffen. So schrieb Himmler 1939: *„Ebenso wie ein Baum verdorren muss, wenn man ihm seine Wurzeln nimmt, geht ein Volk zu Grunde, das nicht seine Ahnen ehrt. Es gilt, den deutschen Menschen wieder hineinzustellen in den ewigen Kreislauf von Vergangenheit, Gegenwart und Zukunft, von Vergehen, Sein und Werden, von Ahnen, Lebenden und Enkeln.“*[59] Wie sehr Hitler, trotz einiger ironischer Anmerkungen in den *Tischgesprächen,* diese Arbeit anerkannte, zeigt sich daran, dass er Himmler im selben Jahr zum *Reichskommissar für die Festigung des deutschen Volkstums* ernannte.

Auch Wirth, ein studierter Philologe, war schon früh von den „hohen Werten germanischer Kultur“ überzeugt und in der völkischen Jugendbewegung *Wandervogel* aktiv geworden. Als der Erste Weltkrieg ausbrach, meldete er sich 1914 nicht nur beim deutschen Heer als Freiwilliger, sondern baute auch in Belgien die prodeutsche *Flamenbewegung* auf. Sein Engagement beeindruckte sogar Kaiser Wilhelm II., der ihm eine Ehrenprofessur verlieh. Nach dem Krieg beschäftigte Wirth sich eingehendst mit den Runen, aber auch mit Giebelzeichen alter Bauernhäuser, die er für die Überreste einer „alten Kultsymbolik“ und Rudimente der „heiligen Urschrift der Menschheit“ hielt. Er siedelte nach Deutschland über, liebäugelte schon früh mit der NSDAP, wurde überzeugter Vegetarier und bevorzugte wollene Gewänder und wallende Mäntel, wie sie die alten Germanen trugen. Immer häufiger pilgerte er zu den heiligen Stätten der heidnischen Vorzeit und glaubte, sich an die uralten Rituale einer einst *„rein monotheistischen Urreligion“*[60] zu erinnern. In seinem kontroversen Buch „Der Aufgang der Menschheit. Untersuchungen zur Religion, Symbolik und Schrift der atlantisch-nordischen Rasse“ übernahm er nicht nur den Mythos vom Ursprung der Germanen auf der sagenhaften Insel Atlantis, er propagierte auch eine *„lebensgesetzlich unzertrennliche Verkettung der Erbmassen des Blutes und des Geistes“*.[61]

Fortan war es sein erklärtes Ziel, die germanische „Urkultur“ wieder zum Leben zu erwecken und damit *„die Wiedergeburt der nordischen Rasse und die Befreiung der Menschheit vom Fluch der Zivilisation“*[62] zu bewirken. So gründete er zusammen mit dem Externsteine-Forscher Wilhelm Teudt und anderen Gleichgesinnten die *Herman-Wirth-Gesellschaft,* die jetzt die Zeitschrift *Nordische Welt* herausgab. 1929 traf er erstmals Hitler, der von Wirth so angetan war, dass er (angeblich) einige seiner Vorträge besuchte und (nachweisbar) dem langjährigen Freund Hugo Bruckmann sein Buch schenkte. Bald fand er eine wachsende Anhängerschaft innerhalb der NSDAP, obwohl Alfred Rosenberg ihm, wohl nicht ganz zu Unrecht, „unkritisches Spintisieren“ vorwarf. Schließlich finanzierte ihm 1932 die nationalsozialistische Landesregierung von Mecklenburg den Aufbau eines *Forschungsinstitutes für Geistesurgeschichte.* Das erlaubte ihm, sich in den nächsten Jahren ganz auf die Erstellung seines zweibändigen Hauptwerkes „Die heilige Urschrift der Menschheit“ zu konzentrieren. Auch hier ging es um Atlantis und Thule, *„das Weißland des hohen Nordens“,* aus dem *„unsere Blutsverwandten“* einst *„die Schrift des Jahresgottes mitgebracht hatten“,* um sie über die Jahrtausende hinweg in *„matriarchalen Familien-, Sippen- und Stammesverbänden“* zu überliefern.[63] Sein Ziel war nichts weniger als die Begründung einer neuen Religion auf uralten Grundlagen:

> *„Wir finden Gott in der Heimat, in unserer Volkheit, unserer Art wieder. Wir treten den Heimweg an. Wir wollen wieder edel werden im Odal Gottes, in der Heimat das Leben Gottes wiederfinden. Wir wollen wieder von rechter Art sein ... Nun helfe uns der Weltengeist und die ‚heilige Urschrift‘ der Ahnen, dass wir den Sinn des Lebens und der Heimat ganz erfassen, wieder ein Volk, eine Gemeinschaft von Freuen und Edlen werden.“*[64]

Als die Nazis die Macht ergriffen, sah Wirth in Hitler den germanischen Lichtbringer Baldur, den Gott der Wiederkehr und der Erneuerung der Welt. Wieder stünde Deutschland vor einem *„Aufbruch des Erberinnerns, der geistig-seelischen Erbmasse“*[65]. Unterstützt von einigen wohlhabenden Gönnern wie dem Senator Ludwig Roselius aus Bremen, der Pharmaindustriellen Mathilde Merck und der Prinzessin Marie-Adelheid Reuß zur Lippe, initiierte er eine Wanderausstellung über germanische Führervorstellungen, die er „Der Heilbringende" nannte. Zudem behauptete er, das Urgeistessymbol des Hakenkreuzes für die Nazis entdeckt zu haben, was eine Anmaßung war. Himmler war begeistert von soviel Chuzpe und erklärte sich sogleich bereit, eine zweite Ausstellung über den „Lebensbaum im germanischen Brauchtum" nicht nur zu finanzieren, sondern auch persönlich zu eröffnen. Aus dieser Zusammenarbeit entstand das *Deutsche Ahnenerbe,* getragen vom *Reichsnährstand* und dem *Rasse- und Siedlungs-Hauptamt* der SS mit Himmler als Vorsitzenden des Kuratoriums und dem zum SS-Hauptsturmführer ernannten Wirth als Präsidenten. Doch die enge Zusammenarbeit währte nicht lange. Während beide, Himmler und Wirth, sich bemühten, qualifizierte Fachleute für das Projekt anzuwerben, geriet der Runenforscher selbst zunehmend in das Kreuzfeuer der Kritik. Zwei kostspielige „Forschungsexpeditionen" nach Skandinavien, die nur dürftige Ergebnisse zutage förderten, und ein steter Streit mit Weisthor – jeder der beiden Erberinnerer warf dem anderen vor, ein Scharlatan zu sein – trugen ihren Teil dazu bei, dass sein Stern schnell sank. Den Ausschlag aber gab ein Wissenschaftsskandal. 1933 hatte Wirth die *Ura Linda-Chronik* veröffentlicht, angeblich die Chronik einer uralten friesischen Sippe, die er in die *Steingräberzeit* datierte. Jetzt aber erwies sie sich nach einer eingehenden Untersuchung als Fälschung aus dem 19. Jahrhundert; ihr Papier war künstlich koloriert worden, ihre Sprache ein auf Altfriesisch getrimmtes Neuholländisch, ihre Runenschrift unstimmig. So gänzlich blamiert musste Wirth als Präsident des *Deutschen Ahnenerbes* seinen Hut nehmen, während Himmler den Verein jetzt direkt seinem Persönlichen Stab angliederte und als Kulturreferat der SS ausbaute. Im März 1937 wurde er in *Das Ahnenerbe* umbenannt und grundlegend umstrukturiert. So teilte er sich fortan in einen naturwissenschaftlichen und einen geisteswissenschaftlichen Zweig. Mittelfristig schwebte Himmler die Entstehung einer „totalen Akademie" vor, die alle Bereiche nationalsozialistischer Wissenschaft von der Welteislehre bis zur Runenkunde abdecken sollte. Sogar die Gründung von SS-Universitäten war geplant. Neuer Leiter – offiziell: *Kurator* – des *Ahnenerbes* war fortan der Hochschulprofessor Walther Wüst, ein Sprachwissenschaftler der Universität München.

„Mit Wüst kam ein Mann in das SS-Ahnenerbe, der konsequent eine NS-Religionsgründung ‚auf wissenschaftlicher Basis' vorantrieb", schrieb das Autoren- und Kulturforscherpaar Victor und Victoria Trimondi in ihrer Studie „Hitler, Buddha, Krishna" über ihn. *„In den sieben Reden seines ‚Indogermanischen Bekenntnisses' (1942), einer Sammlung von Aufsätzen vorangegangener Jahre, werden die Grundlagen des neuen arischen Glaubens ausformuliert. Dazu zählen: die allbeseelende Kraft mythischer Wesensschau, arischer Götter- und Schicksalsglaube, der heilige Bund zwischen Führer und Gefolgschaft, Helden- und Ahnenverehrung, animistische Kommunikation mit der Natur (Tiere, Bäume, Quellen), archaische Kultfeiern, kriegerische Männerbünde, Etablierung eines indo-arischen Symbolkodex (Swastika, Irminsul), Resakralisierung heiliger Plätze (Geomantie), Initiationsriten und die Schaffung von Wallfahrtsstätten."*[66]

Himmler – Buddha – Krishna

Für Wüst stand das neue arische Glaubensbekenntnis unter der *„Drei-Einheit Mensch-Ahnenerbe-Glaubensgemeinschaft"*.[67] Hitlers „Mein Kampf" stellte er in eine Reihe mit den bedeutendsten Werken der *arischen* Weltliteratur, darunter den „Lehrreden des Buddha". In Reden vor SS-Männern und Hochschulkollegen verglich er den Führer mal mit dem historischen Buddha *Shakyamuni,* mal mit dem künftigen *Chakravartin* (Weltenherrscher) der buddhistischen und hinduistischen Prophezeiungen, dem „Herrn der Götter", der „die Barbaren zerstört".[68] Noch gründlicher arbeitete er die angeblichen Parallelen in seinem Aufsatz „Das Reich – Gedanke und Wirklichkeit bei den alten Ariern" heraus:

> *„Die solare Ausrichtung des Chakravartin (Weltenherrschers)*
> *Die kosmische Eingefasstheit des Chakravartin-Reiches*
> *Die mikrokosmische Stellung des Chakravartins als ‚König des Alls' und als ‚König der Könige'*
> *Der Wille des Chakravartin ist Reichsgesetz*
> *Das Kastengesetz bestimmt als Rassensystem den Staatsaufbau des Weltreiches*
> *Das Herrschaftszeichen des Chakravartin ist das Hakenkreuz*
> *Der Chakravartin ist ein Feldherr und die herrschende Klasse des Staates bilden die Krieger (Kshatriya)*

Unter der Herrschaft der Priesterkaste (Brahmanen) zerfällt der Chakravartin-Gedanke."[69]

„Auch über Indien schwebt unsichtbar-sichtbar das Sonnenzeichen des Hakenkreuzes", verkündete Wüst 1938, *„hier sind von alters her in ungebrochener Überlieferung Grundkräfte völkischer Lebensweisheit aufgespeichert, die nach Erschließung suchen.*"[70]

Das entsprach ganz der Auffassung Himmlers, zu dessen Lieblingslektüre neben der *Edda* auch die indischen *„Veden und Rhig-Veden, Buddhas Reden, die Visudi-Magga und das Buch der Reinheit*"[71], speziell aber die *Bhagavad-Gita,* der „Sang des Erhabenen", zählte. Ein Exemplar, so berichtete sein persönlicher Masseur Felix Kersten, trug Himmler immer bei sich.[72] Die darin enthaltene Selbstoffenbarung Krishnas als *Avatara,* als Inkarnation Gottes: *„Sooft der Menschen Sinn für Recht und Wahrheit verschwunden ist und Ungerechtigkeit die Welt regiert, werd' ich aufs Neu geboren, so will es das Gesetz. Ich trage kein Verlangen nach Gewinn*" (Gesang IV, Vers 7–8), bezog er direkt auf Hitler:

> *„Er entstand uns aus der tiefsten Not, als es mit dem deutschen Volk nicht mehr weiterging, er gehört zu den großen Lichtgestalten, die dem Germanentum immer dann entstehen, wenn es in tiefste körperliche, geistige und seelische Not gelangt ... Er ist dazu von dem Karma des Germanentums der Welt vorbestimmt, den Kampf gegen den Osten zu führen und das Germanentum der Welt zu retten. Eine der ganz großen Lichtgestalten hat in ihm ihre Inkarnation gefunden.*"[73]

Hitler war für Himmler zum arischen Messias geworden. Nicht nur die Karma-Idee, auch die Reinkarnationslehre übernahm der *Reichsführer* von den Hindus und Buddhisten. *„Die Indogermanen glauben an die Wiedergeburt"*, vertraute er Kersten an, *„mit einem Leben ist das Leben nicht zu Ende. Was der Mensch an guten, aber auch an schlechten Taten vollbracht hat, wirkt sich im nächsten Leben als sein Karma aus.*" Als der Masseur vorsichtig nachfragte, was denn mit seinem eigenen Karma sei, gab sich der Massenmörder als Unschuldslamm: *„Einer muss sich opfern, auch wenn dies manchmal schwer ist, und darf nicht an sich denken.*"[74] Er maß ohnehin nach zweierlei Maß. Einerseits bewunderte er die buddhistischen Mönche, die, wenn sie abends durch den Wald gehen, ein Glöckchen bei sich tragen, um die Tiere zu verscheuchen, die sie sonst unwissend zertreten würden. *„Bei uns aber wird auf jeder Schnecke herumgetrampelt, jeder Wurm wird zertreten“*[75], ereiferte er sich. Wie Hitler war er strikter Vegetarier. Doch was Menschen betraf, so befahl er seinen SS-Schergen: *„Jedes gute Blut, das Sie irgendwo im Osten treffen, können Sie entweder gewinnen oder Sie müssen es totschlagen.“*[76]

Spirituelle Krieger

Die *Bhagavad-Gita,* das heiligste Buch des Hinduismus, Teil des Nationalepos *Mahabharata,* spielt vor einer geradezu apokalyptischen Kulisse. In einem Konflikt zweier Stämme, der Kauravas und der Pandavas, stehen sich in der Ebene von Kurukshetra zwei Riesenheere gegenüber. Auf der Seite der Pandavas findet sich auch Krishna, die Inkarnation des Gottes Vishnu, als Wagenlenker des Heerführers Arjuna. Als der Klang der Muschelhörner zur Schlacht ruft, als Arjuna die Pfeile in seinem Köcher richtet und mit dem Streitwagen die Reihen abfährt, kommen ihm plötzlich Zweifel an der Richtigkeit seines Tuns. In beiden Heeren, so weiß er, kämpfen Freunde und Verwandte, Menschen, die in besseren Zeiten einmal friedlich zusammengelebt haben, bevor sie sich in einen sinnlosen Bruderzwist begaben. Doch gerade als er innehält und nicht glauben mag, dass *„etwas Gutes entstehen kann, wenn ich meine eigenen Verwandten in dieser Schlacht töte“,* ihm Sieg oder Macht plötzlich gleichgültig sind, er gar das Abschlachten der Gegner für sündhaft hält, erhebt Gott Krishna mahnend das Wort. Als *„Unreinheit“* und *„Schande“* weist er die Skrupel Arjunas zurück, wirft ihm *„entwürdigende Kraftlosigkeit“* und *„kleinliche Schwäche“* vor und erinnert ihn an seine *„heiligste Pflicht“: „Die Weisen beklagen weder die Lebenden noch die Toten“,* Glück und Leid *„entstehen durch Sinneswahrnehmung“; „wer die Wahrheit sieht“,* darf sich *„davon nicht stören lassen“.* Ewig und unzerstörbar sei die menschliche Seele, auf alle Zeiten dem Kreislauf von Tod und Wiedergeburt unterzogen, bis sie endlich durch Erkenntnis ihrer Gottnatur Befreiung erlangt. Falsche Gefühle der Sorge und Trauer dürfen ihn nicht davon abhalten, den einzigen Weg zu gehen, der ihn diesem Ziel näher bringen kann. Der höchste Yoga des *Kshatriya*-Kriegers, so Krishna, ist die Erfüllung seiner Pflicht. Daher gäbe es

> *„keine bessere Beschäftigung, als auf der Grundlage religiöser Prinzipien zu kämpfen. Daher ist es nicht notwendig zu zögern. ... Glücklich sind die Kshatriyas, denen sich unverhofft solche Gelegenheiten zum Kampfe bieten ... Wenn du jedoch in diesem religiösen Krieg nicht kämpfst, wirst du gewiss Schuld auf dich laden, weil du deine Pflichten vernachlässigst."*[77]

Der *Weg des Kriegers,* dieses Evangelium der Erlösung durch blinde, mitleidslose Pflichterfüllung beim Töten im Krieg und die Heiligung des Kampfes, machte die *Bhagavad-Gita* auch zum spirituellen Leitfaden für SS-Führer. Nicht der aggressive Berserker war das Ideal des Schwarzen Ordens, sondern der leidenschaftslose, eiskalte Erfüller einer blutigen Pflicht. Offen propagierte die SS das Yogaideal des Nichtverhaftetseins, der praktizierten Gefühlskontrolle, salopp „Überwindung des inneren Schweinehundes" genannt: *„Ein Herrenvolk muss in der Lage sein, Menschen, die für die Gemeinschaft schädlich sind, aus der Gemeinschaft ohne christliche Barmherzigkeit auszuschalten, dabei jedoch anständig zu sein, nie einen Menschen zu quälen",* erklärte Himmler, *„ein Herrenvolk muss in der Lage sein, zu schießen, wenn der Schädling flieht, es muss in der Lage sein, ihn niemals zu beschimpfen."*[78] Nach eben dieser Philosophie verteidigte sich Rudolf Höß, Lagerkommandant von Auschwitz, nach dem Krieg, nur ein unbeteiligtes Rad der Tötungsmaschinerie gewesen zu sein: *„Es gab für mich kein Entrinnen. Ich musste den Vernichtungsvorgang, das Massenmorden weiter durchführen, weiter erleben, weiter kalt auch das innerlich zutiefst Aufwühlende mit ansehen."* Den Holocaust entschuldigte er kurzerhand als Teil des natürlichen *„Werden(s) und Vergehen(s)",* um in weinerlichem Selbstmitleid zu ergänzen: *„Nichts ist wohl schwerer, als über dieses kalt und mitleidlos, ohne Erbarmen hinwegschreiten zu müssen."*[79]

Auch die Ideale der japanischen Samurai-Krieger wurden in der SS propagiert. So erschien 1942 in der SS-Zeitschrift *Das Schwarze Korps* eine Aufsatzreihe, die bald darauf auch im *Zentralverlag der NSDAP* als Buch mit einer Startauflage von 55.000 Exemplaren verbreitet wurde. Ihr Titel „Die Samurai – Ritter des Reiches in Ehre und Treue“ war bewusst auf den SS-Wahlspruch *Meine Ehre heißt Treue* gemünzt: Der SS-Mann sollte zum deutschen Samurai werden, sich an der Todesverachtung der Zen-Krieger ein Beispiel nehmen. *„Unter dem Schwert, mit dem der Feind zum Schlage ausholt, ist die Hölle: Springe mutig hinein! Dann wirst du dort das Paradies finden“*[80], zitiert die Schrift ein buddhistisches Lehrgedicht aus dem 8. Jahrhundert, das die Philosophie der Samurai zusammenfasst. So sang die SS im Zweiten Weltkrieg:

„SS marschiert, was immer auch droht –
bis zum Ziel in den weitesten Fernen!
Blinder Gehorsam als höchstes Gebot –
um dem Schicksal befehlen zu lernen!
Des Todes Ernte ist Lebenssaat –
wehe dem Feind, der sich naht!“[81]

Auch das *Harakiri,* der rituelle Selbstmord, wurde dem SS-Mann als *„Heldenritual“* unter bestimmten Bedingungen, etwa *„aus Ehre“, „aus Treue“, „aus Gemeinschaftsgedanken“, „aus Siechtum“* oder *„aus religiösen Gründen“* empfohlen.[82]

Nazis auf dem Dach der Welt

Mit lauten Rufen trieben die kleinen, schwarzhaarigen, in helle Pelze gehüllten Männer die Yaks an, deren Glocken die fünf Deutschen an diesem Tag an die Festtagsstimmung in ihrer Heimat erinnerten. Bis die Sonne an diesem kürzesten Tag des Jahres hinter den mächtigen, schneebedeckten Bergriesen versank, wollten sie den See erreichen. Schließlich, es dämmerte bereits, lag er vor ihnen wie ein gewaltiger, langgestreckter Spiegel, der den rot glühenden Himmel in seinen eisklaren Fluten reflektierte. Als sie bald darauf sein steiniges Ufer erreichten, schlugen die Männer ihre Zelte auf, rammten Pfosten in den Boden, an die sie die Yaks banden, und besorgten Scheite trockenen Holzes, um ein Feuer zu machen. Kaum hatte sich die Nacht über das verschneite Hochplateau auf dem Dach der Welt gelegt und das Mondlicht die Berghänge in ein gespenstisches Blau getaucht, hängten die Männer ihren Hakenkreuzwimpel auf, zündeten den eigens mitgebrachten Julleuchter an und schalteten das mitgebrachte Kurzwellenradio ein. Während sie andächtig der Rede ihres *Reichsführers* zur Wintersonnenwende lauschten, dessen Worte blechern und kaum hörbar irgendwo aus dem gerade besetzten Sudetenland zu ihnen drangen, wurde auch ihnen die welthistorische Bedeutung ihrer Mission bewusst. *„In das Dunkel der Welt trugen die Arier das Licht. Vom Norden her kam der große Glanz",* lautete einer der Weihesprüche, die Himmler den SS-Männern zur Feier der Sonnwendnacht auf den Weg gegeben hatte. Von Norden, so hatte schon Madame Blavatsky behauptet, erreichten die Arier zunächst das Hochland des Himalaya, wo sie die verborgene Schatzkammer ihres Wissens, das mystische Shambhala, errichteten. Ihre Spuren zu finden war ihre Mission, der geheime Auftrag der SS-Tibet-Expedition im Winter 1938/39.

Kaum war die Stimme Himmlers verklungen, ergriffen die Männer schweigend die Fackeln und begaben sich, gefolgt von ihren einheimischen Trägern, hinunter ans Seeufer. Während dichte Nebelbänke sie von der Außenwelt trennten, gelobten sie feierlich im Scheine des Feuers, auch weiterhin auf Gedeih und Verderb zusammenzuhalten und ihre große Aufgabe zu lösen. Sie wussten, sie waren nur wenige Kilometer von ihrem Ziel, der Grenze des geheimnisvollen Tibet entfernt, jenes „verbotenen" Landes, das vor ihnen nur ganz wenige Europäer betreten durften. Neues, Großes und Wunderbares stand ihnen bevor. So fassten sie sich an den Händen und sangen gemeinsam ihr liebstes Weihnachtslied: „Hohe Nacht der klaren Sterne, die wie weite Brücken stehn ..."[83] Gleich am nächsten Morgen brachen die Männer auf und verließen das Ufer des Changgu-Sees in Sikkim, um Tage später, als erste Deutsche, die tibetische Hauptstadt Lhasa zu erreichen.

Mit der vom *Ahnenerbe* organisierten und finanzierten Tibet-Expedition hatte sich Himmler einen Jugendtraum erfüllt. 1924 hatte er das Buch „Tiere, Menschen und Götter" des Russen Ferdinand Ossendowski gelesen, das damals in Deutschland wie in England die Bestsellerlisten erklomm. Wie er in seiner Leseliste festhielt, handelt es von den *„ganz großen Mysterien und Geheimnissen der Mongolei"*[84]; sein Titelbild zeigt eine mächtige Buddhastatue mit einem Hakenkreuz auf der Brust, die eine an Lenin erinnernde Teufelsgestalt abwehrt. Sein Autor beschreibt, wie er nach der russischen Revolution auf abenteuerliche Weise vor den Bolschewisten floh. Sein Weg führte ihn dabei von Krasnojarsk am Jenissei quer durch die mongolische Steppe. Dort traf er auf Baron Ungern von Sternberg, den Kommandanten des antikommunistischen Widerstandes der *Weißrussen,* dem ein „Ruf wie Donnerhall" vorauseilte. Der *blutige Baron,* wie ihn die Roten nannten, stammte von deutschen Ordensrittern ab, die sich im Baltikum niedergelassen hatten. Er selbst stand dem Buddhismus nahe und sah seinen Widerstand gegen den Bolschewismus als „heiligen Krieg" *„zum Schutz des Evolutionsprozesses der Menschheit und zum Kampf gegen die Revolution. Denn ich bin sicher, dass die Evolution zur Göttlichkeit und die Revolution zur Bestialität führt",* wie er Ossendowski erklärte.[85] Er gründete als Elitetruppe einen *Orden der Militärischen Buddhisten,* ließ seine mongolischen Soldaten Schulterklappen mit dem Hakenkreuzzeichen tragen und die Juden von Urga in einem Massaker ausrotten. Auf seine Anregung hin begann auch der Autor, sich dem Buddhismus zu öffnen. Er begegnete dem Bodgo Khan, dem *lebenden Buddha* der Mongolen, und erfuhr schließlich von seinem Führer, einem alten Buddhisten, von der Existenz des unterirdischen Königreiches *Agharti* und des *Königs der Welt.* Vor 60.000 Jahren, so die von Ossendowski zitierte Legende, sei ein heiliger Mann mit einem ganzen Völkerstamm unter dem Erdboden verschwunden, um ein neues, geheimes Reich zu begründen: *„Das unterirdische Volk hat das höchste Wissen erreicht. Das Land unter der Erde ist jetzt ein großes Königreich. Zu ihm gehören Millionen von Menschen. Sein Herrscher ist der König der Welt. Dieser kennt alle Kräfte der Welt und vermag in den Seelen der Menschheit und in dem großen Buch ihres Geschickes zu lesen."*[86] Nur der Dalai Lama und einige hohe Lamas stünden mit ihm in Verbindung. Erst wenn die Zeit gekommen sei, wenn *„die guten Menschen der Welt gegen die schlechten"*[87] Krieg führen, würde er offen in Erscheinung treten. Zweimal habe Baron Ungern den jungen Fürsten Poulzig auf die Suche nach dem *König der Welt* geschickt, schließt Ossendowski die Erzählung. Das erste Mal kehrte er mit einem Brief des Dalai Lama aus Lhasa zurück, beim zweiten Mal kam er nicht mehr wieder. Das letzte Kapitel des Buches gibt eine Prophezeiung wieder, die der *König der Welt* angeblich im Jahre 1890 verkündete, als er den Lamas eines geheimen Klosters erschien. Bald würde die Welt von einem schrecklichen Krieg erschüttert, heißt es darin, würden die Kronen der Könige fallen, die Reiche mit Leichen übersät. Dann, wenn es scheint, als würde Gott sich von der Erde abwenden, werde er

„ein jetzt unbekanntes Volk senden, das das Unkraut der Tollheit und des Lasters mit starker Hand ausreißen und diejenigen, die dem Geiste der Menschheit treu geblieben sind, zum Kampf gegen das Böse anführen wird. Dieses Volk wird auf der durch den Tod der Nationen gereinigten Erde ein neues Leben begründen ... Dann werden die Völker von Agharti aus ihren unterirdischen Höhlen auf die Oberfläche der Erde kommen.“[88]

Für Himmler stand fest, dass sich die Prophezeiung des *Königs der Welt* auf den Ersten Weltkrieg und den Aufstieg des nationalsozialistischen Deutschlands bezog. Kritiker dagegen warfen Ossendowski vor, seinen *Agharti*-Mythos von dem französischen Kolonialbeamten Louis Jacolliot abgekupfert zu haben. Tatsächlich schrieb dieser schon 1874 von einem „unbekannten Land“ namens *Asgartha* als „Sitz des Oberpriesters aller Brahmanen“, doch genauso gut können sich beide Autoren auf denselben Mythos bezogen haben. Zu sehr jedenfalls erinnert Ossendowskis *Agharta* an den *Shambhala*-Mythos der tibetischen *Kalachakra*-Lehre, um frei erfunden zu sein. Auch *Shambhala* steht ein mächtiger König vor, der *Chakravartin* (der von Wüst mit Hitler verglichen wurde), der zugleich „Repräsentant des höchsten Buddhas“ ist. Er befiehlt über Tausende von Vizekönigen, Gouverneuren und Beamten, die jeden seiner Befehle bedingungslos erfüllen, und eine millionenstarke Armee. In seinen Händen hält er ein Juwel, das *Mani,* das jeden Wunsch erfüllt. Nichts entgeht seinem stets wachsamen Auge. Eines Tages, in einer Zeit der Kriege, Naturkatastrophen und Dekadenz, wenn die buddhistische Lehre fast ausgerottet ist, besteigt der letzte *Chakravartin* Rudra Chakrin den Thron Shambhalas und zieht aus zum Krieg gegen die Weltmacht des Bösen. Nach gewonnener Endschlacht gegen den König der Barbaren läutet er ein *goldenes Zeitalter* ein. Auch die Hindus kennen die Prophezeiung vom *Kalki Avatar,* der am Ende dieses Zeitalters aus Shambhala kommt, um die Feinde des rechten Glaubens zu vernichten und die Gerechten in ein Paradies zu führen. Nichts anderes besagt Ossendowskis „Prophezeiung des Königs der Welt“.

Der Shambhala-Mythos

Erst durch Madame Blavatsky bekam der buddhistische Shambhala-Mythos noch eine andere Bedeutung. Bei ihr wurde das geheimnisvolle Reich zum verborgenen Hort arischer Weisheit und zur letzten Zufluchtsstätte der Meister des versunkenen Kontinentes Atlantis. Von dort, so behauptete sie, stammten die *Mahatmas,* die ihr die theosophische „Geheimlehre" offenbarten. Ihre Schülerin und Nachfolgerin Alice A. Bailey bezeichnete Shambhala zudem als „Sitz des Weltenkönigs" und der geheimen „Hierarchie der Meister", an deren Spitze Christus und Buddha stünden. Zwischen 1924 und 1928 versuchte der russische Maler Nicholas Roerich in einer Himalaya-Expedition, Spuren von Shambhala zu entdecken und mit den Meistern in Kontakt zu kommen.

Der Publizist Rudolf John Gorsleben, Mitglied der *Thule-Gesellschaft* und Begründer der *Edda-Gesellschaft,* übernahm die theosophische Interpretation des Shambhala-Mythos in seinem Buch „Hoch-Zeit der Menschheit". Nach dem Untergang von Atlantis, so behauptete er, begründeten die Arier die großen Hochkulturen in Ägypten, in den Anden, in Mexiko, Indien und Tibet. Durch *Erberinnern* könne ihr verlorenes Wissen wiederentdeckt werden, aber auch durch gezielte Expeditionen zu den geheimen Archiven, in denen ihre heiligen Schriften noch heute versteckt würden. Eines davon befände sich unter dem *Potala,* dem Palast des Dalai Lama in Lhasa.[89] Dem Autorenpaar Trimondi zufolge schien Gorslebens Buch *„für die Okkult-Fraktion im Umkreis des SS-Ahnenerbes eine Art Bibel gewesen zu sein"*[90]; jedenfalls bekräftigte es Himmler in dem Entschluss, eine Expedition nach Tibet zu entsenden.

Als er nach einem geeigneten Expeditionsleiter Ausschau hielt, fiel die Wahl schnell auf Dr. Ernst Schäfer. Den Sohn eines Kölner Industriellen hatte schon früh die Abenteuerlust gepackt. In der Absicht, ein Forscherleben zu führen, hatte er in Heidelberg und Göttingen Völkerkunde, Zoologie, Botanik, Geologie und Geographie studiert. Noch als Student war er 1933 der SS beigetreten. Anfang der 30er Jahre sollte er an zwei amerikanischen Tibet-Expeditionen teilnehmen. 1934 empfing der Panchen Lama den jungen Deutschen und war offenbar so von ihm angetan, dass er ihn mit einem Reisepass für ganz Tibet beschenkte. Als Himmler davon erfuhr, war er stolz wie ein Vater. Ein SS-Mann beim zweiten Oberhaupt des tibetischen

Buddhismus! Kaum war er nach Deutschland zurückgekehrt, wurde Schäfer vom *Reichsführer* in seinen persönlichen Stab berufen und zum Untersturmführer befördert. Schließlich beauftragte ihn Himmler, eine *Tibet-Expedition Ernst Schäfer unter Schirmherrschaft des Reichsführers-SS Himmler und in Verbindung mit dem Ahnenerbe e. V. Berlin* – so der offizielle Titel – vorzubereiten.

Blonde Menschen in Tibet?

Schon bei seinem ersten persönlichen Treffen mit Himmler im Sommer 1937 musste Schäfer begreifen, worum es dem *Reichsführer* tatsächlich ging. *„Ob ich in Tibet Menschen mit blonden Haaren und blauen Augen begegnet sei, wollte er wissen. Als ich dieses verneinte, fragte er mich, wie denn nach meiner Meinung der Mensch entstanden sei“,* erinnerte er sich später. Als er daraufhin die Erkenntnisse der Anthropologie zitierte, schüttelte Himmler nur den Kopf.

> *„‚Akademische Lehrmeinungen, Schulweisheit, Arroganz der Universitätsprofessoren, die wie Päpste auf ihren Lehrstühlen sitzen ... aber von den wirklichen Kräften, die die Welt bewegen, haben sie nicht die leiseste Ahnung ... nun ja, für die minderen Rassen mag das allenfalls zutreffen, aber der nordische Mensch ist beim letzten tertiären Mondeinbruch direkt vom Himmel gekommen.‘*
> *Himmler hatte leise gesprochen, er sprach wie ein Priester. Die Kamarilla schwieg, und auch ich war sprachlos. Ich glaubte mich in ein heidnisches Kloster versetzt ... ‚Sie müssen noch viel lernen‘, fuhr Himmler schulmeisterlich fort, ‚vor allem die Runenschrift und die Grundlagen der indoarischen Sprachwissenschaften. Und natürlich müssen Sie die Werke Hörbigers studieren ... Der Führer befasst sich seit langem mit der Welteislehre. Es gibt noch zahlreiche Reste der tertiären Mondmenschen, letzte Zeugen der verschollenen, ehemals weltumspannenden Atlantiskultur. In Peru zum Beispiel, auf der Osterinsel und, wie ich vermute, in Tibet.‘“* [91]

Bei einem weiteren Gespräch stellte er Schäfer den SS-Mann Edmund Kiß vor, einen Vorgeschichtsforscher, der als Experte für die Welteislehre galt. Als Schäfer noch immer auf dem wissenschaftlichen Charakter der geplanten Expedition beharrte, unternahm Himmler einen letzten Versuch, ihn zu bekehren. Er schickte ihn zu Weisthor!

> *„In Dahlem hielten wir vor einer mauerumfriedeten, altertümlichen Villa. SS-Posten bewachten den Eingang und salutierten ... Es war plötzlich ganz still um mich, sollte ich entfliehen, den ganzen unheimlichen Wust abwerfen? ... Die nächste U-Bahn war nicht weit. Nein, nun wollte ich wissen, woran ich war! Eine junge Dame führte mich in einen muffig riechenden, von tropischen Gewächsen überwucherten Wintergarten. Obgleich doch ein heller, strahlender Sommertag war, empfand ich Beklemmung. Eine unheimliche Atmosphäre und dieser seltsame Geruch, penetrant, süßlich ... plötzlich wusste ich, woher ich ihn kannte, das war China, Opium! Nach einer mir wie eine Ewigkeit vorkommenden Zeit öffnete sich die Tür und ein Greis humpelte auf mich zu, umarmte mich und küsste mich auf beide Wangen. Er trug einen Schlafrock und sah mich mit wässrigen Augen an. Totenstille, man hätte das Rieseln einer Sanduhr hören können. Wir saßen uns lange schweigend gegenüber, bis plötzlich die Greisenhände zu zittern begannen, die Augen groß wurden und sich verschleierten. Der Lamablick ... er war in Trance gefallen ... wie ich es wiederholt bei tibetischen Lamas erlebt hatte. Dann begann er zu sprechen, mit seltsam gutturaler Stimme:*
> *‚... Der abendländische Geist ist von Grund auf verdorben, wir haben eine große Aufgabe zu erfüllen. Eine neue Ära wird kommen, denn die Schöpfung unterliegt nur einem großen Gesetz. Einer der Schlüssel liegt beim Dalai Lama und in den tibetischen Klöstern.‘ Dann fielen Namen von Klöstern und ihren Äbten, von Ortschaften, die doch nur ich allein kannte ... nahm er sie aus meinem Gehirn? Telepathie? Ich weiß es bis heute nicht, weiß nur, dass ich diesen unheimlichen Ort fluchtartig verließ“*[92],

heißt es in seiner unveröffentlichten Autobiographie. Tatsächlich spielte Tibet auch in Weisthors Weltbild eine entscheidende Rolle. Für ihn waren Agharti und Shambhala nicht ein und dasselbe, sondern zwei einander feindlich gegenüberstehende Mächte. Agharti war einst die „große Meisterschule", die Baldr-Krestos, der gekreuzigte Prophet des Irminismus, nach seiner Flucht vor 12.600 Jahren bei Urga in der Mongolei begründet habe. Dann aber hätten die Wotanisten sie übernommen und zur *„Stätte der Gegeninitiation der dunklen Hauptbruderschaft"* gemacht. Die Irministen dagegen hätten ihren geheimen Sitz nach Shambhala in Tibet verlegt, wo das Geheimwissen der Urreligion bis auf den heutigen Tag gehütet würde. In nächtlichen Seelenfahrten will Wiligut tibetische Klöster besucht und ausgedehnte Konversationen mit ihren Mönchen geführt haben; einige seiner *Halgarita-Sprüche* waren tatsächlich Kopien oder Variationen buddhistischer Mantren. Den Dalai Lama, das Oberhaupt der *Mahayana*-Buddhisten, erklärte Weisthor zu einer *„ewigen Erinnerung an Baldr-Krestos"*, seine Residenz in Lhasa sei mit Shambhala eng verbunden.[93]

Nach außen hin gab sich die SS-Expedition bewusst wissenschaftlich, hinter der Fassade verfolgte sie eine okkulte Agenda. In Lhasa sollte das *„historische Treffen der östlichen und westlichen Swastikas"* stattfinden, wie Schäfer dem Rajah von Sikkim, einem Vertrauten des tibetischen Regenten Gyalpo Reting Chutuktu, erklärte.[94] So wurden sie schließlich in Lhasa herzlich empfangen. *„Die Götter und Dämonen waren uns während der langen Reise wohlgesonnen, denn wir kamen als Sendboten gegenseitigen Verstehens und nicht zuletzt, um die reine Philosophie der großen Religion in der heiligen Stadt zu studieren"*, erklärte der Expeditionsleiter bei der Audienz. Erfreut bemerkte er, dass der Regent auf einem erhöhten Thron saß, dessen teppichartiger Untersatz vier Swastikas zeigte. Das Hakenkreuz, so fuhr er fort, sei *„auch uns Deutschen höchstes und heiligstes Sinnbild"*.[95] Ein Foto von dem „Hakenkreuzthron" ging später durch die gesamte deutsche Presse. Während er Schäfer väterlich den Bart kraulte, übergab der Regent ihm zwei persönliche Schreiben an Hitler und Himmler.

Der Expeditionsleiter war tief beeindruckt von dem kommissarischen Herrscher über Tibet, *„dessen wundersamen Zauberkräften es gelang, die Wiedergeburt des XIV. Dalai Lamas ausfindig zu machen"*.[96] Als der Expeditions-Kameramann Ernst Krause ihn filmen wollte, erschien die Gestalt des Regenten völlig verwaschen. Erst später erfuhr er, dass Heilige *„unbekannte Strahlen aussenden, die fotografisch nicht festgehalten werden könnten, aber die Chromschicht eines Filmes zersetzen würden"*. *„Wir stehen vor einem Rät-*

sel", musste der Naturwissenschaftler einräumen. *„Wir haben einen Tatbestand vor uns, ein echtes Phänomen."*[97] Auch sonst erlag er schnell dem Zauber Tibets und spekulierte bald selbst über das geheimnisvolle Agharti: *„Woher sie kamen, wer sie sind und wohin sie gehen, die geheimnisvollen Priester vom Potala, alles steigt dunkel aus dem Reich des Glaubens und des Mythos auf."*[98] Nach eingängigen Studien tibetischer Lamas kam er zu dem Schluss: *„Geisteskonzentration, Willensbeherrschung, Atemübungen, kontemplative Versenkung, kurz, die wissende Beherrschung aller körperlichen und geistigen Funktionen befähigen sie, die unsichtbare Welt ins Sichtbare zu projizieren und zu materialisieren."*[99]

Dann nahm die Expedition ihre „wissenschaftliche" Arbeit auf. Der Expeditions-Geophysiker Karl Wiener suchte nach Beweisen für die Welteislehre. Der mitgereiste „Rassenspezialist" Bruno Beger führte an 376 Tibetern Schädelmessungen durch und fotografierte rund 2000 Personen für einen *„rassenwissenschaftlichen Vergleich"*. Er glaubte dabei ernsthaft, Hinweise auf ein *„europäisches Rassenelement ... vor allem im tibetischen Adel"*[100] entdecken zu können. Schon das allein war den SS-Forschern Beweis genug für die Richtigkeit der Theorie vom *arischen* Ursprung des alten Tibet. Eine ganze Liste, offenbar von fachkundigen Tibetologen verfasst, hatte weitere Expeditionsziele festgelegt. So sollten „Sagen über die Entstehung und Geschichte der einzelnen Plätze" ebenso gesammelt werden wie „Linienlisten der Klosteräbte" und „Gründungsurkunden der Klöster". An den Gräbern tibetischer Könige der Frühzeit, die man für die Priesterkönige arischer Kriegergeschlechter hielt, suchte man nach „Skelettresten nordischer Einwanderer". Zudem wurden „Glaubensformen, Brauchtum und Sitte", „Geburtsritus, Jünglings- und Mädchenweihe, Mannbarkeitsfest" und Hochzeitsbräuche studiert und protokolliert, da man hoffte, hier auf Parallelen zum heimatlich-arischen Brauchtum zu stoßen. Später fanden Aufzeichnungen über „Lichterbäume auf dem Potala", die man mit den heimischen Weihnachtsbäumen verglich, die Ähnlichkeit tibetischer Langhörner mit den Alphörnern und tibetischer Maskentänze mit jenen der Alpenregion besondere Beachtung. Zudem wurde ein Exemplar des *Kalachakra-Tantra* mitgebracht, das den Mythos von Shambhala beschreibt. Schon in den 1920er Jahren hatte der deutsche Orientalist Albert Grünwedel behauptet, es sei ursprünglich nicht buddhistischen, sondern manichäischen Ursprungs gewesen; ein Versuch des persischen Religionsstifters, sein Gedankengut auch in Tibet populär zu machen.[101]

Als die *SS-Expedition Schäfer* schließlich nach vier Monaten im „verbotenen Land" im August 1939 nach Deutschland zurückkehrte, wurden die fünf Männer von Himmler persönlich auf dem Münchener Flughafen empfangen. Schäfer, mittlerweile zum *Hauptsturmführer* (Hauptmann) befördert, wurde mit dem SS-Ehrendegen ausgezeichnet und durfte dem *Reichsführer* in dessen Sonderzug auf einer Fahrt durch das besetzte Polen von seinen Abenteuern berichten. Zwei Jahre später kam der Film *Geheimnis Tibet,* der aus Originalaufnahmen der Schäfer-Expedition zusammengeschnitten wurde, in die deutschen Kinos. Mitten im Krieg führte er zu einer Welle der Begeisterung für das *Dach der Welt,* das im Film ungewohnt martialisch erschien. Da wurde durch den *Kriegstanz* dem blutrünstigen Schutzgott Mahakala gehuldigt, bewiesen *„die besten der adeligen Krieger ... höchste Kraft, Härte und Zucht",* wehte die *„Kriegsflagge zum Symbol der Zentralgewalt"* über Lhasa. Das *„alte, heldische Tibet",* so verkündete ein Sprecher, sei *„mannhaft und zäh, fern jeder klösterlichen Verweichlichung".*

In einer anderen Szene werden Leichen durch Geier zerstückelt, während ein alter Lama mit dem *„Geisterdolch"* den *„Totenzauber"* durchführt. Kulttänze stellen *„die furchtbar geschundenen Herren des Leichenfeldes"* dar. Schließlich zeigt sich das *„dämonisch-magische Tibet"* in der Gestalt des Staatsorakels, eines *„lebenden Dämons voll ungeheurer Macht."*[102] Als magisch, heidnisch, morbid und finster erschien das Tibet dieses Filmes und war damit ganz nach dem Geschmack der Nazis. Wie der Maharaja von Sikkim den Expeditionsteilnehmern stolz einen Tisch aus Skeletten zeigte, wie tibetische Lamas aus Schädelschalen opferten, so sollten sich bald auch die Schlächter von Auschwitz Tische aus Oberschenkelknochen, Sitzmöbel aus menschlichen Becken und Lampenschirme aus Menschenhaut anfertigen lassen, wie Martin Bormann jr., der Sohn von Hitlers Sekretär, sie im Hause Himmler gesehen haben will.[103]

Arier in den Anden?

Kaum war die Schäfer-Expedition wieder „heim im Reich", plante der *Reichsführer* bereits die nächste Suche nach den verlorenen Wurzeln der Arier. Sie sollte in die Anden führen, an das Ufer des Titicaca-Sees. Auf diesem Hochplateau glaubte der SS-Mann Kiß den besten geologischen Beweis für die Welteislehre gefunden zu haben.

Bevor er zur SS ging, hatte Kiß, ursprünglich Architekt, die Thesen Hörbigers und das Atlantis-Bild der Theosophie in diversen Büchern populär gemacht. Seine Romane „Das gläserne Meer", „Die letzte Königin von Atlantis" (beide 1931) und „Frühling in Atlantis" (1933) wurden zu Bestsellern. *„Jeder Deutsche steht mit einem Fuß in jenem bekannten Lande Atlantis, in dem er mindestens einen recht stattlichen Erbhof sein Eigen nennt",* spöttelte Hermann Rauschning über die Atlantis-Euphorie der Nazis.[104] Hitler war da keine Ausnahme. *„In einer griechischen Quelle ist von Vor-Mond-Menschen die Rede, worin wir eine Anspielung auf das Weltreich der Atlantis zu sehen haben, das der Mondkatastrophe zum Opfer gefallen ist"*[105], erklärte er in einem seiner nächtlichen Monologe am 21./22. Oktober 1941 Heinrich Himmler, der nur bestätigend nickte. In seinen Sachbüchern „Die kosmischen Ursachen der Völkerwanderungen" (1931) und „Einführung in die Welt-Eis-Lehre" (1932) hatte auch Kiß behauptet, der Sturz eines *Eismondes* auf die Erde habe den Untergang von Atlantis in einer großen Sintflut verursacht. Die Arier seien vor den Fluten in die Hochgebiete des Himalaya, Abessiniens und der Anden geflohen. Auf der Suche nach Beweisen für diese These stieß er 1928 in Bolivien auf die vergessene Tempelstadt Tiahuanaco mit ihrem heute berühmten Sonnentor. Hier *„müssen Menschen nordischer Prägung und hoher Gesittung gewohnt haben"*[106], glaubte er; „primitive" Indianer wären nie zu einer so großartigen architektonischen Leistung imstande gewesen. Mit Hilfe einer recht eigenwilligen Interpretation der Ornamentik des Sonnentores, die er als prähistorischen Kalender deutete, datierte er die Anlage auf 12.000 v. Chr., also in die Zeit von Atlantis. Seine besondere Aufmerksamkeit galt der Hafenanlage von Tiahuanaco, die wohl erbaut wurde, als der heute 20 Kilometer entfernte Titicaca-See noch an die Mauern der Tempelstadt reichte. Für Kiß aber konnte ein Hafen in 3839 Metern Höhe nur bedeuten, dass Tiahuanaco einst am Meer lag. Das war nach der Theorie Hörbigers tatsächlich der Fall, als der Vorgänger unseres Mondes, der Tertiärmond, sich der Erde so weit näherte, dass er eine *Gürtelflut* bewirkte, ein mächtiger Wasserring rund um den Äquator entstand. Fortan galt die „Hafenstadt in den Anden" als der beste archäologische Beweis für die Welteislehre.

Begeistert las Himmler das Kiß-Buch „Das Sonnentor von Tiahuanaku (sic!) und Hörbigers Welteislehre". Für ihn war, wie für viele Nazis, die Welteislehre Dogma, jeder vermeintliche Beweis mehr als willkommen. Schließlich galt es, den immer lauter werdenden Polemiken aus den Reihen der Wissenschaft Paroli zu bieten.

So hatte der Ordinarius für Meteorologie an der Universität München, Geheimrat Schmauss, 1937 in der *Zeitschrift für die gesamte Naturwissenschaft* eine vernichtende Kritik an Hörbiger publiziert. Sofort befahl Himmler *„die Einstellung jeglicher Angriffe gegen die Welteislehre in dem Organ der Reichsfachgruppe Naturwissenschaft der Reichsstudentenführung".*[107] Eine Kritik des Direktors der Universitätssternwarte Berlin-Babelsberg, Prof. Paul Guthnick, der die Welteislehre einen *„für das Ansehen Deutschlands tief bedauerliche*(n) *Rückfall in eine längst überwundene primitive Vorstufe der wissenschaftlichen Forschung"* nannte, bezeichnete Himmler als *„ungezogen"* und *„unmöglich";* das müsse dem *„Handwerksgesellen der Wissenschaft ... sehr eindringlich"* vorgehalten werden. Immerhin sei auch Hitler *„ein überzeugter Anhänger"* dieser Lehre, und er, Himmler, *„trete für die freie Forschung in jeder Form ein, daher auch für die freie Forschung der Welteislehre."*[108]

So richtete er im *Ahnenerbe* eine eigene Abteilung *Welteislehre* ein, als deren Leiter er Kiß engagierte. Zudem nahm er den Forscher im Rang eines Obersturmbannführers (Oberstleutnant) in seinen persönlichen Stab auf. Er sollte für 1940 eine Expedition nach Bolivien, Peru und Chile vorbereiten, deren Ziel es war, rund um Tiahuanaco nach weiteren Spuren einer atlantischen Kolonie in den Hochanden und nach geologischen Hinweisen auf die einstige *Gürtelflut* zu suchen. Selbst der Bau eines zerlegbaren Propellerleitbootes, mit dem die Expedition den Titicaca-See und den Desguardero befahren wollte, wurde in Auftrag gegeben. Erst der Kriegsausbruch führte dazu, die Pläne zunächst auf Eis zu legen. Kiß aber wurde eine besondere Ehre zuteil; er durfte bald die SS-Wache im Führerhauptquartier Wolfsschanze kommandieren. Ob Hitler mit ihm über seine Werke sprach, ist nicht nachzuweisen, aber anzunehmen.

Reise nach Thule

Ein paar Jahre zuvor, nämlich 1936, war Kiß mit einer Gruppe von 20 SS-Führern nach Island aufgebrochen, um nach Spuren des vergessenen Eilandes Thule zu suchen. Inspiriert von seinen Erfahrungen auf der Reise schrieb er bald darauf einen weiteren Roman, „Die Singschwäne von Thule“ (1939), der ganz dem nationalsozialistischen Thule-Mythos gewidmet war. Er spielt in der Zeit von Atlantis, als in der Arktis ewiger Frühling herrschte und selbst Grönland noch grün und Teil der nordischen Urheimat der Arier war. Ein stolzes, schönes Geschlecht lebte in diesen nordischen Landen, blond und blauäugig und von schneeweißer Haut. Auf ihren Schiffen, mit denen sie die Weltmeere bereisten, wehte die Reichsflagge von Atlantis, *„das blaue Banner mit dem silbernen gehakten Kreuz“.* Erst bei Anbruch der Eiszeit waren die Thule-Bewohner zur Auswanderung in andere Weltgegenden gezwungen, wo sie die „Mischvölker“ als Arbeitskräfte nutzten und die großen Kulturen von Ägypten, Hellas und Rom begründeten.

Ein anderer junger SS-Mann, der mitgereist war, sah die Sache nüchterner. Auch er beschrieb in seinem Buch „Luzifers Hofgesind“ die Fahrt über das perlmuttern schimmernde Meer in den zwielichten Stunden der Mitsommernacht, während die Flagge der Expedition – ein blaues Hakenkreuz auf weißem Grund – heftig im Wind des Nordmeers wehte. Doch die kahle Insel enttäuschte ihn, wirkte abweisend und ohne mystischen Zauber, ohne jede Spur einer alten Besiedlung und die Würde eines heiligen Landes; stattdessen eine trostlose Anhäufung vulkanischer Aschekegel. Island, so ahnte Otto Rahn, konnte nicht Thule gewesen sein. Vielleicht war es das norwegische Thulunes am Hardangerflord? Oder doch nur ein mythisches Paradies, ein Ausdruck für die ewige Sehnsucht des Menschen nach der verlorenen Heimat im Reiche der Götter?

„Kreuzzug gegen den Gral“

Otto Rahn war vielleicht die faszinierendste, gewiss aber die tragischste Gestalt unter Himmlers Glaubenskriegern. 1904 in Michelstadt/ Odenwald geboren, entstammte er einer protestantischen Beamtenfamilie. Auf dem humanistischen Gymnasium in Gießen weckte sein

Religionslehrer Freiherr von Gall, ein überzeugter Deutschnationaler mit einer Vorliebe für die Ketzer des Mittelalters, sein Interesse an den Katharern. Auf Wunsch seines Vaters studierte Rahn zunächst in Freiburg und Heidelberg Jura, dann folgte er seiner Leidenschaft für Geschichte und Literatur. Künstlerkreise zogen ihn in seinen Bann, zudem entwickelte er eine homosexuelle Neigung. Sein Freund und Vorbild, der Schriftsteller Heinrich Rausch, ging mit ihm nach Paris und führte ihn dort in okkulte und theosophische Kreise ein, wo er bald auf Gleichgesinnte stieß. Auch die französischen Esoteriker begeisterten sich für die Katharer, in deren Nachfolge sie sich sahen. In den Höhlen rund um die Katharerburg Montségur suchten sie nach den verlorenen Schätzen und Schriften der Sekte. Jetzt zog es auch Rahn in das Pyrenäenvorland Okzitanien, wo er selbst auf die Suche nach Zeugnissen der Ketzer ging.

Seit dem 11. Jahrhundert war die gnostische Lehre des Mani, von der Kirche als *Häresie* (Irrlehre) verurteilt, wieder in den Westen vorgedrungen. Bald gelang es der Bewegung, im reichen Okzitanien Fuß zu fassen. Sie stieß dort auf den richtigen Nährboden: eine äußerst tolerante Obrigkeit und eine übersättigte, nach neuen Werten und Leitbildern suchende Bevölkerung. Die Kirche, deren Priester sich selber lieber den Magen füllten, den guten Wein genossen und Geliebte hielten, als sich um ihre Schäflein zu kümmern, hatte dort an Glaubwürdigkeit eingebüßt. Die Manichäer, die sich *Katharoi* („die Reinen") oder *boni christiani* („gute Christen") nannten, lehrten und lebten dagegen völlige Enthaltsamkeit. Alles Materielle lehnten sie als Teufelswerk ab. Ihnen war der Schöpfer der Welt der Teufel, ihr Gott aber der Herr des Lichtes, dessen Ebenbild, die Licht-Seele, es aus dem „Gefängnis der Materie" zu befreien galt.

Zwei Gruppen gab es in der Katharergemeinde: die *perfecti* oder *parfaits,* die „Vollkommenen", die sich des Weines, des Fleischverzehrs und der Sexualität enthielten und ein Leben der Armut, des Verzichts und der Abkehr von der Welt führten. Fühlten sie sich dazu bereit, das „Gefängnis" des Körpers zu verlassen, war der rituelle Selbstmord, die *endura,* dazu ein legitimes Mittel. Die große Mehrheit aber waren die *credentes* oder *croyants,* die „Gläubigen", die sich milderen Regeln unterwarfen und die Hierarchie mit dem wenigen, was sie noch brauchte, versorgten.

Trotz (oder gerade wegen) ihrer Radikalität wurden die Katharer zu einer regelrechten Volksbewegung und damit zugleich zu einer steten Provokation für die hedonistische Gesellschaft Okzitaniens. Man bewunderte sie, weil sie so viel konsequenter waren als die der Füllerei verfallenen Pfaffen der römischen Kirche. Rom reagierte, indem es zunächst den Missständen in den eigenen Reihen den Kampf ansagte. Päpstliche Legaten wurden entsandt, um sich ein Bild von der Lage zu machen. Sie identifizierten die Drahtzieher der Ketzerbewegung und stellten sie unter Kirchenbann. Der neu gegründete Predigerorden der Dominikaner sollte das Volk wieder in die Kirche zurückholen. Doch längst waren die Ketzer auch zu Marionetten politischer Machtinteressen geworden. Graf Raimond von Toulouse verbot sich die Einmischung Roms, strebte nach Eigenständigkeit und ließ, um ein deutliches Zeichen zu setzen, 1208 einen der päpstlichen Legaten ermorden. Damit war für Rom das Maß voll. Papst Innozenz III. rief zum Kreuzzug auf, und jeder, der sich einen Anteil an dem reichen Okzitanien erhoffte, zog mit in den Krieg. Schließlich wälzte sich ein Heerwurm von mindestens 50.000 Mann in das Ketzerland und richtete ein Massaker an. Die letzten Katharer zogen sich auf trutzige Burgen im Pyrenäenvorland zurück, deren letzte Montségur war, einem Adlerhorst gleich auf der Spitze eines schroffen Felsens gelegen. Doch auch diese Burg hielt einer monatelangen Belagerung nicht stand. Am 16. März 1244 ergaben sich die bedrängten Häretiker; 205 von ihnen, darunter auch die katharischen Bischöfe, wurden auf einem riesigen Scheiterhaufen bei lebendigem Leibe verbrannt. Fortan wurden die Katharer zum Synonym für den Ketzer schlechthin. Man sagte von ihnen, sie hätten eine Katze angebetet; so jedenfalls erklärte das Volk ihren Namen. Auch hieß es, in der Nacht vor der Aufgabe der Burg sei es vier Ketzern gelungen, im Schutze der Dunkelheit zu entkommen, was Stoff für neue Mythen um einen sagenhaften *Schatz der Katharer* bot.

Diesen Schatz zu finden, war Rahn nach Okzitanien gekommen, wo er bald auf den Heimatforscher Antonin Gadal traf und sich mit ihm anfreundete. Gadal war überzeugt, dieser Schatz sei der Heilige Gral gewesen, Montségur die legendäre Gralsburg Montsalvat. Dass dies ein Anachronismus war, kümmerte Gadal ebenso wenig wie Rahn, der ihm fasziniert folgte. Denn die erste Gralsdichtung, der „Perceval" von Chrétien de Troyes, wurde um 1180 verfasst, der „Parzival" Wolfram von Eschenbachs um 1200 begonnen; doch erst 1204 trat die Burgherrin von Montségur, Gräfin Esclarmonde de Foix, der Sekte bei, erst ab 1209 wurde die Burg zu ihrer letzten Zufluchtsstätte.

Fortan jedenfalls durchstreifte der junge Deutsche zusammen mit Gadal die dichten Wälder und sturmumpeitschten Felsenberge rund um Montségur. Gemeinsam drangen die Männer in die feuchtkalten Höhlen des Pyrenäenvorlandes ein, um Graffiti zu finden, die auf eine kultische Nutzung durch die Katharer hindeuten könnten. Auf einem dieser Streifzüge, so behauptete Rahn, habe ihm ein alter Hirte, mit dem er ein wenig Käse aß und Rotwein trank, die wahre Geschichte vom Gral erzählt:

> *„Als Montségurs Mauern noch standen, hüteten in ihnen die Reinen den heiligen Gral. Die Burg war in Gefahr. Luzifers Heerscharen lagen vor ihren Mauern, den Gral wollten sie haben, um ihn wieder in das Diadem ihres Fürsten einzusetzen, aus dem er bei dem Sturz der Engel auf die Erde gefallen war. Da kam in höchster Not vom Himmel eine weiße Taube und spaltete mit ihrem Schnabel den Tabor. Esclarmonde, die Gralshüterin, warf das kostbare Heiligtum in den Berg. Der schloss sich wieder, und so wurde der Gral gerettet. Als die Teufel in die Burg eindrangen, kamen sie zu spät. Erbost verbrannten sie alle Reinen unweit des Burgfelsens auf dem Camp des Crémats: dem Scheiterhaufenacker. Alle Reinen wurden verbrannt, nur Esclarmonde nicht. Als sie den Gral geborgen wusste, stieg sie auf den Gipfel des Tabors hinauf, verwandelte sich in eine weiße Taube und flog nach Asiens Bergen ...“*[109]

Natürlich war der alte Hirte nur eine literarische Fiktion, die Geschichte zu reich an Klischees, um wahr zu sein; die esoterische Metaphorik dieser Legende enthüllt, dass Rahn selbst oder sein Freund Gadal ihr Urheber war.

Für Rahn waren die Katharer *„durch manichäische Missionare christianisierte Druiden“*.[110] In ihnen lebte das alte nordisch-germanische Wissen fort. Die Kelten verstanden die Sprache der Manichäer aus dem fernen Persien, das auch ihre Urheimat war, besser als die vom Judentum beeinflusste und daher „artfremde“ Lehre der Christen. Ihr Gott war nicht der Gott des Alten Testamentes. *„Ein Gott, der sich dem Menschen Moses im brennenden Dornbusch offenbarte,* *kann nicht ‚Gott' sein, denn der ist Geist und offenbart sich nicht stofflichen Menschen im Stoff"*, glaubten Rahns Katharer. *„Jehova ist nicht Gott. Er ist der Antichrist, ist Luzifer."*[111] Nur eine Geist-Kirche konnte den wahren Gott erfassen!

Das Symbol der katharischen Lehre war für Rahn der Gral. Um dies zu „beweisen", bediente er sich des *Shambhala*-Mythos, wo von einem „wunscherfüllenden Juwel", dem *Mani*-Stein des *Chakravartin,* die Rede ist. In diese Richtung weist auch das letzte Element seiner Gralssage, seine Behauptung, eine weiße Taube habe den Gral *„nach Asiens Bergen",* also in den Himalaya, gebracht. Obwohl es in ihren Schriften und den Protokollen der Katharerprozesse nicht den geringsten Hinweis darauf gibt, obwohl auch im Okzitanischen ein *Gral* ein „mörserförmiges Trinkgefäß" und der *Heilige Gral* die Reliquie des Abendmahlskelches Christi ist (die Katharer aber jeden Reliquienkult ablehnten), behauptete er: *„Die ‚Reine Lehre', wie die Verdeutschung des Begriffes Catharismus ja lautet, wurde nach dem Beispiel der indischen Mani mit einem vom Himmel gefallenen Stein symbolisiert, einem ‚Lapis ex coelis' (bei Wolfram von Eschenbach irrtümlich, da in dieser Fassung sinnlos: ‚Lapsit exillis'*[112]*), der die Welt tröstend erleuchtet."*[113] Selbst den Minne-Begriff des Mittelalters führte er in einer abenteuerlichen Etymologie auf den Namen Manis zurück, womit er aus den keuschen Minnesängern lustfeindliche Manichäer werden ließ. Schließlich behauptete er: *„Der Gral war ein ketzerisches Symbol. Er wurde von den Anbetern des christlichen Kreuzes verflucht und von einem Kreuzzug angegriffen. Das ‚Kreuz' führte einen heiligen Krieg gegen den ‚Gral'."*[114] Dabei ging es, so Rahn, um mehr als einen Glaubenskrieg. Es war ein Kampf der Rassen, von Juda und Rom gegen das „nordische" Germanentum:

> *„Ich habe sehr wohl begriffen, weshalb der Papst mit dem Albigenserkreuzzug die Provence und das Languedoc ‚für ein neues Geschlecht vorbereiten' wollte: Es sollte in Südfrankreich das Germanenblut endgültig ausgerottet werden, weil diesem der Norden, nicht Jerusalem oder Rom heilig war ... Wie sehr muss Rom das Germanentum gehasst haben! ... So sieht die abendländische Religionsgeschichte aus: Wer sich aus Unwissens Tiefe erhöhen wollte, den erniedrigte Rom mit Gewalt ... Rom hat Menschen zu Tode gebracht, weil sie nicht beten wollten zu jenem Gott der Juden ..."*[115]

Bald drang auch Rahn immer tiefer in die Geheimnisse der Katharer ein. Während er bei der Niederschrift der vermeintlichen Legende noch die päpstlichen Truppen für *Luzifers Heerscharen* hielt, wurde ihm bald bewusst, dass Luzifer in Wahrheit der Gott der Ketzer war. Diese Einsicht verschaffte ihm eine bizarre alte Dame, die Gräfin Miryanne de Pujol-Murat, mit der er über seine Pariser Freunde in Kontakt gekommen war und die ihn in ihrem Schloss bei Carcassonne freundlich aufnahm. Die überzeugte Spiritistin war Mitglied der *Polaires,* eines Zirkels, der ein nordisches Weltbild vertrat und die *Welteislehre* Hörbigers propagierte. Sie behauptete, der letzte noch lebende Nachkomme jener Burgherrin Esclarmonde de Foix zu sein, die Rahn zur „Gralshüterin" verklärte. *„Satan ist nicht Luzifer",* offenbarte sie ihm, *„denn Luzifer bedeutet Lichtbringer! Die Katharer hatten einen anderen Namen für ihn: Luzibel. Er war nicht der Böse! Dazu haben ihn die Juden und die Päpstlichen erniedrigt."*[116]

Auf den Spuren der Ketzer

Zurück in Deutschland veröffentlichte Rahn seine Erkenntnisse in dem subjektiv-romantischen Sachbuch „Kreuzzug gegen den Gral". Mit dem Thema traf er den Nerv der Zeit. Selbst NS-Kultusminister Hans Schemm begeisterte sich für das Werk und empfahl es in der *Nationalsozialistischen Lehrerzeitung.* Doch erst Himmlers Weisthor erkannte sein ideologisches Potenzial. Immerhin schlug der Katharismus in Rahns Deutung eine Brücke zwischen den wichtigsten Elementen von Hitlers Religion, dem heidnisch-germanischen Pantheismus und der *Gnosis.* Rahns Katharer standen als Anhänger einer *arischen Lichtreligion* den Dunkelkräften der „Unreinen" aus Juda und Rom als unversöhnliche Feinde gegenüber. Sie waren Christen, hatten sich aber vom Gott des Alten Testamentes und damit dem Judentum gelöst und der römischen Kirche erbitterten Widerstand geleistet. Sie waren Erben der keltisch-germanischen Druiden, zugleich aber lagen ihre Wurzeln in Persien, der Urheimat der Arier, und selbst eine Verbindung nach *Shambhala* bestand durch die Gleichsetzung des *Mani*-Steins mit dem *Heiligen Gral.* Ihre Führung durch eine Elite von *Reinen,* ihre Gemeinschaftlichkeit und Wehrbereitschaft, aber auch ihre Sexualfeindschaft, ihr strikter Vegetarismus und ihre Verachtung für das Leben selbst machten sie für die Nazis zu potenziellen Vorbildern. Der Katharismus war eine Religion des Todes, der jetzt ein Lehrmeister aus Deutschland war. Also beauftragte Weisthor seine 25jährige „Betreuerin" Gabriele Dechand, Rahn aufzuspüren und zu sich einzuladen.

Als Dechand ihn kontaktierte, befand sich Rahn mal wieder in einer misslichen Lage. Er war hochverschuldet, arbeitslos, ständig auf Jobsuche und nervlich ein Wrack, was sich speziell in seinem exzessiven Zigarettenkonsum ausdrückte. Als ihm der *Alte* nach einer ersten Unterredung anbot, fortan für das *Rasse- und Siedlungshauptamt* der SS zu arbeiten, versorgt mit einer Wohnung in Berlin und ansehnlichen materiellen Mitteln nebst der Aussicht auf eine ansprechende Karriere, war das für ihn, als habe er das große Los gezogen. Zudem fand er in Weisthor eine verwandte Seele und in Dechand eine ihn anhimmelnde Anhängerin. Bald trug Rahn stolz die schwarze Uniform, während sein greiser Mentor ihn nach und nach in höhere NS-Kreise einführte. Schließlich lernte er Himmler kennen, der schnell an dem deutschen Gralssucher einen Narren gefressen hatte. Er nahm ihn in seinen persönlichen Stab auf und bat ihn, an seinem Stammbaum zu arbeiten. Später berichteten Freunde, dass *„Rahn Himmler gegenüber hörig war und dass er von der Idee eines von (der) SS-Elite geführten Staates richtig begeistert war. In der SS sah er einen den Templern verwandten Orden."*[117] Bald brach er mit Genehmigung des *Reichsführers* zu einer Studienreise durch Hessen, Bayern und den Westerwald auf, um nach Spuren deutscher Ketzer zu fahnden. Das Ergebnis dieser Suche, sein zweites Buch „Luzifers Hofgesind", legte er 1937 vor. Es war *„Meinen Kameraden zugeeignet",* womit er die SS meinte. Ein Schopenhauer-Zitat ging ihm voraus: *„Wir dürfen hoffen, dass einst auch Europa von aller jüdischen Mythologie gereinigt sein wird."*[118] Den Titel des Buches erklärte der Autor so:

> *„Unter* Luzifers Hofgesind *verstehe ich diejenigen, die nordischen Geblütes inne und ihm getreu, einen ‚Berg der Versammlung in der fernsten Mitternacht' als Ziel ihrer Gottsucht sich erkoren haben und nicht die Berge Sinai oder Zion in Vorderasien. Unter Luzifers Hofgesind verstehe ich diejenigen, die nicht eines Mittlers bedurften, um zu ihrem Gott zu kommen oder mit ihm Zwiesprache halten zu können, die vielmehr ihren Gott aus eigener Kraft suchten und nur deshalb, und*

das ist mein Glaube, von ihm erhört wurden ... Unter Luzifers Hofgesind verstehe ich diejenigen, die sich nicht den Himmel erwinseln, sondern herzhaft Einlass in ihn heischen, weil sie ihr Menschenmöglichstes getan haben, um einer Vergottung würdig zu sein.“[119]

„Meine Urahnen sind Heiden gewesen und meine Ahnen waren Ketzer. Zu ihrer Rechtfertigung sammle ich die Brocken, die Rom übriggelassen hat“[120], begründete Rahn seine Suche und formulierte sein Credo: *„Ich bin Deutscher ... ich bin Ketzer ... was meinen Gottglauben betrifft, so kämpfe ich unter der Fahne Luzifers.*“[121] In Form eines Reisetagebuches beschrieb er all jene Stätten, an denen sich seiner Ansicht nach der einstige Machtkampf zwischen dem Judaeo-Christentum und der *Lichtreligion* zugetragen hat. *„Was ist Jahve anderes als die jüdische Volksseele, überheblich, unduldsam, eifernd, machtgierig und unritterlich?*“ fragte Rahn. *„Die Seele meines Volkes ist eine andere gewesen. Unser Gott war licht und hell und ritterlich.*“[122] Durch einen imaginären roten Faden verband er Richard Wagner und die Troubadoure, die fahrenden Ritter und die Templer, die Gnostiker und den griechischen Lichtgott Apollo, die Hyperboräer und die Argonauten, Asien und die Druiden, die Artus-Sage und die Geschichte von Tannhäuser im Venusberg. So war das Katharertum für ihn nur die letzte Manifestation einer *„von Palästina und dem vatikanischen Rom unabhängigen Kraft*“, die zuvor schon *„in einem riesigen Raum – von Indien bis zu den Säulen des Herakles, von Grönland bis Sizilien – wirksam gewesen*“ sei:

„Eine Kraft, welche Menschen der verschiedensten Himmelsstriche und Nationen, aber der gleichen Rasse und des gleichen Ursprungs einte. Alle dieser Arischen Kraft Teilhaftigen wussten um den Ursprung ihres Menschengeschlechtes im hohen Norden. Das sie einende Band war die Minne: die von den Vätern übernommene Erinnerung an den nordischen Ursprung des ‚edlen‘ Menschen, an die ‚nordische Gottheit im nordischen Paradies‘. Ein zweites Band war der gemeinsame Gegner: der augustinische Gottesstaat, von einem Menschen aus dem Samen Sems ersonnen und von Pfaffen betrieben, damit das Gesetz Zions das Gesetz der Welt werde.“[123]

Diese Weltschau hätte dem Nationalsozialismus einen historischen Rahmen gegeben, ihn zur Auferstehung dieser uralten, lange unterdrückten, doch noch immer lebendigen Kraft verklärt. *„Vielleicht bereitet sich hier ein Lebenswerk vor"*, orakelte hoffnungsvoll der *Völkische Beobachter*[124], während Nazivereine – etwa der *Dietrich Eckart-Verein,* benannt nach Hitlers gnostischem Mentor – ihn im ganzen Land zu Vorträgen einluden. Er schloss sie stets mit dem vermeintlichen Ketzergruß: *„Luzifer, dem Unrecht geschah, grüßt dich!"*[125]

Auch Heinrich Himmler war begeistert und bestellte gleich 100 Exemplare, zehn davon in Schweinsleder gebunden, eines als Geschenk für Hitler.[126] Doch der Ruhm des faustischen Schriftstellers, der jetzt Luzifer diente, währte nicht lange. Denn anders als bei den Katharern, deren Ideal die sexuelle Enthaltsamkeit war, glühte in Rahn noch immer das unselige Verlangen nach den Körpern junger Männer. Als seine Homosexualität nach einem Alkoholexzess bekannt wurde, wurde sie ihm zum Verhängnis, Rahn „zur Abhärtung" zum Dienst als Wachoffizier in das KZ Dachau, danach nach Buchenwald versetzt. Der Dienst in den Lagern galt bei der SS als Initiation, hatte die Überwindung jeder Menschlichkeit mit ihren Skrupeln und Schwächen zum Ziel. Doch auch während dieser Zeit kam es bei Rahn zu weiteren „Vorfällen", und schließlich legte ihm Himmler nahe, um Entlassung aus der SS zu bitten. Sie wurde ihm gewährt. Rahn reiste nach Tirol, begab sich auf eine Bergwanderung, von der er nie mehr zurückkehren sollte. Am 13. März 1939 setzte sich der Gralssucher unter einen Baum jenseits eines Gebirgsbaches und schluckte eine Überdosis Schlaftabletten, um, wie einst die fanatischsten Katharer, seinen sündhaften Leib zu verlassen. Zwei Monate später fanden spielende Bauernbuben seinen halb verwesten Leichnam.[127]

Auch Wiligut-Weisthors Zeit bei der SS war zu diesem Zeitpunkt längst abgelaufen. Sein Stern begann zu sinken, als der 70jährige Anfang 1936 seiner „Betreuerin" Gabriele Dechand erklärte, sie müsse ihm „auf Befehl Himmlers ein Kind schenken". Die junge Frau weigerte sich, dem Greis willig zu sein, und beschwerte sich beim *Reichsführer*. Der aber wusste nichts von einem solchen Befehl. Bald darauf verschlechterte sich der Gesundheitszustand des *Wissenden,* verfiel er zusehends dem Alkohol. Als Himmlers Adjutant Karl Wolff vertrauliche Erkundigungen über Weisthor einholte, stieß er auf dessen verlassene Ehefrau, die ihm allzu bereitwillig die Krankenakte ihres Exmannes überließ. Selbst Himmler konnte ihn jetzt nicht mehr decken, legte ihm nahe, sich in den Ruhestand zu begeben. Am 28. August legte Weisthor, offiziell *„aus Gründen des Alters und der schlechten Gesundheit"*, alle seine SS-Funktionen nieder. Immerhin besorgte Himmler ihm noch einen würdigen Alterssitz, den burgähnlichen Werderhof bei Goslar, und versorgte ihn mit einer SS-Rente. In besonderen Fällen zog er ihn weiterhin zu Rate, etwa in der Frage, welche Rune am besten auf die Gräber gefallener SS-Männer passen würde; Weisthor empfahl die Man-Rune, die *„ewige Empfängnis von Got-Geist, also Unsterblichkeit"* bedeute.[128] Weisthors SS-Insignien, seinen Totenkopfring, seinen Dolch und seinen Degen, verwahrte Himmler persönlich. Nach diversen Umzügen überlebte der *Alte* noch das Kriegsende. Am 3. Januar 1946 verstarb er, fast 80jährig, an den Folgen eines Schlaganfalls als der Letzte (und wohl auch Erste) seiner geheimen Linie.

Auch Otto Rahns unrühmliches Ende scheint seine Bewunderung durch den *Reichsführer-SS* keineswegs gemindert zu haben. Nur wenige Monate nach seinem Selbstmord ließ Himmler „Luzifers Hofgesind" in einer Auflage von 10.000 Exemplaren nachdrucken. Noch ein Jahr vor Kriegsende empfahl das *SS-Leitheft* vom 7. Mai 1944 sein Buch als *„Leitkultur-Lektüre"* und *„Ehrenrettung des tiefen Lebensglaubens unserer Vorfahren. Es ist keine Lektüre für ‚Jenseitige', es ist im besten Sinne ein Kampfbuch für Männer, die sich Rechenschaft über das Woher und Wohin ihres Weges zu geben haben."*[129]

Himmler und die Hexen

Nicht nur für die Ketzer, sondern auch für die Hexen des Mittelalters interessierte sich Himmler. Dabei ging es ihm nicht darum, auch bei ihnen Rudimente einer *arischen Lichtreligion* aufzuspüren, sondern nur um die reine Statistik: Er wollte der verhassten römischen Kirche die Zahl ihrer Opfer vorhalten. Auch eine persönliche Beziehung zu der Thematik bestand; 1939 hatten Ahnenforscher entdeckt, dass die 1684 verurteilte Hexe Margareth Himbler aus Mergentheim zu seinen Vorfahren zählte.[130]

Hatte sich schon Rosenberg mit einer fiktiven Zahl von vermeintlich neun Millionen verbrannten Ketzern und Hexen blamiert (siehe das Kapitel „Ein deutscher Messias"), hielt es Himmler kaum besser.

Die Hexenverfolgung habe *„das deutsche Volk Hunderttausende von Müttern und Frauen deutschen Blutes durch grausame Verfolgung und Hinrichtung gekostet"*, behauptete er am 24. Mai 1944 in einem Lehrgang auf der Ordensburg Sonthofen. Auf einem Vortrag in Stuttgart hatte er 1938 die Zahl der *„nach fürchterlichen Qualen"* verbrannten Frauen gar auf *„eine halbe Million"* geschätzt. Schuldig am Tod dieser Unschuldigen sei die Kirche als Handlangerin der Juden und *„Bekämpferin germanischen Blutes"*.[131] Himmler wörtlich:

> *„Wir können in vielen Fällen nur ahnen, dass hier unser ewiger Feind, der Jude, in irgendeinem Mantel oder durch irgendeine seiner Organisationen seine blutige Hand im Spiel hatte ... Wir sehen, wie die Scheiterhaufen aufloderten, auf denen ... die zermarterten und zerfetzten Leiber der Mütter und Mädchen unseres Volkes im Hexenprozess zu Asche brannten."*[132]

Himmler hielt die Hexen für die letzten Vertreterinnen heidnischer Glaubensgemeinschaften, an denen die katholische Kirche einen *„Völkermord"*[133] verübt habe. Offenbar wollte man die eigene Folterpraxis und den Völkermord an den Juden damit rechtfertigen, dass man dem Gegner Gleiches vorwarf. So wurden die Hexen in einer Reihe von SS-nahen Publikationen vom Bildband bis zum Jugendroman als *„historische Zeugen des weltanschaulichen Ringens germanischer Stämme"* zu frühen Märtyrern des Nationalsozialismus verklärt, deren Namen auf *„die Blutfahne der Bewegung"* geschrieben werden müssten.[134] Selbst ein Propagandafilm zum Hexen-Thema war geplant. *„Der letzte und durchbrechendste Aufstandsversuch germanischer Wesenskraft und Seelenhaltung gegen die kirchliche Überfremdung ist in den Sekten-, Ketzer- und Abfallsbewegungen des Mittelalters zu suchen"*, war der SS-Führer Franz Six vom SD überzeugt.[135]

Himmler begriff, im Gegensatz zu Rosenberg, dass es nützlich sein könnte, seine Behauptungen zu belegen. So erteilte er 1935 dem *Sicherheitsdienst* (SD) der SS einen *H(exen)-Sonderauftrag,* der ab 1939 im *Reichssicherheitshauptamt,* Amt II und ab 1941 Amt VII *(Weltanschauliche Forschung und Auswertung)* eine eigene Dienststelle bildete. Der *H-Sonderauftrag des Reichsführers SS* lautete, eine möglichst umfassende und vollständige Katalogisierung zunächst aller deutschen, dann aller europäischen Hexenprozesse und ihrer Opfer durchzuführen und eine präzise Statistik zu erstellen. Forscher aus den Reihen der SS wurden angewiesen, möglichst verdeckt zu ermitteln und sich unter einem Vorwand Zutritt zu kirchlichen Archiven zu verschaffen; man wollte den weltanschaulichen Gegner nicht ahnen lassen, worum es wirklich ging. Bei der Arbeit solle *„stets die politische Verwendbarkeit und Schlagkraft"* der Ergebnisse im Auge behalten werden.[136] So wurden über 260 Archive und Bibliotheken gesichtet und über 33.000 Karteiblätter angelegt, in Mappen zusammengeheftet und nach Ortsnamen alphabetisch sortiert.[137] Besonderen Wert legte man darauf, die Rasse der Verurteilten zu ermitteln, was sich natürlich meist als unmöglich erwies. So wurde schon das Verhalten beim Verhör, falls bekannt, als Kriterium gewertet; wer die Folterqualen *„wirklich heroisch"* über sich ergehen ließ, konnte nur *„dem besten rassischen Erbe unseres Volkes"* entstammen.[138]

Als die Luftangriffe auf Berlin überhandnahmen, wurde die Kartothek zusammen mit der gesamten Bibliothek und Materialsammlung des RSHA-*Amtes VII* in einem konfiszierten Barockschloss in Niederschlesien eingelagert. Von dort wurde sie nach dem Krieg nach Poznan gebracht, wo sie noch heute im Woiwodschaftsarchiv lagert; eine Kopie hat das Bundesarchiv, Außenstelle Frankfurt, erhalten. Seit Ende der 80er Jahre werten Historiker sie aus.

Ihre Ergebnisse müssen Himmler maßlos enttäuscht haben. In fast neunjähriger Arbeit hatten seine „Hexenforscher" bis zum 20. Dezember 1943 gerade einmal 33.808 Erhebungsbogen angelegt. Dabei waren sie schon äußerst großzügig vorgegangen; in unzähligen Fällen wiederholt sich die Kartothek, kam es zu einer geradezu wundersamen Hexenvermehrung. Da wird mal die Wiederaufnahme eines Verfahrens als neuer Prozess gerechnet und mit einer neuen Karteikarte versehen, bewirken verschiedene Quellen zum selben Prozess eine Mehrfachnennung, multipliziert sich eine Person durch unterschiedliche Schreibweisen ihres Nachnamens, ihres Vornamens und unter diversen Personenbeschreibungen, wie der Historiker Wolfgang Behringer erstaunt und leicht amüsiert feststellen musste.[139] Das führte etwa im Falle des Erzbistums München-Freising dazu, dass auf 81 Karten nur 35 Personen namentlich unterschieden werden können. Auch in anderen Bistümern reduziert sich die Anzahl der Fälle bei kritischer Überprüfung um mindestens 25 %.[140] Wendet man diesen Wert auf die gesamte Kartothek an, so kommt man auf realistische

25.356 Opfer, was gerade einmal 5 % der von Himmler genannten „halben Million“ Frauen entspräche. Tatsächlich schien die Geistlichkeit mit den Anklagen eher zurückhaltend umgegangen zu sein. Zudem fand weit über die Hälfte der Prozesse in protestantischen Gebieten statt, was die These von einem „Angriff der römischen Kirche“ gegen das „deutsche Blut“ und „gesunde Volkstum“ eindrucksvoll widerlegt. Die Mitarbeiter des *H-Sonderauftrages* reagierten frustriert auf dieses klägliche Ergebnis, wie ihre Anmerkungen zu den Karteibogen belegen; auch sie hatten *„weit mehr und weit härter geführte Prozesse erwartet“*.[141] So verwundert es wenig, dass die SS-Hexenstudie als „Kampfmittel gegen die katholische Kirche“ nie zum Einsatz kam.

Trotzdem rüstete der *Reichsführer* auch weiterhin zum Kirchenkampf. Die Bekämpfung und Überwindung des Christentums blieb genauso erklärtes Ziel des Schwarzen Ordens wie der Aufbau und die Ausarbeitung der Hitler-Religion. Man wollte *„als treueste Paladine des Führers und des Reiches mit in vorderster Front des Weltanschauungskampfes stehen“*[142], erklärte Himmler in einer Rede am 16. Februar 1942. Denn er war überzeugt:

> *„Wir leben in einem Zeitalter der endgültigen Auseinandersetzung mit dem Christentum. Es liegt in der Sendung der Schutzstaffel, dem deutschen Volk im nächsten Jahrhundert die außerchristlichen arteigenen weltanschaulichen Grundlagen für Lebensführung und Lebensgestaltung zu geben.“*[143]

Zunächst musste man behutsam vorgehen, den Gegner in Sicherheit wiegen, ihn glauben machen, es gäbe die Möglichkeit einer friedlichen Koexistenz. Dann aber galt es, erbarmungslos zuzuschlagen, das Blut der Ketzer und Hexen zu sühnen, Rache zu üben für die Jahrhunderte der vermeintlichen Unterdrückung. In dem apokalyptischen Endkampf, in dem man sich wähnte, musste das Hakenkreuz das Kreuz besiegen, Luzifer, „dem Unrecht geschah“, seine Krone zurückerhalten.

> *„Aus ihren Schritten hallt das Blutgericht.*
> *In ihrer Seele tragen sie den Gral.*
> *Knechte des Führers, Hüter und Rächer zugleich*
> *in ihnen brennt, mit ihnen wächst das Reich“*[144],

dichtete schon in den 30er Jahren der Nazi-Poet Gerhard Schumann über die Mission der SS.

Erst nach dem Ende von Juda und Rom, so glaubte man in Himmlers Orden, könne das Lichtreich der Arier neu erstehen, eine Schwarze Sonne am Himmel der Gottmenschen scheinen, die ihnen immerwährendes Glück verheißt.

Die Endlösung der Kirchenfrage

Während seine Armeen dabeiwaren, den Geist des Hasses und der Vernichtung in den entlegensten Teil Europas zu tragen, während seine erbarmungslosen Schergen die *Endlösung der Judenfrage* vorbereiteten, dachte Hitler schon weiter. Immer wieder, wenn die Sonne über der *Wolfsschanze,* dem *Führerhauptquartier* bei Rastenburg in Ostpreußen, längst untergegangen war, als seine Getreuen, meist Mitarbeiter seines persönlichen Stabes und seine Sekretärinnen, bei Tee und Kuchen und tödlicher Langeweile um ihn versammelt waren, sprach der Diktator über Gott und die Welt. Während er scheinbar endlos schwadronierte, was ihm spätestens seit den trostlosen Tagen im Wiener Männerheim zur Gewohnheit geworden war, enthüllte er manchmal etwas von dem, was er für die Zeit nach dem Krieg, sprich: nach dem *Endsieg,* plante. Eines Tages hatte Hitlers Sekretär, *Reichsleiter* Bormann, die gloriose Idee, die monotonen Monologe aufzeichnen zu lassen; zunächst von seinem Adjutanten Heinrich Heim, dann auch von dem jungen Juristen Henry Picker. Eine der erschreckendsten Einsichten, die der Historiker aus den Aufzeichnungen Heims[1] und Pickers[2] gewinnt, ist die, dass nach dem Holocaust gleich ein zweiter Schlag gegen die jüdisch-christliche Zivilisation geplant war: die Endlösung der Kirchenfrage.

Obwohl Hitlers Äußerungen zum Christentum und seiner künftigen „Kirchenpolitik" auf viele Abende verteilt waren, ergeben sie ein Gesamtbild, das es wert ist, rekonstruiert zu werden. Es zeigt „Hitlers Religion" in ihrer ganzen Radikalität und Intoleranz.

„Die Zeitwende des Untergangs der Kirche ist gekommen"[3], prophezeite Hitler, *„ich bin nicht der Meinung, dass etwas bleiben muss, was einmal war ... Die Einsicht zeigt mir, dass die Herrschaft der Lüge gebrochen werden will ... Ich schrecke vor dem Kampf nicht zurück, den ich, wenn es darauf ankommt, auszufechten habe, und werde sofort handeln, falls die Prüfung ergibt, dass es geschehen kann."*[4]

Der große Fehler des Christentums, so der Diktator, sei der Gedanke der Nächstenliebe und des Mitleids. *„Man dürfe kein Mitleid* *mit Leuten haben, denen das Schicksal bestimmt habe, zugrunde zu gehen"*, glaubte Hitler.[5] Die *„ganze Liebe dürfe ... nur dem eigenen Volksgenossen zuteil werden."* Daher gelte es, das künftige „Germanische Reich" von der „Bürde" des Christentums zu befreien. Auch eine *„Synthese ... zwischen Nationalsozialismus und Christentum"* lehnte er letztendlich ab. Er *„glaube nicht, dass das möglich ist; der Grund liegt im Christentum selbst ... Das reine Christentum, das sogenannte Urchristentum, geht auf die Wahrmachung der christlichen Theorie aus; es führt zur Vernichtung des Menschentums, ist nackter Bolschewismus in metaphysischer Verbrämung."*[6] *„Der Bolschewismus"*, so behauptete Hitler, sei *„der uneheliche Sohn des Christentums; beide sind eine Ausgeburt des Juden."*[7] Daher müssten mit dem Judentum auch das Christentum und der Bolschewismus vernichtet werden.

Hitler hatte für die Kirchen nur noch Hass und Verachtung übrig. Ihre Lehren seien *„Judengeschmeiß und Priestergeschwätz"*[8], *„ein einziger großer Blödsinn ... eine unglaublich schlaue Mischung von Heuchelei und Geschäft unter Ausnutzung der menschlichen Anklammerung an die überkommene Gewohnheit"*, *„ein gebildeter Geistlicher"* könne *„doch unmöglich den Unsinn glauben, den die Kirche verzapfe"*.[9] Kurzum: *„Das Christentum ist das Tollste, das je ein Menschengehirn in seinem Wahn hervorgebracht hat, eine Verhöhnung von allem Göttlichen. Ein Neger mit seinem Fetisch ist ja einem, der an das Wunder der Verwandlung ernstlich glaubt, turmhoch überlegen."*[10] Das Christentum habe die Menschheit in ihrer Entwicklung um 1500 Jahre zurückgeworfen.

Wie Kaiser Julian *Apostata* („der Abtrünnige") im 4. Jahrhundert, so glaubte auch Hitler, dass das Christentum Schuld am Untergang der antiken Welt sei. *„Das Juden-Christentum hat die Antike nicht verstanden: Die Antike strebte nach Klarheit, die Forschung war frei. Die Gottesvorstellung war im Brauchtum verankert, aber nicht gebunden. Wir wissen gar nicht, ob über das Weiterleben nach dem Tode eine bestimmte Vorstellung bestand. Es war wohl mehr die Vorstellung von der Unverlierbarkeit der Materie an sich: In den Wesen, die leben, repräsentiert sich das ewige Leben. Es werden ähnliche Gedankengänge gewesen sein, als wir sie bei den Japanern und Chinesen finden, wo das Hakenkreuz bei ihnen auftaucht."*[11] Diese Blüte der arischen Zivilisation konnte, so Hitler, das *„Juden-Christentum nicht ertragen"*; so habe es seit dem 4. Jahrhundert *„Tempel über*

Tempel" zerstört, selbst die Bibliothek von Alexandria (deren Schriftrollen tatsächlich erst 642 durch den muslimischen Kalifen Umar verheizt wurden).[12] Sogar den Brand von Rom unter Kaiser Nero schrieb er den verhassten *„Christen-Bolschewiken"* zu.[13]

Geradezu paradox war, dass Hitler, der Massenmörder, dem Christentum die Sünden seiner Vergangenheit vorhielt. *„1400 Jahre hat das Christentum gebraucht, um sich zur letzten Bestialität zu entwikkeln."*[14], glaubte er, *„die Zeit von der Mitte des 3. bis zur Mitte des 17. Jahrhunderts ist – das ist sicher – die grausamste Epoche menschlichen Tiefstands überhaupt gewesen. Blutdurst, Gemeinheit und Lüge haben diese Zeit beherrscht."*[15] *„Tausende von Verbrennungen"*[16] habe es gegeben, es sei *„nicht auszudenken, was an Grausamkeit, Gemeinheit und Lüge mit dem Christentum in unser Dasein gekommen ist"*[17]. Wer Hitler da entgegenhalten könnte, den Balken im eigenen Auge nicht zu sehen, dem hätte er ein ebenso scheinheiliges wie verlogenes *„Wir* (sind) *heute viel menschlicher als die Kirche"*[18] entgegengehalten.

Seine Sympathien dagegen galten dem Islam und dem japanischen Shintoismus, von dem ihm Prof. Haushofer vorgeschwärmt hatte. Der Shinto-Glaube, so war er überzeugt, sei *„einer der wesentlichen Ausgangspunkte"* für den Erfolg Japans gewesen. Er habe das Inselreich vor dem *„Gift des Christentums bewahrt"*.[19] Statt friedvoller Heiliger (beziehungsweise, wie Hitler es sah, *„Wahnsinnige als Heilige"*[20]) habe er *„durch den dauernden Hinweis auf die Glückseligkeit im Jenseits"* das Heldentum propagiert. Bei den Japanern, so seine eigenwillige Deutung des Shintoismus, gelte *„die höchste Verehrung den Helden, die mit ihrem Leben den höchsten Einsatz für das Dasein und die Größe der Nation bringen"*[21]. Das gefiel ihm auch am Islam. Er sah durchaus Parallelen zwischen sich und Mohammed, der, aus Mekka vertrieben, nach Medina ging, dort Getreue um sich sammelte, Mekka im Sturm erorberte und seine Feinde vernichtete, um schließlich seine Jünger aufzufordern, mit dem Schwert in der Hand die Welt zu erobern und so den neuen Glauben zu verbreiten. So bedauerte Hitler, dass Karl Martell im 8. Jahrhundert bei der Schlacht von Poitiers den arabischen Vormarsch in Europa gestoppt hatte. Hätte er nicht gesiegt, *„so hätten wir viel eher noch den Mohammedanismus übernommen, diese Lehre der Belohnung des Heldentums: Der Kämpfer allein hat den siebenten Himmel! Die Germanen hätten die Welt damit erobert, nur durch das Christentum sind wir davon abgehalten worden."*[22]

War er zusammen mit gemäßigten Anhängern, etwa mit Frauen aus seinem Umfeld, von denen einige – selbst Eva Braun – noch Christen waren, schlug er gemäßigtere Töne an. Dann behauptete er, er plane keinen Krieg gegen die Kirchen: „*Die ideale Lösung sei, die Kirchen auf Aussterbe-Etat zu setzen dadurch, dass man sie allmählich und ohne Gewalt an sich selbst verkümmern lässt; in diesem Falle brauche man weiter keinen Ersatz zu schaffen.*“[23] Doch kaum war er nur unter gleichgesinnten Männern, wurde er deutlicher:

> „*Der größte Volksschaden sind unsere Pfarrer beider Konfessionen. Ich kann ihnen jetzt die Antwort nicht geben, aber alles kommt in mein großes Notizbuch. Es wird der Augenblick kommen, da ich mit ihnen abrechne ohne langes Federlesen. Ich werde über juristische Zwirnsfäden in solchen Zeiten nicht stolpern. Da entscheiden nur Zweckmäßigkeitsvorstellungen. Ich bin überzeugt, in zehn Jahren wird das ganz anders aussehen. Denn um die grundsätzliche Lösung kommen wir nicht herum ... Jedes Jahrhundert, das sich mit dieser Kulturschande weiterhin belastet, wird von der Zukunft gar nicht mehr verstanden werden. Wie der Hexenwahn beseitigt werden musste, so muss auch dieser Rest beseitigt werden. Dazu ist aber ein gewisses Fundament notwendig.*“[24]

Sein Plan war, zuzuschlagen, wenn der Endsieg errungen war. „*Der Krieg wird ein Ende nehmen. Die letzte große Aufgabe unserer Zeit ist dann darin zu sehen, das Kirchenproblem noch zu klären. Erst dann wird die deutsche Nation ganz gesichert sein*“, erklärte er am 13. Dezember 1941 in der *Wolfsschanze*: „*Ich würde im Vatikan einmarschieren und die ganze Gesellschaft herausholen. Ich würde dann sagen: ‚Verzeihung, ich habe mich geirrt!‘ – Aber sie wären weg!*“[25] Acht Monate später ergänzte er: „*Aber diesen Kampf der deutschen Geschichte werde ich endgültig einmal für immer zum Austrag bringen. Das mag manchen schmerzen, aber ich werde die Pfaffen die Staatsgewalt spüren lassen, dass sie nur so staunen. Ich schaue ihnen jetzt nur zu. Würde ich glauben, dass sie gefährlich werden, würde ich sie zusammenschießen. Dieses Reptil erhebt sich immer wieder, wenn die Staatsgewalt schwach ist. Deshalb muss man es zertreten.*“[26] Und auch seinem geliebten Architekten Albert Speer vertraute er an: „*Wenn ich einmal meine anderen Fragen er-*

ledigt habe, werde ich mit der Kirche abrechnen. Hören und Sehen wird ihr vergehen.“[27]

Der Plan, bei Kriegsende gegen die Kirche vorzugehen, war unter den Mächtigen des Dritten Reiches beschlossene Sache. Man wusste zwar, dass man *„naturgemäß nicht alle Mächte gleichzeitig angreifen“*[28] kann, wie Alfred Rosenberg einräumte, und man sich zunächst auf den *„Kampf gegen das Judentum“* beschränken müsse. Doch auch der Chefideologe zitierte in seinen „Politischen Tagebüchern“ Hitlers Hasstiraden gegen die Kirchen: *„Die christlich-jüdische Pest gehe jetzt wohl ihrem Ende entgegen. Es sei geradezu furchtbar, dass eine Religion einmal möglich gewesen sei, die im Abendmahl buchstäblich ihren Gott auffresse.“*[29] Im Mai 1940 protokollierte er: *„Der Kampf gegen Rom wird nach einem d.*(eutschen) *Siege in D.*(eutschland) *seinem Ende entgegengeführt.“*[30] In seinen bereits zitierten *Weltanschaulichen Thesen,* dem Dokument PS-1749 von 1939, begründet Rosenberg das geplante Vorgehen gegen die Kirchen:

> *„Damit das deutsche Volk nach tausend Jahren Suchen eine ihm selbst entwachsene Religion findet, muss es das Christentum als Vergangenheit begreifen und die durch alle Zeiten hervorgebrochenen Werte des eigenen Wesens zu Leitsternen seiner Seelentaten erheben ...*
>
> *Deshalb: Wer eine religiöse Haltung für alle Deutschen erstrebt, muss als Voraussetzung dafür die bisherigen Konfessionen überwinden ...*
>
> *Ein Recht auf Toleranz hat das Christentum dank seiner eigenen Dogmen und Taten verwirkt. Eine Duldsamkeit von uns ist ein – unverdientes – Geschenk einer hochgemuten Revolution einem Gegner gegenüber, der die Ausrottung des germanischen Wesens zu seiner Daseinsaufgabe gemacht hat.*
>
> *Wir üben religiöse Duldsamkeit nicht aus Achtung vor den Kirchen, sondern aus Achtung vor den Deutschen, die noch an die Lehren der Priester glauben ... Aber unserer Jugend können wir nicht zumuten, andächtig zu Füßen jener zu sitzen, die das deutsche Volk in seiner schwersten Stunde verraten haben, oder die noch heute das parasitäre Volk der Juden als*

die Träger jener hohen Gottesidee hinzustellen sich bemühen. Die Tracht des römischen Priesters ist die Uniform des Todfeindes der deutschen Wiedergeburt, des Widersachers eines einzigen Deutschen Reiches. Ziel des Vatikans ist nicht der Trost des deutschen Soldaten, sondern die Zersetzung des deutschen Lebenswillens ...

Wir können niemand hier auf Erden als geistigen und seelischen Führer anerkennen, der das deutsche Volk seinen Feinden preisgegeben hat. Wir lehnen leidenschaftlich die Möglichkeit ab, dass die Kämpfer für Volk und Ehre im ‚Jenseits' als Angeklagte, die priesterlichen Volksverräter aber als Richter auftreten könnten ...

Wer für sein Volk opfert, kann sich nicht im Widerspruch mit einer wahren Religion befinden. Wenn das einzutreten scheint, dann hat diese ‚Religion' keine Daseinsberechtigung ...

Heute sitzt dieses Christentum auf der Anklagebank der Geschichte Europas ... die geistig-seelische Not-Zucht des Christentums ist vorüber."[31]

Auch Hitlers Sekretär und späterer Stellvertreter Martin Bormann erklärte mehrfach, dass für ihn *„das Auslöschen der Religionsgemeinschaften das Endziel der NS-Kirchenpolitik bildete"*. In einem Geheim-Rundschreiben an Gauleiter und Reichsstatthalter vom 6. Juni 1941 stellte er kategorisch fest:

„Nationalsozialistische und christliche Auffassungen sind unvereinbar ... Immer mehr muss das Volk den Kirchen und ihren Organen, den Pfarrern, entbunden werden ... Niemals aber darf den Kirchen wieder ein Einfluss auf die Volksführung eingeräumt werden. Dieser muss restlos und endgültig gebrochen ... (und) *beseitigt werden ... Erst dann sind Volk und Reich für alle Zukunft in ihrem Bestande gesichert.*"[32]

Als wollte er Beweise für diese seine Auffassung sammeln, zeichnete er penibel jede kirchenfeindliche Bemerkung Hitlers auf.

„Wir werden nicht ruhen, bis das Christentum ausgerottet ist“, prahlte der *Reichsführer-SS* Heinrich Himmler bei einem Gespräch mit Frau von Weizsäcker, der Gattin des deutschen Botschafters beim Heiligen Stuhl.[33]

Propagandaminister Joseph Goebbels fasste schon 1933 in einem Tagebucheintrag Hitlers Kirchenpolitik in zehn Worten zusammen: *„Scharf gegen die Kirchen. Wir werden selbst eine Kirche werden.“*[34] Auch seine Aufzeichnungen bestätigen, dass Hitler sich *„die Auseinandersetzung mit der Klerisei* (dem Klerus) … *für nach dem Krieg aufsparen* (will). *Und das ist auch ganz richtig so.“*[35] Kurz nach Weihnachten 1939 ergänzte er: *„Der Führer ist tief religiös, aber ganz antichristlich. Er sieht im Christentum ein Verfallssymptom. Es ist eine Ablagerung der jüdischen Rasse. Man sieht das auch an der Ähnlichkeit religiöser Riten.“* So galt es, sich auch der Kirchen zu entledigen, quasi als Fortsetzung des Holocaust auf einer anderen Ebene. Hitler *„weiß, dass auch er nicht um den Kampf zwischen Staat und Kirche herumkommen kann“*, notierte Goebbels am 28. Dezember 1939 in seinem Tagebuch, *„am besten erledigt man sich der Kirchen, wenn man sich selbst als positiver Christ ausgibt“*.[36] Was das bedeutet, hatte Hitler seinem Propagandaminster schon zwei Jahre früher offenbart: *„Nicht Partei gegen Christentum, sondern wir müssen uns als die einzig wahren Christen deklarieren. Dann aber mit der ganzen Wucht der Partei gegen die Saboteure. Christentum heißt die Parole zur Vernichtung der Pfaffen, wie einstmals Sozialismus zur Vernichtung der marxistischen Bonzen …“*[37] Eine ähnliche Strategie hatte auch Rosenberg in seinem „Mythus“ eingeschlagen.

Es war also nichts als eine perfide List, ein heimtückisches Täuschungsmanöver, dass Hitler in den Monaten nach der Machtergreifung vor aller Welt den Geläuterten spielte, um sich das Vertrauen der Kirchen zu erschleichen. Sein Versprechen, den NS-Staat auf der geistigen Grundlage des Christentums zu errichten, war nicht glaubwürdiger als sein Freundschaftspakt mit Stalin. In beiden Fällen lauerte er nur auf die günstige Gelegenheit, den Feind, der sich in Sicherheit wog, aus einem Hinterhalt anzugreifen.

Kirche gegen Nazis

Von Anfang an war der Aufstieg der Hitler-Partei vom katholischen Klerus mit Argwohn und Missbilligung zur Kenntnis genommen worden. Schon am 14. November 1923, fünf Tage nach Hitlers gescheitertem Bierkellerputsch, verfasste der päpstliche Nuntius in München, Eugenio Pacelli (der spätere Papst Pius XII.), einen Bericht an das vatikanische Staatssekretariat, den er mit den Worten *„Der antikatholische Charakter des Nazi-Aufstandes“* überschrieb. Darin beklagte er die *„regelmäßigen Hetzereien gegen den katholischen Klerus, mit welchem die Anhänger Hitlers und Ludendorffs, der Größen unter den Straßenrednern, die Bevölkerung aufwiegelten und so die Geistlichen Beleidigungen und Spott aussetzten ... insbesondere den gelehrten und gewissenhaften Kardinalerzbischof, der in einer Predigt im Dom ... die Verfolgungen der Juden angeprangert hat“*.[38]

Ein halbes Jahr später, in einem Bericht über den Hitler-Prozess vom 26. April 1924, klagte er über die *„vulgäre und brutale Kampagne ... auch gegen den Heiligen Stuhl“*[39] der Hitler-Anhänger. Fünf Tage später stellte er kategorisch fest: *„Der Nazismus (ist) wohl die gefährlichste Häresie unserer Zeit“*[40], um am 4. Mai 1924 diese Einschätzung zu begründen: *„Der Nazismus stellt Staat und Rasse über alles, über echte Religion, über die Wahrheit und die Gerechtigkeit“*.[41] Auch in Rom sah man damals speziell im fanatischen Antisemitismus eine Gefahr

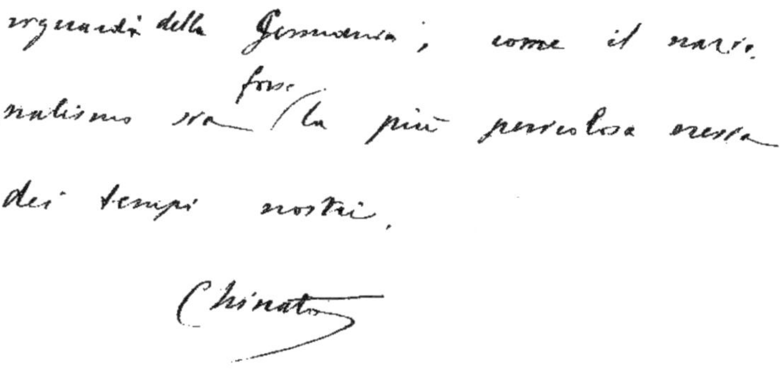
riguardi della Germania; come il nazio-
nalismo sia forse la più pericolosa eresia
dei tempi nostri.

Eugenio Pacellis handschriftlicher Entwurf seines Berichtes an den Kardinalstaatssekretär vom 1. Mai 1925, heute im Vatikanischen Geheimarchiv. Sein Fazit: „Der Nationalsozialismus ist wohl die gefährlichste Häresie unserer Zeit.“

für den christlichen Glauben und handelte bald. So verurteilte das *Heilige Offizium* (heute: *Kongregation für die Glaubenslehre),* die höchste katholische Instanz für Glaubensfragen, am 25. März 1928 die Lehre des Rassismus als *„widergöttlich“*. Der Papst verdammte *„auf das Schärfste den Hass gegen das einst von Gott auserwählte Volk, jenen Hass nämlich, den man allgemein heute mit dem Namen ‚Antisemitismus‘ zu bezeichnen pflegt“*.[42] Als die Nazipartei 1929/30 ihre ersten größeren Erfolge verzeichnete, bezog die katholische Kirche offen Stellung gegen die Hitler-Bewegung. Am 11. Oktober 1930 erklärte das Vatikan-Organ *L'Osservatore Romano* in seinem Leitartikel, die Mitgliedschaft in der NSDAP sei *„mit dem katholischen Gewissen nicht zu vereinbaren“*. *„Der Nationalsozialismus ist eine Häresie und mit der christlichen Weltanschauung nicht in Einklang zu bringen“*, bestätigte der Münchener Erzbischof Kardinal Michael von Faulhaber am 19. November 1930.[43] Etwa zeitgleich wandte sich der Breslauer Erzbischof Kardinal Adolf Bertram gegen die *„Rassen-Religion“* und das *„Wahngebilde einer nationalen Religionsgemeinschaft“* und stellte fest, Bezug nehmend auf das Parteiprogramm der NSDAP: *„Unser positives Christentum ist das katholische Christentum.“*[44] Den katholischen Geistlichen wurde „streng verboten“, auf welche Weise auch immer bei der NS-Bewegung mitzuwirken. Nach einer Reihe von gleichlautenden Erklärungen und Anweisungen in diversen Bistümern und Ordinariaten seit 1930 erließ die Fuldaer Bischofskonferenz im August 1932 einheitliche „Richtlinien“ zum Umgang mit dem Nationalsozialismus. Sie prangerten die *„Irrlehren“* im offiziellen Parteiprogramm und den *„glaubensfeindlichen Charakter“* von NS-Kundgebungen und Publikationen an und prophezeiten *„die dunkelsten Aussichten“*, sollte die NSDAP *„die heiß erstrebte Alleinherrschaft in Deutschland“* erlangen. Die *„Zugehörigkeit zu der Partei“* wurde *„für unerlaubt erklärt“*[45], Katholiken, die dem zuwiderhandelten, waren fortan von den Sakramenten ausgeschlossen. Katholizismus und Nationalsozialismus waren eindeutig unvereinbar. Ein Versuch Hermann Görings, den Vatikan vom Gegenteil zu überzeugen, schlug ebenfalls fehl. Als der füllige Nazi eigens nach Rom reiste, um den Papst zu sprechen, ließ dieser ihn im Vorzimmer des Staatssekretariats abwimmeln; er durfte lediglich im Büro von Unterstaatssekretär Pizzardo seine Beschwerden zu Protokoll geben. Sie wurden sofort zu den Akten gelegt, wo sie noch heute verstauben.[46] Stattdessen bemühte sich der Vatikan um ein Konkordat mit der Weimarer Republik, das allerdings selbst der katholische Reichskanzler Heinrich Brüning mit Rücksicht auf die politischen Gegner nicht abzuschließen wagte; es würde *„den furor protestanticus aufpeitschen und auf der anderen Seite auf völlige Verständnislosigkeit bei der Linken stoßen."*[47]

Das Dilemma der Kirchen

Erst die Machtergreifung der Nazis brachte die deutschen Bischöfe in einen Glaubenskonflikt. Einerseits bezeichnete Pacelli, der mittlerweile von Papst Pius XI. zum Kardinalstaatssekretär ernannt worden war, die Ernennung Hitlers zum Reichskanzler als *„verhängnisvoller ... als es ein Sieg der sozialistischen Linken gewesen wäre"*, klagte Konrad von Preysing, Bischof von Eichstätt: *„Wir sind in den Händen von Verbrechern und Narren."*[48] Auf der anderen Seite aber war es katholische Tradition, sich mit den Mächtigen zu arrangieren, der Doktrin des heiligen Paulus folgend, der erklärt hatte: *„Jedermann unterwerfe sich den vorgesetzten Obrigkeiten; denn es gibt keine Obrigkeit außer von Gott, und die bestehenden sind von Gott angeordnet. Wer sich daher der Obrigkeit widersetzt, der widersetzt sich der Anordnung Gottes ..."* (Röm 13,1–2). Konnte etwa auch das Naziregime, das immerhin legal an die Macht gekommen war, gottgewollt sein?

Zunächst blieb man der bisherigen, vom Vatikan unterstützten, mahnenden und warnenden Grundhaltung treu. Am 16. Februar 1933 publizierten die großen katholischen Verbände in vielen Zeitungen des Reiches ihren *„Mahnruf": „Ein ernstes Wort in ernster Zeit"*, in dem Hitlers Machtergreifung in aller Offenheit als *„nationales Verderben" bezeichnet wird.*[49] Noch am 10. März 1933 richtete die Fuldaer Bischofskonferenz einen Appell an den Reichspräsidenten Hindenburg *„mit der dringenden Bitte um Schutz für Kirche und kirchliches Leben und Wirken."*[50]

Doch Hitler gab sich in diesen Tagen alle Mühe, die Bedenken seiner Gegner zu zerstreuen. In seiner programmatischen Reichstagsrede vom 23. März 1933 reichte er den Kirchen demonstrativ die Hand zur Versöhnung:

> *„Wir wollen aber auch alle wirklich lebendigen Kräfte des Volkes als die tragenden Faktoren der deutschen Zukunft erfassen,*

wollen uns redlich bemühen, diejenigen zusammenzufügen, die eines guten Willens sind ...
Indem die Regierung entschlossen ist, die politische und moralische Entgiftung unseres öffentlichen Lebens vorzunehmen, schafft und sichert sie die Voraussetzungen für eine wirklich tiefe Einkehr religiösen Lebens ...
Die nationale Regierung sieht in den beiden christlichen Konfessionen die wichtigsten Faktoren zur Erhaltung unseres Volkstums. Sie wird die zwischen ihnen und den Ländern abgeschlossenen Verträge respektieren. Ihre Rechte sollen nicht angetastet werden ... Die Sorge der Regierung gilt dem aufrichtigen Zusammenleben zwischen Kirche und Staat; der Kampf gegen eine materialistische Weltanschauung, für eine wirkliche Volksgemeinschaft dient ebenso den Interessen der deutschen Nation wie dem Wohl unseres Volkes ... Die Rechte der Kirchen werden nicht geschmälert und ihre Stellung zum Staat nicht geändert.“[51]

Versöhnungsbereitschaft ist eine der höchsten christlichen Tugenden, und so konnten die Bischöfe die Hand, die der *Führer* ihnen heuchlerisch entgegenstreckte, nicht einfach zurückweisen. Nur sechs Tage nach der Rede im Reichstag, am 29. März 1933, folgte die Antwort in Form eines Hirtenbriefes. Die deutschen Bischöfe erklärten, *„das Vertrauen hegen zu können, dass die* (früheren) *allgemeinen Verbote und Warnungen nicht mehr als notwendig betrachtet zu werden brauchen“.* Trotzdem mahnten sie zur Vorsicht und vermieden jede opportunistische Verbeugung vor dem braunen Regime: *„Wir müssen nach wie vor Irrtum nennen, was Irrtum ist, Unrecht, was Unrecht ist und kulturpolitische Anschauungen ablehnen, die nach der Überzeugung unseres Gewissens für unser Volkstum den größten Schaden brächten. Wir können auch einzelne Ausschreitungen von Unterbehörden nicht gutheißen und zu den gewalttätigen Sonderaktionen nicht Ja und Amen sagen ...“*[52]

Ein Grund für ihr scheinbares Entgegenkommen trotz aller Vorbehalte war, dass die Gläubigen den Bischöfen in Sachen Hitler längst den Gehorsam verweigert hatten. Während noch 1932 nur jeder siebte Katholik die Nationalsozialisten wählte (während immerhin rund 60 % der praktizierenden Protestanten für Hitler stimmten), änderte sich die Lage schlagartig nach der Machtergreifung. *„Es lässt sich leider nicht bestreiten, dass die Katholiken, bis auf wenige Ausnah-*

men, sich dem neuen Regime mit Enthusiasmus zugewandt hatten", vermeldete am 22. März 1933 der neue Apostolische Nuntius in Berlin, Erzbischof Cesare Orsenigo. Wenige Wochen später ergänzte er: *„Für uns Ausländer kommt vor allem die Geschwindigkeit überraschend, mit der dieses Volk, das doch als kühl und schwer zu beeindrucken gilt, sich bis an den Rand des Mystizismus für das neue Regime begeistert. Die Regierung Hitler hat die Massen in der Hand und kann mit ihnen machen, was sie will."*[53] Das mag übertrieben gewesen sein, und man kann Orsenigo gewiss vorwerfen, zu früh geistig vor den Nazis kapituliert zu haben, doch ganz so falsch lag er mit seiner Einschätzung nicht. Eine pauschale Weigerung der deutschen Bischöfe, das Versöhnungsangebot des braunen Regimes abzulehnen, wäre gewiss auf das Unverständnis vieler ihrer Schäflein gestoßen und hätte diese nur ihrer Kirche entfremdet.

Hitler bewies wiederum, dass er nicht nur bei Dr. Karl Lueger, sondern auch bei Benito Mussolini gelernt hatte. Der italienische Faschistenführer hatte sich 1929 weltweites Ansehen verschafft, als er mit dem Heiligen Stuhl die Lateranverträge und das Konkordat abschloss. Die Lateranverträge bestätigten die päpstliche Unabhängigkeit und sicherten dem Papst die Herrschaft über den Vatikanstaat und diverse kleinere Territorien zu. Für den schon 1870 von der Republik Italien einverleibten Kirchenstaat erhielt der Heilige Stuhl eine Entschädigung in Millionenhöhe. Das Konkordat regelte das Verhältnis von Staat und Kirche in Italien und garantierte der Kirche die Freiheit der Seelsorge, den Schutz der christlichen Ehe und der religiösen Gemeinschaften sowie den Religionsunterricht an den Schulen. Die Kirche wiederum sicherte zu, sich direkter politischer Aktivitäten zu enthalten. Jetzt bot auch Hitler der katholischen Kirche ein Konkordat an.

Das Konkordat mit dem Vatikan

Die Reaktionen im Vatikan konnten geteilter nicht sein. Eine Gruppe von Bischöfen lehnte jede Verhandlung mit den Nazis ab. Ihre Lehre war eindeutig mit dem christlichen Glauben unvereinbar, und ein Konkordat, so waren sie überzeugt, würde Hitler nur den Rücken stärken. Zudem könnten sich die deutschen Katholiken, die dem Regime gegenüber kritisch eingestellt waren, im Stich gelassen fühlen.

Eine zweite Gruppe verwies auf die Gefahr eines neuen Kulturkampfes. Immerhin hatte Hitler bei seiner Reichstagsrede vom 23. März 1933 gedroht, es ginge für seine Gegner jetzt um *„Frieden oder Krieg"*, und später, den Sozialdemokraten gegenüber, ergänzt: *„Ich möchte nicht in den Fehler verfallen, Gegner bloß zu reizen, statt sie entweder zu vernichten oder zu versöhnen."*[54] Dabei ließ er keinen Zweifel daran, so mit allen seinen Gegnern umgehen zu wollen. Zudem war die Gleichschaltung der Deutschen bereits voll im Gange. Es war offensichtlich, dass die Nazis keine unabhängigen katholischen Verbände dulden würden. Es gab für die Bischöfe also nur eine Alternative: entweder in einen offenen Widerstand treten, der von der Mehrzahl der Gläubigen nicht getragen wird, oder sich mit dem Regime, das gerade die Hand zur Versöhnung ausstreckte, arrangieren. *„Jetzt ist der Augenblick, um aus der Not eine Tugend zu machen ... und zu retten, was zu retten ist"*, empfahl der Nuntius Orsenigo.[55] Das entsprach der Meinung des Papstes, der erklärt hatte, *„er würde sogar mit dem Teufel persönlich einen Pakt schließen, wenn es um das Heil der Seelen ginge."*[56]

Zudem sah der Papst Hitler mit den Augen eines gütigen, verzeihenden Vaters. Bei allem, was es an dem Diktator auszusetzen gab, war Pius XI. doch bereit, ihm zugute zu halten, dass er den Namen Gottes öfter als jeder andere deutsche Politiker anrief und ein entschiedener Gegner des Bolschewismus war. Zu einem Zeitpunkt, als noch niemand das zukünftige Ausmaß des Naziterrors erahnen konnte, erschien der Sowjetkommunismus als der eigentliche Erzfeind der Kirche. Zu lebendig waren noch die Eindrücke von der russischen Revolution, der die größte Christenverfolgung aller Zeiten folgte. Mit den italienischen Faschisten hatte sich die Kirche arrangieren können; warum nicht auch mit den Nazis? Man könnte es zumindest versuchen, glaubte der Papst in einer verhängnisvollen Mischung aus politischer Naivität und frommem Wunschdenken. Eine Alternative zur Annahme des Konkordatsangebotes wäre allemal nur ein neuer Kulturkampf gewesen, den niemand weniger wollte als Pius XI.

Kardinalstaatssekretär Pacelli blieb nichts anderes übrig, als ihm beizupflichten. Hitler habe ihm und der Kirche *„die Pistole auf die Brust gesetzt"*, sollte er später erklären.[57] Doch statt vor den Nazis zu kapitulieren, plädierte er für eine List. Er war sich sicher, dass die Nazis *„berufsmäßige Vertragsbrecher"* waren und es unweigerlich zu Verstößen gegen das Konkordat kommen müsse. Mit jedem Verweis auf einen Vertragsbruch könnte man Nazideutschland zukünftig öffentlich an den Pranger stellen, mit einer Kündigung dem Regime *„einen noch viel schärferen Schlag"* versetzen als durch eine prinzipielle Verweigerung.[58]

Die nächsten drei Monate ließen die Kirche erahnen, was sie ohne ein Konkordat zu erwarten hatte. Als der katholische Gesellenverein *(Kolpingverein)* vom 8. bis 11. Juni 1933 in München eine Veranstaltung mit 25.000 jungen Katholiken aus ganz Deutschland abhalten wollte, kam es zu massiven Angriffen der Nazis. Zunächst wollten der *SS-Reichsführer* Heinrich Himmler, der zugleich Chef der Bayerischen Polizei war, und sein Stellvertreter Reinhard Heydrich das Kolpingtreffen ganz verbieten. Dann erteilten sie doch noch die Erlaubnis, jedoch unter der Bedingung, dass in der Öffentlichkeit keine Kolpingfahnen gezeigt werden dürften. Als es dann soweit war, wurden Besuchergruppen von uniformierten Schlägern der SA überfallen und verprügelt. Ihre orangefarbenen Hemden, das Erkennungszeichen der *Kolpingjugend,* wurden ihnen vom Leib gerissen. Eine Festmesse, die am Sonntagmorgen auf der Theresienwiese stattfinden sollte, musste angesichts des braunen Terrors kurzfristig abgesagt werden. Die Polizei weigerte sich einzugreifen. Um keinen Zweifel an ihrer Position zu lassen, hing an der Hauptfront des Polizeipräsidiums ein großes Plakat mit der Aufschrift „Die Polizei steht zur Hitlerjugend". Fortan vermied die Kirche öffentliche Jugendveranstaltungen, um *„nicht das Leben unserer Jungmänner auf das Spiel* (zu) *setzen und das staatliche Verbot der Jugendvereine* (zu) *riskieren"*[59], wie Kardinal Faulhaber kapitulierend erklären musste. Auch in Eichstätt kam es, wie sein Bischof berichtete, zu einer *„gewaltsamen Besetzung des katholischen Jugendheimes, zur öffentlichen Verhöhnung einer kirchlich geweihten Christusfahne, nächtliche*(n) *Sprechchöre*(n) *am bischöflichen Palais und Dompfarrhof"*[60] und anderen Ausschreitungen. Zwei Tage später wurde ein Abgeordneter der katholischen *Bayerischen Volkspartei,* Alois Schlögl, von einem Trupp uniformierter SA-Männer vor den Augen seiner Familie mit kieselgefüllten Gummischläuchen bis zur Bewusstlosigkeit geprügelt. Am 29. Juni 1933 führte die SA bei dem regimekritischen Würzburger Bischof Ehrenfried und seinem Klerus eine regelrechte Razzia durch. Der Wagen des Bischofs und die Wohnungen der meisten Domherren wurden nach „staatsfeindlichen Schriften" durchsucht, rund 40 Geistliche in Schutzhaft genommen.

Schon am 9. März war in München Dr. Fritz Gerlich, der Chefredakteur der katholischen Zeitung *Der gerade Weg,* in seinem Büro von SA-Männern fast zu Tode geprügelt und dann verhaftet worden. 15 Monate lang wurde er zumeist im Polizeipräsidium gefangengehalten und brutal gefoltert. Er hatte es gewagt, mutig und mit klarer Sprache dem braunen Spuk entgegenzutreten.

Dr. Gerlich, ehemals der politisch liberal gesinnte und zudem protestantische Chefredakteur der *Münchener Neuesten Nachrichten,* war nach einer Begegnung mit der Stigmatisierten Therese von Konnersreuth zum Katholizismus konvertiert. Angesichts der Wahlerfolge der NSDAP seit 1930 beschloss er, zusammen mit anderen katholischen Intellektuellen des *Konnersreuther Kreises,* sich der braunen Gefahr entgegenzustellen. *Der gerade Weg* wurde zum Organ eines politisch engagierten Katholizismus, das kein Blatt vor den Mund nahm. *„Der Nationalsozialismus ist eine Pest!",* titelte Dr. Gerlich am 31. Juli 1932, um geradezu prophetisch vorauszusagen:

> *„Nationalsozialismus aber bedeutet: Feindschaft gegen die benachbarten Nationen, Gewaltherrschaft im Innern, Bürgerkrieg, Völkerkrieg. Nationalsozialismus heißt Lüge, Hass, Brudermord und grenzenlose Not. Adolf Hitler verkündigt das Recht der Lüge. Ihr, die ihr diesem Betruge eines von der Gewaltherrschaft Besessenen verfallen seid, erwacht! Es geht um Deutschland, um euer, um euer Kinder Schicksal."*[61]

Selbst nach der Machtergreifung verstummte der mutige Mahner nicht, bis die Nazischergen ihn zum Schweigen brachten. Am 30. Juni 1934, in der *Nacht der langen Messer,* wurde der inhaftierte Dr. Gerlich ermordet. Er starb als einer der ersten katholischen Märtyrer im Dritten Reich. In derselben Nacht wurde auch Erich Klausener, Leiter der *Katholischen Aktion,* tot aufgefunden. Er hatte sich eine Woche zuvor auf dem Berliner Katholikentag im Hoppegarten gegen die kirchenfeindlichen Maßnahmen der braunen Reichsregierung ausgesprochen. Die Nazis behaupteten, er habe Selbstmord begangen.

Der Papst war sich der zunehmenden Gewaltakte gegen Katholiken mehr als bewusst. Immer wieder erhielt er Berichte von Übergriffen selbst auf Geistliche. In Königsbach etwa wurde der Gemeindepfarrer barfuß aus seinem Pfarrhaus geschleift und brutal zusammengeschlagen. Pius XI. hatte genug davon, dass *„hier verhandelt, dort* *misshandelt"* würde. Schließlich verlangte er von Reichsvizekanzler von Papen, der im Auftrag Hitlers die Verhandlungen mit dem Vatikan führte, eine Garantie, *„dass damit endgültig Friede hergestellt und Übergriffe untergeordneter Stellen revidiert würden"*. Auch das wurde ihm zugesagt. Dem Abschluss des Konkordats stand nun nichts mehr im Wege, und im Vatikan war man zuversichtlich, zum Schutze der deutschen Katholiken das Richtige zu tun.

Der Preis, den Hitler für die Sicherung der kirchlichen Rechte forderte, war die Preisgabe des politischen Katholizismus und eine starke Reduzierung des bislang so reichen katholischen Vereinslebens. So wurde am 5. Juli 1933 die katholische *Zentrumspartei* aufgelöst. Die katholische Arbeiterbewegung wurde, wie zuvor die Gewerkschaften, von der *Deutschen Arbeitsfront* absorbiert. Nur *„diejenigen katholischen Organisationen und Verbände, die ausschließlich religiösen, rein kulturellen und karitativen Zwecken dienen und als solche der kirchlichen Behörde unterstellt sind"*, waren geschützt. Geistlichen wurde *„die Mitgliedschaft in politischen Parteien und die Tätigkeit für solche Parteien"* ausdrücklich untersagt.[62]

Hitler jubelte. Der Abschluss des Konkordats mit seinem Erzfeind Nr. 2 (nach den Juden) am 20. Juli 1933 stärkte das außenpolitische Prestige seines Regimes. Innenpolitisch war der Nutzen noch größer. Sein stärkster Gegner war jetzt „unter Kontrolle" und zumindest politisch mundtot gemacht, er hatte freie Hand für sein weiteres Vorgehen. Jedem katholischen Widerstand wurde durch das Konkordat der Wind aus den Segeln genommen. So machte der Diktator tatsächlich die zugesagten Konzessionen an den Papst, um schon im ersten Satz seiner Erklärung zu enthüllen, worum es ihm tatsächlich ging:

> *„Durch den Abschluss des Konkordats ... erscheint mir genügende Gewähr dafür gegeben, dass sich die Reichsangehörigen des römisch-katholischen Bekenntnisses von jetzt ab sofort rückhaltslos in den Dienst des neuen nationalsozialistischen Staates stellen werden.*
> *Ich ordne daher an:*
> *1. Die Auflösungen solcher katholischen Organisationen, die durch den vorliegenden Vertrag anerkannt sind und deren Auflösung ohne Anweisung der Reichsregierung erfolgte, sind sofort rückgängig zu machen.*

2. Alle Zwangsmaßnahmen gegen Geistliche und andere Führer dieser katholischen Organisationen sind aufzuheben. Eine Wiederholung solcher Maßnahmen ist für die Zukunft unzulässig und wird nach Maßgabe der bestehenden Gesetze bestraft."[63]

Nur zwei Wochen nach der Unterzeichnung des Konkordats empfing Kardinal Pacelli den britischen Gesandten am Heiligen Stuhl, Ivone Kirkpatrick, zu einem vertraulichen Gespräch in den historischen Räumen des vatikanischen Staatssekretariats. Er müsse ihm mitteilen, *„wie es dazu gekommen sei, dass er ein Konkordat mit solchen Leuten unterzeichnet habe"*, erklärte er dem Botschafter. Wie dieser später seinem Außenminister mitteilte, machte der Mann, der später als „Hitlers Papst" diffamiert werden sollte, dabei keinen Hehl aus *„seiner Abscheu"* für die Nazis und *„die Taten der Regierung Hitlers"*. Insbesondere verurteilte er die *„Verfolgung der Juden, das Vorgehen gegen politische Gegner, die Herrschaft des Terrors, dem die gesamte Nation unterworfen ist"*. Er *„habe keine Alternative gehabt"*, stellte er *„entschuldigend"* fest:

„Die deutsche Regierung habe ihm Konzessionen angeboten ... die weitergingen als alles, was jede vorausgegangene deutsche Regierung zuzugestehen bereit gewesen wäre, und er hätte zu wählen gehabt zwischen einer Vereinbarung auf Grundlage der Bedingungen der anderen Seite und der tatsächlichen Auslöschung der katholischen Kirche im Reich."

Er hatte retten wollen, was zu retten war. Wie ein schmieriger Gangsterboss hatte Hitler dem „Außenminister" des Papstes ein Angebot gemacht, das dieser nicht abschlagen konnte, ohne die deutschen Katholiken damit ganz aufzugeben. Doch zumindest schuf der Staatsvertrag eine Rechtsgrundlage.

„Wenn die deutsche Regierung das Konkordat verletzt, und dies würde gewiss geschehen, dann werde der Vatikan eine Grundlage haben, von der aus er protestieren könne"[64],

schloss Kikpatrick seinen Bericht. Das waren keine leeren Worte. Zwischen 1933 und 1939 reichte Kardinalstaatssekretär Pacelli 55 offizielle Protestnoten bei der Reichsregierung ein, von denen freilich nicht einmal die Hälfte beantwortet wurde; sie waren bis zu 42 Seiten lang (wie am 29. Januar 1936).

Die Spaltung der Evangelischen Kirche

Leichter hatte Hitler es anfangs mit den Protestanten, die den Nationalsozialismus zunächst größtenteils begrüßt hatten.[65] Seine NSDAP war *„vor allem in evangelischen Gebieten erfolgreich"*, was der Politologe Konrad Löw in einer Gegenüberstellung vom Stimmenanteil der NSDAP und dem Anteil der katholischen Bevölkerung im Deutschen Reich bei der Wahl vom 31. Juli 1932 anschaulich illustriert.[66] Laut Klaus Scholder, dessen dreibändige Studie „Die Kirchen und das Dritte Reich" längst ein Standardwerk ist, erschienen damals rund 90 % der evangelischen Theologen mit dem Hakenkreuz als Parteiabzeichen im Kolleg.[67] Selbst Pastor Niemöller, der später zur Symbolfigur des protestantischen Widerstandes werden sollte, stimmte damals noch für die Nazis und begeisterte sich für Hitlers „Mein Kampf", offenbar ohne an dessen Antisemitismus Anstoß zu nehmen.[68] Die Katholiken dagegen wählten *Zentrum* oder die *Bayerische Volkspartei.*

So setzte der Katholik Hitler von Anfang an auf die „protestantische Karte". Nicht zufällig ließ er die Abschlusskundgebung seines Wahlkampfes am Abend des 4. März 1933 im evangelischen Königsberg abhalten. *„Von der blutenden Ostgrenze aus wird das Evangelium des erwachenden Deutschlands verkündet, und das ganze deutsche Volk wird Ohrenzeuge dieses einzigartigen, in der gesamten Geschichte noch nie dagewesenen Massenereignisses sein"*, hatte Goebbels gewohnt schwülstig im *Völkischen Beobachter* angekündigt. Die Kundgebung, die unter Goebbels' Regie in ganz Deutschland im Rundfunk übertragen wurde, war wie ein Gottesdienst inszeniert, Hitlers Rede klang wie eine Predigt: *„Herrgott, lass uns niemals wankend werden und feige sein, lass uns niemals die Pflicht vergessen, die wir übernommen habe"*, stimmte er seine „Fürbitten" an, um zu schließen: *„Wir sind alle stolz, dass wir durch Gottes gnädige Hilfe wieder zu wahrhaften Deutschen geworden sind."* Unmittelbar darauf erklang im Radio der Choral „Wir treten an zum Beten", dann setzten dröhnend die Glocken des Königsberger Domes ein. *„Millionen deutscher*

Christen hörten mit ... und als die Königsberger Glocken läuteten, stiegen in gleicher Stunde weithin Gebete zum Himmel auf, wie wohl nie in der Geschichte Deutschlands geschah", schwärmte die *Allgemeine Evangelisch-Lutherische Kirchenzeitung.* Niemand ahnte, dass dieser „erhebende Augenblick" in seiner pathetischen Inszenierung eine Finte war. Weil sich das Konsistorium des Domes geweigert hatte, zum Abschluss der Hitler-Rede die Glocken zu läuten, hatte Goebbels den Choral und das Läuten per Schallplatte einspielen lassen.[69] Doch als das in Kirchenkreisen allmählich durchsickerte, hatten die meisten Protestanten, noch unter dem Eindruck dieses massiven „Glaubenszeugnisses", bereits längst für die NSDAP gestimmt.

Jedenfalls konnte Hitler mit einiger Sympathie rechnen, als er zur Reformation der evangelischen Kirche ansetzte. Sein Ziel war, die 28 autonomen Landeskirchen zu einer *Deutschen Evangelischen Reichskirche* zu vereinen. Das Einzige, was er an der katholischen Kirche schätzte, war ihr Zentralismus und ihre hierarchische Struktur. Ein ebenso einheitlicher protestantischer Block, so glaubte er, könne *„als Gegengewicht gegen den Katholizismus"* dienen und zudem leichter in das politische System des NS-Staates integriert werden.[70] Dabei setzte er auf eine Bewegung innerhalb des deutschen Protestantismus, die *Deutschen Christen,* die für eine einheitliche deutsche Reichskirche eintraten und das Führerprinzip bejahten. Das Programm der *Deutschen Christen* belegt ihre Nähe zum Nationalsozialismus. Nur *„jeder blutsdeutsche Volksgenosse"* könne ein *„wahrhaft deutscher Christ"* werden, *„nicht aber ... der getaufte Jude".* Im Sinne eines *„positiven Christentums"* – den Begriff hatten sie aus dem Parteiprogramm der NSDAP übernommen – forderten sie einen *„bejahenden artgemäßen Christusglauben, wie er deutschem Luthergeist und heldischer Frömmigkeit entspricht".* Sein oberstes Gebot war *„die Reinhaltung der Rasse"* und der *„Schutz des Volkes vor Untüchtigen und Minderwertigen".*[71] So bezeichnete sich die Bewegung gerne auch mal als *„die SA Jesu Christi"* und sinnierte über den *„Heiland und* (den) *Führergedanken".*[72] Leider waren die *Deutschen Christen* nicht nur eine radikale Splittergruppe; bei den Kirchenwahlen vom 13. November 1932, also noch vor Hitlers Machtergreifung, gewannen sie im Durchschnitt ein Drittel aller Sitze.

Hitler ernannte deshalb ein führendes Mitglied der Bewegung, den westfälischen Marinepfarrer Ludwig Müller, zu seinem *Bevollmächtigten für Kirchenfragen.* Sein Auftrag war es, die Reformation der

Reformierten voranzutreiben. Zwar kam es tatsächlich zum Zusammenschluss der Landeskirchen, doch nicht alles verlief nach Plan. Statt, wie es Hitler gewollt hatte, Müller zum *Reichsbischof* zu ernennen, nominierten die Landeskirchen zunächst den Leiter der Betheler Anstalten, Friedrich von Bodelschwingh, für dieses Amt. Erst als die Nazis einen kircheninternen Konflikt inszenierten, der ihnen die Möglichkeit zum Eingriff gab, konnten sie Bodelschwingh zum Verzicht zwingen. Nachdem eine Reihe wichtiger Kirchenfunktionäre ihrer Ämter enthoben und auch kirchenferne Kreise zur Stimmabgabe genötigt wurden, erhielt Müller bei den reichsweiten Kirchenwahlen im Juli 1933 die gewünschte Mehrheit. Der „Rei-Bi", wie er spöttisch genannt wurde, war damit, wie Hitler ironisch anmerkte, zum *„Papst der Evangelischen Kirche"*[73] geworden.

Doch die Gleichschaltung war nur von kurzer Dauer. Als die *Deutschen Christen* auf der nächsten Synode durchsetzen wollten, *nichtarische* Priester vom kirchlichen Dienst auszuschließen, regte sich der erste Widerstand. Auch ihr im November 1933 auf einer Kundgebung im Berliner Sportpalast bekanntgegebener Plan, ganz Rosenberg folgend, das Alte Testament aus dem Kanon zu verbannen und einen heldischen Jesus zu proklamieren, wurde mit Empörung aufgenommen. Am 2. September 1933 rief Pastor Martin Niemöller evangelische Pfarrer in ganz Deutschland zum Zusammenschluss in einem *Notbund* auf. Bis zum Jahresende folgten 6000 Seelsorger – damals 30 % der evangelischen Pastoren – seinem Aufruf. Auf der Barmer Bekenntnissynode Ende Mai 1934 stimmten 138 Abgeordnete aus 19 Landeskirchen einer gemeinsamen Erklärung zu, die sich gegen die Verfälschung der christlichen Lehre durch die *Deutschen Christen* wehrte und zur Bibeltreue aufrief. Der „Rei-Bi" war gescheitert, Hitler übertrug dem NS-Kirchenminister Hanns Kerrl die Aufgabe, sich weiter um die Gleichschaltung der Protestanten zu kümmern. Das führte schließlich zur Spaltung. Der Kreis um Niemöller, der nicht zu Kompromissen mit den Nationalsozialisten bereit war, formte jetzt die *Bekennende Kirche.* Ihr schlossen sich auch die Landesbischöfe von Bayern und Württemberg, Hans Meiser und Theophil Wurm, an, die dem Nationalsozialismus mutig die Stirn boten. Am 28. Mai 1936 protestierten die *Bekenntnischristen* in einer Denkschrift in klaren Worten gegen den NS-Terror. Obwohl das Dokument nur in entschärfter Form auf den Kanzeln verlesen wurde, bekam die Bewegung fortan den Druck des Regimes zu spüren. 1937 wurde Niemöller verhaftet, von 1938 bis 1945 in verschiedenen Konzentrationslagern gefangengehalten. Sein Mitstreiter Dietrich Bonhoeffer, Direktor des Predigerseminars der *Bekennenden Kirche,* wurde von den Nazis ermordet.

Die Deutschgläubigen

Die *Deutschen Christen* waren nicht die einzige religiöse Bewegung, die versuchte, dem Regime nach dem Mund zu reden. Auch die *Deutsche Glaubensbewegung* buhlte darum, die neue Nazikirche zu werden. Gegründet wurde dieser Zusammenschluss verschiedener völkisch-religiöser und freireligiöser Gruppen kurz nach der Machtergreifung Hitlers. An der Gründungsversammlung im Juli 1933 in Eisenach nahmen 153 Personen teil, darunter auch der spätere *Ahnenerbe*-Leiter Prof. Herman Wirth und der „Erberinnerer“ Karl Maria Wiligut. Ihr Ziel war, eine dritte große Religionsgemeinschaft im Reich neben Katholizismus und Protestantismus zu begründen. Ihr Programm war betont neuheidnisch und antichristlich; sie propagierte einen Kampf zwischen *„vorderasiatisch-semitischer“* und *„indogermanischer Glaubenswelt“* und forderte die *„religiöse Erneuerung des Volkes aus dem Erbgrunde der deutschen Art.“*[74]

Ihr Gründer war der Tübinger Religionswissenschaftler Jakob Wilhelm Hauer. Hauer war als 19jähriger der Basler Evangelischen Missionsgesellschaft beigetreten und nach Indien geschickt worden. Während er dort das Evangelium verkündete, zog ihn die hinduistische Yogalehre in ihren Bann. Zeitweise schloss er sich den Theosophen an, deren Versuch, eine Brücke zwischen europäischer Geheimwissenschaft und indischer Mystik zu schlagen, ihm zusagte. Er lernte Sanskrit und las alte heilige Schriften, studierte später in Oxford, um schließlich in Tübingen über „Die Anfänge der Yogapraxis im alten Indien“ zu promovieren. Nach einem halben Jahr als Vikar an der Stuttgarter Stiftskirche kehrte er nach Tübingen zurück, nahm eine Stelle als Privatdozent für allgemeine Religionsgeschichte an, habilitierte sich und ging nach Marburg, um dort indische Philologie zu lehren. Er verfasste eine Reihe gelehrter Abhandlungen über den Yoga, während er sich immer mehr vom christlichen Glauben abwandte. Auf der *Religiösen Weltfriedenskonferenz* in Genf forderte er 1928 die Gleichberechtigung aller Religionen, auch der primitiven, heidnischen und, speziell, der germanischen Kulte. Bald kam er auch mit völkischen Kreisen in Kontakt, deren Rassismus er übernahm. Die Gegensätze zwischen den Rassen und Rassenseelen seien zu groß, behauptete der Exmissionar, als dass man *„ohne weiteres eine Religion auf eine anders geartete Rasse übertragen darf, wie dies mit dem Christentum gemacht worden ist"*[75]. Damit degradierte er 1900 Jahre abendländischen Christentums zu einem bedauerlichen Irrtum der Geschichte. Sein Ziel war jetzt der Aufbau einer neuen, *arteigenen* und *rassegerechten* Religion für den arischen Deutschen.

Seit er 1931 mit den Nazis in Kontakt kam, stand er ziemlich bald von ganzem *„Herzen auf der Seite dieser Bewegung ... was den völkischen Aufbruch anbelangt"*. Er trat Alfred Rosenbergs *Kampfbund für deutsche Kultur* bei und wurde förderndes Mitglied der HJ. Ziel der *Deutschen Glaubensbewegung* war, wie Hauer es formulierte, zur nationalsozialistischen Revolution durch eine *„Wiedergeburt unseres Volkes aus dem Glauben"* beizutragen: *„Wir glauben an die Gottunmittelbarkeit des Menschen ... wir glauben, dass uns Gott in dem Geschehen unseres Volkes begegnet und uns mit ihm unmittelbar eine heilige Aufgabe gibt, die, weil aus einem ewigen Willen entsprungen, uns höchster Gottesdienst ist."*[76] Der Partei war die Gemeinschaft als Hilfsorganisation im Kampf gegen die Kirchen zunächst durchaus willkommen; von Rudolf Heß wurde sie sogar offen unterstützt. Eine Massenbewegung mit Zehntausenden Mitgliedern entstand. Bald füllte Hauer, der sich als charismatischer Redner erwies, mit seinen Kundgebungen ganze Stadien, im April 1935 sogar den Berliner Sportpalast. Dabei wetterte er in einer Heftigkeit gegen das Christentum und die Kirchen, die selbst den NSDAP-Oberen zu weit ging. Auch sein großer Erfolg machte sie misstrauisch; die Nazireligion durfte nur einen Propheten haben, nämlich Adolf Hitler, und nur eine Kirche, nämlich die Partei. War Hauer, um auch die SS auf seine Seite zu bringen, seit 1934 für ihren *Sicherheitsdienst* (SD) tätig gewesen, war es SD-Chef Reinhard Heydrich, der ihm schließlich am 15. August 1935 untersagte, weiterhin öffentliche Veranstaltungen durchzuführen. Zwar wandte sich Hauer an Himmler persönlich, versprach, dass die *Deutsche Glaubensbewegung „mit der religiösen und geistigen Verseuchung des deutschen Volkes durch ein art- und volksfremdes Christentum ... mit aller Sicherheit fertigwerden"*[77] würde; doch auch dort stieß er, trotz aller Sympathie für seine Ziele, auf taube Ohren. Schließlich legte der Exmissionar und Neuheide am

20. März 1936 die Leitung der *Deutschen Glaubensbewegung* nieder und trat der NSDAP bei, die auch für ihn bald zur eigentlichen Kirche der Deutschgläubigen wurde. Als *Mitarbeiter für weltanschauliche Fragen* war er weiterhin für das RSHA (Reichssicherheitshauptamt) der SS tätig, während er in Tübingen *Arische Weltanschauung* lehrte und sich am Bildungsprogramm der Nazipartei beteiligte.

Kirchliche Proteste gegen die Judenverfolgung

Zwar war Hitler an dem Versuch, die Kirchen gleichzuschalten, gescheitert, doch deren Widerstand hielt sich trotzdem in Grenzen. Das änderte sich auch nicht, als die Verfolgung der Juden im Reich geradezu dramatische Züge annahm. Jedoch: Widerspruchslos hingenommen wurde sie auch nicht. Das zeigte sich, als der Vatikan auf Anweisung von Papst Johannes Paul II. im Frühjahr 2003 sein Geheimarchiv für ausgewählte unabhängige Historiker öffnete und alle Deutschland und die Nazis betreffenden Akten bis zum Jahre 1939 zugänglich machte. Zu den über 100.000 freigegebenen Dokumenten gehört, in dunklen Schachteln verwahrt, die Korrespondenz der päpstlichen Nuntiaturen in Berlin und München. In grünen Mappen sind die Schreiben der *Sacra Congregazione degli Affari Ecclesiastici Straordinari* (AES), quasi des Vatikanischen Außenministeriums, gesammelt. In diesen Akten befindet sich ein Bericht, den der damalige Nuntius in Berlin, Erzbischof Orsenigo, schon Anfang April 1933 an den Vatikan gesandt hatte. Er handelt von dem von den Nazis am 1. April 1933 inszenierten Boykott gegen jüdische Geschäfte. Mit klaren Worten beschrieb ihn der Kirchendiplomat als *„Schandfleck auf den ersten Seiten der Geschichte ... die der Nationalsozialismus schreibt"*. Ausdrücklich wies der Papst seinen Diplomaten an, sich gegen die Diskriminierung auszusprechen. Kardinalstaatssekretär Pacelli fragte am 4. April eigens noch einmal beim Nuntius und Kardinal Faulhaber nach, ob nicht *„gegen die Gefahr antisemitischer Exzesse in Deutschland"* eine vatikanische Intervention erfolgreich sein könnte. Orsenigo möge sich in diesem Sinne engagieren und auch die Bischöfe zu Protesten ermutigen.[78] Die aber befürchteten, dass *„der Kampf gegen die Juden zugleich zum Kampf gegen die Katholiken werden würde"*, wie es der Münchener Kardinal Faulhaber formulierte. Für ihn waren das Fortbestehen der konfessionellen Schulen und der katholischen Vereine sowie die von den Nazis geplante Zwangssterilisierung Behinderter zunächst einmal vorrangige Probleme: *„Die Juden seien imstande, sich selber zu helfen“*[79]. Erst als die Konkordatsverhandlungen erfolgreich verliefen und sie die Stellung der katholischen Kirche im Dritten Reich für gesichert hielten, rührten sich die Oberhirten langsam.

So wurde am 11. Juni 1933 ein Hirtenbrief der deutschen Bischöfe verlesen, in dem eher vorsichtig der Antisemitismus verurteilt wurde. Die Kirche glaube, dass *„die ausschließliche Betonung der Rasse und des Blutes zu Ungerechtigkeiten führt, die das christliche Gewissen belasten.“*[80] Doch so milde das formuliert war, es wurde durchaus verstanden. So titelte die Londoner *Times* am nächsten Tag: *„Catholics and Nazis – Bishop's Letter: Racial Discrimination Condemned“*. Kardinal Faulhaber machte „Judentum, Christentum, Germanentum“ zum Thema seiner fünf Adventspredigten, die er vom 1. Advent bis Silvester in der größten Kirche Münchens, St. Michael, hielt. Der Zudrang war so groß, dass die beiden nächstgelegenen Kirchen durch Lautsprecher angeschlossen werden mussten. Bezug nehmend auf den *Pfarrernotbund* der Evangelischen Christen begann der Kardinal mit der Einladung: *„Wir reichen den getrennten Brüdern die Hand, um gemeinsam mit ihnen die heiligen Bücher des Alten Testamentes zu verteidigen.“* Unverblümt stellte er fest: *„Christus war ein Jude“*, um mit einem eindeutigen Plädoyer zu schließen: „(Es) *darf die Liebe zur eigenen Rasse in der Kehrseite niemals Hass gegen andere Völker werden ... Rasse ist Verbundenheit mit dem Volk, Christentum ist zunächst Verbundenheit mit Gott. Rasse ist völkische Geschlossenheit und Abgeschlossenheit, Christentum ist weltweite Heilsbotschaft an alle Völker ... Wir dürfen niemals vergessen: Wir sind nicht mit deut-*

Der Münchner Erzbischof Michael Kardinal Faulhaber trat dem Rassenwahn der Nazis im Dezember 1933 mit seinen Adventspredigten „Judentum, Christentum, Germanentum“ entgegen.

schem Blut erlöst.“[81] Fortan wurde der Münchener Erzbischof von der NS-Propaganda als „Judenfreund“ geächtet. In der Nacht vom 27. auf den 28. Januar 1934 wurde der große Salon seiner Residenz beschossen; die Täter konnten nie ermittelt werden. Schon im November 1933 hatte sich der neue Bischof von Münster, Clemens August Graf von Galen, gegen eine Verwischung katholischer Lehren *„über die heilsgeschichtlichen Aufgaben des israelitischen Volkes in der vorchristlichen Zeit und über die Pflichten zur Nächstenliebe gegenüber allen Menschen“* ausgesprochen. In seinem Hirtenbrief vom 29. Januar 1934 stellte er die Gemeinschaft der Erlösten dem Rassegedanken entgegen. Zwei Monate später, in seinem Osterhirtenbrief, sprach der Bischof erneut Klartext:

> *„Es greift die Fundamente der Religion und der gesamten Kultur an, wer das moralische Gesetz im Menschen zerstört. Das tun aber jene, die von der Sittlichkeit erklären, sie gelte nur insoweit für ein Volk, als sie die Rasse fördere. Offensichtlich wird dadurch die Rasse über die Sittlichkeit gestellt, das Blut über das Gesetz ... Was wird nun die Folge sein, wenn man das sittliche Naturgesetz, das alle Menschen ohne Unterschied der Rassen und Klassen verpflichtet, zerstört ...? Der Heilige Vater selbst antwortet darauf ....: ‚An Stelle der Sittengebote, die zugleich mit dem Gottesglauben verblassen, tritt die brutale Gewalt, die jedes Recht mit Füßen tritt.‘“*[82]

Die *„Verabsolutierung des Rassegedankens“* sei *„ein Irrweg, dessen Unheilsfrüchte nicht auf sich warten lassen werden“*, ermahnte Kardinalstaatssekretär Pacelli die Reichsregierung in einem Promemoria vom 14. Mai 1934.[83] Auf einer Predigt vor Zehntausenden Pilgern im französischen Wallfahrtsort Lourdes am 28. April 1935 griff er die Nazis erstmals öffentlich an. Sie seien *„geleitet von Lehrmeistern des Irrtums“*, würden aus *„vergifteten Quellen trinken“*: *„Es bedeutet nicht viel, dass sie sich in Massen um die Fahne der gesellschaftlichen Revolution scharen, dass sie von einer falschen Vorstellung von der Welt und vom Leben beseelt sind und dass sie vom Aberglauben der Rasse und des Blutes besessen sind. Ihre Philosophie ... beruht auf Grundsätzen, die denen des christlichen Glaubens von Grund auf entgegengesetzt sind.“* Dann rief er zum offenen Widerstand auf: Die *„Kirche der Märtyrer und der heldenhaften Bischöfe“* würde keineswegs der Vergangenheit angehören; vielmehr sei sie *„lebendige Wirklichkeit“*, bereit und imstande, dem *„Höllendrachen“*, dem *„Wüten des Dämons“* und der *„Macht der Dunkelheit“* entgegenzutreten.[84]

Die Häresie des Nationalsozialismus

Am 21. März 1934 hatte Papst Pius XI. das *Heilige Offizium*, den offiziellen Hüter des katholischen Glaubens, damit beauftragt, die Möglichkeit einer öffentlichen Verurteilung des Nationalsozialismus zu überprüfen. Zu diesem Zweck mussten die Grundthesen Hitlers, die *„irrigen Grundsätze, die die Basis bilden für ... Nationalsozialismus, Rassismus und totalitären Staat“*[85], definiert und der katholischen Lehre gegenübergestellt werden. Der Plan war, für eine zukünftige Enzyklika des Papstes einen *Syllabus der Irrtümer* zu erstellen, ähnlich dem berühmten *Syllabus* Pius' IX. aus dem Jahre 1864. Dadurch würde der Nationalsozialismus als Häresie, als religiöse Irrlehre, entlarvt und widerlegt werden können.

Das Unterfangen erwies sich als gar nicht einmal so unproblematisch. Denn zunächst einmal musste Hitlers mystische, verworrene und subjektive Sprache in präzises Kirchenlatein übersetzt werden. Als Grundlagen galten „Mein Kampf“ und einige seiner programmatischen Reden. Doch nach mehr als einjähriger Arbeit legten die Mitarbeiter des *Heiligen Offiziums* am 1. Mai 1935 ihre „Thesenliste zu Nationalismus, Rassismus und Totalitarismus“ vor, die nicht weniger als 47 zu verurteilende Punkte umfasste. Sie stellten fest, dass es sich beim Nationalsozialismus um eine *politische Religion* handelte, die den Staat zum Gott erhob. Dieser Staatskult sei eine Form des Neuheidentums. Auch dem Rassismus der Nazis wurde pseudoreligiöser Charakter zugesprochen. Mit der Lehre des Christentums, so stellten sie fest, war diese „Rassenreligion“ unvereinbar. Haben nicht nach der biblischen Lehre alle Menschen dieselben Stammeltern? Hatte nicht der hl. Paulus in seinem ersten Brief an die Korinther geschrieben: *„Denn wir sind durch einen Geist alle zu einem Leibe getauft, wir seien Juden oder Griechen ...“* (1 Kor 12)? Die Rassenlehre der Nazis bedrohe, so die Theologen, nicht nur die Juden, sondern auch die Deutschen. Denn sie verherrliche nicht den Geist, sondern das Fleisch, die Bestialität, das Wilde, Unbeherrschte, Unzivilisierte, die nackte Gewalt des „Heldischen“. Als geradezu teuflisch erschien ihnen Hitlers Programm zur „Reinhaltung“ der Rasse. Es forderte nicht nur die Auflösung gemischtrassiger Ehen und damit die Aufhebung eines für den Christen unantastbaren Sakramentes, sondern befürwortete auch Sterilisation, Abtreibung und Euthanasie. *„All dies widerspricht, wie die Päpste erklärt haben, natürlichem wie göttlichem Gesetz“,* stellten die Theologen fest. Nach der christlichen Lehre ist das menschliche Leben, jedes Leben, heilig und um jeden Preis zu schützen. Die Nazis lehrten: *„Du bist nichts, Dein Volk ist alles!“* Für sie war der Mensch *„bloßes Instrument ihrer rassistischen Herrschaftsziele“*[86], jeder Bedeutung und Transzendenz beraubt. Der Zweck heiligte ihnen jedes Mittel bis hin zum Mord.

Das Dokument illustrierte anschaulich, dass der Nationalsozialismus um keinen Deut besser war als der verhasste Kommunismus. Es war unmöglich, sich mit dem einen zu verbünden, um den anderen zu bekämpfen. *„Zwei Gefahren bedrohen die europäische und die christliche Kultur: Nazismus und Kommunismus“,* stellte Pacellis Stellvertreter im Staatssekretariat, Monsignore Domenico Tardini, 1936 fest. *„Beide sind materialistisch, antireligiös, totalitär, tyrannisch, grausam und militaristisch.“*[87] Das bestätigte auch der Papst, an die deutschen Bischöfe gerichtet: *„Nationalsozialismus ist nach seinem Ziel und seiner Methode nichts anderes als der Bolschewismus. Ich würde das dem Herrn Hitler sagen.“*[88]

So plante der Vatikan ursprünglich, Nationalsozialismus und Kommunismus in einem einzigen Dokument zu verurteilen. In einem Entwurf, der im Juli 1936 in Druck ging, wurden im ersten Teil die Grundlagen des christlichen Menschenbildes dargestellt, im zweiten Teil die „wahre Lehre“ zu den Fragen von Rasse, Nation und Proletariat präsentiert und im dritten Teil die *„Irrlehren von Rassismus, Hypernationalismus, Kommunismus und Totalitarismus“*[89] verurteilt.

Kulturkampf gegen die Kirche

Währenddessen verschärfte sich die Lage im Reich. Immer wieder kam es zu Übergriffen auf die Kirche. Eine katholische Zeitung nach der anderen wurde beschlagnahmt und verboten, eine Massenveranstaltung nach der anderen hetzte das Volk gegen die Priester, die Bischöfe und den Papst auf. Der Vorsitzende der Deutschen Bischofskonferenz, der Breslauer Erzbischof Kardinal Bertram, schrieb den staatlichen Stellen reihenweise Protestbriefe, während seine Amtsbrüder von Galen und Konrad von Preysing, der neue Bischof von Berlin, für einen offenen Widerstand plädierten. „Rei-Bi" Müller dagegen hetzte auf Versammlungen der *Deutschen Christen gegen „Judentum und Bolschewismus, Rom und Protestantische Internationale"* als *„die eigentlichen Feinde des Staates."*[90] Während die Nazis die Eingliederung der *Katholischen Jugend* in die *Hitlerjugend* verlangten, war diese Forderung für die Kirche inakzeptabel. *„Wir müssten ja einen Vogel haben, wenn wir unsere Jugendverbände auflösen sollten und die katholische Jugend einer von Rosenberg beeinflussten Organisation anvertrauen wollten"*[91], erklärte Kardinalstaatssekretär Pacelli in ungewohnter Schärfe dem deutschen Unterhändler Rudolf Buttmann, der im Februar 1934 nach Rom gekommen war, um die noch offenen Punkte des Konkordats zu verhandeln. Er wusste, dass die Folge eine stetige antichristliche Indoktrination der Jugendlichen sein würde. „Wer die Jugend hat, der hat die Zukunft", war das Motto der Nazis. Vom Hass auf die Kirche, der den Hitlerjungen eingetrichtert wurde, zeugten Wandschmierereien wie *„Christus krepiert, HJ marschiert",* die damals in Deutschland ebenso an der Tagesordnung waren wie Störungen der Messfeier und tätliche Angriffe auf praktizierende Katholiken.

„Eure Verbände sollen jedenfalls wissen, dass ihre Sache Unsere Sache ist", erklärte der Papst zu Ostern 1934 in einem Grußwort an die *Katholische Jugend* Deutschlands, um wenige Tage später auf einer Audienz von 350 katholischen Jugendlichen zu warnen: *„Ohne Katholizismus und Kirche"* werde das Christentum in Deutschland *„zu einem Nichts, ja ... zu eigentlichem Heidentum."*[92] Zu Weihnachten 1935 übersandte Nuntius Orsenigo dem Papst eine Liste von katholischen Laien und Priestern, die von den Nazis verhaftet worden waren. Pius XI., berichtete ihm Pacelli, nahm die Nachricht *„mit großem Kummer auf".* Als er auf dem Neujahrsempfang der vatikanischen Gesandten 1936 dem deutschen Botschafter Diego von Bergen gegenüberstand, konnte der sonst nicht gerade für seine Gefühlsausbrüche bekannte Pontifex seine Empörung nicht mehr zurückhalten. Er sei *„von Schmerz erfüllt und tief unzufrieden",* fuhr er den Diplomaten an. Deutschland solle endlich die Verfolgungen und Übergriffe auf Katholiken einstellen. Nicht die Kirche werde sich auflösen, sondern *„die anderen".*[93] Als ihm Hitler einen Monat später telegraphisch zu seinem Pontifikatsjubiläum gratulierte, antwortete

Pius XI., allen diplomatischen Gepflogenheiten zum Trotz, ebenfalls mit einem Telegramm. Er wollte damit seiner *„tiefe*(n) *Beunruhigung"* hinsichtlich der jüngsten *„Polizeimaßnahmen gegen Priester und katholische Jugendvereinigungen"* Ausdruck verleihen.[94]

Der SD im Weltanschauungskampf

Auch Himmlers SS, die nach den Wünschen des *Reichsführers „in vorderster Front des Weltanschauungskampfes"* stehen sollte, wurde jetzt gegen die Kirchen aktiv. 1935 richtete das *SD-Hauptamt,* der Inlandsgeheimdienst der SS unter Leitung des berüchtigten *Gestapo*-Chefs Reinhard Heydrich, ein *Kirchenreferat* unter Leitung des zum Nationalsozialismus konvertierten Expriesters Albert Hartl ein. Im August 1935 legte Hartl, beseelt vom Fanatismus des Apostaten, Himmler einen Eilbericht zur „Lage des Kampfes gegen das nationalsozialistische Deutschland" vor. Zwei Drittel des umfangreichen Dokumentes waren dem Katholizismus gewidmet, dessen Vertreter er als *„Staatsfeinde und weltanschauliche Gegner"* bezeichnete. Wie sein Chef Heydrich, dem sein Mitarbeiter Wilhelm Höttl einen *„irrationalen, pathologischen Hass auf das Christentum"*[95] bescheinigte, sah auch Hartl in den Kirchen nicht nur politische Konkurrenten des NS-Staates, sondern feindliche Mächte in einem Weltanschauungskampf. *„Nachdem der sichtbare politische Gegner im Inland zum guten Teil überwunden ist, hat der Kampf der Geister und der Weltanschauungen begonnen"*[96], erklärte der SD-Amtsleiter Franz Six einen Monat später. Dabei war man kompromisslos und erteilte Anpassungsversuchen wie den *Deutschen Christen* eine klare Absage. *„Der Kampf geht nicht um Christentum oder artgemäßes Christentum, sondern um Christentum oder Nichtchristentum"*[97], betonte Hartl. Bei diesem Kampf wolle man *„in vorderster Front"* stehen, hielt man *„Angriff für die beste Verteidigung";* die von Hitler geforderte *„taktische Zurückhaltung"* dem *politischen Katholizismus* gegenüber kostete die Hardliner erkennbare Überwindung.[98] *Politischer Katholizismus* war dabei keineswegs differenzierend gemeint, als ob es auch einen unpolitischen Katholizismus gäbe; für die Nazis *„war der Katholizismus immer, notwendig und prinzipiell politisch, nämlich auf weltlichen Machtgewinn ausgerichtet"*[99]. Eine unpolitische Religiosität könne nur aus der *Rassenseele* des Menschen kommen und war deshalb der christlichen Religion gar nicht möglich.

Jedenfalls forderte Hartl in seinem Bericht eine Ausweitung der Überwachung der Kirchen und Glaubensgemeinschaften, für die er weitere Mittel und Mitarbeiter erbat. Dabei geht aus seinen Papieren hervor, wie umfangreich die Aktivitäten der Nazis gegen die Kirchen zu diesem Zeitpunkt bereits waren. An erster Stelle nannte er das *Amt Information* der *Deutschen Arbeitsfront* und seine Aktivitäten gegen den *politischen Katholizismus.* Auch Alfred Rosenbergs Amt würde Informationen über die „gegnerischen Aktivitäten" der Kirchen in einem großen Archiv sammeln, das mittlerweile neun Räume umfasste und in dem 13 Mitarbeiter beschäftigt waren. Ebenso seien *Reichsjugendführung,* die *NS-Volkswohlfahrt* und das *Rasse- und Siedlungshauptamt* der SS längst im Kirchenkampf aktiv geworden. Ihnen durfte der SD in nichts nachstehen.

Die Initiative war erfolgreich, denn schon im nächsten Jahr richtete der SD eine *Unterabteilung III/2 Religion und Weltanschauung* ein. Ihre Aufgabe war die verstärkte Überwachung der christlichen Kirchen, aber auch anderer konkurrierender Religionsgemeinschaften und Sekten, wozu die Juden ebenso wie die Freimaurer, die Zeugen Jehovas, aber auch unabhängige *völkisch-religiöse Gruppen* gerechnet wurden. Mitte 1937 legte die Abteilung als Arbeitsziel fest, *„die politischen Kirchen und Sekten als Gegnerformen des nationalsozialistischen Staates und der nationalsozialistischen Weltanschauung aus Deutschland völlig zu verdrängen und gleichzeitig ihre Kampfstellung gegen Deutschland im Ausland zu brechen"*[100]. Dieses Ziel wollte man erreichen, indem man die noch bestehenden katholischen Organisationen auf dem Wege einer Nadelstichpolitik immer weiter einschränkte und zurückdrängte, um sie schließlich gänzlich zu beseitigen. Zudem war eine totale Beobachtung und Erfassung des Klerus geplant. Zu diesem Zweck hatte Hartl ein umfangreiches Agentennetz mit bis zu 200 „inoffiziellen Mitarbeitern" aufgebaut, das ihm Einblick selbst in höchste Kirchenkreise verschaffte. Spätestens seit 1939, als die Abteilung zum *Amt II – Gegnerforschung* des Reichssicherheitshauptamtes aufgewertet wurde, erhielten Himmler und Heydrich, wie sie glaubten, durch den SD bessere Informationen aus dem Vatikan als der deutsche Episkopat. Zudem hatte Hartl in jedem deutschen Bischofssitz mindestens einen Informanten. Man war jederzeit bereit, zuzuschlagen, wenn der *Führer* es befahl.

Hitlers Taktik

Hitler wusste, dass es für einen offenen Kampf mit der Kirche noch zu früh war, und so schob er ihn wegen seiner möglichen innen- und außenpolitischen Rückwirkungen immer wieder auf. Tatsächlich waren die Folgen eines offenen Bruches mit Rom kaum kalkulierbar. Die Juden waren eine kleine Minderheit in der Bevölkerung und konnten als solche isoliert werden, ohne dass die Nazischergen dabei auf allzu großen Widerspruch stießen; zu weit verbreitet waren judenfeindliche Ressentiments. Doch die über 22 Millionen deutschen Katholiken hätte er kaum pauschal zu Staatsfeinden erklären können, ohne dadurch das Land zu spalten und einen Bürgerkrieg zu riskieren. Auch breitere Maßnahmen gegen die katholische Geistlichkeit, so wusste er, würde die noch überwiegend konfessionell gebundene Bevölkerung nicht hinnehmen. So setzte er zunächst darauf, die Deutschen durch gezielte Propaganda mehr und mehr von ihrer Kirche zu entfremden. Sein Plan war, den Katholizismus „auszuhungern" und schließlich ganz aus dem öffentlichen Leben zu verdrängen. Hatten die Nationalsozialisten erst einmal die Jugend gewonnen, so war es nur noch eine Frage der Zeit, bis die letzte Generation der Gläubigen ausgestorben war. Sollte sich dagegen Widerstand formieren, würde auch gewaltsam vorgegangen werden. Doch zunächst einmal hatten die *Judenfrage* und der Krieg für ihn Vorrang, galt es, die Kirche ruhigzustellen, jede offene Konfrontation zu vermeiden. Also lenkte er ein. Über seinen Kirchenminister Kerrl ließ er Kardinal Bertram ausrichten, man würde die Angriffe auf die katholische Kirche einstellen, wenn diese aufhöre, den Nationalsozialismus zu bekämpfen. *„Kerrl will die Kirche konservieren, wir wollen sie liquidieren"*[101], spöttelte Goebbels in seinem Tagebuch. Doch Hitlers Plan ging auf. Zumindest kurzfristig gelang es ihm, dem Glaubensmann vorzugaukeln, das Vorgehen der Partei sei nicht identisch mit seiner Politik. Als er Kardinal Faulhaber auf dem Obersalzberg empfing, beeindruckte er ihn durch souveränes, formvollendetes Auftreten. Der Münchener Erzbischof fiel auf das Schmierentheater herein, glaubte schließlich: *„Der Reichskanzler lebt ohne Zweifel im Glauben an Gott. Er anerkennt das Christentum als den Baumeister der abendländischen Kultur."*[102] Dass er diese Heuchelei nicht durchschaute (oder durchschauen wollte), hatte allerdings auch einen ganz aktuellen Grund. Denn 1936 war in Spanien der Bürgerkrieg ausgebrochen, hatte die

Kirche mit Entsetzen erfahren, welche Gefahr der Kommunismus tatsächlich für sie darstellte.

Auf den Wahlsieg der rechtsextremen Falangisten bei den Parlamentswahlen 1933 hatte die spanische Linke mit einem Generalstreik und einem Bergarbeiteraufstand in Asturien geantwortet, bei dem die rote Flagge der Sowjetunion gehisst wurde. Unter dem innenpolitischen Druck mussten im Februar 1936 das Parlament aufgelöst und Neuwahlen durchgeführt werden, aus denen die linke *Volksfront* als knapper Sieger hervorging. Das Land war in zwei Lager gespalten, es kam zu Unruhen, Kämpfen, Aufständen und Übergriffen. Die Kirche war das erste Ziel der Kommunisten. Über 160 Kirchen und Klöster brannten, Priester und Ordensleute wurden wie Tiere auf den Straßen gejagt. In Madrid lynchte der Mob fünf Nonnen, während Demonstranten mit roten Hemden und roten Fahnen *„Viva Rusia!"* (Es lebe Russland!) brüllten. Die *Komintern,* die Kommunistische Internationale Stalins in Moskau, beschloss, die Linke in Spanien mit Waffen und immensen Geldbeträgen zu unterstützen. Strategische und politische Berater wurden nach Madrid entsandt. Die spanische Revolution sollte nach dem Vorbild der russischen Oktoberrevolution durchgeführt werden, ebenso blutig und effektiv. In den folgenden Monaten wurden zehn spanische Bischöfe, 5000 Priester und zahllose Ordensleute ermordet. Über 300.000 Menschen richtete man aufgrund ihrer politischen und religiösen Überzeugung hin. Erst der Sieg der Falangisten unter *Generalissimo* Francisco Franco beendete die moderne Christenverfolgung. Dabei hatte auch Hitler zur Unterstützung Francos eine Kampfgruppe und ein Geschwader der deutschen Luftwaffe entsandt. Der streng katholische *Generalissimo* bedankte sich für die Hilfe – und kehrte den Nazis fortan den Rücken zu. Im Zweiten Weltkrieg blieb Spanien neutral, was für Hitler unverzeihlich war. Später, in einem seiner Monologe in der *Wolfsschanze,* bereute der *Führer* sein Engagement im spanischen Bürgerkrieg, erklärte hämisch: *„Wenn nicht die Gefahr bestanden hätte, dass der Bolschewismus auf Europa übergreift, hätte ich der Revolution in Spanien keinen Einhalt getan: Die Pfaffen wären ausgerottet worden."*[103]

Hitlers Drohung

Vor dem erneut erwachten Schreckgespenst des Bolschewismus musste den Bischöfen des Jahres 1936 der Nationalsozialismus tatsächlich als das „geringere Übel“ erscheinen. Man wusste, es war eine Wahl zwischen Unterdrückung und Vernichtung. Doch in Nazideutschland, so glaubten sie, konnte die Kirche zumindest überleben und ihre geistlichen Aufgaben erfüllen. Sie konnten nicht ahnen, dass Hitler insgeheim den Mord an Priestern und Ordensleuten guthieß und nur aus politischen Gründen, in der Hoffnung, in Franco einen künftigen Verbündeten zu finden, in Spanien eingegriffen hatte. Vor diesem Hintergrund, und nur so, ist die zeitweise Annäherung, das Schweigen zu den *Nürnberger Rassengesetzen,* sind die naiv-gutgläubigen Worte Kardinal Faulhabers nach dem Besuch bei Hitler zu verstehen. Man hoffte, man wollte glauben, dass der braune Schmierenkomödiant es ausnahmsweise einmal ehrlich meinte. Wieder ließ Hitler der Kirche keine Wahl. Was er ihr anbot, war eine Allianz gegen den Bolschewismus unter der Bedingung, dass sie ihren Kampf gegen die Rassengesetzgebung einstellte. Sollte sie dazu nicht bereit sein, würden alle Angehörigen des Klerus als Staatsfeinde behandelt werden. Oder, wie es Dr. Goebbels protokollierte: *„Entweder mit uns gegen Bolschewismus oder Kampf gegen die Kirche ... Krieg oder Aussöhnung. Was anderes gibt's nicht ... Kirchen müssen entweder scharf an unsere Seite treten, oder sie sind zum Untergang reif.“*[104]

Wie ernst Hitler es mit dieser Drohung meinte, zeigten die damals gerade angelaufenen Prozesse gegen Priester und Ordensleute wegen angeblicher Devisen- und Sittlichkeitsvergehen. Sie sollten zu *„Hitlers Geheimwaffe gegen den Vatikan“*[105] werden. Bereits im März 1935 kam es zu spektakulären Verhaftungen von einfachen Nonnen und Priestern, aber auch von Generaloberinnen und Bischöfen, die ohne offizielle Genehmigung Spendengelder ihrer Bestimmung zugeführt hatten. *„Unter Missbrauch der Autorität der Orden“* hätten sie *„erhebliche Reichsmarkbeträge über die deutsche Reichsgrenze geschafft“* und bestehende Auslandsguthaben nicht oder nur unvollständig angegeben, hieß es in der Anklage. Aus der Naivität mancher Kleriker im Umgang mit Geld wurde ein Verbrechen konstruiert. In 60 Strafverfahren kam es zu mehreren Verurteilungen. Für die Nazipropaganda war das ein gefundenes Fressen. Mit Schlagzeilen wie „Kutten und Devisen“ bauschte die braune

Presse die Verfahren auf, während die HJ mit einem *Devisenschieberlied* die öffentliche Vorverurteilung vorantrieb.[106] Im Mai 1936 wurde die Kirche dann mit einer zweiten Prozesswelle überflutet, bei der es um angebliche Sittlichkeitsvergehen von Geistlichen ging. Bei den Durchsuchungen zu den Devisenvergehen, so hieß es, sei man auf belastendes Material gestoßen. Hitler ließ die Prozesse zunächst einstellen, um sie als Trumpfkarte im richtigen Augenblick aus dem Ärmel ziehen zu können. Er behauptete, über 6000 Priester und Ordensleute in Deutschland Material gesammelt zu haben.[107] Damit hatte er etwas gegen die Kirche in der Hand, womit er sie erpressen, ihr Schaden zufügen konnte. Mochten die Beschuldigungen auch in fast allen Fällen aus der Luft gegriffen sein, hängen blieb immer etwas.

„Ich werde bestimmt keine Märtyrer aus ihnen machen. Zu simplen Verbrechern werden wir sie stempeln. Ich werde ihnen die ehrbare Maske vom Gesicht reißen. Und wenn das nicht genügt, werde ich sie lächerlich und verächtlich machen. Filme werde ich schreiben lassen ... wenn ich will, könnte ich die Kirche in wenigen Jahren vernichten“[108], hatte Hitler Hermann Rauschning schon Anfang 1933 seinen Kampf gegen die Kirche angekündigt. Die ganze Aktion war also von langer Hand vorbereitet worden.

Doch noch einmal waren die deutschen Bischöfe bereit, mitzuspielen. Bei ihrem Treffen vom 25./26. November 1936 fassten sie den Beschluss, den Bolschewismus zu verurteilen und ihre *„loyale und positive Haltung gegenüber der heutigen Staatsform und gegenüber dem Führer“*[109] zu bekräftigen. In diesem Sinne sollte ihr Hirtenbrief zum Weihnachtsfest 1936 eine heftige Breitseite gegen die „Heere Moskaus“ unter der „roten Fahne“ beinhalten. Doch er sollte auch an die im Konkordat zugesicherten Rechte der Katholiken in Deutschland erinnern. Selbst das ging den Nazis noch zu weit – die Verlesung des Hirtenbriefes wurde verboten.

Der Vatikan reagierte unverzüglich gegen diesen Affront und rief die deutschen Bischöfe zu einer „Krisensitzung“ nach Rom. Im Vorfeld traf sich Pacelli mit den Kardinälen Bertram und Faulhaber. Die Partei, so hielt er in seinem Protokoll der vertraulichen Unterredung fest, betrachte das Konkordat *„nur mehr als toten Buchstaben.“* Über die Zukunft machte man sich keine Illusionen: *„Für die Kirche geht es zur Zeit um Leben und Tod: man will direkt ihre Vernichtung.“* Die Jugend würde bereits mit Rosenbergs antichristlicher

Ideologie indoktriniert, *„die zur Parteireligion geworden ist."*[110] Es galt jetzt zu retten, was noch zu retten war.

Am Sonntag, dem 17. Januar 1937, trugen die deutschen Bischöfe ihre Sorgen dem Papst vor. Dann entschied sich Pius XI. zu einem mutigen Schritt. Er gab eine Enzyklika in Auftrag, in der er den Nationalsozialismus verurteilte. Ihr Verfasser war kein geringerer als Kardinal von Faulhaber, dessen Text von Kardinaalstaatssekretär Pacelli noch verschärft wurde. Trotzdem galt es, Hitler keinen Vorwand zu liefern, um das Konkordat aufkündigen, das die einzige Rechtsgrundlage für den Umgang mit dem braunen Regime, der Rettungsanker der deutschen Katholiken war. Daher musste jede Polemik vermieden werden. Trotzdem gilt die Enzyklika heute als *„schärfstes Dokument, das je in seiner ganzen Geschichte vom Heiligen Stuhl gegen eine politische Macht gerichtet wurde."*[111]

„Mit brennender Sorge"

In einer großangelegten Geheimaktion bereiteten die Bischöfe ihre Verlesung und Verbreitung vor. Der Text war buchstäblich bei Nacht und Nebel nach Deutschland geschmuggelt, dann in zwölf verschiedenen kirchlichen Druckereien gedruckt worden. Von dort aus wurde das Dokument auf oft abenteuerlichen Wegen von jungen Burschen per Fahrrad in die Pfarrhäuser gebracht. Viele von ihnen fuhren durch Wälder und Felder, um öffentliche Straßen zu vermeiden. Der Postweg war zu unsicher, denn die ganze Aktion wäre gescheitert, wenn auch nur ein Exemplar in die Hände der Nazis gefallen wäre. In einigen Kirchen übergaben die Boten den gedruckten Text dem Gemeindepfarrer im Beichtstuhl, der ihn dann im Tabernakel, dem Allerheiligsten, verwahrte. Der Plan ging auf. Am Palmsonntag, dem 21. März 1937, wurde die päpstliche Enzyklika, die mit den bezeichnenden Worten „Mit brennender Sorge" begann, von fast allen deutschen Kanzeln verlesen: *„Mit brennender Sorge und steigendem Befremden beobachten wir seit geraumer Zeit den Leidensweg der Kirche, die wachsende Bedrängnis der ihr in Gesinnung und Tat treu bleibenden Bekenner und Bekennerinnen inmitten des Landes und des Volkes, dem Sankt Bonifatius einst die Licht- und Frohbotschaft von Christus und dem Reiche Gottes gebracht hat"*, begann der Text. Dann erklärte der Papst den Grund für seinen Kummer. Obwohl die

Reichsregierung ihm das Konkordat *„angetragen“* hätte, obwohl er es nur aus *„Sorge um die Freiheit der kirchlichen Heilsmission in Deutschland“* und *„trotz mancher schwerer Bedenken“* unterzeichnet hatte, hätten *„andere“* aufgrund ihrer *„grundsätzlichen Feindschaft gegen Christus“* dieses Friedensangebot missbraucht. Nachdem er gegen die *„offene und verhüllte Gewalt“* der Vertragsbrecher gegen die Kirche protestierte, stellte er die Unvereinbarkeit der Naziideologie mit der Lehre der Kirche dar. Grundlage dieser Verurteilung der nationalsozialistischen Doktrin war der geplante *Syllabus*-Text. Jetzt hieß es, auf Hitler direkt bezogen:

> *„Gottgläubig ist nicht, wer das Wort Gottes rednerisch gebraucht, sondern nur, wer mit diesem hehren Wort den wahren und würdigen Gottesbegriff verbindet.*
> *Wer in pantheistischer Verschwommenheit Gott mit dem Weltall gleichsetzt, Gott in der Welt verweltlicht und die Welt in Gott vergöttlicht, gehört nicht zu den Gottgläubigen.*
> *Wer nach angeblich altgermanisch-vorchristlicher Vorstellung das düstere unpersönliche Schicksal an die Stelle des persönlichen Gottes rückt, leugnet Gottes Weisheit und Vorsehung ...* (und) *kann nicht beanspruchen, zu den Gottgläubigen gerechnet zu werden.*
> *Wer die Rasse, oder das Volk, oder den Staat, oder die Staatsform, die Träger der Staatsgewalt oder andere Grundwerte menschlicher Gemeinschaftsgestaltung – die innerhalb der irdischen Ordnung einen wesentlichen und ehrengebietenden Platz behaupten – aus dieser ihrer irdischen Wertskala herauslöst, sie zur höchsten Norm aller, auch der religiösen Werte macht und sie mit Götzenkult vergöttert, der verkehrt und fälscht die gottgeschaffene und gottbefohlene Ordnung der Dinge. Ein solcher ist weit von wahrem Gottesglauben und einer solchem Glauben entsprechenden Lebensauffassung entfernt ...*
> *Nur oberflächliche Geister können der Irrlehre verfallen, von einem nationalen Gott, von einer nationalen Religion zu sprechen, können den Wahnversuch unternehmen, Gott, den Schöpfer aller Welt, den König und Gesetzgeber aller Völker, vor dessen Größe die Nationen klein sind wie Tropfen am Wassereimer, in die Grenze eines einzelnen Volkes, in die blut-*

mäßige Enge einer einzelnen Rasse einkerkern zu wollen ... Das Evangelium Jesu Christi ... kennt keine Nachträge durch Menschenhand, kennt erst recht keinen Ersatz und keine Ablösung durch die willkürlichen ‚Offenbarungen', die gewisse Wortführer der Gegenwart aus dem sogenannten Mythos von Blut und Rasse herleiten wollen ...
Wer in sakrilegischer Verkennung der zwischen Gott und Geschöpf, zwischen dem Gottmenschen und den Menschenkindern klaffenden Wesensunterschiede irgendeinen Sterblichen, und wäre er der Größte aller Zeiten, neben Christus zu stellen wagt, oder gar über Ihn und gegen Ihn, der muss sich sagen lassen, dass er ein Wahnprophet ist, auf den das Schriftwort erschütternde Anwendung findet: ‚Der im Himmel wohnt, lachet ihrer!' ...
Gott hat in souveräner Fassung seine Gebote gegeben. Sie gelten unabhängig von Zeit und Raum, von Land und Rasse. So wie Gottes Sonne über allem leuchtet, ... so kennt auch sein Gesetz keine Vorrechte und keine Ausnahmen."[112]

Als der Diktator von der Verlesung der Enzyklika erfuhr, kochte er vor Wut. Sofort befahl er, alle außerhalb der Kirchenräume kursierenden Exemplare des Dokumentes zu beschlagnahmen. Alle zwölf Druckereien, in denen es produziert worden war, wurden entschädigungslos enteignet, die Verantwortlichen von der Gestapo verhaftet. Kirchenminister Kerrl verurteilte die Enzyklika als Verstoß gegen das Konkordat. Auf seiner Ansprache zum 1. Mai 1937 ging Hitler selbst mit einer unverhohlenen Drohung an die Kirche auf das Dokument ein:

„Und von jedem Deutschen muss ich verlangen: Auch du musst gehorchen können ... Biegen oder Brechen – eines von beidem! Wir können nicht dulden, dass diese Autorität, die die Autorität des deutschen Volkes ist, von irgendeiner anderen Stelle angegriffen wird. Das gilt auch für alle Kirchen ... Wenn sie versuchen, durch irgendwelche Maßnahmen, Schreiben, Enzykliken usw. sich Rechte anzumaßen, die nur dem Staat zukommen, werden wir sie zurückdrücken in die ihnen gebührende geistlich-seelsorgerische Tätigkeit. Es geht auch nicht an, von dieser Seite aus die Moral des Staates zu kriti-

sieren, wenn man selbst mehr als genug Grund hätte, sich um die eigene Moral zu kümmern ..."[113]

Die Büchse der Pandora

Der letzte Satz kündigte bereits an, was Hitler vorhatte. Er wollte die Büchse der Pandora öffnen. In einer Reihe von Schauprozessen wurden Geistliche wegen angeblicher Sittlichkeitsvergehen angeklagt. Auf einer Massenkundgebung in der Berliner Deutschlandhalle eröffnete Dr. Joseph Goebbels am 28. Mai 1937 die Hatz auf die Kirche, geiferte in geheuchelter Empörung von *„himmelschreienden Skandalen"*, einer *„allgemein sittlichen Korruption, wie sie die Geschichte der Zivilisation kaum jemals gekannt hat"*, *„pervertierten und skrupellosen Jugendschändern"* und kündigte an, dass *„diese Sexualpest mit Stumpf und Stiel ausgerottet werden"* müsse. Hitler sei *„der berufene Beschützer der deutschen Jugend mit eiserner Strenge gegen die Verderber und Vergifter unserer Volksseele"*.[114] Doch dann geschah eine Panne. In den Koblenzer Prozessen, den spektakulärsten Verfahren gegen katholische Ordensleute, kam es zu Freisprüchen. Hitler war, wie Goebbels in seinem Tagebuch vermerkte, *„entsetzt"*. *„Die Justiz hat völlig versagt"*, tobte der Propagandaminister. *„Ich rate dem Führer, möglichst bald die Unabhängigkeit der Richter abzuschaffen. Er will das auch tun."*[115]

Tatsächlich gab es keine 6000 Fälle, wie Hitler verkündet hatte, und schon gar keine 7000, wie von Kirchenminister Kerrl behauptet, sondern gerade einmal 58 Anklagen, die in 36 Fällen zu Freisprüchen durch die Nazigerichte führten.[116] Trotzdem bewirkten die Prozesse einen immensen Imageschaden für die Kirche, zumal die Presse über die Freisprüche zu schweigen hatte. Dann wurde mit Runderlass vom 1. Juli 1937 verfügt, dass mit dem Ende der Sommerferien der schulische Religionsunterricht nur noch von weltlichen Lehrern und nicht mehr von Geistlichen erteilt werden dürfe. Währenddessen heckte Hitler mit Goebbels die nächsten Schritte gegen die Kirche aus: *„Wir müssen die Kirchen beugen und sie uns zu Dienern machen. Das* (sic!) *Zölibat muss auch fallen. Die Kirchenvermögen eingezogen werden, kein Mann vor dem 24. Lebensjahr Theologie studieren. Dann nehmen wir ihnen den besten Nachwuchs. Die Orden müssen aufgelöst, den Kirchen die Erziehungsberechtigung genom-*

men werden. Nur so kriegen wir sie in einigen Jahrzehnten klein."[117] Indem man auch katholische Theologiestudenten und Klosterschüler zum Reichsarbeitsdienst antreten ließ, nutzte man die Chance ihrer Indoktrination und versuchte alles, um ihnen ihre Berufung wieder auszureden.

Eine neue Phase im Kirchenkampf plante Hitler Ende Juli 1937, als er gerade die Bayreuther Festspiele besuchte. „Trennung von Kirche und Staat!" lautete die neue Zauberformel, auf die er sich mit seinem Kirchenminister Kerrl einigte.[118] Noch vor Ende des Jahres sollte ein Gesetz erlassen werden, dessen wahre Intention sich hinter dem euphemistischen Titel *Sicherung der Glaubens- und Gewissensfreiheit* verbarg. Unter dem Vorwand einer *„Gleichstellung aller Glaubensgemeinschaften"* wären die Kirchen ihres öffentlich-rechtlichen Charakters entkleidet und zu simplen Vereinen degradiert worden. Die Erhebung von Kirchensteuern sowie die Leistung von Zuschüssen durch den Staat hätten damit ein Ende, das Kirchenvermögen würde dem NS-Kirchenminister unterstellt werden. Damit hätte Hitler tatsächlich die Kirchen *„auf Aussterbe-Etat"* gesetzt, wie er den Plan in einem seiner Monologe[119] erklärte. Doch als Kerrl ihm den Gesetzentwurf, den sein Ministerium ausgearbeitet hatte, im Oktober 1937 vorlegte, zögerte der Diktator erneut. Nach einem weiteren Versuch ließ er seinen Minister am 22. Dezember 1937 wissen, er wolle *„in der Kirchenfrage für den Moment Ruhe"*[120]. Noch war ihm das Risiko einer solchen Maßnahme zu groß, der Zeitpunkt zu früh. Während er den Einmarsch in Österreich plante, die ersten Schritte seiner Expansionspolitik vorbereitete, wollte er sich so wenig Feinde wie möglich machen. Einzig im westpreußischen *Reichsgau Wartheland* wurde der Plan später testweise umgesetzt und dabei ungeschönt als *„Entkirchlichung"* bezeichnet.[121]

Einzelne Ausschreitungen gegen die Kirche waren dagegen im Reichsgebiet nach wie vor an der Tagesordnung. Als der Rottenburger Bischof Johannes Baptist Sproll die opportunistische Reaktion seiner österreichischen Amtsbrüder auf Hitlers Einmarsch anprangerte, wurde er zur Zielscheibe nationalsozialistischer Aggression. In Bussen fuhren Parteiformationen bei seinem Palais vor, um den Bischof in Sprechchören als „Volksverräter" zu beschimpfen. Gleichzeitig forderten der Gauleiter und Reichsstatthalter von Württemberg, Wilhelm Murr, und schließlich auch das Kirchenministerium vom Vatikan die „Entfernung des Bischofs". Zunächst suchte Sproll in der Päpstlichen Nuntiatur in Berlin Zuflucht; erst auf ausdrückliche Anweisung des Papstes kehrte er in sein Bistum zurück. Dort erwarteten ihn wieder angekarrte Parteigenossen, die ihn auf Transparenten und in Sprechchören anfeindeten. Die Situation eskalierte, als am Abend des 15. Juli 1938 100 HJ-Angehörige sein Palais stürmten, verschlossene Türen aufbrachen und das Mobiliar verwüsteten. Die Eindringlinge fanden den Bischof betend in seiner Hauskapelle vor, rissen ihm sein Birett vom Kopf und forderten ihn auf, mitzukommen. Nur das Einschreiten älterer SS-Männer verhinderte eine weitere Eskalation. Die Bevölkerung von Rottenburg reagierte teils mit Befremden, teils mit Entsetzen auf die Ausschreitungen. Trotzdem randalierten in den nächsten Tagen bis zu 3000 von auswärts kommende Demonstranten mit Luftschutzsirenen und Kanonenschlägen vor der Residenz. Noch einmal drangen radikale Nazis in das Gebäude ein, plünderten es und steckten es teilweise in Brand. Sproll und ein Amtsbruder, der zur Unterstützung herbeigeeilt war, wurden tätlich angegriffen. Erst als die Auslandspresse umfangreich über die Vorfälle berichtete, pfiff Hitler persönlich den braunen Pöbel zurück. Wie Albert Hartl vom SD ausdrücklich notierte, hatte der Führer

> *„in den letzten Tagen neuerdings angeordnet, dass alle aufreizenden Aktionen, die irgendwie das Volk oder das Ausland beunruhigen könnten, zu unterbleiben haben ... Auf der anderen Seite solle aber auch alles vermieden werden, was irgendwie als Rückzieher gegenüber der Kirche erscheinen könne. Es kommt auf keinen Fall in Frage, der Kirche freundschaftlich die Hand zu reichen. Dinge, die nach außen nicht wirken und auch in der Presse nicht veröffentlicht werden, aber eine langsame innere Entfremdung des Volkes von der Kirche vorbereiten, sollen planmäßig vorbereitet werden.“*[122]

Schließlich wurde für Bischof Sproll ein Aufenthaltsverbot im Gebiet seiner Diözese verhängt. Da er seine Residenz nicht freiwillig verlassen wollte, nahm ihn die Gestapo fest und brachte ihn in einem Dienstwagen nach Freiburg; erst nach Kriegsende kehrte er nach Rottenburg zurück.

Geradezu entsetzt reagierten die deutschen Bischöfe auf die „schmachvolle Behandlung“ ihres Amtsbruders. Als Mitte August 1938 die Deutsche Bischofskonferenz in Fulda tagte, stand für sie fest, dass sie nicht länger schweigen durften. In einem gemeinsamen Hirtenwort griffen sie erstmals seit Jahren wieder offen die Nazis an, erklärten:

> *„Sie erstreben die Hemmung und Blutentziehung des katholischen Lebens; noch mehr; die Zerstörung der katholischen Kirche innerhalb unseres Volkes, ja selbst die Ausrottung des Christentums überhaupt und die Einführung eines Glaubens, der mit dem wahren Gottesglauben ... nicht das Geringste mehr zu tun hat.“*[123]

Doch diesmal bekam der SD Wind von der geplanten Aktion. Vier Tage vor der geplanten Verlesung wurden Druckereien gestürmt und Druckplatten beschlagnahmt. Trotzdem gelangten Exemplare in fast jede Pfarrkirche. So folgte ein Großangriff auf die katholische Presse; Dutzende Druckereien wurden enteignet, jene kirchlichen Amtsblätter verboten, die an der Verbreitung des Hirtenbriefes beteiligt waren, eine Vielzahl von bischöflichen Generalvikariaten durchsucht. Zwar beschloss Hitler, *„zur Zeit“* nichts Weiteres zu unternehmen; *„das solle gelegenerer Zeit vorbehalten werden“*. Doch er drohte, wie sein Sekretär Martin Bormann dem SD-Chef mitteilte, *„nach Eintritt des A-Falles jeden Pfaffen, der sich hetzerisch betätigt, einsperren oder erschießen zu lassen“*[124]. Später sollte er Himmler und Heydrich persönlich erklären:

> *„Ich bin gezwungen, ungeheuer viel bei mir aufzuhäufen; das bedeutet aber nicht, dass in mir erlischt, was ich, ohne gleich zu reagieren, zur Kenntnis nehme. Es kommt auf ein Konto; eines Tages wird das Buch herausgezogen. Auch den Juden gegenüber musste ich lange tatenlos bleiben.“*[125]

Die Resignation des Papstes

Schon die Enzyklika, so richtig und mutig sie auch war, hatte sich nicht nur als völlig wirkungslos erwiesen, sie hatte die Lage der Christen im Reich auch noch verschlechtert. Im Vatikan machte man sich jetzt keine Illusionen mehr darüber, dass Hitler die Kirche hasste und letztendlich zerstören wollte. Kardinalstaatssekretär Pacelli stellte am 28. April 1937 ausdrücklich fest: *„Die starken Feindschaftsgefühle gegenüber der Kirche seitens des gegenwärtigen Kanzlers des Deutschen Reiches sind hier seit langem bekannt."*[126] Jetzt hatte man die Bestie so weit gereizt, wie man nur konnte; jede weitere Verurteilung konnte nur eine Eskalation zur Folge haben. Pläne des Papstes, den Rassismus der Nazis erneut in einer zweiten Enzyklika zu verurteilen oder gar Hitler zu exkommunizieren, wurden bald wieder auf Eis gelegt. Stattdessen wies Pius XI. am 13. April 1938 die katholischen Universitäten und Seminare der Welt lediglich an, die *„lächerlichen Dogmen"*, *„gemeingefährlichen Lehren"* und *„abscheulichen Gedanken"* des Rassismus als *„grassierende Irrtümer"* zu bekämpfen.[127] Als der Diktator Anfang Mai 1938 Rom besuchte, verließ der Papst demonstrativ die Stadt und zog sich auf seine Sommerresidenz in Castel Gandolfo zurück. Von dort aus äußerte er sein Bedauern über die *„traurige Tatsache"*, dass ausgerechnet am *Fest des heiligen Kreuzes* (3. Mai) in der Stadt der Päpste *„das Bild eines Kreuzes"* zur Schau gestellt wurde, das nicht *„das Kreuz Christi"* sei.[128] Vor belgischen Pilgern erklärte der bereits schwerkranke Pius XI. am 6. September 1938 unter Tränen: *„Man kann den Antisemitismus nicht dulden. In spirituellem Sinne sind wir alle Semiten."*[129] Zwei Monate später, am 9. November 1938, brach über die deutschen Juden die *Reichskristallnacht* herein. Auch sie war durch die eindeutige Verurteilung des Rassismus in der Enzyklika nicht verhindert worden; im Gegenteil: Die Ausschreitungen richteten sich jetzt auch gegen die *„schwarzen Bundesgenossen"* der Juden, Kardinal Faulhabers bischöfliches Palais wurde mit Steinen beworfen, mehrere Fensterscheiben gingen zu Bruch. Das Tor des Bischofshauses hielt gerade noch dem Versuch stand, es mit einem Balken aufzubrechen. Auch in Bischof von Galens Amtssitz in Münster wurden die Fenster eingeworfen. *„Gegen das Weltjudentum und seine schwarzen und roten Bundesgenossen"*[130] lautete der parteiamtliche Aufruf zu 20 Großkundgebungen allein in München am Tag nach der Pogromnacht. Kurzfristig erwog der Papst, alle diplomatischen Beziehungen zu Nazideutschland abzubrechen; doch dann gab er auch diesen Plan auf, wissend, dass er damit die deutschen Katholiken im Stich gelassen hätte. Stattdessen bemühte sich Pacelli persönlich nur drei Wochen nach der „Reichskristallnacht" in einem Rundschreiben erst an die Nuntien, dann an die Erzbischöfe der katholischen Welt, um die Beschaffung von 200.000 Visa für emigrationswillige Juden und

„katholische Nichtarier“; leider vergeblich – gerade einmal Brasilien (3000 Visa) und die Dominikanische Republik (800 Visa alle halbe Jahre) waren zu Zugeständnissen bereit, obwohl der Vatikan sogar die Kosten für die Überfahrt der Flüchtlinge übernehmen wollte.

Diese Mischung aus Hilflosigkeit, Resignation und guten Absichten setzte sich fort, als Pacelli nach dem Tod von Pius XI. am 10. Februar 1939 zu seinem Nachfolger gewählt wurde. Pius XII., wie er sich fortan nannte, trat damit ein schweres Erbe an. Aber er verfügte auch über ausreichende Erfahrung im Umgang mit der braunen Bestie, um, wie er glaubte, eine Politik der „Klugheit“ und der „angemessenen Mittel“ fortzusetzen.

In Deutschland war seine Wahl eher missbilligend zur Kenntnis genommen worden. Aus Protest hatte das Reich keine einzige politische Persönlichkeit zu seiner Krönungsfeier entsandt, war nur durch einen Diplomaten vertreten. Zu gut wusste man, dass der ehemalige Kardinalstaatssekretär kein einfacher Verhandlungspartner und zudem ein erklärter Gegner der Nazis war. *„Ein politischer Papst und u.*(nter) *U.*(mständen) *ein raffiniert und geschickt vorgehender Kampfpapst. Also aufpassen!“,* notierte Goebbels in seinem Tagebuch.[131] Dass dieser Mann eines Tages als „Hitlers Papst“ diffamiert werden sollte[132], hätte den Nazis nur ein zynisches Kopfschütteln entlockt.

Götterdämmerung

Die Inthronisierung des neuen Papstes wurde zur machtvollen Demonstration einer selbstbewussten, letztendlich siegreichen Kirche, die in der Gewissheit lebte, dass selbst *„die Mächte der Unterwelt ... sie nicht überwältigen“* (Mt 16,18) können. Eugenio Pacelli gab ausdrücklich die Anweisung, bei ihrer Inszenierung keine Kosten und Mühen zu scheuen. Sie sollte als erste Papstkrönung der Geschichte über den Rundfunk in alle Welt übertragen, zudem vollständig gefilmt werden. In Zweierreihen betraten die Fürsten, Botschafter und Repräsentanten der Staaten den Petersdom, um ihre Plätze links und rechts vom Papstaltar einzunehmen. Dann, unter Chorgesang, bahnte sich ein Fluss weißer Mitren seinen Weg durch die Menge, folgten Kardinäle, Bischöfe und Äbte in feierlicher Prozession dem Vortragekreuz. Schließlich erschien der Pacelli-Papst selbst, getragen auf der traditionellen päpstlichen Sänfte, der *sedia gestatoria,* begleitet von den zeremoniellen Wedeln aus Straußenfedern, *flabelli* genannt, bekleidet mit einem goldglitzernden Gewand, auf dem Kopf eine goldene Mitra. Sein hageres, blasses Gesicht war das eines vergeistigten Asketen, seine runde, goldrandige Brille verlieh ihm etwas von einem Gelehrten. Seine großen, tiefliegenden Augen blickten ernst, aber gütig, seine feinen, schlanken Hände erhob er zu Segensgesten von Eleganz und Grazie. Wie in Wellen fielen die Menschen zu seiner Linken und seiner Rechten auf die Knie, sich bekreuzigend, wenn sie seinen Segen empfingen. „Tu es Petrus“, sang jubelnd der Chor. „Du bist Petrus, und auf diesem Felsen will ich meine Kirche bauen.“ Nach Ende des feierlichen Krönungshochamtes stieg der 260. Nachfolger Petri hinauf auf den Balkon der Basilika, um dort, vor den auf dem Petersplatz versammelten Massen, *die Tiara,* die dreifache Krone der Päpste, zu empfangen.

Das sakrale Schauspiel mit seinen prachtvollen liturgischen Gewändern aus Seide und Brokat, Taft und Brüsseler Spitzen, seinen üppig geschwenkten Weihrauchfässern, dem Meer flackernder Kerzen und bunter Blumen, getragen von dem Wohlklang gregorianischer Gesänge und barocker Polyphonien, bot ein wohltuendes, geradezu befreiendes Gegenbild zu der dumpfen Kälte der dröhnenden Massenveranstaltungen des neuheidnischen Nationalsozialismus. Der *Pastor Angelicus,* der „Engelgleiche Hirte“, wie er aufgrund einer alten Prophezeiung bald genannt wurde, ließ die Welt hoffen, dass Gott sie noch nicht ganz verlassen hatte.

Doch schon die ersten Tage seines Pontifikats waren von den Vorboten des nahen Krieges überschattet. Kaum hatte er sich am 3. März 1939 in seiner ersten Radioansprache mit der Bitte um Frieden an die Welt gewandt, marschierten die Nazis in die Tschechoslowakei ein. Ein halbes Jahr später, am 1. September 1939, begann mit dem deutschen Einmarsch in Polen der Zweite Weltkrieg. Die Kriegswirren erlaubten Hitler die Umsetzung seiner schrecklichsten Pläne. Im Reich wurde die Euthanasie legalisiert, was die Definition von *lebensunwertem Leben* zur Folge hatte, und mit der Deportation der Juden in die besetzten Gebiete begonnen, der Vorstufe zum Holocaust. Einzelne, mutige Bischöfe leisteten auch diesen Plänen Widerstand. Seit 1941 protestierte der Münsteraner Bischof von Galen in einer Reihe von Predigten gegen das Euthanasieprogramm der Nazis, die Verschleppung und Ermordung Behinderter und die Praktiken der Gestapo. Seine Amtsbrüder unterstützten ihn zunächst zaghaft, dann mutiger. Während es noch im Juni 1941 im Hirtenbrief der Fuldaer Bischofskonferenz vorsichtig hieß, *„nie, unter keinen Umständen, darf der Mensch ... seinen Mitmenschen hassen, nie darf er außerhalb des Krieges und der gerechten Notwehr einen Unschuldigen töten“,* pochten die Bischöfe am 20. März 1942 schon lauter auf das *„natürliche Recht auf Freiheit ... und Leben“* und protestierten gegen *„die Tötung Unschuldiger“.*[1] Sie ahnten damals noch nicht, dass die Vernichtung *lebensunwerten Lebens* nur die Vorstufe zu Hitlers größtem Verbrechen, der Schoah, war.

Die Ankündigung zweier Endlösungen

Hitler hatte das Kriegsjahr 1939 mit einer programmatischen Rede vor dem Reichstag begonnen, die gleichermaßen Drohungen gegen die Juden und die Kirchen zum Inhalt hatte: *„Ich bin in meinem Leben sehr oft Prophet gewesen und wurde meistens ausgelacht“,* erklärte er am 30. Januar höhnisch, um den Juden seine nächste, grausame Prophezeiung entgegenzuschleudern:

„Ich will heute wieder ein Prophet sein: Wenn es dem internationalen Finanzjudentum in und außerhalb Europas gelingen sollte, die Völker noch einmal in einen Weltkrieg zu stürzen, dann wird das Ergebnis nicht die Bolschewisierung der Erde und damit der Sieg des Judentums sein, sondern die Vernichtung der jüdischen Rasse in Europa."

Damit war die Schoah angekündigt. Dann wandte sich der Diktator an die Kirchen. Zunächst rechnete er ihnen vor, wie viele Millionen Reichsmark sie an Kirchensteuer erhalten hätten, dann drohte er:

„Der nationalsozialistische Staat wird aber Priestern, die, statt Diener Gottes zu sein, ihre Mission in der Beschimpfung unseres heutigen Reiches, seiner Einrichtungen oder seiner führenden Köpfe sehen wollen, unnachsichtig zum Bewusstsein bringen, dass eine Zerstörung dieses Staates von niemandem geduldet wird ... Den deutschen Priester als Diener Gottes werden wir beschützen, den Priester als politischen Feind des Reiches werden wir vernichten."[2]

Auch hier hielt er Wort. Wie die 1984 erschienene Dokumentation „Priester unter Hitlers Terror" auf 1968 eng bedruckten Seiten dokumentiert, wurden gegen 12.105 Priester Zwangsmaßnahmen ergriffen. Ein Drittel des katholischen Klerus und ein Zehntel der Ordensleute war also davon betroffen. 407 deutsche Priester kamen in ein Konzentrationslager, 107 fanden dort den Tod, 63 weitere Priester wurden hingerichtet oder ermordet. Im besetzten Polen töteten die Nazis vier Bischöfe, etwa 2700 Priester und 200 Ordensleute. Die katholische Kirche im Dritten Reich wurde zu einer Kirche der Märtyrer.[3]

Damit war der von der SS schon lange vorbereitete Endkampf gegen das Christentum in seine zweite Phase eingetreten. Man suchte jetzt nur noch nach Vorwänden, um erneut zuschlagen zu können. Im Februar 1940 wurden die Weihbischöfe und Generalvikare fast aller Diözesen in das Reichssicherheitshauptamt vorgeladen, wo man vor ihnen eine unverhohlene Drohung aussprach:

„Es sind in letzter Zeit von Vertretern der Kirche verschiedentlich in Predigten und Hirtenbriefen Äußerungen gefallen, die ... im Krieg als ein Angriff gegen die geschlossene Front des deut-

schen Volkes und als Sabotageversuch am Wehrwillen des Volkes aufgefasst werden müssen. Sollten sich solche Fälle wiederholen, so müssten künftig von staatlicher Stelle entsprechend ernste und scharfe Gegenmaßnahmen getroffen werden."[4]

Unter dem Vorwand des Krieges begannen die Nazis ab 1940 damit, Klöster und Ordenshäuser zu beschlagnahmen. Dabei beriefen sich die Parteifunktionäre auf einen von Himmler am 30. Dezember 1939 unterzeichneten Erlass, in dem er in seiner Funktion als *Reichskommissar für die Festigung deutschen Volkstums die Volksdeutsche Mittelstelle zur gewaltsamen Aneignung „geeigneter Gebäude"* für die Unterbringung der *„volksdeutschen Rücksiedler"* ermächtigte. Natürlich wurde den Orden weder eine Entschädigung gezahlt noch für Ersatzunterkünfte gesorgt; man setzte die Mönche und Nonnen einfach auf die Straße oder ließ sie in anderen Klöstern Zuflucht suchen. Als Proteste aus der Öffentlichkeit ausblieben, wurde der Raubzug ausgedehnt, und Hitler-Sekretär Martin Bormann wies in einem Rundschreiben vom 13. Januar 1941 die Gauleiter des Reiches an, *„von dieser Möglichkeit ... weitgehend Gebrauch"* zu machen. Insgesamt 120 Einrichtungen der Orden fielen schließlich dem „Klostersturm" von Partei und Gestapo zum Opfer.[5]

Eine weitere Radikalisierung fand statt, als 1941 das Amt IV des RSHA geschaffen wurde; in ihm waren neben der Überwachung der Kirchen auch der *Arbeitsbereich Freimaurerei* und die *Juden- und Räumungsangelegenheiten* unter Leitung von Adolf Eichmann zusammengefasst. Dass die Nähe zum Holocaust keine rein logistische war, geht aus den erhaltenen Protokollen und Aufzeichnungen des SD hervor, die Wolfgang Dierker in seiner exzellenten Dissertation „Die Religionspolitik des SD" ausgewertet hat. Dierker: *„Die Vorstellung, vorläufig aufgeschobene Kampfmaßnahmen gegen die Kirchen ‚nach Beendigung des Krieges' durchführen zu können, beherrschte die SD-Verantwortlichen immer mehr. Unter dem Zwang zur kriegsbedingten Rücksichtsnahme wahrten sie ihr ideologisches Selbstverständnis, indem für die Zukunft eine umso härtere Auseinandersetzung ins Auge gefasst wurde. Fast schien es, als werde die Unzufriedenheit über die geringen gegenwärtigen Handlungsmöglichkeiten bewältigt, indem man einen geradezu apokalyptischen ‚Endkampf' gegen die weltanschaulichen Gegner herbeisehnte.*"[6] So sprach der SD-Kirchenexperte Albert Hartl bereits von einer *„Endlö-*

sung der religiösen Frage"; nicht einmal einen *„gesonderten, von den übrigen Lebensvollzügen unterschiedenen religiösen Bereich"* dürfe es danach geben. Jedes eigene Priestertum, jede religiöse Feier als *„Kristallisationspunkte für eine Neben- und Gegengewalt gegenüber der Staatsgewalt"* gelte es zu unterbinden[7], jede *„kirchliche Feiergestaltung"* durch NS-Rituale und -Festtage zu ersetzen: *„Wenn für Feiern der Namensgebung, Jugendweihen, Hochzeitsfeiern und Totenfeiern sich eine entsprechende Feiergestaltung ... entwickelt hat, wird es für zahlreiche Menschen keine Bindung an die Kirche mehr geben"*[8], war Hartl überzeugt. Aus der Absicht, die dahinter stand, machte er keinen Hehl, als er auf einer *Arbeitstagung der Kirchensachbearbeiter beim Reichssicherheitshauptamt* im September 1941 feststellte: *„Unser Endziel ist die restlose Zerschlagung des Christentums."*[9]

Hitler selbst dagegen hüllte sich zu diesem Thema nach außen hin noch immer in Schweigen. Er trat nicht einmal aus der Kirche aus und untersagte auch Goebbels ausdrücklich einen solchen Schritt.[10] Er müsse *„aus politischen Zweckmäßigkeitsgründen seiner Kirche gegenüber etwas heucheln"*[11], vertraute er Rudolf Heß an, und zudem hoffte er klammheimlich auf seine Exkommunikation durch den Papst. Einen derartigen Affront hätte er propagandistisch zur Kriegserklärung Roms gegen das nationalsozialistische Deutschland aufbauschen können; er würde ihm den willkommenen Vorwand liefern, endlich offen zuzuschlagen. So aber musste er auf den Endsieg warten, wenn er auf niemanden mehr Rücksicht zu nehmen bräuchte. Mehrfach erklärte Hitler seinen engsten Mitarbeitern, dass er das Konkordat mit dem Vatikan nach Kriegsende aufkündigen würde. Der Widerstand mutiger Bischöfe, insbesondere von Galens, sollte ihm dabei als Vorwand dienen. Er werde sich *„persönlich das Vergnügen machen, der Kirche alle jene Fälle vorzuhalten, in denen sie das Konkordat gebrochen"* habe. Speziell mit Bischof von Galen werde er *„auf Heller und Pfennig"* abrechnen und *„bei dieser Abrechnung kein Tüpfelchen vergessen"*.[12]

Der Gauleiter von Westfalen-Nord, Meyer, plante bereits die Verhaftung des Münsteraner Bischofs, sobald Siegesmeldungen das Volk in einen Freudentaumel versetzen würden. Auch Goebbels hoffte, dass *„eine günstige Entwicklung des Ostfeldzuges bald die Möglichkeit dazu"* biete und vermerkte, auch Hitler habe von Galen *„auf dem Kieker"*.[13] Jetzt aber, im Krieg, wollte man keinen bekannten Kirchenmann zum Märtyrer machen und damit die gesamte katholische Welt gegen

Deutschland aufbringen. Erst nach dem Endsieg wollte Hitler anstelle des Konkordats *„regionale Regelungen“* in Kraft treten lassen und der Kirche *„die vertraglich zugesicherten Geldmittel“* sofort wieder entziehen. Jeder Widerstand werde im Keim erstickt. Dadurch würde die Kirche gleichermaßen „ausgehungert“ und mundtot gemacht werden; ihr Ende wäre nur noch eine Frage der Zeit.[14] Doch auch radikalere Lösungen wurden erwogen und waren in Parteikreisen durchaus populär. *„Soldaten, Kameraden, hängt die Juden, stellt die Schwarzen an die Wand“*[15], sang man beim Reichsarbeitsdienst.

Ein junger Mönch, der in den ersten Kriegsmonaten bei der Waffen-SS dienen musste, wurde zu einer „politischen Schulung“ abkommandiert:

> *„Von Berlin war ein hohes Tier in SS-Uniform gekommen, und wir wurden darüber informiert, welches die Ziele des Krieges seien. Zusammenfassend hieß es, Deutschland sei von den Juden, den Kommunisten und vor allem von den Christen zu befreien. Unter diesen drei Feinden sei die christliche Kirche die gefährlichste; seit 2000 Jahren habe diese aus dem Judentum geborene Religion das deutsche Volk, ja die ganze Welt, mit Lüge und Heuchelei verseucht und versklavt. Der Schlusssatz dieser Unterrichtsstunde lautete: ‚Bevor nicht der Papst, dieser Verbrecher in Rom, bevor nicht alle Pfaffen aufgehängt sind, kann von einem Sieg keine Rede sein!‘“*

Als der Ordensmann heftig protestierte und sich auf die von der Regierung zugesicherte religiöse Freiheit berief, war die Antwort ein höhnisches Lachen des SS-Mannes: *„Ja gewiss, Toleranz und religiöse Freiheit, solange der Krieg dauert, aber keinen Tag nach dem Endsieg!“*

Ein SA-Mann riet einem Pfarrer: *„Satteln Sie um, ergreifen Sie einen anderen Beruf. Denn ich weiß, die Partei hat beschlossen, sofort nach dem Sieg von Pfarrhaus zu Pfarrhaus zu fahren und alle Geistlichen zu erschießen. Das geht dann im Siegestaumel unter.“*[16]

Wie die Pläne der Nazis für die Zeit danach ausgesehen haben könnten, entnehmen wir einem Dokument, das Prof. Dr. Wilfried Daim[17] reproduziert. Leider ist seine Herkunft und damit auch seine Authentizität nicht näher dokumentiert; der Autor erhielt es von Dr. von Müllern-Schönhausen, Autor einer nicht unumstrittenen Hitler-Biographie[18], der seiner Quelle Vertraulichkeit zugesichert hatte. Prof. Daim erklärt jedoch: *„Die mir von Dr. Müllern-Schönhausen mitgeteilten Falten sprechen ebenso für die Echtheit des Schriftstückes wie die Schrift Hitlers selbst.“*[19] Das Dokument ist als *„Ohne Durchschlag – Streng reservat! – Nur für den Führer bestimmt!“* klassifiziert. Weiter heißt es darin:

„14. August 1943

IV. Sitzungsbericht
Vorschlag VI. (nach Bauer) Nach Vornahme einiger Änderungen zur Vorlage an den Führer angenommen.

Sofortige und bedingungslose Abschaffung sämtlicher Religionsbekenntnisse nach dem Endsieg und zwar nicht nur für das Gebiet des Großdeutschen Reiches, sondern auch für sämtliche befreiten, besetzten und annektierten Länder, Protektorate, Gouvernements, etc. mit gleichzeitiger Proklamierung Adolf Hitlers zum neuen Messias. Aus politischen Erwägungen sind von dieser Maßnahme einstweilen der mohammedanische, buddhistische sowie der Shintonglaube (sic!) *auszunehmen. Der Führer ist dabei als ein Mittelding zwischen Erlöser und Befreier hinzustellen – jedenfalls aber als Gottgesandter, dem göttliche Ehren zustehen. Die vorhandenen Kirchen, Kapellen, Tempel und Kultstätten der verschiedenen Religionsgemeinschaften sind in ‚Adolf Hitler Weihestätten‘ umzuwandeln.*

Ebenso haben sich die theologischen Fakultäten der Universitäten auf den neuen Glauben umzustellen und besonderes Gewicht auf die Ausbildung von Missionaren und Wanderpredigern zu legen, die sowohl im Großdeutschen Reich, als auch in der übrigen Welt die Lehre zu verkünden und Glaubensgemeinschaften zu bilden haben, die als Organisationszentren zur weiteren Ausbreitung dienen sollen. (Damit fallen auch die Schwierigkeiten bei der geplanten Aufhebung der Monogamie weg – kann doch die Polygamie ohne weiteres als Glaubenssatz in die neue Lehre eingebaut werden)

Als Vorbild des Gottgesandten möge die Figur des Gralsritters Lohengrin dienen, die keltisch-germanischer Phantasie ent-

sprungen bereits ein gewisses traditionelles Ansehen genießt. (Ähnlich wie die Sagengestalt Wilhelm Tells in der Schweiz seit langem zu einem Symbol geworden ist)
Durch entsprechende Propaganda müsste die Herkunft des Führers noch mehr als bisher verschleiert werden, so wie auch sein künftiger Abgang einmal spurlos und in vollständiges Dunkel zu erfolgen hätte. (Rückkehr in die Gralsburg)"

Unter dem Text trägt das Memorandum einen Zusatz in der Handschrift Hitlers: *„Der erste brauchbare Entwurf! Zur Bearbeitung an Dr. Goebbels. Adolf Hitler"*. Nun ist es leider unmöglich, das bereits 1957 publizierte Dokument zu verifizieren, und so sind Zweifel an seiner Echtheit durchaus legitim. Auch die Authentizität der Aussagen des jungen Mönches und des Pfarrers, die Löw zitiert, ist nicht mehr nachprüfbar. So mögen dies Anekdoten sein, doch sie sind keineswegs aus der Luft gegriffen, wie die im letzten Kapitel zitierten Äußerungen Hitlers und seiner Paladine und die Pläne des SD beweisen. Durch die Vernichtung des Christentums sollte das Volk den letzten jüdischen Einflüssen entzogen werden. Die Nazis planten tatsächlich die *Endlösung der Kirchenfrage,* einen „zweiten Holocaust", dem zwar kein ganzes Volk, sehr wohl aber die Seelen und das geistliche Leben von Millionen zusammen mit Zehntausenden standhaften Geistlichen zum Opfer gefallen wären. Nur der Ausgang des Krieges bewirkte, dass die Schoah ein singuläres Ereignis blieb.

Der große Krieg

Als Hitler am 22. Juni 1941 Russland angriff, zeigte er erstmals sein wahres Gesicht. Die Eroberung Polens, gefolgt von einer Kriegserklärung Englands und Frankreichs, der Einmarsch in Skandinavien, Frankreich und auf dem Balkan, die Luftangriffe auf England – das alles war nur das Vorspiel zu dem großen, apokalyptischen Endkampf. Schon in „Mein Kampf" hatte Hitler *„Lebensraum im Osten"* gefordert, dem Erzfeind Bolschewismus den Krieg erklärt. Der Nichtangriffspakt mit Stalin, die vereinbarte Teilung Osteuropas, war nur eine List, die ihm die Zeit gab, eine breite Front aufzubauen und mögliche Verbündete der UdSSR rechtzeitig kaltzustellen.

Am meisten bedauerte er den Krieg mit England. Tatsächlich bewunderte er die Briten, die nicht nur nach der NS-Rassenlehre reinblütige Arier waren, sondern zudem ein Weltreich aufgebaut hatten, von dem er nur träumen konnte. Insgeheim hoffte er, dass die westlichen Demokratien ihn in seinem Kampf gegen den Bolschewismus unterstützen würden. Doch an Winston Churchill, der im Mai 1940 zum neuen Premierminister berufen wurde, biss er sich die Zähne aus; es war ihm unmöglich, den bulligen Briten auf seine Seite zu ziehen. Schließlich wagte sein Stellvertreter Rudolf Heß am 10. Mai 1941 einen letzten verzweifelten Alleingang. In einem Jagdflugzeug vom Typ Messerschmitt setzte der tollkühne Weltkriegspilot nach England über; er wollte noch vor Beginn des Russland-Feldzuges einen Waffenstillstand aushandeln. Dabei erhoffte er sich die Unterstützung des Herzogs von Hamilton. Seinen Namen hatte Karl Haushofer, der Sohn seines geliebten Professors, ins Spiel gebracht. Den Zeitpunkt für die Aktion hatte sich Heß von seinem persönlichen Astrologen errechnen lassen. Doch die Sterne standen an diesem Tag ganz und gar nicht günstig für den Stellvertreter des *Führers.* Zwar gelang es ihm, einer britischen Spitfire zu entkommen, die ihn gerade aufgespürt hatte, und, wie geplant, nahe dem Landsitz des Herzogs in Schottland mit dem Fallschirm abzuspringen. Dort aber geriet er in britische Kriegsgefangenschaft. Zwar konnte er mit ranghohen Mitgliedern der Regierung zusammentreffen, doch sein Friedensangebot wurde abgelehnt. In Deutschland erklärte man ihn derweil offiziell für „geistig umnachtet“. Joseph Goebbels etwa, der bei allem Mystizismus dem Okkultismus immer skeptisch gegenüberstand – er hatte, im Gegensatz zu Heß, nie zu den Eingeweihten der *Thule-Gesellschaft* gehört –, notierte: *„Seine Briefe strotzen von einem unausgegorenen Okkultismus. Prof. Haushofer und seine Frau, die alte Heß, sind dabei die bösen Geister gewesen. Sie haben ihren ‚Großen‘ künstlich in diese Rolle hineingesteigert. Er hat auch Gesichte gehabt, sich Horoskope stellen lassen u. ä.“*[20] So musste Hitler den Russland-Feldzug beginnen, während ihm England noch „im Nacken“ saß. Ein Aufschub passte nicht in seinen Lebensplan, der ihm, wie er glaubte, von der Vorsehung diktiert worden war. Er schlug los, ohne Russland auch nur den Krieg zu erklären, ohne Anlass, ohne einen vertretbaren Kriegsgrund. Eine Bedohung durch die Sowjetunion bestand nicht; sie hatte den nur zwei Jahre zuvor unterzeichneten Nichtangriffspakt nie gebrochen, sich nur jene Länder angeeignet, die ihr in einem geheimen Zusatzprotokoll zugesichert worden waren. Es war kein Verteidigungskrieg, noch nicht einmal ein Präventivkrieg, nur der heimtückische Angriff eines vertragsbrüchigen Verbrechers, der es nicht einmal für nötig erachtete, auf einen Vorwand zu warten.

Laut Hermann Rauschning, der ihn schon früh gründlich analysierte und durchschaute, war Hitler überzeugt, dass sein Leben in Zyklen von je sieben Jahren ablief. Rund 14 Jahre nach seinem Eintritt in die DAP war er an die Macht gekommen, etwa sieben Jahre hatte der Aufbau des NS-Staates gedauert. *„Noch die nächsten sieben Jahre möchte er um die äußere Größe und die bleibende Gestalt des germanischen Großreiches ringen"*, zitiert ihn Rauschning, sieben Jahre also würde der große Krieg dauern, der 1939 seinen Anfang genommen hat; bis 1946 musste alles vollbracht sein. Danach wollte er sich

> *„abermals sieben Jahre dem Letzten, Höchsten widmen, der Prophetie, der Verkündung des neuen Glaubens, mit dem er erst sein Werk vollenden würde. Denn wenn dem christlichen Zeitalter nun die Jahrtausende des künftigen Hitler'schen Zeitalters folgen sollen, so geschieht dies nicht um einer äußeren, politischen Ordnung willen, sondern aus der Verkündigung der neuen Heilslehre, auf die die Menschheit wartet."*[21]

Der Krieg hatte das Ziel, ein neues Zeitalter der Menschheitsgeschichte einzuleiten. Sein zentraler Gedanke war, wie Joachim C. Fest schrieb, *„die Errettung der Welt von jahrhundertealter Krankheit im eschatologischen Ringen zwischen reinem und unreinem Blut."*[22] Die Machtstrukturen der alten Welt erlaubten noch nicht den letzten Schritt der Offenbarung; erst ein Imperium, groß und unbesiegbar wie keines in der Geschichte, wäre der richtige Resonanzboden für die Verkündigung der neuen Lehre. Dem guten Blut sollte ein fast unendliches Reich geschaffen werden, die Eroberung der halben Welt die Überlegenheit der arischen Rasse und die Richtigkeit von Hitlers Religion beweisen. Bewusst nannte er den *„Weltanschauungs- und Vernichtungskrieg"*[23] *Unternehmen Barbarossa,* nach dem im Kyffhäuser (oder im Untersberg) ruhenden Stauferkaiser Friedrich I., der, wie die Sage behauptete, am Ende aller Zeiten auferstehen und das Reich zu seiner einstigen Größe zurückführen würde. Danach, so heißt es, würde den Deutschen ein tausendjähriges Friedensreich geschenkt.

Hitler dachte in gigantomanischen Proportionen. Der ganze Kontinent sollte vom Nordkap bis zum Kaukasus von einem Netz von Garnisonen, Parteiburgen, Kunsttempeln, Lagern und Wachttürmen durchzogen werden, in deren Schatten ein Geschlecht von Herrennaturen dem arischen Blutkult und der Züchtung des neuen Gottmenschen nachging. In Gebiete mit *„minderwertigem Blut“,* etwa den Bayerischen Wald oder Elsass-Lothringen, wollte er SS-Formationen verlegen, die in ihrer Freizeit für die Auffrischung des Gen-Pools der Bevölkerung zu sorgen hatten. Würde es ihm gelingen, das Reich *„rassisch hoch und rein“* zu erhalten, dann würde es zu stählerner Härte heranwachsen und unbesiegbar sein. Dann würden Kraft, Kühnheit und barbarische Gewalt wieder zu ihrem „natürlichen Recht“ kommen, würde der Wille des Stärkeren über all die falschen Religionen und den Humanismus triumphieren. Bei Hitler hieß „Zurück zur Natur“, das Gesetz des Dschungels wieder einzuführen, das dem *„gefräßigsten Raubtier der Weltgeschichte“* seine Beute zusprach. In den *„Pflanzgärten des germanischen Blutes“,* speziell im neuen *„Lebensraum im Osten“,* müsse der neue Herrenmensch zum *„Vizekönig“* der Welt werden. Doch da sein Meister der Tod und nicht das Leben war, blieb es eine düstere Vision. Das Strassburger Münster sollte nach der Endabrechnung mit der Kirche in ein Ehrenmal für den Unbekannten Soldaten umgewandelt werden, ein Kranz von monumentalen Totenburgen von den Felsenküsten des Atlantiks bis in die Weiten Russlands die unzähligen Opfer des Endsieges ehren. Rund wie neolithische Grabhügel und bis zu 130 Meter hoch hätten sie, wie einst die Pyramiden, die Zeiten überdauert und vor künftigen Generationen die Siege und Opfer einer heroischen Zeit bezeugt.

Schon zu Beginn seiner Herrschaft, so Rauschning, hatte Hitler, inspiriert von Haushofers *Geopolitik,* den jungen Professor von Grünberg phantastische Planlandschaften der Zukunft entwickeln lassen, Karten

> *„mit Verkehrslinien, Kraftfeldern, Kraftlinien, Autostraßen, Bahnlinien, Kanalprojekten. Genau geplante Wirtschaftslandschaften erstreckten sich über den ganzen Osten bis zum Schwarzen Meer, bis zum Kaukasus. Auf diesen Plänen war bereits Deutschland und Westrussland eine riesige wirtschaftliche und verkehrspolitische Einheit. Selbstverständlich nach Deutschland orientiert, von Deutschland geplant und geführt. Es gab in dieser ‚Planlandschaft‘ kein Polen mehr, geschweige*

denn ein Litauen. Hier war es das Verbindungsstück eines riesigen kontinentalen Raumes, der sich von Vlissingen bis Wladiwostok im Fernen Osten erstrecken sollte.“[24]

„Wer Osteuropa beherrscht, beherrscht das Herzland. Wer das Herzland beherrscht, herrscht über die Weltinsel. Wer über die Weltinsel gebietet, beherrscht die Welt“, hatte Prof. Haushofer auf dem Nürnberger Prozess seine Lebensraum-Philosophie zusammengefasst.[25] Jetzt, so schien es, war dieses Ziel zum Greifen nahe, der *„Blick durch die Seitentüre ins Paradies“* möglich. Hitler fühlte sich wie Moses, der seinem Volk den Weg in das Gelobte Land wies. Ein riesiges, weites Land lag vor ihm und, so glaubte er, wartete nur noch auf seine neuen Herren. Die 90 Millionen Menschen, die dort lebten, hatten für ihn kein Recht auf eine Heimat, nur weil sie Slawen waren. Alles war von ihm und den von ihm ernannten *Lebensraumkommissaren* sorgfältig geplant worden. Die slawischen Bewohner sollten entweder ausgesiedelt oder ausgerottet, jedenfalls auf 14 Millionen reduziert und zu Arbeitssklaven degradiert, *„als Helotenvolk der germanischen Herrenschicht dienstbar“*[26] gemacht werden. 20 Millionen Germanen würden in die östlichen Ebenen verpflanzt, zweit- und drittgeborene Bauernsöhne ebenso wie das Proletariat aus den Straßenschluchten der Großstädte, eine Million nach der anderen, Deutsche ebenso wie Norweger, Schweden, Dänen und Niederländer, bis *„unsere Siedler den Einheimischen zahlenmäßig überlegen sind“*.[27] Dabei sollten ihre Dörfer streng von den großartigen Städten und *Wehrbauern-Siedlungen* der Deutschen getrennt werden. Hitler wörtlich:

„Bei unserer Besiedlung des russischen Raumes soll der ‚Reichsbauer‘ in hervorragend schönen Siedlungen hausen. Die deutschen Stellen und Behörden sollen wunderbare Gebäulichkeiten haben, die Gouverneure Paläste. Um die Dienststellen herum baut sich an, was der Aufrechterhaltung des Lebens dient. Und um die Stadt wird auf 30 oder 40 Kilometer ein Ring gelegt von schönen Dörfern, durch die besten Straßen verbunden. Was dann kommt, ist die andere Welt, in der wir die Russen leben lassen wollen, wie sie es wünschen. Nur, dass wir sie beherrschen. Im Falle einer Revolution brauchen wir dann nur ein paar Bomben zu werfen auf deren Städte, und die Sache ist erledigt.“[28]

Der „riesige Kuchen" wurde schon im Vorfeld aufgeteilt, und es war kein Zufall, dass ausgerechnet Alfred Rosenberg den Posten eines *Reichsministers für die besetzten Ostgebiete* erhielt. Als Baltendeutscher war er der einzige ranghohe Nazi, der mit Russland bereits vertraut war, als Chefideologe kannte er wie kein anderer Hitlers Vision. An vorderster Front bei der Verwirklichung dieser unmenschlichen Pläne kämpfte die SS. *„Der Osten gehört der Schutzstaffel",* hatte Hitler versprochen. Himmler war begeistert, gab ihm dieser Auftrag doch die Möglichkeit, die *Artamanen*-Ideale seiner Jugend zu verwirklichen. Der alte SS-Traum, ein neuer Deutschritterorden zu sein und den Osten zu kolonisieren, wurde endlich wahr. Überall im Osten sollten SS-eigene Wehrbauern-Siedlungen entstehen. Damit erhielte der *„neue Adel aus Blut und Boden"* endlich auch seine Ländereien, sollte der Osten *„dazu dienen, diese bäuerliche Seite des deutschen Volkes zu stärken, er soll der ewige Jungborn für das deutsche Blut sein, aus dem es sich ständig erneuern kann."*[29]

Noch vor dem Russland-Feldzug, im Mai 1940, notierte Himmler *„einige Gedanken über die Behandlung der Fremdvölkischen im Osten",* die er seinem *Führer* vortrug. Sein Ziel war, in den besetzten Gebieten *„die rassisch Wertvollen aus diesem Brei herauszufischen",* ins Reich zu entführen und einzudeutschen, den Rest aber allmählich verdummen und verkümmern zu lassen. Allenfalls sollte ihnen *„eine Lehre, dass es ein göttliches Gebot ist, den Deutschen gehorsam zu sein und ehrlich, fleißig und brav zu sein"* vermittelt werden; *„Lesen halte ich nicht für erforderlich".* Für ihre Zukunft war ohnehin nur vorgesehen, als *„führerloses Arbeitsvolk"* und als Wanderarbeiter *„für besondere Arbeitsvorkommen"* den Deutschen zur Verfügung zu stehen. Die ständige Berieselung mit lustiger Radiomusik würde sie schon bei Laune halten, ohne dass man sie dabei geistig fordert oder gar zum Nachdenken anregt. In lehmverputzten Strohhütten sollten sie *„auf einem möglichst niedrigen Kulturniveau"* hausen. Ihnen Gesundheitsfürsorge und Hygiene zu ermöglichen sei *„heller Wahnsinn"* und behindere nur eine *„natürliche Auslese".*

Als Hitler den Plan billigte, war dies für den *Reichsführer,* wie er seinem Masseur Felix Kersten anvertraute, *„der glücklichste Tag meines Lebens."*[30] Doch bevor dieses Ziel erreicht werden konnte, galt es, den Osten vom Erzfeind zu *säubern;* ihn *judenfrei* zu machen. Die Slawen konnten natürlich dezimiert und als Arbeitssklaven gebraucht werden, doch für die Juden war im Germanischen Großreich kein

Platz. Nur wenn sie verschwinden würden, so glaubten die Nazis, wäre der Endsieg der Germanen komplett, das arische Blut erlöst.

Das Brandopfer

Der Kriegsausbruch war das Signal für den Anfang der *Endlösung.* Zwar hatte Hitler und nicht das *„internationale Finanzjudentum"* Deutschland wieder in den Krieg gestürzt, doch das hielt ihn nicht davon ab, seine Drohung von der *„Vernichtung der jüdischen Rasse in Europa"* trotzdem wahr werden zu lassen. Kaum war Polen erobert, wurde mit der Zwangsumsiedlung der Juden aus dem „Kernreich" in die neuen Ostgebiete begonnen. „Aus den Augen, aus dem Sinn", schien sich Hitler dabei gedacht zu haben; waren die Juden erst einmal aus den deutschen Städten verschwunden, würde sich das Volk schon nicht mehr für ihr weiteres Schicksal interessieren. Fortan waren sie seinen Schergen auf Gedeih und Verderb ausgeliefert. Zunächst wurden sie in Güterzügen in die abgesperrten und völlig überfüllten Ghettos von Warschau, Lublin, Krakau und Lodz verschleppt. Dort waren die hygienischen Verhältnisse so katastrophal, dass im Herbst 1940 im Warschauer Ghetto, in dem rund 500.000 Menschen auf engstem Raum zusammengepfercht hausen mussten, Seuchengefahr bestand. Während im gesamten Altreich inklusive Österreich 1938 gerade einmal 600.000 Juden lebten, waren es in Polen zweieinhalb Millionen. Das verstärkte bei Hitler, Himmler und seinem „Vollstrecker" Heydrich den Druck, eine „territoriale Endlösung" zu finden. Zunächst dachte man daran, die Juden in einem 90–100 Quadratkilometer großen „Reservat" bei Lublin anzusiedeln. Als Frankreich erobert war, erwog Hitler kurzfristig, sie nach Madagaskar zu deportieren. Das Problem, fast vier Millionen Menschen auf Schiffe zu verladen und die Kontrolle der Seewege durch Großbritannien hielten ihn dann doch davon ab. Anfang 1941 hieß es offiziell, man wolle Europas Juden „nach Osten" abschieben und zu Arbeitseinsätzen in den neu eroberten Territorien bringen. Eine hohe Zahl an Todesopfern wurde dabei gerne in Kauf genommen, kam sie doch Hitlers Genozidplänen entgegen. So entstanden die späteren Vernichtungslager Auschwitz-Birkenau, Majdanek, Treblinka, Chelmno Sobibor und Belzec zunächst als Arbeitslager. Doch dann war es wieder Hitler, dem auch diese Lösung nicht schnell genug ging. *„Die* *jüdisch-bolschewistische Intelligenz als bisheriger Unterdrücker des Volkes muss beseitigt werden",* diktierte er am 3. März 1941 dem Chef des Wehrmachtsführungsstabes im *Oberkommando der Wehrmacht,* General Alfred Lodl, als eine der Richtlinien für den bevorstehenden Krieg gegen die Sowjetunion.[31] Nicht in die Hände der Wehrmacht sollte diese unmenschliche Aufgabe gelegt werden; sie war den Todesrittern des Schwarzen Ordens zugedacht. Hitler wusste, dass seine *„unchristlichen germanischen SS-Verbände",* die wahren Adepten seiner Religion, *„ihre Pflicht für ihr Volk klarer erfassen können als die durch den Katechismus verdummten"* Soldaten der Wehrmacht.[32] Irgendwann im Sommer 1941 weihte Himmler seinen *Artamanen*-Bruder, den Auschwitz-Kommandanten Höß, in den Plan ein: *„Der Führer hat die Endlösung der Judenfrage befohlen. Wir, die SS, haben diesen Befehl durchzuführen."*[33]

Nachdem die SS schon 1941 mit Massenerschießungen begonnen hatte, wurde die systematische *Endlösung der Judenfrage* am 20. Januar 1942 auf einer Konferenz von Vertretern der SS-Dienststellen, der Reichs- und der Parteikanzlei, des Innen- und Ostministeriums, des Justizministeriums sowie des Auswärtigen Amtes unter Vorsitz von SD-Chef Reinhard Heydrich in der Berliner *Interpol*-Dienststelle, Am Großen Wannsee 56–58, geplant. Ganz Europa sollte auf der Suche nach Juden durchkämmt, über elf Millionen Menschen in die Vernichtungslager geschafft werden. Zehn Tage später, am 9. Jahrestag der Machtergreifung, konnte Hitler seinem Volk verkünden,

> *„dass das Ergebnis dieses Krieges die Vernichtung des Judentums sein wird ... Wir sind uns dabei im Klaren darüber, dass der Krieg nur damit enden kann, dass entweder die arischen Völker ausgerottet werden, oder dass das Judentum aus Europa verschwindet ... es wird die Zeit kommen, da der böseste Weltfeind aller Zeiten wenigstens auf ein Jahrtausend seine Rolle ausgespielt haben wird."*[34]

So begann der größte Massenmord der Geschichte. Zuerst setzte man die Massenerschießungen fort, dann wurde mit Giftgas experimentiert, zunächst in abgeschlossenen Lastwagen. Im März 1942 wurden die ersten Gaskammern installiert und im Beisein des *Reichsführers* getestet. Als Himmler durch die Luke schaute und die langsam sterbenden Menschen sah, musste er sich übergeben. Nicht aus Sadismus hatte er die Todesfabriken einrichten lassen, sondern in dem Wahn, seine heilige Pflicht als *Kshatriya,* als Mitglied einer arischen Kriegerkaste, zu tun. Auch nach diesem Tag wird er in der *Bhagavad-Gita* Trost gefunden haben. Er war fest davon überzeugt, dass er und seine Männer, die zu Mördern wurden, *„Teilhaber eines gewaltigen, von Menschengehirnen kaum zu begreifenden Weltplanes zur Errettung des deutschen Volkes und der nordischen Rasse“*[35] waren. Sie opferten sich für die Erlösung ihres Volkes und würden dafür schon im Jenseits oder der nächsten Inkarnation ihren wohlverdienten Lohn erhalten.

Trotzdem war für ihn die Endlösung *„die schwerste Frage meines Lebens geworden“,* wie er sich auf einer Tagung von Reichs- und Gauleitern offenbarte.[36] Vor SS- und Polizeioffizieren erklärte er, was als Rechtfertigung gedacht war und nur in unseren Ohren grenzenlos zynisch klingt:

> *„Von euch werden die meisten wissen, was es heißt, wenn 10 Leichen beisammenliegen, wenn 500 daliegen oder wenn 1000 daliegen. Dies durchgehalten zu haben und dabei – abgesehen von Ausnahmen menschlicher Schwächen – anständig geblieben zu sein, das hat uns hart gemacht.“*[37]

Sein „Anstand“ war die völlige Negation jeder Menschlichkeit, die Überwindung von Christentum und Humanismus, ganz wie Hitler sie lehrte. Dabei ekelte er sich vor sich selbst; und er wusste, dass es vielen seiner Henker ähnlich ging: *„Ich kann Ihnen sagen, es ist scheußlich und furchtbar für einen deutschen Menschen, wenn er das ansehen muss ... Ebenso scheußlich wie es ist, ebenso notwendig ist es gewesen und wird es auch in vielen Fällen noch sein, dass wir es durchführen.“*[38] Doch das Gewissen, das sich bei ihm so lautstark meldete, galt bei den Nazis als eine *„jüdische Erfindung. Es ist wie die Beschneidung, eine Verstümmelung des menschlichen Wesens“,* wie Hitler schon 1933 Hermann Rauschning erklärte. Die Achtung vor dem Leben war für ihn ein *„Irrweg der Menschheit“;* das Fünfte Gebot hatte für ihn wie alle Gebote der *„Tafeln vom Berge Sinai“* seine *„Gültigkeit verloren“.*[39] In seiner Religion galt nur das Recht des Stärkeren, seinem Gott schmeckten die Hekatomben menschlichen Blutes, die auf seinem Brandaltar vergossen wurden.

In dem vielbeachteten Essay „Das Heilige und die Gewalt“ verglich der Religionssoziologe René Girard den Holocaust mit den sakralen

Akten, die am Anfang jeder archaischen Kultur standen. Diese waren, wie er anhand einer Reihe religionsgeschichtlicher und ethnologischer Beispiele aufzeigte, in vielen Fällen kollektiv begangene Menschenopfer. Durch den gemeinsam verübten Mord verschwor sich das Volk gegen einen Sündenbock, auf den es alle Schwächen der Vergangenheit projizierte. In diesem Sinne war auch der Holocaust ein kollektives Menschenopfer, in seinen Dimensionen so gigantomanisch wie das erträumte künftige Reich.[40]

Auch der Religionspolitologe Michael Ley bezeichnete die Schoah in seinem Buch „Genozid und Heilserwartung" als kollektiv ausgeführten *„sakralen Opferakt"*, durch den das neue Reich geheiligt werden sollte. Die Juden mussten *„als Ganzbrandopfer (Holocaust) getötet werden, um die Erlösung der Welt zu erreichen"*. Während im Christentum der eucharistische Akt symbolisch vollzogen wird, war der Ritus des *Sühneopfers* in den Konzentrationslagern real: *„Die Vernichtungslager sind die heiligen Kultstätten des Nationalsozialismus, in denen der heilige Ritus des Menschenopfers vollzogen wurde."*[41] Leys Kollege Claus-Ekkehard Bärsch hält das „Judenopfer" der Nazis zudem für ein Mittel, *„überirdische Kräfte in der Weise günstig zu stimmen, dass diese in den Kausalverlauf der Welt zugunsten des Opfernden oder seiner Wünsche ... verändernd eingreifen ... Diese Art der Religiosität hat eine magische Komponente"*.[42] Man ist an Schertels „Magie" erinnert, das am meisten markierte Buch aus der *Hitler Library*, in dem das Opfer wie folgt erklärt wird:

> *„Das Opfer ist die geheimnisvollste Tatsache im ganzen Dämonenkult. Sein Sinn besteht nicht lediglich darin, dem Dämon irgendwelche Dinge zu ‚schenken', um ihn so günstig zu stimmen, sondern seine eigentliche Bedeutung liegt in dem mystischen Einswerden mit dem Dämon selbst. Schon aus diesem Grunde ist klar, dass Magie ohne ausgesprochenen Dämonenkult eigentlich nicht möglich ist, denn nur durch den Kult und speziell durch das Opfer wächst die dämonische Kraft und steigern sich die magischen Fähigkeiten."*[43]

Trotzdem war die Schoah mehr als ein millionenfaches Brandopfer, um den Dämon der Vorsehung zu beschwören. Da Hitler die Juden für die dunkle Gegenmacht zum lichten Arier, für den *Weltfeind* schlechthin, hielt, glaubte er, mit ihnen das Böse selbst vernichten zu können. Damit vollzog er in letzter Konsequenz die Befreiungstat des Parsifal: Erlösung dem Erlöser, Vernichtung dem Vernichter! Seine Grundlage, so der Religionsphilosoph Micha Brumlik, war sein eigenes *„religiöses System ... das erstmals in der Geschichte Europas die im gnostischen und manichäischen Dualismus angelegten destruktiven Potenziale vom Kopf auf die Füße stellt; wenn es so etwas wie das Widergöttliche tatsächlich gibt, dann muss es in aller Konsequenz bekämpft werden.“*[44]

Die Philosophen Horkheimer und Adorno brachten die Motivation der Vollstrecker, diese fatale Kombination von Erlösung und Endlösung, auf den Punkt, als sie schrieben: *„Für die Faschisten sind die Juden nicht eine Minorität, sondern die Gegenrasse, das negative Prinzip als solches; von ihrer Ausrottung soll das Glück der Welt abhängen.“*[45] Fast sechs Millionen Menschen fielen dem Erlösungswahn der gläubigen Jünger der Hitlerschen Blut-Gnosis zum Opfer. Auschwitz wurde, wie es Papst Johannes Paul II. 1979 bei einem Besuch an der heutigen Gedenkstätte ausdrückte, zum *„Golgotha der gegenwärtigen Welt.“*[46]

Schwieg die Kirche?

Als im Dezember 1942 die ersten Gerüchte von den Todeslagern im Osten das Reich erreichten, verkündete der Erzbischof von Köln, Joseph Frings: *„Wer immer Menschenantlitz trägt, hat Rechte, die ihm keine irdische Gewalt nehmen darf!“*[47] Auch sein Berliner Amtsbruder Bischof von Preysing beschwor die *„Urrechte, die der Mensch hat, das Recht auf Leben, auf Unversehrtheit, auf Freiheit“*, die *„auch dem nicht abgesprochen werden“* dürfen, *„der nicht unseres Blutes ist“*. Sein Domprobst Bernhard Lichtenberg hatte in der Berliner Bischofskirche, der St. Hedwigs-Kathedrale, für *„die Priester in den Konzentrationslagern, für die Juden, für die Nichtarier“* gebetet, bis er am 29. August 1941 selbst denunziert wurde; er starb am 5. November 1943 auf dem Weg ins Konzentrationslager. Am 19. August 1943 sprach auch die Fuldaer Bischofskonferenz endlich Klartext, als sie in einem mit den Namen aller Bischöfe gezeichneten Hirtenbrief von den Kanzeln herab erklären ließen:

> *„Auch an jene ergeht der Ruf, welche sich einen Gott zurechtrichten nach ihrem eigenen Denken, Leben und Handeln oder*

einen eigenen Gott, der nur für ihre Nation und Rasse da ist ... Das Recht der Menschen auf Leib und Leben ... gründet im Rechte Gottes auf den Menschen ... Tötung in sich ist schlecht, auch wenn sie angeblich im Interesse des Gemeinwohls verübt wurde: An schuld- und wehrlos Geistesschwachen ... an Menschen fremder Rassen und Abstammung."[48]

Es nutzte nichts. Selbst diverse Versuche des Vorsitzenden der Deutschen Bischofskonferenz, Kardinal Bertram, im Verlauf des Jahres 1943 in Fragen der *Evakuierung von Nichtariern* beim Reichsminister des Innern, dem Reichskirchenminister, dem Reichsjustizminister, dem Chef des Reichskanzleramtes, sogar beim *Reichsführer-SS* Heinrich Himmler und dem Referatsleiter für Judenfragen im RSHA, Adolf Eichmann, zu intervenieren, schlugen fehl.

Die Bischöfe waren nicht in der Lage, die Schoah aufzuhalten. Dabei betraf ihr Einsatz vorwiegend die eigenen Schäflein jüdischer Herkunft. Gleich nach der Reichskristallnacht im November 1938 hatte der damalige Kardinalstaatssekretär Pacelli an die Bischöfe der Welt appelliert und sie um Hilfe für die getauften Juden Deutschlands gebeten; die Rassengesetze der Nazis machten keinen Unterschied, was die Religion ihrer Opfer betraf. Am 31. März 1939 bewirkte Kardinal Faulhaber mit Fürsprache des Papstes, dass der brasilianische Staatspräsident 3000 Visa für katholische *Nichtarier* zur Verfügung stellte. Der katholische *St. Raphaels-Verein* in Hamburg organisierte bis zu seiner Auflösung durch die NS-Behörden im Juni 1941 die Ausreise Tausender getaufter *Rassejuden*. Noch 1943 heißt es in einer Anklageschrift der Gestapo, dass „*die katholische Kirche in Deutschland in betonter Ablehnung der deutschen Judenpolitik systematisch die Juden unterstützt, ihnen bei der Flucht behilflich ist und keine Mittel scheut, ihnen nicht nur die Lebensweise zu erleichtern, sondern auch ihren illegalen Aufenthalt im Reichsgebiet möglich zu machen. Die mit der Durchführung dieser Aufgaben betrauten Personen genießen weitgehende Unterstützung des Episkopates.*"[49] Ähnlich engagiert waren auch evangelische Christen. So gab es bei ihnen im Mai 1939 21 Vertrauensstellen der Landeskirchen, die den zur Ausreise Gezwungenen beistanden. Noch am 16. Juli 1943 beschwor der evangelische Bischof Wurm Adolf Hitler in einem persönlichen Brief, „*Im Namen Gottes und um des deutschen Volkes willen*" die „*Verfolgung und Vernichtung*" der „*Nichtarier in größtem Umfang*"[50] einzustellen.

Der Stellvertreter

Und der neue Papst? Er schwieg, heißt es, und wurde durch sein Schweigen zum Kollaborateur der Schoah. Er wird als Feigling und *„ethisch bodenlosester Versager auf dem Thron Petri“*[51] diffamiert, ihm werden Antisemitismus und Sympathie für die Nazis unterstellt. Diese *„folgenschwere moralische Verirrung“*[52] gilt seit der Uraufführung von Rolf Hochhuths Theaterstück Der *Stellvertreter* im Jahre 1963 als Tatsache. Doch reicht das Werk eines damals 32jährigen Dramatikers tatsächlich aus, um ein für alle Zeiten gültiges historisches Dogma zu formulieren? Scheinbar ja. Mit Cornwells sensationalistischer Biographie „Pius XII. – Der Papst, der geschwiegen hat“, Goldhagens hämischer Polemik „Die katholische Kirche und der Holocaust“ und dem im Februar 2002 präsentierten Costa-Gavras-Film *Amen* – das Filmplakat zeigt, wie ein Kreuz zu einem Hakenkreuz mutiert – traten seine geistigen Erben längst den Sturm auf das dritte Jahrtausend an. Selbst ein renommierter Historiker wie Sebastian Haffner glaubte zu wissen, dass *„von Pius XII. nur sein Schweigen ... übrigbleiben wird“*.[53] Goldhagen leitete daraus einen Frontalangriff auf die gesamte katholische Kirche ab. Nicht nur der Papst sei einer unterlassenen Hilfeleistung schuldig, sämtliche Katholiken werden der Mittäterschaft angeklagt. Erst der kirchliche Antijudaismus des Mittelalters, so der Autor, habe den rassistischen Antisemitismus der Nazis und damit den Holocaust möglich gemacht.

Doch wenn Goldhagen den Nationalsozialismus mit seinem fanatischen Antisemitismus für einen Ableger des Christentums hält, hat er dessen Geschichte gründlich verkannt. Nicht einmal der Antijudaismus war eine christliche Erfindung, sondern ein Produkt der heidnischen Antike. Einen nichtchristlichen Antijudaismus gibt es nach wie vor im Islam. Die Dämonisierung des jüdischen Volkes fand erstmals durch die Lehrer der Gnosis statt. Ebenso hat der völkische Antisemitismus seinen Ursprung nicht in der kirchlichen Lehre, sondern in der neognostischen Esoterik des 19. Jahrhunderts, einer dezidiert kirchenfeindlichen Geistesströmung. Nicht das Christentum hat sein Aufkommen ermöglicht, sondern die Abkehr breiter Kreise von den Kirchen, das Aufkommen des Neuheidentums.

So stellte auch ein gewiss der Kirchennähe unverdächtiger Autor, nämlich der Literatur-Nobelpreisträger Thomas Mann, bereits 1938 fest:

„(Die Welt) *muss vielmehr einsehen, dass die nationalsozialistische Verfolgung des Judentums Hand in Hand geht mit der Feindschaft gegen das Christentum, ja, dass beide Anfeindungen Ausdruck derselben heidnischen und geistfeindlichen Gesinnung sind. Der nationalsozialistische Antisemitismus ist zugleich Antichristlichkeit.*"[54]

Doch tatsächlich hat Papst Pius XII. es versäumt, in einer großen, theatralischen Geste den Holocaust anzuprangern, von dem er immerhin vom Hörensagen wusste. Hätte er dies getan, hätten die Nazis ihn allerdings schnell der „Greuelpropaganda" bezichtigen können, denn außer den Berichten von Augenzeugen hatte er keinerlei Beweise für das Unglaubliche. Damit stand er schlechter da als die Alliierten; denn wie erst im Januar 2004 bekannt wurde, hatten britische Kampfflieger bereits am 23. August 1944 das Konzentrationslager Auschwitz detailliert fotografiert, während die Schornsteine der Krematorien rauchten. Die Bilder hätten die Berichte geflohener Häftlinge bestätigt, die den Westmächten schon ein Jahr früher bekannt waren. Hätten die Alliierten auch nur die Bahngleise nach Auschwitz bombardiert, hätten sie Hunderttausende von Menschenleben gerettet. So aber ging das Morden in den Gaskammern noch fünf lange Monate weiter, weil die Alliierten andere Prioritäten hatten.[55] Nicht der Papst allein schwieg über Auschwitz, sondern die ganze Welt.

Es ist sicher, dass Pius XII. diese Bilder, die für 60 Jahre unter Geheimhaltung standen, nicht kannte. Doch selbst wenn er sie gekannt hätte, ist unwahrscheinlich, dass er die Gläubigen darüber in Kenntnis gesetzt hätte. Denn spätestens seit den Reaktionen auf die Enzyklika seines Vorgängers wusste er, dass jede offene Provokation der Nazis nur negative Folgen für die Opfer haben könnte.

Die Provokation

Ein halbes Jahr nachdem auf der Wannsee-Konferenz die *„Endlösung der Judenfrage"* beschlossen worden war, im Juli 1942, bereiteten die Nazis den Abtransport der Juden im besetzten Holland vor. Mit den Kirchenoberhäuptern der Calvinisten, Protestanten und Katholiken war vereinbart worden, darüber Stillschweigen zu bewahren; als Gegenleistung stellte man ihnen die Verschonung der getauften *Rasse-*

juden in Aussicht. Die Protestanten hielten sich an das Abkommen. Nur den katholischen Erzbischof von Utrecht, Jan de Jong, plagte das Gewissen so sehr, dass er eiligst einen Hirtenbrief gegen die Deportation verfasste, den er am nächsten Sonntag in allen Kirchen verlesen ließ. Das Ergebnis der mutigen Tat war verheerend. Sofort zogen die Nazis los, um auch die katholischen *Nichtarier* festzunehmen. Unter ihnen befand sich auch die Philosophin Edith Stein, die zum Katholizismus konvertiert war und sich 1933 dem Orden der Karmelitinnen angeschlossen hatte. Sie hatte in einem persönlichen Brief schon 1933 Papst Pius XI. angefleht, dem Antisemitismus in Deutschland Paroli zu bieten.[56]

Als der Papst von den Vorfällen in Holland erfuhr, arbeitete er gerade an einem Dokument, das die Verschleppung der Juden anprangern sollte. Glauben wir seiner deutschstämmigen Haushälterin Schwester Pasqualina, so war er von der Nachricht so erschüttert, dass er das Dokument zeriss und in seinem Kamin verbrannte. Die Bürde, wie der Erzbischof von Utrecht womöglich für den Tod vieler Tausender Unschuldiger verantwortlich zu sein, wollte er sich nicht aufladen. So beschloss er, es sei *„besser, in der Öffentlichkeit zu schweigen und insgeheim alles Erdenkliche zu tun“.*[57]

„Wo der Papst laut rufen möchte, ist ihm leider manchmal abwartendes Schweigen, wo er handeln und helfen möchte, geduldiges Harren geboten“, hatte Pius XII. bereits am 20. Februar 1941 dem Würzburger Bischof Ehrenfried erklärt.[58] Am 30. April 1943 erläuterte er dem mutigen Berliner Erzbischof Preysing seine Beweggründe:

> *„... was Uns seit Jahr und Tag an Unmenschlichkeiten zu Ohren kommt ... wirkt nachgerade lähmend und schaudererregend. Den an Ort und Stelle tätigen Oberhirten überlassen Wir es abzuwägen, ob und bis zu welchem Grade die Gefahr von Vergeltungsmaßnahmen und Druckmitteln im Falle bischöflicher Kundgebungen sowie andere vielleicht durch die Länge und Psychologie des Krieges verursachten Umstände es ratsam erscheinen lassen ... ad maiora mala vitanda* (um größere Übel zu verhüten) *Zurückhaltung zu üben. Hier liegt einer der Gründe, warum Wir uns in Unseren Kundgebungen Beschränkungen auferlegen: die Erfahrung ... rechtfertigt, so weit Wir sehen, Unsere Haltung.“*[59]

Auch vor dem Kardinalskollegium wiederholte er am 2. Juni 1943 diesen Standpunkt: *„Jedes Wort, das darüber von uns an die zuständigen Behörden gerichtet wird, jede öffentliche Anspielung muss mit allergrößtem Ernst erwogen und gewichtet werden, im eigenen Interesse derjenigen, die leiden, damit ihre Lage nicht noch schwerer und unerträglicher gemacht wird als vorher.“*[60] Was Pius XII. darunter verstand, hatte er selbst in seiner Weihnachtsansprache vom 25. Dezember 1942 gezeigt, als er leidenschaftlich für den Frieden appellierte und sehr wohl den Holocaust anprangerte:

> *„Dieses Gelöbnis* (den Frieden zu schaffen) *schuldet die Menschheit den Hunderttausenden, die ohne eigene Schuld, manchmal nur wegen ihrer Volkszugehörigkeit oder Abstammung, dem Tode geweiht oder einer fortschreitenden Verelendung preisgegeben sind.“*[61]

Dass die Nazis dabei wussten, worum es ging, zeigt der Bericht des NS-Sicherheitsdienstes vom selben Tag: *„Er beschuldigt tatsächlich das deutsche Volk der Ungerechtigkeit gegenüber den Juden, und er macht sich zum Sprecher der Juden, der Kriegsverbrecher.“*[62] Viel weiter hätte er nicht gehen können. *„Wenn er nicht protestiert hat, so deswegen, weil er sich mit Recht gesagt hat: wenn ich protestiere, wird Hitler zur Raserei gebracht. Damit ist den Juden nicht nur nicht geholfen, sondern man muss sogar damit rechnen, dass sie dann erst recht umgebracht werden“*[63], stellte der deutsche Konsul in Rom, Albrecht von Kessel, bei den Nürnberger Prozessen fest. Einer der engsten Mitarbeiter des Papstes in den Kriegsjahren, Erzbischof Giovanni Battista Montini – der spätere Papst Paul VI. –, kommentierte anlässlich der Uraufführung von Hochhuths Drama: *„Hätte Pius XII. Hitler öffentlich verurteilt, könnte Hochhuth den Papst in einem anderen Bühnenstück anklagen, um einer großen theatralischen Geste wegen den sicheren Tod so vieler verschuldet zu haben.“*[64]

Statt die Bestie weiter zu reizen, konzentrierte sich der Papst auf Geheimaktionen. Schon im November 1939 war er in eine Verschwörung involviert, die das Ziel hatte, Hitler zu stürzen. Hinter dem Plan stand ein Kreis von Beamten und Soldaten der Abwehr rund um Ludwig Beck, den ehemaligen Generalstabschef des Heeres, der nach dem erfolgten Putsch Chef einer Übergangsregierung werden sollte. Ziel der Verschwörer war die Rückkehr Deutschlands zur

Rechtsstaatlichkeit der Weimarer Republik. Da sich das Land bereits im Krieg befand, suchten sie die Unterstützung der Briten. So trat ein Mann aus dem Kreis, Hans Oster, über den katholischen Rechtsanwalt Josef Müller an den Papst heran und bat ihn, eine Mittlerrolle zu übernehmen. Obwohl das Unternehmen für ihn äußerst riskant war – wäre der Plan aufgeflogen, hätte dies das Ende des Konkordats bedeutet, sogar gewalttätige Maßnahmen gegen die Kirche und den Heiligen Stuhl gerechtfertigt –, willigte Pius XII. ein. Am 12. Januar 1940 empfing der Papst den britischen Gesandten Francis d'Arcy Osborne in Privataudienz, um ihn in das Vorhaben der Verschwörer einzuweihen. Nach vier Wochen fand ein zweites Treffen statt. Zwei Monate später musste er erfahren, dass der Plan fehlgeschlagen war, weil die Briten den Putschisten misstrauten. Trotzdem blieb Pius XII. bis zu seiner Zerschlagung nach dem gescheiterten Anschlag auf Hitler am 20. Juli 1944 mit dem deutschen Widerstand in Kontakt.[65]

Die größte Geheimoperation des Vatikans in der Kirchengeschichte hatte das Ziel, so viele Juden wie möglich vor den Verfolgern zu retten. Wie Prof. Dr. h. c. Hermann M. Görgen dem Autor Konrad Löw gegenüber bestätigte, hatte Pius XII. seinen Nuntiaturen *„ausdrücklich Weisung erteilt, Flüchtlingen, ‚vor allem rassisch Verfolgten', auf jede Weise zu helfen."*[66] Dem Zeugen selbst war es nur so gelungen, für 45 aus rassischen Gründen Verfolgten, die in die Schweiz geflohen waren, Visa für Brasilien zu beschaffen. Wäre dies nicht geglückt, hätten die Schweizer Behörden sie nach Deutschland ausgewiesen und damit in den sicheren Tod geschickt. Das war kein Einzelfall. Wie der jüdische Historiker Leon Poliakov bestätigte, wetteiferten auch im besetzten Frankreich *„Priester, Mitglieder der katholischen Orden und Laien ... miteinander, Asyl zu geben und retteten damit Zehntausenden von Juden das Leben"*.[67] Im besetzten Ungarn wurden getaufte wie ungetaufte Juden in 32 Budapester Klöstern von den Mönchen und Nonnen unter Lebensgefahr versteckt. Insgesamt, so der renommierte jüdische Historiker Emile Pinchas Lapide, haben *„Pius XII., der Heilige Stuhl, die vatikanischen Nuntiaturen und die gesamte katholische Kirche zwischen 700.000 und 850.000 Juden vor dem sicheren Tod bewahrt"*.[68]

Vor den Fenstern des Papstes

Zu einer dramatischen Zuspitzung der Situation kam es im September 1943, inmitten der schwersten Phase des Zweiten Weltkrieges für die Ewige Stadt. Nach der Landung der Alliierten auf Sizilien im Juli 1943 war Mussolini gestürzt worden. Während sich im Süden des Landes eine Übergangsregierung unter Ministerpräsident Badoglio, dem ehemaligen Gouverneur von Libyen, bildete, nahmen die Deutschen den Norden des Landes ein. Es gelang ihnen, Mussolini auf spektakuläre Weise zu befreien und als Führer einer Marionettenrepublik wieder an die Macht zu bringen. Am 11. September besetzten die Deutschen Rom, wo sie sofort das Kriegsrecht ausriefen. Streikenden und Saboteuren drohten sie mit Erschießung. Der Papst, Bischof von Rom, war damit zur Geisel Hitlers geworden.

Zwei Tage vorher war der SS-Obergruppenführer Karl Wolff, damals *Höchster SS- und Polizeiführer* in Italien, von Hitler eigens per Flugzeug in das *Führerhauptquartier Wolfsschanze* beordert worden. Persönlich übermittelte ihm der Führer seinen *Sonderauftrag:* Er solle den Vatikan besetzen, die einmaligen Kunstschätze und Archive sicherstellen und den Papst entführen! Pius XII., so Hitler, dürfe auf keinen Fall in die Hände der Alliierten fallen und sei daher *„nach Deutschland oder an einen neutralen Ort wie Liechtenstein“*[69] zu bringen. Nur Wolffs Einwand, dass das italienische Volk seinen Papst um jeden Preis verteidigen würde, brachte den Diktator von diesem Plan wieder ab.

Mit der deutschen Besatzung begann auch die Leidenszeit der bislang von Mussolini nahezu unbehelligten Juden Italiens. Zunächst verschonte man die jüdische Gemeinde Roms, um nicht den Papst noch mehr zu provozieren. Doch dann, in den frühen Morgenstunden des 16. Oktober 1943, schlug die SS auch in der Ewigen Stadt zu. Es war ein regnerischer Herbsttag, die Sonne war noch nicht aufgegangen, als um 5.30 Uhr früh 365 SS-Männer, ausgestattet mit Maschinenpistolen, das über zweitausendjährige jüdische Ghetto am Tiberufer stürmten. Ihr Befehl lautete, alle 8000 Juden Roms zusammenzutreiben und in das *Collegio Militare* zu Füßen des Gianicolo-Hügels auf der anderen Tiberseite zu bringen. Von dort aus sollten sie auf Lastwagen zum Tiburtinischen Bahnhof transportiert werden, wo bereits Viehwaggons der Eisenbahn auf sie warteten. Ihr Ziel war Auschwitz.

Kaum waren die Lastwagen auf der Lungotevere, der Tiberpromenade, geparkt, informierte ein Freund die römische Prinzessin Enza Pignatelli-Aragona über die Aktion, die wiederum sofort den Papst unterrichten wollte. Das erwies sich als ziemlich schwieriges Unterfangen, denn die Deutschen hatten alle Straßen abgeriegelt. Schließlich rief sie einen Bekannten in der Deutschen Botschaft an und bat ihn unter einem Vorwand, sie in einem Botschaftswagen zum Vatikan zu fahren. Dort wurde sie sofort zu Pius XII. vorgelassen, der gerade in seiner Privatkapelle im Apostolischen Palast betete. Kaum hatte sie ihm von der Razzia erzählt, griff der hagere, hochgewachsene Mann in der weißen Soutane zum Telefon. Mit erregter Stimme wies er seinen Staatssekretär, Kardinal Luigi Maglione, an, unverzüglich nach dem deutschen Vertreter beim Heiligen Stuhl, Ernst von Weizsäcker, rufen zu lassen. Der Vater des späteren Bundespräsidenten hatte nur eine Frage an den Kardinal: *„Was würde der Heilige Stuhl tun, wenn die Aktionen weitergingen?“ „Protestieren“,* antwortete Maglione. Doch die Versicherung des Botschafters, sich um die Sache zu kümmern, reichte dem Papst nicht. So schickte Pius XII. seinen Neffen Carlo Pacelli zu dem Rektor der deutschen Nationalkirche, Bischof Hudal, mit der Bitte um Intervention. Hudal, ein Opportunist im Priestergewand, verfügte über die besten Verbindungen selbst zu führenden Nazis. Auf seine Bitte hin rief der deutsche Stadtkommandant von Rom, Generalleutnant Reiner Stahel, persönlich beim *Reichsführer-SS* an, warnte vor der Gefahr von Unruhen. Schließlich gab Himmler den Befehl, die römische Judenaktion *„in Anbetracht des besonderen Charakters der Stadt“* sofort zu stoppen.

Dem Papst war es nicht gelungen, den Abtransport der 1007 (nach anderen Berichten 1035) verhafteten Juden zu verhindern, doch er hatte rund 7000 andere gerettet. Um sie sicher zu wissen, gewährte er 4447 von ihnen Kirchenasyl. Er öffnete die Pforten von 155 Klöstern, religiösen Instituten, Priesterseminaren, Pfarrhäusern, Hospizen und des Vatikans, um sie während der neun Monate der deutschen Besatzung zu beherbergen. In der Kuppel des Petersdomes, in den Werkstätten Michelangelos, fanden Juden ebenso Zuflucht wie – weitere 3000 – in der päpstlichen Sommerresidenz in Castel Gandolfo. Sie wurden damit jedoch auch zum Unterpfand der Nazis für das Stillhalten des Papstes. In einer Reihe von Berichten wiesen die deutschen Besatzer darauf hin, dass man die kirchliche Hilfe, die den Deutschen nicht entgangen war, nur duldete, um sich des päpstlichen Schweigens sicher zu sein.

Eine zynische Zwickmühle: Hätte der Papst lauthals protestiert, wären sie vor seinen Augen in die Todeslager verschleppt worden.[70]

Später sollte Israel Zolli, der Oberrabbiner der Jüdischen Gemeinde Roms, erklären: *„Der Heilige Vater schickte persönlich einen Brief an die Bischöfe mit der Anweisung, die Klausur in den Frauen- und Männerklöstern aufzuheben, so dass sie zu Zufluchtsstätten für die Juden werden konnten. Ich weiß von einem Nonnenkloster, in dem die Nonnen auf dem Kellerboden schliefen, während sie ihre Betten jüdischen Flüchtlingen zur Verfügung stellten.“*[71] Zolli selbst fand Unterschlupf im Vatikan. Das Beispiel christlicher Nächstenliebe beeindruckte ihn so tief, dass er nach dem Krieg zum Katholizismus konvertierte und, aus Dankbarkeit dem Pacelli-Papst gegenüber, den Taufnamen Eugenio annahm.

Der Antichrist

Für Pius XII. war der Nationalsozialismus nicht nur ein irdischer Gegner, sondern eine Manifestation des metaphysisch Bösen. Er hielt Hitler für einen dämonisch Besessenen, wie der deutschstämmige Jesuitenpater Peter Gumpel im Januar 2002 erklärte, und versuchte mehrfach während des Zweiten Weltkrieges, ihm durch einen *„Exorzismus auf Distanz“* den Teufel auszutreiben. Pater Gumpel, der den Seligsprechungsprozess von Pius XII. leitete, berief sich dabei auf die eidesstattlichen Erklärungen zweier enger Mitarbeiter des Papstes.[72]

Er war nicht der Einzige, der den Eindruck von etwas Dämonischem in Hitler hatte. So schrieb Ernst „Putzi“ Hanfstaengl, sein einstiger Freund und Vertrauter, der sich schließlich desillusioniert von ihm abwandte, von Hitlers Wutausbrüchen als dem *„an menschlichen Objekten abreagierten Aufbäumen seiner dämonischen Energien gegen die Welt der rauhen Wirklichkeit“*. *„Sein dämonischer Wille“*, so Hanfstaengl, ergriff immer öfter Macht über ihn und verzehrte am Ende auch seinen Körper.[73] *„In erster Linie habe ich Hitler immer als Visionär oder besser als dämonisch Besessenen empfunden“*, meinte auch Albrecht von Kessel, deutscher Konsul in Rom, *„er wird selber von den Kräften, die er ausstrahlt, beherrscht, sie leiten seinen schicksalhaften Lebensweg.“*[74] Hermann Rauschning, der 1940 sein spektakuläres Buch „Gespräche mit Hitler“ veröffentlichte, bezeichnete Hitler durchaus apokalyptisch als *Antichrist*. Im 18. Kapitel der englischen Ausgabe – in der deutschen fehlt es, wie der Verleger erklärte, aus *„formal-rechtlichen Gründen"* – zitiert er einen Informanten aus dem engsten Kreis um Hitler:

> *„Hitler stand schwankend in seinem Zimmer, blickte wie wild um sich. ‚Er! Er! Er war hier!', keuchte er. Seine Lippen waren blau. Schweiß lief ihm über das Gesicht. Plötzlich begann er, Zahlen zu lallen, dann seltsame Worte und unvollständige Sätze, die völlig ohne Sinn schienen. Es klang schrecklich. Er benutzte seltsam zusammengestellte und völlig undeutsche Wortgebilde. Dann stand er still, nur seine Lippen bewegten sich. Er wurde massiert, ihm wurde ein Getränk erreicht. Dann brach es wieder aus ihm heraus – ‚Dort, dort! In der Ecke! Wer ist das?'"*[75]

War Hitler wahnsinnig, litt er unter schizoiden Schüben? Doch was machte seine gerade magische Ausstrahlung, sein dämonisches Charisma, seine Wirkung auf die Massen wie auf Individuen aus? Rauschning zog die Parallele zu Medien:

> *„Die meisten sind gewöhnliche, unauffällige Personen; doch plötzlich fallen ihnen Talente zu, die sie weit über die Masse erheben. Diese Qualitäten haben nichts mit der eigentlichen Persönlichkeit des Mediums zu tun. Sie werden ihnen von außen zugetragen. Das Medium ist von ihnen besessen. Es bleibt von ihnen aber unbeeinflusst. Auf dieselbe Weise treten unbestreitbare Kräfte in Hitler ein, wahrhaft dämonische Kräfte, die Menschen zu seinen Werkzeugen werden lassen."*[76]

Es ist durchaus möglich, dass diese Passage dem Papst zu Ohren kam und ihn zu seinem ungewöhnlichen „Fern-Exorzismus" veranlasste.

Pius XII. und Hitler waren Gegenpole, wie sie extremer nicht sein konnten. Hier der Stellvertreter Christi auf Erden, dort der erklärte Feind aller christlichen Werte, der Antichrist, wenn vielleicht nicht im Sinne der Apokalypse, so doch ganz sicher im Sinne Nietzsches.

Der Sturz in den Abgrund

Doch auf Hitlers kometenhaften Aufstieg folgte, dem Schicksal Luzifers gleich, der jähe Sturz. Stand seine Armee auch im Oktober 1941 bereits vor Moskau, so stieß sie dort auf einen Gegner, dem sie nicht gewachsen war, an dem auch Napoleons Heer zerbrochen war: den russischen Winter, der in diesem Jahr überraschend früh begann. Mit ihm hatte Hitler, der glaubte, mit dem Feuer und Licht im Bunde zu sein, nicht gerechnet. Entsprechend leicht war die Ausrüstung seiner Soldaten gewesen. Als im Dezember 1941 die Temperaturen praktisch über Nacht auf bis zu -40° C fielen, versagten die automatischen Waffen, zersetzte sich das synthetische Benzin in den Kanistern, vereisten die Panzer, brachen die Soldaten reihenweise unter der Kälte zusammen. Als General Guderian eigens nach Berlin flog, um einen Rückzugsbefehl zu erbitten, brüllte Hitler ihn nur an: *„Greifen Sie weiter an! Die Kälte ist meine Sache!“* Dann befahl er seinen Soldaten *„fanatischen Widerstand in ihren Stellungen ... ohne Rücksicht auf durchgebrochenen Feind in Flanke und Rücken“*.[77] Als seine Generäle protestierten, riss er die Initiative der militärischen Planung vollends an sich. Goebbels' Propaganda wies ihnen fortan die Schuld für die durch Selbstüberschätzung verursachte Krise zu; der *Führer* hatte immer recht zu haben.

Mit einer Million Soldaten schlugen die Russen jetzt zurück. Im Sommer 1942 gelang den Deutschen ein erneuter Vorstoß bis an den Kaukasus. Eine Gruppe deutscher Gebirgsjäger pflanzte die Hakenkreuzflagge in den Schnee des Elbrus, eines heiligen Berges der *Arier*. Doch kaum kehrte der Winter zurück, kesselte die Rote Armee 270.000 Soldaten der Wehrmacht in Stalingrad ein. Wieder hatte Hitler für sie nur Durchhalteparolen parat; die von Göring zugesagte Versorgung durch die Luftwaffe dagegen misslang. 140.000 Soldaten fielen oder erfroren, 90.000, von Entbehrungen und Kälte gezeichnet, traten den Weg in die Kriegsgefangenschaft an; die Hälfte von ihnen starb bereits auf dem Weg in die Lager vor Erschöpfung. Die Katastrophe von Stalingrad wurde zum Anfang vom Ende des Dritten Reiches. Für Hitler, der sich für unbesiegbar hielt, für den *Starken von oben,* war dieses militärische Fiasko unbegreifbar. Verzweifelt suchte er nach Sündenböcken, sprach immer wieder von „Verrat“, bis er endlich glaubte, auch der schwerste Rückschlag sei nur eine Prüfung auf dem Weg zum Endsieg. So erklärte er im November 1944:

„Im Übrigen ist es in weltgeschichtlichen Auseinandersetzungen nicht anders denkbar, als dass am Ende nicht in Monaten oder in Jahren, sondern nach langen Zeiträumen infolge der Beharrlichkeit der Ausgang der Kämpfe entschieden wird, in denen ersichtlich die göttliche Vorsehung die Menschen antreten lässt zur Erprobung ihrer letzten Werte und damit zur Entscheidung über die Berechtigung ihres Seins oder über ihr Nichtsein.“[78]

Mit dem Endsieg stand und fiel sein Anspruch, der gottgesandte Retter der arischen Rasse zu sein.

Unverwundbar?

Der Mythos von Hitlers Unbesiegbarkeit schien sich zu bestätigen, als Hitler einem Attentat nach dem anderen entging. Das erste sollte ihn an seinem parteieigenen „Karfreitag“ treffen, dem 8. November 1939; die Bombe war im *Bürgerbräukeller* versteckt, wo er seine jährliche Rede zum Gedenken an den gescheiterten Bierkellerputsch hielt. Der Bombenleger, ein Johann Georg Elser, hatte damit gerechnet, dass Hitler, wie jedes Jahr, stundenlang schwadronierte und die alten Zeiten beschwor. Doch aus unerklärlichen Gründen fiel die *Führer*-Rede in diesem Jahr ungewohnt kurz aus; schon nach 50 Minuten verließ Hitler das Podium, ließ sich zum Bahnhof bringen, wo ein Sonderzug nach Berlin bereits auf ihn wartete. Als seine Limousine gerade den Hauptbahnhof erreichte, erschütterte ein dumpfer Knall die Stadt. Erst im Zug erfuhr Hitler, dass im *Bürgerbräukeller* eine Bombe explodiert war, die ihn und seine Getreuen zerrissen hätte. *„Dass ich den Bürgerbräu früher als sonst verlassen habe, ist mir eine Bestätigung, dass die Vorsehung mich mein Ziel erreichen lassen will“*, erklärte Hitler in Seelenruhe. *„Er steht doch unter dem Schutz des Allmächtigen. Er wird erst sterben, wenn seine Mission erfüllt ist“*, notierte Goebbels in seinem Tagebuch.[79] Vom Frühjahr 1943 an häuften sich die Anschläge auf sein Leben. Jetzt kamen die Attentäter aus den Reihen des Generalstabs, wo man längst begriffen hatte, dass der Krieg schon lange verloren war und jeder Tag, den die Kapitulation aufgeschoben wurde, nur sinnloses Blutvergießen bedeutete. Doch zwei Bomben, die Henning von Tresckow und Fabian von Schlabrendorff Mitte März 1943 in der *Führer*-Maschine versteckt hatten, detonierten nicht. Der Versuch des Oberst von Gersdorff, sich mit Hitler bei einem Rundgang durch das Berliner Zeughaus in die Luft zu sprengen, scheiterte daran, dass Hitler den Aufenthalt plötzlich um zehn Minuten verkürzte und der Zeitzünder nicht ausgelöst werden konnte. Als Oberst Stieff vor einer Lagebesprechung im *Führerhauptquartier* einen Sprengkörper versteckte, verspätete sich Hitler, und die Bombe detonierte vor seiner Ankunft. Dann wollte Hauptmann von der Bussche Hitler bei der Vorführung neuer Uniformen in die Luft sprengen, doch ein alliierter Luftangriff zerstörte die Modelle. Bei einem zweiten Versuch sagte Hitler kurzfristig ab und fuhr stattdessen nach Berchtesgaden. Auch bei einem weiteren Attentatsversuch erschien Hitler nicht. Ein Versuch des Rittmeisters von Breitenbuch, Hitler während einer Besprechung auf dem *Berghof* niederzuschießen, scheiterte daran, dass die SS-Wache ihm, angeblich auf Anweisung Hitlers, den Zutritt verwehrte. Schließlich übernahm der junge Oberst Claus Schenk Graf von Stauffenberg die Rolle des Attentäters und plante, eine Zeitbombe in seiner Aktentasche ins *Führerhauptquartier* zu schmuggeln. Nach zwei gescheiterten Versuchen war er für den 20. Juli 1944 auf der *Wolfsschanze* in Rastenburg gemeldet.

Die dramatischen Vorgänge an diesem Schicksalstag des deutschen Widerstandes sind oft genug beschrieben worden. Zunächst wurde das Treffen in eine Baracke mit geringer Verdämmungswirkung verlegt. Dann verspätete sich von Stauffenberg, wurde zu allem Überfluss noch in einem Nebengebäude fast dabei erwischt, wie er den Zeitzünder mit einer Zange auslöste, und schließlich gesucht, nachdem er die Bombe bereits unter dem schweren Kartentisch in der Nähe Hitlers plaziert hatte. Als er in einem bereitgestellten Wagen gerade noch entkam, explodierte die Bombe; eine große Rauchwolke stieg über der Baracke auf, Holz und Papier wirbelten durch die Luft, Menschen stürzten aus den Trümmern. Von Stauffenberg war sich sicher, Hitler getötet zu haben, und flog in diesem Bewusstsein nach Berlin, um die *Operation Walküre,* den von Hitler entwickelten Notstandsplan, auszulösen.

Doch Hitler hatte das Attentat überlebt. Mit rußgeschwärztem Gesicht und zerrissenen Hosen, über und über mit Staub bedeckt, beide Trommelfelle zerplatzt, erhob er sich langsam aus den Trümmern. Für ihn und seine Getreuen war es ein Wunder. Als Goebbels erfuhr, dass Hitler noch lebte, erfüllte

> *„eine fast religiöse, andächtige Dankbarkeit mein Herz. Ich hatte es schon oft – aber noch niemals so sichtbar und eindeutig wie hier – erlebt, dass der Führer sein Werk unter dem Schutz der Vorsehung erfüllt … dass damit aber auch ein über allem menschlichen Tun waltendes, göttliches Schicksal uns einen Fingerzeig gibt, dass dieses Werk, auch wenn es noch so großen Schwierigkeiten begegnet, vollendet werden muss, vollendet werden kann und vollendet werden wird.“*[80]

„Die Vorsehung hat den Führer gerettet“, erklärte Himmler noch am selben Tag, *„die Vorsehung hat uns ein Zeichen geschickt. Der Führer lebt, er ist unverwundbar.“*[81] Hitler selbst fühlte sich bestätigt und bekräftigt in seinem Glauben an seine göttliche Sendung. *„Die Vorsehung hat das Verbrechen missglücken lassen“*, erklärte auch er dem deutschen Volk in einer Rundfunkrede. *„Nach meiner heutigen Errettung aus der Todesgefahr bin ich mehr denn je davon überzeugt, dass es mir bestimmt ist, nun auch unsere gemeinsame große Sache zu einem glücklichen Abschluss zu bringen!“*[82] Die Attentäter wurden erschossen, von Stauffenberg starb mit den Worten *„Es lebe unser heiliges Deutschland!“* auf den Lippen. Die Hintermänner des Attentates ließ Hitler mit Klaviersaiten an Schlachterhaken aufhängen und bei ihrem minutenlangen Todeskampf filmen. Als ihm der Film am nächsten Tag vorgeführt wurde, ergötzte er sich an den Todeszuckungen der allmählich Erdrosselten. Auch Hunderte Angehörige der Verschwörer, speziell die gesamte Familie von Stauffenberg einschließlich der Kinder, wurden ins KZ gesteckt. *„Das Blut ist schlecht, da ist Verräterblut drin, das wird ausgerottet“*, ordnete Himmler im Auftrag des Führers an. Die barbarische Praxis der Blutrache wurde im Reich wieder eingeführt, die Ausrottung einer ganzen Sippe *„bis zum letzten Glied“* befohlen.[83]

Der letzte Akt

Doch trotz des erneuten Blutopfers war der Krieg längst verloren. Nur das wollten Hitler und seine Getreuen nicht wahrhaben. In einem Weltanschauungskrieg durfte es keine Niederlage geben, denn damit hätte sich die Hitlersche Heilslehre als falsch erwiesen. Nur 299 Tage vor seinem Ende, am 4. Juli 1944, hatte der Führer noch einmal sein Credo verkündet:

> *„Die Götter lieben den, der von ihnen Unmögliches verlangt. Doch wenn wir das Unmögliche schaffen, dann werden wir damit die Zustimmung der Vorsehung wohl bekommen. Ich bin kein sogenanntes Kirchenlicht, ein Frömmling – das bin ich nicht. Aber im tiefsten Innern bin ich doch ein frommer Mensch, d. h. ich glaube, dass, wer den Naturgesetzen, die ein Gott geschaffen hat, entsprechend auf dieser Welt tapfer kämpft und nie kapituliert, dass er dann auch von dem Gesetzgeber nicht im Stich gelassen wird, sondern dass endlich er doch den Segen der Vorsehung bekommt.“*[84]

So griff er nach jedem Strohhalm und gab reihenweise Duchhalteparolen aus, sprach vom *„Volkssturm“* und *„totalen Krieg“*, schickte selbst 15jährige Halbwüchsige und alte Männer an die Front und befahl ihnen, den *„Heimatboden“* mit *„härtestem Fanatismus“* zu verteidigen. *„Was wir jetzt machen, ist der heilige Volkskrieg“*[85], erklärte Himmler im August 1944. Nach wie vor glaubte Hitler an seinen göttlichen Auftrag und den Endsieg. In seiner Neujahrsansprache am 1. Januar 1945 sah er sich abermals in der Rolle des Hohepriesters:

> *„In dieser Stunde will ich daher als Sprecher Großdeutschlands gegenüber dem Allmächtigen das feierliche Gelöbnis ablegen, dass wir treu und unerschütterlich unsere Pflicht auch im neuen Jahr erfüllen werden, des felsenfesten Glaubens, dass die Stunde kommt, in der sich der Sieg endgültig dem zuneigen wird, der seiner am würdigsten ist: dem Großdeutschen Reiche!“*[86]

Eine Woche später, am 6. Januar 1945, titelte der *Völkische Beobachter* mit der Schlagzeile *„Das Opfer als Idee“*. Von einer *„gigantischen Auseinandersetzung“* der *„Kräfte des Lichtes ... mit den Mächten der finstersten Judenherrschaft“* war jetzt die Rede. Der apokalyptische Endkampf trat in seine letzte Phase ein. Fortan sollten, wie Goebbels in einer Rede in Görlitz erklärte, die Soldaten in den Krieg ziehen *„wie in einen Gottesdienst“*.[87] Noch am 19. April 1945 beschwor er in seiner letzten Rundfunkansprache den Beistand Gottes gegen das

„Internationale Judentum“ und sein *„satanisches Werk der Zerstörung“*, das die glänzendste Kultur dieser Erde in Trümmer gelegt habe. Gott dürfe dies nicht zulassen und *„wird Luzifer, wie schon so oft, wieder in den Abgrund zurückschleudern, aus dem er gekommen ist. Ein Mann von wahrhaft säkularer Größe, von einem Mut ohnegleichen, von einer Standhaftigkeit, die die Herzen erhebt und erschüttert, wird dabei sein Werkzeug sein.“*[88]

Im letzten Verzweiflungskampf besannen sich die Nazis abermals auf okkulte Kräfte. Während Wissenschaftler versuchten, „Wunderwaffen“ und „Todesstrahlen“ zu entwickeln, waren auch Astrologen und andere Esoteriker wieder gefragt.

Als Hitler 1943 der SS den Befehl erteilte, den von der Regierung Badoglio verhafteten Mussolini zu befreien, musste zunächst sein Aufenthaltsort herausgefunden werden. So ließ Himmler eine Reihe von Vertretern der „okkulten Wissenschaften“ in einer Villa in Berlin in Klausur gehen. Walter Schellenberg, damals Chef des *Auslandsnachrichtendienstes* der SS, berichtete in seinen Memoiren:

> *„Es waren Hellseher, Astrologen und Pendler, die den Aufenthaltsort des verschwundenen Duce ans Licht zu zaubern hatten. Die Séancen kosteten uns eine ziemliche Stange Geld, da der Bedarf an gutem Essen, Trinken und Rauchen der ‚Wissenschaftler‘ ganz enorm war. Aber siehe da – ein ‚Meister‘ des siderischen Pendels stellte nach einiger Zeit fest, Mussolini müsse sich auf einer Insel westlich von Neapel befinden. Und tatsächlich war der Duce auch zuerst auf eine der von ihm bezeichneten Ponza-Inseln gebracht worden.“*[89]

Goebbels wiederum konsultierte die Horoskope Hitlers und des Dritten Reiches (mit dem 30. Januar 1933 als „Geburtstag“), um auf eine „erstaunliche Tatsache“ zu stoßen:

> *„Beide Horoskope sagten übereinstimmend den Kriegsausbruch für 1939 voraus, Siege bis 1941 und dann eine Reihe von Niederlagen bis hin zu den schlimmsten Katastrophen in den ersten Monaten des Jahres 1945, insbesondere in der ersten Hälfte des April. Dann würde es einen überwältigenden Sieg in der zweiten Aprilhälfte geben, eine Stagnation bis August*

und schließlich im August den Frieden. Nach dem Frieden kämen drei schwierige Jahre für Deutschland; doch von 1948 an würde es wieder zur Größe aufsteigen",

erinnerte sich Hitlers Finanzminister Graf Schwerin von Krosigk.[90]

Hitler hatte zu diesem Zeitpunkt fast schon resigniert, sich in den *Führerbunker* unter der Neuen Reichskanzlei verkrochen. Stundenlang starrte er apathisch auf das Modell der geplanten Umgestaltung seiner „Heimatstadt" Linz, floh er vor der Realität in seine Träume für die Zeit nach dem Endsieg. Er war längst zum Greis geworden, stets müde und am Rande der völligen Erschöpfung, seine Bewegungen schleppend, die Hände zitternd, die Augen blutunterlaufen, der Blick leer. Seine Uniform war häufig von Speiseresten verschmutzt, denn er hatte jetzt einen geradezu krankhaften Heißhunger auf Schokolade und Kuchen. Nur noch einmal kroch er aus seinem Loch hervor, um am Nachmittag des 12. April 1945 mit Albert Speer und Karl Dönitz in der schon halb zerstörten Berliner Philharmonie ein Konzert zu besuchen, auf dem auch das Finale von Wagners *Götterdämmerung* gespielt wurde.[91] Die bombastischen Klänge der Schlusssteigerung, der Szene, in der Siegfrieds Leiche auf dem Scheiterhaufen verbrannt wird, drangen durch die Bombenlöcher des Konzertsaales ins Freie und hallten wider in der Trümmerlandschaft des Potsdamer Platzes. Längst war der Schlussakt der Oper in ganz Deutschland inszeniert worden, wo die letzten Zeilen seines Librettos nur noch wie eine finstere Prophezeiung klangen:

„Sogleich steigt prasselnd der Brand hoch auf, so dass das Feuer den ganzen Raum vor der Halle erfüllt, und diese selbst schon zu ergreifen scheint ... Der Rhein ist vom Ufer her mächtig angeschwollen und wälzt seine Flut über die Brandstätte bis an die Schwelle der Halle ... Am Himmel bricht zugleich von fern her eine, dem Nordlicht ähnliche, rötliche Glut aus, die sich immer weiter und weiter verbreitet. Die Männer und Frauen schauen in sprachloser Erschütterung dem Vorgange und der Erscheinung zu. Der Vorhang fällt."[92]

Kaum war er wieder im Führerbunker, erhielt Hitler eine Nachricht, die ihm wie das letzte, große, lang ersehnte Wunder erschien. Es war, als höre man *„die Flügel des Engels der Geschichte durch das Zim-*

mer rauschen“[93], erinnerte sich von Krosigk. Der amerikanische Präsident Franklin D. Roosevelt war tot! Goebbels öffnete eine Flasche Champagner. Stand es nicht so in den Sternen, würde nicht die zweite Aprilhälfte die erhoffte Wende bringen? Als Albert Speer am Abend ebenfalls in den *Führerbunker* zurückkehrte, wurde er von seinem Führer persönlich damit überrascht:

> *„Hitler sah mich und stürzte mit einer bei ihm seltenen Lebhaftigkeit wie besessen auf mich zu, mit einer Zeitungsnachricht in der Hand: ‚Hier, lesen Sie! Hier! Sie wollten es nie glauben. Hier!‘ Seine Worte überstürzten sich: ‚Hier haben wir das große Wunder, das ich immer vorausgesagt habe. Wer hat nun recht? Der Krieg ist nicht verloren. Lesen Sie! Roosevelt ist tot!‘ Er konnte sich gar nicht beruhigen. Endgültig glaubte er die Unfehlbarkeit der ihn beschützenden Vorsehung bewiesen.“*[94]

Noch einmal schien ihm die Vorsehung ihre Verlässlichkeit zu demonstrieren, schien sich die Reihe der vielen wundersamen Fügungen seines Lebens fortgesetzt zu haben. Doch der sich eben noch aufbäumende Enthusiasmus war nur von kurzer Dauer und wich bald der Einsicht, dass endgültig alles verloren war. Wieder saß Hitler apathisch und mit leerem Blick in seinem Stuhl, erschöpft und wie benommen, ohne jede Hoffnung. Für ihn, der keine Kompromisse kannte, hatte stets die Alternative totaler Sieg oder totaler Untergang gelautet. Schon Anfang der 30er Jahre hatte er Hermann Rauschning erklärt, er wolle, wenn er nicht siege, zumindest *„untergehend noch die halbe Welt mit uns in den Untergang reißen“*.[95] Der totale Krieg sollte zur totalen Apokalypse werden, zum Ende einer Welt. Wenn sich sein Volk im Kampf gegen das Ostvolk als das schwächere erweise, so glaubte er, habe es das Recht auf eine Zukunft verwirkt; ohnehin seien die Besten gefallen. *„Nur Eines will ich noch: das Ende, das Ende“*[96], rief er aus und befahl die „verbrannte Erde“, die Zerstörung aller Werte des Landes, die Inbrandsetzung aller Städte. Nur die mythenbildende Kraft eines großen Unterganges, so war er überzeugt, konnte ihn als *neuen Siegfried* unsterblich werden lassen. Aus der Asche der zerstörten Städte und Landschaften, so hoffte er, würde seine Bewegung dann eines Tages wie ein Phönix wiederauferstehen. *„Aus den Opfern unserer Soldaten und aus meiner* *eigenen Verbundenheit mit ihnen bis in den Tod, wird in der deutschen Geschichte so oder so einmal wieder der Samen aufgehen zur strahlenden Wiedergeburt der nationalsozialistischen Bewegung und damit zur Verwirklichung einer wahren Volksgemeinschaft",* schrieb er am 19. April 1945 in sein *Politisches Testament.*[97] Als er erfuhr, dass selbst sein treuer Himmler bereits heimliche Verhandlungen mit den Alliierten aufgenommen hatte, brach für ihn eine Welt zusammen. Auch SS-Offiziere, die sich und ihre Irrlehre verraten fühlten, suchten reihenweise den Freitod. Der *Reichsführer* dagegen entließ 27 Priester aus dem KZ und bat sie, für ihn zu beten. Seinem Masseur Kersten gegenüber bedauerte er, die Kirche bekämpft zu haben, weil sie sich letztendlich doch als stärker erwies.

Hitler selbst fühlte sich jetzt wie *„weiland* (die) *ollen Nibelungen in König Etzels Saal"*[98], wie sein Sekretär Martin Bormann in seinem letzten erhaltenen Brief Anfang April 1945 schrieb, von Verrat, Krieg und Weltenbrand umgeben, zum Sterben bereit, aber in großer, opernhafter Inszenierung. Er blieb in Berlin, weil ein Tod in der Hauptstadt heroischer war als ein Ende auf der Flucht. Seine Alpenfestung, der *Berghof,* war gerade von den Alliierten zerstört worden. Er heiratete seine Geliebte Eva Braun, mehr als Geste seines Rückzuges ins Privatleben, dann beging er mit ihr am Tag der Walpurgisnacht, dem 30. April 1945, Selbstmord. Vorher noch hatte er in seinem Testament *„die Führung der Nation und die Gefolgschaft zur peinlichen Einhaltung der Rassegesetze und zum unbarmherzigen Widerstand gegen den Weltvergifter aller Völker, das internationale Judentum",* aufgerufen.[99] Zum letzten Mal brachte er seinen Glauben an eine Fortexistenz nach dem Tod zum Ausdruck, als er seinen Getreuen versicherte: *„Sie werden mir durch ihre Arbeit und ihre Treue als Gefährten nach dem Tode ebenso nahestehen, wie ich hoffe, dass mein Geist unter ihnen weilen und sie stets begleiten wird."*[100]

Wie die Leiche Siegfrieds, so wurden auch seine Leiche und die seiner Frau auf seinen Befehl hin bis zur Unkenntlichkeit verbrannt. Nachdem, wie es Augenzeugen beschrieben, *„schon die einzelnen Flocken"*[101] seiner Asche im Wind dahinflogen, wurde er selbst, wie er es sich erhofft hatte, zum Mythos. *„Nachdem er dieses Letzte gegeben habe, müsse er für immer verschwinden. Aber man dürfe seine Leiche nicht finden. Er müsse für die gläubige Masse in einem Geheimnis enden"*[102], zitierte Hermann Rauschning schon 1940 die Überzeugung einiger seiner engsten Mitarbeiter. Noch im Juli 1945

Geplante Totenburg am Dnjepr, 130 Meter hoch; Entwurf von Prof. W. Kreis

glaubte Stalin, Hitler sei die Flucht gelungen, er halte sich in Spanien oder Südamerika verborgen.[103] Einige seiner letzten Jünger woben daraus eine Legende. Wie Barbarossa im Kyffhäuser, wie der mythische Kaiser im Untersberg, würde auch er darauf warten, eines Tages zurückzukehren, seine Getreuen zu sammeln und in die Endschlacht zu führen. Doch Hitler war tot, und seine Bewegung, die als Glaubensgemeinschaft in mystischer Einheit mit ihm lebte, zerfiel von dem Augenblick an, als die Nachricht von seinem Ende das Land erwachen ließ.

Goebbels und seine Familie folgten ihm in den Tod. Seinen Sekretärinnen aber, so erinnerte sich eine von ihnen, erschien es „*wie das Ende eines Zustandes der Massenhypnose. Plötzlich entdeckten wir in uns wieder eine unbezwingbare Lust zu leben, wir selbst zu werden, menschliche Wesen zu sein*".[104] Es war, als sei ein Fluch von ihnen genommen.

Epilog
Hitlers Erbe

Fast hundert Jahre vor Hitler Machtergreifung, im Jahre 1835, hatte der Düsseldorfer Heinrich Heine eine Vision, die durch den Nationalsozialismus auf erschreckende Weise Wirklichkeit wurde. In seinem Buch „Über Deutschland" schrieb er:

> *„Das Christentum – und das ist sein schönstes Verdienst – hat jene brutale germanische Kampfeslust einigermaßen besänftigt, konnte sie jedoch nicht zerstören, und wenn einst der zähmende Talisman, das Kreuz, zerbricht, dann rasselt wieder empor die Wildheit der alten Kämpfer, die unsinnige Berserkerwut, wovon die nordischen Dichter so viel singen und sagen. Jener Talisman ist morsch, und kommen wird der Tag, wo er kläglich zusammenbricht. Die alten steinernen Götter erheben sich dann und reiben sich den tausendjährigen Staub aus den Augen, und Thor mit dem Riesenhammer springt endlich empor und erschlägt die gotischen Dome ...*
>
> *Und wenn ihr es einst krachen hört, wie es noch niemals in der Weltgeschichte gekracht hat, so wisst: Der deutsche Donner hat endlich sein Ziel erreicht. Bei diesem Geräusch werden die Adler aus der Luft tot niederfallen, und die Löwen in der fernsten Wüste Afrikas werden die Schwänze einkneifen und sich in ihre königlichen Höhlen verkriechen. Es wird ein Stück aufgeführt in Deutschland, wogegen die Französische Revolution nur wie eine harmlose Idylle erscheinen möchte.*
> *Und die Stunde wird kommen. Wie auf den Stufen eines Amphitheaters werden die Völker sich um Deutschland herumgruppieren, um die großen Kampfspiele zu betrachten."*[1]

Hitler wusste genau, was er tat, als er die christliche Fassade der Deutschen einriss, um das *„herrliche, wilde Raubtier"*, den germanischen

Berserker, wieder zutage zu fördern. Die Revision der Zivilisation, die Rückkehr in die Barbarei, in den nackten Überlebenskampf nach dem Gesetz des Dschungels, war sein erklärtes Ziel. Um das zu erreichen, musste er seinen Untertanen eine neue Religion geben, die ihre Zweifel und Gewissensnöte verdrängte, ihre Bluttaten zur heiligen Pflicht erklärte, ihnen für die Zeit nach dem Völkermord das Paradies auf Erden und ewiges Heil versprach. Mit welchem Bewusstsein seine Vollstrecker in den Tod gingen, illustrieren die letzten Worte von Wolfram Sievers, dem letzten Geschäftsführer des *Ahnenerbes;* in seinem Auftrag waren während des Krieges Menschenversuche an KZ-Insassen durchgeführt worden. Als ihn der Nürnberger Gerichtshof zum Tod durch den Strang verurteilte, erklärte er im schwülstigen Nazipathos:

> *„Ich habe mir immer gewünscht, für das Reich der Himmlischen zu fallen ... Ich werde die Heimat grüßen, deine und meine und der Unseren Heimat: das Reich der Götter, das schon auf mich wartet, und ich werde in Gottes Namen meinen Weg dorthin antreten."*[2]

Er glaubte, durch seine Bluttaten zum Gottmenschen geworden zu sein.

Obwohl Hitler ideologische und spirituelle Vorläufer hatte, ergänzte er ihre Lehren durch ein entscheidendes Element. Wie die Gnosis einst asiatische Selbsterlösungslehren, hellenistischen Fremdenhass, den daraus resultierenden Antijudaismus und das Christentum mischte, wie die Ariosophie die theosophische Neo-Gnosis mit heidnischem Pantheismus verband, fügte Hitler diesem synkretistischen Konglomerat einen ganz entscheidenden Aspekt hinzu: den Willen zur Tat. Vor ihm hatten schon unzählige Sektierer geglaubt, das Ende sei nahe; er aber schwang sich zum Feldherrn des apokalyptischen Endkampfes auf, er selbst blies die Posaune zum globalen *Harmagedon.* Das allein zeigt, dass er glaubte, mehr als ein Prophet zu sein; das Recht zur letzten Entscheidungsschlacht stand einzig und allein dem Messias zu, als der er sich sah. Hitlers Religion war eine Eschatologie des Willens, lehrte Erlösung durch die praktizierte Apokalypse, machte den Milleniarismus zum Kriegsgrund, das Tausendjährige Reich zum politischen Ziel. Man mag kopfschüttelnd seine Anmaßung belächeln, ein göttliches Friedensreich in einem 21-Jahre-

Plan verwirklichen zu wollen, doch es war ihm gelungen, Millionen in seinen Bann zu ziehen. Sie glaubten, in mystischer Kommunion mit ihm zu stehen *(„Ein Volk, ein Reich, ein Führer“),* eins in Hitler zu werden, wie alle Christen eins in Christus sind. Sie waren überzeugt, Zeugen eines Wunders zu sein *(„das ist das Wunder unserer Zeit, dass ihr mich gefunden habt“[3]),* der Erscheinung eines Sendboten der göttlichen Vorsehung; die rasche Verwandlung Deutschlands in den ersten sechs Jahren seiner Herrschaft, das Wiederaufblühen des gepeinigten Landes, schien ein Beweis seiner Wunderkraft zu sein. Sie waren bereit, ihm blind zu folgen *(„Führer befiel, wir folgen dir!“),* weil sie sicher waren, mit ihrem *Führer* nach der Zeit des Leidens kollektiv aufzuerstehen. Ihr Glaube, ihre Hingabe und ihre Selbstaufopferung – drei wesentliche Merkmale jeder Religiosität – ließen sie zu seinen Vollstreckern werden. Indem sie mit seinem Willen eins wurden, so glaubten sie, wurden sie eins mit Gott, und erstritten sich das Recht auf Erlösung. Sein Appell an das deutsche Volk, einer der Kernsätze seiner Predigten: *„Ich habe dich glauben gelehrt, jetzt gib du mir deinen Glauben!“*[4] zeichnet Hitler ganz klar als Religionsstifter aus. *„Adolf Hitler ist unser Glaubensbekenntnis ... Wir glauben, dass er auch den Endkampf besteht und der Welt den Frieden bringen wird“,* formulierte der Ordensburg-Gründer Dr. Robert Ley das braune Credo.[5] Hitler propagierte keine politische Ideologie, er verkündete einen neuen Glauben, einen Weg zur metaphysischen Erlösung, den man am ehesten als gnostische Apokalyptik bezeichnen kann.

Gott, so glaubte und lehrte er, hat den Arier nach seinem Ebenbild geschaffen. Er war der Gottmensch, der *„Prometheus der Menschheit“*. Durch den Sündenfall der Rassenvermischung kam es zur Vertreibung aus dem Paradies, dem Untergang von Atlantis. Indem er diesen Sündenfall wieder rückgängig machte, das Blut von Fremdeinflüssen wieder reinigte, den Erzfeind Juda besiegte, dessen Versuchung die Blutschande war, versprach er, ein neues Paradies zu schaffen, neue Gottmenschen züchten zu können. Vorher aber musste der apokalyptische Endkampf des *auserwählten Volkes* der Arier gegen die *Kinder des Teufels,* die Juden, ausgefochten, sie, wenn schon nicht in die Hölle, so doch in recht irdische Feueröfen geworfen werden. „Genozid und Heilserwartung“, Erlösung durch die Endlösung, Auferstehung nach einem Massenopfermord – das war, auf den Punkt gebracht, die Eschatologie seiner Blut-Gnosis. Die Vernichtung des

Bösen in Gestalt der Juden war also das eigentliche Ziel nationalsozialistischer Politik, selbst der Krieg nur Mittel zum Zweck. In der Nazi-Eschatologie war der Holocaust die Voraussetzung für die Errichtung des Tausendjährigen Friedensreiches der gottgleichen Arier.

Seine Wahnsinnstaten deutete er als *„heilige Verpflichtung, ... dafür zu sorgen, dass man nicht nur immer äußerlich von Gottes Willen redet, sondern auch tatsächlich Gottes Willen erfülle und Gottes Werk nicht schänden lasse"*.[6] Wie jeder Prophet, wie jeder Religionsstifter, sah sich Hitler als Erfüllungsgehilfe Gottes, ja als Verkörperung des göttlichen Willens. So sehr er sich auch auf die „Wissenschaftlichkeit" seiner Lehre berief, sie war es nicht, und er wusste das; statt die „Überlegenheit der Arier" biologisch-wissenschaftlich zu begründen, berief er sich stets auf den Mythos ihrer „Göttlichkeit". So argumentierte er nicht darwinistisch, sondern gnostisch.

Der Nationalsozialismus wies alle Charakteristiken einer Religion auf: Es gab eine eindeutig formulierte Heilslehre, ein Evangelium („Mein Kampf"), einen Katechismus („Der Mythus des 20. Jahrhunderts"), einen Glauben an die übernatürliche Macht der Vorsehung und eine Fortexistenz nach dem Tod, Apokalyptik und Messianismus, einen Stiftungsmythos, Sakralbauten und Pilgerstätten, eine ausgefeilte Liturgie, ritualisierte Aufmärsche und Weihen, die völlige Vereinnahmung der Gläubigen, Gemeinschaftserlebnisse und die mystische Kommunion mit einer Messias-Gestalt, Selbstaufgabe und blinden Gehorsam, Glaubensbekenntnisse und Schwüre, Sakramente, einen Feiertagskalender, eigene Lebensabschnittsrituale, einen Blut- und Feuerkult, Märtyrer und Reliquien, ein Ordenssystem und eine Gemeinde, die sich von den „Ungläubigen" radikal abgrenzte. Gerade durch seinen Ausschließlichkeitsanspruch, seine erklärte Gegnerschaft zu allen anderen Religionsgemeinschaften, definierte sich die braune Heilslehre selbst als Religion.

Dabei war der Nationalsozialismus eben kein Derivat des Christentums, wie Goldhagen fälschlich behauptet, sondern eine Gegenreligion, die dem Christentum den Kampf erklärt und sich dessen Vernichtung zum Ziel gesetzt hatte. Gewiss, Hitler bediente sich christlicher Elemente und Bilder, doch er verkehrte sie sogleich in ihr Gegenteil, bevor er sie in seine synkretistische Lehre integrierte.

Das Christentum lehrt die Gleichheit aller Menschen vor Gott, der Nationalsozialismus teilte die Menschheit in Herren- und Untermenschen, göttlich und teuflisch, auf. Das Christentum fordert Solidarität mit den Schwachen, Hitler ihre Vernichtung.

Das Christentum steht in der Tradition der alttestamentarischen Gottesoffenbarung, der Nationalsozialismus setzte sich die Vernichtung alles Jüdischen zum Ziel; sein „Altes Testament" war der Mythos von Atlantis, der vermeintlichen Urheimat der Arier. Für die Christen ist der Gott Israels der Vater Jesu, für die Nazis war er der Teufel. Für den Christen kam Jesus, um den Alten Bund zu erfüllen, für die Nazis, um das Judentum zu vernichten. Dem Christen bedeutet Jesu Opfertod am Kreuz Erlösung, die Nazis sahen sie als Niederlage; erst Hitler fiel die Aufgabe zu, sein Werk zu vollenden. Der Christ wird durch das Blut Christi erlöst, Hitlers Ziel war die Erlösung des arischen Blutes durch „Rassenhygiene". An die Stelle des Opfertodes Christi setzte er das barbarische Brandopfer der fast sechs Millionen Juden. Das Christentum lehrt Feindesliebe und Gewaltverzicht, der Nationalsozialismus das Gesetz des Dschungels. Der Christ glaubt an ein Leben nach dem Tod im Reiche Gottes, der Nazi an eine Fortexistenz in der Volksgemeinschaft. Die höchste christliche Tugend ist die Demut, das Ideal des Nationalsozialismus dagegen ein anmaßender Stolz, für den Christen die Todsünde des Hochmuts. Nein, Christentum und Nationalsozialismus waren tatsächlich unvereinbar, was ja auch von beiden Seiten gleichermaßen und von Anfang an erkannt wurde; erst die politischen Notwendigkeiten nach der Machtergreifung führten dann doch noch zu einem Dialog zwischen erklärten Gegnern.

Auch wenn man die wesentlichen Aspekte einer jeden Religion nach den Definitionen einiger der wichtigsten Religionswissenschaftler des 20. Jahrhunderts, nämlich Emile Durkheim, Clifford Geertz, Fritz Stolz und Rudolf Otto, zusammenfasst, wie es der Schweizer Markus Jud tat, hält der Nationalsozialismus dem Vergleich stand. Danach ist eine Religion ein Symbolsystem von sakralen Überzeugungen und Praktiken, die vom Alltäglichen abgesondert sind (Feierstunden, Parteitage), von ausgewählten Amtsträgern (Partei) an heiligen Stätten (Weihestätten, Parteitagsgelände) vermittelt bzw. durchgeführt werden und die Menschen zu einer Gemeinschaft (der Volksgenossen, der Partei) zusammenführen und zusammenhalten wollen. Dieses Symbolsystem zielt darauf ab, starke, umfassende und dauerhafte Stimmungen (Trommelwirbel, Kampflieder, Fahnenzauber, Fackelzüge, der Lichtdom erzeugten Staunen, Faszination und

Ehrfurcht) und Motivationen in den Menschen zu schaffen, indem es nicht hinterfragbare Vorstellungen einer allgemeinen, verpflichtenden Seinsordnung (siehe „Mein Kampf" und Rosenbergs „Mythus") sowie Verbote (etwa die Nürnberger Rassengesetze) formuliert und Übertretungen mit Sanktionen bedroht, damit das Chaos bändigt, die Moral festigt und das Unkontrollierbare in eine Art von Kontrolle überführt. Sie umgibt diese Vorstellungen mit einer solchen Aura von Faktizität (Verweis Hitlers auf die „Wissenschaftlichkeit" seiner Ideologie), dass die Stimmungen und Motivationen völlig der Wirklichkeit zu entsprechen scheinen, so dass sie von den Menschen als ebenso wahr angenommen werden wie im Alltag nachprüfbare Erfahrungen. All dies gilt also auch für Hitlers Religion!

Die Deutung des Nationalsozialismus als Religion entschuldigt seine Verbrechen nicht, sie erklärt diese nur als Produkte eines religiösen Wahns. Ebenso wenig bezichtigt sie seine geistigen Vorläufer, etwa die Theosophen mit ihrer kruden Rassenlehre, die Wagnerianer oder die Ariosophen einer Mitschuld; sie lieferten den Nazis nur das geistige Rüstzeug für ihre unheilvolle Ideologie. Auch der Vorwurf Hans Buchheims, der Nationalsozialismus sei keine Religion, sondern *„ein falscher Glaube nach Inhalt, Intention und Weise",* ist nicht gerechtfertigt, weil der Religionsbegriff per se nicht wertet.[7] So kann unsere Deutung auch kein *„unverdientes Kompliment"* für eine totalitäre Diktatur sein, wie Hannah Arendt glaubt.[8] Das nämlich hieße, den Religionsbegriff auf die allgemein gültige Ethik der Weltreligionen – wir bezeichneten sie bereits als *konstruktive Religionen* – zu reduzieren. Daneben aber gibt und gab es immer auch archaische Religionen, die auf eine solche verzichten, was für die meisten animistischen Stammesreligionen ebenso gilt wie für die polytheistischen Religionen der antiken Welt.

Wenn Buchheim schließlich behauptet, Hitler habe *„die religiösen Bedürfnisse der Menschen lediglich dazu benutzt, seine politischen Ziele zu absoluter Geltung zu erheben, die ohne Bezug zu göttlicher Offenbarung und damit ohne Wert und Wahrhaftigkeit seien"*[9], dann verkennt er das tatsächliche (durchaus pathologische) Sendungsbewusstsein des *Führers;* alles deutet darauf hin, dass Hitler selbst an seine Wahnideen glaubte.

Für Hans Mommsen[10] schließlich war der Nationalsozialismus keine politische Religion, weil er als *„simulative Bewegung"* jene *„ideologische Stringenz und Kohärenz"* nicht besaß, die ein wesentliches Unterscheidungsmerkmal jeder echten Weltanschauung oder Religion sei. Auch dieses Argument kann schnell entkräftet werden, denn solange ihr Prophet noch lebt, befindet sich jede Religion noch im Entstehungsstadium; das gilt auch für den Nationalsozialismus. Selbst das Christentum ist in seinen entscheidenden Glaubenssätzen erst in den Jahrzehnten nach dem Pfingstereignis definiert worden.

Tatsächlich trägt die Deutung des Nationalsozialismus als politische Religion entscheidend zum Verständnis dieser fatalsten Unheilslehre der Geschichte bei. Nur wenn wir ihre Ursachen und Urgründe kennen, können wir den Anfängen wehren, können wir verhindern, dass sich Geschichte wiederholt. Nicht gläubige Christen wurden zu Hitlers willigen Vollstreckern, wie Goldhagen in völliger Verkehrung der Realität behauptet, sondern Menschen, die ihren Glauben verloren hatten. Der Bruch mit dem Christentum, dem Glauben ihrer Kindheit, ist das verbindende Element in den Biographien sämtlicher prominenter Naziführer. Sie waren Glaubenslose und Suchende, als sie im Nationalsozialismus eine starke, neue Antwort auf ihr bislang unerfülltes religiöses Sehnen fanden. Der Wahn der Selbsterlösung, der den Menschen zum Gott erklärt und über alle Gesetze der Ethik stellt, vereinte sie zu ihrem kollektiven Sündenfall, dem Erzverbrechen der Menschheitsgeschichte. Wenn eine konstruktive Religion aus einer Gesellschaft verdrängt wird, besteht die Gefahr, dass Sekten und Glaubensgemeinschaften mit destruktiven Inhalten dieses Vakuum füllen. Die auffälligste Parallele zwischen der Gegenwart und der Endphase der Weimarer Republik ist nicht die hohe Arbeitslosigkeit, sondern die geistige Orientierungslosigkeit breiter Kreise. Der protestantische Staatsglaube Preußens, unter dem sie in den Ersten Weltkrieg gezogen sind, hatte nach Meinung vieler Deutscher angesichts der demütigenden Niederlage des Reiches versagt, und so suchten sie Zuflucht in einer alternativen Subkultur, die in vielen Zügen der Esoterikszene der Gegenwart ähnelt. Auch sie war aus dem Protest gegen den Materialismus und Hedonismus der Massenkultur entstanden. Aus dieser Bewegung, die sich der Lebensreform verschrieben hatte, rekrutierte Hitler seine ersten Parteimitglieder, wie Hermann Rauschning 1940 in seiner brillanten Charakterstudie so zutreffend feststellte:

„Hitler war der typisch Entwurzelte ... Er gehört zu diesen aus allen Paradiesen einer geistigen Tradition herausgeworfenen

Menschen, die auf das erste beste Geistessurrogat verfallen und nun mit einer verbissenen Zähigkeit daran festhalten, um nicht in das Nichts hinabzutaumeln ...
Alle diese kleinen, verwachsenen Sehnsüchtigen, die keine rechte Erfüllung finden: Nacktkulturisten, Vegetarianer, Edengärtner, Impfgegner, Gottlose, Biosophen, Lebensreformer, die ihre Einfälle verabsolutierten und eine Religion aus ihrer Marotte zu machen suchten, lassen heute ihre geheimen Wünsche in die vielen Gaszellen des Riesenluftballons der Partei einströmen, um mit diesem großen Schiff als neuer Luftschiffer Gianozzo einen noch höheren Flug zu wagen, als sie es bisher in ihren Konventikeln taten. Diese verkümmerte und verwachsene Romantik engbrüstiger Geister, dieser von Gehässigkeit und Rechthaberei atemlose Fanatismus kleiner Sektierer treibt den großen gemeinsamen Fanatismus der Partei und hält ihn lebendig als eine gemeinsame Traumbestätigung. Für alle Zukurzgekommenen ist der Nationalsozialismus der ‚Traum von großer Magie'. Und Hitler selbst ist der erste unter den Zukurzgekommenen. So wird er selbst zum Meister der großen Magie, zum Priester der ‚verkappten Religionen'.“[11]

Der Zulauf, den Sekten noch heute finden, die Popularität kruder Verschwörungstheorien und esoterischer Heilslehren auf der Grundlage gnostischer Selbsterlösungshoffnungen, beweisen: Der Sumpf, aus dem der braune Wahn geboren wurde, ist auch zu Beginn des 3. Jahrtausends noch lange nicht ausgetrocknet. Ein latenter Antisemitismus und ein schwelendes Misstrauen den Kirchen gegenüber sind noch heute das heimliche Erbe nationalsozialistischer Propaganda. Das diesseitige Konsumangebot einer liberalistischen und hedonistischen „Spaßgesellschaft“ reicht nicht aus, um das menschliche Urbedürfnis nach Spiritualität zu erfüllen. Der radikalisierte Fundamentalismus der Islamisten in seiner fanatischen Abgrenzung ist auch eine Antwort auf den spirituellen Notstand des Westens. Nur eine Gesellschaft, die sich zu ihrer religiösen Identität bekennt, ist stark genug, solche Angriffe abzuwehren.

Anmerkungen

Einleitung

1 Rauschning 1940, S. 50

2 ebd., S. 227 f.

3 ebd., S. 210 ff.

4 Siehe Pia Nordblom, „Wider die These von der bewussten Fälschung. Bemerkungen zu den Gesprächen mit Hitler“ in: Hensel/Nordblom 2003, S. 151 ff.

5 http://hsozkult.geschichte.hu-berlin.de/rezensionen/2006-3-081

6 Rauschning 1940, S. 78

7 ebd., S. 54

8 Haffner 1978, S. 119

9 Heer 1968, S. 12

10 ebd.

11 siehe Karl Joseph Hummel: „Ein Kardinal marschiert nicht”, in: Frankfurter Allgemeine Zeitung, Nr. 237, 12. Oktober 2002, S. 31

12 zit. n. Ley/Schoeps 1997, S. 79

Was Hitler las

1 Gassert/Mattern 2001, S. 2: „The LC (Library of Congress) itself has been ambivalent about the inheritance from the rubble of the Third Reich. The collection was never viewed as a priority, and parts of it remain uncatalogued.“

2 Speer 1969, S. 482

3 Anthony Penrose, Lee Miller's War, London 1992; zit. n. Gassert/Mattern 2001, S. 7

4 Gassert/Mattern 2001

5 zit. n. Timothy W. Ryback, „Hitler's Forgotten Library“, in: The Atlantic Monthly, New York, May 2003

6 Joseph Berchtold, Heinrich Hoffmann, Hitler über Deutschland, München 1932, S. 55

7 Kubizek 1953, S. 188

8 Hitler 1925/27, S. 37 f.

9 zit. n. Ryback 2003

10 Zoller 1949, S. 36

11 Maser 1971, S. 202

12 zit. n. Ryback 2003

13 Heinrich Hoffmann/Baldur von Schirach, Hitler wie ihn keiner kennt, Berlin o. J.; zit. n. Miskolczy 2003, S. 1

14 Ryback 2003

15 ebd.

16 zit. n. Maser 1971, S. 199

17 zit. n. Maser 1971, S. 187

18 zit. n. Ryback 2003

19 Ryback 2003; zitiert nach: Frankfurter Allgemeine Sonntagszeitung, Frankfurt/Main, 13.4.2003, S. 25

20 Sämtliche Titelangaben nach Gassert/Mattern 2001, S. 35–329

21 Hamann 1998, S. 278. Im März 1938 publizierte Greiner in der Hoffnung, sich bei den Nazis einzuschmeicheln, die pathetische Lobhudelei „Sein Kampf und Sieg – eine Erinnerung an Adolf Hitler“, wurde aber selbst in der NSDAP als „für die Partei nicht tragbar“ abgewiesen. 1947 rächte er sich mit einem zweiten Buch, „Das Ende des Hitler-Mythos“, das zwar „politisch korrekter“, nicht aber wahrhaftiger war. So soll Hitler sich bei einer jüdischen Hure mit Syphilis infiziert, einer jüdischen Familie Wanzen in die Wohnung gesetzt und ein Malermodell seines „Freundes“ Greiner fast vergewaltigt haben. Das alles habe sich, so Greiner, bereits 1907 abgespielt, als sich Hitlers Mutter noch persönlich und schriftlich, in krakeliger Handschrift, bei ihm für die Freundschaft zu ihrem Sohn bedanken konnte. Natürlich konnte Greiner weder den Brief noch einen anderen Beweis für seine Geschichten vorlegen.

22 Greiner 1947, S. 86–93

23 Heiber 1963, S. 862

24 Rauschning 1940, S. 229 f.

25 Ryback 2003

26 Centurie III, Vers 58

27 Gassert/Mattern 2001, S. 331–346

28 zit. n. Ryback 2003

29 Schellenberg 1956, S. 113

30 Rauschning 1940, S. 202

31 Schertel 1923, S. 90

32 ebd., S. 28 f.

33 ebd., S. 80

34 ebd., S. 87

35 ebd., S. 38 f.

36 Rauschning 1940, S. 209 ff.

Vom Klosterschüler zum Kirchenfeind

1 Maser 1971, S. 58

2 Läpple 2001, S. 107

3 Hitler 1925/27, S. 3–4

4 Maser 1971, S. 58

5 zit. n. Toland 1977, Bd.1, S. 27

6 Heer 1968, S. 21

7 Läpple 2001, S. 120

8 Maser 1971, S. 17

9 Kershaw 1998, Bd.1, S. 31

10 ebd., S. 32

11 Läpple 2001, S. 57–59

12 Kershaw 2002, Bd.1, S. 33–35

13 Hitler 1925/27, S. 2

14 Kershaw 1998, Bd. 1, S. 34

15 M. Steinert, Hitler, München 1944, S. 22

16 Maser 1971, S. 17

17 zit. n. Hamann 1998, S. 16

18 Hitler 1925/27, S. 16

19 Tagebucheintrag vom 9. August 1932, Reuth 1992, S. 681

20 zit. n. Hamann 1998, S. 20

21 zit. n. Toland 1977, Bd. 1, S. 26

22 siehe Hitler 1925/27, S 32–33, was mit größter Wahrscheinlichkeit autobiographisch zu werten ist.

23 zit. n. Toland 1977, Bd. 1, S. 26

24 Zoller 1949, S. 46

25 Hitler 1925/27, S. 4

26 zit. n. Läpple 2001, S.70

27 Heer 1968, S. 18

28 ebd., S. 19

29 Hitler 1925/27, S. 7

30 so beschrieb ihn sein Lehrer Dr. Franz Huemer in einem Gutachten vom 12. Dezember 1923 als „widerborstig, eigenmächtig, rechthaberisch und jähzornig“. Stets habe er versucht, in der Klasse eine „Führerrolle“ zu spielen. Siehe Läpple 2001, S. 123

31 zit. n. Hamann 1998, S. 24

32 zit. n. ebd., S. 22

33 8./9. Januar 1942, Heim 1980, S. 185–187

34 abgebildet bei Läpple 2001, S. 125. Es ist nicht sicher, ob die Firmung 1902 oder 1904 stattfand; Heer 1968, S. 32, behauptet sogar, nicht Dr. Poetsch, sondern Emanuel Lugert sei der Firmpate gewesen. Dagegen spricht jedoch die Widmungsinschrift der Uhr.

35 zit. n. Heer 1968, S. 32

36 20./21. Februar 1942, Heim 1980, S. 288

37 zit. n. Maser 1971, S. 70

38 Toland 1977, Bd. 1, S. 37 f.

39 Hitler 1925/27, S. 16

40 zit. n. Hamann 1998, S. 82

41 siehe Kershaw 1998, Bd. 1, S. 51; zur Frage der Authentizität siehe Hamann 1998, S. 77–86

42 Kubizek 1953, S. 95 f.

43 ebd., S. 206

44 ebd., S. 170

45 ebd., S. 167

46 ebd., S. 29

47 Hitler 1925/27, S. 15

48 Richard Wagner, Lohengrin, Dritter Akt, dritte Szene

49 Kubizek 1953, S. 83

50 ebd., S. 85

51 zit. n. Langer 1973, S. 110

52 Kubizek 1953, S. 195

53 Richard Wagner, Rienzi

54 Kubizek 1953, S. 116 f.

55 ebd., S. 118

56 Köhler 1997, S. 35

Erlösung dem Erlöser

1 zit. n. Hesemann 2003, S. 299

2 ebd.; Wagner wörtlich, lt. Tagebuch seiner Frau Cosima vom 22. April 1879: „Eigentlich (war) kein Karfreitag, nichts, nur eine hübsche Stimmung in der Natur, von der ich mir sagte: So müsste es sein am Karfreitag."

3 ebd.

4 zit. n. Fest 1973, S. 683

5 zit. n. Hesemann 2003, S. 299

6 Rauschning 1940, S. 216 f.

7 Wolfram von Eschenbach, Parzival IX, 455:10–11

8 Arthur Baudler, Guiot von Provins, Halle 1902, S. 19–45

9 siehe Hesemann 2003, S. 257–59

10 ebd., S. 120–22

11 zit. n. Sinclair 1998, S. 230

12 Brief an Carolyne Sayn-Wittgenstein, zit. n. Richard Wagner, Parsifal, Programmheft der Bayerischen Staatsoper 1995, S. 46

13 Cosima Wagner, Die Tagebücher, Eintrag vom 2. September 1875

14 ebd., Eintrag vom 11. November 1878

15 ebd., Eintrag vom 10. Februar 1880

16 ebd., Eintrag vom 10. November 1878

17 ebd., Eintrag vom 10. Februar 1880

18 Brief Wagners vom 26. Januar 1876

19 zit. n. Köhler 1999, S. 311

20 Richard Wagner, Ausgewählte Schriften und Briefe, Bd. II, Berlin 1938, S. 376

21 F. F. Bruce, Außerbiblische Zeugnisse über Jesus und das frühe Christentum, Gießen 1991, S. 48

22 Corpus inscriptiones Latinarum XIII, S. 7514 = Dessau, Inscriptiones selectae, S. 2571

23 Jochmann /Heim 1980, S. 84

24 13. Dezember 1941, Picker 2003, S. 109

25 ebd.

26 21. Oktober 1941, Heim 1980, S. 96 ff.

27 zit. n. Thiede/Stingelin 2002, S. 59

28 zit. n. ebd., S. 74

29 zit. n. Gerhard Czermak, 2000 Jahre Christen gegen Juden, in: www.bfg-muenchen.de/czermak3.htm

30 zit. n. Goldhagen 1996, S. 72 f.

31 zit. n. Chronik des Christentums, Gütersloh/München 1997, S. 143

32 alle Zitate aus: Martin Luther, Von den Juden und iren Lügen, Wittenberg 1543

33 Gugenberger/Petri/Schweidlenka 1998, S. 67

34 Sünner 1999, S. 34

35 zit. n. Poliakov 1993, S. 212

36 Richard Wagner, Briefe, hrsg. von Hanjo Kesting, München 1983, S. 615

37 Richard Wagner, Sämtliche Briefe, 3. Bd., S. 166

38 Leopold von Schroeder, Die Vollendung des arischen Mysteriums in Bayreuth, München 1911

39 zit. n. Schüler 1971, S. 219

40 zit. n. Köhler 1999, S. 194

41 Rauschning 1940, S. 216

42 ebd., S. 214

43 zit. n. Hamann 1998, S. 243

44 Wolfgang Golther (Hrsg.): Richard Wagner – Gesammelte Schriften und Dichtungen, Bd. 2, Berlin/Leipzig 1887, S. 119

45 so in der Originalausgabe von 1848, zit. n. Köhler 1999, S. 121; in späteren Ausgaben fehlt der Satz, siehe Golther (Hrsg.) 1887, S. 155

46 Brief vom 17. Mai 1881; zit. n. Köhler 1999, S. 86

47 wie es Köhler in seiner trotz interessanter Ansätze und Analysen doch überzogenen Polemik „Wagners Hitler“ versuchte.

48 Richard Wagner, Die Kunst und die Revolution – Das Judentum in der Musik – Was ist deutsch?, hrsg. v. Tibor Kneif, München 1975, S. 77

49 König Ludwig II. und Richard Wagner, Briefwechsel, hrsg. v. Wittelsbacher Ausgleichsfonds und Winifred Wagner, Bd. III, S. 229

50 so Joachim Fest in Friedländer, Rüsen 2000, S. 30

51 Poliakov 1993, S. 269

52 Kubizek 1953, S. 94

53 Hitler 1925/27, S. 55

54 ebd., S. 56

55 ebd., S. 444

56 Hitler 1925/27, S. 18

57 Maser 1971, S. 79

58 Hamann 1998, S. 52 f.

59 27. Februar 1942, Picker 2003, S. 158 f.

Die arischen Ritter

1 Levenda 2003, S. 29

2 Hesemann 2000, S. 42

3 zit. n. Daim 1994, S. 62

4 Heer 1968, S. 209

5 zit. n. Daim 1994, S. 67

6 Lanz von Liebenfels im „Alldeutschen Tagblatt“, 17.1.1909; zit. n. Hamann 1998, S. 310

7 Lanz von Liebenfels 1906, S. 154 f.

8 Irenäus von Lyon, Adversus haereses, 124, 1–2; zit. n. W. Foerster, Die Gnosis, Bd. 1, S. 56

9 Cranston/Williams 2001, S. 79

10 Evans-Wentz 1980, S. 82

11 zit. n. Cranston/Williams 2001, S. 119

12 ebd., S. 192

13 zit. n. ebd., S. 34

14 ebd., S. 326

15 Blavatsky 1899, Bd. 2, S. 444 f.

16 ebd., S. 333

17 so Wegener 2001, S. 19

18 Blavatsky 1899, Bd. 2, S. 812

19 Blavatsky 1976, S. 47

20 Blavatsky 1899, S. 621

21 Lexikon der östlichen Weisheitslehren, Bern/München/Wien 1986, S. 367

22 Buschenreiter 1983, S. 86

23 Lechler 1934, S. 3

24 ebd., S. 14

25 Schlund 1924, S. 8 f.

26 Gugenberger 2001, S. 47

27 ebd., S. 48, sowie Goodrick-Clarke 1997, S. 39

28 Goodrick-Clarke 1997, S. 37

29 ebd., S. 40

30 ebd., S. 55

31 Hamann 1998, S. 298

32 ebd., S. 295 ff.

33 Goodrick-Clarke 1997, S. 61

34 Brief Kubizeks vom 6. Mai 1949, zit. n. Hamann 1998, S. 299

35 zit. n. Freund 1995, S. 81 f., und Sünner 1999, S. 131

36 Jäckel/Kuhn 1980, S. 186

37 Gassert/Mattern 2001, S. 291

38 Hitler 1925/27, S. 396 ff.

39 ebd., S. 516 f.

40 Rauschning 1940, S. 52

41 14. Oktober 1941, Heim 1980, S. 84

42 Kubizek 1953, S. 82 f.

43 zit. n. Daim 1994, S. 251

44 Läpple 2001, S. 157

45 Köhler 1999, S. 108

46 zit. n. Hamann 1998, S. 298 f.

47 Hitler 1925/27, S. 73

48 Rede vom 25. Januar 1936, Domarus 1973, Bd. 2, S. 568 f.

49 Rede vom 12. März 1936, ebd. S. 606

50 Dietrich 1955, S. 58

51 Hamann 1998, S. 294

52 ebd., S. 294

53 Goodrick-Clarke 1997, S. 59 ff.

54 Miers 1987, S. 182 f.

55 ebd., S. 169 f.

56 Carmin 1985, S. 31

57 Daim 1994, S. 95 ff.

58 ebd., S. 158, 165, 167

59 zit. n. Hamann 1998, S. 313

60 zusammengestellt aus: J. Lanz von Liebenfels, Rasse und Weib und seine Vorliebe für den Mann niederer Artung, in: Ostara Nr. 21, 1908, S. 15; ders.: Die rassenwirtschaftliche Lösung des sexuellen Problems, in: Ostara Nr. 34, 1909, S. 1; ders.: Die Komik der Frauenrechtlerei, in: Ostara Nr. 44, 1911, S. 2; zit. n. Hamann 1998, S. 313 f.

61 zit. n. Goodrick-Clarke, S. 89

62 Lanz von Liebenfels 1933

63 ebd.

64 zit. n. Daim 1994, S. 30

65 ebd., S. 27 f.

66 ebd., S. 28

67 ebd., S. 38

68 Hitler 1925/27, S. 60

69 ebd., S. 70

70 ebd., S. 137

71 ebd., S. 317 f.

72 ebd., S. 324

73 ebd., S. 272

74 ebd., S. 444–449

75 zit. n. Daim 1994, S. 30 f.

76 Lanz von Liebenfels 1928; zit. n. Daim 1994, S. 210

Der Urführer

1 Fest 1973, S. 66

2 Hamann 1998, S. 345

3 zit. n. ebd.

4 Hitler wörtlich in „Mein Kampf", S. 106: „Als ich nach Wien kam, standen meine Sympathien voll und ganz auf der Seite der alldeutschen Richtung"

5 Hamann 1998, S. 338

6 ebd., S. 399

7 Hitler 1925/27, S. 23

8 ebd., S. 20

9 Kershaw 1998, Bd. 1, S. 73

10 Hamann 1998, S. 58

11 Maser 1971, S. 83

12 zit. n. Jetzinger, S. 263

13 Hitler 1925/27, S. 59

14 zit. n. Hamann 1998, S. 344

15 zit. n. Ciller 1943, S. 53

16 Eduard Pichl, Georg Schönerer, Bd. V, Oldenburg o. J. (1938), S. 153

17 ebd., Bd. VI, S. 196

18 Fest 1973, S. 65

19 Schönerer-Aufruf vom November 1898, zit. n. Hamann 1998, S. 356

20 Georg Lanz von Liebenfels, „Bismarck und Schönerer", in: Alldeutsches Tagblatt, Wien, April 1908

21 Goodrick-Clarke 1997, S. 42

22 Pichl o. J. (1938), Bd. V, S. 385

23 Hitler 1925/27, S. 120

24 ebd., S. 122

25 ebd., S. 128

26 ebd., S. 129

27 ebd., S. 130

28 ebd.

29 Hugo von Hofmannsthal, Buch der Freunde, Leipzig 1922, S. 74

30 zit. n. Hamann 1998, S. 407 f.

31 Stauracz 1907, S. 6 f.

32 ebd., S. 417

33 Hamann 1998, S. 536 ff.

34 Schroeder 1985, S. 152

35 zit. n. Heer 1968, S. 87

36 Kubizek, 1. Version von „Adolf Hitler mein Jugendfreund", Manuskript: Linz, Oberösterreichisches Landesarchiv, Materialien Jetzinger, S. 42

37 Hamann 1998, S. 358

38 zit. n. Fest 1973, S. 71

39 seine Erinnerungen erschienen 1939 in der amerikanischen Zeitschrift „The New Republic" unter dem Titel „I was Hitler's Buddy" (Ich war Hitlers Freund)

40 Hamann 1998, S. 542 f.

41 Greiner 1947, S. 88

42 zur Frage der Authentizität der „Heiligen Lanze" – sie stammt tatsächlich aus dem 8. Jahrhundert und wurde erst später zur Reliquie erklärt – siehe Hesemann 2000, S. 104–116

43 Ravenscroft 1988, S. 27

44 Kubizek 1953, S. 121

45 4. Februar 1942, Picker 2003, S. 140; mehr über die „Heilige Lanze" siehe Hesemann 2003, S. 132

46 in: „Sunday Dispatch", 6. November 1960

47 in: Kölner Rundschau, 23. September 1961

48 Hitler 1925/27, S. 137

49 Kubin 1991, S. 12

50 ebd., S. 18

51 ebd., S. 25

52 Hitler 1925/27, S. 136

53 ebd., S. 13

54 zit. n. Goodrick-Clarke 1997, S. 79

55 Hitler 1925/27, S. 177

56 ebd., S. 179

57 ebd., S. 221

58 ebd., S. 223 f.

59 ebd.

60 Kershaw 1998, Bd. 1, S. 144

61 Hitler 1925/27, S. 225

62 Horstmann 2004, S. 50

63 Joachimsthaler 1989, S. 28

64 Hesemann 2005, S. 31 ff.

Trommler für Thule

1 Gugenberger 2001, S. 80 f.

2 Einen Hinweis, weshalb es zum Bruch kam, liefert Sebottendorff selbst, wenn er sich später vehement gegen die „Jungtürken" ausspricht: „... von der Türkei soll ganz geschwiegen werden, hier saß Juda in seinem Element, denn die Jungtürken, die Dschavid, Talaat usw. waren ja ebenfalls Juden-Dönme (Gewendete nennt sie der Türke)", siehe Sebottendorff 1933, S. 40

3 zit. n. ebd., S. 83

4 „Germanen-Botschaft", Flugblatt, BA Koblenz, NS 26/852

5 Germanenorden, „Anweisung zur Werbearbeit“, undatiertes Flugblatt, BA Koblenz NS 26/852

6 Germanenorden, „Beitritts-Erklärung“, Formular, BA Koblenz, NS 26/852

7 zit. n. Goodrick-Clarke 1997, S. 117 f., sowie Rose 2000, S. 24 f.

8 Sebottendorff 1933, S. 52

9 ebd., S. 31 f.

10 Blavatsky 1899, Bd. 2, S. 812

11 Hamann 1998, S. 295

12 List 1908, S. 37 f.

13 zit. n. Wegener 2001, S. 15

14 Prokop, Gotenkrieg, II, 15

15 Sebottendorff 1933, S. 261

16 ders., in: Runen, Dezember 1918, S. 2

17 Sebottendorff 1933, S. 53

18 in: Runen, Oktober 1918, S. 6

19 Jäckel/Kuhn 1980, S. 186 f.

20 zit. n. Sünner 1999, S. 39

21 Sebottendorff 1933, S. 46

22 ebd., S. 46 ff.

23 ebd., S. 22

24 ebd.

25 ebd., S. 23

26 ebd., S. 25

27 ebd., S. 57 ff.

28 ebd., S. 44

29 ebd., S. 82

30 ebd., S. 92

31 Large 2001, S. 157

32 ebd., S. 159

33 Sebottendorff 1933, S. 165

34 ebd., S. 7 f.

35 Toland 1977, Bd. 1, S. 117

36 Hitler 1925/27, S. 226

37 Toland 1977, Bd. 1, S. 113

38 Fest 1973, S. 171

39 zit. n. ebd., S. 167

40 Toland 1977, Bd. 1, S. 120

41 Zit. n. Joachimsthaler 1989, S. 250

42 zit. n. Kershaw 1998, Bd. 1, S. 215

43 zit. n. Carmin 1997, S. 88

44 zit. n. Köhler 1999, S. 219

45 zit. n. Gugenberger 2001, S. 33

46 Eckart 1928, S. 111

47 Daim 1994, S. 28

48 zit. n. Bärsch 2002, S. 64

Auf dem Weg ins Dritte Reich

1 Bärsch 2002, S. 56 f.

2 Henrik Ibsen, Kaiser und Galiläer, in: Sämtliche Werke und Briefe, Berlin 1898–1909, Bd. 5, S. 74

3 Picker 2003, S. 131; der Hitler-Jurist Picker bezeichnete Julian sogar als Hitlers Vorbild in der Auseinandersetzung mit den christlichen Kirchen, siehe S. 55

4 Dietrich Eckart, Geduld, in: Auf gut deutsch, Nr. 40/41, München 1919, S. 614

5 zit. n. Gugenberger 2001, S. 42

6 Schroeder 1985, S. 65

7 Hitler 1925/27, S. 781

8 Toland 1977, Bd. 1, S. 141

9 Wegener 2003, S. 56

10 Gugenberger 2001, S. 24

11 zit. n. Wegener 2003, S. 52

12 zit. n. Gugenberger 2001, S. 25

13 Wegener 2003, S. 40

14 ebd., S. 50

15 Rose 2000, S. 102

16 Hitler 1925/27, S. 556

17 Goodrick-Clarke 1997, S. 133

18 Vondung 1971, S. 186 f.

19 Maser 2002, S. 290 ff.

20 Gottfried Feder (Hrsg.), Das Programm der NSDAP und seine weltanschaulichen Grundlagen, München 1930, S. 22

21 Hitler 1925/27, S. 405 f.

22 Bärsch 2002, S. 76

23 Dietrich Eckart, Auf gut deutsch, Heft 3, 1919, S. 38

24 ders., 1924, S. 50

25 ebd., S. 39

26 ebd., S. 30

27 ebd., S. 50

28 ebd., S. 32 f.

29 ebd., S. 36

30 ebd., S. 31

31 Gugenberger/Petri/Schweidlenka 1998, S. 105

32 ebd., S. 101–110

33 Hitler 1925/27, S. 337

34 Gugenberger 2002, S. 114

35 zit. n. Hipler 1996, S. 89

36 zit. n. Kershaw 1998, Bd. 1, S. 238

37 Bayerische Landeszentrale für Heimatdienst (Hrsg.), Bilder und Dokumente zur Zeitgeschichte 1933–1945, München 1961, S. 88 f.

38 zit. n. Heer 1968, S. 194

39 zit. n. Gugenberger 2002, S. 119

40 Le Bon 1908, S. 84

41 ebd., S. 13, 22, 31–34, 49 f., 80–85

42 ebd., S. 50

43 Frank Ebeling, Karl Haushofer und die deutsche Geopolitik 1919–1945, Hannover (Diss.) 1992, S. 44

44 Gugenberger 2002, S. 67

45 Jacobsen 1979, Bd. 1, S. 137

46 Carmin 1985, S. 96

47 zit. n. ebd., S. 80

48 Sebottendorff 1933, S. 194 ff.

49 Köhler 1999, S. 232 ff.

50 zit. n. Hamann 2003, S. 79

51 Oberfränkische Zeitung, 1. Oktober 1923

52 Chamberlain 1906, S. 19

53 ebd., S. 466

54 ebd., S. 270

55 ebd., S. 256

56 ebd., S. 291

57 ebd., S. 32

58 ebd., S. 47

59 ebd., S. 653 ff.

60 ebd., S. 1044

61 ebd., S. 1046

62 zit. n. Köhler 1999, S. 178

63 zit. n. Röhl 1988, S. 22

64 zit. n. ebd., S. 186

65 zit. n. Hamann 2003, S. 44

66 zit. n. Köhler 1999, S. 188

67 Chamberlain 1922, S. VII (Vorwort)

68 ebd.

69 ebd., S. 290

70 ebd., S. 268

71 ebd., S. 287

72 Hamann 2003, S. 82

73 zit.n. Köhler 1999, S. 251

74 24./25. Januar 1942, Heim 1980, S. 224

75 zit. n. Hamann 2003, S. 124

76 zit. n. Köhler 1999, S. 244 ff.

77 ebd., S. 246

Ein deutscher Messias

1 Toland 1977, Bd. 1, S. 191

2 Heim/Jochmann 2000, S. 173

3 zit. n. Köhler 1999, S. 238

4 Guardini 1946, S. 42

5 so am 12. und 20. April 1922, zit. n. Fest 1973, S. 220 f.

6 so am 9. Januar 1922, zit. n. Läpple 2001, S. 155

7 zit. n. Kershaw 1998, Bd. 1, S. 237

8 zit. n. Köhler 1999, S. 201

9 Fest 1973, S. 224

10 so am 12. April 1922, zit. n. Fest 1973, S. 224

11 zit. n. Fest 1973, S. 1066

12 zit. n. ebd., S. 253

13 zit. n. ebd., S. 264

14 zit. n. Hamann 2003, S. 100

15 zit. n. Pauwels/Bergier 1976, S. 368. Das Zitat ist allerdings apokryph, die Autoren versäumen es leider, eine Quelle zu nennen.

16 zit. n. Fest 1973, S. 276

17 zit. n. ebd., S. 277

18 zit. n. Köhler 1999, S. 288

19 ebd., S. 289

20 so die exzellente Analyse von Alfons Wild, Hitler und das Christentum, Augsburg 1931

21 Hitler 1925/27, S. 127

22 ebd., S. 445 f.

23 ebd., S. 478 f.

24 ebd., S. 418 ff.

25 ebd., S. 724 f.

26 ebd., S. 419

27 Fest 1973, S. 317

28 Hitler 1925/27, S. 397 f.

29 W. Brugger/H. Dopsch/D. F. Kramel: Geschichte von Berchtesgaden, Berchtesgaden 1991, Bd. 1, S. 132

30 F. A. von Braune, Salzburg und Berchtesgaden, Wien 1829, S. 114 f.

31 Grimm 1816/18, Nr. 27

32 Götter- und Heldensagen, Genf 1996, S. 589

33 Guido von List 1911, Bd. I, S. 70

34 M. von Rippentrip, Sagen aus Adolf Hitlers Wahlheimat, Frankfurt/München 1937; zit. n. Läpple 2001, S. 196

35 zit. n. Hanisch 1995, S. 8 f.

36 Speer 1969, S. 100

37 ebd., S. 177

38 J. Goebbels, Judas Iscariot, Eine biblische Tragödie in fünf Akten, August 1918, BA Koblenz, NL 118/117

39 zit. n. Reuth 1992, Bd. 1, S. 24

40 Tagebucheintrag vom 4. Juli 1924, zit. n. ebd., S. 94

41 Tagebucheintrag vom 14. Oktober 1925, zit. n. ebd., S. 200

42 Tagebucheintrag vom 11. Februar 1926, zit. n. ebd., S. 226 f.

43 Tagebucheintrag vom 13. April 1926, zit. n. ebd., S. 241

44 Tagebucheintrag vom 26. April 1926, zit. n. ebd., S. 243

45 Tagebucheintrag vom 6. Juli 1926, zit. n. ebd., S. 259

46 ebd.

47 Tagebucheintrag vom 8. Mai 1926, zit. n. ebd., S. 247

48 ebd.

49 Tagebucheintrag vom 18. Juli 1926, zit. n. ebd., S. 264

50 Tagebucheintrag vom 24. Juli 1926, zit. n. ebd., S. 266

51 Ausführlich behandelt in Hesemann 1999, S. 115 ff.

52 Rede vom 5. November 1930, zit. n. Rissmann 2001, S. 47

53 Rede vom 12. September 1936, Domarus 1973, S. 642

54 zit. n. Bärsch 2002, S. 119

55 Goebbels 1929, S. 91, 24, 137, 81 f.

56 ebd., S. 82

57 ebd., S. 58

58 ebd., S. 82

59 ebd., S. 145

60 ebd., S. 102 f.

61 ebd., S. 86

62 ebd., S. 147 f.

63 ebd., S. 97

64 Tagebucheintrag vom 23. Juli 1926, zit. n. Reuth 1992, Bd. 1, S. 265

65 Tagebucheintrag vom 16. Oktober 1928, zit. n. ebd., S. 327

66 Hitler 1925/27, S. 531

67 ebd., S. 532

68 Picker 2003, S. 234

69 zit. n. Fest 1973, Bd. 1, S. 456

70 zit. n. ebd., S. 458

71 so notierte er schon am 14. Oktober 1925 in seinem Tagebuch seine „grenzenlose Verachtung der Canaille Mensch", zit. n. Reuth 1992, Bd. 1, S. 200

72 Joseph Goebbels: „Erkenntnis und Propaganda", Rede vom 9. Januar 1928, in: Signale der neuen Zeit. 25 ausgewählte Reden von Dr. Joseph Goebbels (1927–1934), München 1934, S. 44 f.

73 alle Zitate n. Fest 1973, S. 340

74 zit. n. Picker 2003, S. 288

75 „Völkischer Beobachter", 23. Dezember 1926; zit. n. ebd., S. 354

76 zit. n. Large 2001, S. 260 f.

77 Rauschning 1940, S. 35

78 zit. n. Heer 1968, S. 200

79 Rosenberg 1930, S. 681

80 ebd., S. 74, in späteren Auflagen wurde dieser Irrtum korrigiert und aus dem „Eunuchen Eusebius" der „Bischof Eusebius"

81 ebd., S. 383

82 ebd., S. 23 ff.

83 ebd., S. 604

84 ebd., S. 78

85 ebd., S. 74

86 ebd., S. 606

87 ebd., S. 67

88 ebd., S. 173

89 Albert Grünwedel, Tusca, Leipzig 1922

90 Rosenberg 1930, S. 73

91 ebd., S. 142

92 ebd., S. 141 f.

93 zit. n. Generalvikariat Köln 1935, S. 12 f.

94 zit. n. ebd., S. 13

95 ebd., S. 14

96 ebd., S. 48

97 Rosenberg 1930, S. 183

98 ebd., S. 169 f.

99 ebd., S. 71

100 ebd., S. 258

101 ebd., S. 215 u. 114

102 ebd., S. 174

103 Rosenberg 1930, S. 603 u. 614

104 ebd., S.604

105 ebd., S. 616

106 so erklärte er Eckart: „Ich muss nach Berlin wie Jesus in den Tempel von Jerusalem und die Wucherer hinauspeitschen", was dieser entsetzt als „Messiaskomplex" bezeichnete, siehe Fest 1973, Bd. 2, S. 1070.

107 siehe Anm. 75: „Das Werk, welches Christus angefangen hatte, aber nicht beenden konnte, werde er – Hitler – zu Ende führen"

108 Rosenberg 1930, S. 618 f. u. 701

109 ebd., S. 599

110 ebd., S. 624

111 ebd., S. 607 f.

112 Generalvikariat Köln 1935

113 Homann 1935, S. 197 f.

114 L'Osservatore Romano, Vatikanstadt, 7. Februar 1934

115 zit. n. Godman 2004, S. 81

116 Picker 2003, S. 300 f.

117 Godman 2004, S. 82

118 zit. n. Bärsch 2002, S. 200

119 Seraphim 1964, S. 43

120 Bucher 2008, S. 169 f.

Die Revolution der Barbaren

1 zit. n. Toland 1977, Bd. 1, S. 384. Der renommierte Hitler-Biograph geht von der Authentizität der Szene aus

2 zit. n. ebd., S. 198

3 zit. n. ebd., S. 385

4 so Frei 1934

5 ebd., S. 297 u. 303

6 Gugenberger 2001, S. 147 f.

7 Fest 1973, Bd. 1, S. 507 f., und Toland 1977, Bd. 1, S. 395 f.

8 Rede vom 10. Februar 1933, Domarus 1973, S. 208

9 zit. n. Kershaw 1998, Bd. 1, S. 471

10 zit. n. Toland 1977, Bd. 1, S. 404

11 ebd., S. 402

12 von Cziffra 1978

13 13. Dezember 1941, Picker 2003, S. 111

14 zit. n. Fest 1973, S. 578 f.

15 zit. n. ebd., S. 571

16 Rauschning 1940, S. 55 f.

17 ebd., S. 57

18 Rede vom 6. August 1934, Domarus 1973, S. 436

19 Rede vom 7. August 1934, ebd., S. 438

20 zit. n. Rissmann 2001, S. 42 ff.

21 5. Mai 1942, Picker 2003, S. 379

22 Rede vom 27. Juni 1937, zit. n. Domarus 1973, Bd. 2, S. 704

23 zit. n. Domarus 1973, S. 894 f.

24 zit. n. ebd., S. 895

25 zit. n. Kershaw 1999, S. 103 u. 135

26 zit. n. Ley/Schoeps 1997, S. 38

27 Fest 1973, Bd. 2, S. 714

28 zit. n. Arntz 1999, S. 110

29 Toland 1977, Bd. 1, S. 428

30 zit. n. Läpple 2001, S. 46

31 Kershaw 1998, Bd.1, S. 88

32 In IfZ, MA 731, NSDAP-Hauptarchiv 1/13; zit. n. Kershaw 2002, S. 55 f.

33 zit. n. Läpple 2001, S. 46

34 Tagebucheintrag vom 22. Juli 1938, zit. n. Reuth 1992, Bd. 3, S. 72 f.

35 Kershaw 2002, S. 75

36 Fest 1973, Bd. 2, S. 698

37 ebd., S. 707

38 Besier 2001, S. 142 f.

39 Rauschning 1940, S. 51

40 zit. n. Kershaw 2002, S. 79

41 zit. n. Maier (Hrsg.) 2003, S. 230

42 zit. n. Sünner 1999, S. 82

43 Toland 1977, Bd. 1, S. 485

44 zit. n. Kershaw 2002, S. 92; so lautete der Text im Vorspann des Films: „Am 5. September 1934 – 20 Jahre nach dem Ausbruch des Weltkrieges – 16 Jahre nach dem Anfang deutschen Leidens – 19 Monate nach dem Beginn der deutschen Wiedergeburt – flog Adolf Hitler wiederum nach Nürnberg, um Heerschau abzuhalten über seine Getreuen“

45 Rede vom 12. September 1936, Domarus 1973, S. 643

46 Rede vom 11. September 1936, ebd., S. 641

47 zit. n. Bärsch 2002, S. 170

48 Köhler 1999, S. 355

49 Fest 1973, Bd. 2, S.705

50 zit. n. Köhler 1999, S. 356

51 Niederelbisches Tageblatt vom 12. September 1936, zit. n. Huber/Müller 1969, Bd. 2, S. 74 ff.

52 so Robert Ley, zit. n. Fest 1973, Bd. 2, S. 705

53 Frank 1955, S. 205

54 zit. n. Burden 1970, S. 151

55 Hitler 1925/27, S. 381

56 Karl-Josef Schipperges: Zur Instrumentalisierung der Religion in modernen Herrschaftssystemen, in: Maier (Hrsg.) 2003, S. 231

57 21./22. Oktober 1941, Heim 1980, S. 101

58 zit. n. Fest 1973, Bd. 2, S. 724

59 Speer 1969, S. 81

60 ebd., S. 84

61 Vondung 1971, S. 83

62 Speer 1975, S. 492 f.

63 Rede vom 8. November 1935, Domarus 1973, S. 555

64 Large 2001, S. 335

65 Völkischer Beobachter, München, 9. November 1935; zit. n. Fest 1973, Bd. 2, S. 697

66 Seraphim 1964, S. 248

67 Large 2001, S. 354 f.

68 zit. n. ebd., S. 340

69 Alfred Kerndl: Wandbilder im Führerbunker auf dem Gelände der ehemaligen Neuen Reichskanzlei, Berlin-Mitte, in: Ley 1997, S. 256

70 Picker 2003, S. 176

71 Köhler 1999, S. 332

72 ebd., S. 170

73 ebd., S. 175

74 Speer 1969, S. 167

75 21./22. Oktober 1941, Heim 1980, S. 101

76 Speer 1975, S. 31

77 zit. n. Köhler 1999, S. 332

78 20./21. Februar 1942, Heim 1980, S. 285 f.

79 26. April 1942, Picker 2003, S. 347

80 zit. n. Gugenberger 2002, S. 18

81 ebd., S. 18 f.

82 zit. n. Hamann 1998, S. 322

83 zit. n. Gugenberger 1002, S. 19

84 zit. n. ebd., S. 22

85 zit. n. ebd., S. 24

86 ebd.

87 ebd.

88 ebd., S. 25

89 so Rudolf von Elmayer-Vestenbrugg in diversen NS-Zeitschriften

90 25./26. Januar 1942, Picker 2003, S. 128 f.

91 zit. n. Hamann 1998, S. 324

92 ebd.

93 Bundesarchiv NS 19, 1705, Bl. 57

94 Fest 1973, Bd. 2, S. 734 f.

95 Friedrich Nietzsche, Der Antichrist, Frankfurt a. M. 1986, S. 39

96 Rauschning 1940, S. 230 ff.

97 ebd., S. 237

98 zit. n. Hofer (Hrsg.) 2002, S. 134 f.

99 zit. n. Scholder 1985, Bd. 2, S. 143 f.

100 zit. n. Hubeer/Müller 1969, Bd. 1, S. 140 f.

101 zit. n. Petrus van der Let, Herrn Hitlers Religion (Video), Alibri-Verlag 2003

102 zit. n. Besier 2001, S. 236

103 zit. n. ebd., S. 151

104 Sünner 1999, S. 68

105 zit. n. Huber/Müller 1969, Bd. 1, S. 139

106 zit. n. ebd., S. 142

107 Hitler 1925/27, S. 452

108 ebd., S. 465

109 ebd., S. 455

110 ebd., S. 457

111 ebd., S. 461 f.

112 zit. n. Hofer (Hrsg.), S. 128

113 zit. n. Godman 2004, S. 68

114 zit. n. Löw 2002, S. 209

115 Schulwart, Bericht über neue Lehrmittel, August 1934, Heft 3, S. 54

116 26. Februar 1942, Heim 1980, S. 156

117 Seraphim 1964, S. 206 f.

118 ebd., S. 239–258

119 zit. n. Arntz 1999, S. 21

120 Seraphim 1964, S. 251

121 zit. n. Arntz 1999, S. 173; 59

122 Lex, Robert: Der Weg zur Ordensburg, S. 7–10; zit. n. Arntz 1999, S. 90

123 zit. n. H. Dieter Arntz, Ordensburg Vogelsang, in: www.wisoveg.de/euskirchen/hkalender/80ordensburg.html

124 zit. n. ebd.

125 „Westdeutscher Beobachter" vom 17. März 1934, zit. n. Arntz 1999, S. 30

126 „Der Angriff" vom 21. November 1936, zit. n. Arntz 1999, S. 146

127 Schmitz-Ehmke 1988, S. 34 f.

128 zit. n. Köhler 1999, S. 341

129 zit. n. Leni Riefenstahl, Triumph des Willens, 1934

130 Rauschning 1940, S. 234

131 ebd., S. 233

Der Schwarze Orden

1 zit. n. Hamann 2003, S. 318

2 Höhne 2002, S. 145

3 Knopp 2003, S. 100

4 zit. n. Gugenberger 2002, S. 136

5 ebd., S. 146

6 Lanz von Liebenfels, Das Gesetzbuch des Manu und die Rassenpflege bei den alten Indo-Ariern, in: Ostara Nr. 22 und 23, Rodaun 1908

7 zit. n. Sünner 1999, S. 27

8 ebd., S. 28

9 Trimondi 2002, S. 28

10 zit. n. ebd., S. 30

11 ebd.

12 Bundesarchiv Koblenz, Himmler NL 126/9, Nr. 235

13 „Brauchtum für Sippenfeiern im Leben eines nicht konfessionell gebundenen SS-Angehörigen", Institut für Zeitgeschichte München, ED 302/2

14 zit. n. Knopp 2003, S. 96

15 Rauschning 1940, S. 36

16 Lanz von Liebenfels, Der wirtschaftliche Wiederaufbau durch die Blonden, in: Ostara, 3. Serie, Nr. 11, Wien 1929

17 ders., Rasse und Weib, in: Ostara Nr. 21, Rodaun 1908 sowie Der Weltfriede als Werk und Sieg der Blonden, in: Ostara, 3. Serie, Nr. 4, Wien 1928

18 Höhne 2002, S. 146 f.

19 Knopp 2003, S. 102

20 Smith/Peterson 1974, S. 51

21 Rede Himmlers vom 2. September 1938, BAB, NS 19/4005, Bl. 53

22 Rede vom 23. November 1937, zit. n. Domarus 1973, Bd. I, S. 762

23 zit. n. Sünner 1999, S. 103

24 Höhne 2003, S. 147

25 Dierker 2002, S. 87

26 zit. n. Heer 1968, S. 310

27 12. Dezember 1941, Picker 2003, S. 109

28 3./4. Januar 1942, Heim 1980, S. 169

29 Knopp 2003, S. 95

30 Höhne 2003, S. 135–138

31 zit. n. ebd., S. 139

32 zit. n. Trimondi 2002, S. 24

33 zit. n. ebd.

34 Sünner 1999, S. 90 und 133

35 Hesemann 2003, S. 88 f.

36 Sünner 1999, S. 107

37 zit. n. Russel/Schneider 1998, S. 156

38 Kersten 1952, S. 197

39 Goodrick-Clarke 1997, S. 163

40 zit. n. Russell/Schneider 1998, S. 18

41 zit. n. Lange 1998, S. 283 f.

42 Hohne 2002, S. 142

43 Schellenberg 1956, S. 39

44 zit. n. Trimondi 2002, S. 108

45 zit. n. Gugenberger 2001, S. 96

46 zit. n. Goodrick-Clarke 1997, S. 158; sowie Trimondo 2002, S. 101 f.

47 zit. n. Gugenberger 2001, S. 100

48 ebd., S. 102

49 zit. n. Russell/Schneider 1998, S. 7

50 Rudolf Mund, Fragmente einer verschollenen Religion, o. O., o. J., S. 151

51 zit. n. Michael Hesemann, Das geomantische Zentrum Deutschlands?, in: Magazin 2000 Nr. 70, Göttingen 1987, S. 53

52 zit. n. Nigel Pennick, Das Geheimnis der heiligen Linien, in: Magazin 2000 Nr. 70, Göttingen 1987, S. 48

53 Andree 1936, S. 5

54 ebd., S. 60 ff.

55 Kittel 1984, S. 23; Hitler allerdings spöttelte über die Deutung der Externsteine als Kultstätte, meinte in seinen „Tischgesprächen“: „Die Externsteine waren sicher nicht Kultstätten, sondern Zufluchtspunkte, auf welche die Leute sich zurückgezogen haben, um aus dem steigenden Schlamm herauszukommen. Kalt, feucht und trübe war dieses Land.“ Es lag also durchaus keine einheitliche nationalsozialistische Geschichtsinterpretation vor. Die Ergebnisse der von Himmler in Auftrag gegebenen Ausgrabungen hielt Hitler für blamabel, belegten sie doch nur die kulturelle Unterlegenheit der alten Germanen. Er wusste: „In einer Zeit, wo die anderen schon Steinstraßen besaßen, hat unser Land Zeugnisse einer Kultur nicht aufzuweisen.“ Seine Bewunderung galt dagegen den Kulturen Griechenlands und Roms, die er für die Gründungen germanischer Einwanderer hielt: „Der Germane musste nach einem sonnigen Klima, um seine Fähigkeiten entwickeln zu können. In Griechenland und Italien konnte sich der germanische Geist erst entfalten! … Die Germanen, die in Holstein geblieben sind, waren nach 2000 Jahren noch Lackel, während ihre Brüder, die nach Griechenland ausgewandert waren, zur Kultur emporstiegen“ (4. Februar 1942, Picker 2003, S. 139)

56 zit. n. Sünner 1909, S. 74

57 Völkischer Beobachter, 26. Juni 1935; siehe auch Sünner 1999, S. 75; Hitler dagegen bewunderte den Frankenherrscher, erklärte: „Karl der Große war einer der größten Menschen der Weltgeschichte, da er es fertiggebracht hat, die deutschen Querschädel zueinander zu bringen“ (4. Februar 1942, Picker 2003, S.138)

58 zit. n. Trimondi 2002, S. 35

59 zit. n. Sünner 1999, S. 153

60 zit. n. Gugenberger 2002, S. 81 ff.

61 Wirth 1928, S. 624

62 zit. n. Gugenberger 2002, S. 83

63 Wirth 1931/36, Bd. 1, S. 7

64 ebd., Bd. 2, S. 782 f.

65 ebd., S. 783

66 Trimondi 2002, S. 40

67 ebd., S. 41

68 ebd., S. 44, 49

69 ebd., S. 51

70 zit. n. ebd., S. 56

71 Gisevius 1967, S. 256 ff.

72 Kersten 1952, S. 189

73 ebd., S. 189 f.

74 ebd., S. 187 ff.

75 ebd., S. 146

76 Rede auf der SS- und Polizeiführertagung vom 16. September 1942, zit. n. Josef Ackermann, Heinrich Himmler als Ideologe, Göttingen 1970, S. 209

77 zit. n. HDG A. C. Bhaktivedanta Prabhupada, Bhagavad-Gita wie sie ist, Vaduz 1983

78 Smith/Peterson 1974, S. 32

79 Höhne 2002, S. 356

80 zit. n. Trimondi 2002, S. 182

81 zit. n. ebd., S. 188

82 zit. n. ebd., S. 192

83 verschiedene Publikationen behandeln die Tibet-Expedition der SS. Primärquellen sind Ernst Schäfers auf Glanzpapier gedrucktes Werk „Geheimnis Tibet", München 1943, dem bis 1989 (!) sieben andere Reiseberichte folgten. Auch ein anderer Expeditionsteilnehmer, Bruno Beger, verfasste ein Buch: „Mit der deutschen Tibetexpedition Ernst Schäfer 1938/39 nach Lhasa", Wiesbaden 1998 (!).

84 Bundesarchiv Koblenz, Himmler NL 126/9, Nr. 213

85 Ossendowski 1923, S. 280

86 ebd., S. 346

87 ebd., S. 357

88 ebd., S. 359 f.

89 Trimondi 2002, S. 98 f.

90 ebd., S. 97

91 zit. n. Sünner 1999, S. 48

92 ebd., S. 50

93 Trimondi 2002, S. 102 ff.

94 zit. n. ebd., S. 121

95 Bundesarchiv Berlin: R-135/30, „Gespräch bei der Geschenkübergabe", S. 23

96 Schäfer 1961, S. 37

97 Schäfer 1988, S. 32

98 ebd., S. 34

99 ebd., S. 89

100 zit. n. Trimondi 2002, S. 133

101 ebd., S. 160

102 Bundesarchiv Berlin: R-135/30 – „Lha-sa-lo – Geheimnis Tibet – Ein Filmdokument der Deutschen Tibetexpedition E. Schäfer

103 Aussage in dem Film von Guido Knopp, Hitlers Helfer – Himmler der Vollstrecker (ZDF)

104 Rauschning 1940, S. 208

105 21./22. Oktober 1941, Heim 1980, S. 101

106 in: Germanien, Heft 5, 1933, S. 144

107 Bundesarchiv, NS 19, 1705, Bl. 47

108 Bundesarchiv, NS 19, 1705, Bl. 53 und 55

109 Rahn 1995, Teil II, S. 32

110 ebd., Teil I, S. 86

111 ebd., S. 98

112 dass die Wolfram'sche Bezeichnung des Grals keineswegs „sinnlos" ist, wie Rahn behauptet, weise ich in meinem Buch „Die Entdeckung des Heiligen Grals", München 2003, S. 336 f. nach: Die tatsächliche Gralsreliquie, ein steinernes, mörserförmiges Trinkgefäß aus syrischem Achat, ist in einen Goldkelch eingefasst, dessen Fuß eine Onyxschale mit der kufischen (altarabischen) Inschrift AL-LABSIT AS-SILIS bildet.

113 Rahn 1995, Teil I, S. 136

114 ebd., S. 137

115 Teil II, S. 95 f.

116 ebd., S. 42

117 Lange 1999, S. 76

118 so in der Originalausgabe von 1937; in der Neuausgabe von 1995 fehlt dieses Zitat

119 Rahn 1995, Teil II, S. 96

120 ebd., S. 10

121 ebd., S. 102

122 ebd., S. 159

123 ebd., S. 175 f.

124 Völkischer Beobachter, 25. April 1937

125 laut: „Otto Rahn las in Dortmund", in: Westfälische Landeszeitung – Rote Erde, Dortmund, 9. Januar 1938

126 Lange 1999, S. 65

127 ebd., S. 79 f.

128 zit. n. Gugenberger 2001, S. 106

129 zit. n. Trimondi 2002, S. 268

130 Lorenz/Bauer/Behringer/Schmidt 2000, S. 52

131 ebd., S. 35

132 Heinrich Himmler, „Die Schutzstaffel als antibolschewistische Kampforganisation", in: Reichsnährstand (Hrsg.), Der 3. Reichsbauerntag in Goslar vom 10.–17. November 1935, Berlin 1935, S. 46

133 Lorenz/Bauer/Behringer/Schmidt 2000, S. 178

134 ebd., S. 54

135 Franz A. Six, „Germanisches Erbe im deutschen Geist", in: Volk im Werden Nr. 10, 1937

136 ebd., S. 149

137 ebd., S. VII

138 ebd., S. 147

139 ebd., S. 173

140 errechnet nach ebd., S. 183: die „1345" in der Kartothek für die Diözese Bamberg ermittelten Fälle betrafen ca. 1010 Personen

141 ebd., S. 172

142 zit. n. Dierker 2002, S. 124

143 Himmler in einem Plan zur Erschließung des germanischen Erbes, 1937, zit. n. Knopp 2003, S. 107

144 Gerhard Schumann, Lieder vom Reich, zit. n. Trimondi 2002, S. 258

Die Endlösung der Kirchenfrage

1 Heim 1980

2 Picker 2003

3 11. November 41, Picker 2003, S. 105

4 25./26. Januar 1942, ebd. S. 129

5 4. April 1942, ebd., S. 261f.

6 14. Dezember 1941, Heim 1980, S. 152

7 11./12. Juli 1941, ebd., S. 41

8 5. Juni 1942, Picker 2003, S. 508

9 9. April 1941, ebd., S. 296 f.

10 13. Dezember 1941, Heim 1980, S. 65

11 17. Februar 1942, Picker 2003, S. 146

12 5. Juli 1942, ebd., S. 605

13 25. Oktober 1941, Heim 1980, S. 45

14 17. Februar 1942, Picker 2003, S. 147

15 25./26. Januar 1942, Heim, S. 233

16 9. April 1942, Picker 2003, S. 297 f.

17 3./4. Februar 1942, Heim 1980, S. 262

18 9. April 1942, ebd., S. 298

19 4. April 1942, Picker 2003, S. 258

20 5. Juni 1942, ebd., S. 508

21 9. April 1942, ebd., S. 295 f.

22 28. August 1942, Heim 1980, S. 187

23 11./12. Juli 1941, Heim 1980, S.41

24 8. Februar 1942, Picker 2003, S. 144

25 13. Dezember 1941, ebd., S. 108

26 11. August 1942, Heim 1980, S. 171

27 Speer 1969, S. 137

28 Tagebucheintrag vom 24. Februar 1935, zit. n. Seraphim 1964, S. 71

29 Tagebucheintrag vom 19. Januar 1940, zit. n. ebd., S. 118

30 Tagebucheintrag vom 10. Mai 1940, zit. n. ebd., S. 139

31 Seraphim 1964, S. 239–258

32 zit. n. Löw 2002, S. 143

33 zit. n. Hochhuth 1963, S. 241

34 Tagebucheintrag vom 7. August 1933, zit. n. Reuth, S. 825

35 Tagebucheintrag vom 9. November 1939, zit. n. Reuth 1992, S. 1346

36 Tagebucheintrag vom 28./29. Dezember 1939, zit. n. ebd., S. 1362 f.

37 Tagebucheintrag vom 23. Februar 1937, zit. n. ebd., S. 1049

38 A.S.V. (Archivio Segreto Vaticano) – A.E.S. (Affari Ecclesiastici Straordinari), Baviera, Pos. ANM 396, Fasc. 7, p. 9 f.

39 A.S.V. – AES Baviera, Pos. ANM 396, Fasc. 7, p. 75

40 A.S.V. – AES Baviera, Pos. ANM 396, Fasc. 7, p. 79 v

41 A.S.V. – AES Baviera, Pos. ANM 396, Fasc. 7, p. 83 rv

42 zit. n. Godman 2004, S. 23 ff.

43 Ludwig Volk, Akten Kardinal Michael von Faulhabers 1917–1945, Bd. I. Mainz 1975, S. 513

44 Bernhard Stasiewski, Akten deutscher Bischöfe über die Lage der Kirche, Bd. I, Mainz 1968, S. 800 ff.

45 zit. n. Löw 2002, S. 29

46 Görings Ersuchen um eine Audienz bei Kardinalstaatssekretär Pacelli und Msgr. Pizzardos Protokoll des Gespräches sind im Vatikanischen Geheimarchiv unter der Signatur A.S.V. - AES Germania, Pos. 621 P.O., Fasc. 138, p. 38-40 einzusehen

47 zit. n. Scholder 1977, S. 192

48 zit. n. ebd., S. 41

49 A.S.V. – AES Germania, Pos. 643 P.O., Fasc. 522, p.33

50 A.S.V. – AES Germania, Pos. 643 P.O., Fasc. 773, p. 71 ff.

51 Rede vom 23. März 1933, Domarus 1973, Bd. I, S. 229 ff.

52 zit. n. Löw 2002, S. 42

53 zit. n. Der Spiegel Nr. 17/2003, S. 68

54 Rede vom 23. März 1933, Domarus 1973, S. 237–246

55 zit. n. Godman 2004, S. 57

56 Löw 2002, S. 41

57 Godman 2004, S. 55; Cornwell 2002, S. 218

58 zit. n. Löw 2002, S. 41

59 zit. n. Cornwell 2002, S. 207; Ludwig Volk, Akten Kardinal Michael von Faulhabers 1917–1945, Bd. I. Mainz 1975, S. 513

60 zit. n. Löw 2002, S. 53

61 zit. n. Bekh 1994, S. 207 f.

62 zit. n. Neuhäusler 1946, S. 418 f.

63 zit. n. Cornwell 2002, S. 214

64 zit. n. ebd., S. 218 f.

65 siehe Besier 2001, S. 12; Kershaw 1999, S. 33

66 Löw 2002, S. 30 f.

67 Scholder 1986, S. 180

68 Bentley 1985, S. 58

69 Scholder 1977, S. 283 f.

70 ebd., S. 391

71 ebd., S. 263 f.

72 ebd., S. 269

73 7. April 1942, Picker 2003, S. 287

74 zit. n. Dierker 2002, S. 157

75 zit. n. Trimondi 2002, S. 74

76 zit. n. Gugenberger 2002, S. 38 ff.

77 ebd., S. 41

78 A.S.V. – A.E.S. Germania Pos. 543 P.O., fasc. 158, p.4-12

79 zit. n. Cornwell 2001, S. 199

80 zit. n. Löw 2002, S. 43

81 Faulhaber, Michael Kardinal von: Judentum, Christentum, Germanentum, München 1934

82 zit. n. Löw 2002, S. 50

83 zit. n. „Pakt zwischen Himmel und Hölle", in: Der Spiegel Nr. 17/2003, Hamburg 2003, S. 64–73

84 Godman 2004, S. 120

85 zit. n. Godman 2004, S. 108

86 ebd., S. 106 ff.

87 ebd., S. 143

88 zit. n. Besier 2001, S. 779

89 Godman 2004., S. 152

90 zit. n. Löw 2002, S. 57

91 zit. n. Scholder 1985, Bd. II, S. 150

92 zit. n. ebd., S. 155

93 zit. n. Godman 2004, S. 159

94 ebd., S. 160

95 zit. n. Dierker 2002, S. 131

96 Franz Six, Grundsatzreferat im September 1935, zit. n. Dierker 2002, S. 210

97 zit. n. ebd., S. 228

98 ebd., S. 131

99 Dierker 2002, S. 147

100 zit. n. ebd., S.335

101 Tagebucheintrag vom 15. Februar 1937, Reuth 1992, Bd. 3, S. 1042

102 zit. n. Ludwig Volk, Akten Kardinal Michael von Faulhabers, München 1978, Bd. II., S. 194

103 Picker 2003, S. 148

104 Tagebucheintrag vom 10. November 1936; 2. Dezember 1936, Reuth 1992, S. 1006–1017

105 7. April 1942, Picker 2003, S. 286

106 Besier 2001, S. 158

107 Heer 1968, S. 104

108 Rauschning 1940, S. 53

109 Godman 2004, S. 193

110 ebd., S. 198

111 so Pater Peter Gumpel, SJ im Interview mit der Zeitschrift „Inside the Vatican", New Hope/Kentucky, June 1997, S. 23

112 A. F. Utz/B. v. Galen: Die katholische Sozialdoktrin in ihrer geschichtlichen Entfaltung, Aachen 1976, Bd. II, S. 167–219

113 Rede vom 1. Mai 1937, Domarus 1937, Bd. I, S. 690

114 Tagebucheintrag vom 29. Mai 1937, Reuth 1992, S. 1084

115 Tagebucheintrag vom 10. September 1937, ebd., S. 1122

116 Neuhäusler 1946, S. 141

117 ebd., S. 1081

118 zit. n. Dierker 2002, S. 414

119 11./12. Juli 1941, zit. n. Heim 1980, S. 41

120 Dierker 2002, S. 422

121 ebd., S. 521

122 ebd., S. 455

123 Hirtenwort der Deutschen Bischöfe, 19. August 1938, zit. n. Dierker 2002, S. 457

124 Bormann an Heydrich, Schreiben vom 28. September 1938; zit. n. Dierker 2002, S. 461

125 25. Oktober 1941, Heim 1980, S. 108

126 zit. n. Godman 2004, S. 218

127 zit. n. ebd., S. 313

128 ebd., S. 233

129 ebd., S. 234

130 Löw 2002, S. 239

131 zit. n. ebd., S. 135

132 so der Originaltitel von Cornwells Buch: „Hitlers Pope“ (London 1999)

Götterdämmerung

1 zit. n. Löw 2002, S. 500

2 Rede vom 30. Januar 1939, Domarus 1973, S. 1058–1061

3 Löw 2002, S. 13

4 zit. n. Dierker 2002, S. 500

5 ebd., S. 522 f.

6 ebd., S. 526

7 zit. n. ebd., S. 528

8 zit. n. ebd., S. 532

9 Albert Hartl, Referat auf der „Arbeitstagung der Kirchensachbearbeiter beim Reichssicherheitshauptamt“ am 22./23. September 1941, zit. n. Dierker 2002, S. 533

10 Löw 2002, S. 127

11 Heß 1987, S. 351

12 4. Juli 1942, Picker 2003, S. 597

13 zit. n. Löw 2002, S. 81

14 4. Juli 1942, Picker 2002, S. 594 ff.

15 zit. n. Löw 2002, S. 161

16 zit. n. ebd., S. 161–2

17 Daim 1994, S. 222

18 von Müllern-Schönhausen 1956

19 Daim 1994, S. 310

20 Tagebucheintrag vom 14. Mai 1941, zit. n. Reuth 1992, S. 1573

21 Rauschning 1940, S. 266 f.

22 Fest 1973, Bd. 2, S. 927

23 Knopp 2002, S. 243

24 Rauschning 1940, S. 122

25 zit. n. L. Gruchmann, Nationalsozialistische Großraumordnung, Stuttgart 1962, S. 151

26 Fest 1973, Bd. 2, S. 933

27 3. März 1942, Picker 2003, S. 163 ff.

28 8./9. September 1941, Picker 2003, S. 93

29 Höhne 2002, S. 271

30 Kersten 1952, S. 156 f.

31 zit. n. Höhne 2002, S. 324

32 zit. n. Heer 1968, S. 310

33 zit. n. Knopp 2002, S. 243

34 Rede vom 30. Januar 1942, Domarus 1973, S. 1828 f.

35 Höhne 2002, S. 335

36 zit. n. ebd.

37 Rede vor SS-Gruppenführern im Posener Schloss am 4. Oktober 1935; zit. n. Höhne 2002, S. 335

38 zit. n. Buchheim/Broszat/Jacobsen/Krausnick, Anatomie des SS-Staates, Olten/Freiburg 1965, Bd. I, S. 301

39 Rauschning 1940, S. 210

40 Girard 1987

41 zit. n. Der Spiegel, Hamburg, Nr. 33/2001, S. 139

42 Bärsch 2002, S. 377

43 Schertel 1923, S. 22 f.

44 Brumlik 1992, S. 367

45 Horkheimer/Adorno 1991, S. 177

46 zit. n. Läpple 2001, S. 202

47 zit. n. ebd., S. 82

48 zit. n. ebd., S. 79

49 zit. n. Löw 2003, S. 88

50 ebd., S. 91

51 so Rolf Hochhuth in „Der Spiegel“, zit. n. Cornwell 2001, Rückentext

52 Cornwell 1999, Rückentext der deutschen Originalausgabe

53 zit. n. Löw 2003, S. 243

54 Thomas Mann, An die gesittete Welt, Frankfurt 1968, S. 245 f.

55 „Auschwitz fotografiert, nicht bombardiert”, in: St. Galler Tagblatt, St. Gallen/Schweiz, 29. Januar 2004. Die Fotos sind im Internet unter www.evidenceincamera.co.uk veröffentlicht

56 Cornwell 2001, S. 389; Löw 2003, S. 246 ff.

57 zit. n. Cornwell 2001, S. 390

58 zit. n. Löw 2003, S. 245

59 zit. n. ebd.

60 zit. n. ebd., S. 77

61 zit. n. ebd. und Cornwell 2001, S. 397

62 zit. n. ebd.

63 zit. n. Hochhuth 1963, S. 255

64 zit. n. Inside the Vatican, New Hope/KY, June 1997, S. 22

65 siehe Deutsch 1969 und Müller 1983

66 Löw 2003, S. 90

67 ebd., S. 90

68 Pinchas Lapide, „Three Popes and the Jews“, zit. n. Inside the Vatican, New Hope/KY, June 1997, S. 22

69 zit. n. Cornwell 2001, S. 424; wie Wolff in seinen unveröffentlichten Erinnerungen berichtet, verfolgte Himmler ein ähnliches Ziel. Er wies ihn an, „ganz besonders dafür zu sorgen, dass bei der Besetzung des Vatikans vor allem aus den Archiven und Kellergewölben die nach der gewaltsamen Christianisierung dorthin angeblich verbrachten altgermanischen Runenschriften und Kulturgüter für ihn als ‚Hüter, Bewahrer und Erneuerer des alten Glaubens‘ sichergestellt und nicht etwa zerstört würden“; zit. n. „Wolff, besetzen Sie den Vatikan“, in: Deutsche Geschichte Nr. 3, Inning 2004, S. 43-46

70 zit. n. Frankfurter Allgemeine Zeitung, 31. Januar 2004, Nr. 26, S. 8

71 zit. n. Inside the Vatican, New Hope/KY, June 1997, S. 23

72 siehe www.religion.orf.at/projekt02/news/0201/ne020123_exorzismus.htm

73 zit. n. Hofer (Hrsg.) 1982, S. 57 ff.

74 zit. n. Läpple 2002, S. 203

75 Rauschning 1939, S. 251

76 ebd., S. 252 f.

77 zit. n. Knopp 2002, S. 262

78 Rede vom 12. November 1944, Domarus 1973, S. 2161

79 Large 2001, S. 398

80 Heiber 1962, Bd. 2, S. 343

81 zit. n. Läpple 2002, S. 158

82 Radioansprache vom 20. Juli 1944, Domarus 1973, S. 2127 ff.; zur Schilderung der Vorgänge vom 20. Juli siehe u. a. Fest 1973, Bd. 2, S. 966

83 Knopp 2003, S. 130

84 Rede vom 4. Juli 1944, Domarus 1973, S. 2117

85 Höhne 2002, S. 500

86 Rede vom 1. Januar 1945, Domarus 1973, S. 2185

87 Goebbels in Görlitz, Rede, Deutsche Wochenschau Nr. 754 vom 16.3.1945 – Bundesarchiv – Filmarchiv

88 Völkischer Beobachter, 20. April 1945; Heiber 1962, Bd. 2, S. 452

89 Schellenberg 1956, S. 301

90 zit. n. Howe 1984, S. 240

91 von Bülow 1980, S. 409; Sünner 1999, S. 124

92 Richard Wagner, Götterdämmerung, Ende des dritten Aufzugs

93 zit. n. Howe 1984, S. 240

94 Speer 1969, S. 467

95 Rauschning 1940, S. 115

96 Fest 1973, Bd. 2, S. 997

97 Maser 2002, S. 364

98 zit. n. Fest 1973, Bd. 2, S. 997

99 Maser 2002., S. 375

100 ebd., S. 372

101 zit. n. Fest 1973, Bd. 2, S. 1023

102 Rauschning 1940, S. 262

103 Fest 1973, Bd. 2, S. 1024

104 Knopp 2002, S. 30

Epilog
Hitlers Erbe

1 zit. n. Ley/Schoeps 1997, S. 153

2 zit. n. Sünner 1999, S. 12

3 Rede vom 13. September 1936, Domarus 1973, S. 643

4 Rede vom 20. März 1936, Domarus 1973, S. 609

5 Hitler 1925/27, S. 630

6 Markus Jud, Versuch einer Definition von Religion, Luzern 2003, in: http://religion.geschichte-schweiz.ch/religion.html; die verwendeten Definitionen waren Emile Durkheim, Die elementaren Formen des religiösen Lebens, Frankfurt 1994; Clifford Geertz, Dichte Beschreibung, Frankfurt 1983; Fritz Stolz, Grundzüge der Religionswissenschaft, Zürich 1942; Rudolf Otto, Axel Michaels (Hrsg.): Klassiker der Religionswissenschaft, München 1997

7 Buchheim 1953, S. 17

8 Hannah Arendt, Religion und Politik (1953), zit. n. Dierker 2002, S. 544

9 Buchheim 1953, S. 9–39

10 Hans Mommsen, Nationalsozialismus als politische Religion, in: Maier/Schäfer 1997, S. 173–181

11 Rauschning 1940, S. 208 f.

Bibliographie

Ach, Manfred/Pentrop, Clemens: Hitlers „Religion", Augsburg 1977
Ackermann, Josef: Heinrich Himmler als Ideologe, Göttingen 1970
Amery, Carl: Hitler als Vorläufer, München 2002
Andree, Julius: Die Externsteine, Münster 1936
Arntz, H.-Dieter: Ordensburg Vogelsang 1934–1945, Euskirchen 1999

Bärsch, Claus-Ekkehard: Erlösung und Vernichtung, München 1987
Ders.: Der junge Goebbels, o. O. 1995
Ders.: Die politische Religion des Nationalsozialismus, München 2002
Bahn, Peter/Gehring, Heiner: Der Vril-Mythos, Düsseldorf 1997
Bekh, Wolfgang Johannes: Therese von Konnersreuth, München 1994
Bentley, James: Martin Niemöller – eine Biographie, München 1985
Bergmann, Werner: Geschichte des Antisemitismus, München 2002
Besier, Gerhard: Die Kirchen und das Dritte Reich, Berlin/München 2001
Binion, Rudolph: Dass ihr mich gefunden habt – Hitler und die Deutschen, Stuttgart 1980
Blavatsky, Helena Petrowna: Isis entschleiert (2 Bde.), Den Haag o. J.
Dies.: Die Geheimlehre (4 Bde.), Den Haag 1899
Dies.: Die Stimme der Stille, Graz 1976
Böhlig, Alexander (Hrsg.): Die Gnosis, München/Zürich 1995
Bon, Gustave Le: Psychologie der Massen, Leipzig 1908
Bracher, Karl Dietrich: Adolf Hitler, Bern 1964
Ders./Funke, Manfred/Jacobsen, Hans-Adolf (Hrsg.): Nationalsozialistische Diktatur: Eine Bilanz, Düsseldorf 1983
Broder, Dietrich: Bevor Hitler kam, Genf 1975
Broszat, Martin: Der Staat Hitlers, München 1978
Brumlik, Micha: Die Gnostiker, Frankfurt 1992
Bucher, Rainer: Hitlers Theologie, Würzburg 2008
Buchheim, Hans: Glaubenskrise im Dritten Reich, Stuttgart 1953
Bülow, Nicolaus von: Als Hitlers Adjutant, Mainz 1980
Bullock, Alan: Hitler, Düsseldorf 1971
Burden, Hamilton T.: Die programmierte Nation, Gütersloh 1970
Buschenreiter, Alexander: Unser Ende ist Euer Untergang, Düsseldorf 1983

Carmin, E. R.: „Guru" Hitler, Jona 1985
Chamberlain, Houston Stewart: Die Grundlagen des neunzehnten Jahrhunderts (2 Bde.), München 1906
Ders.: Mensch und Gott, München 1921
Ciller, Adolf: Deutscher Sozialismus in den Sudetenländern und der Ostmark, Hamburg 1943
Cornwell, John: Pius XII. – Der Papst, der geschwiegen hat, München 2001 (1999)

Cranston, Silvia/Williams, Carey: Leben und Werk der Helena Blavatsky, Grafing 2001
Cziffra, Geza v.: Hanussen, Hellseher des Teufels, München 1978

Daim, Wilfried: Der Mann, der Hitler die Ideen gab, Wien 1994 (1958)
Deutsch, Harold: Verschwörung gegen den Krieg, München 1969
Dietrich, Otto: 12 Jahre mit Hitler, München 1955
Dierker, Wolfgang: Himmlers Glaubenskrieger, Paderborn/München/Wien/Zürich 2002
Ditfurth, Jutta (v.): Entspannt in die Barbarei, Hamburg 1996
Domarus, Max: Hitler – Reden und Proklamationen 1932 bis 1945 (5 Bde.), Wiesbaden 1973

Eckart, Dietrich: Der Bolschewismus von Moses bis Lenin, München 1924
Erzdiözese Köln (Hrsg.): Studien zum Mythus des XX. Jahrhunderts, Köln 1935
Evans-Wentz, W. Y.: Das Tibetanische Totenbuch, Olten 1980

Fest, Joachim C.: Hitler – Eine Biographie (2 Bde.), Frankfurt/Berlin/Wien 1978 (1973)
Fischer-Fabian, S.: Die deutschen Cäsaren, Locarno 1977
Ders.: Karl der Große, Bergisch-Gladbach 1996
Foerster, Werner: Die Gnosis – Zeugnisse der Kirchenväter, Zürich 1995
Frank, Hans: Im Angesicht des Galgens, Neuhaus 1955
Frei, Bruno: Hanussen, Strassbourg 1934
Freund, René: Braune Magie?, Wien 1995
Friedländer, Saul/Rüsen, Jörn: Richard Wagner im Dritten Reich, München 2000
Frischauer, Willi: Himmler – The Evil Genius of the 3rd Reich, New York 1953
Frohnmeyer, D. L. Johannes: Die theosophische Bewegung, Stuttgart 1923

Gassert, Philipp/Mattern, Daniel S.: The Hitler Library, Westport/Ct 2001
Giordano, Ralph: Wenn Hitler den Krieg gewonnen hätte, Köln 2000
Girard, René: Das Heilige und die Gewalt, Zürich 1987
Gisevius, Hans Bernd: Adolf Hitler, München 1967
Graml, Hermann/Henke, Klaus-Dietmar (Hrsg.): Nach Hitler, Oldenburg 1987
Godman, Peter: Der Vatikan und Hitler, München 2004
Goebbels, Joseph: Michael, München 1929
Goldhagen, Daniel Jonah: Hitlers willige Vollstrecker, München 2000
Ders.: Die katholische Kirche und der Holocaust, Berlin 2002
Golther, Wolfgang (Hrsg.): Richard Wagner – Gesammelte Schriften und Dichtungen (10 Bde.), Berlin/Leipzig/Wien/Stuttgart 1887
Goodrich-Clarke, Nicholas: The Occult Roots of Nazism, New York 1992; dt.: Die okkulten Wurzeln des Nationalsozialismus, Graz-Stuttgart 2000 (1997)

Ders.: Black Sun, New York 2003; dt.: Im Schatten der Schwarzen Sonne, Wiesbaden 2009
Gorsleben, Rudolf John: Hoch-Zeit der Menschheit, Leipzig 1930
Grabner-Haider, Anton: Hitlers Theologie des Todes, Kevelaer 2009
Ders. und Strasser, Peter: Hitlers mythische Religion, Wien 2007
Greiner, Josef: Das Ende des Hitler-Mythos, Wien 1947
Grimm, Jacob und Wilhelm: Deutsche Sagen, Kassel 1816/18
Gsänger, Hans: Die Externsteine, Schaffhausen 1978
Guardini, Romano: Der Heilbringer in Mythos, Offenbarung und Politik, Stuttgart 1946
Gugenberger, Eduard: Hitlers Visionäre, Wien 2001
Ders.: Boten der Apokalypse, Wien 2002
Ders./Petri, Franko/Schweidlenka, Roman: Weltverschwörungstheorien, Wien-München 1998

Haack, Friedrich Wilhelm: Wotans Wiederkehr, München 1981
Haffner, Sebastian: Anmerkungen zu Hitler, München 1978
Hakl, Hans Thomas: National Socialism and the Occult, Edmonds/WA 2000
Hamann, Brigitte: Hitlers Wien, München 1998
Dies.: Winifred Wagner oder Hitlers Bayreuth, München 2003 (2002)
Hammer, Wolfgang: Dialog mit dem Führer, 3 Bde., München 1970–74
Hammerbacher, Hans Wilhelm: Irminsul, Kiel 1984
Hanisch, Ernst: Der Obersalzberg, Berchtesgaden 1995
Happel, Hartmut: Die Allgäuer Ordensburg in Sonthofen, Immenstadt 2003
Heer, Friedrich: Gottes erste Liebe, München 1967
Ders.: Der Glaube des Adolf Hitler, München 1968
Heiber, Helmut (Hrsg.): Goebbels Reden, Berlin 1962
Ders.: Lagebesprechungen im Führerhauptquartier, München 1963
Heim, Heinrich/Jochmann, Werner (Hrsg.): Adolf Hitler – Monologe im Führerhauptquartier 1941–1944, Hamburg 1980
Heinsohn, Gunnar: Warum Auschwitz?, Reinbek 1995
Heller, Friedrich Paul/Maegerle, Anton: Thule, Stuttgart 1998
Hensel, Jürgen/Nordblom, Pia (Hrsg.): Hermann Rauschning, Osnabrück 2003
Herbst, Ludolf: Hitlers Charisma, Frankfurt 2010
Hermand, Jost: Der alte Traum vom neuen Reich, Frankfurt 1988
Hesemann, Michael: Die stummen Zeugen von Golgatha, Kreuzlingen/München 2000
Ders.: Das Fatima-Geheimnis, Rottenburg 2002
Ders.: Die Entdeckung des Heiligen Grals, München 2003
Ders.: Hitlers Lügen, Kirchheim 2005
Ders.: Die Dunkelmänner, Augsburg 2007
Ders.: Der Papst, der Hitler trotzte, Augsburg 2008
Heß, Wolf Rüdiger (Hrsg.): Rudolf Heß, Briefe 1908–1933, München 1987
Hipler, Bruno: Hitlers Lehrmeister, St. Ottilien 1996
Hitler, Adolf: Mein Kampf, München 1925/27
Hochhuth, Rolf: Der Stellvertreter, Reinbek 1963

Hofer, Walther: Der Nationalsozialismus – Dokumente 1933–1945, Frankfurt 2002 (1957)
Höhne, Heinz: Der Orden unter dem Totenkopf, München 2002 (1967)
Homann, Rudolf: Der Mythus und das Evangelium, Witten 1935
Hörbiger, Hanns: Glazial-Kosmogonie, Leipzig 1925
Horkheimer, Max/Adorno, Theodor W.: Dialektik der Aufklärung, Frankfurt 1991
Horstmann, Bernhard: Hitler in Pasewalk, Düsseldorf 2004
Howe, Ellic: Astrology and the Third Reich, Wellingborough 1984
Huber, Heinz/Müller, Artur: Das Dritte Reich in Bildern und Dokumenten (5 Bde.), München/Wien/Basel 1969

Jacobsen, Hans-Adolf: Karl Haushofer – Leben und Werk, Boppard 1979
Jäckel, Eberhard: Hitlers Herrschaft, Stuttgart 1986
Ders.: Hitlers Weltanschauung, Stuttgart 1986
Ders./Kuhn, Axel: Hitler, Sämtliche Aufzeichnungen 1905–1924, Stuttgart 1980
Joachimsthaler, Anton: Korrektur einer Biografie. Adolf Hitler 1908-1920, München 1989
Junge, Traudl: Bis zur letzten Stunde, München 2003

Kater, Michael H.: Das „Ahnenerbe" der SS 1935–1945, München 2001
Kempner, Benedicta Maria: Priester vor Hitlers Tribunalen, Leipzig 1966
Kershaw, Ian: Hitlers Macht, München 1992
Ders.: Hitler (2 Bde.), München 1998
Ders.: Der Hitler-Mythos, München 2002 (1999)
Kersten, Felix: Totenkopf und Treue, Hamburg 1952
Kingsland, William: The real H. P. Blavatsky, Adyar/Wheaton 1928
Kiß, Edmund: Die Singschwäne von Thule, Leipzig 1939
Ders.: Das Sonnentor von Tihuanaku und Hörbigers Welteislehre, Leipzig 1937
Kittel, Erich: Die Externsteine, Detmold 1984
Knopp, Guido: Hitler – eine Bilanz, Berlin 2002 (1995)
Ders.: Hitlers Helfer, München 1996
Ders.: Die SS – Eine Warnung der Geschichte, München 2003 (2002)
Köhler, Joachim: Wagners Hitler, München 1999
Kreis, Rudolf: Nietzsche, Wagner und die Juden, Würzburg 1995
Kubin, Ernst: Die Reichskleinodien, Wien/München 1991
Kubizek, August: Adolf Hitler, mein Jugendfreund, Graz 2002 (1953)
Künneth, Walter: Antwort auf den Mythus, Berlin 1935

Läpple, Alfred: Adolf Hitler – Psychogramm einer katholischen Kindheit, Stein a. R. 2001
Lange, Hans-Jürgen: Otto Rahn – Leben und Werk, Engerda 1995
Ders.: Weisthor: Karl-Maria Wiligut – Himmlers Rasputin und seine Erben, Engerda 1998

Ders.: Otto Rahn und die Suche nach dem Gral, Engerda 1999
Langer, Walter C.: Das Adolf-Hitler-Psychogramm, Wien 1973
Lanz „von Liebenfels“, Georg: Theozoologie, Wien/Leipzig/Budapest 1906
Ders.: Das Buch der Psalmen teutsch, Pforzheim 1928
Ders.: Blondheit und Rasse, Luzern 1933
Large, David Clay: Hitlers München, München 2001
Lechler, Jörg: Vom Hakenkreuz, Leipzig 1934
Levenda, Peter: Unholy Alliance, New York 2003
Lewis, Brenda Ralph: Die Geschichte der Hitlerjugend, Wien 2004
Ley, Michael/Schoeps, Julius: Der Nationalsozialismus als politische Religion, Frankfurt 1997
List, Guido „von“: Die Rita der Ario-Germanen, Wien 1908
Ders.: Die Armanenschaft der Ario-Germanen, Wien 1911
Ders.: Runen, Riga/Wien/Berlin 2003 (1912)
Löw, Konrad: Die Schuld, Gräfelfing 2002
Lozenz, Sönke/Bauer, Dieter/Behringer, Wolfgang/Schmidt, Jürgen (Hrsg.): Himmlers Hexenkartothek, Bielefeld 2000
Lytton, Edward Bulwer: Vril oder eine Menschheit der Zukunft, Dornach 1958

Maier, Hans (Hrsg.): Totalitarismus und Politische Religionen (Bd. 1), Paderborn 1996
Ders./Schäfer, Michael (Hrsg.): Totalitarismus und Politische Religionen (Bd. 2), Paderborn 1997
Ders. (Hrsg.): Totalitarismus und Politische Religionen (Bd. 3), Paderborn 2003
Maser, Werner: Adolf Hitler, München/Esslingen 1971
Ders.: Hitlers Briefe und Notizen, Graz 2002 (1973)
May, Georg; Kirchenkampf oder Katholikenverfolgung?, Stein am Rhein 1991
Miers, Horst: Lexikon des Geheimwissens, München 1987
Miskolczy, Ambrus: Hitler's Library, Budapest 2003
Müller, Josef: Bis zur letzten Konsequenz, München 1983
Müllern-Schönhausen, Johannes von: Die Lösung des Rätsels Adolf Hitler, Wien 1956
Mund, Rudolf J.: Jörg Lanz v. Liebenfels und der neue Templer-Orden, Stuttgart 1976
Ders.: Wiliguts Geheimlehre, Riga/Wien/Berlin 2002

Neuhäusler, Johann: Kreuz und Hakenkreuz, München 1946

Ossendowski, Ferdinand: Tiere, Menschen und Götter, Frankfurt 1923

Padfield, Peter: Himmler – Reichsführer SS, London 2001
Passelecq, Georges/Suchecky, Bernard: Die unterschlagene Enzyklika, Berlin 1999
Pauwels, Louis/Bergier, Jacques: Aufbruch ins dritte Jahrtausend, München 1976 (1962)

Picker, Henry: Hitlers Tischgespräche, München 2003
Poliakov, Leon: Der arische Mythos, Hamburg 1993

Rahn, Otto: Kreuzzug gegen den Gral, Struckum 1985 (1933)
Ders.: Luzifers Hofgesind, in: H.-J. Lange (Hrsg.): Otto Rahn – Leben und Werk, Engerda 1995 (1937)
Rauschning, Hermann: Hitler Speaks, London 1939
Ders.: Gespräche mit Hitler, New York 1940
Ravenscroft, Trevor: Die heilige Lanze, München 1996 (1988)
Reichhardt, Hans J./Schäche, Wolfgang: Von Berlin nach Germania, Berlin 2001 (1998)
Reuth, Ralf Georg (Hrsg.): Joseph Goebbels – Tagebücher (5 Bde.), München 1992
Richter, Karl: Richard Wagner – Visionen, Vilsbiburg 1993
Rissmann, Michael: Hitlers Gott, Zürich/München 2001
Röhl, John C. G.: Kaiser, Hof und Staat, München 1988
Rose, Detlev: Die Thule-Gesellschaft, Tübingen 2000
Rosenberg, Alfred: Der Mythus des 20. Jahrhunderts, München 1930
Ders.: An die Dunkelmänner unserer Zeit, München 1935
Ders.: Protestantische Rompilger, München 1935
Russell, Stuart/Schneider, Jost W.: Heinrich Himmlers Burg, Aschau 1998

Schäfer, Ernst: Geheimnis Tibet, München 1943
Ders.: Fest der Weißen Schleier, Braunschweig 1950
Ders.: Auf einsamen Wechseln und Wegen, Hamburg 1961
Ders.: Das Fest der weißen Schleier, Durach 1988
Ders.: Über den Himalaya ins Land der Götter, Durach 1989
Schellenberg, Walter: Memoiren, Köln 1956
Schertel, Dr. Ernst: Magie – Geschichte/Theorie/Praxis, Prien 1923
Scheuermann, Wilhelm: Woher kommt das Hakenkreuz?, Berlin 1933
Schlund, Erhard: Neugermanisches Heidentum im heutigen Deutschland, München 1924
Schmitz-Ehmke, Ruth: Die Ordensburg Vogelsang, Köln 1988
Scholder, Klaus: Die Kirchen und das Dritte Reich (2 Bde.), Frankfurt/Berlin/Wien 1977/85
Schroeder, Christa: Er war mein Chef, München 1985
Schüler, Winfried: Der Bayreuther Kreis von seiner Entstehung bis zum Ausgang der Wilhelminischen Ära, Münster 1971
Sebottendorff, Rudolf von: Bevor Hitler kam, München 1933
Seraphim, Hans-Günther: Das politische Tagebuch Alfred Rosenbergs, München 1964 (1956)
Sinclair, Andrew: The Discovery of the Grail, New York 1998
Smith, Bradley F./Peterson, Agnes F.: Heinrich Himmler, Geheimreden 1933 bis 1945, Frankfurt/Berlin/Wien 1974
Speer, Albert: Erinnerungen, Frankfurt/Berlin 1969
Ders.: Spandauer Tagebücher, Frankfurt/Berlin/Wien 1975

Staurscz, Franz: Dr. Karl Lueger, Wien 1907
Strohm, Harald: Die Gnosis und der Nationalsozialismus, Frankfurt 1997
Sünner, Rüdiger: Schwarze Sonne, Freiburg 1999

Teudt, Wilhelm: Germanische Heiligtümer, Jena 1928
Thamer, Hans-Ulrich: Verführung und Gewalt, Berlin 1986
Thiede, Carsten Peter/Stingelin, Urs: Die Wurzeln des Antisemitismus, Basel/Gießen 2002
Tingley, Katherine: Helena Petrowna Blavatsky, Hannover 1992
Toland, John: Adolf Hitler (2 Bde.), Bergisch Gladbach 1977
Trimondi, Victor und Victoria: Hitler, Buddha, Krishna, Wien 2002
Tyrell, Albrecht: Vom Trommler zum Führer, München 1975

Veltzke, Veit: Der Mythos des Erlösers, Stuttgart 2002
Vondung, Klaus: Magie und Manipulation. Ideologischer Kult und politische Religion des Nationalsozialismus, Göttingen 1971

Waite, Robert G. L.: The Psychopathic God, New York 1977
Wegener, Franz: Das atlantidische Weltbild, Gladbeck 2000
Ders.: Alfred Schuler, der letzte deutsche Katharer, Gladbeck 2003
Wegner, Helena: Beiträge zur Geschichte der Weisheitsreligion, Pforzheim 1960
Wild, Alfons: Hitler und das Christentum, Augsburg 1931
Wirth, Herman: Der Aufgang der Menschheit, Jena 1928
Ders.: Die heilige Urschrift der Menschheit (2 Bde.), Leipzig 1931/36
Wistrich, Robert S.: Ein Wochenende in München, Frankfurt/Leipzig 1996
Wright, Jonathan: Über den Parteien, Göttingen 1977

Zoller, Albert: Hitler privat, Düsseldorf 1949
Zschaetzsch, Karl Georg: Atlantis, die Urheimat der Arier, Berlin 1935

Bildnachweis

Mit freundlicher Genehmigung der folgenden Archive und Personen (in der Reihenfolge der Fotos):

Archiv für Kunst und Geschichte, Berlin: 1

Hessische Hausstiftung Kronberg: 2

Museum Hanau: 3

Archiv der deutschen Jugendbewegung: 4

Michael Hesemann: 5–9, 18–20, 22–23, 32

Archiv Michael Hesemann: 24, 25–30, 33–42, 44, 51, 54–55, 59

Bayerische Staatsbibliothek München: 10–14, 16, 31, 43, 45–50, 62

Archiv Generaloberst Beck-Kaserne Sonthofen: 15

Kreismuseum Wewelsburg: 17, 52–53, 57–58

Thomas Ritter: 21

Bundesarchiv Koblenz (183/H8448): 56

Kreisarchiv Euskirchen: 60, 61

US Holocaust Memorial Museum, Washington D. C.: 63

Libreria Editrice Vaticana, Vatikanstadt: 64–66

Dank

Ich danke allen, die mich bei meinen Recherchen unterstützt und das Erstehen dieses Buches ermöglicht haben, insbesondere

Prof. Claus-Ekkehard Bärsch, Düsseldorf; Pater Peter Gumpel, S.J., Vatikanstadt; Father Louis Thevalakara, Rom; Christoph Lettner, Regionalbüro Strudengau, Grein; der Pressestelle der Generaloberst Beck-Kaserne Sonthofen; dem Kreismuseum Wewelsburg; den Mönchen der Abtei Lambach; dem Pfarrbüro Leonding.

Mein persönlicher Dank gilt Yuliya, die mich praktisch seit Erscheinen dieses Buches, seit acht Jahren also, begleitet, meiner Mutter und meiner ganzen Familie.

Mein ganz besonderer Dank gilt meinem neuen und alten Verleger Bernhard Meuser, der den Mut hatte, dieses Buch neu aufzulegen, meinem damaligen Herausgeber Dr. Hans Christian Meiser, meinem Lektor Dr. Peter Paul Bornhausen und allen Mitarbeitern des Sankt Ulrich Verlages.

Möge dieses Buch dazu beitragen, die Mechanismen politreligiöser und pseudoreligiöser Volksverführung zu durchschauen, den Wert echter Religion zu erkennen und eine Wiederholung der Geschichte unmöglich zu machen; möge es zugleich ein Beitrag zur Aussöhnung zwischen Juden und Christen sein!

Michael Hesemann

Über dieses Buch

„Es ist das große Verdienst Michael Hesemanns, dies erstmals ohne Scheu aufklärend umfassend darzustellen: eine gruselige Lektüre mit faszinierenden Einsichten." (Paul Badde in „Die Welt", 22.1.2005)

„Der Nationalsozialismus war kein Ableger des Christentums, wie es Goldhagen behauptet, sondern eine Gegenreligion, wie Autor Hesemann ausführlich dokumentiert. Er hat es sich wahrlich nicht leicht gemacht, sich durch diese Mengen abartiger Literatur zu wühlen, um die gedanklich-religiösen Grundlagen für den Nationalsozialismus zu ermitteln." (Erhard Obermeyer in „Westfälische Nachrichten", 17.6.2005)

„Hesemann hat in seinem aufschlussreichen und gründlich recherchierten Werk überzeugend dokumentiert, dass für das Verständnis der NS-Ideologie religionssoziologische und religionshistorische Kategorien unentbehrlich sind. Die Nazisekte war nicht nur eine heilsutopische Mixtur aus nordischer Epopöe, millenaristischen Phantasmagorien, arisiertem NS-Heiland, Montsalvat, Kyffhäuser-Mythos, Paganismus, politischer Apokalypse und nackter Gewalt, sondern eine politreligiöse Eucharistie, in der Hitler zum Heiligen Schlächter und Messias militans, die Deutschen zum auserwählten Volk Gottes, Ariogermanen zum Neuen Jerusalem und das jüdische Volk zum Antichrist der Weltgeschichte sakriert wurden." (Michael Loeckle in „Die Brücke" 136, 2/2005)

„Der Historiker und Katholik Michael Hesemann stellt die Deutung der Katastrophe vom Kopf auf die Füße: Die NS-Politik war das Produkt einer fatalen Pseudoreligion, nicht etwa die Religion eine Begleiterscheinung der NS-Religion. Und er bringt in seinem Buch ‚Hitlers Religion' überzeugende Beweise." („P.M.-Magazin", 11/2004)

„Hesemann hat mit dieser Biographie sein bislang wichtigstes und bedeutendstes Werk vorgelegt, mit dem er auf lange Zeit ein Standardwerk geschaffen haben dürfte." (Berthold Röth in „Buchwurm.info", 26.10.2004)

„‚Hitlers Religion‘ ist eine entlarvende Analyse eines menschenverachtenden Eklektizismus, der in kleinen sektiererischen Geheimbünden seinen Anfang nahm und dem später alle inneren und äußeren Merkmale einer Religion zu eigen waren. (…) Auch als Warnung vor braunen Rattenfängern und anderen sogenannten luziferischen Verführern, die eine Orientierungslosigkeit und Sinnsuche, insbesondere junger Menschen ausnutzen wollen, kann Michael Hesemanns hervorragend recherchiertes Werk uneingeschränkt empfohlen werden.“ („kath.net“, 22.11.2004)

„Hesemanns Buch ist erhellend und stärkt die christliche Identität, indem es verbreitete Irrtümer widerlegt. Außerdem wird man wohl seiner These zustimmen, dass, wer das enorme geschichsformende Potenzial von Mythen ignoriere, schnell selbst zu deren Opfer werden kann.“ (Sven Thriener in „Glaube & Heimat, Evangelische Wochenzeitung in Mitteldeutschland“, 9.12.2007)

„Hesemann belegt mit einer Fülle von Fakten: Hitler war Anhänger einer verquasten ariosophischen Heilslehre mit gnostisch-esoterischem Hintergrund, der die Reinheit des Blutes und die Verdammung aller mit ‚unreinem‘ Blut verkündete.“ („Neues Leben“, Mai 2005)

„Michael Hesemann hat in seiner gut geschriebenen populärwissenschaftlichen Darstellung Bekanntes aufgearbeitet und in einer bemerkenswerten Interpretation verdichtet ... So konsequent und zugespitzt hat bisher kein Autor die spießbürgerliche Gedankenwelt und das dazugehörige Netzwerk von Gläubigen geschildert. Hesemann nimmt Hitler ernst, in seiner ganzen Schlichtheit und obskuren Radikalität.“ (Dr. Michael von Prollius in: „Archiv für Sozialgeschichte“ 45 -2005-)